Der Florist

Ingeborg Wundermann

DER FLORIST
Gestaltungslehre
und Arbeitstechniken

1

Vierte Auflage
397 Abbildungen
4 Farbtafeln

Verlag Eugen Ulmer Stuttgart

Der Florist
Lehr- und Fachbuch in drei Bänden

Band 1 Gestaltungslehre und Arbeitstechniken
Band 2 Pflanze, Pflege, Material- und Geschäftskunde
Band 3 Verkaufskunde

ISBN 3-8001-1128-4

© 1971, 1978 Eugen Ulmer GmbH & Co.,
Gerokstraße 19, Stuttgart
Printed in Germany
Einbandgestaltung: Alfred Krugmann, Stuttgart
Satz: Bauer & Bökeler, Denkendorf
Druck und Bindung: Wilhelm Röck, Weinsberg

Vorwort

Vielseitig ist das Arbeitsgebiet des Floristen. Als Kaufmann muß er den Ein- und Verkauf durchführen, als Handwerker Fertigkeiten beim Herstellen der Werkstücke aus Blumen und Pflanzen beweisen und beim Entwurf sowie beim Gestalten von Blumenschmuck zu den verschiedensten Anlässen schöpferische Ideen entwickeln. Entsprechend umfangreich muß auch die Ausbildung des Berufsnachwuchses sein, damit das Fachgeschäft den gesteigerten Ansprüchen der Kunden gewachsen ist. Kenntnisse und Fertigkeiten müssen erarbeitet und geschult, die persönlichen Fähigkeiten entwickelt werden.

Wer sich allein auf sein Gefühl für Farben und Formen, für Proportionen und Wirkungen der Kräfte verläßt, bildet seine gestalterischen Fähigkeiten nicht in notwendiger Weise aus. Ihm fehlen die theoretischen Erkenntnisse, sich selbst zu kontrollieren und zu bestätigen. Das meinte auch Leonardo da Vinci, als er sagte: „Diejenigen, welche an der Praxis ohne Wissenschaft Gefallen finden, sind wie Schiffer, die ohne Steuer und Kompaß fahren, sie sind nie sicher, wohin die Fahrt geht. Die Praxis muß immer auf guter Theorie beruhen."

Das Fachbuch ist ein Steuer, mit dessen Hilfe im Beruf und bei jeder Gestaltung das bestmögliche Ziel zu erreichen ist. In den letzten Jahren sind einige neue Fachbücher für Floristen erschienen; doch alle behandeln Teilbereiche. Der Wunsch nach allgemeinen und grundlegenden Informationen und einer den heutigen Anforderungen gemäßen fachlichen Schulung ist jedoch sehr groß.

Deshalb ist es erfreulich, daß die Bemühungen des Verlages um das Zustandekommen eines solchen Werkes erfolgreich waren und ein umfassendes Lehr- und Fachbuch für Floristen geschrieben werden konnte. Es liegt jetzt in drei Bänden vor. Band 1 enthält einen kulturgeschichtlichen Überblick, Grundlagen der Gestaltung, Spezielles zu allen binderischen Arbeitsgebieten und das Entwurfzeichnen. Im Band 2 finden sich pflanzenkundliche und gärtnerische Grundlagen, das berufsständische Wissen, Grundlagen der Betriebswirtschaftslehre und die Materialkunde. Band 3 befaßt sich ausschließlich mit der Darstellung einer modernen Verkaufskunde.

Das Werk ist für alle im Beruf der Floristik Tätigen geschrieben. Vor allem aber wendet es sich an die Auszubildenden und die Ausbilder. Da aber auch die Fachbildung intensiviert werden muß, bietet das vorliegende Unterrichtswerk nicht nur Fachkenntnisse, es unterstützt auch die Entwicklung von fachlichen Fertigkeiten in allen erforderlichen Richtungen. Es ist außerdem eine besondere didaktische Hilfe für den Berufs- und Fachschulunterricht, weil jedem Kapitel Aufgaben angefügt sind. Diese Aufgaben fassen teils den behandelten Stoff in Fragen zusammen und erleichtern so das Wiederholen. Zum anderen verknüpfen sie die Sachgebiete, erweitern die durch Selbstbeschäftigung gefundenen Erkenntnisse und fördern das Interesse durch praktische Anwendungen der theoretischen Inhalte.

Im Zusammenhang mit der schulischen Ausbildung soll nicht unerwähnt bleiben, daß bewußt auf eine methodische Gliederung der Stoffgebiete nach einem Lehrplan verzichtet wurde, einmal, weil z. B. noch keine allgemeingültigen Lehrpläne vorliegen, zum anderen, weil auf diese Weise eine zusammenhängende Darstellung der Sachgebiete möglich war.

Die Verfasserin dankt allen, die durch Auskünfte oder Überlassung von Unterlagen zum Gelingen des Werkes beigetragen haben. Besonderen Dank gilt dem Verlag Eugen Ulmer, durch dessen Initiative dieses Werk entstand, der den Wünschen der Verfasser in jeder nur möglichen Weise entgegenkam und für eine vorbildliche Ausstattung des Buches Sorge trug. Zu danken ist auch dem Graphiker F. Windscheif, Kassel, der nach Entwürfen der Autorin einen großen Teil der Zeichnungen in Band 1 anfertigte.

Mag dieses Werk seinen Beitrag dazu leisten, daß jeder Florist die notwendige Ausbildung erhält, um seinen Beruf erfolgreich und mit Freude ausführen zu können.

Zur 4. Auflage

Der Band 1 dieses Lehr- und Fachbuches mit den fachspezifischen Inhalten der gestaltenden Floristik kommt hiermit in einer neuen Auflage heraus. Diese unterscheidet sich von den Vorausgegangenen nicht nur durch den übersichtlichen 2spaltigen Satz, sondern auch durch veränderte Inhalte. Mit der Überarbeitung haben sich teils andere Reihenfolgen in der Gliederung, inhaltliche Ergänzungen und Aktualisierungen hinsichtlich gestalterischer und technischer Maßnahmen ergeben. Auch sind viele neue Zeichnungen, ausgeführt von der Autorin, aufgenommen und erstmalig 16 Farbabbildungen hinzugefügt worden.

So wurde alles getan, um dem Leser den bewußten Umgang mit Formen und Farben, mit Pflanzen und Blumen zu erleichtern und die gestalterischen und technischen Grundlagen derartig nahe zu bringen, daß er selbst schöpferisch arbeiten und eventuell sogar neue Lösungen finden kann.

Der Beruf des Floristen fordert Aufmerksamkeit und Verständnis für modernes Gestalten; die eigene Berufsarbeit ist ein Teil davon. Auch wenn die Floristen hinsichtlich Berufsfeld mit dem Gartenbau und der Landwirtschaft verbunden sind, genügt es nicht, nur die Pflanzen zu kennen. Der Florist braucht kreative Fähigkeiten. Dabei ist entsprechende Begabung sehr hilfreich, doch sie ist nicht das Wichtigste. Das Kennen und Verstehen der Gestaltungsregeln und der Zusammenhänge zwischen Wirkungsfaktoren und Anordnungen sind wichtiger. Sie befähigen den Floristen, seine Gestaltungen mit Geist und Leben zu erfüllen, kreativ mit Blumen zu gestalten und den anspruchsvollen Kunden mit ausdrucksvollen Blumenzusammenstellungen zu erfreuen. Mag dieses Buch helfen, den Berufsnachwuchs in diese schöne Aufgabe einzuweisen und den Floristen zu befähigen, immer wieder neue Freude zu bereiten.

Ingeborg Wundermann

Inhaltsverzeichnis

Vorwort 5

Kleine Kulturgeschichte der Blumen 9
1 Einleitendes 9
2 Blumen und Blumengebinde in der Antike . 9
   2.1 Bei den Hellenen 9
   2.2 Bei den Römern 12
3 Kulturelles aus dem Mittelalter 13
   3.1 Aus heidnischem Aberglauben in die Zeit des christlichen Rittertums (Romanik) 13
   3.2 Blumen im bürgerlichen Leben des späten Mittelalters (Gotik) 15
4 Die Neuzeit bringt neue Blumensitten 17
   4.1 Blumen in der Renaissance 17
   4.2 Besonderheiten aus der Zeit der absoluten Herrscher (Barock und Rokoko) 19
   4.3 Geistiger und wirtschaftlicher Umbruch im 19. Jahrhundert 22
   4.4 Entwicklung im 20. Jahrhundert 27

Allgemeine Grundlagen der Gestaltung mit Blumen 31
1 Einführung 31
2 Die Gestaltungselemente 31
3 Die Formenlehre 32
   3.1 Begriffe und Ziele 32
   3.2 Grundformen 33
   3.3 Konstruierte Formen 37
   3.4 Freie Formen 37
   3.5 Kombinierte Formen 38
   3.6 Naturformen 39
   3.7 Stilisierte Formen 47
   3.8 Lineare Formen 47
4 Die Farbenlehre 51
   4.1 Grundlegendes über Farben 51
   4.2 Das Farbensehen 54
   4.3 Farbordnungen 57
   4.4 Farbkontraste 62
   4.5 Farbharmonien 72
   4.6 Farbstimmungen 81
   4.7 Farben im Zusammenhang 86

5 Stofflichkeiten 87
6 Gestaltungsarten 89
   6.1 Reihen 90
   6.2 Flächengliederungen 94
   6.3 Die Verhältnisse des Raumes 102
   6.4 Anordnungen im Raum 105
   6.5 Gruppen mit Bewegungszentren 106
   6.6 Gruppen im geschlossenen Umriß ... 109
   6.7 Aufgelockerte Gruppen und ihre Gruppengesetze 109
7 Bindungen im Überblick 116
   7.1 Gleichartiges 116
   7.2 Gleichmaß 117
   7.3 Rhythmus 117
   7.4 Parallelität 118
   7.5 Die gemeinsame Bewegungsmitte ... 118
   7.6 Die Staffelung 118
   7.7 Das optische Gleichgewicht 119
   7.8 Die Beziehung zur Gruppenachse ... 119
   7.9 Der Umriß 120
   7.10 Abstimmung der Bewegung 122
8 Gesichtspunkte der Auswahl und Zuordnung 124
   8.1 Gesichtspunkte der farblichen Auswahl 124
   8.2 Gesichtspunkte der formalen Auswahl . 124
   8.3 Gesichtspunkte der stofflichen Auswahl 125
   8.4 Gleich und gleich gesellt sich gern 125
   8.5 Das Gesetz der wertmäßigen Zuordnung 125
   8.6 Das Gesetz der wesensmäßigen Zuordnung 126
   8.7 Das Landschaftliche Gesetz 127
   8.8 Gegensätze ziehen sich an 127
   8.9 Der gute Mittelweg 129
9 Die gute Proportion 130
   9.1 Der Goldene Schnitt 130
   9.2 Abwandlungen des Verhältnisses im Goldenen Schnitt 132
   9.3 Das Normverhältnis 135

Spezielle Blumenschmuck- und Dekorationskunde 137
1 Maßstäbe der floristischen Gestaltungen ... 137
   1.1 Die Zweckgerechtigkeit 137

1.2 Die Materialgerechtigkeit 137
1.3 Die Werkgerechtigkeit 138
1.4 Die Stilgerechtigkeit 138
1.5 Die Wahrhaftigkeit 138

2 Der Strauß 139
  2.1 Allgemeines 139
  2.2 Heute übliche Formen des Straußes ... 139
  2.3 Die Technik des Straußbindens 145

3 Das gesteckte Arrangement 148
  3.1 Allgemeines 148
  3.2 Die Anforderungen an das Arrangement 148
  3.3 Die Gestaltungsstile des Blumengestecks 149
  3.4 Techniken des Blumensteckens 155
  3.5 Ikebana 162

4 Das gepflanzte Arrangement 166
  4.1 Allgemeines 166
  4.2 Grundsätzliches zur Gestaltung von Gefäßbepflanzungen 166
  4.3 Übersicht von allgemein gültigen Gestaltungsregeln 170
  4.4 Zur Technik der Schalenbepflanzung .. 171
  4.5 Spezielles zu bepflanzten Schalen, ausgehend vom Zweck 175

5 Gebinde zur Totenehrung 181
  5.1 Grab- und Trauersträuße 181
  5.2 Dekorativer Winterschmuck für die Grabstätte 185
  5.3 Kränze 189
  5.4 Weitere Formgebinde für den Grabschmuck 203
  5.5 Urnenschmuck 205
  5.6 Sargschmuck 207

6 Schmuckranken, Girlanden und Festons ... 211
  6.1 Allgemeines 211
  6.2 Arten und Techniken der Girlande 211
  6.3 Die Anbringung der Girlanden 215

7 Binderei für Advent und Weihnachten 217
  7.1 Grundlagen aus dem Brauchtum 217
  7.2 Formbinderei für Advent und Weihnachten 222
  7.3 Arrangements mit formal-linearem, wuchshaftem oder dekorativem Charakter 230

8 Brautsträuße 244
  8.1 Zeitgemäßer Brautschmuck 245
  8.2 Welche Anforderungen muß der Brautstrauß erfüllen? 246
  8.3 Brautstraußtypen 254
  8.4 Techniken der Brautstraußbinderei ... 258

9 Kopfschmuck, Corsagen und Knopflochblumen 266
  9.1 Der Kopfschmuck der Braut 266
  9.2 Die Corsage 270
  9.3 Die Knopflochblume 271

10 Tisch- und Tafelschmuck 273
  10.1 Voraussetzungen für die Planung eines Tafelschmucks 273
  10.2 Spezielles zur Gestaltung und Technik 279

11 Geschenke und Blumen 286
  11.1 Blumen auf dem Geschenkkarton 286
  11.2 Geschenkartikel in direkter Verbindung mit Blumen 287

12 Die Schaufenstergestaltung 290
  12.1 Zur Entwicklung der Schaufensterwerbung 290
  12.2 Mit dem Schaufenster werben 291
  12.3 Was interessiert den Schaufenstergast? 291
  12.4 Die Werbeidee wird in einem Blickfang komprimiert 292
  12.5 Die Durchführung der Schaufenstergestaltung 295
  12.6 Voraussetzungen für gute Schaufenstergestaltung 296

13 Einiges zum Thema Raum- und Bühnendekoration 297
  13.1 Was heißt Dekorieren? 297
  13.2 Voraussetzungen für die Planung größerer Dekorationen 297
  13.3 Gesichtspunkte der Gestaltung 300
  13.4 Hilfsmittel bei Dekorationen 303

Entwurfszeichnen 308

1 Wozu und wie zeichnet der Florist? 308
2 Die Skizze 308
  2.1 Hilfsmittel für das Skizzieren 308
  2.2 Vorübungen für das Zeichnen 310
  2.3 Vereinfachte Blatt- und Blütenform ... 312
  2.4 Das Kolorieren mit Wasserfarben 316
3 Die Planzeichnung 317
  3.1 Die Parallelprojektion 317
  3.2 Maßstäbe und Darstellung von Linien .. 318
4 Das perspektivische Schaubild 322
5 Das Beschriften des Entwurfs 325

Literatur 327
Bildquellen 328
Sachregister 329

Kleine Kulturgeschichte der Blumen

1 Einleitendes

Unsere Erde, nach neuesten Schätzungen etwa 4–6 Milliarden Jahre alt, trägt möglicherweise schon seit 2 Milliarden Jahren Leben. Doch erst vor ungefähr 400 Millionen Jahren beginnen sich Landpflanzen zu entwickeln. Als sich der Mensch in seiner heutigen Form herausgebildet hat (etwa vor 250 000 Jahren) leben schon alle Tier- und Pflanzenarten in ähnlicher Ausbildung wie heute. Erst vor 10 000 Jahren beginnt dieser Mensch, Felder zu bestellen und Tiere zu zähmen; vorher lebte er als Jäger und Sammler. Seine Existenz ist mit den Erscheinungen und dem Rhythmus der Natur eng verknüpft. Pflanzen bieten Nahrung, und sie erregen mit ihrem Formenreichtum und charakteristischem Wesen die Phantasie des denkenden Wesens Mensch. Man sieht sie im Zusammenhang mit den Kräften der Natur, die man sich als Geister oder Gottheiten denkt. So spielt die Pflanze nicht nur hinsichtlich der leiblichen Bedürfnisse eine Rolle, sondern hat schon früh ihren Platz im geistigen Leben, im Kult und im Glauben.

Als sich vor etwa 7000 Jahren die ersten Hochkulturen an den fruchtbaren Ufern des Euphrats und Tigris, am Nil und Indus entwickeln und die erste Schrift uns von dieser Zeit Kunde gibt, sind auch Bäume und Blumen Zeichen dieser Bilderschrift. Es entwickeln sich Bräuche, in denen Blumen und Pflanzen eine tragende Rolle spielen (Lebenssymbole wie Lebensbaum, Opfergaben, Amulette usw.). Die Sitte der Bekränzung der Braut mit Myrte z. B. haben die Juden aus der babylonischen Gefangenschaft mit in den Mittelmeerraum gebracht. (Babylon ist um 1700 v. Chr. Mittelpunkt des einflußreichen altbabylonischen Staates.)

Doch wenn auch viele der Wurzeln unseres heutigen Denkens bis in die frühesten Kulturen zurückreichen, wollen wir uns hier speziell den Kulturkreisen im europäischen Raum zuwenden.

Der Florist tut gut daran, sich mit der Rolle der Blumen und Blumengebinde vergangener Epochen zu beschäftigen. Solch eine kulturgeschichtliche Rückschau öffnet den Blick für den Reichtum kulturellen Lebens, in dem die Blumen auch heute noch ihre Rolle spielen. Die Blume wird bedeutungsvoller angesehen; man erkennt sie als Ausdrucksmittel geistiger Haltungen und Empfindungen; sie verkörpert das Denken der Zeit. Die schöpferischen Möglichkeiten der Gestaltung mit Blumen werden bereichert.

Wissen ist nicht nur Grundlage beruflichen Könnens und Fortkommens; es versetzt uns auch in die Lage, unsere Umwelt und die Vorgänge in ihr zu verstehen. Der Florist, dessen Arbeit ein Stück des kulturellen Lebens in seinem Lebensraum darstellt, hat damit eine Verpflichtung, die er ohne Beschäftigung mit dem kulturellen Erbe nur schwer erfüllen kann.

Zur Vertiefung
1. Suchen Sie die genannten Flüsse auf der Landkarte auf.
2. Informieren Sie sich über die alten Hochkulturen der Sumerer, Babylonier, Assyrer und Ägypter (Zeitdauer, kulturelle Leistungen, geschichtliches Schicksal).
3. Besuchen Sie Museen, die Funde aus der Vorgeschichte unserer Heimat sowie Zeugen alter Hochkulturen zeigen.

---

2 Blumen und Blumengebinde in der Antike

2.1 Bei den Hellenen

Die altgriechische Hochkultur hat sich im letzten Jahrtausend v. Chr. an den Küsten und auf den Inseln im östlichen Mittelmeer entwickelt. Wir wissen recht viel von der damaligen Zeit, weil uns Werke der Philosophen, Dichter, Wissenschaftler und erstmalig auch die der Geschichtsschreiber überliefert sind. Das griechische Alphabet ist die erste Lautschrift dieser Welt.

Das Menschenideal ist der allseitig gebildete, „schöngute" Mensch. Der freie Mann wird zur geistigen, körperlichen und sittlichen Schönheit geführt durch planmäßigen Unterricht im Lesen, Schreiben und Rechnen, durch Singen, Musizieren und Tanzen, durch Sportübungen, politische Bildung und Erlernen eines Handwerks. Vollkommenheit und Schönheit erscheinen den Griechen (damals nennen sie sich „Hellenen") als göttlich, und die Harmonie erleben sie als Ordnungsprinzip im Kosmos (griech.: kosmos = Weltall). Die olympischen Götter, die man sich sehr menschlich vorstellt, werden von allen Hellenen verehrt. Die Mythen der klassischen Götter sind noch in unserer Zeit durch Dichtung und Malerei lebendig. Der Kult ist ohne Dogma und daher recht verschieden. Kulthandlungen findet man damals in Form von Gebeten, Reinigungsriten, Opferungen, Sportwettkämpfen und Umzügen, auch Gesängen und Schauspielen. Hier spielen Blumen und Blumengebinde eine beachtliche Rolle. Die uns bekannte und teils noch gültige Blumensymbolik geht vielfach auf die damalige Verwendung von Blumen bei Kulthandlungen zurück. Die Hellenen schmücken den vor dem Tempel stehenden Altar oder ganze Haine mit Blumen und Blumengirlanden, bekränzen sich selbst und tragen Stabgebinde oder bepflanzte Blumenschalen während der Umzüge mit.

Den Göttern geweihte Blumen und Blumengebinde. Je nach dem Fest, das man feiert, und je nach der Gottheit, der man damit huldigt, werden bestimmte Blumen oder Grünpflanzen bevorzugt. So ist die Rose der Aphrodite geweiht, der Göttin der Schönheit und der Liebe, und die Braut ist mit Rosen bekränzt. Der Athene, Göttin der Weisheit und Kunst, des Ackerbaus und der Wehrkraft ist der Olivenbaum zugeordnet, und Kränze aus Ölbaumzweigen schmücken den heimkehrenden Krieger. Bei den sportlichen Wettkämpfen zu Ehren des Gottes Zeus (König der Götter und Beherrscher der Naturgewalten) wird der Sieger mit einem Lorbeerkranz ausgezeichnet, den er auf den Stufen des Zeustempels niederlegt. Doch auch Apollon, dem Lichtgott, ist der Lorbeer geweiht. Bei Spielen zu Ehren Poseidons, des Meeresgottes, erhalten die Sieger Palmenzweige und Kränze aus Eppich (volkstümlicher Name für Sellerie). Der Palmenzweig ist zudem das Zeichen des Friedens. Bei den Festen des Dionysos, des Gottes der Fruchtbarkeit und der schöpferischen Kraft des Weines, tragen junge Mädchen (die Mänaden) den Thyrsos-Stab, einen etwa 2 m langen Rohrstock mit Weinranken umschlungen, mit Bändern geschmückt und obenauf einen Pinienzapfen gesteckt, ein Symbol der Fruchtbarkeit (Abb. 1a). Ähnliche Stabgebinde werden auch aus bunten Blumen hergestellt und bei festlichen Umzügen mitgeführt (Abb. 1b).

Kränze. Zu den Kränzen als Ehrenzeichen sei noch gesagt: Ursprünglich halten die Hellenen den Siegerkranz in der Hand. Die Blätter sind mit Bast-, Woll- oder Goldfäden auf nicht geschlossene Reifen gebunden in einer klaren, geometrisch entwickelbaren Ordnung (Abb. 2). Kopfkränze werden unter anderem auch bei öffentlichen Ehrungen als Auszeichnung verliehen. Dicht gebundene, vollrunde Kopfkränze aus Rosenblättern, Lilienblütenblättern, Veilchen oder Hyazinthen, Myrte, Thymian oder Salbei und anderen duftenden Laubarten werden dem Gast aufgesetzt, damit die frischen Blätter ihm die Stirn kühlen. Auch der Redner trägt während der Redezeit einen Kopfkranz, und zwar aus Myrtengrün. Kränze

Abb. 1a und b. Thyrsos-Stab und Stabgirlande, Schmuckgebinde, die bei Umzügen mitgetragen wurden

Abb. 2. Sieger- und Ehrenkränze. Links Gestaltungsschema des in der Hand getragenen Kranzes, rechts Umwandlung zum Kopfkranz (goldener Ehrenkranz aus dem 2. Jahrhundert v. Chr., Kunstgewerbemuseum Frankfurt a. M.)

Abb. 3. Sukkulente Pflanzen in einer Terrakotta-Schale nach einer gefundenen Bronzegravierung (nach H. Rothe 1935)

sind nicht nur übliche Kopfbedeckungen, sie werden auch verschenkt, an die Tür der Geliebten gehängt oder an die Tür des Hauses, in dem ein Sohn geboren wurde. Sogar der Name einer berühmten Kranzmacherin ist überliefert, weil der Maler Pausanias ihre Kränze gemalt hat, so schön waren sie in ihrer Verbindung von Farben, Formen und Düften; sie heißt Glycera. Blatt- und Blütenkränze als Opfergaben bei Totenfeiern zu Ehren der Toten und als Symbol der Unsterblichkeit werden vor dem Tempel oder bei der Grabstätte niedergelegt. Die Gräber werden sorgfältig gepflegt. Wie wir heute, so haben schon die Hellenen ein jährliches Totenfest gefeiert. Aus diesem Anlaß werden die Gräber mit Blumen geschmückt sowie Speise- und Trankopfer dargebracht.

Sonstiger Blumenschmuck. Daß auch Girlanden als beliebte Schmuckmittel verwendet werden – entweder aus bunten Blumen oder aus Blättern gebunden – zeigen uns Steinreliefs und Vasenmalereien. Sie wurden an die Wände, zwischen die Säulen, an das Gehörn von Opfertieren und in das Geäst von Bäumen gehängt.

Selbst Pflanzenschalen sind den Hellenen bekannt; sie benutzen sie unter anderem zum Schmuck von Grabstätten. Eine gefundene Bronzegravierung zeigt eine sukkulente Pflanzenart in einer rechteckigen, schön geformten Terrakottaschale (Abb. 3). Der Bedarf an Blüten und Grün sowie an fertigen Kränzen wird in den Städten bereits in „Fachgeschäften" gedeckt. Nun, es sind Geschäfte, die auch Obst und Gemüse und mitunter auch andere Lebensmittel verkaufen.

Zur Vertiefung
1. Ermitteln Sie die Namen griechischer Götter und deren Bedeutung.
2. Besuchen Sie Museen, die Plastiken und Teile der Architektur des Alten Griechenlands zeigen (z. B. Pergamon-Museum in Ost-Berlin oder Glyptothek in München).
3. Binden Sie entsprechend Abb. 2 einen Siegerkranz aus Lorbeer oder Kirschlorbeerblättern (Technik wie bei der Corsagenbinderei).

2.2 Bei den Römern

Roms Gründung durch die Zwillinge Romulus und Remus, der Sage nach Söhne des Gottes Mars und der Tochter des Königs Numitor von Albalonga mit Namen Rea Silvia, soll am 21. April 753 v. Chr. stattgefunden haben. Rom wird Königreich, später Republik, dann Kaiserreich, bis das den Mittelmeerraum beherrschende Reich, welches weit nach Asien und Afrika hinein und über die Alpen hinauf bis nach Britannien Einfluß hat, durch den Ansturm germanischer Völker zerstört wird. Das Denken des Römers war vornehmlich auf sich und seine Umwelt gerichtet.

Die Rose im Alten Rom. So sind die Blumen weniger den vielen Gottheiten geweiht, sondern sie stehen enger im Zusammenhang mit dem politischen Leben oder dem Wohlleben. Ein gutes Beispiel dafür ist die Rose: im republikanischen Rom ist ein Kranz aus Rosen eine Auszeichnung für kriegerische Heldentaten. Nicht der Lorbeer, sondern die Rose kennzeichnet den männlichen Mut. Doch nachdem der Kranz aus Rosen als Orden zu oft und für leicht errungene Siege verliehen wird, verliert er an ideellem Wert. So kommt die Zeit, da der Rosenkranz allgemeinere Bedeutung erhält. Der Jüngling tritt nur rosenbekränzt in den Rat der Alten, und rosenbekränzt ziehen die Krieger in die Schlacht. Man bekränzt die Triumphwagen und die Pferde mit Rosen. Zu Beginn der Kaiserzeit sind Rosen zu Blumen der Liebe und Festesfreude und zum Haus- und Tafelschmuck geworden. Man trägt Rosenkränze zur Erfrischung beim Essen und beim Tanz, sendet Rosenkränze der Geliebten, würzt mit Rosenblättern den Wein, bereitet Rosengelees und Rosenhonig und feiert schließlich die verschwenderischsten Rosenfeste, bei denen Seen und Straßen, Wohnräume und Liegebetten dick mit Rosenblütenblättern bestreut werden. Man kann Rosenkränze fertig auf dem Blumenmarkt kaufen. Die Rosenblätter sind schuppenartig zu einem dicken Wulst auf Lindenbast aufgenäht. Man züchtet Rosen im „rosetum" und baut sie im Garten, im „rosarium", an. Im Winter kommen ganze Schiffsladungen dieser Blumen aus Alexandrien und Neu-Karthago. Sogar treibhausähnliche Gebäude entstehen bei Rom, durch warmes Wasser in einem Röhrensystem beheizt und mit Marienglas (durchscheinender Alabaster, eine Gipsart) bedeckt, damit Rosen und Lilien auch im Winter blühen. Der Blumenluxus im Alten Rom wird unbeschreiblich. Die Rose ist nur ein Beispiel.

Kränze. Bei allem Anderssein der Römer im Vergleich zu den Griechen haben sie dennoch sehr viel von den Griechen übernommen. So auch die Sitte der Bekränzung als Ehrung und Auszeichnung. Der Kranz ist dem griechischen Siegerkranz ähnlich, doch ist das Material vielfältiger und der Schmuck durch dazwischengewundene und hinten herabhängende Bänder reicher. Für dauerhafte Kränze werden Gold- und Silberfäden zum Binden genommen. Goldblätter und Edelsteine werden zu kostbarem Kopfschmuck vereint. So ist der Kopfkranz Orden und Ehrenzeichen, Rangabzeichen, Amtszeichen oder Zeichen eines Triumphes. Hat ein Mann einen römischen Bürger in einer Schlacht unter Lebensgefahr gerettet, wird er mit der aus Eichenlaub gebundenen Bürgerkrone ausgezeichnet. Diese darf sich der so Geehrte aus dauerhaftem Material, zum Beispiel aus Goldblättern, nacharbeiten lassen, und sie wird Zeit seines Lebens von den Römern respektiert. Betritt ein Mann mit der Bürgerkrone ein Theater, so erheben sich alle Anwesenden von den Plätzen und setzen sich erst wieder, nachdem der Träger der Bürgerkrone Platz genommen hat. Kranz heißt in Rom „corona" und aus dem Kopfkranz als Ehrenzeichen – der corona der Römer – wird die Krone unserer späteren Herrscher. Frauen tragen Kränze aus wohlduftenden Blättern und Blüten, unter anderem aus Blättern der Narde, einem Baldriangewächs, die im mittleren Himalaja wächst. Diademe aus goldenen Blättern, Edelsteinen und Perlen als Kopfschmuck der reichen Römerin sind Vorbild für die Formgebung des Brautschmuckes aus Myrte, wie er Ende des vorigen Jahrhunderts modern war und teilweise heute noch gearbeitet wird.

Sonstiger Blumenschmuck. Kränze sind auch beliebter Raumschmuck. In Verbindung mit Girlanden und keulenartigen Gebinden, sogenannten Festons, gliedern sie Wandflächen, umwinden sie Säulen oder schmücken das aufgehängte Gehörn von Opfertieren an den Hauswänden. Dieser gebundene Schmuck aus Lorbeer, Eichenlaub oder Blumen und Früchten hat zu dem steinernen Reliefschmuck aus Formgirlanden und Kränzen geführt, der in der Neuzeit vielfältig variiert immer wieder erscheint (Abb. 4).

Ob auch Schnittblumen, in Vasen geordnet, als Raumschmuck verwendet werden, ist schwer zu sagen. In der Literatur finden sich gegenteilige Ansichten. Nun, vieles was wir über die Riten und Gewohnheiten früherer Kulturen wissen, ist nicht immer exakt bewiesen. Wir können oft nur aus überlieferten Anhaltspunkten Schlüsse ziehen. Doch wissen wir sehr genau, welche Blumen verwendet wurden. Neben Lilien und Rosen sind Veilchen, Hyazinthen, Krokus und Narzissen, Rosmarin und Anemonen,

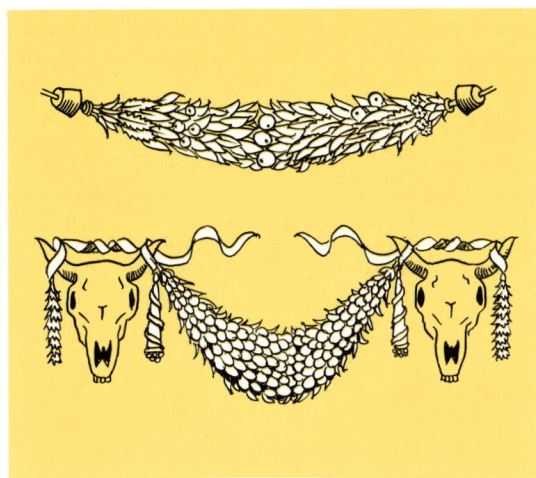

Abb. 4. Formgirlanden der Antike (nach W. Koch 1968).

Mohn und die Raute *(Rúta,* Fam. *Rutáceae)* beliebt. In den Gärten gibt es beschnittene Buchsbäume, mit Blumen bepflanzte Steintröge, Sitzbänke, Brunnen und Plastiken, Pergolen und Rasenplätze, Zypressen und Pinien, Oleander und Lorbeer, Weinreben und Obstbäume und immer wieder mit Buchsbaum eingefaßte Blumenbeete. Man braucht viele Blumen, denn man feiert oft und gern.

Stabsträuße und Blumenschnüre werden bei Prozessionen mitgeführt, bei Umzügen, die zu Ehren der Götter abgehalten werden. Man glaubt an viele Götter, selbst die Kaiser verlangen Anerkennung als Gott und entsprechende Verehrung.

Zur Vertiefung
1. Informieren Sie sich über die wichtigsten römischen Götter und ihre Bedeutung und vergleichen Sie diese mit den griechischen Gottheiten.
2. Zeichnen Sie Ornamente, gebildet aus Girlanden, Festons und Kränzen.
3. Die Fremdwörter und noch unbekannten Begriffe der seitherigen Ausführungen sind in einem Heft zusammenzustellen und kurz zu erklären. Lexika sollen zu Hilfe genommen werden. So entsteht ein selbst angefertigtes, kleines Wörterbuch.

3 Kulturelles aus dem Mittelalter

3.1 Aus heidnischem Aberglauben in die Zeit des christlichen Rittertums (Romanik)

Der Frankenkönig Karl der Große vereint alle germanischen Stämme des Kontinents in dem großen karolingischen Reich. Als Karl in Rom vom Papst zum Kaiser gekrönt wird (800 n. Chr.), wird er römischer und zugleich germanischer, vor allem aber christlicher Herrscher.

Die vielen Stämme und Volksgruppen, die im karolingischen Reich leben, kennen keine Schrift. Zaubersprüche und Heldengedichte, Totenklagen und Sagen überliefern ihr Kulturgut. Karl der Große will diese Vielzahl von Stammessitten durch den Glauben an einen Gott, den Gehorsam gegenüber einem Kaiser und durch eine einheitliche Bildung einigen. So bauen christlicher Glaube, kaiserliche Autorität und antikes Bildungsgut an den Fundamenten des Kulturkreises, den wir heute als „abendländische Kultur" verstehen.

Nach der karolingischen Zeit folgt die Zeit der großen Kaiser des „Heiligen Römischen Reiches Deutscher Nation" von Otto dem Großen († 973) bis zu Friedrich Barbarossa († 1190), eine Zeit deutscher Ritterkultur und schlichter Bauernsitten. Schwert und Pflug bestimmen das Leben der Menschen: Kampf und Jagd auf der einen Seite, harte Landarbeit auf der anderen. Dazu kommen die Klöster, die immer mehr Stätten des geistigen Lebens werden.

Blumen als Wappenzeichen. Die Blumen spielen in dieser Zeit eine unterschiedliche Rolle. Der Ritter verwendet sie in stilisierter Form als Zeichen im Wappen. Die Lilie der Bourbonen (franz. Königsgeschlecht vom 12. bis 18. Jahrhundert) ist wahrscheinlich die bekannteste aller Wappenblumen. Wenn wir genau sein wollen, müssen wir in ihr allerdings eine Iris sehen (Abb. 5). Die Legende berichtet, daß der Merowingerkönig Chlodwig an dem Fluß Lys beim heutigen Gent einen großen Sieg errungen hat, weil ihn viele gelbe Iris auf eine Furt aufmerksam machten, durch die er seine Mannen führen konnte. In Erinnerung an diesen vorteilhaften Hinweis durch die Iris nahm er sie als „Fleur de Lys" in sein Wappen auf. Als Ludwig VII. (franz. Louis) den zweiten Kreuzzug durchführte (1150), wählte er dieses bekannte Symbol für sein Banner. Seitdem wird es Fleur de Louis, Fleur de Luce, Fleur de Lie genannt. Aus „Fleur de Lys" und „Fleur de Lie" hat man später auf die Lilie geschlossen, weshalb wir heute noch „bourbonische Lilie" statt „Iris" sagen. Eine andere bekannte Wap-

Abb. 5. Eine Wappenblume: Die bourbonische Lilie (Schwertlilie) seit 1179 im Königswappen.

penblume ist die Rose der Tudors, eines Geschlechts der englischen Könige. Die Tulpe herrscht im Wappen der türkischen Sultane aus dem Hause Osman und die Chrysantheme finden wir im japanischen Staatswappen. Die Distel im Wappen Schottlands und der Klee im Wappen Irlands, das Ahornblatt im Wappen Kanadas und die Libanonzeder im Wappen des Staates Libanon charakterisieren ihre Länder sehr schön, wenn auch die Legenden über ihre Entstehung als Wappenzeichen meist mit kriegerischen Taten oder mit dem Glauben zusammenhängen.

Blumen und Blumensitten. Der Schönheit dienen die Blumen in den kalten, wehrhaften Ritterburgen weniger. Wenn sie in den kleinen Burggärten wachsen, sind sie meist nur als Küchenkräuter oder zu Heilzwecken angebaut. Selbst die Rose wird in vielen Fällen als Heilpflanze angesehen, und heute noch trinken wir Hagebuttentee zur Förderung des Stoffwechsels. Dennoch kennt man die Sitte der Römer, Räume mit Girlanden zu schmücken, die Tafel mit Rosenblüten zu bestreuen und sich das Haupt zur Kühlung zu bekränzen. Doch sehr selten wird man diesem Vorbild nachgeeifert haben, denn die Flora in den nordischen Landen bietet nicht den Überfluß an Blumen wie die der Länder Roms. Es wachsen Veilchen und Maiglöckchen, Mohn und Kornblumen, Iris und Madonnenlilien, Gänseblümchen und Krokus, Fingerhut und Rittersporn sowie Akelei, Goldlack, Malve und eine einfache Rose. Dazu kommen noch wilde Stiefmütterchen, Brennende Liebe, Schlüsselblumen und Lavendel, Rosmarin, Petersilie u. a. Gewürzkräuter.

Vor allem wird in den Klöstern die Kunst der Heilkräuterkunde gepflegt. Daneben ziehen die Mönche auch einige Blumen wie Lilien und Rosen, um an den hohen Festtagen und bei Prozessionen einen bescheidenen Blumenschmuck für die Kirchen und Heiligtümer zu haben.

Blumen im Brauchtum. Im Volk aber herrschen noch viele heidnische Bräuche, in denen Blumen und Pflanzen eine wichtige Rolle spielen. Die Stechpalmen und Mistelzweige zum Beispiel, die die heidnischen Kelten bei ihren Dezemberfesten als Schutzamulette und Fruchtbarkeitszauber verwendeten, werden weiterhin ins Haus geholt und über die Tür oder unter den Dachsparren geheftet, denn man glaubt an ihre magischen Kräfte. Das Osterfest, das als höchstes christliches Fest bei uns einen nichtchristlichen Namen trägt (Ostern geht wahrscheinlich auf Eostrae oder Ostara zurück, den Namen einer heidnischen Frühlingsgöttin), wird mehrere Tage lang gefeiert, und es nimmt viele vorchristliche Frühlingsbräuche in sich auf, die das Erwachen der Natur, das Gedeihen und die Fruchtbarkeit zum Inhalt haben. Dabei spielen Zweige, zu Büscheln zusammengenommen (germ. Quast oder kwastu), eine Rolle (Abb. 6).

Abb. 6. Thüringischer Questenbaum (nach H. Rothe 1935).

Der Ahnen- und Totenkult, der im abergläubischen Volk besonders in dunklen Wintermonaten lebendig ist, wird von der Kirche in eine allgemeine Totenfeier für alle Verstorbenen umgewandelt; seit 1006 ist dieser Allerseelentag bekannt und belegt. Bevorzugte Schmuckmittel für die Grabstätte sind relativ kleine, wulstig und schlicht rund gebundene Kränze. Der Kranz aus Kieferngrün ist schon bei der Germanen Symbol der Trauer, der Kranz aus Wacholder oder Eibe Symbol der Unsterblichkeit. Ein aus Lindenlaub gebundener Kranz bedeutet Frieden, doch da im Herbst die Lindenblätter abgefallen sind, wird zu Stechpalme oder Buchsbaum gegriffen.

Zur Vertiefung
1. Das bereits begonnene Fachwörterbuch ist zu ergänzen.
2. Informieren Sie sich über die wichtigsten Heilpflanzen und deren Wirkung.
3. Besuchen Sie Bauwerke (Kirchen und Burgen) aus der Zeit der Romanik und versuchen Sie, das Wesen der Zeit und der damaligen Menschen zu erspüren.

3.2 Blumen im bürgerlichen Leben des späten Mittelalters (Gotik)

Im Schutze der Burgen und im Banne der Klöster siedeln sich Menschen an, die Handel und Handwerk zu ihren Erwerbsquellen machen. Die Kreuzzüge haben den Fernhandel belebt. Straßen und Brücken erleichtern den Warentransport, und Märkte an Straßenkreuzungen und Flußübergängen führen zum Wachstum der Städte. So erstarkt das Bürgertum, während der Adel auf seinen mehr als 10 000 Burgen im mittelalterlichen Deutschland seine Kräfte in Fehden untereinander verbraucht. Als neue Bildungsstätte gewinnt die Handwerkerlehre an Bedeutung, und das soziale Leben wird von den Zünften und Gilden bestimmt. Der unfreie Bauer wandert in die Städte, wo er eine neue Freiheit kennenlernt. „Stadtluft macht frei" ist ein damals gültiger Rechtssatz. Die Städte selbst erwerben ihre Freiheit (freie Reichsstädte), und sie beweisen ihre Selbständigkeit, indem sie eigene Stadtkirchen, Kapellen, Türme und Tore, Rathäuser und Gildehäuser bauen. So wird die neue Zeit, die Gotik (etwa 1250–1500), Ausdruck des Bürgertums reich werdender Städte.

Blumen im religiösen Leben. In den mittelalterlichen Städten und bei den Burgen liegen hinter Mauern kleine Gärten, in denen Obstbäume, Küchenkräuter und Blumen wachsen. Maler haben uns in ihren Bildern solche Gärten überliefert, doch nicht als Haus- oder Burggarten, sondern als Paradiesgärtlein, in dem sich die Jungfrau Maria und andere Heilige aufhalten. In der christlichen Literatur wird das Paradies allzeit mit einer Oase oder einem Garten verglichen, in dem kühler Schatten und frisches Wasser Erquikkung spenden, in dem fruchttragende Bäume wachsen und viele Blumen blühen. Und nicht nur der Garten, auch die Blumen selbst sind in der Kunst Attribute religiöser Darstellungen. Wohl ist an der botanisch-wissenschaftlichen Literatur mit wundervollen handschriftlich illustrierten Herbarien seit der Antike vor allem von Mönchen gearbeitet worden, die mittelalterlichen Maler jedoch haben einen Beitrag eigener Art zur Pflanzenkunde geleistet.

Die Blumen und Pflanzen werden vergeistigt; sie versinnbildlichen Eigenschaften der im Bild dargestellten Personen oder sie symbolisieren geistige Werte. So verkörpert das dreigeteilte Blatt der Erdbeere oder des Klees die heilige Dreieinigkeit. Ein vierteiliges Blatt weist auf das Kreuz oder die vier Evangelien hin. Das siebenteilige Blatt symbolisiert die sieben Gaben des Heiligen Geistes oder die Vollendung der Schöpfung am siebenten Tag und damit das Vollkommene überhaupt. Palmenzweige, schon im Altertum ein Symbol des Friedens, bedeuten jetzt Seelenfrieden im Glauben. Das Efeublatt, im Altertum Symbol der Unvergänglichkeit, ist jetzt Sinnbild des ewigen Lebens in Christus.

Unter den Blumen spielt die Rose die größte Rolle. Anfänglich ist sie zwar als eine den heidnischen Göttern geweihte Blume von der christlichen Kirche verbannt, doch alsbald berichtet die Legende, daß aus Gräbern gläubiger Christen Rosen wachsen und daß der Erzengel Gabriel aus 150 Rosen drei Kränze für Maria gewunden habe. So werden die Rose und mannigfaltiger Rosenkult in die christliche Mythologie aufgenommen. Die roten Rosen symbolisieren die Schmerzen, die weißen Rosen die Freuden Mariens; die goldgelbe Rose ist Sinnbild der Glorie der hohen Frau. Rosenkränze werden an kirchlichen Festen zu Ehren der Jungfrau getragen, und die Maler der Spätgotik haben Maria mit dem Kind in die Rosenlaube, den Rosenhag oder Rosenhain gesetzt. Neben der Rose spielt die weiße Lilie im Marienbild eine große Rolle als Zeichen der Reinheit und Jungfräulichkeit. Tafelbilder mit dem Thema der Verkündigung zeigen vielfach 1–2 Lilienstiele *(Lílium cándidum)* in ein Gefäß des mittelalterlichen Haushalts gestellt (Abb. 7). Anstelle der Lilie kennzeichnet auch das Maiglöckchen Marias Unschuld. Mit Rosen, Lilien, Akelei und Ritterspornblüten, den Zeichen der hohen Würde der Gottesmutter, ist das Maiglöckchen in einer wunderhübschen Krone zu sehen, die die Brüder van Eyck ihrer Maria im Genter Altar aufgesetzt haben. Heute noch ist das Maiglöckchen eine der bräutlichen Blumen und gilt als Sinnbild der Jugend und Reinheit. Die Akelei (bei genauer Betrachtung kann man die Gestalten von Tauben in den Blütenblattgebilden erkennen) verkörpert Andacht im Gebet. Das Veilchen ist Sinnbild der Demut des Herren und die Iris (ehemals Blume der antiken Götterbotin) verkörpert den Bund Gottes mit den Menschen.

Noch viele Blumen wären zu nennen. Vor allem werden Heilpflanzen gemalt, so auch die von den Kreuzrittern 1270 aus dem Orient eingeführte Nelke, die für allerlei medizinische Zwecke verwendet wird. Diese Heilpflanzen, vom Löwenzahn (*Taráxacum officinále*) bis zum Rainfarn (*Chrysánthemun vulgáre*), vom Waldmeister bis zum Baldrian dienen den dargestellten Heiligen und Märtyrern zur Erquickung. Auch meint man, daß die heilende Kraft der Kräuter gegen das Böse allgemein schützt; auf den Bildern bedeuten die Heilkräuter demnach, daß hier das Böse ausgeschlossen ist. Bei kirchlichen Kräuterweihungen werden Heilkräuter gesegnet und als Bannmittel böser Zauberkraft verwahrt.

Blumen zur Freude. Die Blumen haben neben der Rolle der Symbolik im Glauben und Aberglauben aber auch andere Aufgaben. Sie werden als Schmuck verwendet, und sie dienen der Freude und der Annehmlichkeit. So wird der Boden der Stuben mit Blüten und wohlriechenden Kräutern bestreut, wie Lavendel, Veilchen, Rosen, Thymian, der Raute usw., und zwar nicht nur an Festtagen. Es geschieht zur Verbesserung der Luft in den Räumen. Offene Feuerstellen, blakende Öllampen und rußender Kienspan machen dies erforderlich. Auch glaubt man, daß die Kräuter auf dem Boden gegen Krankheit und Epidemien schützen. Das heutige Blumenstreuen vor dem Brautpaar mag aus diesem Wunsch nach Abweisung des Bösen entstanden sein. Und sicherlich soll das Wohlbefinden der Menschen durch angenehme Blütendüfte gesteigert werden. Bei großen Festen, auch bei Hochzeiten, werden die Wände mit Blumen geschmückt, die, meist einzeln oder als Strauß gebunden, an aufgehängten Schnüren oder an Tüchern befestigt sind. In den reichen Blumenmotiven der Wandteppiche lebt diese Tradition des Wandschmucks weiter. Bei öffentlichen Umzügen, dem Einzug von Fürstlichkeiten oder bei kirchlichen Prozessionen bestreut man Straßen und Plätze mit Blumen und Blättern, während die Häuser mit langen Stoffbahnen behängt werden, an die Blumen gesteckt sind. Das Blumenstreuen, Legen von kunstvollen Blütenteppichen und Behängen der Häuser mit Blüten bestickten Tüchern ist in süddeutschen, französischen und spanischen Gegenden heute noch zu bestimmten Festen (z.B. an Fronleichnam) üblich. Bei manchen höfischen Spielen werden Blumen zwischen die fröhlichen Zecher geworfen. Die Blumen- und Konfettischlachten der Karnevalszeit gehen auf diese ritterlichen Vergnügungen zurück.

Abb. 7. Blumen in der Gotik nach spätmittelalterlichen Zeichnungen und Gemälden.

So begleiten die Blumen den Menschen des gotischen Zeitalters durch den Alltag und den Festtag bis hin zur gläubigen Andacht. Und der Mensch im Mittelalter ist – geistig und körperlich – inniger mit der Blume verbunden als der Mensch heute. „Geistig" bezieht sich hier auf die Rolle, die die Blumen im Glauben und Aberglauben übernehmen, „körperlich" auf die Rolle der Blume als Heilmittel und Spender des Wohlbehagens.

Zur Vertiefung
1. Das angelegte Wörterbuch stilkundlicher Fachausdrücke ist zu ergänzen.
2. In den Fachgeschäften des Kunsthandels und Buchhandels gibt es gute Wiedergaben von Gemälden früherer Epochen als Kunstpostkarten zu kaufen. Es sollten 2–5 Motive gotischer Malerei ausgesucht und erworben werden, die unter anderem Blumenmotive zeigen, wie „Maria im Rosenhag" von Stephan Lochner, „Die Maria" aus dem Genter Altar von den Brüdern van Eyck, „Maria in den Erdbeeren" Oberrheinischer Meister, im Städt. Museum Solothurn, „Anbetung der Hirten" von Hugo van der Goes, Portinarialtar und Verkündigungsszenen. Man mag die Stimmung der Bilder auf sich wirken lassen und die Bedeutung der Blumen ergründen.
3. Nach Motiven in Reiseprospekten von Handelsstädten in Norddeutschland, bevorzugt Lübeck, Münster und Lüneburg, ist in einfacher Strichzeichnung ein gotischer Hausgiebel zu malen. Dieser Entwurf soll auf ein großes Blatt übertragen werden als Blickfang im Schaufenster zum Thema: „Alter Hausrat und Blumen machen wohnlich."

4 Die Neuzeit bringt neue Blumensitten

4.1 Blumen in der Renaissance

Ein neuer Geist und damit eine neue Zeit bahnen sich bereits im ausgehenden Mittelalter an. Die immer lebensnaher werdende Darstellungsweise in der Malerei beweist die Veränderung der Einstellung zum Leben und Denken. Das abstrakte, religiös betonte Weltbild des Mittelalters wird abgelöst von dem Wunsch, die Wirklichkeit zu erkennen und zu verstehen. Ein allgemeiner Forschungsdrang belebt die Wissenschaften. Kopernikus dringt mit seiner Erkenntnis durch, daß sich die Erde um die Sonne dreht und nicht umgekehrt, wie man vorher glaubte. Galileo Galilei, Astronom und Physiker, wird zwar selbst 1633 noch durch die Kirche zum Widerruf dieser Lehre gezwungen, doch seine naturwissenschaftlichen Erkenntnisse sind nicht mehr zu ignorieren. Amerika wird entdeckt. Der Buchdruck und das Schießpulver werden erfunden. Martin Luther reformiert die Kirche, und die Schriften des Erasmus von Rotterdam setzen neue Maßstäbe auch der Kirche gegenüber. Hans Sachs schreibt Schwänke und Fastnachtsspiele, und die Geschichten um Till Eulenspiegel werden zum ersten Mal gedruckt. Cervantes läßt seinen Don Quichote zwischen Illusion und Wirklichkeit leben. Die Lebenslust dieser Zeit wird ebenso wie die Fabulierlust deutlich in Boccacios „Dekameron". Shakespeare schreibt seine Dramen. Die in der Renaissancezeit geborene, sagenhafte und allbekannte Figur des Dr. Faustus steht beispielhaft für den Menschen zu Beginn der Neuzeit. (Renaissance = Wiedergeburt, man meint das Wiedererstehen antiken Kulturgutes.)

Gartenanlagen. Bei den Schlössern und Häusern von Adelsherren oder reichen Kaufleuten finden wir Gärten wie eh und je, aber auch diese Gärten wandeln sich. Neben den Nutzgarten mit Obstbäumen und Gemüsepflanzen, mit Kräutern für Heilzwecke und als Küchengewürz tritt der Pracht- und Lustgarten. Es sind Räume im Freien, wo Schatten und Wasseranlagen Erfrischung spenden, wo Plastiken die Alleen bevölkern, wo Lusthäuser und Irrgärten Abwechslung bieten, wo Raum ist für Feste und Spiele und wo viele Blumen blühen. Mit der Entdeckung neuer Länder werden bisher unbekannte Blumen und Pflanzen nach Europa gebracht. Zu ihrer Pflege werden botanische Gärten angelegt, die ersten bedeutenden in Pisa (1542), Florenz und Bologna, das erste Gewächshaus in Leiden (1599). Echtes naturwissenschaftliches Interesse, aber auch eine Sammelleidenschaft für ungewöhnliche bis kuriose Dinge führen zur Verbreitung dieser Gartenanlagen. Aus den Gärten der Azteken in Mittelamerika, die zum Erstaunen der spanischen Eroberer sehr schön angelegt und voller Blumen waren, kommen die Sonnenblume *(Heliánthus)*, die Studentenblume *(Tagétes)*, Zinnien und Dahlien, die Kapuzinerkresse *(Tropáeolum)* und die Feuerbohne *(Phaséolus coccíneus)*, die Wunderblume *(Mirábilis jalápa)* und auch andere Blumen und Pflanzen, darunter die Kartoffel über Madrid nach Deutschland. Aus dem Orient, vor allem aus den prachtvollen Gärten der Türken, kommen über Wien zu uns die Kaiserkrone *(Fritillária)*, die Ranunkel *(Ranúnculus asiáticus)*, die Hyazinthe *(Hyacínthus orientális)*, die Gartenringelblume *(Caléndula officinális)*, Mohn-, Nelken- und Iris-Arten, vor allem aber die Tulpe. Die Liebhaberei für Blumen ist überall erwacht. So groß ist das Interesse, daß eine spezielle Blumenbörse in Frankfurt a. M. eröffnet wird, wo die neu eingeführten Blumen oder gezüchteten Sorten gehandelt werden. Die Tulpe wird dort im 17. Jahrhundert eine besondere Rolle spielen.

Blumen in Gefäßen. Doch jetzt bleiben wir in der Renaissancezeit, die bis etwa 1600 datiert. In dieser Zeit gewinnt auch die Schnittblume an Bedeutung. Sie wird in Gefäße gestellt, die zum ersten Mal speziell für das Blumeneinstellen geschaffen sind. Bisher sind Krüge und Kannen aus dem Haushalt Behältnisse für Schnittblumen gewesen, wie es die Gemälde des Mittelalters überliefern. Jetzt überwiegen Blumenvasen aus feinem Glas oder fester Keramik wie Fayencen oder Terrakotten. Bilder der Zeit, die Porträts oder Szenen in Wohnräumen darstellen, zeigen die Vase

Abb. 8. Eine venezianische Glasvase mit Nelken aus dem Bild des Kaufmanns von Gisze von Hans Holbein d. J.

Abb. 9. Renaissance Blumenstilleben (nach einem Gemälde von Ambrosius Bosshaert, 1565–1621).

mit wenigen Blumen auf den Tisch gestellt oder vor einer Büste in einer Wandnische. Die Blumen sind ungeordnet eingestellt; sie wirken durch die Beschränkung auf wenige einer Art aber in ihrer Natürlichkeit sehr schön (Abb. 8). Daneben zeigen die Gemälde, vor allem Blumenstücke, den komponierten Strauß, groß, üppig, farbenprächtig, bei aller Fülle aber geordnet durch ein symmetrisches ovales, rundes oder tropfenförmiges Umrißbild (Abb. 9). Es ist anzunehmen, daß derartige dekorative Blumenstücke nicht nur malerische Kompositionen der Künstler sind, sondern daß sie als repräsentativer Schmuck der Räume bei festlichen Anlässen eine Rolle spielen. Mit der Verfeinerung der Sitten und Wohnkultur gehört es alsbald zum gut eingerichteten Zimmer, daß dieses mit Blumen geschmückt wird. Es gibt dazu Deckelvasen (Fayencen oder Majolika), in deren Deckel Löcher sind; in diese steckt man die Blumenstiele, so daß man eine Möglichkeit hat, die Blumen in gewünschter Stellung einzuordnen. Auch für die Pflege des Arrangements ergeben sich aus dieser Technik Vorteile: man hebt einfach den Deckel mit den darin steckenden Blumen ab, erneuert das Wasser und stellt die Blumen wieder hinein.

Sonstiger Blumenschmuck. Auch der Girlandenschmuck lebt wieder auf. Die schönsten Blüten- und Früchtegirlanden überliefern uns die Bilder von Jan Brueghel dem Älteren und Giovanni da Udine. An Bändern aufgehängte bunte Kränze sind als Raumschmuck beliebt. Die Tafel oder Platten mit Speisen werden mit Blüten und Blättern geschmückt. Selbstverständlich spielt der Kranz auch weiterhin als Symbolgabe bei Trauerfeiern oder Totengedenktagen eine Rolle.

Zur Vertiefung
1. Es sollte eines der genannten Werke der Literatur gelesen werden oder eine Biographie eines Wissenschaftlers, Politikers oder Künstlers der Renaissancezeit, z.B. „Galilei und Newton" von WILLIAM BIXBY (Ensslin & Laiblin Verlag, Reutlingen).
2. In jedem Museum gibt es Bilder oder kunstgewerbliche Gegenstände der Renaissancezeit. Ein Museumbesuch öffnet den Blick für die Gestaltungsformen der Renaissance.
3. Beschaffen Sie sich eine Kunstpostkarte mit einem Blumenstilleben von Jan Brueghel, etwa „Blumengarbe in einem Kübel", Alte Pinakothek München, und versuchen Sie festzustellen, welche Blumenarten in diesem Stück vereint sind.

4.2 Besonderheiten aus der Zeit der absoluten Herrscher (Barock und Rokoko)

Als Barockzeitalter bezeichnet man den Entwicklungsabschnitt der europäischen Geschichte von 1600 bis 1750 etwa. In den unruhigen Zeiten der vorherigen Renaissance führen religiöse Reformbestrebungen, soziale und politische Spannungen zu vielen Kriegen. Diese Geschehnisse haben eine Verlagerung der politischen Macht zur Folge. Frankreich wird Vormacht in Europa. Galt es vorher als vorbildlich, nach spanischer Mode gekleidet zu gehen, dringt jetzt die französische Sprache und Etikette in das Leben der Adelskreise ein. Doch auch das Denken weist neue Grundzüge auf: Nicht das Gute, sondern das Schöne findet Wohlgefallen. Nicht Gerechtigkeit, sondern Größe soll demonstriert werden. Nicht das Vernünftige, sondern das Außergewöhnliche gilt als erstrebenswert. Das ist keine bürgerliche Gesinnung mehr, sondern die Gesinnung eines kleinen Kreises von Bevorrechtigten.

Nachdem die Gegenreformation in vielen Landesteilen den Protestantismus zurückgewiesen hat, die Glaubenskriege beendet sind und darauf Friede in den deutschen Landen einzieht, wird überall wieder aufgebaut. Neue Kirchen, neue Schlösser entstehen. Mit den Bauten will man prunken und triumphieren. So kann der Barockstil auch als Triumphstil bezeichnet werden. Selbst der reiche Handelsherr, der wohlhabende Gewerbetreibende oder Beamte liebt prunkvollen Hausrat, wertvolle Möbel und kostbare Kleinodien. Der Bauer und Arbeiter lebt weiter ärmlich und bescheiden in engen Behausungen, doch seinen Anteil an den Freuden des Lebens genießt auch er. Vor allem wird gutes Essen geschätzt, das Spiel auf der Fiedel oder Flöte und das Gläschen Wein.

Zeitungen beginnen, umfassender zu informieren, zudem können sie von immer mehr Menschen gelesen werden, weil durch die Einführung der allgemeinen Schulpflicht die Zahl der Analphabeten verringert wird. Bach und Händel schreiben ihre Werke für Klavier, Orgel und Orchester, und die italienische Oper ist überall beliebt. Die Kleidung ist prächtig, üppig und füllig, die Haare werden lang und lockig getragen, oder es wird die Perückenfrisur bevorzugt. Seide, Spitze und Samtrock gehören zum Festkleid und zur Kleidung der eleganten Welt.

Gartenanlagen. Die Gärten sind einerseits Hausgärten und weiterhin Domäne der Frau oder des Liebhabergärtners, andererseits aber werden sie zu großen, planvollen Anlagen. In den barocken Schloßgärten hat die Blume keinen Platz. Wo Farben gebraucht werden, nimmt man farbigen Kies, Glasperlen oder gar Blüten aus Porzellan, um die Flächen zwischen den niedrigen Buchsbaumornamenten farbig zu gestalten. Dazu kommt der weiße Marmor der Statuen und das Wasser in phantasievollen Teichformen, Kaskaden und Springbrunnen (Abb. 10). Diese Gärten sind Werke von Gartenarchitekten, von denen André Lenôtre (1613–1700) am bekanntesten ist. Der Park von Versailles ist Vorbild vieler Schloßgärten geworden, und sehen wir heute in Barockgärten üppig blühende Blumenrabatten, so ist das eine Konzession an unsere heutige Vorstellung von einem Garten.

Blumenschmuck. Sogar die Tafeldekoration soll in Versailles aus Aufsätzen bestanden haben, die mit buntem Sand gefüllt sind, in den wenige Blüten steif aufgesteckt werden. Auch Obstschalen, mit Blüten

Abb. 10. Heckenwände, Fontänebecken, Plastiken und Pavillons sind Formelemente im Barockgarten (hier Detail aus dem Veitshöchheimer Hofgarten)

die fast unverständliche Tulpenliebhaberei mit riesenhaften Spekulationsgeschäften ein normales Maß annimmt, blühen vor allem in niederländischen Gärten hauptsächlich Zwiebel- und Knollengewächse. Die holländischen Handelsschiffe bringen aus aller Welt Samen und Wurzelstöcke fremder Pflanzen mit, und selbst in Dorfgemeinden werden Vereine zur Blumenpflege gegründet. Man feiert zur Blütezeit bestimmter Blumen Feste, man begutachtet und prämiiert, man handelt und tauscht. Die Hugenotten (französische Protestanten, ihres Glaubens wegen ausgewandert), die überallhin ihre Gartenkultur mitbringen, führen ab 1685 die Hyazinthen im Berliner Raum ein, züchten sie und veranstalten 1740 eine große Hyazinthenausstellung in Berlin. Die Hyazinthenzwiebeln im Glaskelch über klarem Wasser, zu Beginn der Treiberei mit bunten Papierkegeln geschützt, sind seitdem ein beliebter Zimmerschmuck im Bürgerhaus.

Die Vorliebe für Zwiebelgewächse wird von der Vorliebe für die Nelke abgelöst. Die Nelke ist zwar schon lange (seit den Kreuzzügen) in den heimischen Gärten zu Hause, doch jetzt wird sie gezüchtet, seit 1660 sogar im Treibhaus gezogen.

Blumenanbau. Blumen werden in Massen in Feldkulturen angebaut. Doch geht es dabei nicht um die Blüten an sich, sondern um die Gewinnung von Duftstoffen. Im 17. und 18. Jahrhundert steigt der Parfümverbrauch ungeheuer an. Die Bauern an der Riviera

besteckt, sind beliebter Tafelschmuck, während im Raum Girlanden aus blühenden oder fruchttragenden Obstgehölzzweigen und vielerlei Blüten zum Schmuck aufgehängt werden.

Der Kavalier schenkt der Dame Buketts, die häufig aber auch aus künstlichen Blumen bestehen.

So wenig aber die Blume im Schloßgarten zu finden ist, so üppig prangt sie in Stuck oder gemalt an den Wänden oder an der Decke der Räume. Beliebter Raumschmuck sind wertvolle Porzellanvasen mit Blütenarrangements, deren Blumen aus Silberfiligran, feiner Spitze oder aus buntbemaltem Porzellan bestehen. Doch auch Porzellanvasen zum Blumenstellen sind bekannt. Diese Gefäße sind reich bemalt oder mit plastischem Porzellanschmuck ausgestattet, zwischen dem röhrenartige Öffnungen aufragen, in die einzelne Blumen gesteckt werden, so daß die Stiele in das wassergefüllte Innere des kompliziert gestalteten Gefäßes ragen (Abb. 11).

Blumenliebhabereien. Die Blumen haben einen Platz im kulturellen Leben des Barocks. Nachdem ab 1637

Abb. 11. Das linke Gefäß ist eine „Fünffingervase" (1735), rechts ein formenreich gestaltetes Fayence-Gefäß mit 8 Öffnungen, in welche je eine Blume gesteckt wird (Mitte des 18. Jahrhunderts, Kunstgewerbe-Museum Schloß Charlottenburg, Berlin)

schlagen ihre Olivenbäume ab und pflanzen Lavendel und Rosen, Jasmin und Akazien, Orangen und Veilchen, Tuberosen und anderes mehr. Heute noch ist die französische Riviera ein Zentrum der Parfümherstellung. Man parfümiert sich in der Barockzeit sehr stark und reibt sich mit wohlriechenden Salben ein. In den Räumen werden gewaltige Mengen von Parfüm versprengt. Da damals Wasser als gesundheitsschädlich gilt, wird Eau de Cologne ein wichtiges Mittel der Körperpflege.

Blumen in der Wissenschaft. Bei aller Liebhaberei für Blumen und Blütendüfte sowie für die „Hobby-Züchterei" sei aber die ernste Wissenschaft nicht vergessen, die in CARL VON LINNÉS Systematik gipfelt. Die Erfindung der Lupe und des Mikroskops (Ende der Renaissance), Untersuchungen der Pflanzenanatomie und die Entdeckung der Geschlechtlichkeit der Pflanze, die Einfuhr vieler neuer Arten und Versuche der Systematisierung aller Pflanzen von LINNÉS führen zu dem Werk, welches das „künstliche" System genannt wird. LINNÉS ordnet alle Pflanzen ein nach der Zahl, dem Bau und der Lage der Staub- und Fruchtblätter. Später folgt das natürliche System, an dem ENGLER maßgeblich mitwirkt. Es nimmt den ganzen Bau der Pflanzen zum Maßstab der Einordnung, eine Arbeit, die heute noch nicht abgeschlossen ist (siehe hierzu auch die Neuauflage des „Zander", Handwörterbuch der Pflanzennamen).

Der Wandel in der Rokokozeit. Am Ende der Barockzeit (1750–1780) wandeln sich die Stilformen, und man spricht vom Rokoko. Das Rocaillenornament ist kennzeichnend (Abb. 12).
Der Name „Rokoko" kommt aus dem Französischen und ist von roc = Felsen abgeleitet. Dies bezieht sich auf die Grotten, die, aus Steinen und Muschelwerk ausgeführt, in den Gärten der damaligen Zeit beliebte Bauwerke neben Tempelchen, Wasserspielen und Theateranlagen sind.
Während im Barock alles auf Prachtentfaltung und Darstellung heroischer Macht sowie Sinnesfreude abzielt, ist die 2. Hälfte des 18. Jahrhunderts von einem anmutig eleganten, etwas kapriziösen und galanten Lebensstil geprägt. So werden auch die barocken, üppigen, schwülstigen Formen durch zierliche, graziös und spielerisch wirkende Architekturen und Plastiken abgelöst. Die repräsentativen Farben Purpurrot, Gold und Weiß sind jetzt nicht mehr dominierend; man bevorzugt Pasteltöne und Kombinationen von lichter, zarter Wirkung. Wenn bisher die Entscheidungen der feudalen Gesellschaft durch geistliche und weltliche Würdenträger in Männerkollegien oder in absoluter Machtvollkommenheit diktatorisch ge-

Abb. 12. Rocaille

fällt wurden, so beginnt jetzt eine Epoche, in der die Salons der Damen beliebte Treffpunkte sind. In diesen Salons kommt man zusammen, um über Theater und Wissenschaft zu sprechen, Gedichte und Romane zu lesen und sich über ergötzliche, geistreiche Einfälle oder Spitzfindigkeiten zu amüsieren.
Auch die Philosophie wird hier interessiert und tolerant vertreten, so daß Jean Jacques Rousseaus Ruf „Zurück zur Natur" wohl gehört wird. Im Kreise der eleganten Welt täuscht man mehr das natürliche Leben vor, als daß man es ernsthaft sucht. Man liebt es, als Schäferin oder Hirt, als Bäuerin oder Landjunker verkleidet, im gepflegten Park, dem englischen Landschaftsgarten, ein gespieltes Landleben zu genießen (Abb. 13).

Überall Blumen. Man windet Blumenkränze für das Haupt und steckt sich Blumensträußchen an das Mieder. Man legt auch dem Ziegenbock, der das Wägelchen der Kinder zieht, Blütenranken um den Hals. Eine Vorliebe für sentimentale und romantische Stimmungen führt dazu, daß das Weihnachtsfest bereits vereinzelt mit dem Lichterbaum begangen wird, eine bisher unbekannte Sitte, von Goethe in den „Leiden des jungen Werthers" 1774 erwähnt.

Abb. 13. Diese Skizze der römischen Wasserleitung im Schwetzinger Park zeigt, daß im Landschaftsgarten auch die Romantik von künstlich gestalteten Bauruinen sehr beliebt war

Doch die Blume ist nicht nur Attribut im romantischen oder galanten Spiel, sie ist auch beliebtestes Motiv in der Porzellanmalerei. Nach ihrem Bild werden aus bunten Materialien Intarsien in die Tischplatten gearbeitet, Lackmöbel bemalt und Muster der Seidentapeten entworfen. Aus Stuck gearbeitetes zierliches Blattgerank, verziert mit Blüten- und Früchtetuffs, Vögeln oder Attributen der Jagd, schmücken Decken und Wände. Frische Blüten oder solche aus Tüll und Spitze zieren das Kleid, wo es nur geht, oder sie werden als Blütenband um den Hals, den Oberarm oder das Handgelenk gebunden. Nichts verkörpert die Lebenshaltung der damaligen Zeit wohl mehr als die Blumen – frisch und lebenslustig, verspielt und heiter, graziös und naturnah, weiblich und träumerisch. So ist das Rokoko eine Zeit, in der sogar eine Frau Kaiserin wird, Maria Theresia (1717–1780) von Österreich.

Zur Vertiefung
1. Das angelegte Fachwörterbuch ist zu ergänzen.
2. Besuchen Sie ein Barock- oder Rokoko-Schloß und betrachten Sie vornehmlich Blüten- und Früchtegebinde im Stuck und in der Malerei.
3. In Illustrierten, Reiseprospekten, auf Kalenderbildern und Kunstpostkarten finden Sie Reproduktionen von Gemälden der Barock- und Rokokozeit. Sammeln Sie Blumendarstellungen oder Bilder von Personen, die Blumenschmuck tragen.
4. Die Barockzeit liebt üppige Fülle, Prunk und Pracht. Nennen Sie Blumenarten, die in Form und Bewegung barocken Charakter haben.

4.3 Geistiger und wirtschaftlicher Umbruch im 19. Jahrhundert

Mit der französischen Revolution 1789 geht die Zeit des Absolutismus zu Ende. Damit beginnt ein neues Kapitel der Menschheitsgeschichte. Das folgende Ideal wird für die Weiterentwicklung bestimmend: Der Mensch sollte als vernunftbegabtes Wesen frei denken; jeder Mensch sollte gleiche Rechte haben, Menschlichkeit und Brüderlichkeit sollten die Haltung und die Handlungen der Menschen bestimmen. Der Ruf der französischen Revolution „Freiheit, Gleichheit, Brüderlichkeit" geht im Laufe der Zeit um die ganze Welt und ist heute noch nicht verklungen. Eine zweite Revolution bahnt sich in England an; auch sie ist noch in vollem Gange. Es ist die „industrielle Revolution", wie die wirtschaftlichen, sozialen und politischen Veränderungen genannt werden, die im Zusammenhang mit der Erfindung und Entwicklung der Maschinen stehen.

Die neuen Lebensformen lassen einen einheitlichen Stil nicht mehr aufkommen. Im weiteren Geschehen wird vielmehr der Individualismus bestimmend. So wie im Denken stets verschiedene Meinungen vertreten werden, bilden sich in der Gestaltung bei den freien und angewandten Künsten Richtungen heraus, die nebeneinander zum Teil bis heute bestehen. Man spricht von den „Ismen", und es fängt an mit einem neuen Humanismus im Denken, der zu einem Klassizismus der Formen führt.

Das Empire. Wieder einmal wendet man den Blick in eine Zeit, in der der Mensch „das Maß aller Dinge" war, nämlich in die klassische Antike. So übernimmt die Architektur viel aus dem Formenreichtum der Antike.

In Frankreich ist neben der Architektur vor allem die Mode und die Möbelgestaltung von der neuen Formgebung beeinflußt (Abb. 14). Man nennt diese Stilrichtung „Empire"[1]. Neben griechischen Motiven

---
[1] Empire = Stil des ersten franz. Kaiserreiches (lat.: imperium = Kaiserreich)

Abb. 14. Empire-Formen: Sessel, Bronzevase, Tischbein (aus W. Koch 1968)
Abb. 15. Klassizistisch beeinflußter Trauerkranz (nach A. Andresen 1952)

sind noch ägyptische Motive wie Obelisken, Pyramiden und Sphinxe darin enthalten. Würdevolle Steifheit in Weiß und Gold, dazu ein zurückhaltendes Blau oder ein kühles Grünblau gestalten die Innenräume. Zum Empirestil gehören das Kranz- und Girlandenmotiv als Schmuckelement. Der antike, oben offene Kranz hat sogar die Gestaltung des Trauerkranzes beeinflußt, der vor dem Ende des 19. Jahrhunderts häufig nicht rund, sondern von der unteren Mitte ausgehend, symmetrisch aufstrebend, sich nach oben verjüngend und offen gearbeitet wird (Abb. 15). Im Empirezimmer werden auch Schnittblumen aufgestellt, und zwar bevorzugt in reinweiße Porzellan- oder Steingutvasen in der Form römischer Schmuckvasen (vor einiger Zeit – um 1965 – sind diese Gefäßformen bei uns beliebte Verkaufsobjekte in Blumengeschäften gewesen). Auch die Topfpflanze, in einen Tontopf gepflanzt und in einen porzellanenen Übertopf gestellt, wird geschätzt. Vergißmeinnicht im Topf, Georginen (= Pompon-Dahlien) und kleine Palmen, Hortensien, Kamelien und Efeu, *Reséda*, Fuchsien und Geranien, Nelkenbüsche und Rosenstöcke sind nur einige, die im 19. Jahrhundert als Zimmerschmuck hinter und vor dem Fenster eine Rolle spielen.

Die Romantik. Neben dem Klassizismus entwickelt sich eine andere Kunstform, die Romantik. Der Freiheitskampf gegen Napoleon hat ein neues Nationalgefühl geweckt und damit eine Besinnung auf die eigene Vergangenheit. Die Brüder Grimm sammeln deutsche Märchen; Richard Wagner wählt für seine Opern Stoffe aus germanischen Heldensagen oder mittelalterlicher Dichtung; Turnvater Jahn bemüht sich um ein Volksturnen, damit eine gesunde, starke deutsche Jugend heranwächst, und schließlich tritt 1848 die erste deutsche Nationalversammlung zusammen und schafft eine deutsche Reichsverfassung, wenn es auch erst 1871 zur Einigung der deutschen Staaten zum Bundesstaat und Kaiserreich kommt. In dieser Zeit malt Ludwig Richter deutsche Landschaft und deutsches Volksleben, heiter und schlicht (Abb. 16). Caspar David Friedrich sieht die Romantik in wilden Felsenschluchten, in der endlosen Küstenlandschaft oder beim einsamen Kreuz auf dem Berge, und immer ist etwas Verträumtes und Weiches in sei-

Abb. 16. Romantische Stimmung in der Federzeichnung von Ludwig Richter (aus H. Braun 1961)

nen Bildern. Moritz von Schwind malt märchenhafte Szenen, und Carl Spitzweg malt in zauberhaften kleinen Bildern die Welt des Biedermeier, eine Welt des schlichten Bürgertums, in der auch im einfachen Geschehen des Alltags etwas Schönes gesehen wird: Wenn zum Beispiel der alte Mann seine Geranien vor dem Fenster gießt oder wenn der junge Mann seiner Angebeteten ein buntes kleines Blumensträußchen bringt aus kurzstieligen Blumen, dicht mit bunten Bändern zusammengebunden, das Biedermeiersträußchen.

Das Biedermeier. Die Biedermeierzeit rechnet man etwa von 1815–1848. Der Biedermeierstil bezieht sich nur auf Möbel, Mode und Hausrat. Eine gemütvolle kleinbürgerliche Beschaulichkeit herrscht in den Räumen. Der große mahagonigefaßte Spiegel, die zierlichen Stühle und das kleine Sofa mit der Schlummerrolle, die Miniaturporträts und Scherenschnitte an der Wand, das Nähtischchen und der Blumenständer für die vielen, geliebten Blumen prägen das Bild. Weil man nun lebende Blumen im Zimmer hat, verschwinden die Blumenschnitzereien an den Möbeln (Abb. 17). Die bildende Kunst dieser Zeit ist vom Humanismus[1] geprägt, und sie stellt sich im Klassizismus, Historismus[2] und in der Romantik dar.

---

[1] Humanismus: lat.: humanus = menschlich, von der Kultur des Altertums beeinflußtes Bildungsideal
[2] Historismus: Denkweise, die geschichtliche Vorgänge zur Erklärung des Seins heranzieht. In der Kunst: Aufgreifen von Stilformen vergangener Epochen

Blumen im weiteren Verlauf des 19. Jahrhunderts: Im 19. Jahrhundert kommen wieder Blumen in den Garten, die bisher im herrschaftlichen Park eine nebensächliche Rolle spielen; im Bauerngarten oder Hausgarten des Bürgers sind Blumen allerdings allezeit zu finden. Im bürgerlichen 19. Jahrhundert führt die Blumenliebe zu unschönen Zerstückelungen des Gartengeländes. Man legt viele, durch Kieswege getrennte Beete an in Kreis-, Sechseck- oder Nierenform. Für die Blumen, die bei uns nicht im Freien wachsen, baut man ein Gewächshaus, das jetzt wesentlicher Bestandteil des Gartens wird. In diesen Häusern werden auch Rosen gezüchtet und gezogen, die erst im 19. Jahrhundert zur allgemein beliebten Blume werden. 1791 kennt man erst 25 Rosensorten, Ende des 19. Jahrhunderts bereits 5007 Sorten! Modeblume ist die Rose aber nicht gewesen; das sind um 1800 die Ranunkel und die Nelke in England, das Vergißmeinnicht in Frankreich, 1820 die Narzisse, danach die Georgine, die Fuchsie 1830–1840 in Berlin und *Reséda* im Topf von 1810–1890. Das Moosröschen wird 1850 beliebt, und eine große Rolle spielt die Kamelie. Ihre Blüten sind bevorzugter Ansteckschmuck für das Ballkleid, für die Frisur und das Knopfloch des Herren. Die Knopflochblume, eine Erfindung des vorigen Jahrhunderts, wird sehr sorgfältig behandelt und oft in kleine gebogene Glasröhrchen gesteckt, die mit einem „Glaskragen" im Knopfloch hängen.

Damen tragen frische Blumen am Hut, im Haar, an der Brust und an der Hüfte, an der Schulter und auf

Abb. 17. Biedermeier-Möbel: Sofa und Sekretär (aus W. Koch 1968)

Abb. 18. Tischdekoration Ende des vorigen Jahrhunderts (nach A. Andresen 1956)

der Schleppe. Das heißt natürlich nicht, daß die Blumen gleichzeitig alle diese Stellen schmücken, aber ohne Blumenschmuck ist man nicht fertig angezogen. Lange Zeit gehört das Veilchensträußchen zum jungen Mädchen; sie trägt es am Jackenaufschlag oder am Muff.

Blumenschmuck gehört von nun an auch auf die festlich gedeckte Tafel. Frauen arrangieren die Blumenvasen oder füllen den Tafelaufsatz – das Prunkstück des Familienschatzes – mit kurzstieligen frischen Blumen. In den vierziger Jahren sind die Füllhörner beliebt (geflochtene, dem Stiergehörn ähnliche Gefäße, die mit Blüten und Früchten gefüllt werden). Gegen Ende des Jahrhunderts pflanzt man ganze Blumeninseln auf die Tafel mit Palmen und Farnen, damit ein recht üppiger, exotischer Eindruck entsteht oder man kombiniert Grünpflanzen in Töpfen mit Blütengirlanden (Abb. 18).

Der Blumenstrauß nimmt unterschiedliche Formen an. Als „italienischer" Strauß ähnelt er noch dem Biedermeierstrauß, ist aber etwas lockerer und ohne Manschette gebunden. Der „Buschen" wird aus Buschbaumgrün gebunden, zwischen das Blumen gesteckt werden. Der Stabstrauß oder Pyramidenstrauß wird hoch aufragend und voll gebunden, teils mit einem haltenden Stab in der Mitte, teils ohne einen solchen. Daraus entwickelt sich das Makart-Bukett, in das auch trockene Gräser oder künstliche Blumen gebunden werden. Zum Ball schenkt man der Dame das Pompadour-Bukett, einen schräg geordneten Strauß, vielfach mit Draht, feuchtem Seidenpapier und Stanniol gearbeitet, ähnlich der heutigen Brautstraußtechnik (Abb. 19).

Blumen werden jetzt auch ein allgemein üblicher Schmuck der Braut, und keine Frau wird gemalt, ohne daß Blumen mit auf das Bild kommen. So ist im vorigen Jahrhundert die Blume in jedes Bürgerhaus eingezogen, und der Blumenhandel nimmt seinen Aufschwung. Die Blumenbinderei beginnt sich zu einem speziellen Berufszweig zu entwickeln. Doch noch sind es Gärtner, die Kränze, Blumenkörbe und andere Gebinde fertigen (Abb. 20).

Besonderheiten der Gründerjahre und Kaiserzeit. Die Städte sind gewachsen. Die Industrialisierung hat zu neuem Reichtum geführt. Die Gründung des deutschen Kaiserreiches (1871) hat zu einem wirtschaftlichen Aufschwung geführt, so daß man die Jahre 1871–1873 sogar die „Gründerjahre" nennt. Der Ausdruck dieser Zeit ist bestimmt durch einen betont wirkenden Repräsentationswillen. Die schon genannten Makart-Buketts, das Pompadour-Bukett und die aufwendigen Tafeldekorationen sind aus diesem Streben entstanden. Doch auch der „Vorgarten" mit Rosenrondell, durch Buchsbaumhecken eingefaßte Beete, Rabatten und großzügige Wegeführungen zum Haus sind ein Zeichen für diesen Willen der Zurschaustellung von Reichtum und Selbstwerteinschätzung. Stuckornamente in Form von Blütengirlanden und -ranken an den Zimmerdecken, gemalte und gestickte Blumenbilder und gewebte Blütenmotive in der Seidentapete lassen barocke Formenfülle aufleben. Der Wintergarten wird Statussymbol für das herrschaftliche Haus. Doch der „kleine Mann" lebt ärmlich; aber auch ihn drängt es zum frischen

Abb. 19. Sträuße des vorigen Jahrhunderts (nach A. Andresen 1963 und H. Rothe 1935). Links von oben nach unten: Biedermeierstrauß (um 1820), „Italienischer" Strauß (1860), „Buschen" mit Treibhausblumen (1870). Rechts von oben nach unten: Pompadour-Bukett (1890), Pyramidenstrauß (1880)

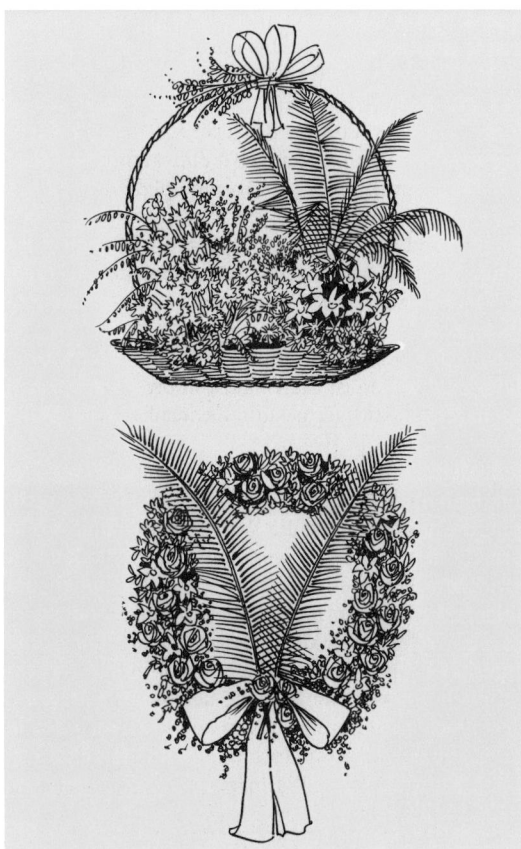

Abb. 20. Jardinierenkorb und Kranz um 1900 (nach A. Andresen 1963)

Abb. 21. Jugendstil: Stuhl und Ornament um 1900 (aus W. Koch 1968)

Grün, weshalb die Schrebergarten-Bewegung viele Anhänger findet. Der Arzt Dr. Daniel Gottlob Moritz Schreber (1808–1861) begann damit, kleine Gärten innerhalb einer Gartenkolonie anzulegen; nach ihm werden heute noch solche Gärten „Schrebergärten" genannt.

Zur Vertiefung
1. Das selbstgeführte Fachwörterbuch ist zu ergänzen.
2. Gehen Sie in Möbelgeschäfte und bitten Sie um Kataloge, aus denen Sie Stilmöbel des Empires und Biedermeiers ersehen können. Stellen Sie Vergleiche an und beschreiben Sie die Stilunterschiede.
3. Die Malerei der Romantik zeigt auch die Liebe zu Blumen. Beschaffen Sie sich Spitzweg-Motive, die Blumen im Leben der Menschen zeigen.
4. Beschaffen Sie sich die Wiedergaben von Blumenbildern, gemalt von Künstlern des Impressionismus (Kunstrichtung in der 2. Hälfte des 19. Jahrhunderts) möglichst die Pfingstrosen von Edouard Manet, 1864 (im Louvre, Paris), und den Frühlingsstrauß von Auguste Renoire (im Fogg Art Museum, Cambridge). Beide Sträuße sind nicht nur gute Beispiele impressionistischer Malerei, sie zeigen auch die gleiche Anordnungsweise der eingestellten Blumen. Erkennen Sie ein System und welches? Und wodurch harmonieren Gefäß und Blumen so gut?

4.4 Entwicklung im 20. Jahrhundert

Die Entwicklung der Städte und die Bevölkerungszunahme, die Erkenntnisse der Wissenschaften und die Fortschritte der Technik führen zu neuen Geisteshaltungen. Man sucht nach neuen Formen als Ausdruck dieser Veränderung.

Der Jugendstil. Der Belgier Henry van de Velde findet am Vorbild der pflanzlichen Natur Anregungen; seine geschwungenen und verschlungenen Linien bereichern das Ornament und Kunsthandwerk, und es entsteht daraus der Jugendstil, nach der Münchener Zeitschrift „Jugend" benannt (Abb. 21).

Diese Kunstrichtung um 1900 hat auch Einfluß auf Blumensitten. So werden z. B. wieder bevorzugt einzelne oder wenig Blüten einer Art in schmale hohe Vasen gestellt; man ist für den Reiz der Linie empfänglich geworden. Auch sonst liebt man die schlichte Natur. Man wandert mit den Wandervögeln (ein Jugendbund von 1896–1933); die Schulkinder verbringen Wochen im Schul-Landheim; Zoologische Gärten werden durch Hagenbeck (1912) reformiert, so daß mit den Gehegen der Natur der Tiere mehr entsprochen wird als bisher. Und in der Blumenbinderei wird das „Landschaftliche Gesetz" formuliert (s. Seite 127), schließlich ist das Blumenbinden ein selbständiger Beruf geworden (seit 1910), der seine eigenen Lehrbücher hat und lehrbare Gestaltungsregeln entwickelt.

1933 wird manches anders. Ein Gedanke, der zwar an die neu gewonnene Naturnähe anzuknüpfen scheint, der aber dennoch gewollt „aufgepfropft" wird, versucht, das schlichte bäuerliche Wesen zu fördern. Bäuerliches Brauchtum soll ein gesundes völkisches Erbe demonstrieren. Der Erbhofbauer wird gefördert; die Selbstversorgung in der Nebenerwerbssiedlung wird propagiert. Der Vorgarten wird vernachlässigt, der Nutzgarten wird der Stolz der Frau. Aufmarschplätze und Straßen, lange Fahnenreihen und Umzüge zum 1. Mai oder Erntedankfest werden mit Girlanden, teils sehr schöner Brauchtumsbinderei (Kolbrand: Der Grün- und Blumenschmuck, Berlin 1937) und formbinderisch gefertigten Emblemen geschmückt. Blumensträuße aus Garten- oder Feldblumen spielen im öffentlichen Leben eine größere Rolle als repräsentative Zuchtformen oder fremdartige Exoten. Doch im privaten Bereich lebt die heitere Blumenromantik weiter; der blumenreiche Balkon oder die wickenumrankte Gartenlaube sind Zeichen unpolitischer Idylle bis der Krieg es notwendig macht, Tomaten im Blumenkasten oder Bohnen an der Gartenlaube zu ziehen.

Heute sind die Folgen des schrecklichen Krieges überwunden. Der Garten ist Wohnraum und Erholungsraum geworden, er ist Tummelplatz in der Freizeit und in neuer Weise ein Prestigeobjekt. Doch sieht er ganz anders aus als früher. Er ist kultivierte Natur. Er ist in Räume gegliedert, wobei der Nutzgarten meist zu einer Kräuterecke zusammengeschrumpft ist.

Auch in der Architektur und im Straßenbild sowie bei Platzgestaltungen ist die Pflanze in ihrer natürlichen Eigenart ein wichtiges gestalterisches Element (Abb. 22).

Den Menschen bewegen Erkenntnisse tieferer Zusammenhänge. Er lernt Kräfte kennen, die man nicht sieht, die aber dennoch die Welt gestalten und verändern können. Sein Blick wendet sich vom bloßen Äußeren zum geistigen Inhalt hin. Die Schönheit der Dinge erkennt man nicht am Äußeren, sondern an der sinnvollen zweckbezogenen Formgebung und Materialwirkung. Man spricht von einer Zweckschönheit und von der Sprache des Materials. Damit wirken sich auch Bauhausideen aus, die man schon in den Zwanziger Jahren formuliert hat. (Bauhaus = Staatl. Kunstschule in Weimar, später in Dessau von 1919–1933).

Für den Floristen heißt das:
Er muß je nach Anlaß sinnvoll auswählen und gestalten (*Zweckgerechtigkeit*).
Er muß die Natur der Blume so weit als möglich zur Wirkung bringen (*Materialgerechtigkeit*).
Er muß aber auch entscheiden, wann im Interesse der gestalterischen Absicht der Gesichtspunkt der *Stilgerechtigkeit* wichtiger ist als der der Materialgerechtigkeit.

So bestehen scheinbar sich widersprechende Gestaltungstypen nebeneinander, die materialgerechten vegetativen Gestaltungen und die zweck- und stilgerechten formal-linearen Kompositionen, die Formbinderei und der dekorative Gestaltungsstil.
Der Florist muß neben seiner handwerklichen und gestalterischen Tätigkeit auch an die Blume in ihrer Rolle bei der Hobby-Beschäftigung denken, denn in der „Freizeitgesellschaft" erwartet man mehr und mehr Ratschläge und Anregungen für das Do-it-yourself.
Schließlich muß der Florist in der heutigen Konsumwirtschaft auch den Artikel „Blume" in immer größe-

Abb. 22. Die moderne Architektur braucht das freie Wachstum der Pflanze als belebenden Formenkontrast

rer Zahl verkaufen können. Der Gartenbau in seiner rationellen Technik, seinen durchforschten Kulturmethoden und seiner Spezialisierung produziert in Mengen im In- und Ausland. Schnelligkeit und Leistungsfähigkeit der Verkehrsmittel bringen Blumen aus aller Welt auf den Markt.

So ist der Florist heute nicht nur Handwerker und Gestalter, der eine oder andere sogar mit dem Anspruch, Künstlerisches zu leisten, er ist außerdem Ratgeber, Händler bzw. Kaufmann, und wenn möglich auch Werbefachmann. Eine gründliche und vielseitige Ausbildung ist heute für den Floristen unerläßlich.

Der Beruf des Floristen. Erst seit Mitte des vorigen Jahrhunderts gibt es außer den Gärtnereien Läden, in denen Blumen verkauft werden. Es sind zunächst Lebensmittelgeschäfte, die ebenfalls Blumen, Pflanzen und „Zusammenstellungen" zum Kauf anbieten. Mehr und mehr richten Gärtnereien Blumenverkaufsstellen und „Werkstätten für Blumenkunst" ein. Eine fachliche Ausbildung ist aber noch stark mit der des Gärtners verknüpft und wird allerorts recht unterschiedlich gehandhabt. Erst ab 1910 werden auf Betreiben des 1904 in Düsseldorf gegründeten Verbandes Deutscher Blumengeschäftsinhaber (VDB) einheitliche Lehrlingsprüfungen abgehalten. Im Jahre 1935 wird der VDB umgewandelt in die „Fachgruppe Blumenbindereien", ab 1960 in „Fachverband Blumenbindereien" und neuerdings (1969) in „Fachverband Deutscher Floristen" umbenannt.

Die erste Blumenbindermeisterprüfung findet 1936 in Hannover statt. Die Einzelheiten über den heutigen Ausbildungsweg und über Ausbildungsmöglichkeiten des Floristen sind in Florist Band 2 im Teil „Der Florist in Beruf und Betrieb" ausgeführt.

Die Fertigung anspruchsvoller Binderei einerseits und der Massenverkauf von Blumen und Pflanzen andererseits verlangen eine differenzierte Betrachtungsweise der Blume; denn einmal ist die Blume gestalterisches Ausdrucksmittel, und zum anderen ist sie Ware und Massenartikel. Damit sind auch unterschiedliche Anforderungen an den Menschen und die Betriebsorganisation gestellt. Davon ausgehend ist in der Zukunft ein starker Einfluß auf die Entwicklung der Blumengeschäfte zu erwarten.

Zur Vertiefung

1. Es wird empfohlen, sich mit anderen Ausdrucksformen der Zeiten zu beschäftigen, um das Verständnis für den Formenreichtum menschlicher Werke, für die schöpferischen Möglichkeiten und für den Zusammenhang zwischen Geisteshaltung und Formgebung zu schulen. Die Stilkunde ist ein Quell, aus dem man auch für die Gestaltungen des Floristen schöpfen kann. Hinweise auf allgemein verständliche kleine Lehr- und Nachschlagebücher werden im Literaturverzeichnis gegeben. Es ist sehr vorteilhaft und zugleich interessant, Fotos stilkundlichen Inhalts aus Illustrierten, Kalendern oder Reiseprospekten zu sammeln, sie zu ordnen und mit kleinen Texten über Stilmerkmale und Entstehungszeit zu versehen.

2. In den Fachgeschäften des Kunst- und Buchhandels gibt es gute Wiedergaben von Gemälden oder Fotos von Reliefs und kunstgewerblichen Artikeln früherer Epochen als Kunstpostkarten zu kaufen. Man kann sich damit eine kleine Sammlung anlegen, in der Darstellungen von Blumen und Blumengebinden der verschiedensten Epochen eingefügt werden. Je nach Bemühung und Gelegenheit kann so ein interessanter Überblick entstehen, der in keinem Buch gedruckt ist!

3. Auch auf dem Gebiet der Formgebung für Möbel und Geschirre, der Dekors für Porzellan und Bestecke usw. mag man Prospekte und Bilder sammeln, um sich damit Kenntnis über heute beliebte Stilformen der Innenarchitektur und Tischkultur zu verschaffen.

4. Der beigefügte Überblick über die Stilepochen im europäischen Raum soll ergänzt werden.

Folgende Rubriken sind auszuarbeiten (in Stichworten):

a) Politische Persönlichkeiten
b) Namhafte Künstler
c) Stilmerkmale der Architektur
d) Stilmerkmale der Malerei
e) Kulturelle Entwicklungen

Überblick: Die Stilepochen im europäischen Raum

Stilepoche	Zeitabschnitt	geistige Zentren
Altertum	Zeitabschnitt von den Anfängen der orientalischen Hochkulturen bis zum Untergang Roms. „Antike" bezeichnet speziell die klassische griechische und römische Kultur von 600 v. Chr. bis 400 n. Chr.	
1. Die Kunst der Griechen	1000–30 v. Chr.	Athen, Sparta, Olympia, Theben, Korinth, Pergamon, Milet, Ephesos und Delphi
2. Römische Kunst	500 v. Chr. bis 500 n. Chr.	Rom gilt als die Mitte der Welt. Die politische Macht Roms dehnt sich im ganzen Mittelmeerraum und nach Norden bis Britannien aus
Mittelalter	Zeitabschnitt vom Ende Westroms bis zur Neuzeit, untergliedert in frühes Mittelalter 500–1000, Hochmittelalter bis 1200/1250, Spätmittelalter bis 1500	
3. Karolingische Kunst	800–900	Kaiserpfalz Aachen, Ritterburgen und Klöster im heutigen Frankreich und Deutschland
4. Romanische Epoche	900–1250	Braunschweig, Goslar, Wartburg, Nürnberg, Gernrode, Hildesheim, Speyer, Worms, Mainz, auch Rom und Palermo
5. Gotik	1250–1500 (in Frankreich 100 Jahre früher)	Köln, Straßburg, Regensburg, Nürnberg, Marienburg, vor allem aber Frankreich und Niederlande
Neuzeit	Zeitalter seit der Entdeckung Amerikas und der Reformation bis heute	
6. Renaissance	1500–1600 (in Italien 100 Jahre früher)	Augsburg, Nürnberg, Wittenberg, vor allem Oberitalien, Rom, Spanien und Portugal
7. Barock	1600–1750	Fontainbleau und Versailles, Niederlande, Prag und Wien, Berlin, Halle, Dresden, Würzburg, München u. a.
8. Rokoko	1750–1800	Berlin, München, Weimar, Versailles, London u. a.
9. Kunst des 19. Jahrhunderts	1800–1900	Berlin, München, Paris, London u. a.
10. Kunst des 20. Jahrhunderts	1900	Berlin, Weimar, Dresden, München, Paris, New York und viele Plätze auf der ganzen Welt

Allgemeine Grundlagen der Gestaltung mit Blumen

1 Einführung

Wenn wir vom Gestalterischen im Floristenberuf sprechen, fragen wir uns zunächst: was heißt überhaupt „gestalten"? Diese Frage kann in wenigen Sätzen beantwortet werden.

Gestalten heißt:
- ungeformten Werkstoff in eine zweckmäßige Form bringen;
- aus Einzelteilen ein neues Ganzes schaffen;
- Einzelheiten nach gestalterischen Gesetzmäßigkeiten zu einer neuen einheitlichen Gestalt zusammenfügen;
- mit den Eigenschaften der Gestaltungsmittel kombinieren, sie zu einer neuen und zweckmäßigen Ganzheit verschmelzen;
- Verschiedenheiten in ein Ordnungsgefüge eingliedern und sie damit zu einer Einheit verbinden.

Also heißt gestalten: ordnen.

Drei Kategorien des Gestaltens kann man unterscheiden:
1. Nachbildend gestalten ist eine rein handwerkliche Leistung.
2. Schöpferisch gestalten ist darüber hinaus eine geistige Leistung, die zu etwas völlig Neuem führt.
3. Künstlerisch gestalten heißt, daß das Werk einen geistigen Inhalt verkörpern wird; die Idee macht das Werk zum Kunstwerk.

Aus dem handwerklichen Können und der schöpferischen Verwirklichung der geistigen Vorstellung kann das Kunstwerk erwachsen. So hängen Können und Kunst eng zusammen, doch ist der Schritt von einem zum anderen sehr weit und nur wenigen vergönnt. Ob sich also der Florist allgemein als Vertreter einer Blumenkunst ansehen kann, mag dahingestellt sein. Ein Gestalter, sogar ein schöpferisch Gestaltender muß er jedoch sein. Er arbeitet nach Gestaltungsgesetzen wie die Vertreter anderer gestaltender Berufe auch, z.B. die Stoffmusterentwerfer und Töpfer, die Innenarchitekten und Silberschmiede, die Porzellanmaler und viele andere mehr.

Die Natur ist unser bester Lehrmeister. Dürer[1] sagte: „Wahrhaft liegt die Kunst in der Natur, wer sie heraus kann reißen, der hat sie." Er meint damit, daß man die den natürlichen Gestaltungen innewohnenden Kräfte und Gesetzmäßigkeiten erkennen muß und damit umgehen lernen sollte, dann kann man auch Harmonisches schaffen. Aus vielen Zellen bildet die Natur das Gewebe, aus verschiedenen Geweben den Organismus, aus Wurzeln, Stamm, Ästen und Blättern beispielsweise die Gestalteinheit Baum. „Und wo das Einzelne als notwendiger Teil des Ganzen wirkt, spricht man von organischer Fügung", sagt Wölfflin[2]. Wir Menschen selbst sind das Produkt von Naturgesetzen und Bildungskräften, die sinnvoll zusammenfügen und ordnen. Wahrscheinlich ist das auch der Grund, weshalb wir die den Bildungsgesetzen entsprechende Gestalt – beispielsweise eines Tieres – als schön empfinden; jede unmotivierte Abweichung wird als Entartung oder als unorganische Mißbildung abgelehnt. Was den Bildungskräften und Bildungsgesetzen der Natur entspricht, befriedigt unser Gefühl für ästhetische Werte. Deshalb wollen wir Ordnungsarten und Gestaltungsgesetze aus der Natur erkennen und die Wege aufzeigen, die zur Gestaltung führen.

Doch ehe wir Teile zu neuen gestalterischen Einheiten zusammenfügen, wollen wir uns mit den „Teilen" selbst beschäftigen.

2 Die Gestaltungselemente

Die „Teile", mit denen wir gestalten, nennt Paul Klee (moderner Maler) „materielle Gestaltungsmittel". Er meint im floristischen Sinne Blumen, Blätter, Zweige, Gefäße, Beiwerk, Dekorationshilfen u.a. Daneben erkennt er aber auch „ideelle Gestaltungsmittel", und er meint Linien, Formen, Farben, Helligkeiten und Strukturen. Er betrachtet also die Eigenschaften der Teile, die zusammengestellt werden. Das tun wir Flo-

---

[1] Albrecht Dürer, deutscher Maler zwischen Gotik und Renaissance, 1471–1528
[2] Heinrich Wölfflin, schweizer Kunsthistoriker, 1864–1945

risten auch. Die Eigenschaften unserer Blumen und anderer Gestaltungsmittel nennen wir „Gestaltungselemente".

„Element" heißt Grundbestandteil; das Wort kommt aus dem Lateinischen = elementum, wo es Grundstoff bedeutet. Elemente sind also Stoffe oder Teile, aus denen sich die Dinge dieser Welt aufbauen; hier sind es die Eigenschaften als Grundbestandteile des Erscheinungsbildes, die im Zusammenwirken einer Gestalt Charakter und Ausdruck geben.

Zu einer sicheren und vielseitigen Handhabung der Gestaltungselemente gelangt man durch Wissen. Viele mögen gefühlsmäßig urteilen können, weil sie ein natürliches Empfinden für das Zusammenspiel von Formen und Farben haben und mit sicherem Griff die richtigen Ausdrucksmittel wählen. Doch das Gefühl allein ist keine ausreichende Grundlage für das schöpferische Gestalten; das Wissen muß dazukommen. Ein Mensch mit einem feinen Ohr für Töne, einem guten Harmonieempfinden und rhythmischem Gefühl kann auch noch keine Kompositionen schreiben, er muß die Lehre vom Kontrapunkt und der Harmoniebildung studieren, ehe er sich ans Werk machen kann. Viele Floristen aber glauben, sie könnten sich auf ihr Gefühl allein verlassen! Wohl dem, der es hat, denn es hilft schon mit, den Gestaltungen Ausdruck zu geben, doch allzu leicht kann man Fehlentscheidungen treffen, wenn der kontrollierende Geist fehlt, das Wissen um die grundsätzlichen Regeln. Hat man sich einmal gründlich mit allem, was durchdacht werden kann, beschäftigt, wird man sicherer, und die Ausdrucksmöglichkeiten werden vielgestaltiger, weil man über die Grenzen seiner Persönlichkeit hinausgelangen kann.

3 Die Formenlehre

3.1 Begriffe und Ziele

Eine Form ist eine leicht erfaßbare Einheit; sie ist relativ einfach ausgebildet und durch ihre äußere Abgrenzung gekennzeichnet. Je nach den Raumausdehnungen haben wir

graphische Formen (Linien), Betonung einer Raumrichtung, z.B. Gräser, blattlose Zweige, die Schnur, Girlanden u.a.

flächige Formen (Flächen), mit Ausdehnungen in zwei Raumrichtungen, z.B. Blätter, Stoffe, Bretter u.a.

räumliche Formen (Körper), dreidimensional, z.B. Früchte, Blütenstände, Gefäße, Formbinderei u.a.

Mitunter bezeichnet man eine körperliche Form auch als *„Gestalt"*. Eine Gestalt ist ein Zusammenschluß mehrerer gleicher oder verschiedener Formteile, der als Ganzes wahrgenommen wird. Dennoch spielt jedes Detail seine Rolle, die in engem Zusammenhang mit der Zweckerfüllung der Gestalt steht. So erkennt man im Baum z.B. zuerst die Eiche, erst dann werden Stamm, Zweige und Blätter als Einzelteile wahrgenommen, und jedes Teil ist sinnvoll in den Organismus „Baum" eingegliedert. So enthält der Begriff „Gestalt" auch mehr die Vorstellung vom Lebendigen als der Begriff „Form".

Blüten, Blätter, Zweige sind Teilformen von Pflanzengestalten. Wenn der Florist sie in die Hand bekommt, sind sie ihrer natürlichen Stellung und Zuordnung beraubt; sie sind *Gestaltungsmittel* geworden. Hinzu kommen ganze Pflanzen, Steine, Gefäße, Bänder, Kerzen u.a. Alle Gestaltungsmittel wirken durch ihre Eigenschaften. Die Form ist neben der Farbe und Struktur eine der charaktergebenden Eigenschaften. Wir nennen die Form bei der Betrachtung eines Objektes auch einen *Wirkungsfaktor*. Beim Gestalten fügen wir Teilformen zu einem neuen Ganzen zusammen. In diesem Zusammenhang sind Formen wie Farben und Strukturen *Gestaltungselemente*[1], aus denen wir das Erscheinungsbild der Gestaltung zusammensetzen.

Ehe man mit Formen arbeiten kann und aus Teilformen ein neues harmonisches Gefüge zusammenstellen kann, muß man sich mit Formen unter den verschiedensten Aspekten auseinandersetzen. So hat die Formenlehre folgende Ziele:

1. Wir wollen Formen sehen und ihre Verschiedenartigkeit beschreiben lernen.
2. Wir wollen die Ansprüche der Formen erkennen, so daß wir die Formteile in einer floristischen Gestaltung zu einer harmonischen Gesamtwirkung bringen können, in der zugleich die Einzelwirkung der Teile so gut wie möglich erhalten bleibt.
3. Wir wollen die Wirkungen der Formen verstehen lernen, um sicher mit dem Wirkungsfaktor „Form" umgehen zu können.

Die vielen verschiedenen Formen unserer Gestaltungsmittel werden in Formengruppen eingeordnet, wobei eine bestimmte Form in mehreren Formengruppen auftauchen kann. Das hilft uns, einerseits

---

[1] Element = Grundbestandteil, hier ein Teil aller Wirkungsfaktoren

Grundsätzliches je Formentyp herauszufinden, andererseits die vielseitigen Betrachtungsmöglichkeiten einer Form zu erfassen.

3.2 Grundformen

Wie bei den Grundfarben kennen wir drei Grundformen. Wir nennen sie auch *Urformen*. Es sind der Kreis, das Dreieck und das Rechteck. Jede der drei Formen hat eigene, von den anderen Formen wesentlich unterschiedliche Bildungsgesetze. Und aus jeder dieser drei Formen lassen sich Varianten und Abwandlungen entwickeln.

Weitere Darstellungen zu den drei Grundformen folgen in Tabellenform:

Übersicht: Grundformen, deren Ausdrucksgehalt und Forderungen

Grundform und Formprinzip	Beispiele der Form	Wesen und Wirkung der Form	Ansprüche der Form und gestalterische Gesichtspunkte bei Eingliederungen der Form
Kreis = flächig **Kugel = räumlich** regelmäßig gekrümmte Linie bzw. Oberfläche bilden die Formgrenze. Innen liegt der Mittelpunkt – von der Formbegrenzung in jeder Richtung gleich weit entfernt.	**Blütenstände:** Achillea, Allium, Aster, Hortensie, Kugeldistel, Pfingstrose, Ranunkel, Schneeball, Tagetes, Zinnie u. a. **Blätter:** Cyclamen, Alchemilla Bergenien, Pelargonien, Peperomien u. a. **Früchte und Trockenformen:** Äpfel, Beeren, Zierkürbisse, Zitrusfrüchte, Zedernzapfen, Mohnköpfe, Platanenfrüchte, Lotosfrüchte, Baumpilze u. a. **Sonstiges:** Glaskugeln, dicke Perlen und Bälle, Knoten aus Strick, Kerzen, Kugelvasen, Moostuffs u. a. **Gebinde:** Biedermeierstrauß, Kranz, Strohblumenkugel, Weihnachtskugel u. a.	runde, geschlossene Formen enthalten etwas Weiches, Gefälliges, Geschlossenes, Insichruhendes. runde Formen wirken ruhig, voluminös[1]), füllig, lastend, gesammelt, umschließend, ohne Kraftentfaltung in den Raum, weil auf den eigenen Mittelpunkt gerichtet, daher auch sammelnd, konzentriert. Durch die Rundungen können sie nicht anecken, sie wirken anschmiegsam und gesellig. Sie sind aber auch allein vollkommen und allein wirksam (Strohblumenkugel). Kugelformen sind von allen Seiten gleich, weshalb sie unkompliziert wirken und ohne Probleme im Raum einzuordnen sind. ——— [1]) Volumen = Rauminhalt	**Raumbedarf:** gering, verträgt enge Nachbarschaft, weil Bewegungstendenz der Form nicht in den Raum gerichtet ist, daher für Formbinderei und für die Dichte der Teilformen nahe dem Bewegungsmittelpunkt gut geeignet. **Optischer Kontakt:** bei lockeren Gestaltungen darf der Freiraum nicht unproportional groß sein; der optische Zusammenhalt wird nicht durch eine über den Raum greifende Bewegung begünstigt. Die runde Form kann keine Räume schaffen, sie ist selbst Raum. **Freiraum unter sich:** Da die runde Form ein relativ großes optisches Gewicht hat, muß man ihr einen wirkungsvollen Freiraum unter sich geben, wenn man darunter geordnete Blüten nicht scheinbar erdrücken will (Abb. 23). **Nutzung der sammelnden Kraft:** Indem vornehmlich runde Formen nahe dem Bewegungszentrum einer floristischen Gestaltung angeordnet werden. **Formbinderei in Kugelform** ist nur richtig, wenn die allseitige Gleichheit der Form exakt herausgearbeitet wurde.

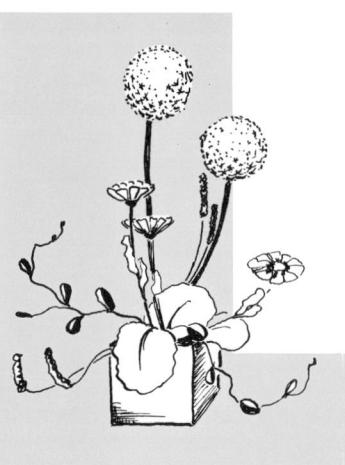

Abb. 23. Große runde Formen sollten unter sich Freiraum haben oder kraftvolle Formen, die ihre optische Last „auffangen" können. Welche dieser beiden Zeichnungen zeigt in dieser Hinsicht eine bessere Blumengestaltung?

Abb. 24. (unten) Bei diesem herbstlichen Dekorationsstück sind die Gladiolen so gesteckt, daß sie über den spitzen Enden der Blütenstände genügend freien Raum haben, in den sie hineinstoßen können.

Abb. 25. (Mitte) Diese beiden Vasenfüllungen mit Gladiolen zeigen nicht nur, daß Zusammenstellungen verschiedener Arten reizvoller aussehen als die von Teilen gleicher Art, sondern auch die Wirkung einer gut ausgestalteten Bewegungsmitte.

Übersicht: Grundformen, deren Ausdrucksgehalt und Forderungen (Fortsetzung)

Grundform und Formprinzip	Beispiele der Form	Wesen und Wirkung der Form	Ansprüche der Form und gestalterische Gesichtspunkte
Dreieck = flächig Pyramide und Kegel = räumlich Das **Dreieck** ist durch 3 gerade Strecken begrenzt und gekennzeichnet durch die Winkel (spitzwinklig, rechtwinklig, stumpfwinklig) oder durch die Seiten (gleichseitig, gleichschenklig, ungleichseitig). Die **Pyramide** hat ein Dreieck, Viereck oder Vieleck als Grundfläche und entsprechend viele Dreiecke als Oberfläche. Der **Kegel** hat einen Kreis als Grundfläche und einen Kreisausschnitt als Mantel.	**aufrecht:** Gladiolen, Rittersporn, Eremurus, Kniephofien, Ixien, Vriesien, Löwenmaul und Levkojen. Fichten und Wacholder, Sansevierien, Blätter der Iris und Gladiolen, Peitschenkerzen, u. a. **seitlich gerichtet:** Strelitzien, Anthurien, Calla, Viele Blätter, z. B. die der Yucca, der Bromelien, Cordyline u. a. **hängend:** Goldregen, Wistaria, Medinilla, Weintrauben u. a.	Dreieckige Formen scheinen eine Bewegungstendenz über ihre Form hinaus in den Raum hinein zu entwickeln, und zwar in Richtung des spitzen Winkels. So wirken sie stoßend, drängend, aktiv, zielstrebig, richtungsweisend. Ihr Wesen enthält Aktivität, etwas Raumgreifendes, Beherrschendes, Forderndes. Die spezifischen Wesenheiten werden von der Raumrichtung bestimmt, in die das Dreieck weist. **nach oben:** stolz, aufstrebend, sich von der Schwerkraft lösend, kraftvoll, machtvoll. **zur Seite gerichtet:** großzügig, raumgreifend, mitunter aggressiv, aber auch elegant, wegstrebend, selbstbewußt. **nach unten gerichtet:** meist herabfließend, seltener herabstoßend, also weich gefällig, sie müssen festgehalten werden, sonst gleiten sie herab.	**Raumbedarf:** Durch das Streben der Form in den Raum benötigt sie in der Richtung ihres Strebens freien Raum, damit die Kraftentfaltung der Form nicht behindert wird, wodurch die Form selbst in ihrer Wirkung Schaden erleiden würde (Abb. 24). **Bewegungstendenzen werden sichtbar:** Will man in den Raum greifende Bewegungen deutlich spürbar machen, so helfen dreieckige Endformen. Der Hinweispfeil bringt dies deutlich zum Ausdruck. **Periphere Einordnung:** Weil dreieckig endende Formen etwas Wegstrebendes, Auflösendes ausdrücken, gehören sie in die vom Wuchsmittelpunkt entfernteren Bereiche eines Arrangements. **Sie brauchen Halt:** Der Bewegungsmittelpunkt muß stark genug ausgestaltet sein, um die wegstrebende Kraft der dreieckigen Form zu halten (Abb. 25).

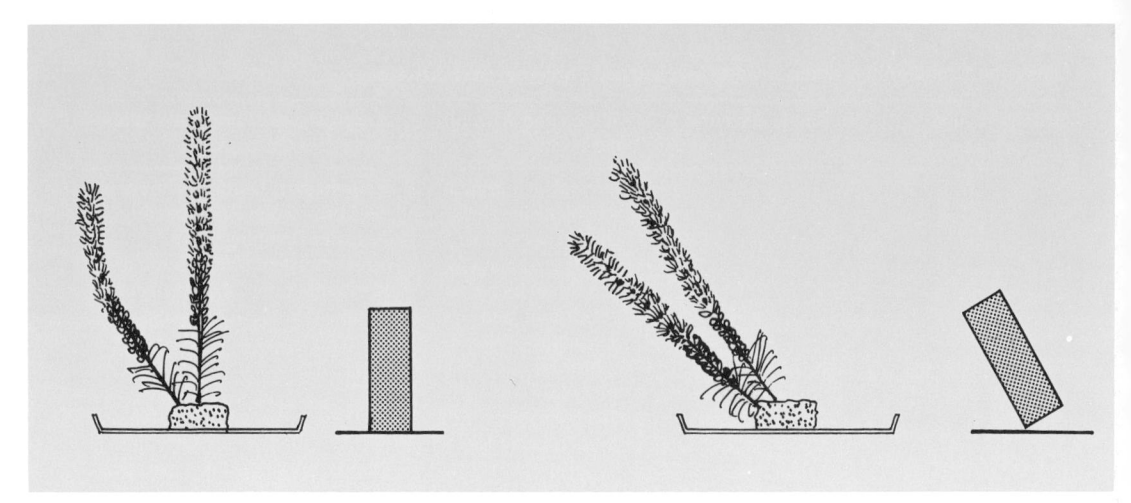

Abb. 26. Ist eine Liatris kerzengerade gewachsen, wirkt ihr Umriß annähernd rechteckig. Das Rechteck will senkrecht stehen, sonst wirkt es, als fiele es um

Übersicht: Grundformen, deren Ausdrucksgehalt und Forderungen (Fortsetzung)

Grundform und Formprinzip	Beispiele rechteckiger Formen	Wesen und Wirkung der Form	Ansprüche der Form und gestalterische Gesichtspunkte
Rechteck und Quadrat = flächig **Quader und Würfel = räumlich** Formprinzip in der Fläche: Begrenzung durch zwei parallele Linienpaare, die sich in Winkeln von 90° treffen. Formprinzip bei Körpern: drei Paar parallele Rechtecke begrenzen den Raum. Die Winkel sind alle rechtwinklig.	konsequent nur zu finden im unbelebten Material: Gefäße, Kerzen, Ziegelsteine, Glasbausteine, Rahmen, Dekoplatten, Dekohocker, Bücher, Plakate und andere Werbegraphiken, Deckenraster, Wandtäfelung, Steinfliesen u. a. optisch rechteckige Formen auch im Aufriß von Säulen- und Walzenformen zu finden, wie z. B. in zylindrischen Kerzen, Vasen, Rohrkolben, Liatris, im Habitus von Pflanzen wie Aphelandra Croton, erblühten Hyazinthen, im gut beblätterten Ficus elastica u. a.	Rechteckige Formen verkörpern fest Gefügtes, Architektonisches, Statisches; sie bilden den größten Wesenskontrast zu gewachsenen Formen durch ihre sachliche Ausgewogenheit. Sie wirken bei wesensgleicher Stellung ruhig, fest, konstruktiv und klar. Variationen im spezifischen Ausdruck ergeben sich bei veränderten Proportionen der Höhe zur Breite: Breite, flache Quader wirken behäbig, schwer und liegend. Schmale, hohe Quader wirken stolz, aufrecht, stehend.	**Stellung:** Rechteckige Formen können ihr Wesen nur voll entfalten, wenn sie senkrecht stehen, die Formgrenzen müssen parallel zur Horizontalen und Vertikalen ausgerichtet sein. Ein Rechteck, das auf einer Ecke zu stehen scheint, fällt optisch um (Abb. 26). **Einordnung:** Werden rechteckige Formen in einen ebenfalls rechteckigen Raum gestellt, so fügt sich die Form harmonisch ein, wenn ihre Linien sich auch zu den Raumgrenzen parallel verhalten, z. B. Dekohocker im Schaufenster. Diagonale Aufstellungen sind ein Moment der Unruhe, das nur in besonderen Fällen angebracht ist. **Kontrastwirkung:** Rechteckige Formen eignen sich durch ihre ruhige, festgefügte Wirkung gut als Hinter- und Untergründe für die lebendigen Formen von Blumen und Pflanzen.

3.3 Konstruierte Formen

Konstruierte Formen sind planerisch zu entwickeln und technisch, durch Zeichnen, Nageln, Kleben, Binden, Schweißen usw. herzustellen. Sie haben geometrisch klare Formgrenzen, die genau einzuhalten sind. So wirken sie klar, bewußt, architektonisch, funktionell, exakt, an das Formsystem gebunden. Sie lassen sich messen, und sie sind berechenbar. Auch sind sie teilbar, veränderbar und zusammensetzbar. Die bereits bekannten Grundformen gehören dazu, wenn sie exakt „gebaut" worden sind.

In der Blumenbinderei spielen sie eine große Rolle als Kontrastformen zu den freien organischen Formen. Beispiele: Zylindrische und kubische Gefäße, Dekoplatten und Dekohocker, Dekowürfel, Bauteile von Regalsystemen, Dekohilfen und Gefäße in Baukastensystemen, Kerzen, Kugeln, Steckmasseformen, Leistenkonstruktionen als Dekorationshilfen bei Großraumdekorationen und anderes gehören dazu (Abb. 27).

Abb. 27. Konstruktion aus einem Holzring und drei Stäben für eine formal-lineare Tischschmuckgestaltung mit Kerzen

3.4 Freie Formen

Hier unterscheiden wir zwei durch ihre Entstehung verschiedene Gruppen, die organischen und die zufälligen Formen.

Die organischen Formen entstehen durch Wachstum und Bildungsvorgänge wie Teilung, Dehnung, Streckung; sie buchten sich aus und ziehen sich zusammen, sie schwellen an und ab, sie verzweigen sich oder fächern sich auf. Dies führt zu einer großen Formenvielfalt. Meist entspricht die äußere Form dem inneren Bau und alles zusammen der Funktion. Das macht sie zu Organen und die Kombination aus ihnen zum Organismus.

Organische Formen sind nicht abmeßbar, nicht direkt berechenbar und meist auch nicht teilbar, ohne sie zu zerstören. Geschwungene, fließende Linien und die Tatsache, daß bei aller Bindung an Bildungsgesetze dennoch kein strenges Gleichmaß herrscht, macht sie frei vom Schematismus, auch wenn man in Formteilen oder im Umriß der ganzen Gestalt Grundformen erkennen kann. Zu den organischen Formen gehören alle Pflanzenteile, Blüten, Blätter, Knollen, Früchte usw., doch auch Gefäße mit geschwungenen bauchigen Formen, Dekohilfen und Dekomittel mit barocken „üppigen" Formen (Schmiedeeisengitter mit lebensnahen Motiven), Leuchter, Ornamente und Buchstaben entsprechender Schrifttypen.

Die zufälligen Formen sind im Wesen den organischen sehr ähnlich. Ihre Formengrenzen scheinen willkürlich zu verlaufen. Wir nennen sie „zufällig", weil ihre Endgestalt kaum oder nur wenig beeinflußbar oder vorherbestimmbar ist. Die Formen ergeben sich durch eine Kraft, die auf ein Material einwirkt. Den Formungsprozeß können wir auch als eine Bewegung verstehen, die bei der Bearbeitung oder Verformung eines Materials stattfindet und in der Endform ihre Spur hinterläßt. Beispiele sind der Tintenklecks, verlaufende oder verwischte Farbflecken, die Überlaufglasur, das gebrochene Steinstück, das ge-

Abb. 28. Lösende Bewegungsformen mit aufstrebender Grundhaltung

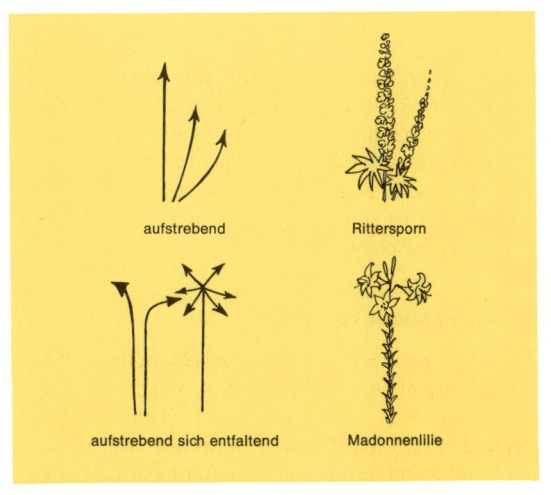

Abb. 29. Die ausweichenden Wuchsbewegungen der Unterpflanzung betonen die Forderung der Yúcca nach freiem Raum um sich

ziehung stehen. Dabei ist das Formgefüge abhängig von den Ansprüchen der Teilformen (s. Grundformen) und von der Zweckbestimmung, also der Funktion des Ganzen. Betrachtet man kombinierte Formen in der Natur, die Staude, den Baum, die Raupe oder konstruierte Zusammenschlüsse wie das Regal, den Deckenraster u.a., so kann man hinter der ganzheitlichen Gestalt Bindungsprinzipien und Ordnungssysteme erkennen. Da ist z.B. aneinandergereiht, übereinandergeschichtet, verschachtelt oder abgestuft, gestaffelt oder angehäuft. Wir finden Streuungen mit oder ohne Verdichtungen, Anordnungen um einen Sammel- oder Bewegungsmittelpunkt. Da wirken Bewegungsachsen und Gruppenachsen der symmetrischen oder asymmetrischen Anordnung. Wir finden geschlossene Umrißformen oder nur den optischen Zusammenschluß von Gleichartigem. Da wird die notwendige Ergänzung für eine Ausgewogenheit als dazugehörig wirksam. Es gibt Über- und Unterordnungen und hinter allem immer wieder die Beziehung zur Funktion, die alles sinnvoll macht.

Abb. 30. Die senkrechten Linien in Gefäß und Blumenstielen heben das stolze Wesen der Strelitzie hervor

knüllt und gerafft gelegte Stoffstück, der Folienknuddel, der Erdhaufen, geknetete Tonklumpen u.a.
Die Formen sind vom Material und seinen bildnerischen Möglichkeiten charakteristisch geprägt, sie sind also materialgerecht. Auch diese zufälligen Formen sind nicht meßbar. Sie sind vielgestaltig, und sie drücken immer noch die Bewegung aus, die stattgefunden hat. Damit sind sie werkgerecht. Sie stehen nur in geringem Formkontrast zu organischen Formen. Dort, wo es auf verbindliche Gleichheiten ankommt, wo das Gestaltungsthema es sinnvoll macht und wo durch die Anordnung eine Konkurrenz zu pflanzlichen Formen vermieden wird, sind zufällige Formen in der Floristik sehr gut einzusetzen.

3.5 Kombinierte Formen

Zwei oder mehr Formteile sind zu einem neuen Ganzen zusammengefügt. Es können gleiche, ähnliche oder mehr oder weniger kontrastierende Formen verbunden sein. Doch schon wenn nur zwei Formen kombiniert sind, müssen sie in einer bestimmten Be-

Damit erkennen wir Bildungsgesetze. Fügen wir selbst Teilformen zu einem Zusammenschluß ineinander, was ja die tägliche Arbeit des Floristen ist, so werden diese Bildungsgesetze zu Gestaltungsgesetzen. Sie zeigen uns den Weg, wie man aus Formen Kombinationen, also Gestaltungen schafft. Damit könnte unter diesem Teilthema der kombinierten Formen eine ganze Gestaltungslehre sinnvoll eingefügt werden. Doch sei statt dessen auf das Kapitel „Wege zur Gestaltung" hingewiesen.

3.6 Naturformen

Naturformen sind kombinierte Formen. Ihr Formgefüge wird bestimmt durch die Formteile (s. Formengruppe 3 und 4) und Ordnungssysteme. In ihnen wirkt aber auch die Kraft, welche die Gesamtform aufgebaut hat. Hier ist es die von innen heraus drängende Wuchskraft. Der Entwicklungsvorgang ist ein Bewegungsverlauf. Wuchskraft und Bewegung bleiben über die erreichte Form hinaus spürbar. Außerdem wirkt in der Gestalt ein inneres Wesen, das wir als Charakter bezeichnen. So sollen die Naturformen unter den Aspekten der Bewegung und des Charakters besprochen werden. Beide Betrachtungsweisen wurden bereits von Moritz Evers und seinem Lehrer Kolbrand dargestellt. Ihre Ausführungen werden hier zwar nicht übernommen, aber es wird an sie angeknüpft, damit der Berufsstand der Floristen ein einheitliches Grundlagenwissen gewinnt und eine gemeinsame „Fachsprache" spricht.

Bewegungsformen

Man kann sie nach folgenden Feststellungen unterscheiden: Entwickelt die Form eine in den Raum greifende Tendenz oder nicht? Wir sprechen dann von sich lösenden Bewegungsformen und von sammelnden Bewegungsformen. Haben die Formen eine in den Raum strebende Kraftentfaltung, so unterscheiden wir je nach der natürlichen Bewegungsrichtung aufstrebende und fallende Bewegungsformen. Die Beschreibung der Formen, die Darstellung ihres Wesens und ihre Gestaltungsansprüche erfolgen wieder in Tabellenform:

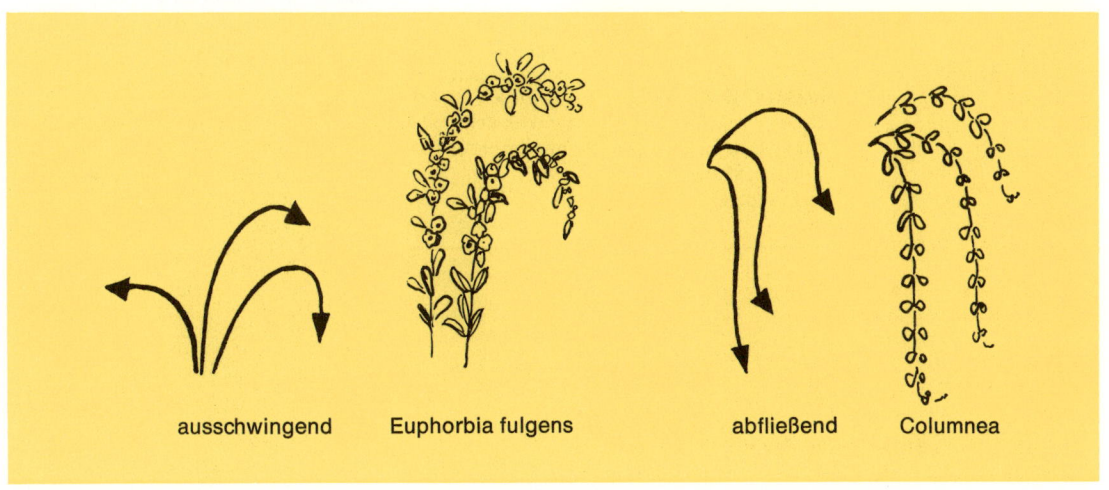

Abb. 31. Auch Blüten, in denen die Entfaltung nicht so raumgreifend wirkt, weil die Blütenform rund ist, möchten sich nach oben aufrichten
Abb. 32. (unten) Lösende Bewegungsformen mit weich schwingender oder abfließender Tendenz

ausschwingend   Euphorbia fulgens   abfließend   Columnea

Übersicht: Bewegungsformen, deren Ausdrucksgehalt und Forderungen

Bewegungsform und Bewegungsverlauf	Beispiele der Bewegungsform	Wesen und Wirkung der Bewegungsform	Ansprüche der Form und gestalterische Gesichtspunkte
Lösende Bewegungsformen aufstrebend: Die Bewegung wirkt der Schwerkraft entgegen. Sie setzt in senkrechter Richtung an, oder sie wird erst etwas zur Seite gedrängt, tendiert aber in der Hauptsache immer zur Senkrechten, dem Licht entgegen. Je nachdem, wie die Form endet, wird sie die **aufstrebende Bewegungsform** oder die **aufstrebende Entfaltungsform** genannt. Diese Entfaltungsform kann nach nur einer Seite gerichtet sein oder sich allseitig entfalten oder eine **strahlige** Fläche **regenschirmartig** mehr oder weniger fein aufgegliedert ausbreiten (Abb. 28).	**Aufstrebende Bewegungsform** Rittersporn, Eremurus, Kniephofia, Königskerzen, Fingerhut, Ixien, Lupinen, Liatris, Gladiolen, Rohrkolben, Lampenputzergras, Sansevierien, Säulenkakteen und entsprechende Euphorbien, Zypressen, Säulenwacholder, Peitschenkerzen und lange zylindrische Kerzen u. a. S. auch Grundform Dreieck. **Aufstrebende Entfaltungsform, sich in einer Richtung ausbreitend:** Strelitzien, Calla, Anthurien, Paphiopedilum **sich allseitig ausbreitend:** Agapanthus, Allium, Amaryllis, Nerinen, Valota, Lilien, Eucharis, Haemanthus, Epidendron, Iris, auch Dracaena, Cordylinen und Yucca mit Stamm. **in einer Blüte endend:** Rosen, Nelken, Gerbera, Chrysanthemen, Tulpen, Zinnien, Skabiosen und viele andere.	Endet die Bewegung in der **Senkrechten**, wirkt die Form je nach Größe, Farbe und Kraftentfaltung stolz, zielstrebig, stark und kraftvoll, weil sie sich von der Anziehungskraft der Erde abzuheben scheint. Endet die aufstrebende Bewegung mit der **seitlichen Entfaltung** von einer oder mehreren Blüten, so wirkt die Blume erhaben, sich über andere ausbreitend, in den Raum greifend, edel und stolz. Endet die Bewegung in nur einer mehr oder weniger geschlossenen runden Blütenform, so gehört sie zwar nach dem Bewegungsprinzip hierher, doch wirkt die Entfaltung nicht so raumgreifend, sie wirkt geselliger, anspruchsloser, was im Charakter der runden Form begründet ist.	**Forderung nach freiem Raum:** Aufstrebende Formen fordern freien Raum über sich, in den sie hineinstoßen können. Entfaltungsformen brauchen freien Raum um sich, damit sie sich ungehindert entfalten können (Abb. 29). **Forderung nach Freistellung:** Entfaltungsformen, die nicht mit runden Einzelblüten enden, kommen am besten zur Geltung, wenn sie in formal-linearen Gestaltungen mit viel Freiraum eingefügt werden. **Forderung nach Belassung des Blumenstiels:** Der aufstrebende Blumenstiel gibt der Bewegungsform den Charakter (Abb. 30). So soll er den Blüten auch belassen bleiben. Nur runde, geschlossene Endblüten können ohne Blumenstiel verarbeitet werden, wodurch sie jedoch den Charakter der Blume verlieren und nurmehr reine Form sind. **Forderung nach natürlicher Stellung:** Was gerade und aufrecht gewachsen ist, soll auch im Arrangement die senkrechte Stellung bekommen. In die seitlichen Partien des Arrangements kommen die Blumen, die leicht geschwungen nach oben wachsen. Zumindest muß das Streben zur Senkrechten sichtbar sein, indem die Weiterführung ihres Linienverlaufs in die Senkrechte weist (Abb. 31).

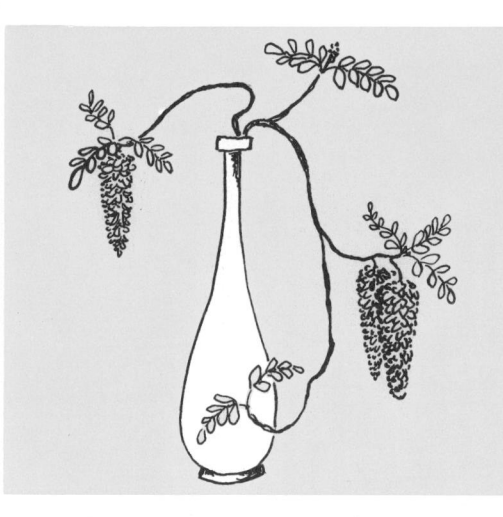

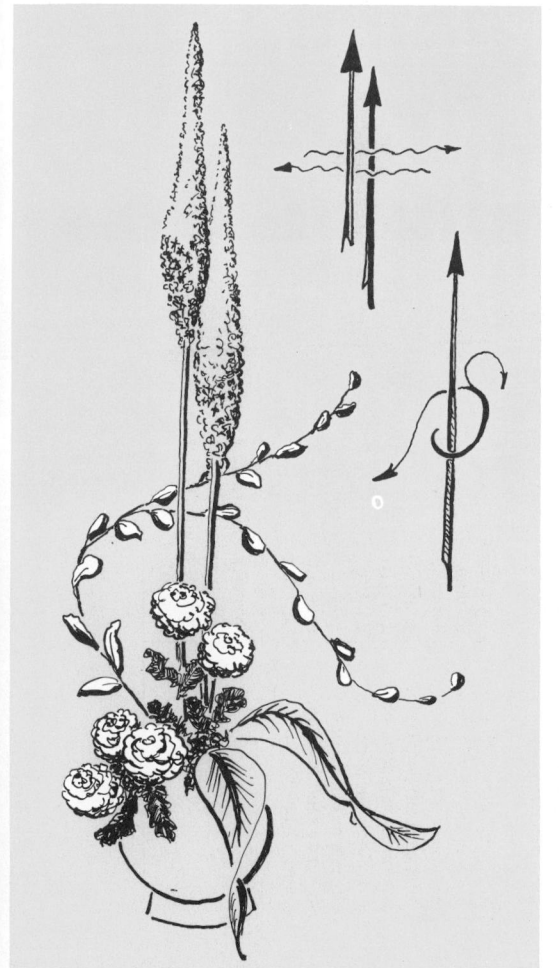

Abb. 33. (oben) Die hängende Form der Glyzinen (Wistéria sinénsis) und die seitlich gerichteten Zweige im Ikebana-Arrangement wirken gefällig und weich

Abb. 34. (links) Weich zur Seite schwingende Bewegungsformen können dominant, aber auch als wichtige Ergänzung für aufstrebende Formen eingesetzt werden

Abb. 35. (unten rechts) Sammelnde Bewegungsformen, die auch als „lagernd" bezeichnet werden können

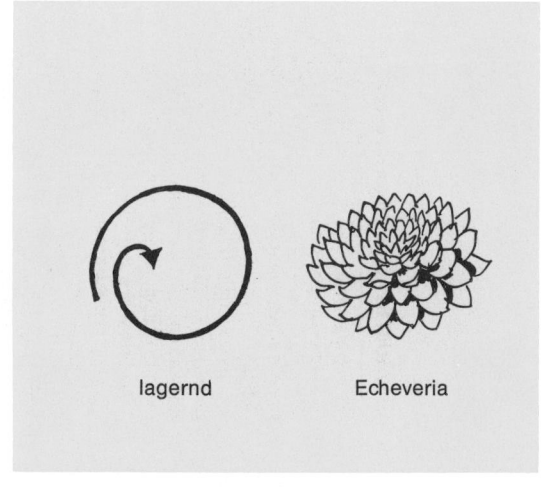

lagernd   Echeveria

Übersicht: Bewegungsformen, deren Ausdrucksgehalt und Forderungen (Fortsetzung)

Bewegungsform und Bewegungsverlauf	Beispiele der Bewegungsform	Wesen und Wirkung der Bewegungsform	Ansprüche der Form und gestalterische Gesichtspunkte
Lösende Bewegungsform fallend Die Bewegung setzt senkrecht oder schräg nach oben führend an, läßt aber immer mehr in der Spannung nach, so daß sie weich zur Seite schwingt (**ausschwingende Bewegungsform**) und je nach Weiterführung ohne Kraftentfaltung nach unten auspendelt (**abfließende Bewegungsform**). Typisch für diesen Bewegungsverlauf sind Blätter von Gräsern, die erst stengelumfassend mit dem Halm nach oben verlaufen, sich dann lösen, zur Seite schwingen und mit dem Blattende sanft nach unten hängen (Abb. 32).	**Ausschwingende Bewegungsformen** Blütenstände der Phalaenopsis, Dendrobien, Cymbidien, Euphorbia fulgens, Wicken, Freesien, Sommerflieder, Staticen, Zweige der Spiraea arguta, viele Zweige von Laubgehölzern und Koniferen wie Zedern, Tsuga, Abies und Picea, außerdem die meisten Blätter. **Abfließende Bewegungsformen** Triebe der Hänge- oder Ampelpflanzen wie Columnea, Hypocyrta, Tradescantia, Efeu, Ficus repens, die „Bärte" der Tillandsia usneoides, Blüten der Medinilla, Billbergia nutans, vom Goldregen und von der Wisteria, außerdem Zweige der Trauerweide, Trauerbirke u. a. aber auch Bänder, Ketten.	Der Schwung im Bewegungsablauf macht die Form elegant, weich, sanft, sich neigend bis zum passiven Sichanschmiegen oder Herabfließen. Die Formen drücken Sanftheit, Geneigtheit, Zuneigung, Weichheit aus. Sie wirken vermittelnd, ausweichend, empfangend. Werden sie als dominante Bewegungsform eingesetzt, was im deutschen Blumenstellen kaum üblich ist, wohl im Ikebana, so wirkt das Arrangement angenehm entspannend und entgegenkommend (Abb. 33).	**Ansprüche an Freiraum:** Diese Formen lösen sich aus der haltenden Mitte und streben zur Seite oder nach unten, also benötigen sie dort Freiraum, in den sie hineinschwingen können. Abfließende Formen möchten ebenfalls nicht aufstoßen, sondern entweder unter sich Freiraum haben oder ihrer anschmiegsamen Form gemäß sich der Unterlage anpassen und etwas mit ihr verlaufen. **Sie ergänzen aufstrebende Bewegungsformen:** dadurch ermöglichen sie **die Darstellung des Dualismus** von oben nach unten, senkrecht und waagerecht, streng und sanft, führend und begleitend, kraftvoll und weich oder Spannung und Entspannung u. a. (Abb. 34). Sie ermöglichen **die vollkommene Erfassung des Raumes**, ohne eine Blume in eine Richtung zu zwingen, die ihrer Natur widerspricht. Sie ermöglichen, Gestaltung mit vornehmlich fallenden Linien (Brautsträuße z. B.) materialgerecht zusammenzustellen. **Sie vermitteln** zwischen Gefäß und Blumen, zwischen oben und unten oder zwischen Blumen und Tafeltuch bei Tischdekorationen.

Bewegungsform und Bewegungsverlauf	Beispiele der Bewegungsform	Wesen und Wirkung der Form	Ansprüche der Form und gestalterische Gesichtspunkte
Sammelnde Bewegungsformen Hierzu gehören vornehmlich **runde Formen**, geschlossene **Ballformen**, **Rosettenformen** mit dichten Blattrosetten, aufgewölbte **Kuppelformen** und **Trichterformen** mit einem Trichter. Die Bewegung all dieser Formen wird spiralig oder strudelförmig zur inneren oder unteren Mitte hin empfunden. Es überwiegt die Zentripetalkraft in der scheinbaren Drehbewegung (Abb. 35).	S. auch Grundform Kreis. **Ballformen:** Schneeball, Allium-Blütenstände, Campanula glomerata, Kugeldisteln, viele Früchte wie Mohnkapseln, Zapfen u. a. Wollbommeln, Holzwolle- oder Folieknuddel, Badeschwämme, Kunststoffkugeln, Kunstfrüchte, dicke Perlen und Glaskugeln, auch Rettiche und Rübchen, Kohlrabi und Zwiebeln, Champignons. **Rosettenformen:** Echeverien, Sempervivum, Saxifragen, Cryptanthen, Margeriten, Astern, Chrysanthemen (einfach), Strohblumen u. a. **Kuppelformen:** Plattenmoospolster, Achilla, Astern, Tagetes, Nelken, Blumenkohl, auch Schleifentuffs. **Trichterformen:** Gladiolen- u. Amaryllisblüten, Kalyxpilze, Band- u. Tüllfächer. **Flache runde Formen:** runde Blätter wie Bergenien, Cyclamen u. a., aber auch Muscheln, Baumschwämme u. a.	Durch die Bewegungstendenz auf ihre eigene Mitte hin ziehen sie auch andere von ihnen wegstrebende Formen an. Dadurch erhalten sie ihre sammelnde u. optisch haltende Kraft. Je nach Dichte und Rauminhalt wirken sie auch als Masse. Nach dem Massenanziehungsgesetz (s. S. 107 f.) ziehen größere Massen kleinere an. Dieses Gesetz wirkt auch optisch im kleinen – nicht nur im Weltmaßstab – physikalisch. Dadurch wird die anziehende und festhaltende Wirkung runder Formen gesteigert.	Als **lagernde Formen**, wie die runden Formen durch ihre in sich ruhende und relativ schwere Wirkung auch genannt werden, finden sie ihren Platz vorteilhafterweise auf einer festen Basis. Das widerspricht allerdings der Natur von Blüten, die sich auf einem Blumenstiel hoch in den Luftraum erheben. So sind auch Blüten oder Blütenstände nur dann als **sammelnde Formen** nahe dem Bewegungsmittelpunkt anzuordnen, wenn es nicht um eine materialgerechte, sondern primär um eine formale Absicht geht. Ansonsten gilt alles, was zur Grundform Kreis gesagt wurde, s. dort.

43

Abb. 36. (links) Die Sansevierien können sich über den stark untergeordneten Echeverien und den ausweichenden Sedum-Pflanzen sehr wirkungsvoll zur Geltung bringen
Abb. 37. (oben rechts) Edelformen möchten Begleitung, die sich ihnen anpaßt und mehr oder weniger unterordnet
Abb. 38. (unten) Im rhythmisch gestaffelten, dekorativen Gesteck kommen Geltungsformen gut zur Wirkung

Charakterformen

Naturformen sind Individuen, d. h., sie sind Einzelwesen mit für sie typischer Besonderheit. Ihre Gestalten enthalten Charakter, den sie durch Haltung, Form, Farbe und Struktur zum Ausdruck bringen. Wir betrachten die Pflanze oder den immer noch ganzheitlich wirkenden Pflanzenteil als Persönlichkeit mit einem typischen Gepräge. Unter „*Persönlichkeit*" versteht man die Gesamtheit aller Wesenszüge. Franz Kolbrand machte dies deutlich, indem er die Wicke z. B. mit der Ballettöse, die Distel mit dem geharnischten Ritter verglich. Moritz Evers sah ein besonders hervorstechendes Merkmal des Wesens einer Pflanzenpersönlichkeit, nämlich die *Geltungsforderung*, die sie als Einzelwesen hinsichtlich Über- oder Unterordnung stellt. Und da beim Gestalten mit Teilformen, die selbst schon geprägte Wesenheiten sind, die Ansprüche jedes Details in besonderer Weise beachtet werden müssen, wenn sie auch in der Zusammenstellung ihre volle Wirkung behalten sollen, so ist die Kenntnis der Geltungsforderung der Pflanzen und Pflanzenteile für den Floristen sehr wichtig. Deshalb betrachten wir die Naturformen aus der Pflanzenwelt noch einmal, diesmal unter dem Aspekt der Charakterformen mit einer starken, mittleren oder geringen Geltungsforderung (s. Tabelle).

Übersicht: Charakterformen, deren Ausdruckskraft und Forderungen

Charakterform	Beispiele der Form	Wesen und Wirkung der Form	Ansprüche und gestalterische Forderung
Starke Persönlichkeiten			
Herrschaftsform: Sie haben einen sehr starken Geltungsanspruch durch ihre Größe, Haltung und ihren Stolz. (Abb. 36)	Amaryllis, Eremurus, Fingerhut, Kniphofien, Königskerzen, Strelitzien, Valota oder Dracaena, Araukarien, Yucca, Ficus-Arten, Sansevierien u. a. Bei sparsamer Verwendung kann man auch „Geltungsformen" zu Herrschaftsformen machen wie Gladiolen, Rittersporn, Rohrkolben, Pampasgras u. a.	stolz, sich über andere erhebend, beherrschend durch kraftvollen Wuchs, stattliche Größe und durch aufstrebende und sich entfaltende Bewegungsführung. Erfüllt man ihre Ansprüche nicht, kann man sie zu „Geltungsformen" machen.	**Dominante Stellung** ist die wichtigste Forderung der Form. **Beigaben** sind notwendig, denn wer herrschen will, braucht etwas, das er beherrschen kann. **Vereinzelung** bzw. sehr wenig einer Art kombinieren mit stark untergeordneten Beigaben, damit die Teile nicht in einer Fülle untergehen oder miteinander konkurrieren. **Forderung nach Freiraum** soll erfüllt werden, damit sich die Herrschaftsformen voll zur Wirkung bringen können.
Edelform: Sie haben einen hohen Geltungsanspruch durch ihre Besonderheit, Fremdartigkeit oder die Feingliedrigkeit der Gestalt. (Abb. 37)	Anthurien, Gerbera, Eucharis od. Edelrosen, Lilienarten, Orchideenarten, Spathiphyllum, Proteen, Bromelienblütenstände und bei sparsamem Einsatz auch die Iris, Calla, das Cyperusgras oder den blühenden Rhododendronzweig.	ungewöhnlich, exotisch, vornehm u. exklusiv, anmutig oder eigenwillig, etwas Besonderes darstellend, kostbar und edel. In der Massierung verlieren sie ihren optischen Wert, und sie werden zu Prunkformen oder Geltungsformen.	**Vereinzelung:** auch sie wollen allein oder in sehr sparsamer Zahl verarbeitet werden, ohne Konkurrenten gleicher oder höherer Geltungsforderung. Begleitende Formen passen sich an, ergänzen und umrahmen die Edelform. **Beigaben** sollen dem ideellen Wert der Edelformen entspechen, d. h., sie sollen ebenfalls ungewöhnlich, eigentümlich u. von gleicher landschaftlicher Herkunft sein wie die dominanten Formen.
Beachtenswerte Persönlichkeiten			
Geltungsform: Großer Geltungsanspruch für die Einzelform, doch will sie nicht unbedingt herrschen.	Iris und Narzissen, Gladiolen u. Rittersporn, Montbretien u. Lobelien (Lobelia fulgens), Liatris u. Eisenhut, Skabiosen, Akelei u. Kosmeen, Calla und Gräser, Nerinen und Anemonen; als Pflanzen: Croton, Azaleen, Bromelien, Cyclamen u. a.	sie sind verträglich und bereit, sich unterzuordnen, sie beugen sich aber nicht vollkommen, sie wollen auch in der Gemeinschaft individuelle Wirkung erzielen. Ihr Wuchs ist aufstrebend oder sich entfaltend. Können bei Einzelstellung zu Herrschafts- oder Edelformen werden.	**Sie vertragen Nachbarschaft,** auch können Blumen gleicher Geltungsstufe ihre Partner sein. **Lockere Stellung:** Bei aller Verträglichkeit möchten sie nicht in dichter Fülle untergehen, sie brauchen Auflockerung, um sich selbst gut zeigen zu können. **Gut geeignet** für die rhythmische Aufgliederung im dekorativen Gestaltungsstil oder für die Freizügigkeit im formal-linearen Gesteck (Abb. 38).

Übersicht: Charakterformen, deren Ausdruckskraft und Forderungen (Fortsetzung)

Charakterform	Beispiele der Form	Wesen und Wirkung der Form	Ansprüche und gestalterische Forderung

Beachtenswerte Persönlichkeiten

Prunkform: Zu beachtender Geltungsanspruch für die Einzelform, doch mit dem Wunsch nach Gesellschaft. (Abb. 39)	Tulpen und Nelken, Pfingstrosen und Dahlien, Agapanthus und Poinsettien, Hortensien und Chrysanthemen, Rosen und Polyantharosen; als Pflanzen: Elatior-Begonien, Gloxinien.	üppig, voluminös, prächtig, repräsentativ, groß und großzügig, meist rund geschlossen oder sich strahlig entfaltend.	**Sie wünschen Partner gleicher Art:** Sie sind selbst prächtig, diese Prachtentfaltung wird noch gesteigert durch die repräsentative Zahl der Blumen. **Sie wünschen Beiwerk,** das ebenfalls zur Prachtentfaltung beiträgt wie Nephrolepiswedel u. a.

Bescheidene Persönlichkeiten:

Gemeinschaftsform: Geringe Geltungsforderung für die Einzelform.	Margeriten, Sommerastern, Zinnien und Godetien, Tagetes und Ageratum, Veilchen und Vergißmeinnicht, Tausendschön und Stiefmütterchen, Selaginella, Usambaraveilchen.	Auch in der Natur vielblütig oder erst in enger Gemeinschaft mit Gleichartigen charaktervoll wirksam. Vereinzelt wirken sie häufig verloren und nichtssagend.	**Sie brauchen die Gemeinschaft** der gleichen Art, nur so entfalten sie ihr Wesen typisch. **Sie ordnen sich leicht und stark unter;** so sind sie ideale Partner aller anderen Charaktere. **Sie eignen sich für Formbinderei** und die Ausgestaltung der Bewegungsmittelpunkte, weil die enge Fülle ihrer Eigenart entspricht (Abb. 40).

Abb. 39. Die Prunkform der Hortensie kommt besser zum Ausdruck, wenn sie nicht eintriebig, sondern mehrtriebig gezogen wird und wenn man die Üppigkeit ihrer Formen durch Beipflanzen betont (Mitte). Sie ist auch besonders gut geeignet für dekorative Zusammenstellungen zur Raumdekoration (rechts)

Abb. 40. Kranz aus gelben Tagetes, blauen Sommerastern und orangefarbigen Pompondahlien mit Wacholder dazwischen. Diese Blütenformen fügen sich ohne „Widerspruch" in die Form des Kranzes ein, weil sie auch an der Pflanze vielblütig wachsen, also Gemeinschaftsblüher sind

3.7 Stilisierte Formen

Da der Florist unter Umständen auch Werbeplakate, Bildtafeln, Entwurfszeichnungen oder das Firmenzeichen selbst entwickelt und anfertigt, sei hier noch etwas über stilisierte Formen gesagt, die in der Werbegraphik und im Entwurfszeichnen eine große Rolle spielen.

Stilisieren heißt vereinfachen, auf das Wesentliche beschränken, das Typische herausstellen, das Zufällige oder die unwichtigen Details weglassen.

Dabei hilft die Kenntnis der Grundformen, denn wir vereinfachen, indem wir die im Umriß enthaltene Grundform aufgreifen. Ist das Formvorbild, z.B. die Glockenblume, zur vereinfachten Form gebracht, kann eine einfache, dem Typischen nicht widersprechende Flächengliederung oder Flächenstrukturierung der stilisierten Form gefunden werden. Entscheidend für die Weiterentwicklung ist der Zweck, für den ein Motiv gestaltet wird. So kann ein Firmenzeichen daraus werden; es kann ein Blickfang im Schaufenster entstehen. Das Motiv kann aber auch durch Wiederholungen in der Reihung oder im Flächenmuster zum *Ornament*[1] werden, z.B. für das Einschlagpapier (Abb. 41).

Ist die stilisierte Form formal anschaulich und inhaltlich leicht verständlich, so wurde das Ziel erreicht. (s. auch „Entwurfszeichen" Seite 308)

[1] Ornament = Verzierung, Schmuckform
[2] Graphik = (griech.: graphein = schreiben) mit dem Griffel Zeichen formen, also Linien bilden. Graphisch = zeichnerische Darstellung, wie gezeichnet

3.8 Lineare Formen

Formen der Natur werden bei besonderen Proportionen als Linien empfunden, und zwar dann, wenn die Form als eine Bewegungsabfolge wirkt. Wird ein Punkt, z.B. die Kugelschreiberspitze, auf dem Papier bewegt, hinterläßt er eine Linie als Spur. Wächst ein Vegetationspunkt in die Höhe, kann eine Linie in Form eines Grashalmes, eines Zweiges oder Blumenstieles entstehen. Somit sind Linien Formen mit Betonung nur einer Raumrichtung. Damit stehen sie in starkem Kontrast zu plastischen oder flächigen Formen. Auch bilden sie auflösende oder raumgreifende Partien, weshalb sie in jedem Werkstück wichtige Gestaltungselemente sind. Vor allem der formal-lineare Gestaltungsstil benötigt graphische[2] Wirkungen; nur bei der Formbinderei müssen sich Linien zurückhalten und in das Umrißbild einfügen; Ikebana dagegen baut ganz auf das Miteinander von Linien auf.

Linien regen im Betrachter gedankliche Vorstellungen an, so wie Farben Gefühle anregen und Formen Empfindung von wirkenden Kräften erzeugen. Somit sind Linien wichtige Ausdrucksmittel, die in der Floristik genauso bedeutungsvoll sind wie in der Malerei oder Graphik. Außerdem gliedern Linien Flächen und Räume. Linien lösen auf oder führen zusammen; sie grenzen ab oder verbinden. Linien können dünn oder dick sein, sich schmal oder in breiten Bändern darstellen. Sie können gerade, gebogen oder geknickt sein. Jede Linie hat ihren eigenen Ausdruck. In der folgenden Tabelle werden die drei wesentlichen Formentypen linearer Formen beschrieben.

Abb. 41. Flächenmuster aus stilisierten Glockenblumen

Übersicht: Lineare Formen, deren Ausdrucksgehalt und Forderungen

Formprinzip der Linie	Beispiele der linearen Form	Wesen und Wirkung der Form	Ansprüche der linearen Form und gestalterische Gesichtspunkte
Die Gerade Sie verbindet direkt ohne Abweichung ihre beiden Endpunkte.	**senkrecht:** lange Kerzen, Rohrkolben, Ixien, Besenginster, Mandelbaum und Weidenzweige, Gräser wie Pennisetum, Binsen, Blumenstäbe u. a. **waagerecht:** Kanten von flachen Schalen und Brettern, gelegte Stäbe, Bänder **diagonal:** Blätter von Acorus, Linien in Fächerformen, verspannte Schnüre	streng, steif, nüchtern konstruiert. Je nach Richtung: **senkrecht:** aktiv, kraftvoll, entschieden, stolz, aufstrebend, herausragend, gespannt, gegen die Schwerkraft wirkend. **waagerecht:** strömend, liegend, ruhend entspannt, von der Schwerkraft angezogen. **diagonal:** bewegt, steigend oder fallend, fortschreitend.	**Keine Veränderung der Raumrichtung,** denn dadurch verlieren sie ihren spezifischen Ausdruck. **Sie brauchen Kontraste** entweder durch gleiche Linien anderer Raumrichtung oder durch andere Formen, um zu einer Vollkommenheit zu finden (Abb. 42). **Parallelität** verbindet sie durch die Gleichheit der Stellung im Raum zu neuen Einheiten (Abb. 43).
Die gebogene Linie Sie ändert im Bewegungsverlauf ihre Richtung in weiten oder engeren Biegungen.	Zweige von Sauerkirschen, Birken, Erlen, Cotoneaster, Schraubenhasel, Schraubenweide, Bänderweide, Gerank von Bongainvillea, Stephanotis, Clematis, Lonicera japonica, Baumwürger u. a. Frühlingsginster u. viele Blumen in ihrem freien Wachstum mit aufstrebendem oder fallendem Bewegungsverlauf, außerdem verschlungene Schnüre und Bänder, Drähte, Peddigrohr u. a.	weich und lässig oder spielend und schwingend, freundlich, sanft, weich, tänzerisch, sich zu oder weg wendend, sensibel, grazil oder schwungvoll, dynamisch, aber auch verschlungen oder wirr. Dieser Formentyp gehört eng zur gewachsenen Formenwelt und ist in vielen Varianten vorhanden.	**Viele Raumrichtungen sind möglich.** So finden wir hier die auflösenden Formen, für alle floristische Gestaltung mit lockeren rhythmischen Gliederungen oder formal-linearem Aufbau. **Raumumfassende Wirkungen** werden nur wirksam, wenn man viel Freiraum läßt (Abb. 44). **Ruhige Hintergründe** lassen die Graphik der Bewegungsführung gut zur Wirkung kommen. **Überschneidungen** müssen sorgfältig beurteilt werden. Sie können falsch sein, wenn sie durch konkurrierende oder störende Linien entstehen; sie können reizvoll sein, wenn sie durch begleitende Linien oder wirkungssteigernde Kontrastlinien entstehen (Abb. 45).
Die geknickte Linie Sie ändert ihre Richtung abrupt, also plötzlich, wie gebrochen, ohne Übergang.	Viele Äste und Zweige, z. B. von der Robinie, Quitte, vom Schlehdorn, Sanddorn, Weißdorn oder Kiefernäste, außerdem geknickte Stäbe oder Grashalme, Binsen oder Drähte, verknotete Palmen- oder Gladiolenblätter, Trockenformen wie Nashornzweige u. a.	eckig, bizarr, herb, brüchig, kantig, winklig. Sie wirken hart, eigensinnig, skurril, seltsam, scheinbar launenhaft. Knicke und Wendungen, Gabelungen und Verzweigungen, Brüche und Überkreuzungen bestimmen das Bild, filigranhaft zart wie bei Buchenzweigen oder rustikal und stark wie bei alten Kiefernästen.	**Freistellung** ist unbedingt notwendig, um ihre Eigentümlichkeit voll zur Wirkung zu bringen. Als **konstruierte Linien** bewußt formbar aus geknickten Binsen oder Stäben, geschnittenen oder verknoteten Blättern u. a., weil die brüchigen Linien im freien Wachstum nicht so häufig sind, wie man sie für das formal-lineare Gestalten gern hätte (Abb. 46).

Abb. 42. Auch die Natur kombiniert kontrastreich, zur Geraden des Schilfes die ausschwingende Form der Blätter; wir nehmen das Prinzip der Zusammenstellung unterschiedlicher Formen beim Gestalten auf

Abb. 43. (rechts) Die geraden Linien in den senkrecht aufgesteckten Gräsern verbinden die drei Gruppen nicht nur durch die Gleichheit der Art, sondern auch durch die Gleichheit der Stellung

Abb. 44. (unten) Es ist nicht gleichgültig, mit welcher Bewegung die gebogenen Linien enden; diese Bewegung wirkt weiter und scheint Räume zu umgreifen

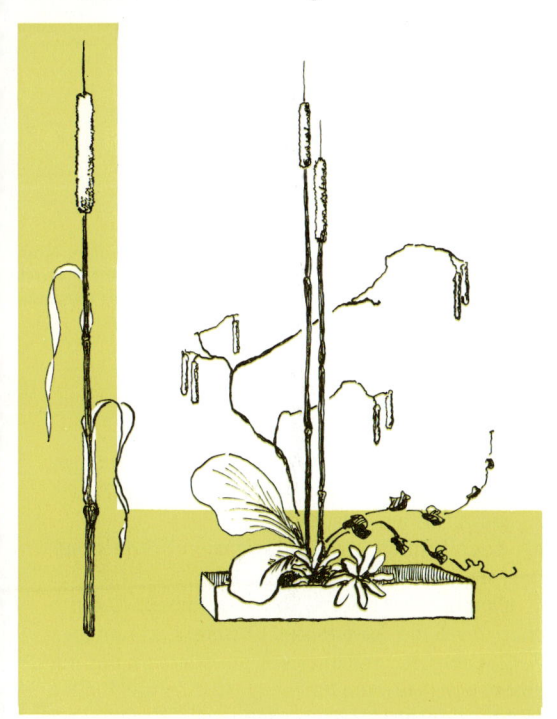

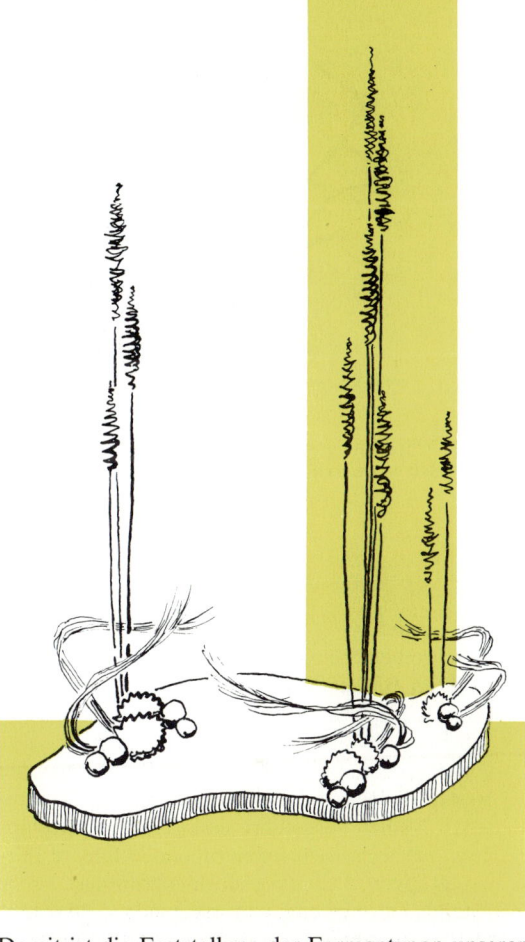

Damit ist die Feststellung der Formentypen unserer Gestaltungsmittel abgeschlossen. Wir haben in gewisser Weise eine Systematisierung vorgenommen. Diese macht uns nicht nur klar, wie typenreich die Formenwelt unserer Materialien ist, sie hilft uns auch, das Wesen der Formen zu erfassen und die Ansprüche, die vom Formentyp ausgehen, zu erkennen. Außerdem aber ist sie auch eine gute Hilfe beim Kombinieren von Formen. Man fragt: Was paßt zum aufstrebenden, gradlinigen Rohrkolben als kontrastierende und ergänzende Form? Das wäre z. B. eine brüchige, raumgreifende Linie, also ein reizvoll ausgeschnittener Erlenzweig und dazu eine sammelnde ruhende Form, die die graphischen Formen zu binden versteht, z. B. ein Paar Bergenienblätter, ein Moospolster und als ruhender, haltgebender Untergrund die Waagerechte einer flachen Schale (Abb. 42).

Abb. 45. Wären die gestrichelten Linien Zweige oder Blumen, würden sich unschöne Überschneidungen ergeben

Abb. 46. Geknickte Linien stehen in wirkungsvollem Kontrast zu geschwungenen. Da sie auch in der Natur durch Krafteinwirkung vom Wind z. B. entstehen, ist es durchaus materialgerecht, gerade Gewachsenes zu knicken

Zur Vertiefung

1. Schreiben Sie die im vorstehenden Kapitel genannten Blumen bzw. Pflanzen heraus und benennen Sie diese mit ihrem vollem botanischen Namen.
2. Fertigen Sie Listen an, in denen Ihnen bekannte Vertreter jeder Formengruppe mit den botanischen Namen aufgeführt sind (3 Urformengruppen, 6 Bewegungsformengruppen, 3 lineare Formengruppen, 5 Charakterformengruppen).
3. Stellen Sie in Gedanken verschiedene Pflanzenschalen zusammen (die Pflanzen mit botanischen Namen). Achten Sie bei der Zusammenstellung darauf, daß drei unterschiedliche Bewegungsformen, gleichzeitig aber auch drei unterschiedliche Charakterformen vereint werden, wobei eine Pflanze die Bewegungsform und zugleich auch Charakterform vertreten kann.
4. Wählen Sie Schnittblumen und Grün für bunte Sträuße. Kombinieren Sie jeweils drei unterschiedliche Formen:
a) 3 verschiedene Urformen,
b) 3 verschiedene Bewegungsformen,
c) 2 verschiedene plastische und 1 lineare Form.
5. Zeichnen Sie im Aufriß Gefäßformen:
a) Zylindrische Gefäße, die dem Bewegungscharakter der aufstrebenden Form entsprechen;
b) Becherformen oder Gefäße mit geschwungenem Umriß, die den ausschwingenden Bewegungsformen entsprechen;
c) Kugelformen, die den lagernden Formen entsprechen.
6. Charakterisieren Sie Ihnen bekannte Stilepochen durch die dominanten Formen und Linien.
7. Gliedern Sie zeichnerisch ein Blatt Papier mit einem konstruierten Formengerüst, schneiden Sie mehrere unterschiedlich große freie Formen aus Buntpapier aus und legen Sie diese auf die Zeichnung. Schieben Sie die freien Formen hin und her, bis Sie eine Zuordnung gefunden haben, in der beide Formentypen gut zur Geltung kommen, im Zusammenwirken aber harmonisch sind. So kleben Sie die freien Formen auf.
8. Üben Sie sich in Formenkenntnis, indem Sie allein oder mit anderen folgendes tun:
a) eine Blume nennen,
b) die darin enthaltenen Grundformen nennen,
c) sie einer Bewegungsform zuordnen,
d) sie als Charakterform bezeichnen,
e) eine passende „Kontrastblume" nennen für eine interessante Zuordnung.

Nun beginnt das Spiel von neuem mit dieser „Kontrast"-Blume.

4 Die Farbenlehre

Farben sprechen zu uns. Der Mensch versteht sie weniger mit dem Intellekt (Verstand), sondern mehr mit dem Gefühl. Farben beeinflussen, ebenso wie Töne, unsere Stimmungen und regen das Gemüt an, meist ohne daß man sagen kann, warum das so ist. In der Malerei gibt es eine Kunstrichtung, die vornehmlich durch die Farben (Wahl der Farbtöne, Mischungsverhältnisse, Hell-Dunkel-Abstufungen usw.) eine künstlerische Aussage erzielen will. Dieser Expressionismus[1] der Farbe sieht in jeder Farbe einen Ausdruckswert, wie ihn kein anderes Gestaltungselement erreicht. Bewußt gewählte Farben, man könnte ebenso sagen, gezielt eingesetzte Farben, spielen auch in der Werbung eine wichtige Rolle. Genauso muß der Florist lernen, ideenreich, zweckbezogen und sicher mit Farben zu gestalten. Will man aber ein Mittel – hier ein Mittel der Gestaltung – richtig einsetzen, muß man es genau kennen. Das Wissen um scheinbar noch so nebensächliche Einzelheiten macht es uns vertraut. Wir müssen das Gestaltungsmittel bzw. Gestaltungselement Farbe so genau wie möglich kennenlernen.

4.1 Grundlegendes über Farben

Was ist Farbe? Diese Frage muß am Anfang stehen. Man kann nämlich durchaus unter dem Begriff „Farbe" recht unterschiedliche Dinge oder Erscheinungen verstehen.

Als „Farbe" bezeichnet man:
– einen Stoff, den man auf einen Gegenstand aufträgt und ihn dadurch farblich verändert (Farbkörper, Farbstoff, Färbemittel, Anstrich-, Mal-, Sprühfarben);
– eine Eigenschaft der Dinge um uns (Gegenstandsfarbe, Erscheinungsfarbe), Pigmentfarben (organisch), mineralische Farben;
– Erscheinungen des Lichtes, ein bestimmter Bereich der elektromagnetischen Wellen;
– Empfindungen des Sehnervensystems, hervorgerufen durch einen mechanischen Reiz;
– Reaktionen des Auges, also ein physiologischer Vorgang im Organismus.

Kurz: Farbe ist Empfindung. Unsere Welt erscheint uns farbig, weil wir ein Organ haben, das aus mechanischer Energie (elektromagnetischen Wellen) Erscheinungen macht, die wir „Farben" nennen.

Farben und Licht. Die wissenschaftliche Farbenlehre beginnt mit Isaac Newton, einem englischen Physiker und Astronomen (1643–1727), der das Sonnenlicht durch das Prisma zerlegte und damit Farben im Licht nachwies. Wir alle kennen die Erscheinung des Regenbogens oder das Auffunkeln von Farben in einer Glaskante oder im Schliff des Brillanten. Hier geschieht nichts anderes als das, was Newton experimentell untersuchte.

Licht ist eine sich ungeheuer rasch fortpflanzende Schwingungserscheinung, ist elektromagnetische Wellenbewegung. Die Wellenlängen werden in Millionstel Millimeter gemessen und liegen in einem Bereich von 400–780 Nanometer*. Langwelliger als Lichtstrahlen sind die wärmenden Infrarotstrahlen und die Radiowellen, kurzwelliger sind die bräunenden Ultraviolettstrahlen, die Röntgenstrahlen, Gamma-Strahlen des Atomzerfalls und kosmische Strahlen im Weltenraum. Von den Farbstrahlen ist Rot am langwelligsten und Violett am kurzwelligsten. Gelb und die Mischtöne liegen im mittleren Bereich der Lichtwellen.

Wegen der unterschiedlichen Wellenlängen der Farbstrahlen im gebündelten weißen Licht werden die Farbstrahlen bei Durchtritt durch einen Glaskörper und bei bestimmten Einfall- und Ausfallwinkeln verschieden gebrochen, wodurch sich der weiße Lichtstrahl in die Farbstrahlen aufgliedert (Abb. 47). Eine Sammellinse kann die bunten Farbstrahlen wieder zum farblosen Lichtstrahl zusammenfügen.

Die Spektralfarben. Das zusammenhängende Farbenband, welches das Sonnenlicht beim Hindurchtritt durch ein Prisma entstehen läßt, zeigt die sieben Farben Rot, Orange, Gelb, Grün, Blau, Indigo, Violett. Das Farbband wird das *Spektrum* genannt, die Farben heißen Spektralfarben des Sonnenlichts. Andere Lichtquellen (z. B. die Glühbirne oder glühende Gase in den Leuchtstoffröhren) haben andere Spektren, d. h. andere Farbzusammensetzungen und Anordnungen im Farbband des zerlegten Lichtes. Das zu wissen, ist für den Floristen recht nützlich und wichtig, weil es erklärt, weshalb sich die Erscheinung der Farben im künstlichen Licht verändern kann.

Die Farberscheinung. Unser Auge ist also nur für einen kleineren Teil der elektromagnetischen Wellen – die wir Lichtstrahlen nennen – das Empfangsorgan. Diese von den Lichtquellen ausgehenden Strahlungen treffen auf die Dinge unserer Umgebung, werden von diesen zum Teil reflektiert (zurückgeworfen) und

---

[1] Expressionismus = Ausdruckskunst, Kunstrichtung Anfang des 20. Jahrhunderts (lat.: expressio = Ausdruck)

* 1 Nanometer (= nm) ist ein Tausendmillionstel Meter; 1 nm = 1/1 000 000 000 m oder 1 nm = 10^{-9} m

Abb. 47. Ein Sonnenstrahl wird durch das Prisma gebrochen und in die Spektralfarben zerlegt

treffen dann unser Auge. Deshalb sehen wir, was um uns ist. Die Gegenstände erscheinen weiß, wenn alle Lichtstrahlen reflektiert werden, denn das Gemisch aller Lichtwellen des Spektrums verursacht die Empfindung Weiß.

Sie erscheinen schwarz, wenn alle Lichtstrahlen absorbiert (aufgesogen, geschluckt) werden. Körper erscheinen grau, wenn ein Teil aller Lichtstrahlen absorbiert und der Rest reflektiert wird. Weiß, Grautöne und Schwarz sind somit keine Farben, sondern lediglich Helligkeitswerte bzw. Dunkelheit. Wir nennen sie auch die *unbunten Farben*.

Körper erscheinen im Licht farbig, wenn sie Strahlen einiger Wellenbereiche aus dem gebündelten weißen Lichtstrahl herausfiltern und absorbieren, die restlichen Strahlen der anderen Wellenbereiche werden reflektiert. Wird z. B. der Wellenbereich für Rot absorbiert, erzielen die übrigen Farbstrahlen, die reflektiert werden und das Auge treffen, im Sehnervensystem eine einheitliche Farberscheinung, in der nicht Rot enthalten ist, aber Blau und Gelb: und das ist Grün.

Eine rote Glasscheibe nimmt in sich alle Farbstrahlen, die nicht Rot erzeugen, auf; Rot läßt sie hindurchtreten. Was geschieht nun, wenn dieser durch das Glas gefilterte, nur noch Rot enthaltende Lichtstrahl auf einen grünen Gegenstand (z. B. ein Blatt) trifft, ohne daß noch eine andere Lichtquelle vorhanden wäre? Das Blatt absorbiert das Rot in jedem Fall. Und was wird reflektiert? Nichts. Denn das Blatt erhält nichts, was es zurückwerfen könnte, weil das farbige Glas diese Strahlen vorher aus dem Lichtstrahl herausgenommen hat. Wenn aber keine Lichtstrahlen reflektiert werden, das Auge also auch keine empfangen kann, erzeugt das Auge an dieser Stelle der Netzhaut keinen Lichtreiz, und der Gegenstand wirkt schwarz.

Farben in verschiedenem Licht. Diese Überlegung führt zum Verständnis der Farbenveränderung im künstlichen Licht. Es muß ja nicht gleich an rotes Licht gedacht werden, auch das Glühlampenlicht ist farbig im Gegensatz zum weißen Sonnenlicht; es wirkt gelblich, weil es weniger Blauanteile im Spektrum hat. Eine blaue Blume erscheint aber blau, weil sie die blauen Farbstrahlen reflektiert, alle anderen Farbanteile des weißen Lichts jedoch absorbiert. Wenn aber nun in dem einfallenden Lichtstrahl weniger Blau enthalten ist als im normalen Tageslicht, was dann? Die Blüte kann nur zurückgeben, was sie erhält, also wird sie weniger Blau reflektieren. Deshalb wirkt sie im Farbwert dunkler und trüber, nicht so leuchtend blau wie im Tageslicht. Diese Situation ergibt sich bei Glühlampenlicht, in dem alle blauen Farben – auch die blauhaltigen wie Violett und Purpur – stumpfer und matter erscheinen. Soll also eine Blumendekoration bei Glühlampenlicht gut wirken, ist es besser, entweder auf Blau und Violett ganz zu verzichten, oder man wählt helle Nuancen dieser Farben, damit eine geringe Abstumpfung der Farberscheinung durch die Lichtquelle nicht allzu sehr schadet. Auch die Leuchtstofflampen haben andere Spektren (Farbanteile im Licht) als das Sonnenlicht. Auch sie beeinflussen die Farbwirkung. Die nachfolgende Tabelle veranschaulicht dies.

Übersicht: Die Wirkung von Farben im künstlichen Licht

Lichtart	Einflüsse auf die Farben							
Sonnenlicht	Rot	Orange	Goldgelb-Ocker	Zitronengelb	Gelb-grün	Grün	Blaugrün-Blau	Violett Purpur	Weiß
Tageslicht = Leuchtstofflampe	natürlich aber stumpfer	etwas heller, kälter	etwas blasser	unverändert	etwas frischer	natürlich	natürlich, frisch	intensiv, etwas heller	bläulich-weiß
Weißton-Leuchtstofflampen	etwas schwächer leuchtend	unverändert leuchtend	heller	natürlich +	lichthaft +	frisch +	lichter, leuchtend +	etwas lebhafter +	weißlich, leicht vergraut
Warmton-Leuchtstofflampen	lebhaft leuchtend +	satter voller +	etwas tiefer +	natürlich, etwas „satter"	wärmer, stumpfer	oliv-stichig	stumpfer, matter	vergraut rötlich	gelblich
Glühlampenlicht	leicht bräunlich	leuchtend, aber gelblicher +	weicher, leuchtend +	lebhafter +	ocker-stichig	oliv-stichig, fahler	leicht vergraut	stark vergraut	gelblich fahl
Natura-Leuchtstoffröhre	natürlich, nicht so lebhaft	natürlich, nicht so warm	natürlich, nicht so sonnig	natürlich, nicht so leicht	natürlich, nicht so frisch	natürlich	natürlich	natürlich, aber schwächer	weiß ohne „Glanz"
Flora-Leuchtstoffröhre	voll, leuchtend +	rein leuchtend +	etwas satter +	etwas massiver	etwas matter	etwas tiefer +	leuchtend klar +	lebhafter +	violett

+ kennzeichnet die positiven Einflüsse

Für das Blumengeschäft ist demnach ein Mischlicht ideal aus Weißton- und Warmtonleuchten, dazwischen einzelne Flora-Leuchten verteilt. In Vitrinen, wo man nicht mehrere Leuchtstoffröhren mischen kann, sind Natura-Leuchtstoffröhren angebracht. Irgendwelche farbigen Lampen haben im Blumengeschäft wenig Sinn, es sei denn, man will einen besonderen Werbeeffekt erzielen. Dann kann dies aber nur eine zeitlich begrenzte Ausnahmesituation sein und muß in seiner Wirkung ganz auf die beabsichtigte Werbeidee abgestimmt sein (beleuchtetes buntes Glasfenster um Weihnachten, Drehscheibe bunter Gläser vor einem Punktstrahler zum Fasching usw.). Mit Reflektorlampen (Punktstrahlern u. ä.) – also mit Glühlampenlicht – kombinieren wir die Leuchtstofflampen jedoch auf jeden Fall, vor allem im Schaufenster. Licht lockt! Die helle Grundbeleuchtung, das Streulicht der Leuchtstofflampen zieht den Blick auf das Fenster insgesamt. Werden Partien durch gerichtetes Licht besonders betont, so lenken die Reflektorlampen den Blick auf die Besonderheiten im Schaufenster.

4.2 Das Farbensehen

Das Auge als peripherer und das Gehirn als zentraler Bereich des Gesichtssinnes erzeugen die Farben, indem sie die elektromagnetischen Wellen in die Farbenempfindung umwandeln. Vereinfacht kann man diesen Vorgang folgendermaßen erklären: Das Auge hat auf seiner Netzhaut Stäbchen und Zapfen. Die Stäbchen sind nur hell-dunkel empfindlich. Mit ihnen sehen wir auch nachts. Die Zapfen, welche sich nur im Mittelteil der Netzhaut konzentrieren, reagieren nur bei ausreichend hellem Licht, und sie sind farbtonempfindlich. Doch können sie nur drei Farben „erzeugen". Durch die Mischung dieser drei Farben entsteht die ganze Farbigkeit unseres Umweltbildes. Bei der Farbfotografie oder dem Buntdruck ist es ganz ähnlich; auch dort erzeugen nur drei Grundfarbenschichten, nämlich Gelb, Rot und Blau, je nach Übereinanderlagerung die vielen Farbennuancen des Bildes.

Der Simultankontrast. Das Auge kann also auf jeder Stelle des farbempfindlichen Teils der Netzhaut drei Grundreize feststellen. Es scheint so, als hätten sich die bunt sehenden Zäpfchen spezialisiert, weshalb wir vereinfacht von „Rotnerven" und solchen für die Blau- und Gelbwahrnehmung sprechen wollen. Sieht man intensiv auf einen roten Fleck, so fehlt an dieser Stelle der Netzhaut, die von den Rotstrahlen getroffen wird, die Belastung durch Geld und Blau. Nun ist es organisch erklärbar, daß eine gleichmäßige Aktivierung aller „Farbnerven" vom Auge angestrebt wird. Sind nur die „Rotnerven" tätig, wollen diejenigen für die Gelb- und Blauwahrnehmung auch mitmachen, und obwohl keine Gelb und Blau erzeugenden Wellen vorhanden sind, „schwingen" sie leicht mit und erzeugen selbsttätig die Farbe, die aus Gelb und Blau gemischt entsteht, nämlich Grün. Liegt nun der rote Fleck auf einem weißen Papier, so erscheint die vom Auge selbsttätig erzeugte Gegenfarbe zu Rot als schwach schimmernder, grünlicher Hof um den roten Fleck. Damit hätten wir eine Farbwahrnehmung, die das Auge „erdichtet" hat, also simuliert. Wir sprechen vom Simultankontrast. Er ist beim Farbensehen gleichzeitig mit wirksam und kann zu geringen Veränderungen von Farbwirkungen bei Farbzusammenstellungen führen. Wenn nämlich der rote Punkt nicht auf weißem Papier läge, sondern auf blauem, so würde die simultan erzeugte Farbe Grün mit der Farbe Blau gemischt wahrgenommen, weshalb das Blau neben dem Rot grünlicher erscheint, also türkisblau. Und sogar das Rot wirkt jetzt anders als auf dem weißen Papier. Das Blau des Untergrundes erzeugt im Auge auch einen Simultankontrast, nämlich die Mischfarbe aus Gelb und Rot, und das ist Orange. Dieses Orange erscheint kaum wahrnehmbar, aber doch wirksam an den Grenzen vom Blau, es verbindet sich mit dem vorhandenen Rot, wodurch dieses heller, orangefarbiger und wärmer wirkt als vorher auf dem Weiß.

Der Sukzessiv-Kontrast. Auch er führt dazu, daß man Farben sieht, die gar nicht da sind. Schon Goethe belegt diese Erscheinung mit einem Versuch: Man sieht auf einen Fleck mit intensiver Farbe; nach einiger Zeit wandert man mit dem Auge und sieht auf eine weiße Fläche. So erscheint dort die Fleckenform erneut, allerdings in der Ergänzungsfarbe: Gelb führt zu einer violetten, Orange zu einer bläulichen und Rot zu einer grünlichen Farberscheinung. Man nennt diese Erscheinung das „Nachbild" oder den Sukzessiv-Kontrast. Die Erklärung dafür liegt in der Ermüdbarkeit des Organs Auge. Sieht es länger auf Rot, arbeiten allein die „Rotnerven" intensiv, die anderen „schwingen" mit und erzeugen den Simultan- oder Nebenkontrast. Sieht es danach auf Weiß, empfängt es alle drei Grundfarben gleichwertig, doch die Rotnerven sind „müde" und arbeiten weniger. Daher haben die Gelb- und Blaunerven eine physiologische Überlegenheit und „übertrumpfen" den „müden" Partner; man sieht Grün, wo gar keines ist. Haben sich die Rotreaktoren erholt, arbeiten sie wieder normal, und man sieht Weiß.

Auch dieser Sukzessiv-Kontrast kann die Farbenwahrnehmung leicht beeinflussen, wenn auch nur kurzfristig. Denn sieht man nach dem Farbreiz nicht auf Weiß, sondern auf eine andere Farbe, so mischt sich das Nachbild mit dieser Farbe und täuscht eine leichte Farbveränderung vor.

Beeinflussung der Farberscheinung. Aus diesen Betrachtungen folgt die Lehre: Die Farberscheinung ist veränderlich. Sie ist nicht nur abhängig von der Lichtquelle, auch die Farben der Nachbarschaft bestimmen die Farbwirkung. So verändert eine leuchtende, reine, kräftige Farbe ihre Nachbarfarbe immer in Richtung der eigenen Gegenfarbe (s. „Simultankontrast", Seite 54). Wenn die Veränderungen der Farberscheinungen auch sehr gering sind, so spielen sie doch beim Gestalten mit Farben eine große Rolle. Nehmen wir z.B. eine tiefblaue Anemone *(Anemóne coronária)*. Will man das Anemonenblau leuchtend und in seinem Wert unverändert erscheinen lassen, kombiniert man es mit Goldgelb oder Orange, den Ergänzungsfarben zu Blautönen. Dunkler blau wirkt die Anemone neben einem hellen, reinen Gelb, weil Gelb einen Violettschimmer simuliert, der mit Blau gemischt wird und daher Blau dunkler erscheinen läßt. Heller wirkt Blau dagegen neben einem leuchtenden Rot oder einem Purpurrot, weil beide Farben Grün simulieren, welches das Blau zum helleren Grünblau hin verändert. Weitere Farbbeeinflussungen durch Nachbarfarben sind in folgender Tabelle (nach H. FRIELING 1961) aufgeführt.

Übersicht: Farbveränderungen durch Nachbarfarben

Eigenfarbe	gehoben durch	verändert durch	verändert nach
Scharlachrot	Hellblau	Schwarz	flammender
	Grünblau	Weiß	stumpfer
	Blau	Gelbgrün	Karmin, satter
	Türkis	Gelb	Purpur, dunkler
		Blau	Zinnober, orangefarbener
Rotbraun	Türkis	Hellblau	wärmer, Orangebraun
	Silbergrau	Dunkelblau	heller, gelblicher
	Grün	Violett	stumpfer
		Dunkelgrün	rötlicher, heller
		Hellgrün	rötlicher, dunkler
		Gelb	Violettbraun
		Rot	stumpfer, grauer
Goldgelb	Ultramarinblau	Dunkelgrün	wärmer, rötlicher
Gold	Dunkelblau	Violett	heller, blasser
	Enzianblau	Rot	fahler
Messing	Enzianblau	Dunkelblau	intensiver
	Dunkelgrün	Rosa, Rot	grünlicher, blasser
		Lila	silbriger, gelber, heller
		Violett	hellgelber
Orange	Grün	Grüntöne	rötlicher
Kupfer	Blau	Blautöne	goldener
		Violett	heller, gelblicher
Grau	Laubgrün	Sonnenton, Ocker	dunkler, bläulicher, glänzender
Zinn	Sonnenton		
Silber	Ocker	Hell-Laubgrün	dunkler, wärmer
		Purpur	grünlicher, blasser
		Dunkelviolett	hell schimmernd, gelblicher

Übersicht: Farbveränderungen durch Nachbarfarben (Fortsetzung)

Eigenfarbe	gehoben durch	verändert durch	verändert nach
Weiß	Schwarz	Schwarz	scharfer Kontrast
	Dunkel	Violett, Blau	wärmer, leicht gelblich
		Dunkelblau	Weiß ohne Blaustich
		Orange	blaustichig
		Rosa, Rot	türkisstichig, kalt
		Grün	rotstichig
		Gelb	violettstichig
Blaugrau	Hell-Orange-gelb	Weiß	dunkler, stumpfer
	Aprikosenfarbe	Schwarz	heller
		Grün	violettstichig
		Orangegelb	bläulicher
		Rosa	neutraler Grau
Hell-Blaugrün	Rotbraun	Weiß	stumpfer
Türkis	Orange	Schwarz	leuchtender
	Kressrot	Grün	matter, bräunlicher
		Hellblau	olivgrünstichig
		Warmgelb	hellblau
Grün	Lachsrosa	Weiß	Grasgrün
	Orangerot	Schwarz	neutral
	Sonnenton	Orangegelb	frischer
	Rotbraun	Smaragdgrün	grauer
		Hellblau	gelblicher
		Goldgelb	bläulicher
		Violettrosa	gelbgrün
		Rotbraun	leuchtender
Nußbaumholz	Hellgrün	Grüntöne	rötlicher
		Gelbtöne	violettrotstichig
		Rottöne	grauer, grünlich

Die Relativität der Farberscheinung. Die Erscheinung einer Farbe ist nicht stets gleich. Das hängt vor allem damit zusammen, daß das menschliche Auge selbst die Farben erzeugt. Dabei läßt es sich beeinflussen
— von der Lichtquelle und ihrem Spektrum,
— von der Lichtintensität, denn bei schwachem Licht erkennt es überhaupt keine Farben,
— von den Farben in der Nachbarschaft (Simultankontrast und Sukzessiv-Kontrast)

Außerdem kann der Mensch eindeutige Wahrnehmungen nur durch den Vergleich feststellen. Eine helle Farbe wirkt nur hell neben einer dunklen. Ist sie mit einer noch helleren benachbart, wirkt sie dunkler. Gelb auf Weiß erscheint matt und dumpf, dasselbe Gelb auf Schwarz leuchtet alarmierend auf. So erhält eine Farbe erst durch die Beziehung zu einer anderen Farbe ihren Wert. Und zu dieser Bezüglichkeit der Farben und ihrer Abhängigkeit von Einflußfaktoren sagen wir: Die Farberscheinung ist relativ, d. h. durch Beziehungen wandelbar (s. Farbtafel 1, Seite 59).

Farbbezeichnungen: Bisher und auch weiterhin sind Bezeichnungen verwendet, welche Farben näher benennen. Zum besseren allgemeinen Verständnis sollen sie hier aufgegriffen, ergänzt und erklärt werden. Dabei hilft uns eine Gruppeneinteilung:

1. Gruppe = Grundfarben: Gelb, Rot, Blau. Aus ihnen mischen sich alle Farben. Sie werden auch „Primärfarben" genannt.
2. Gruppe = Mischfarben 1. Ordnung: Sie sind aus Anteilen von zwei Grundfarben gemischt wie Goldgelb aus viel Gelb und wenig Rot, Violett aus Rot und Blau, Maigrün aus wenig Blau und viel Gelb. Sie werden auch „Sekundärfarben" genannt.
3. Gruppe = Mischfarben 2. Ordnung: Sie bestehen aus Anteilen von allen drei Grundfarben wie die Brauntöne, Olivgrün, Graublau usw.
4. Gruppe = Pastellfarben: Ist eine Farbe der Gruppe 1–3 mit Weiß gemischt, mit einem mehr oder weniger starken Weißanteil, sprechen wir von Pastellfarben wie Rosa, Beige, Zartlila, Hellblau usw.
5. Gruppe = Abdunklungen bzw. Schattierungen: Sie entstehen durch die Mischung einer Farbe mit Schwarz.
6. Gruppe = unbunte Farben: Dazu gehören Weiß, die Grautöne und Schwarz. Man findet auch die Bezeichnung „achromatische" Farben im Gegensatz zu den „chromatischen"[1] (Gruppe 1–5).

4.3 Farbordnungen

Farben lassen sich in Ordnungssysteme eingliedern. Die Physik der Farben selbst führt zu Farbordnungen. Das Spektrum ist eine solche naturgegebene Ordnung.

Der Regenbogen ist eine natürliche Farbordnung, die aufgrund der unterschiedlichen Wellenlängen der Farbstrahlen entsteht. Es ist ein Farbband, das oben immer mit Rot beginnt und unten mit Violett abschließt. Dazwischen liegen in stets gleicher Folge von oben nach unten Orange, Gelb, Grün, Blau und Indigo. Es ist das Spektrum des Sonnenlichtes.

Das Grundfarbendreieck entsteht, wenn man die drei Farben des Spektrums, die nicht mischbar sind, nämlich Gelb, Rot und Blau in eine geometrische Figur einzeichnet, in der jede Farbe einen gleichwertigen Platz bekommt. Es ist das gleichseitige Dreieck. Dabei setzt man gern Gelb in die obere Ecke, Rot rechts und Blau links, weil Gelb als helle Farbe leicht wirkt, Rot eine Kraftsteigerung, Blau ein Ausklingen bedeutet.

---
[1] Chroma = (griech). Farbe, chromatisch = auf Farbenzerlegung beruhend

Abb. 48. Zwölfteiliger natürlicher Farbkreis mit dem Grundfarbendreieck

Der 6teilige natürliche Farbkreis. Zeichnet man das Grundfarbendreieck in einen Kreis und setzt man zwischen 2 Grundfarben eine Mischfarbe aus den gleichen Teilen der benachbarten Grundfarben, so erhält man die 6 „klassischen" Farben Gelb, Orange, Rot, Violett, Blau und Grün, von denen jede $1/6$ des Kreises innehat.

Der 12teilige natürliche Farbkreis. Der 6teilige Farbkreis wird durch weitere Mischfarben erweitert, die unterschiedliche Anteile der Grundfarben enthalten. Zwischen Gelb und Rot liegen in gleich großen Feldern Goldgelb, Orange und Kreß, zwischen Rot und Blau das Purpur, Violett und Ultramarinblau, zwischen Blau und Gelb das Türkis, Grün und Maigrün. Natürlich könnte man noch viel mehr Zwischentöne einzeichnen, doch für unsere Zwecke genügt der 12teilige natürliche Farbkreis (s. Abb. 48 und Farbtafel 1, Seite 59).

Da es sehr schwer ist, allein durch die Benennung einer Farbe die gleichen Farbvorstellungen bei anderen Personen zu erzeugen, sollen die hier genannten 12 Farben des natürlichen Farbkreises durch Blütenfarben oder andere Bezeichnungen verdeutlicht werden.

Gelb: Zitronengelb, Primelgelb, Schwefelgelb.
Goldgelb: Dottergelb, Sonnenblumengelb, Safrangelb, Gelborange.
Orange: Apfelsinenfarbe, Ringelblumenfarbe; abgeleitet: Kupfer.
Kreß: Kapuzinerkresse, Zinnober, Krebsrot, Feuerrot, Rotorange.
Rot: Scharlachrot, Karminrot, Klatschmohnrot.

Farbtafel 1

Bild 1

Der 12teilige natürliche Farbkreis

Er entwickelt sich aus dem Grundfarbendreieck. Zwischen den Grundfarben liegen Mischfarben aus Anteilen der zwei benachbarten Grundfarben. Somit hat jede Grundfarbe den gleichen Einflußbereich innerhalb des Farbkreises, nämlich eine über den halben Kreis greifende Wirkung. Diese Gleichheit der Wirkung entspricht der Gleichheit der Bedeutung als Grundfarbe.

Die Entstehung dieser Farbordnung vollzieht sich in mehreren Schritten: Johann Heinrich Lambert (1728–1777), ein Naturwissenschaftler, entwickelt das Grundfarbendreieck; Johann Wolfgang v. Goethe (1749–1832) und Philipp Otto Runge (1777–1810), ein Kunstmaler, gestalten den 6teiligen und dann den 12teiligen Farbkreis, und Johannes Itten, ein moderner Maler, verändert die bisher gebräuchliche Stellung der Farben im Kreis, so daß jetzt das Gelb als leichteste Farbe oben steht, Rot rechts und Blau links im Kreis liegen.

Bild 2

Farbskalen

Dies sind Farbgänge zwischen zwei „Eckfarben", in denen sich durch Mischung dieser beiden Farben in immer nur wenig veränderten Mischungsverhältnissen die Farbtöne schrittweise verändern.

In der Grauleiter sind die Eckfarben Schwarz und Weiß, dazwischen liegen die vom Hell zum Dunkel regelmäßig abgestuften Grautöne.

Steht am Anfang und Ende des Farbganges je eine bunte Farbe, so entwickeln sich die Farbschritte aus Mischungen dieser beiden Eckfarben. Je entfernter von der Eckfarbe ein Mischton innerhalb der Skala steht, umso geringer ist der Farbanteil der eingemischten Ausgangsfarbe.

Die Farbskalen mit Hell-Dunkel-Werten einer Ausgangsfarbe werden so gestaltet, daß die reine, vollklare Farbe in der Mitte der Skala liegt, nach der einen Seite entwickeln sich immer heller werdende Werte bis zum Weiß, zur anderen Seite die Abdunklungen durch Mischungen mit Grau bis zum Schwarz.

Als Farbübungen sind solche Mischtabellen sehr wertvoll. Die Art der Eckfarben oder der Ausgangsfarbe sowie die Zahl der Felder für die Mischungen sind frei zu wählen.

Bild 3

Die Relativität der Farberscheinung

Die Farberscheinung ist nicht immer gleich. Dies wird hier deutlich gemacht, weil man beobachten kann, daß der rote Farbstreifen auf dem gelben Untergrund etwas anders wirkt als das gleiche Rot auf Blau. Diese Veränderung der Farbwirkung hängt mit dem Simultankontrast zusammen.

Weitere Einflußfaktoren, die zur Relativität der Farberscheinung führen, sind z. B. das Spektrum der Lichtquelle, die Lichtintensität, der Hell-Dunkel-Kontrast mit der Umgebung und die Stofflichkeit des Farbtonträgers.

Bild 4

Die Hell-Wirkung einer Farbe

Diese wird stark durch die Nachbar- oder Hintergrundfarben beeinflußt: Eine helle Farbe wirkt vor einer noch helleren nicht wirklich hell, sondern matt und fade; erst vor einem dunkleren Hintergrund kommt ihre Eigenhelligkeit gut zur Wirkung. Auch dies ist ein Beweis der Relativität der Farberscheinung.

59

Pupur: Rubinrot, Leinrot, Rosenrot, Rotviolett.
Violett: Veilchen- und Verbenenfarben *(Verbéna rígida)*, Amethyst.
Ultramarinblau: Leberblümchenblau, Rittersporn, Indigo, Blauviolett.
Blau: Kornblume, Enzian, *Scílla*-Farbe, Aquamarin, Kobaltblau.
Türkis: Nadel-Blaugrün, Echeverien-Blaureif, Seegrün.
Grün: Laubgrün, Saftgrün, Grasgrün, Smaragdgrün, Moosgrün.
Maigrün: Gelbgrün, Blätter frisch getriebener Maiglöckchen, Klarapfelgrün.

Abb. 49. Farbkugel nach Philipp Otto Runge

Der Ostwaldsche Farbkreis. Wilhelm Ostwald (1853–1932), ein Chemiker, hat eine Farbenlehre entwickelt, die im physikalischen Umgang mit Farben bedeutungsvoll war. Sein Farbkreis baut auf einem Quadrat auf, das die 3 Grundfarben und Grün lokalisiert. Dazwischen liegen je 2 Mischfarben. Dieser Kreis ist also zur Hälfte von Grün beeinflußt. Die Ergänzungsfarben liegen nicht immer gegenüber. Beim Gestalten mit Farben sollte man nicht diesen Farbkreis als Hilfe für die Theorie der Farbenlehre wählen. Paul Klee sagte sogar, er sei ein Unglück und tue weh, und er mache klar, daß viele Maler – und Floristen – eine Abneigung gegen die Wissenschaft der Farben haben!

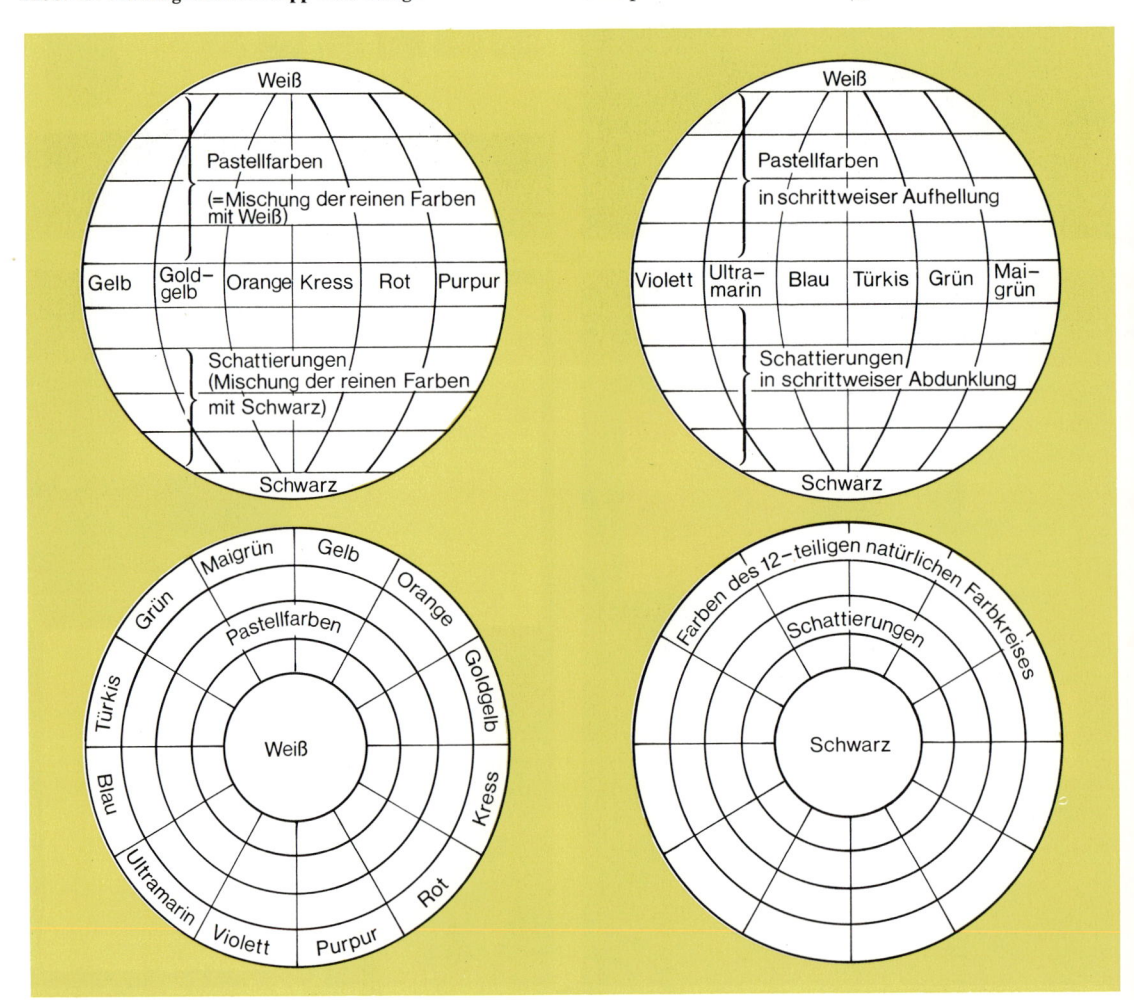

Der Farbkreis ist eine flächige Farbordnung. Legt man ihn um eine Kugel wie einen Äquator, kann man eine plastische Farbordnung entwickeln, in der neben den reinen Farben auch noch die Pastelltöne und Schattierungen enthalten sind.

Die Farbkugel. Philipp Otto Runge (1777–1810), Zeitgenosse Goethes, ein hervorragender Maler der romantischen Richtung, hat die Farbkugel als Ordnungsschema für Farben entwickelt. Er ging von dem Gedanken aus, daß auf dem Kreis nur die reinen – er nennt sie „vollklaren" – Farben anzuordnen sind. Die Beziehung der Farben zu Schwarz und Weiß kann zusätzlich in der Kugel dargestellt werden. Jeder Punkt auf der Oberfläche der Kugel kann durch seinen Längen- und Breitenkreis (Meridian und Parallelkreis) bestimmt werden, was die Benennung der Farben durch ein entsprechendes Zahlensystem erleichtert.

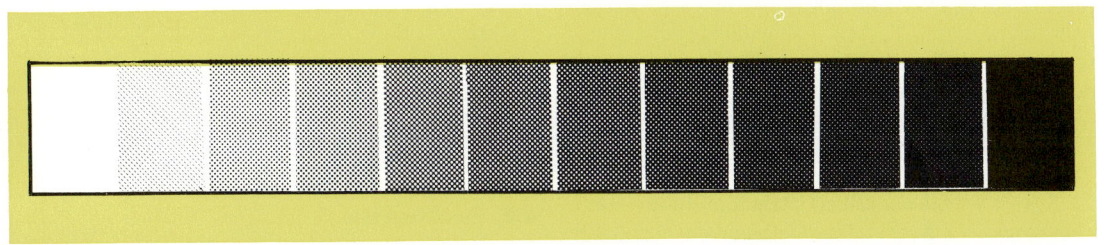

Abb. 50. (rechts) Der Farbstern
Abb. 51. (Mitte) Zwölfstufige Grauleiter

In der Äquatorzone liegen die 12 Felder für die Farben des natürlichen Farbkreises. An den Kugelpolen werden oben Weiß und unten Schwarz lokalisiert. Zwischen den bunten und unbunten Farben liegen Felder, in denen die Mischungen aus beiden eingetragen werden. So hellen sich die Farben nach oben immer mehr auf über die Pastelltöne bis zum reinen Weiß, nach unten werden sie immer mehr abgedunkelt bis zum tiefen Schwarz (Abb. 49).

Auch im Kugelinneren kann man sich Farben denken. Sie zeigen die Mischfarben aus gegenüberliegenden Farben. Auf der durch den Mittelpunkt der Kugel führenden Linie zwischen Orange und Blau würden zum Beispiel von Orange zu Blau folgende Farben liegen: bräunliches Orange, Braungrau, Grau, Blaugrau, mattes Stahlblau. Somit finden auch Mischfarben 2. Ordnung ihren Platz in einem Ordnungssystem, wenn auch nicht so vollkommen und übersichtlich wie die Farben anderer Farbgruppen. Neben dieser Farbkugel von Philipp Otto Runge kennen wir auch noch andere plastische Ordnungssysteme, den Farbwürfel nach Hickethier, den fächerartigen Doppelkegel von Ostwald u. a.

Der Farbstern. Aus der plastischen Form der Kugel kann man auch den flächigen Farbstern entwickeln, in dessen Mitte Weiß liegt und bei dem die dunkler werdenden Zacken mit Schwarz enden (Abb. 50). Für uns ist aber die kugelförmige Anordnung günstiger, weshalb wir sie uns recht deutlich vorstellen, wenn nicht gar herstellen wollen.

Die Grauleiter. Sie besteht aus unbunten Farben in einer schlichten Aneinanderreihung von Weiß, immer dunkler werdenden Grautönen, bis zum Schwarz. Diese Reihe von Helligkeitswerten ist auch aus dem Fernsehen bekannt. Wenn sie auf dem Bildschirm erscheint, muß man die Helligkeitseinstellung regulieren: Erscheint kein Weiß, ist zu dunkel eingestellt, erscheint kein Schwarz, dann ist zu hell eingestellt; die Grauleiter des Testbildes muß von reinem Weiß über die gleichmäßig dunkler werdenden Stufen der Grautöne bis zum tiefen Schwarz verlaufen (Abb. 51 und Farbtafel 1, Seite 59).

Farbskalen. Solche Abstufungen unterschiedlicher Mischungsverhältnisse kann man auch mit bunten Farben anlegen, z. B. Gelb und Violett liegen in den Eckfeldern, dazwischen kommen die Mischfarben 2. Ordnung aus diesen beiden Farben mit immer etwas veränderten Mischungsverhältnissen. Je mehr Gelb in der Mischfarbe enthalten ist, um so näher steht sie beim Gelb.

Eine weitere Farbskala ist z. B. ein Längenkreis aus der Farbkugel. Hier gehen die Schritte vom Weiß zur reinen Farbe in der Mitte der Skala und weiter über die Abdunklungen zum Schwarz.

Solche Skalen nennt man auch „Farbgänge", und die Bezeichnung ist recht treffend, enthält sie doch die Vorstellung der Schritte, die die Entwicklung von einer Eckfarbe zur anderen aufzeigen (s. Farbtafel 1).

Die Ordnungssysteme für Farben sind für den Floristen sehr wertvoll und lehrreich. Erstens kann man durch die Beschäftigung mit ihnen sein Farbgefühl für Ton- und Mischungswerte üben und schulen. Zweitens kann man vielerlei Beziehungen der Farben untereinander ablesen, was uns bei der Farbkombination helfen wird. Drittens kann man regelrechte Farbharmonien an Hand der Farbordnung konstruieren. Viertens kann man zwischen zwei kontrastierenden Farben Vermittlungswege ablesen, so daß man mit weiteren Farben wohlgefällige Übergänge schaffen kann. Der Farbkreis und die Farbkugel werden uns in der Harmonielehre noch öfter begegnen.

Zur Vertiefung
1. Schneiden Sie aus selbstklebendem Buntpapier ein Stück (3 × 5 cm) reines Gelb und ein ebensolches Stück in Blau (dunkles, klares Ultramarinblau wie Usambaraveilchen) heraus. Beide Stücke sind mit der schmalen Seite aneinanderstoßend auf einen Papierbogen zu kleben. Nun wird ein sehr schmaler, etwa 2 mm breiter und 10 cm langer Streifen von rotem (Korallrot) Papier abgeschnitten und quer über die zwei bunten Felder geklebt. Bei ruhiger Betrachtung ist festzustellen, wie der rote Streifen auf dem gelben Feld wirkt im Gegensatz zu dem Teil auf blauem Grund. Ein Unterschied ist sichtbar (den Versuch nicht bei künstlichem Licht machen). Die Erscheinung ist mit dem Simultankontrast zu erklären.
2. Stellen Sie folgende Farbordnungen auf Aquarellpapier mit Wasserfarben her:
   a) den natürlichen Farbkreis,
   b) die Grauleiter,
   c) die Farbkugel.

Die Farben werden in freier Form auf Papier aufgetragen, die notwendigen Flächen werden ausgeschnitten und in der richtigen Anordnung auf ein Papierblatt (oder besser auf grauen Karton) geklebt. Die Kugel kann eine Kunststoffkugel sein, wie sie für die Strohblumenkugeln verwendet wird. Bevor sie mit den farbigen Papierstückchen beklebt wird, kann ein Faden vom Schwarzpol zum Weißpol hindurchgesteckt werden, damit man die Kugel aufhängen kann. Die Farbtöne sind bei allen Übungen sorgfältig abzustufen, damit gleichmäßige Stufenfolgen zwischen den Hell-Dunkel-Werten oder den Farbtönen im Farbkreis erzielt werden.

3. Mischen Sie folgende Wasserfarben:
   Gelb und Purpur   Orange und Violett
   Gelb und Violett Orange und Türkis
   Rot und Türkis
   Rot und Maigrün

Stellen Sie je drei Farben durch unterschiedliche Mischverhältnisse her.

Die entstandenen Mischfarben zweiter Ordnung werden ausgeschnitten und aufgeklebt und die Mischungsanteile der reinen Farben danebengeschrieben. So werden verwandtschaftliche Beziehungen der Farben bekannt und die Augen für Farbunterschiede geschult.

4.4 Farbkontraste

Kontrast heißt Unterschied. Es gibt kleine Unterschiede, bei ihnen erkennt man im Vergleich geringe Abweichungen, wodurch auch geringe Spannungen entstehen. Große Unterschiede sind spannungsreich. Beim größtmöglichen Unterschied sprechen wir vom „Gegensatz" oder vom polaren Kontrast.

Wie schon an anderer Stelle erwähnt (Seite 56), ist der Vergleich die Grundlage, auf der Wahrnehmungen eindeutig festgestellt werden können: Eine Linie wird als lang empfunden, wenn eine kürzere zum Vergleich daneben steht; dieselbe „lange" Linie wirkt kurz, wenn sie mit einer noch längeren verglichen wird. Ebenso können Eigenschaften der Farben durch Gegenüberstellungen mit konträren Partnern deutlich gemacht und in ihrer Wirkung gesteigert werden. So wirkt eine helle Farbe neben einer dunklen wirklich leuchtend und lichthaft. Ist sie mit einer Farbe von gleicher Helligkeit kombiniert, verliert sie die strahlende Wirkung und erscheint eher blaß und fad.

Achten wir beim Gestalten mit Farben in besonderem Maße auch auf Farbkontraste, erreichen wir zweierlei:
1. Wir können je nach Größe der Unterschiede eine spannungsreiche, lebendige, entschiedene, harte und kraftvolle Wirkung erzielen oder mit geringen

Kontrasten und feinen Nuancen verhaltene, sanfte „Schwingungen" sichtbar machen, eine ruhige, sanfte, dezente Wirkung hervorrufen, ohne leblos oder spannungsarm zu gestalten.
2. Wir können durch die Wahl bestimmter Kontrastfarben besondere Eigenschaften der Farben zu einer expressiven (ausdrucksvollen) Wirkung bringen.

Unsere Farben haben Eigenschaften. Beim Farbensehen messen wir ihnen Merkmale zu, wobei auch unser Empfinden und Fühlen einen Anteil hat. Diese Subjektivität (persönliche Auffassung) und dazu die Relativität der Farberscheinung (Seite 56) komplizieren die entsprechenden Beobachtungen. Um so mehr hilft uns die Darstellung von Einzelheiten: So fragen wir uns zunächst nach den Eigenschaften der Farben.
Der Farbton an sich ist schon eine Eigenschaft. Da ist z. B. ein Gelb. Weil es viele Gelbtöne gibt, wird man zum besseren Verständnis dieses Gelb noch etwas umschreiben: z. B. ein reines, leuchtendes Zitronengelb. Damit ist bereits die nächste Eigenschaft benannt.
Die Leuchtkraft einer Farbe ist eine weitere Eigenschaft. Man spricht von der Reinheit. Itten[1] nennt sie auch die Qualität, Hölzel[2] die Intensität. Reine Farben sind Grundfarben und Mischfarben 1. Ordnung. Sie wirken voll, gesättigt, reinbunt, klar, kräftig. Mischfarben 2. Ordnung, Pastellfarben und Schattierungen wirken mehr oder weniger trübe, gedämpft, matt. Die unbunten Farben sind nach Hölzel ohne Intensität.
Die Helligkeit einer Farbe ist eine der wirkungsvollsten Eigenschaften. Man spricht von der Eigenhelligkeit der Farbe, von spezifischer Helligkeit oder Lichtrückwurfswerten. Gelb ist die hellste der reinbunten Farben, Violett die dunkelste. Weiß hat den höchsten Lichtrückwurfswert, Schwarz den geringsten. Rot und Grün sind etwa gleich hell, aber dennoch unterschiedlich in der Aktivwirkung.
Diese drei bisher angesprochenen Eigenschaften der Farbe: Farbton, Reinheit und Helligkeit nennt man auch die *drei Dimensionen der Farbe*.
Die Aktivität der Farbe hängt mit einer psychologischen Wirkung zusammen. Aktive Farben regen an, sie sind auffallend und von starker Reizwirkung. Rot ist die aktivste Farbe, Grün die passivste.
Der ganze Mensch reagiert auf Rotlicht vital wie emotional, d. h. körperlich und gefühlsmäßig. Das Licht der Rotlichtlampen wird medizinisch genutzt; es beschleunigt den Puls und erhöht den Blutdruck. Rot erregt aber auch die Nerven und würde auf die Dauer den Menschen durch die Reizüberflutung nervös machen. Grün dagegen beruhigt. Ein Gang durch den Wald ist nicht zuletzt wegen der Farben gesund! Aber auch die Reinheit einer Farbe bewirkt eine gewisse Aktivität, d. h. eine auffallende Wirkung, was jedoch sehr von der Farbnachbarschaft abhängt.
Die Farbtemperatur. Beim Sehen einer Farbe kann man sie als warm oder kalt empfinden. Dabei spielt die Erfahrung (Feuer = orangerot, Eis = blaugrün) und die erregende Aktivwirkung der Rot-Farben eine Rolle. So werden Farben mit Rotanteil als warm empfunden, Rotorange als noch wärmer als Blaurot, Blaurot aber wärmer als Blaugrün, welches als „Kaltpol" bezeichnet wird. Diese Relativität der Warmwirkung einer Farbe muß beachtet werden. Die Kalt-Warm-Bewertung einer Farbe ist aber auch von der Oberfläche des Farbtonträgers abhängig. Glatte, glänzende Oberflächen wirken kühler als stumpfe oder samtige (Abb. 52).
Die Gewichtswirkung einer Farbe ist ein weiteres Kriterium (Kennzeichen). Mit hellen Farben verbindet man das Empfinden „leicht", mit dunklen Farben verbindet man das Empfinden „schwer". Auch hier wirkt die Erfahrung mit: Der helle Himmel über uns, die dunkle Erde unter uns. Was oben ist, muß leichter sein als das, was sich unten „absetzt".
Die Nah-Wirkung einer Farbe. Farben können entgegenkommend und dadurch vordergründig oder

Abb. 52. Farbeigenschaften und die Extrempole im Farbkreis

---

[1] Itten, Johannes, moderner Maler und Kunstpädagoge
[2] Hölzel, Adolf, Maler 1853–1934, Vorläufer der Vertreter der gegenstandslosen Malerei in Deutschland

Abb. 53. Schon die einfache Zeichnung zeigt an zwei gleichen Raumgrößen die verändernde Wirkung durch Farbhelligkeit. Bei dunkler Decke wirkt der Raum weniger hoch als bei heller

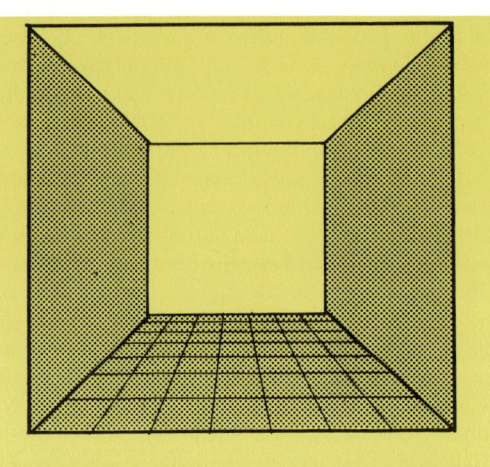

wegstrebend und fern wirken. Aktive Farben wirken nahe, passive Farben fern, reine Farben wirken näher als trübe, matte.

Die Fleckengröße und Menge der Farbe ist zwar keine Eigenschaft der Farbe selbst, aber wesentlich mit entscheidend für die Wirkung der Farbe, weshalb hier auch von der Quantität der Farbe als Wirkungsfaktor gesprochen werden muß.

Der „Farbtoncharakter" (nach MORITZ EVERS) wird von der Struktur, also der Oberflächenwirkung des Farbtonträgers, stark beeinflußt. Ein reines Gelb auf einer glatten glänzenden Oberfläche wirkt durch die Reflexionen kälter, abweisender, flacher als das gleiche Gelb auf einer rauhen, rustikalen Struktur, wo es eine Hinwendung zum Matten, Sanften, Warmen, Stumpfen bekommen wird.

Damit haben wir 9 Eigenschaftsgruppen der Farben dargestellt, die noch einmal im Zusammenhang mit der Kontrastwirkung behandelt werden sollen. Selbstverständlich sind bei jeder Gestaltung immer mehrere Kontraste wirksam; man sollte aber jeden einzelnen durchdacht haben. Man kann bewußt auf bestimmte Kontraste abzielen, d. h., man sollte das Zusammenstellen von Farben als geistige Leistung ansehen und nicht als Ergebnis eines diffusen (verschwommenen), subjektiven Gefühls!

Folgende Farbkontraste beschäftigen uns:
1. **Farbtonkontrast** = Farbe-an sich-Kontrast
2. Farbe-Nichtfarbe-Kontrast, Sonderfall des Farbtonkontrastes
3. Komplementärkontrast, Sonderfall des Farbtonkontrastes
4. Hell-Dunkel-Kontrast = Helligkeitskontrast
5. Schwer-Leicht-Kontrast = Gewichtskontrast
6. Aktiv-Passiv-Kontrast = Aktivitätskontrast
7. Nah-Fern-Kontrast = Raumschaffende Wirkung
8. Kalt-Warm-Kontrast = Temperaturkontrast
9. Rein-Trüb-Kontrast = Qualitätskontrast oder Intensitätskontrast
10. Viel-Wenig-Kontrast = Quantitätskontrast
11. Farbtoncharakterkontrast = Stofflichkeitskontrast

Die Kontraste 1–4, 9 und 10 sind objektiv feststellbar, man nennt sie auch „primäre Kontraste".

Die Kontraste 5–8 und 11 sind durch die psychische Bewertung des Farbeindrucks wirksam; sie werden subjektiv empfunden. Man nennt sie auch die „sekundären Kontraste". Die weiteren Ausführungen sind in Form einer Tabelle dargestellt.

Zur Vertiefung
1. Nennen Sie zu jedem der 11 Farbkontraste drei Beispiele, mit denen die Natur in Blüten oder Pflanzen die Kombination der gegensätzlichen Farbwirkungen verwirklicht.
2. Entwerfen Sie auf Zeichenpapier mit Wasserfarben Farbbeispiele der Farbkontraste nach eigener Wahl. Zum letzten Kontrast muß eine Collage[1] aus Stoffstückchen oder verschiedenen Papierarten hergestellt werden.

[1] Collage (franz.) = aus buntem Papier oder anderem Material geklebtes Bild

Die Farbbeispiele werden folgendermaßen gestaltet: In eine Fläche von 5 × 8 cm werden Kästchen von 1 cm² mit dem Bleistift dünn eingezeichnet. Diese Kästchen werden mit Farbe ausgefüllt. Ein Farbton wird in mehrere Felder – über die Fläche verteilt – eingetragen, so daß zum Schluß ein gemischtes, gleichgewichtiges Bild entsteht. Soll ein Farbton zwei nebeneinander liegende Kästchen ausfüllen, wird jedes Feld einzeln eingefärbt und nicht einfach über beide gestrichen. Am Rande eines jeden Kästchens bleiben ganz schmale Partien unbemalt, so daß die Gliederung in einzelne Quadrate deutlich wird, auch wenn man keine dicken Trennstriche zieht. Es müssen wenigstens zwei Farbtöne gewählt werden, es können aber auch drei oder mehr Farben oder Hell-Dunkel-Nuancen benutzt werden. Auch die Collage kann auf die Kästchengliederung zurückgreifen, es können aber auch andere Flächengliederungen gewählt werden.

3. Betrachten Sie farbige Bilder oder Blumen und lesen Sie die wirksamen Farbkontraste heraus, indem Sie jeden der genannten Kontraste einzeln erkennen und die Farben nennen, durch den er gestaltet ist. Nimmt man z. B. eine Iris „Professor Blaaw", so lautet die Definition:

Farbtonkontrast: Ultramarinblau, Goldgelb.
Farbe-Nichtfarbe-Kontrast: Nicht wirksam.
Komplementärkontrast: Ultramarinblau und Goldgelb.
Hell-Dunkel-Kontrast: Blau ist dunkel, Gelb wirkt dadurch heller, als es ist.
Schwer-Leicht-Kontrast: Das Gelb liegt leicht auf dem Blau, welches fest wirkt.
Aktiv-Passiv-Kontrast: Durch das Leuchten wirkt Gelb aktiver als das Blau.
Nah-Fern-Kontrast: Das Gelb scheint sich herauszuheben.
Kalt-Warm-Kontrast: Sehr wenig wirksam, das Ultramarinblau wirkt nicht kalt, das Gelb ist etwas wärmer.
Rein-Trüb-Kontrast: Beide Farben wirken rein.
Quantitätskontrast: Blau hat die Führung, Gelb ergänzt.
Farbtoncharakterkontrast: Blau wirkt glatt und voll zartem Schmelz, das Gelb flauschig, weich.

Übersicht: Farbkontraste

Kontrast-benennung	geringe Abstufungen	große Abstufungen	Wirkung	Bedeutung
Farbton-kontrast oder Farbe-an-sich-Kontrast	Gelb, Goldgelb, Bronze oder Hellrosa, Rosa, Hellrot oder Hellblau, Taubenblau, Nachtblau, Kobaltblau und Violett.	Gelb, Rot, Blau oder Orange, Violett, Grün oder Schwarz, Weiß, Rot.	Kombinationsmöglichkeiten sind so vielfältig, daß sich eine eigene „Lehre" damit beschäftigt – s. Harmonielehre –. Bei den unbunten Farben ist nur der Helligkeitskontrast wirksam. Bei allen bunten Farbtonkontrasten gilt die Regel: Die Gegenfarben zeigen die größten, Nachbarfarben und verwandte Farben geringe Kontraste und damit ebensolche Spannungen.	Der Farbtonkontrast ist Ausgangsgedanke unseres farblichen Gestaltens überhaupt. Die Farbtonwahl und Harmoniebildung hängt mit der beabsichtigten psychischen Wirkung zusammen, die vom Zweck der Gestaltung abhängig ist. Bei jedem Farbtonkontrast wirken zugleich andere Kontraste mit, wobei der Helligkeitskontrast, Reinheitskontrast und Mengenkontrast die größte Rolle spielen.

Farbtafel 2

Bild 1

Der Komplementärkontrast

Dieser große Kontrast der Farbtöne ist in dem Brautstrauß mit dem Rot der Blüten und dem Grün des Blattwerks bestimmend: die wenigen Gelb- und Brauntöne begleiten und beruhigen etwas die spannungsreiche Wirkung der Komplementärfarben. Rot und Grün bilden den lebensvollsten Komplementärkontrast, weshalb dieser Brautstrauß farblich zu einer lebensbejahenden, lebhaften und relativ unkomplizierten Braut paßt.

Bild 2

Der Helligkeitskontrast

Dieser Farbkontrast ist der wichtigste überhaupt: ohne Buntheit kann man etwas abbilden, ohne Hell-Dunkel-Unterschiede jedoch nicht!
Das Veilchenblau in diesem Kränzchen vervollkommnet nicht nur die Farbharmonie zum harmonischen Vierklang mit der Beziehungsfigur des Quadrats, es bringt auch Tiefe, Fülle und Ausdruck in diese Zusammenstellung durch den Helligkeitskontrast. Das Weiß ergänzt die bunten Farben nicht nur zum harmonischen Fünfklang, es setzt auch Lichter auf und macht die Gesamtwirkung freundlich und frisch.

Bild 3

Der Temperaturkontrast

Der Blumenschmuck dieses Geschenkkartons zeigt einen sehr lebhaften Kalt-Warm-Kontrast. Zum warmen Orangerot der Blumen wurde das kühl wirkende Blaugrün im Band gewählt. Zur farblichen Verbindung zwischen Blumen und Band sind auch Mohnköpfe und Blätter blaugrün bespritzt worden.

Bild 4

Der Qualitätskontrast

Der Rein-Trübe-Kontrast macht dieses Arrangement aus Trockenmaterial recht reizvoll. Das Gelb der Blüten wirkt zwischen den verschiedenen Brauntönen relativ lebhaft, weil sein Leuchten durch den Qualitätskontrast zu den trübe und matt wirkenden Braunfarben noch gesteigert wird.

2

4

Übersicht: Farbkontraste (Fortsetzung)

Kontrast-benennung	Beispiele	Wirkung	Bedeutung
Farbe-Nichtfarbe-Kontrast oder Buntheitskontrast	Viele weiße Blumenarten, weiße und schwarze Keramikgefäße und Glasgefäße, unbunt gestrichene oder abgespannte Dekorationshilfen oder Wandflächen, schwarze oder weiße Kunstfrüchte, grauweiße Flechten, schwarz oder weiß gespritzte Blätter und Zweige und vieles mehr führen dazu, daß im engen oder weiteren Bereich einer floristischen Gestaltung der Farbe-Nichtfarbe-Kontrast mitwirkt. Gut, wenn man ihn bewußt zu steuern in der Lage ist.	Die unbunten Farben beeinflussen die bunten Farben nicht aufgrund des Simultankontrastes. Sie trennen die bunten Farben mitunter wohltuend, und sie vermitteln gleichzeitig, weil sie das evtl. Flimmern an den Grenzen bunter Farben auslöschen. Sie bereichern durch den gleichzeitigen Hell-Dunkel-Kontrast. Schwarz hebt die Leuchtkraft der bunten Farben, Weiß schwächt sie durch die Eigenhelle etwas ab.	Sollen Farben gleicher Helligkeit kombiniert werden, kommt man ohne unbunte Konturen, Hintergründe oder Zwischenteile nicht aus. Erst sie trennen und fügen zugleich zu einem harmonischen Gefüge zusammen. Unbunte Farben sind neutral, sie bereichern, ergänzen, klären, vervollständigen bunte Zusammenstellungen.
Komplementärkontrast = Kontrast der Ergänzungsfarben (franz.: complet = vollständig; lat. complementum = Ergänzung) (s. auch Farbtafel 2, Seite 67)	Gelb-Violett Goldgelb-Ultramarinblau Orange-Blau Kress-Türkis Rot-Grün Purpur-Maigrün Hellrot-Dunkelgrün.	Komplementärfarben liegen im Natürlichen Farbkreis und in der Farbkugel diametral (über den Mittelpunkt hinweg) gegenüber. Sie enthalten Anteile aller 3 Grundfarben. Sie mischen sich als Licht (additiv) zu Weiß. Sie mischen sich als Farbstoffe (substraktiv) zu Dunkelgrau.	Der Komplementärkontrast ist ein polarer Farbtonkontrast. Durch den großen Unterschied wirkt er sehr spannungsreich, lebhaft, kraftvoll, dynamisch. Weil in den beiden Komplementärfarben alle 3 Grundfarben enthalten sind, wirkt er vollkommen, er befriedigt das Auge in seinem Totalitätsanspruch. Er wirkt ganzheitlich und ausgewogen. Weil die Komplementärfarben mit dem Simultankontrast übereinstimmen, steigern sie sich gegenseitig zu höchster Leuchtkraft.	Der Komplementärkontrast ist von größter Bedeutung bei Harmoniebildungen. Das Auge sucht die Ergänzung und produziert sie selbst (Simultankontrast). So befriedigt dieser Kontrast das Auge vollkommen in seinem Streben nach Ausgleich. Er erfüllt das „Totalitätsgesetz", welches in einer Farbzusammenstellung alle Farbanteile des Spektrums verlangt.

Übersicht: Farbkontraste (Fortsetzung)

Kontrast-benennung	geringe Abstufungen	polare Kontraste	ohne Kontrast	Wirkung	Bedeutung
Helligkeits-kontrast oder Hell-Dunkel-Kontrast (s. Farbtafel 2, Seite 67)	Weiß und Hellgelb Hellrosa und kräftig Rosa Gelb und Goldgelb Weißgrau und Hellgrau Lindgrün und Grün usw.	Weiß und Schwarz Gelb und Violett Zart Himmelblau und tief Nachtblau hellstes Pastellrosa und sattes Dunkelrot usw.	Rot und Grün, Gelb und Rosa. Besteht zwischen zwei Farben kein Helligkeitskontrast, entsteht an den Formgrenzen eine Flimmerwirkung. Das Auge braucht zur eindeutigen Trennung von verschiedenen Formen nicht nur Farb-, sondern vor allem Helligkeitsunterschiede, worauf die Stäbchen reagieren (s. Farbensehen).	Er macht ausdrucksvoll. Er macht deutlich, klar. Er fördert räumliche Wirkung. Dunkle Farben schaffen Tiefe, helle Farben setzen belebende Lichter auf. Er hat formverändernde Wirkung: Hell auf Dunkel macht optisch größer; Dunkel auf Hell läßt die Form scheinbar schrumpfen.	Er ist Grundlage jeder Gestaltung mit Farben. Er darf bei keiner Farbenkombination fehlen. Kein anderer Farbkontrast belebt eine Farbenzusammenstellung so wie der Hell-Dunkel-Kontrast.
Schwer-Leicht-Kontrast oder Gewichtskontrast	Hellblau, Dunkelblau oder Gelb, Goldgelb = geringe Hell-Dunkel-Kontraste oder etwas mehr Rotanteile.	Weiß, Schwarz oder Gelb, Violett oder Hellblau, Dunkelbraun oder Zartblau und Dunkelrot.	Schattierungen, Trübungen, Dunkeltönung und Rotanteile lassen eine Farbe schwerer erscheinen, wo diesbezüglich keine Unterschiede bestehen, gibt es keinen Schwer-Leicht-Kontrast.	Helle Farben haben eine Beziehung zum Oben, dunkle empfindet man lastend, herabsinkend. Eine dunklere Raumdecke läßt sie optisch niedriger wirken (Abb. 53). Werden Flächen fleckig gegliedert mit starken Hell-Dunkel-kontrasten, wirken die dunklen Flecken wie Löcher (Achtung bei Kranzkörpergestaltungen).	Helle Blumenfarben über dunkle anordnen (Abb. 54). Muß man aus formalen Gründen dunkle Blumen über helle stellen, so müssen die dunklen Blumen mit größeren Zwischenräumen über die hellen aufragen, um dem scheinbaren Herabsinken durch die Schwere der Farbe entgegenzuwirken.

Übersicht: Farbkontraste (Fortsetzung)

Kontrast- benennung	geringe Kontraste	große und polare Kontraste	Wirkung	Bedeutung
Aktiv-Passiv- kontrast oder Aktivitäts- kontrast	Gelbgrün, Braun oder Violett und Blau. Die reinere Farbe und die mit mehr Rotanteil wirkt aktiver als die trübere oder kältere.	Rot, Grün oder Kress, Türkis, aber auch bunt und unbunt wie Rot und Grau oder Karmin u. Schwarz.	Setzt man hinter eine Farbe eine passivere, so hebt man die Wirkung der Farbe beachtlich. Deshalb sind passive Farben solche der Untergründe, der Verbindungen, der großen Flächen, über denen kleine aktive Farbflecken gut zur Wirkung kommen. Viele passive Farben mit wenig aktiven Farb-„Spritzern" sind sehr reizvolle und stimmungsvolle Gestaltungen (Adventsschmuck-, binderei z. B.)	Bedeutung für die Schaufenstergestaltung, für die Wahl der untergeordneten Zutaten (Gefäße, Dekohilfen, Sets usw.), die passiver wirken sollen als die Blumenfarben. Bedeutend für die Rangordnung von Farbgruppen und wichtig für stimmungsvolle Arbeiten; Anteile aktiver Farben beleben, muntern auf.
Nah-Fern-Kontrast Er steht im Zusammenhang mit den Aktiv- Passiv- und Rein- Trübe-Kontrast	Grün und Blau, Violett und Blau, Orange und Beige usw.	Orangerot und Graublau oder Rot und Hellblau oder Kress und Violettgrau oder Scharlachrot und Grau.	aktive Farben wirken näher als passive, warme Farben wirken näher als kalte, reine Farben wirken vordergründiger als trübe. Man kann Vordergründiges betonen und Raumtiefe sichtbar und wirksam machen.	Am bedeutungsvollsten in der Raumgestaltung. Man kann Räume tiefer erscheinen lassen, wenn die Rückwand trübere und passivere Farben trägt als die Seitenwände. Man kann eine Rückwand optisch heranholen, wenn sie eine nah wirkende Farbe trägt. Farben verschieben optisch Wände!
Rein-Trübe- Kontrast oder Qualitäts- kontrast oder Intensitäts- kontrast (s. Farbtafel 2)	Orange, Rostrot oder Maigrün, Olivgrün oder Blau und Blaugrau oder Lachsrot und Orangerot oder Goldgelb und Taubenblau.	Rot und Anthrazitgrau oder Goldgelb und Schwarzbraun oder Moosgrün und Staubgrau u. a.	Stellt man Objekte (Blumen, Einrichtungsteile, Kleidungsstücke usw.) verschiedener Qualitätsstufen zusammen, wird die Wirkung der Farbharmonie gesteigert. Reine Farben werden durch Beigaben oder Hintergründe mit trüben Farbnuancen wirkungsvoll betont. Reine Farben neben trüben Farben tragen zur Rangordnung innerhalb einer Gestaltung bei (rein dominiert über trüb).	Die trüberen Farben werden zur Ergänzung, Untermalung reiner Farben eingesetzt. Wählt man vornehmlich trübe Farben, beleben leuchtende „Tupfen" ungewöhnlich stark. In der Floristik werden große Flächen (Dekoplatten), bedeutungslosere oder „dienende" Teile in einer Zusammenstellung (Gefäße, Kranzschleifen) vornehmlich in trüberen Farben den Blumen zugeordnet, damit die Frische der Blumen optisch noch gesteigert wird.

Kalt-Warm-Kontrast oder Temperaturkontrast (s. Farbtafel 2)	Blaugrün und Maigrün oder Grün u. Violett oder Blau u. Glänzendrot und Trübblau oder Olivgrün.	Blau u. Orange oder Türkis u. Zinnoberrot oder Eisblau und Kastanienbraun.	Kühle Farben erzeugen das Gefühl angenehmer Frische, bleiben sie aber allein, ohne Kalt-Warm-Kontrast, können sie leicht kalt, abweisend und entrückt, betont herb wirken. Warme Farben dazwischen beleben, bringen Sonnenschein und Freundlichkeit hinzu. Im Zusammenhang mit dem Nah-Fern-Kontrast wirken warme Farben nah, kühle fern.	Je nach Mengenverhältnis kann man warme Farben angenehm auffrischen oder kalte Farben freundlich unterlegen. So ist der Kalt-Warm-Kontrast für die psychologische Wirkung einer Gestaltung äußerst wichtig. Beschränkt man sich nur auf Farben eines Wärmepols (nur Rottöne oder nur Blaufarben), erhält man expressive Kompositionen, die aber „offen" wirken, d. h. Ergänzung vertragen.
Viel-Wenig-Kontrast oder Quantitätskontrast oder Mengenkontrast	Mengen nahe den „harmonischen Quantitäten" – d. h. die stärkere Wirkung heller Farben wird durch geringere Mengen ausgeglichen. $1/4$ Gelb und $3/4$ Violett wirken mengenmäßig optisch fast ausgeglichen.	Gleiche Teile Gelb und Violett stehen optisch bereits im Großen Quantitätskontrast, weil das helle Gelb sehr viel stärker wirkt als Violett.	Die optisch überwiegende Farbe übernimmt die Führung, die anderen Farben und Farbeigenschaften begleiten. Damit ist eine Rangordnung entschieden. Wenig Dunkel zu viel Hell, wenig Rein zu viel Trübe, wenig Kalt zu viel Warm usw. erzeugt reizvolle Spannungen, macht interessant, individuell, ausdrucksvoll.	Das Mengenverhältnis der Farben bestimmt ganz wesentlich den Ausdruck der gewählten Farbharmonie, da die entscheidende Wirkung von der dominierenden Farbe oder Farbgruppe ausgeht. So ist der Quantitätskontrast ein wesentlicher Faktor beim bewußten Gestalten mit Farben.
Farbtoncharakterkontrast oder Stofflichkeitskontrast oder Farbonträgerkontrast	rote lackglänzende Anthurien und Heliconien, metallisch glänzende Blätter, glattgrüne Paprikafrüchte in der Gesteckmitte arrangiert auf einer Kupferplatte.	rote Anthurienblüten, glänzend, kühl, Blätter von Philodendron melanochrysum samtig, tiefgründig dunkelrot gefärbt Magnolienfrüchte, rauh und stumpf, Plattenmoospolster mit „weichem" warmem Grün, arrangiert in einer grauen Keramikschale.	glänzende oder glatte Oberflächen machen alle Farben kühler, spiegelnd, betonend. Weiche, samtige Oberflächen machen sie tiefer, satter, voller, rustikale rauhe Oberflächen machen sie stumpfer, trüber, vermittelnder.	Stofflichkeitskontraste sind belebend, den Spannungsraum vergrößernd und immer sehr reizvoll. Aber auch stoffliche Gleichheiten können wichtig werden, wenn man verbindende Partner sucht, z. B. weiße Tulpen in Porzellanvase = verbindende Gleichheiten; dazu aber rustikale rauhe Gehölzzweige = wirkungssteigernder Kontrast.

Abb. 54. Dunkel unter hell ist eine natürliche Ordnung. Zwar geht es auch anders, doch sind dann formale Gesichtspunkte wichtig

4.5 Farbharmonien

In Harmonien verbinden sich Kontraste zum wohlgefälligen Zusammenklang. Das Wort „Harmonie" stammt aus dem Griechischen und bedeutet „Verbindung, Ebenmaß". Teile eines Ganzen verbinden sich zu einem einträchtigen Miteinander, in dem nichts störend wirkt. Zur Harmoniebildung sind Kontraste Voraussetzung, denn wo keine Unterschiede sind, kann auch kein Zusammenklang gefunden werden; dann ist die Komposition eintönig.

Die vielen Möglichkeiten, Farbharmonien zu bilden, fassen wir in drei Gruppen zusammen:
1. Harmonien mit kleinen Kontrasten, also auch geringen Spannungen. Sie enthalten Farben bestimmter Farbrichtungen, also nicht Anteile aller drei Grundfarben.
2. Harmonien mit großen Kontrasten und großen Spannungen, in denen das vollkommene Farbangebot aller drei Grundfarben enthalten ist.
3. Harmonien mit gemischten Kontrasten, in denen eine Gruppe ähnlicher Farben oder durch Zwischentöne verbundener Farben durch eine Komplementärfarbe ergänzt wird.

Doch bevor auf die Harmoniebildungen im einzelnen eingegangen wird, muß folgende Feststellung getroffen werden: Das Blattgrün gehört als lebensnotwendiges Organ zur Blume; Blattgrün ist hier also mehr eine naturgegebene Selbstverständlichkeit als eine Farbe. Deshalb wollen wir bei allen farblichen Betrachtungen in erster Linie von den Blütenfarben, den Farben der Gefäße und Bänder usw. ausgehen, was jedoch nicht ausschließt, daß auch Grüntöne bewußt ausgewählt und in die Harmoniebildung einbezogen werden können.

Harmonien mit kleinen Kontrasten. Man spricht auch von „Harmonien kleiner Abstände". Dies besagt, daß hier Farben zusammengebracht sind, die in den Farbordnungen dicht nebeneinander liegen. Sehen wir uns die Farbkugel an. Aus ihr kann man folgende Farbgruppen ablesen: Farben, die auf dem Äquator nebeneinander liegen und Farben, die auf den Meridianen übereinander liegen (Abb. 55). Die benachbarten reinen Farben des Äquators nennt man Nachbarfarben, die Abstufungen auf den Meridianen Helligkeitswerte eines Farbtons. Damit hätten wir die zwei Gesetzmäßigkeiten in der Bildung von Harmonien kleiner Abstände:
1. Harmonie der Nachbarfarben
2. Harmonie der Hell-Dunkel-Tönungen einer Farbe. Weil hier stets der gleiche Farbton – nur in unterschiedlichen Helligkeiten – auftritt, spricht man auch von der Harmonie des Gleichklangs.
3. Harmonie verwandter Farben kommt als 3. Gruppe hinzu. Sie stellt von allen drei Farbwegen (Abb. 55) nur eine spezifische Auswahl von Farben zusammen.

Harmonie der Nachbarfarben. Im Sortiment der Zinnien und *Gérbera* finden wir Blumen, die rein gelb oder goldgelb, goldorange, kräftig orange und leuchtend rot sind. Das Farbspiel der *Tagétes*-Arten geht von Gelb bis zum Orange, das des *Phlóx*-Sortiments von Rot über Purpur und Violett bis zum Blau. Die *Gaillárdia* zeigt in einer Blüte die Farbkombination der Nachbarfarben von Gelb über Orange bis Rot und schließlich noch weiter bis zur trüben Farbe Rotbraun bis Braun. Wenn eine grüne Paprikafrucht reift, wird sie gelblich, orangefarben und schließlich knallrot. Beispiele der Natur für Harmonien der Nachbarfarbe gibt es viele. Im Farbkreis kann man sie durch die Beziehungsfigur eines Mittelpunktwinkels erfassen (Abb. 56).

Trotz aller Farbigkeit sind Zusammenstellungen von Nachbarfarben nicht eigentlich bunt; ja, sie vertragen sogar Ergänzung, weil sie nur einen Teil aus dem Bereich aller Farben enthalten (s. Farbtafel 3, Seite 75). Ihre Aussage wird von dem Charakter der Farbgruppe bestimmt. Gelb bis Rot wirkt freudig und heiter, warm und sonnig, lebendig, sich steigernd zu Kraft und Glut, je nachdem, wieviel Rot eingesetzt wird. Purpur bis Blau wirkt ruhig und zurückhaltend, würdig und im Temperament abklingend, bei großem Blauanteil kühl und herb. Die Gesetzmäßigkeit dieser Harmoniebildung ist nur erfüllt, wenn man wirklich alle Einzelschritte vollzieht. Gelb und Rot allein entsprechen nicht dieser Harmonieregel; es müssen Gelborange und Rotorange dazwischen gelagert sein. Zitronengelbe und goldgelbe Rosen, orangefarbene *Euphórbia fúlgens*-Blütenstände und Apfelsinen in der Basis, arrangiert auf einer trübroten (etwa rostbraunen) Keramikschale oder in einem nicht glänzenden Kupfergefäß, das wäre ein Beispiel für die Harmonie der Nachbarfarben; Mischfarben 2. Ordnung werden gemäß ihren Beziehungen zu den reinen Farben mit eingeordnet.

Harmonie des Gleichklangs. Hier wird ein Farbton in seinen unterschiedlichen Helligkeitswerten gewählt. Auch diese Farbkombinationsregel wird durch Beispiele der Natur bestätigt. Alle pastellfarbenen Blüten mit dunkler Mitte zeigen in sich die Harmonie im Gleichklang: *Cýclamen* mit Auge, Phloxblüten und violette Freesien. Tausendschön, Pfingstrosen sowie *Chrysánthemum coccíneum* blühen weiß oder purpurrot, aber auch in den Zwischenstufen Hell- und Kräftig-Rosa. Purpurrote Tausendschönchen, dunkelrosa Wicken, zartrosa Röschen und weiße Ixien mit rosarotem Blütengrund wären eine Komposition im Gleichklang, wobei die Ausgangsfarbe ein Purpurrot ist. Die Pastelltöne müssen natürlich auf diesen Rotton zurückzuführen sein, ein Lachsrosa, das auf Kreßrot hinweist, gehört hier nicht dazwischen. Für die Bildung von Harmonien im Gleichklang ist also ein feines Farbempfinden für Farbnuancen und Farbbeziehungen notwendig.

In der Farbkugel findet man die Farben des „Gleichklanges" auf dem jeweiligen Längenkreis angeordnet. Der Farbweg II bezeichnet die Schritte, die zu dieser Harmoniebildung gehören (Abb. 55).

Von der harmonischen Ordnung im Gleichklang geht eine ruhige und sanfte, feine und zurückhaltende Wirkung aus. Sie besteht mehr aus einem Spiel mit Licht und Schatten als aus Farben. Dennoch wirkt sie nicht eintönig, weil die hellen Farbwerte Licht und Leben, die dunkleren Tiefe und plastische Wirkung in die Komposition bringen. Für einen Brautstrauß mit dezenter Farbwirkung, für eine Tischdekoration zu einem stillen oder würdevollen Anlaß und ähnlichem ist diese Harmoniebildung sehr geeignet. Auch das Gefäß sollte in die Harmonie des Gleichklangs einbezogen werden. Es ist ratsam, eine dunklere und matte Variante des Farbtons oder das reine Weiß für das Gefäß zu wählen. Das Weiß wird, genau wie das Weiß von Blüten, als extreme Aufhellung des Ausgangsfarbtons verstanden (s. Farbtafel 3, Seite 75).

Harmonie verwandter Farben. Verwandt heißt von gleicher Herkunft und von gleichem oder ähnlichem Wesen (Wesensverwandtschaft). Verwandte Farben leiten sich von den gleichen Grundfarben ab und beziehen Mischfarben 1. und 2. Ordnung, Pastellfarben und Schattierungen mit ein, d. h., daß alle drei Farbwege, auch der dritte in der Kugel, auf dem Mischungen mit der Komplementärfarbe liegen, zu beschreiten sind, allerdings in Grenzen. Die Entfernung von der Ausgangsfarbe entscheidet, ob der Farbton noch als wesensverwandt angesehen wird. Man muß durch sein Einfühlungsvermögen in das Wesen der Farben erkennen, ob eine Farbnuance noch zu der Farbfamilie gehört.

Die Farbfamilien sind unterschiedlich groß und die Grenzen sind übergreifend (Abb. 57).

Die Gelbfamilie ist relativ klein, weil Gelb durch Vergrünung (+ Blau), Erwärmung (+ Rot), Trübun-

Abb. 55. Die drei „Farbwege": Die Farbfolgen in Richtung I führt zur Harmonie der Nachbarfarben. Die Farbfolge in Richtung II zeigt die Harmonie im „Gleichklang". Wählt man die Richtung III, so kombiniert man zur reinen Farbe trübe Mischungen aus den beiden gegenüberliegenden Farbtönen

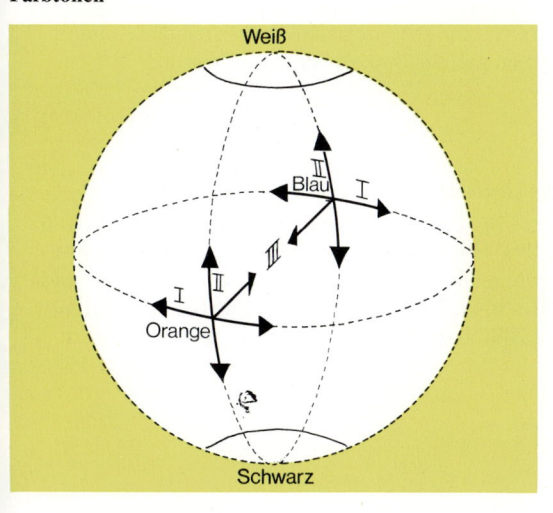

Farbtafel 3

Bild 1

Die Harmonie der Nachbarfarben

Diese Tischdekoration geht farblich vom Grün des Geschirres aus und kombiniert Nachbarfarben dazu. So sind Grüntöne, Gelbgrün, Gelbnuancen bis hin zum Orange zusammengestellt worden. Diese Abstufungen vom Grün zum Gelb bis Orange verlangen eine phantasievolle Kombination vieler Arten. Die weiß-schwarzen Gefäße stören die Harmoniebildung nicht, sie fügen sich als extreme Hell- und Dunkelwerte gut ein.

Bild 2

Die Harmonie im Gleichklang

Im vorliegenden Brautstrauß stehen die Blütenfarben in der harmonischen Beziehung des Gleichklanges. Das Dunkelrot der Cymbidien-„Lippen", das Purpurrot der Röschen und das Hellrosa der Cymbidien sind auf den gleichen Rotton zurückzuführen. Diese Gemeinsamkeit schließt die Farben optisch sehr wirkungsvoll zusammen. Auch führt die Aufhellung der Ausgangsfarbe ganz logisch zum Weiß, weshalb diese Harmoniebildung sehr gut zur Braut im weißen Brautkleid paßt.

Bild 3

Die Harmonie verwandter Farben

Diese Gestaltung zeigt ein Beispiel der Harmoniebildung von Farben aus der Braunfamilie. Die notwendige reiche Nuancierung wirkt phantasievoll und interessant, obgleich man nicht von einer „bunten" Gestaltung sprechen kann. Der gesteckte Trockenblumenkranz ist mit Hilfe von Stäben zu einem reizvollen Leuchter umgestaltet worden. Auch in den Kerzen sind Brauntöne enthalten, wodurch farblich eine gute Beziehung zwischen diesen unterschiedlichen Formen und Strukturen hergestellt wurde.

Bild 4

Der harmonische Dreiklang

Dieser kontrastreiche Dreiklang wirkt recht bunt, lebhaft und spannungsreich. Die Blütenfarben sind den drei Grundfarben zuzuordnen. Das ruhige und verbindliche Grün im Untergrund und das trüb-matte Braun im Hintergrund ordnen sich dem Grundfarbendreiklang der Blüten im dekorativen Arrangement gut unter.

1

2

3

4

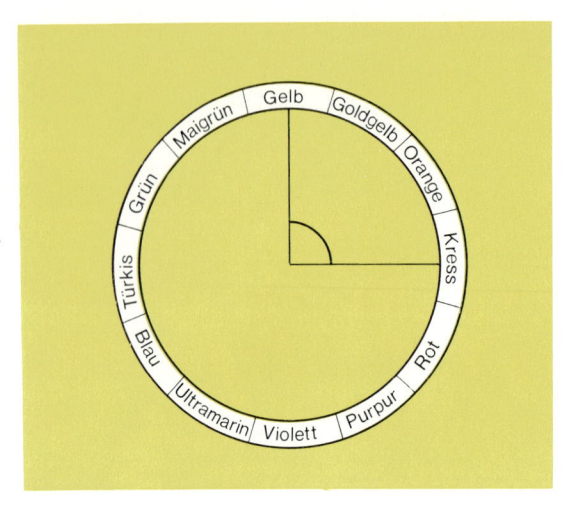

Abb. 56. Der Winkel im Farbkreis bezeichnet die Farbharmonie der Nachbarfarben

Abb. 57. Neben den hier gezeigten sechs Farbenfamilien haben wir noch die unbunten Farben und die Braunfamilie

Rotbraun zur Rotfamilie, Sandbraun zur Gelbfamilie, violettstichiges Braun zur Violettfamilie). Die Braunfarben, auch „Erdfarben", haben viele Nuancen von hellem Braunbeige, Ocker wie Sand, gelbliche, rötliche und grünliche Nuancen, Dunkelbraun bis Schwarzbraun. Die Braunfarben und gebrochene Grautöne bestimmen die Farbigkeit unserer Umwelt, reine Farben sind sehr viel seltener.

Gestaltet man in der Harmonie verwandter Farben, gibt es Grenzen zu beachten. Dieses Einhalten von Grenzen wirkt sich im Ausdruck der Gestaltung aus. Positiv ist zu bewerten, daß die Gleichheit im Wesen der Farben zu einer relativ spannungsfreien, einheitlichen, vom Wesen der Zentralfarbe bestimmten, konzentrierten und disziplinierten Wirkung führt (s. Farbtafel 3). Negativ gesehen kann man eine Unfreiheit der Bewegung im „Raum der Farben" ableiten, so daß das Ganze gezwungen und eingeengt wirkt. Doch einige „Spritzer" einer Farbe aus einer anderen Familie können das sofort ändern, wodurch die Gestaltung ungeheuer an Leben gewinnt, ohne die Disziplin der dominanten Farbenfamilie zu zerstören. Damit wären wir aber bereits bei einer Harmonie gemischter Kontraste (s. dort).

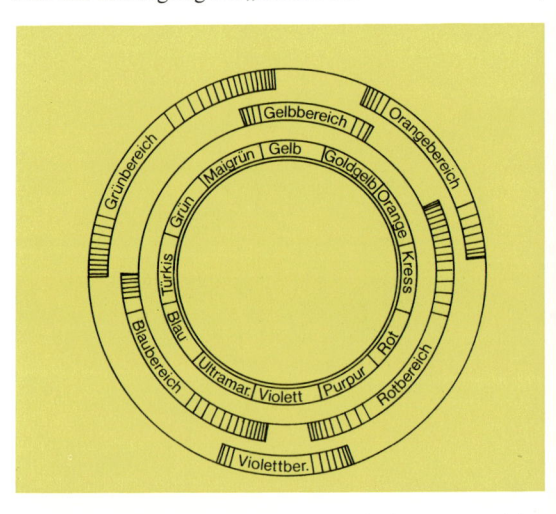

gen und oder Braunanteile (+ Rot und Blau) schnell seine strahlende Wirkung verliert. Gelb, Goldgelb, Fahlgelb, Sandbraun, Cremegelb, leicht olivstichiges Gelb sind einige Farben der Gelbfamilie.

Die Rotfamilie ist recht groß. Man kann sie vom Orange bis Violett sehen, dazu Trübungen, Pastellfarben und Dunkelstufen. Man kann aber auch eine **Orangegruppe** herausgreifen: Orange, Gelborange, Rotorange, Fuchsrot, Tizianrot, Kastanienbraun. Auch Violett hat seinen eigenen Charakter, so daß man Violett, Fliederfarbe, Blauviolett und Rotviolett, Auberginenfarbe und Brombeer, Pastellnuancen und vergraute Lilatöne zu einer besonderen **Violett-Familie** rechnen kann.

Die Blaufamilie reicht bis an das Violett heran, hat ihr Zentrum im reinen Blau und klingt aus im Blaugrün. Dazu kommen Pastellblautöne, Trübungen wie Taubenblau, Graublau, Stahlblau usw. und die Abdunklungen wie Nachtblau u. a. Die Blaufamilie hat den größten Hell-Dunkel-Umfang.

Die Grünfamilie ist ebenfalls sehr groß mit vielen Grüntönen vom Türkis bis Gelbgrün, dazu die Dunkelgrünarten, die Pastellgrüntöne, die Trübungen wie Oliv, Lindgrün usw.

Neben der **Familie aller unbunten Farben** haben wir noch die **Braunfamilie**. Brauntöne sind Mischfarben 2. Ordnung. Sie haben ihren eigenen Charakter, weshalb man sie nur zu anderen Familien rechnet, wenn sie starke Akzente dieser Familien enthalten (wie

Harmonien mit großen Kontrasten

Hier werden Farben zusammengefügt, die im Farbkreis bzw. in der Farbkugel weit entfernt voneinander angeordnet sind. Wir werden Zwei-, Drei- und Vierfarbenklänge in ihren Gesetzmäßigkeiten betrachten. **Zweiklänge** sind eindeutig, wenn es sich um den *Komplementärkontrast* handelt. Die Ergänzungsfarben erreichen die größtmögliche Vollkommenheit und steigern sich gegenseitig in der Leuchtkraft.

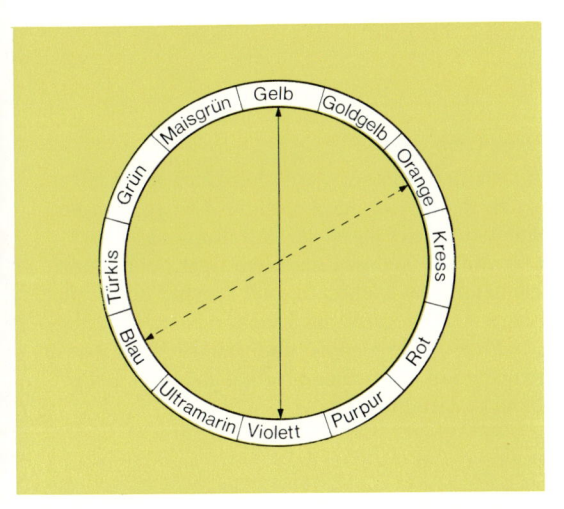

Abb. 58. Komplementärfarben liegen im natürlichen Farbkreis gegenüber. Die Beziehungsfigur ist eine Gerade, die durch den Mittelpunkt geht

Der starke Kontrast der Komplementärfarben kommt in der Natur häufig vor. Die scharlachroten Vogelbeeren im grünen Laub sollen auffallen und gefressen werden, damit der Same verbreitet wird; die goldgelbe Mitte leuchtet im Ultramarinblau der Usambaraveilchenblüte besonders hell auf, und das Orange und Blau der Strelitzienblüte lenkt die Gedanken auf die bunten Farben exotischer Vögel. Die Beziehungsfigur dieser harmonischen Zweiklänge ist die durch den Mittelpunkt führende Gerade (Abb. 58).
Zwei Farben müssen jedoch nicht unbedingt komplementär sein, um zueinander zu passen und sich in Harmonie zu vereinen.
Zum Überblick sollen auch die weiteren Bildungen von Farbzweiklängen hier genannt werden, obgleich sie nicht alle zu den Harmonien großer Abstände gehören.

Nichtkomplementäre Farbenpaare entstehen
1. aus einer Farbe mit einer Nichtfarbe (s. Farbkontraste)
2. aus zwei Nachbarfarben (s. Harmonie der Nachbarfarben)
3. aus der Kombination einer Farbe mit der helleren Nuance des eigenen Farbtons (s. Harmonie des Gleichklangs) und
4. durch das Weglassen einer von drei Farben harmonischer Dreiklänge.

Diese letzte Gruppe wird im nächsten Abschnitt mit behandelt.

Dreiklänge. Den komplementären Zweiklang kann man leicht zu einem sehr schönen Farbdreiklang abändern. Es muß nur eine der beiden Farben durch deren zwei Nachbarfarben ausgewechselt werden. Goldgelb und Ultramarinblau werden zum Dreiklang Gelb, Orange und Ultramarinblau, oder wir belassen das Goldgelb und nehmen statt Ultramarinblau die benachbarten Farben Blau und Violett. Damit entsteht als *Beziehungsfigur ein gleichschenkliges Dreieck* (Abb. 59). Bei jeder Stellung im Farbkreis verbindet dieses Dreieck drei harmonisierende Farben. Zwei der drei Farben stehen sich relativ nahe, nur die dritte ist von größtem Kontrast. Folgende Dreiklänge dieser Art sind im zwölfteiligen Farbkreis konstruierbar, Zwischenwerte nicht beachtet:

    Gelb-Purpur-Ultramarinblau
    Goldgelb-Violett-Blau
    Orange-Ultramarinblau-Türkis
    Kreß-Blau-Grün
    Rot-Türkis-Maigrün
    Purpur-Grün-Gelb
    Violett-Maigrün-Goldgelb
    Ultramarinblau-Gelb-Orange
    Blau-Goldgelb-Kreß
    Türkis-Orange-Rot
    Grün-Kreß-Purpur
    Maigrün-Rot-Violett

Jeder dieser Dreiklänge hat seinen speziellen Charakter, der noch vielfältig verändert werden kann, je nachdem, welche der Farben man mengenmäßig vorherrschen läßt, ob man eine Farbe in einem trüben

Abb. 59. Der harmonische Dreiklang mit der Beziehungsfigur des gleichschenkligen Dreiecks

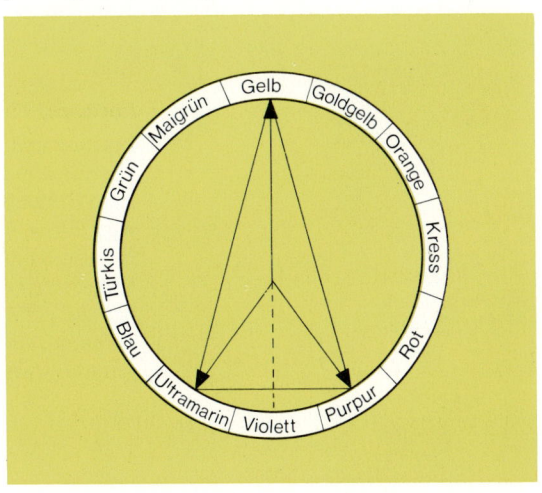

Farbtafel 4

Bild 1

Das Wesen der Farbe Gelb

Beim Gestalten mit Blumen ist es gut, das Wesen der Farben mit zu bedenken. Gelb z. B. möchte strahlen, sich ausdehnen, frei und leicht wirken. Somit wird es hier durch die Entfaltungsform der Lilie ideal dargestellt, und die Stellung des Gelb über dem „untergründigen" Violett betont das Lichthafte und Leichte der Farbe. Dieses formal-lineare Arrangement aus Lilien, *Állium, Cotoneáster*-Zweigen, *Aspidístra-,* Bergenien- und *Íris*-Blättern sowie schwarzen Kunstfrüchten ist farblich und formal ganz von den gelben Lilien ausgehend gestaltet worden.

Bild 2

Rot als belebendes Element

Rot aktiviert und kräftigt jede Farbzusammenstellung. Deckt man bei dieser Sylvesterdekoration einmal die roten *Gérbera* ab, hat man trotz allem Farbreichtum einen zarten und matt wirkenden Gesamteindruck. Erst das Rot bringt Spannung und Leben in die Farbkombination und damit die für den Anlaß notwendige Wirkung, denn in der Sylvesternacht sollen Heiterkeit und Optimismus vorherrschen.

Bild 3

Schwarz als Hintergrund

Schwarz ist farbneutral, hintergründig und sehr dunkel. Es bringt jede Farbe zum Leuchten, vorausgesetzt, es fällt genug Licht auf das Objekt. Ohne ausreichendes Licht machen große schwarze Flächen als Hintergrund die Gesamtwirkung düster und traurig.

Bild 4

Form und Farbe

Formen und Farben haben Charakter. Sie können in ihrem Wesen übereinstimmen. Die weiche, schwingende Wirkung der rundlichen Blütenblätter in den flächig runden *Phalaenópsis*-Blüten z. B. wird durch die anschmiegsame und sanfte Wirkung des Pastellrosafarbtones unterstrichen. Gut, daß bei dieser Tischdekoration keine lebhafteren und reinen oder im Farbton allzu kontrastreichen Farben die gefällige Wirkung des Gesamtbildes stören. Das Grau der *Tillándsia usneoídes* und das Braunviolett des Unter- und Hintergrundes sowie die Farblosigkeit des Glases ordnen sich gut unter.

2

4

Wert beigibt und welche Formen und Stofflichkeiten die Farben tragen werden.

Eine weitere Dreiergruppierung führt zu anderen harmonischen Dreiklängen. Die Dreiecksbeziehung ist nach der *Beziehungsfigur des gleichseitigen Dreiecks* gestaltet (Abb. 60). Das Grundfarbendreieck ist bereits bekannt. Auch dieses Dreieck kann man im Farbkreis drehen. So sind außer dem Dreiklang Gelb-Rot-Blau auch die Kombinationen Goldgelb-Purpur-Türkis, Orange-Violett-Grün und Kreß-Ultramarinblau-Maigrün abzulesen. Diese Dreiklänge des gleichseitigen Dreiecks sind noch spannungsreicher als die des gleichschenkligen Dreiecks, weil alle drei Farben aus einer völlig anderen Farbgruppe stammen.

Wenn man eine der Farben aus dem Dreiklang entläßt und damit zu einem Zweiklang kommt, so sind diese zwei Farben immer noch harmonisch, doch kann man nun nicht mehr von einer vollkommenen Harmonie sprechen. Der Farbklang wirkt offen, eine Ergänzung würde durchaus befriedigend wirken. Mitunter kann dies eine gestalterische Absicht sein wie beispielsweise bei der Kombination eines Blumenansteckers. Soll ein purpurrotes Samtkleid die Corsage tragen, kann man ultramarinblaue und reingelbe Blüten für dieses Schmuckgebinde wählen. Blütenfarben und Kleidfarbe ergänzen sich zum vollkommenen Dreiklang des gleichschenkligen Dreiecks. Der unvollständige Dreiklang als Kompositionsgedanke für den Blumenschmuck führt damit zu einer engeren Verknüpfung zwischen Blumen und Trägerin.

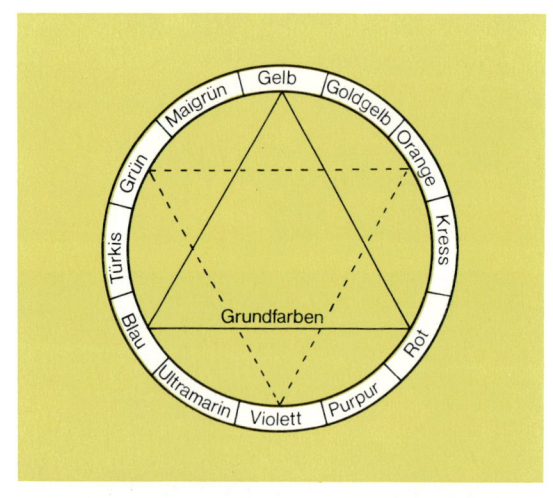

Vierklänge sind in ihrer Gesetzmäßigkeit schon nicht mehr klar zu durchschauen. Sie wirken bunt im Sinne

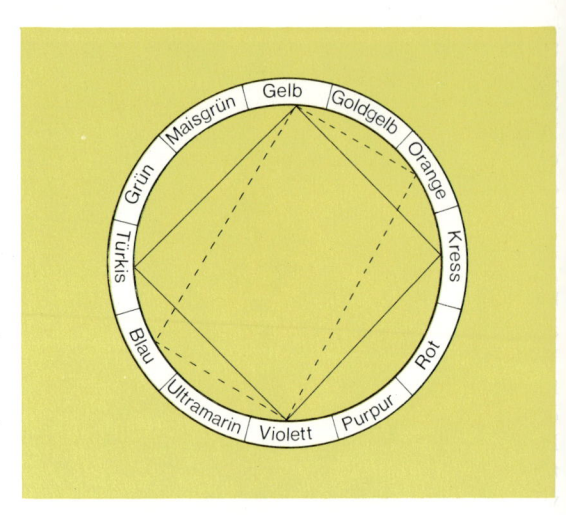

Abb. 60. (links) Dreiklänge, deren Farben im Farbkreis gleichweit von einander liegen, haben die Beziehungsfigur des gleichseitigen Dreiecks

Abb. 61. (oben) Harmonische Vierklänge werden nach der Beziehungsfigur des Quadrates oder des Rechtecks ausgewählt

einer mehr zufälligen Zusammenstellung. Nur wenn man eine Farbe mengenmäßig deutlich vorherrschen läßt, wird das planvolle Ordnen deutlich und man kann den Ausdruck der Komposition spezieller formen.

Vierklänge setzen sich aus zwei komplementären Farbenpaaren zusammen. Die vier Farben liegen entweder in gleichen Abständen im Farbkreis, so daß die Beziehungsfigur ein Quadrat ist, oder in ungleichen Abständen mit der Beziehungsfigur eines Rechteckes. Gelb-Kreß-Violett-Türkis oder Goldgelb-Rot-Ultramarinblau-Grün sind Beispiele der ersten Gesetzmäßigkeit (quadratische Beziehungsfigur), Gelb-Orange-Violett-Blau oder Goldgelb-Kreß-Ultramarinblau-Türkis sind Beispiele der zweiten Gesetzmäßigkeit (rechteckige Beziehungsfigur, Abb. 61).

Unvollständige Vierklänge werden zu Dreiklängen, die ebenfalls wohlgefällig zusammenklingen. Sie fordern nicht einmal so stark wie unvollständige Dreiklänge des gleichseitigen Dreiecks nach Ergänzung, weil in ihnen Anteile aller drei Grundfarben enthalten sind, da ja ein Komplementärfarbenpaar komplett bleibt.

Harmonien mit gemischten Kontrasten

Nehmen wir drei oder sogar vier Nachbarfarben und von einem der beteiligten Farbtöne die Komplementärfarbe, so ist dies eine Harmonie gemischter Abstände: Zwischen den Nachbarfarben liegen kleine Abstände und zur Komplementärfarbe ist ein großer Sprung notwendig. Die Beziehungsfigur bildet einen Winkel mit einem Pfeil in die Gegenrichtung (Abb. 62). Gelb-Goldgelb-Orange und Ultramarinblau oder Purpur-Violett-Ultramarinblau und Gelb sind Beispiele dieser Kombinationsmöglichkeiten. Diese Kompositionen sind sehr stimmungsvoll, in ihrer Aussage werden sie von der Gruppe der Nachbarfarben geprägt. Ebenso ist es, wenn die Farbengruppe auf verwandte Farben beschränkt wird.

Weiterhin kann ein Zweiklang aus Komplementärfarben zu einer Harmonie gemischter Abstände werden, wenn man die Farbtöne in unterschiedlichen Helligkeitswerten wählt. Hell- und dunkelblauer Rittersporn mit orangefarbenen Polyantharosen bleibt von den zwei Farben Blau und Orange geprägt, obgleich eigentlich drei Farbtöne an der Harmoniebildung beteiligt sind.

Jede Farbharmonie kann mit der Harmonie des Gleichklangs kombiniert werden. Damit wird das Farbspiel reicher, ohne daß die Ordnung einer Farbharmonie gestört wird. So kann auch jede nach den bekannten Harmoniegesetzen gebildete Farbkombination mit weißen Blüten ergänzt werden, wenn es der Anlaß und der beabsichtige Stimmungsgehalt gestatten. Die Harmonie des Gleichklangs kann man als Grundlage des Gestaltens mit Farben ansehen, denn sie bringt Fülle und Leben in das farbliche Zusammenspiel (s. Farbtafel 3).

Abb. 62. Die Harmonie gemischter Kontraste besteht aus mindestens drei, meistens aber aus mehr Farben teils mit kleinen und mit großen Kontrasten

Zur Vertiefung
1. Nennen Sie Beispiele für die genannten Farbharmonien, gebildet mit Blüten, Blättern, Pflanzen, Bändern, Gefäßen u. a.
2. Nennen Sie Blumenzusammenstellungen und die dazu gewählten Harmonien bei
a) Steckarrangements,
b) Geschenksträußen,
c) Brautsträußen,
d) Tischdekorationen usw.

Es sind die Pflanzennamen (Gattung, Art, Sorte) bzw. weitere dekorative Zutaten, die in die Farbharmonie einbezogen werden, zu nennen und die Farben aufzuzählen sowie die Harmonieregel durch eine Skizze im Farbkreis darzustellen.
3. Entwerfen Sie nach den Harmoniebildungsregeln zeichnerische Beispiele. Anordnung wie bei den Entwürfen der Farbkontraste (5 × 8 cm Fläche in 1 cm² große Felder gegliedert).
Jeder Entwurf ist dreimal zu gestalten, die 2. und 3. Ausfertigung mit geringen Abweichungen der Mengenverhältnisse, der Helligkeiten einer Farbe oder der Zugabe von trüben Nuancen der beteiligten Farben. Die damit entstehenden Veränderungen im Stimmungswert der Farbharmonie sollen definiert werden.

4.6 Farbstimmungen

Es ist nicht gleichgültig, ob eine Hochzeitstafel mit weißen Lilien, pastellvioletten *Clématis*-Blüten und blauvioletten *Agératum*-Tuffs in der Basis der Arrangements geschmückt wird oder mit gelben Rosen, orangefarbenen *Gérbera* und korallroten *Kalánchoë*-Blüten. Einmal wird die Tafel vornehm und feierlich wirken durch das stille, reine Weiß und das exklusive, ruhige Blauviolett, und das andere Mal wird eine heitere, fröhliche Feststimmung aufkommen durch das strahlende Gelb und das warme, lebhafte Orange und das Korallrot. Die Entscheidung, welche Farbwahl richtig ist, wird in erster Linie von den Menschen abhängen, die zusammen feiern. Der Florist wird sich auf die diesbezüglichen Erfordernisse einstellen müssen, will er nicht die allgemein üblichen rosa Nelken liefern, sondern seinen Kunden individuell bedienen und voll befriedigen.

Jeder Mensch hat seine eigene Beziehung zu Farben. Sie ist geprägt von Erfahrungen, mehr aber noch von seinem persönlichen Wesen. Nicht nur Stimmungen, auch Charaktere können in Farben ihre gleichgestimmten Partner finden. Wäre das nicht so, könnten wir nicht durch Farben auf Gemüt und Empfinden einwirken, und das Gestalten mit Farbe bliebe ohne Widerhall beim Beschauer. Der Florist muß sich jedoch über seine persönliche Farbskala hinweg auch auf Farben einstellen können, die zu fremden Charakteren passen. Schließlich arbeitet er nicht für sich, sondern für die Kunden. Deshalb muß der Florist über Farben, deren Stimmungswerte und Charaktere und damit über den Ausdrucksgehalt der Farben etwas wissen.

Wir sagten, Farben werden mit den Augen, aber auch mit dem Gefühl des Menschen wahrgenommen. Das Sehen hat gleichzeitig eine Empfindungsreaktion zur Folge. Nun ist es der Charakter einer Farbe, der den Menschen gefühlsmäßig anspricht. Das gibt dem Floristen die Möglichkeit, Farben ganz bewußt auf eine Empfindungsreaktion im Beschauer abgestimmt auszuwählen. Farben sind damit Aussagekräfte, die einem Blumenarrangement Ausdruck verleihen. Um Sicherheit im Umgang mit Farben zu gewinnen, muß man sich mit den Farben und dem Wesen der einzelnen Farben beschäftigen.

Im folgenden werden einzelne Farben hinsichtlich Charakter, Symbolgehalt und Stimmungswert besprochen.

Gelb hat wechselnden Charakter, je nachdem, ob es fahler und grünlicher ist oder mehr zum Goldgelb hin neigt. Das reine Gelb (Primelgelb – *Prímula elátior*) hat etwas Lichtes, Leichtes, Strahlendes und Weites. Eben weil es strahlt, scheint es seine eigenen Formen zu erweitern. Das ist auch der Grund, weshalb Gelb als Symbolfarbe des Neides aufgefaßt wird; auch der Neider sieht über die Grenzen seines Bereiches in die des anderen, wünscht sich etwas aus dessen Leben und ist damit dem Neid sehr nahe. Im guten Sinne sagt das Strahlen des Gelbs aber auch etwas aus, es deutet nämlich auf Weltoffenheit hin. Der Götterbote Merkur, der Himmel und Erde durchstreift, hat die Farbe Gelb zugeordnet erhalten (Wagen und Briefkästen unserer Post!). Sehen wir also nicht die Symbolfarbe für Neid im Gelb, sondern die Farbe für Weltoffenheit, für Interessiertheit, sehen wir in ihr den Glanz des Lichts, etwas von Erleuchtung und Eingebung, von Erwartung und Erlebnisbereitschaft, so sind wir dem Wesen des Gelb sehr nahe.

Goldgelb, die Farbe der Sonnenblume (*Heliánthus ánnuus*), oder der noch kräftigere Safranton des Krokus (*Crócus flávus*) wirken wärmer und heiterer als das Gelb. Nichts mehr vom schwebenden Licht ist enthalten, sondern die ganze Kraft des Strahlens wird deutlich. Eine Blume mit dieser Farbe muß in das dunkelste Zimmer etwas vom Sonnenschein bringen. Pracht und Reichtum, aber auch Heiterkeit und Glück werden durch Goldgelb, wie auch durch das verwandte **Gold**, symbolisiert.

Orange begegnet uns in der Apfelsine (*Cítrus sinénsis*) und noch verdichteter in der Ringelblume (*Caléndula officinális*). Orange ist aus Gelb und Rot zu mischen. So enthält es auch vom Wesen beider Farben etwas: etwas vom lebendig Drängenden des Rots und etwas vom „Verschwebend-Sich-Hingebenden" des Gelbs. Orange ist eine Farbe des Mitteilsamkeit und Gemütswärme, eines wohlsituierten Lebens, einer Stabilität zwischen Verlangen und Geben. „Sie ist Ausdruck des Gereiften, der Sonnenkraft, nicht des Sonnenlichts" (FRIELING 1957). Es wirkt lebhaft, aber nicht laut, wirkt kraftvoll, aber nicht massiv, wirkt warm, aber nicht feurig.

Kreßrot (*Tropǣolum május*) und das „Knallrot" des Klatschmohns (*Papáver rhœas*) oder das Feuerrot des *Géum* „Feuerkugel" sind Rottöne, die das Lebhafte, Aktive, Temperamentvolle in sich tragen wie keine andere Farbe. **Rot** ist „stärkste, auffallendste und lockendste Farbe", voller Sturm und Drang, voller Kraft und Leidenschaft. Vom Beleben bis Aufregen, vom Anregen bis Beunruhigen kann ihr Einfluß gehen. Wo es um Lebensfreude oder jugendliche Ausgelassenheit, um ein fröhliches Beisammensein oder den Stolz auf einen Sieg geht, ist Rot durchaus angebracht. Mit anderen Farben kombiniert wirkt es stets als belebendes Element in der Farbharmonie (s. Farbtafel 4, Seite 79).

Purpurrot oder Rosenrot ist ein Rot mit ein wenig Blaumischung. Dadurch wirkt es nicht mehr so lodernd, sondern ruhiger, würdiger; es ist deshalb so recht die Farbe der Repräsentation. Purpurrot wirkt lebendig, aber nicht lebhaft. Als Farbe des Blutes ist sie Farbe des Menschentums, seines Schaffens in allem Ernst und voller Würde. Welch wunderbare Fülle liegt in dieser Farbe! Doch wie verändert das Rot – jedes Rot – seinen Charakter, wenn es mit Weiß gemischt wird!

Rosa – wo ist die Vitalität des Rots, wo das Lodernde des Feuers oder die Pracht des schweren Purpurs? Wie zart, schwach, duftig, schüchtern kann ein Rosa wirken! So ist verständlich, daß Rosa als mädchenhaft empfunden wird. Rosa gibt es in vielen Abstufungen zwischen Rot und Weiß. Überall dort, wo das reine Rot als zu aufdringlich empfunden werden kann, sollte man – wenn überhaupt zu rötlichen Farben – zum Rosa greifen.

Violett (*Verbéna rígida*, *Víola odoráta* usw.) liegt zwischen Rot und Blau. Es ist eine Farbe, die nur echt in samtiger Tiefe und satten oder dunklen Farbstufen wirkt. Ist es mit Weiß zu einem hellen, schwebenden Lila gemischt, verliert es seinen Charakter, wird unentschieden, flach, als wollte es fliehen vor seiner eigenen Tiefe und Schwere. Im Violett ist das Rot gelöscht, nichts Lebensvolles, Gefühlsbetontes mehr enthalten. Es zieht sich vornehm zurück, voll Besinnlichkeit und „mystischem Halbdunkel". Deshalb paßt es zu Anlässen voller Stille, Würde, Ernst oder vornehmer Exklusivität. In jeder Farbkombination wird Violett beruhigend wirken und Tiefe hineinbringen.

Ultramarinblau, zwischen Violett und Blau, ist ein sattes, voll wirkendes Blau durch einen geringen Rotanteil (Salbeiblau – *Sálvia praténsis* bis Leberblumenblau – *Hepática nóbilis*). Betrachten wir mit ihm zusammen das reine **Blau** (Kornblumenblau – *Centauréa cýanus*, Enzianblau – *Gentiána*). Blau ist voller Klarheit, ein stilles Leuchten, zurückhaltend und ohne Wärme. Von ihm geht ein Hauch schattiger Frische aus. Im hellen Blau liegt schwebende Ferne, etwas von der Weite des Unbekannten. Im Ultramarinblau ist mehr Dichte, Nähe, Greifbares. Blau erfrischt und beruhigt, ohne aufhellendes Gelb oder belebendes Rot kann es auch düster und herb wirken. Blau ist eine passive Farbe, die durch die wärmende Kraft des komplementären Oranges erst richtig zum Leben erweckt wird. Daß Blau als Symbolfarbe für Freiheit und Treue angesehen wird, hängt damit zusammen, daß man in ihr die Farbe des Geistes sieht. Mit der Entwicklung des Geistes, des bewußten Denkens wird der Mensch selbständig und gelangt zu einer Entscheidungsfreiheit. Davon wird jede Art von Freisein abgeleitet: Frei von Pflichten – „blauer Montag", frei von Hemmungen – „blausein", frei von einem bestimmten Ziel – „Fahrt ins Blaue", frei geboren – „blaues Blut" (nach früheren Sozialstrukturen), sich frei für etwas entscheiden und dem dann auch die Treue halten.

Türkis, wir können es auch Blaugrün nennen, kommt bei manchen Koniferen und im Blattgrün vor (*Echevéria élegans*-Blaureif). Als Farbe ist Türkis von kalter, wäßriger Wirkung, aber auch von einem hintergründigen Leuchten (elektrischer Funke). Es ist die Farbe eines inneren Feuers, es wärmt nicht, kann aber faszinieren. Es steht zum Kreßrot im größten Gegensatz. Es symbolisiert Idealismus.

Grün wird in der Blumenbinderei schon kaum als Farbe, eher als organische Selbstverständlichkeit angesehen. Das Blatt, also auch das Blattgrün, gehört einfach zur Blüte, soll sie lebendig wirken. Deshalb gehen wir bei Farbkombinationen von Blütenfarben aus, Grün gehört in jedem Falle dazu. Doch ein paar Worte zur Charakteristik der Farbe: Grün gehört zum Leben. Wo Licht ist, ist Leben möglich, und wo sich Grün zeigt, ist Hoffnung auf Leben. Deshalb symbolisiert Grün die Hoffnung. Grün entsteht aus Gelb und Blau, steht also zwischen Licht (Gelb) und Finsternis (zu der Blau überleitet – Dämmerung). Und wie in aller Stille das Grün im Blatt Leben erzeugt, so wirkt auch das Grün still, aber lebendig. Mit seiner Komplementärfarbe Rot, der drängenden Kraft des pulsierenden Blutes, bildet es den lebensvollsten Zweiklang. Grün ist eine Farbe der Materie, unkompliziert, ohne Gefühlsbetonung oder besinnliche Zurückgezogenheit. Enthält es mehr Gelb, wie im Maigrün (junges Maiglöckchengrün), wirkt es leichter, sonniger, jungendlicher.

Weiß strahlt die einfallenden Lichtstrahlen zum großen Teil wieder zurück. Es ist ein helles Leuchten, Bild des Lichts, trotz allen Strahlens aber ohne Leben, ohne Wärme, ohne Gefühl. Es ist ein geistiges Licht; deshalb ist Weiß auch Sinnbild des Geistes, Bild des Überirdischen, des Engels, der Verklärung und des Todes – eines Todes, der nicht als ein Auslöschen, sondern als ein Auflösen ins Geistige verstanden wird. Weiße Blumen können das Gefühl feierlicher Stille, erhabener Ruhe oder einer geistigen Reinheit aufkommen lassen. In Verbindung mit anderen Farben bringt es Helligkeit und Licht in die Kombination. Es bereichert das Farbspiel, ohne es bunter zu machen.

Schwarz dagegen schluckt so gut wie alle einfallenden Lichtstrahlen. Seine Dunkelheit kann beängstigen und bedrücken. Wo stets Finsternis herrscht, erstirbt das Leben. Zum Wachstum gehört Licht, wo es fehlt, ist Nacht – „ewige Nacht". Deshalb symbolisiert Schwarz auch den Tod. In der Blumenbinderei ist Schwarz aber häufig eine recht günstige Ergänzung zu bunten Farben, denn Schwarz, das selbst nicht strahlt, nicht lebt, läßt allen Farben ihr Leuchten ohne jeden verändernden Einfluß. Vor einem schwarzen Dekorationsstoff leuchten alle Farben lebhaft auf, was nicht heißt, daß immer schwarze Hintergründe geschaffen werden sollen. Schwarz schluckt sehr viel Licht und wirkt in großen Flächen düster. Hier geht es uns zunächst nur um die Charakterisierung (s. Farbtafel 4, Seite 79).

Grau sind Schatten. „Grau ist der Alltag", wenn er in seinem Einerlei alles Lebendige in ein maschinelles Gleichmaß zu zwingen vermag. Grau ist der verhüllende Nebel, und grau ist das Entsetzen, das Grau-en. Grau steht zwischen Weiß und Schwarz, ist ohne Wärme, ohne Blut, ohne Leuchten; in ihm verlöschen die Farben („nachts sind alle Katzen grau"). Damit ist es aber auch ein neutraler Partner für Farben, weil es mit ihnen nicht konkurriert. Es ist stumm und läßt alles mit sich geschehen. Deshalb ist Grau in seinen verschiedenen Helligkeitswerten gut für die Tönung von Regalen, Stellplatten, Wänden usw. zu gebrauchen, weil es zu allen Farben paßt. Auch bunte Farben können „vergraut" sein, in einer trüben Mischung auftreten. Derart getrübte Töne schätzen wir dort sehr, wo Zurückhaltung und Unterordnung notwendig sind (z.B. Gefäßfarben, denn das Gefäß dient der Blume und soll sie nicht überstrahlen).

Braun ist ebenfalls eine zurückhaltende Mischfarbe. Sie hat etwas Festes, Materielles, Grundlegendes an sich. Schließlich ist Braun die Farbe des Erdbodens und läßt deshalb Stabilität empfinden. Im Rotbraun liegt etwas von der Wärme des Orangerots, im Dunkelbraunen etwas von der Schwere und Tiefe des Schwarz. Im hellen Sandbraun wird durch den Gelbanteil das Sonnenhafte deutlich, allerdings nicht das belebende Licht oder Erwärmende der Strahlen, man verbindet es viel eher mit Trockenheit und Dürre. Noch viele Farben könnten in der vorstehenden Weise betrachtet und beschrieben werden, doch ist mit dem bisher Gesagten ein Weg gewiesen, der für jeden Anregung sein mag, selbst Charakteristiken von Farben zu finden.

Farbwirkungen und Farbensymbolik
Der folgende Überblick (frei nach H. FRIELING 1957/61) soll die Beziehung zwischen dem Farbcharakter und der psychisch wirksamen Ausstrahlung der Farben zusammenfassend darstellen. Daß auch die Farbensymbolik erwähnt wird, hat nur den Zweck, das Verständnis für das Wesen der Farbe zu erleichtern. Die abstrakten Begriffe sind ja nicht zufällig mit bestimmten Farben in Verbindung gebracht worden. Zwischen dem Wesen der Farben und dem Inhalt eines Begriffes wie Ruhe oder Zartheit, Sehnsucht oder Heiterkeit gibt es enge Beziehungen.

Übersicht: Erscheinung und Wirkung von Farben

Farbton	optische Erscheinung	psychische Wirkung	symbolische Deutung
Gelb	hell, nah, leicht, offen, schwebend, strahlend, lichthaft, ohne Wärme, strahlend und sich ausdehnend	aufmunternd, belebend, erleuchtend, anregend, lockernd, lösend, erwartungsvoll stimmend	Weltoffenheit, Optimismus, Interessiertheit, Erwartung, Intuition, Inspiration, Glanz des Lichts, Erhabenheit, Neid, Eifersucht
Goldgelb	strahlend, warmes Licht, leuchtend, sonnig, auffallend	erwärmend, belebend, erheiternd, freundlich stimmend	Sonnenkraft, Heiterkeit, Glück, Fruchtbarkeit, Reichtum
Orange	warm, lebhaft, nah, leuchtend, eindringlich, trocken, aber auch weich, schmiegsam	erheiternd, aktivierend, sich mitteilend, freudig, bewegt, erwärmend für Gemüt und Körper	Mitteilsamkeit, Ausdrucksfreude, Gemütswärme, Lebenslust, Sonnenglut, Reife
Kreßrot	feurig, lebhaft, drängend, aktiv, unruhig, flammend, hemmungslos	erregend, aktivierend, kämpferisch, temperamentvoll, impulsiv, gefühlsbetont	Kampf, Revolution, Leidenschaft, Betriebsamkeit, Kraft
Rot	aktiv, auffallend, lodernd, feurig, ausstrahlend, evtl. massiv und hart, laut und heftig	kräftigend, an- bis aufregend, macht- und kraftvoll, drohend, leidenschaftlich, laut	Stolz, Lebenskraft, Eros, Selbstbehauptung, Wille, Begehren
Purpur	schwer, voll, tief dunkel, „kühles Rot"	erhaben, beherrschend, würdig, ruhig, stolz, repräsentativ, beherrscht	Liebe, Macht, Würde, Reichtum

Farbton	optische Erscheinung	psychische Wirkung	symbolische Deutung
Violett	dunkel, schwer, tief, düster, verhalten, mystisch	zurückhaltend, still, ernst bis schwermütig oder besinnlich stimmend, vertiefend, beruhigend	Geistigkeit, Exklusivität, Feierlichkeit, Mystik, Illusion, Sentimentalität, Phantasie, Introvertiertheit
Ultramarinblau	klar, schwer, voll, ruhig, nüchtern	beruhigend, nachdenklich, konzentrierend, beherrscht, festigend	bewußtes Denken, Selbständigkeit, Standhaftigkeit, Treue
Blau	klar, kalt, fern, feucht, frisch, rein, sanft, still, zurückweichend	besänftigend, sehnend, träumerisch, beruhigend, erfrischend, sauber, langsam, besinnlich	Freiheit, Sehnsucht, Unendlichkeit, Betrachtung, Vertiefung und Besinnung
Türkis	kalt, fern, zwielichtig, wässerig, feucht, eisiges Leuchten	beruhigend, kühlend, herb, dämpfend aber auch faszinierend	Unabhängigkeit, Besonderheit, Sehnsucht, Idealismus
Grün	ruhig, passiv, still, gelassen, schlicht, je blauer um so wässeriger, je gelber um so wärmer	beruhigend, besänftigend, vermittelnd, bewahrend, erholsam, naturhaft, hegend, beschaulich	Hoffnung, Ruhe, Frieden, Mütterlichkeit, Naturliebe, Hingabe, Wahrnehmung
Maigrün	hell, zart, schwach, lichthaft, mild	freundlich, ruhig, sanft, sich anlehnend	Jugend, Empfänglichkeit
Weiß	hell, strahlend, weit, leicht, lichthaft, rein, unfaßbar	feierlich, ruhig, erhellend, ohne Gefühlsbeeinflussung	Reinheit, Unschuld, Unfaßbarkeit, Außerirdisches, Tod, Geistigkeit
Grau	schattenhaft, unbestimmt, steril, neutral, hell oder dunkel je nach Tönung	charakterlos, indifferent, verbindend, zurückhaltend, neutralisierend	Armut, unbelebte Theorie, Angst, Verdrängung
Schwarz	dunkel, schwer, tief, dicht, undurchdringlich, finster, begrenzt, ernst, leblos	gibt Tiefe, verdüstert, kann zwanghaft, bedrohlich, steif wirken	Trauer, Tod, Würde, Steifheit
Braun	dunkel, schwer, massiv, zäh, erdig, fest, mit Rotanteil warm	festigend, beruhigend, solide, materialisierend	Materie, Beharrlichkeit, Beständigkeit, Realität
Rosa	hell, zart, leicht, kraftlos, duftig, anlehnungsbedürftig	ohne Antrieb, besänftigend, von ruhiger Freundlichkeit	Zartheit, Abgesondertheit, das Besondere liebend
Pastelllila	unentschieden, schwebend, hell	zurückhaltend, etwas ängstlich, schwärmerisch, träumend	Zurückhaltung, Exklusivität, Abseitigkeit
Hellblau	hell, schwebend, duftig, luftig, weit, sanft	beruhigend, erfrischend, besinnlich stimmend	Fernweh, Träumerei, Romantik

Zur Vertiefung
1. In der Art, wie in diesem Kapitel einzelne Farbtöne charakterisiert worden sind, sollen verschiedene Zwei- und Dreiklänge in ihrer Gesamterscheinung beschrieben werden. Es kann zunächst auf die Farbübungen zum Thema „Kontraste" und „Harmoniebildungen" zurückgegriffen werden.
2. Malen Sie Farbstimmungen zu folgenden Themen:
a) Frühjahr; b) Sommer; c) Herbst; d) Winter; e) Sommerfest mit Tanz auf der Terrasse; f) Tischdekoration für den Geburtstag einer älteren Dame; g) Strauß für den Besuch im Krankenhaus; h) Trauerstrauß für die Beerdigung eines älteren Herrn im Sommer.
Die gewählten Farbtöne und Farbnuancen sind mit Wasserfarben in kleine quadratische Felder oder in frei gestaltete Teilflächen einer selbst gewählten Fläche zu setzen; die Farben der Teilflächen dürfen nicht über die Grenzlinien geraten.
3. Arrangieren Sie gedanklich Blumen in eine kobaltblaue Keramikvase von kugeliger Form, etwa 15 cm hoch. Es sind 10 verschiedene Möglichkeiten zu entwickeln. Für jedes Beispiel sind die Blumen, Blätter und Zweige zu nennen, die Farbtöne aufzuzählen, die Gesetzlichkeit der Harmoniebildung zu erwähnen und die Stimmung, welche die Kombination ausstrahlt, zu beschreiben. Weitere Hinweise bezüglich passendem Standort oder Anlaß dieser Dekoration können gegeben werden.

4.7 Farben im Zusammenhang

Farbe hat immer auch eine Form, und die Form steht im Zusammenhang mit einem Zweck oder einer Bedeutung. Farbe, Form und Zweck stehen in engstem Zusammenhang.

Farbe und Form
Für uns Floristen entscheiden die Stimmungsgehalte der Farben weitgehend über die Auswahl der Farben. Die Formen der Blumen haben ebenfalls Charakter, auch nach ihm fällt man die Wahl, abhängig von den gewünschten Formkontrasten innerhalb des Arrangements, der Endform der Gestaltung und dem Wesen des formalen Leitmotivs im Zusammenklang mit der gewünschten Aussage. Farbe und Form können sich entsprechen, sie können aber auch bestimmte Ausrichtungen betonen und zu einem anderen Verständnis führen.

Die straffe und kraftvoll aufstrebende Form der Gladiole wird in ihrem Wesen unterstützt, wenn die Farbe der Blüten von einem kräftigen Rot ist. Sind die Blüten cremegelb, wird weniger Kraft und Stolz spürbar, vielmehr scheint sich die aufstrebende Form leicht schwebend abzuheben.

Die seidig zarte, flattrige Wickenblüte wird in ihrem Wesen betont durch helle Pastellfarben. Ist die Wicke kräftig rein rot oder dunkelviolettblau, kommt ihre formale Eigenart nicht mehr zur Wirkung.

So kann man durch bewußt gewählten Zusammenklang von Farbe und Form viele Varianten von floristischen Gestaltungen schaffen, die immer in feiner Abstimmung zum Anlaß treffende Akzente setzen.

Eine weitere kurze Betrachtung soll helfen, sich noch besser in diesem Zusammenhang von Farbe und Form hineindenken und einfühlen zu können:

Dazu greifen wir die drei Urformen auf und fragen, mit welcher Farbe sie wohl wesensmäßig übereinstimmen?

Der Kreis wirkt geschlossen, ruhig, weich, konzentriert; zu ihm passen also keine Farben, die durch Strahlen in den Raum greifen (Gelb) oder die dynamisch und kraftvoll wirken (Rot). Somit bleibt von den Grundfarben nur noch Blau, und diese Farbe ist auch treffend. Allenfalls könnte man noch an Grün oder Braun denken. *Das Rechteck* wirkt fest, kraftvoll, hart und stehend; dem entspricht Rot. *Das Dreieck* wirkt in den Raum greifend, dynamisch und wegstrebend; dem entspricht Gelb. Natürlich gilt das nicht ausschließlich, es ist lediglich die passende Zuordnung der drei Grundfarben zu den drei Urformen.

Am Beispiel des Kreises soll dargelegt werden, wie Farben die Aussage der Form beeinflussen können. Ist die runde Form gelb, wirkt sie strahlend, sich lösend, sich erweiternd, zentrifugale Kräfte überwiegen. Ist die runde Form rot, wirkt sie wie eine geballte Ladung, zusammengehaltene Kraft oder beherrschte Kraft. Ist die runde Form weiß, bekommt sie etwas Unkörperliches, dessen Grenzen weniger wichtig sind als die Helligkeit des Weiß. Ist die runde Form schwarz, wirkt sie zusammengeschnürt wie der eigene Schatten oder gar wie ein Loch. Ist die runde Form grün, kommt die Ruhe, Geschlossenheit und Sanftheit der Form gut zur Geltung usw. Ist die runde Form Pastellfarben, rosa oder zartviolett, so strahlt sie etwas Sanftes, Weiches, Anschmiegsames und Gefälliges aus (s. Farbtafel 4, Seite 79).

Farbe im Raum
Einiges zu diesem Thema ist bereits bei der Betrachtung der Farbkontraste Schwer-Leicht und Nah-Fern behandelt worden. Doch weil der Florist die Farbigkeit der Geschäftsräume selbst bestimmt, hier einiges Grundsätzliches:

Farbe erzeugt Raumstimmung. Je nach dominanter Farbrichtung, Harmoniebildung und Kontrastwirkungen kann ein Raum folgendermaßen wirken:
 festlich-feierlich, warm-gemütlich,
 ernst-gedämpft, freundlich-heiter,
 ruhig-behaglich, steril-sauber,
 lustig-fröhlich, kühl-sachlich.

Das Blumengeschäft soll freundlich hell sein, aber auch etwas von warmer, behaglicher Wohnraumatmosphäre haben: Gebrochene Gelbtöne, Brauntöne, Lindgrün oder Oliv und viel elfenbeingetöntes Weiß sind passend (s. auch „Farbstimmungen", Seite 81). Farbe beeinflußt das Temperaturempfinden im Raum (s. Kalt-Warm-Kontrast). So kann man Räume in Nordlage durch gelbliche und bräunliche oder rostrote Farben freundlich warm gestalten, warme Südräume durch grünliche oder hellblaue Farben angenehm frisch.

Farben können die Raumform optisch verändern: Bläuliche und trübe Farben lassen eine Wand zurücktreten, reine und warme Farben lassen eine Wand näher kommen. Dunkle oder dunklere Farben an der Decke lassen den Raum niedriger erscheinen.

Farben können große Wandflächen gliedern. Dunklere Wandteile in sonst heller Fläche wirken scheinbar zurücktretend; so kann man Nischenwirkungen erzielen, wo gar keine sind.

Regale vor Wänden können durch ihre Farbigkeit und den Kontrast verschiedene Wirkung haben: Elemente mit heller Farbe wirken vor einer dunkleren Wand leicht und gebunden. Elemente mit gleichem oder ähnlichem Farbton und gleicher Farbhelle wie die Wand wirken unauffällig und dienend. Elemente mit dunkleren Farben vor heller Wand wirken massiv und trennend. Das gleiche gilt, wenn man architektonische Profile farblich entsprechend gestaltet (Wandpfeiler, Vorsprünge, Gesimse, Türrahmen, Nischenkanten usw.).

> **Zur Vertiefung**
> 1. Ordnen Sie den Bewegungsformen und Charakterformen wesensgleiche Farben zu.
> 2. Malen Sie Farbauszüge der Raumfarben (Farbtöne und Mengenverhältnisse in freier oder geometrischer Flächengliederung), die Sie den acht genannten Raumstimmungen zuordnen.
> 3. Lesen Sie im Florist Band 2, was über farbliche Gestaltung der Geschäfts- und Arbeitsräume im Teil „Materialkunde" geschrieben steht.

5 Stofflichkeiten

Eine weitere Eigenschaftsgruppe ist die Stofflichkeit der Oberfläche von Blüten, Blättern, Gefäßen usw. Die Stofflichkeiten unserer Gestaltungsmittel kann man in Eigenschaftsgruppen eingliedern. Da wären z. B. folgende zusammengehörende Eigenheiten:
1. hart, glänzend, fest, glatt, *metallisch,*
2. glatt, wächsern, elegant, fein, zerbrechlich, *porzellanartig,*
3. weich, zart, durchscheinend, duftig, *seidig,*
4. weich, *flauschig,* wollig, haarig, samtig,
5. derb, rauh, *rustikal,* stumpf, robust, grob, hölzern, papierartig.

Der Vergleich mit Stoffen oder anderen Materialien wie Metall oder Porzellan gibt uns die Möglichkeit, mit einem Wort eine ganze Eigenschaftsgruppe zu erfassen. So wollen wir die obengenannten Gruppen unter jeweils einer Eigenschaft benennen und im einzelnen besprechen, ähnlich wie es MORITZ EVERS (1954) beschrieben hat.

Metallische Strukturen. Glanz und Glätte der Oberfläche kennen wir besonders bei Blattpflanzen. So gibt es eine *Begónia metállica* mit sattgrünen, metallisch glänzenden Blättern. Auch die Blätter der *Peperómia*-Arten, *Stephanótis floribúnda, Philodéndron erubéscens, Caméllia japónica, Fícus elástica, Hóya carnósa, Anthúrium*-Andreanum-Hybriden, *Pílea cadiérei, Begónia*-Arten und andere können hier eingestuft werden. Metallisch glänzende Blüten zu finden ist schon schwerer. Die lackartig glänzenden Hochblätter der *Anthúrium*-Andreanum-Hybriden umgeben den Blütenkolben. Auch die Strelitzienblüte hat etwas Hartes, Festes und den metallischen Glanz auf ihren Blütenblättern. Die stoffliche Eigenheit wird durch reine klare und kraftvolle Farben unterstützt. Die leuchtend rote Anthurie wirkt metallischer als die zart weißlich-rosé gefärbte; diese wirkt eher porzellanen als metallisch.

Porzellanene Strukturen werden durch Weiß oder Pastellfarbtöne in ihrem Stofflichkeitscharakter unterstützt. Porzellanartige Blüten zeichnen sich durch eine wächserne Fleischigkeit oder eine gewisse zerbrechliche Zartheit aus. Der Eindruck des Eleganten dieser Strukturen wird durch klare Formgebung der Blüten und stolze oder schwungvolle Haltung in der Bewegung des Stiels gesteigert. Beispielhafte Vertreter sind Hyazinthen, *Hóya carnósa*, *Stephanótis*, Maiglöckchen, *Phalaenópsis*, *Paphiopédilum*, *Ornithógalum*, Ixien, Tulpen, Narzissen, *Lílium longiflórum*. Lorraine-Begonien, Seerosen, Christrosen, Rosen, Nelken, *Íris*, *Cýclamen*, Nerinen, Märzbecher, Gladiolenblüten, Magnolienblüten, auch Echeverien und *Sédum*-Triebe usw.

Glas- und Porzellangefäße sind stofflich gleichgestimmt. Deshalb wirken alle genannten Blumen in solchen Gefäßen gut. Natürlich kann man auch das stofflich kontrastierende Gefäß, das stumpfe Korbgeflecht oder die rauhe Keramik wählen. Es wird ganz auf den Anlaß und die Umgebung, in der das Arrangement stehen soll, ankommen.

Seidige Strukturen. Weich und zart, von leichtem Glanz sind die Blütenblätter der Wicken, Godetien, *Rhododéndron*, Kirschen, *Streptocárpus*, *Cósmos*, *Cattlḗya*, Malven, Krokus, Sommerrittersporn, Mohn, *Hibíscus*, aber auch die *Caládium*-Blätter und das *Adiántum*-Grün. Diese Stofflichkeit wird unterstützt durch helle, klare oder Pastellfarben und flattrige oder faltige Blütenformen. Glasgefäße, Porzellan oder glänzend glasierte Keramik ordnen sich stofflich mit dem geringsten Kontrast unter.

Flauschige Strukturen. Von ihnen geht eine sanfte Wirkung aus. Kein Glanz reflektiert das Licht, sondern die Farben wirken tief und satt bei den samtigen Strukturen oder grau überzogen bei den wolligen Stofflichkeiten. Der Samt ist ein guter stofflicher Vergleich für die Beschaffenheit der Blätter des *Philodéndron melanochrýsum*, der *Begónia mexicána*, *Begónia imperiális*, der *Colúmnea gloriósa* u. a. oder der Blüten von Gloxinien *(Sinníngia speciósa)*, vom Löwenmaul *(Antirrhínum május)*, Stiefmütterchen (*Víola*-Wittrockiana-Hybriden), Goldlack, *(Cheiránthus chḗiri)*, Weidenkätzchen, der Küchenschelle *(Pulsatílla vulgáris)* u. a. Weich und wollig sind die Blätter des Wollziestes *(Stáchys olýmpica)*, das Edelweiß in Blatt und Blüte, Wollgras *(Erióphorum)*, das Blütenbüschelchen der Mimose oder des *Agératum houstoniánum*.

Das Samtige wird durch dunkle, gedämpfte, schwer wirkende Farbtöne unterstrichen. Ideale Gefäße für wollige oder samtige Strukturen sind Keramiken mit dunklem, stumpfen Dekor oder außen unglasierte Tongefäße sowie Korbgeflechte in natürlichen oder matt gebeizten Holzstrukturen. Wählt man das glänzende Gefäß (Porzellan, Glas usw.) kann es leicht geschehen, daß durch die Lichtreflexe, die von der glatten Oberfläche des Gefäßes ausgehen, die Wirkung der Blumen unschön überspielt wird.

Rustikale Strukturen. Herb, rauh, stumpf und spröde sind Trockenfrüchte und die meisten Trockenformen, Zapfen und Disteln, Flechtenzweige und sonstige unbelaubte Zweige. Aber auch die *Achilléa*, die *Erícaa-* und *Callúna*-Arten, Zinnien und Sonnenblumen, Nadelgehölze und Beerenzweige, Astern und Chrysanthemen sind Vertreter rustikaler Formen. Natürlich ist es auch hier wie bei allen anderen Strukturgruppen so, daß die Eigenschaft stärker oder weniger stark zum Ausdruck kommt. Aber wählt man den

Abb. 63. Die rauhen Platanenfrüchte stehen im stofflichen Kontrast zur Glätte des Glases und des Bandes sowie zur porzellanen Struktur der Paphiopédilum

Vergleich, wird es dennoch leicht, eine Blume einzustufen. Die Zinnie ist zum Beispiel rustikaler als die farblich und formal ähnliche *Gérbera*, sie ist aber duftiger und der Porzellanstruktur ähnlich, wenn man sie in heller Farbe und neben einer trockenen Distel sieht. Die Farbe beeinflußt, wie man also sieht, auch hier die stoffliche Wirkung sehr stark. Eine Baumrinde wirkt in dunkelbrauner Farbe, auch wenn sie gar nicht so borkig ist, rustikal und derb, die weiße Birkenrinde dagegen erscheint aufgrund ihrer Farbe glatter, feiner, freundlicher.

Alle glatten, zarten oder glänzenden Strukturen können reizvoll untermalt werden, wenn man ihnen im Arrangement einige wenige Pflanzenteile von herber, rustikaler Stofflichkeit zuordnet: Den Erlenzweig zu den Narzissen, die Eriken zu den rosa Rosen, die Plantanenfrucht unter eine Frauenschuhorchidee usw. (Abb. 63).

Zusammenfassend sei gesagt:
1. Das Wesen der Blumen, das auch durch die Stofflichkeit bestimmt wird, muß mit dem Anlaß harmonieren, für den das binderische Werkstück gearbeitet wird. Also ist die Stofflichkeit der Blumen, Blätter und Zweige ein wichtiges Gestaltungselement, durch das unsere Arbeiten Charakter und Ausdruck bekommen.
2. Die Auswahl der Gefäße erfolgt nicht zuletzt nach dem Gesichtspunkt der stofflichen Übereinstimmung oder des bewußt gewählten Kontrastes der Strukturen, je nach beabsichtigter Wirkung und je nach Anforderung durch den Zweck.
3. Innerhalb der Blumenzusammenstellung wirkt der Akzent durch eine stofflich andersartige Beigabe reizvoll und wirkungssteigernd.
4. Hinsichtlich Zuordnung gilt die Regel: Zarteres über Deftigeres, Glattes über Rauhes, Weiches über Hartes oder Sprödes. Nur dort, wo es auf die Durchdringung der Farben und Formen innerhalb des Arrangements ankommt, sind geringe Ausnahmen gestattet, doch wird es auch dort durch die Trennung der Arten in Staffelungen nicht notwendig sein, daß eine Blüte von zarter, glatter Struktur unter einer deftig-derben stehen muß. Die rundliche Pompon-Dahlie wird unter der zarten *Cýclamen*-Blüte stehen nicht nur aus formalen, sondern auch aus stofflichen Gründen, die stumpfere Zinnie unter der porzellanglatten Montbretie, die kräftige Sommeraster unter der seidigen Skabiose und die raschelnde Glockenheide *(Erica)* unter der porzellanartigen Rose, obgleich man formal gesehen beim letzten Beispiel die Rollen tauschen könnte.

Zur Vertiefung
1. Nennen Sie zu den fünf Strukturgruppen Pflanzenbeispiele mit botanischem Namen.
2. Betrachten Sie folgende Pflanzen bzw. Pflanzenteile und stellen Sie fest, welche Stofflichkeiten an der Bildung der Pflanzengestalt beteiligt sind:
a) eine blühende Alpenveilchenpflanze,
b) eine Schnittrose,
c) die Sonnenblume,
d) ein Baum, z. B. Birke oder Buche usw.
3. Nennen Sie je drei Blumenzusammenstellungen, in denen kombiniert ist:
a) Porzellanartiges und Wolliges,
b) Seidiges und Samtiges,
c) Metallisches und Rustikales.

6 Gestaltungsarten

Gestalten heißt, Verschiedenheiten zu einer neuen Einheit zusammenfügen unter Beachtung gestalterischer Gesetze. So ungefähr sagt Paul Klee, ein bekannter moderner Maler. Er sagt aber auch, daß diese Gesetze eine gemeinsame Grundlage der Gestaltung sind für die Schöpfungen des Menschen in der Kunst und für die Schöpfungen der Natur. Genaugenommen ist es so, daß Menschen mit einem Blick für das Schöne die Bildungsgesetze der Natur als Gestaltungsgesetze für jedes kreative Gestalten erkannt und benannt haben. Wenn Dürer sagt: „Wahrhaft liegt die Kunst in der Natur, wer sie heraus kann reißen, der hat sie", so meint er ebenfalls, daß die Natur uns zeigt, wie aus Einzelteilen organische Fügungen entstehen, die wir als harmonisch, wohlgefällig und schön bezeichnen. Deshalb werden wir uns in den folgenden Kapiteln, die man insgesamt als *„Raumgestaltungslehre"* bezeichnen kann, damit beschäftigen, derartige gestalterische Grundregeln aufzuzeigen. Die Natur wird dabei unsere Lehrmeisterin sein. Jedoch wollen wir nicht nur von diesen Grundregeln ausgehen, sondern auch von Gestaltungen, an denen die jeweils wirksamen gestalterischen Gesetze erklärt werden.

Die Fülle aller Gestaltungen, auch die floristischer Art, kann bei der räumlichen Betrachtung in drei Gestaltungsarten unterschieden werden:
1. In nur einer Raumausdehnung entwickeln sich die *Reihen*.
2. Zwei Raumausdehnungen, nämlich Länge und Breite, haben *Flächengliederungen*.

3. Drei Raumausdehnungen, nämlich Länge, Breite und Höhe, haben sogenannte *Gruppierungen*.

6.1 Reihen

Reihen sind Anordnungen von gleichen oder unterschiedlichen Teilen, die sich in einer Richtung aneinanderfügen. Man spricht von einem Nebeneinander oder Hintereinander nach Raumlage der Reihe, wobei der Verlauf nicht gerade bleiben muß. Nach der Art der Teile und deren Anordnung unterscheiden wir die stetige Reihe, Reihen mit Schwerpunkt und rhythmische Reihen.

Die stetige Reihe

Das Wort „stetig" heißt: gleichmäßig, beständig, andauernd, nicht unterbrochen. Es bezeichnet die Reihung gleicher Teile mit gleichen Abständen. Unterscheidet sich ein Teil in nur einer Eigenschaft oder sind die Abstände ungleich, ist das Ordnungssystem gestört, die Reihe nicht mehr stetig. Wegen des unkomplizierten Gestaltungsprinzips wird diese Reihe auch die „einfache" Reihe genannt.

Beispiele stetiger Reihen sind der Strich oder punktierte Linien, aufgefädelte Perlen gleicher Art und Farbe, Baumreihen einer Allee, Heckenpflanzungen, Fadenalgen als Beispiel dieses einfachen Bildungssystems in der Natur (Abb. 64) oder Leitgefäße im Stengel der Pflanze, ein Beispiel der Reihe als Teil einer höheren Ordnung. Floristische Beispiele einfacher Reihen sind die gleichmäßig gebundene Gir-

Abb. 64. Reihungen von Zellen bei Algen

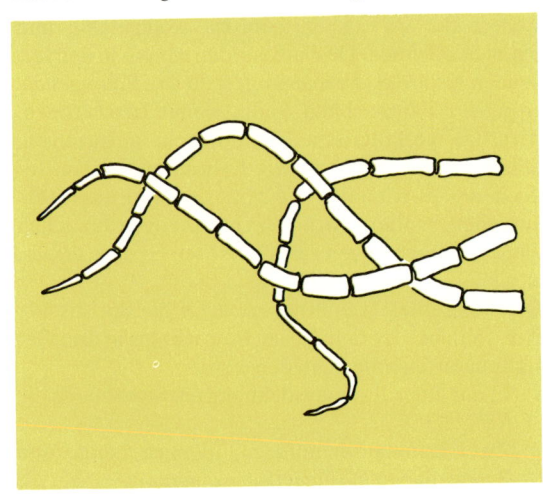

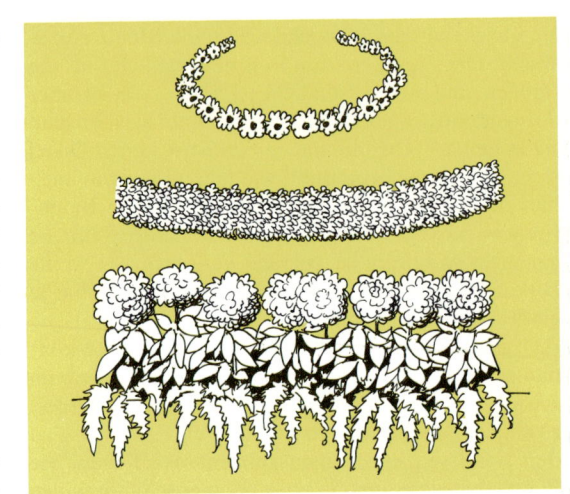

Abb. 65. Beispiele stetiger Reihen: Kopfkranz aus Blüten einer Art; die Girlande z. B. aus Buchsbaum, Hortensien und Nephrolepis als Dekoration an der Bühnenkante

lande aus einem Material, der schlichte Kranz, der Myrtenkranz z. B., die Blumentopfreihe an der Schaufensterscheibe, die Balkonkastenbepflanzung mit Blumen nur einer Art und Sorte, die Tafeldekorationen aus gleichgearteten Steckschalen oder die Reihe aus Vasen einer Art, die man leer zwischen andere Gestaltungen in das Schaufenster stellt (Abb. 65).

Schon drei gleiche Gefäße, in gleichem Abstand hintereinander aufgestellt, ergeben eine einfache bzw. stetige Reihe. Stellt man nur zwei Gefäße gleicher Art nebeneinander, fügen sie sich nicht zur Gestaltungseinheit „Reihe" zusammen. Zwei gleichwertige Einheiten nebeneinandergestellt konkurrieren miteinander; sie ordnen sich also nicht in eine neue Gestaltungseinheit ein. Erst der dritte Partner entscheidet den Wettstreit, mit ihm wird auch das Ordnungsschema der stetigen Wiederkehr in einer einfachen Reihe deutlich (Abb. 66).

Die Wirkung der stetigen Reihe ist wegen der Gleichförmigkeit der Teile und der leicht zu durchschauenden, einfachen Ordnung klar, unkompliziert, ruhig, schlicht, sachlich, mitunter auch langweilig, spannungslos oder einfallslos und eintönig. Man wählt stetige Reihungen dort, wo es auf das Moment der Ruhe ankommt, wo man Verbindungen oder Trennungen braucht, die sich nicht hervordrängen. Beispiel der Verbindung ist das längs auf den Tisch gelegte Band unter den Steckschalen der Tischdekoration; Beispiel der Trennung ist die aufgestellte Gefäßreihe im Schaufenster, die damit den Raum in ein Rechts und

Links von dieser Reihe teilt. Reihen sind somit auch raumgliedernd und trennend oder blickführend und verbindend (Abb. 67). Zur Fertigung von einfachen Reihen braucht man nicht viel Kenntnisse, dafür aber Konsequenz und die Bereitschaft, sich dieser Strenge des einfachen Ordnungssystems zu unterwerfen.

Reihen mit Schwerpunkt

Ein Regenwurm z. B. besteht aus einer Folge von ringartig erscheinenden Körperabschnitten; jedoch sind diese Abschnitte unterschiedlich, dünn am Anfang und Ende, dick in der Mitte. Das Prinzip der Reihung ist erfüllt, das der stetigen aber nicht korrekt befolgt. Die Teile sind zwar ähnlich, aber in einer Eigenschaft sich stufenweise ändernd. Man könnte ein An- und Abschwellen erkennen. Übernehmen wir diese Beobachtung als neues Gestaltungsprinzip, so lautet die Regel: Ähnliche Teile, die in einer oder allenfalls zwei Eigenschaften sich stufenweise abwandelnd variieren, werden aneinandergereiht, so daß ein langsames Verstärken und wieder ein Abklingen spürbar wird. In der Kette mit immer dicker und wieder dünner werdenden Perlen ist dies deutlich sichtbar oder in der Formgirlande der Antike (Abb. 68). Man könnte aber auch die Abstände verkleinern, so daß eine Verdichtung der Formen zur Schwerpunktbildung führt wie beim Stengel oder Zweig mit immer kürzer bzw. länger werdenden Internodien, nachempfunden bei Blütenpartien im Brautstrauß, die aus einzeln angedrahteten Blüten gebildet werden, wo die Blüten zwar in Reihe hintereinander folgen, die Abstände aber immer enger werden. Man kann sich die Veränderung der Teile auch farblich vorstellen, so daß z. B. Blüten und Früchte in eine Girlande gebunden werden, die vom hellen Gelb über immer satter werdende Gelbtöne bis zum orangefarbigen Rot abgestuft sind und ebenso wieder aufgehellt werden.

Diese abgestufen Reihungen bis zu einem Schwerpunkt hin wirken bewegter und reizvoller als stetige, sie sind aber nur in Verbindung mit der Umgebung oder dem Zweck und der daraus abgeleiteten Anordnung im Raum zu entwickeln. Somit sind weitere Überlegungen notwendig, z. B. die Frage, ob der empfundene Schwerpunkt in der Mitte oder außerhalb der Mitte dieser Reihe liegen soll. Damit sind neue Gesetze wirksam, die im Zusammenhang mit der Symmetrie oder Asymmetrie stehen (s. Seite

Abb. 66. Nur zwei gleiche Teile konkurrieren, der dritte Partner gleicht aus und zeigt die Ordnungsart, ob eine Reihe oder eine Gruppe entsteht

Abb. 67. Das Band auf der Tischplatte gliedert die Fläche in unterschiedliche Felder auf

110 ff.). Hier nur drei entsprechende Beispiele solcher Reihen mit Schwerpunkt:
Schwerpunkt in der Mitte: Bogengirlande mit Verdikkung im durchhängenden Bogen unter einem Bild als klassizistischer Schmuck zu einem Gedenktag in einem entsprechenden Raum.
Schwerpunkt im ersten Drittel: An die Schaufensterscheibe geklebt, immer größer und dann wieder kleiner werdende rote Herzen, das größte Herz enthält den Werbetext für die Valentinsdekoration. Es ist Blickfang und deshalb bereits im ersten Drittel der waagerecht über die ganze Schaufensterscheibe gehenden Reihe, etwas über Augenhöhe angebracht.
Schwerpunkt am Ende der Reihe: ein nach unten zur Steckbasis hin immer dicker werdender Ast. Zweige sind sogenannte „lineare Formen" (s. Seite 47). In gewisser Weise kann man solche Formen auch als Reihen ansehen, denn sie haben mit den Reihen die dominante Ausdehnung in nur einer Richtung gemeinsam. So finden wir bei linearen Formen viele Beispiele für Reihungen mit mehr oder weniger stark wirksam werdender Schwerpunktbildung.
Wiederholt man mehrmals diese Schwerpunktbildungen innerhalb einer Reihe, so ist ein neues Ordnungssystem wirksam, und wir haben die rhythmische Reihe.

Die rhythmische Reihe
Das Ordnungsprinzip der rhythmischen Reihe heißt: Unterschiedliche Teile werden aneinandergereiht; die entstandene Abfolge wird in immer gleicher Weise mehrmals wiederholt. Den Abschnitt, der in der Fortsetzung der Reihung wiederkehrt, nennt man *Intervall*. Ein solches Intervall kann aus nur zwei Teilen oder aus vielen bestehen, doch muß der Abschnitt überschaubar und die Wiederkehr der gleichen Abfolge erkennbar sein, anderenfalls wird das Ordnungssystem nicht wirksam und die Reihe erscheint wie ein zufälliges Hintereinander und nicht wie ein organisches Gefüge. Die Ungleichheit der Teile kann sich auf die Farbe, Form, Größe, Abstände, Stellung und Stückzahl beziehen (Abb. 69). Durch die Wiederholung der Abschnitte wiederholt sich auch die Farbe oder die Form oder die Anzahl. Die Wiederholung von Abfolgen oder Vorgängen, die im wesentlichen immer gleich sind, nennt man Rhythmus. Das Ein und Aus des Atmens z. B. ist eine solche Folge. Der Vorgang kann sich zwar einmal heftiger, einmal

Abb. 68. Reihen mit Schwerpunkt: eine Kette, eine Formgirlande und die Staffelung

ruhiger vollziehen, es wird aber immer dem Einatmen das Ausatmen folgen. Der Rhythmus des Herzschlags kann einmal schneller, einmal langsamer sein, in der Abfolge ist er aber immer gleich. Tag und Nacht, Wachen und Schlafen, Winter und Sommer und vieles andere mehr sind Folgen, die das Wesen des Rhythmus aufzeigen. Rhythmus ist Kennzeichen des Lebens, bei aller Ordnung ist Spielraum für Veränderungen gelassen, ohne daß das Ordnungsprinzip zerstört wird.
Damit steht „Rhythmus" im Gegensatz zum „Takt", der ganz exakt, ja stereotyp die Wiederholung des Bewegungsablaufs verlangt. So ist das Auf und Ab ei-

Abb. 69. Rhythmische Reihen aus geometrischen Formen und stilisierten Pflanzenformen
Abb. 70. Klassische Ornamente mit rhythmischen Abfolgen der Formen und Bewegungen

nes Motorkolbens taktmäßig, die Wellenbewegung des Meeres aber rhythmisch. Rhythmus im Tanz, in der Musik, in der Sprache usw. sind Äußerungen des Lebens. Im künstlerischen Gestalten ist Rhythmus ein Ordnungs- und Aussagemittel.
Beispiele rhythmischer Reihen sind Ornamente aus der Antike wie das Auf und Ab des Wellenbandes, der Mäanderlinie oder der Blattranken, welche die Römer sehr schmuckreich entwickelt haben (s. Abb. 70). Auch die klassischen Ornamente der Perlschnüre oder des Eierstabes sind rhythmisch angelegt. Schon das Wort „*Ornament*" enthält Rhythmus, denn es bedeutet: Wiederholung von Motiven in bestimmter Stellung und mit bestimmten Zwischenräumen. *Das Motiv* ist der sich wiederholende Abschnitt, also das Intervall, als Grundbestandteil des Ornaments. In Bordüren finden wir weitere Beispiele rhythmischer Reihen (Bordüre = den Rand betonende Musterungen bei Geweben, im Bordürenband verselbständigt (franz. bordure = Rand, Saum). Floristische Beispiele sind die Girlande mit verschiedenen Blütentuffs (Abb. 71), die Tafeldekoration aus verschiedenen Gestecken (z.B. einfarbig mit Kerzen und bunt ohne Kerzen im Wechsel u. a.), Bühnenkantenschmuck aus bogig hängenden Bändern mit verschiedenen Gestecken (Abb. 72) oder Balkonkastenbepflanzung aus Pelargonien und Petunien, die rhythmisch gegliederte Blumentopfreihe am Schaufenster, z.B. aus *3 Kalánchoë*, 2 Usambaraveilchen, 1 *Selaginélla* und wieder 2 Usambaraveilchen, dann wiederholt sich das ganze noch mindestens 2 mal, denn auch hier sind drei und mehr Abfolgen erst die vollkommen wirkende rhythmische Reihe (Abb. 73).
Das Wesen der rhythmischen Reihe ist geprägt durch die Spannungen, welche die Unterschiede der Teile hervorrufen, die aber durch das Gleichmaß der Wie-

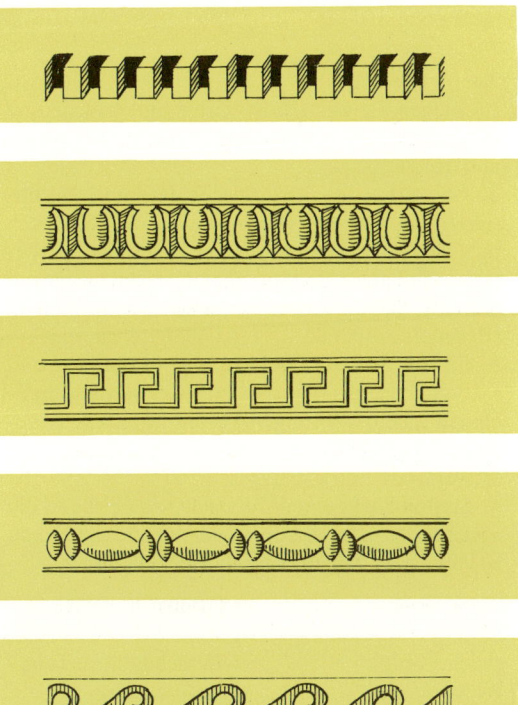

derholungen in eine harmonische Ordnung gebracht worden sind. So wirkt die rhythmische Reihe abwechslungsreich, bewegt und lebendig, beschwingt und aufgelockert, phantasievoller und interessanter als die stetige Reihe. Deshalb fordert dieser Typ der Reihung auch mehr Wirkungsraum, zwischen anderen Ordnungsarten kann sie ebenfalls zur Geltung kommen, da sie aber selbst lebendig bis lebhaft wirkt, braucht sie ruhigere Partner (z. B. Formbinderei) oder beruhigende Untergründe (z. B. einfarbige Platten) und entsprechenden Freiraum, um ihren Rhythmus voll wirken lassen zu können. Sucht man aber das Moment der Belebung und Auflockerung, so ist die rhythmische Reihung richtiger gewählt als die stetige, z. B. vor der Fläche der Hauswand im Balkonkasten oder an der Bühnenkante für eine Dekoration zu einem Tanzvergnügen usw.

a) die Größe, vom Kleinen zum Größeren und zurück;
b) die Abstände, vom Weiten zum Engen und zurück;
c) die Form und die Größe, vom kleinen Kreis zum größeren Oval und zurück;
d) die Abstände und die Größe;
e) die Farbe, vom Hell zum Dunkel und zurück oder vom Gelb zum Rot und zurück;
und entscheiden Sie sich jeweils, ob sie den Schwerpunkt in der Mitte der Reihe oder am Anfang des 2. oder 3. Drittels sehen.

Zur Vertiefung
1. Suchen Sie weitere Beispiele für einfache und rhythmische Reihungen aus der Natur, der Kunst und der Floristik.
2. Entwerfen Sie rhythmische Reihen aus stilisierten Blüten- und Blattformen, von oben nach unten verlaufend oder waagerecht, die für Werbetexte, Einladungskarten oder das Firmenbriefpapier als Schmuckmotive geeignet sein können (Beispiele Abb. 69).
3. Fädeln Sie eine Kette aus kobaltblauen und weißen kugelrunden Perlen und großen hellblauen scheibenförmigen Perlen. Mehrere Kombinationsmöglichkeiten sind dazu zeichnerisch zu entwerfen.
4. Stellen Sie in einer Übersicht vergleichend die Eigenheiten der stetigen und der rhythmischen Reihe heraus, wie hier als Beispiel begonnen:

stetige Reihe	rhythmische Reihe
gleiche Teile	unterschiedliche Teile
Wiederholung der Teile	Wiederholung der Intervalle
spannungsarm	spannungsreicher
ruhig	bewegt

usw., man kann mindestens noch 10 Gegenüberstellungen finden.
5. Entwickeln Sie zeichnerisch Reihungen mit Schwerpunkten, in denen sich folgende Merkmale schrittweise ändern:

6.2 Flächengliederungen

Flächen haben zwei Raumausdehnungen, man nennt das auch 2dimensional. (Dimension – lat. dimensio = Ausmessung, Ausdehnung; dimensional = auf eine Ausdehnung bezogen.) Sie sind vom Umriß her bestimmt. Ein weißes Stück Schreibpapier ist z. B. eine Fläche mit einem rechteckigen Umriß. Sie ist noch ungegliedert, d. h. ohne jede Unterteilung. Schon wenn man nur einen Punkt auf diese Fläche malt, gibt es einen Teil über dem Punkt und einen darunter, einen Platz rechts vom Punkt und einen links, somit ist die Fläche unterteilt.
Gliederungen sind also Teilungen bzw. Einteilungen. Gliederungen bedeuten aber auch Aufbau und Ordnung von Teilen zu einem Ganzen. Es gibt sehr unterschiedliche Möglichkeiten, eine Fläche zu gliedern. Wollen wir bei diesen Unterteilungen zugleich schöne Ordnungen finden, so gibt es drei grundsätzlich unterschiedliche Gliederungsarten: 1. Die Streuung, 2. die Wiederholung von Reihen und 3. das Gliedern durch Teilflächen.

Streuungen
Streuen heißt locker ausbreiten, durch leichtes Werfen verteilen. Im Begriff „Streublumen" ist uns der Zusammenhang zwischen der Tätigkeit des Streuens

Abb. 71. (oben) Girlanden mit Blütentuffs rhythmisch untergliedert
Abb. 72. (Mitte) Rhythmische Bühnenkanten, Ausschmückung für einen Valentisball
Abb. 73. (unten) Solche Topfpflanzenreihen können z. B. an der Schaufensterscheibe gestellt werden

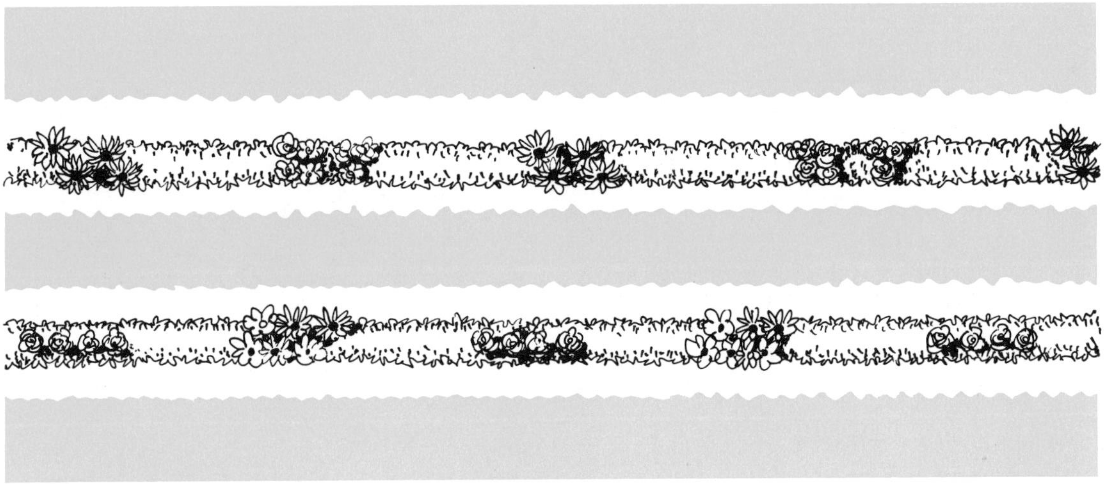

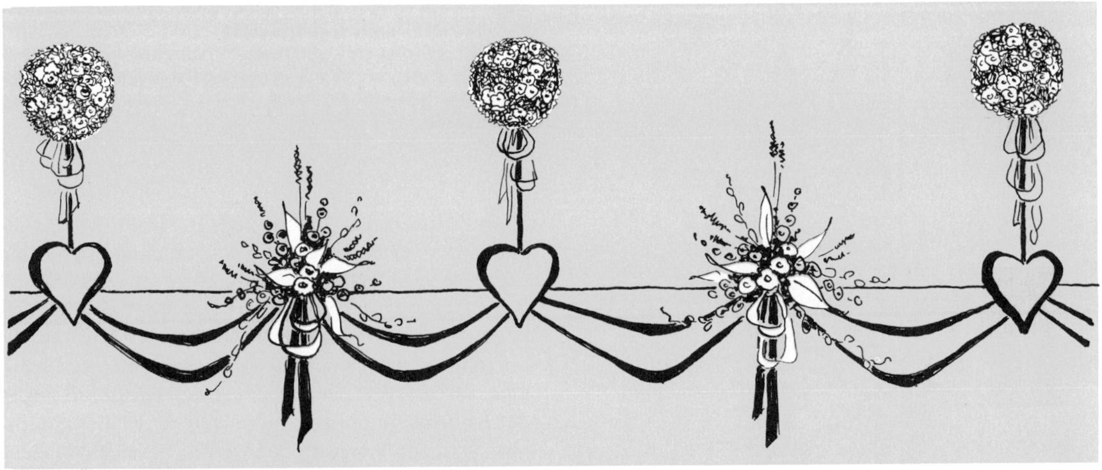

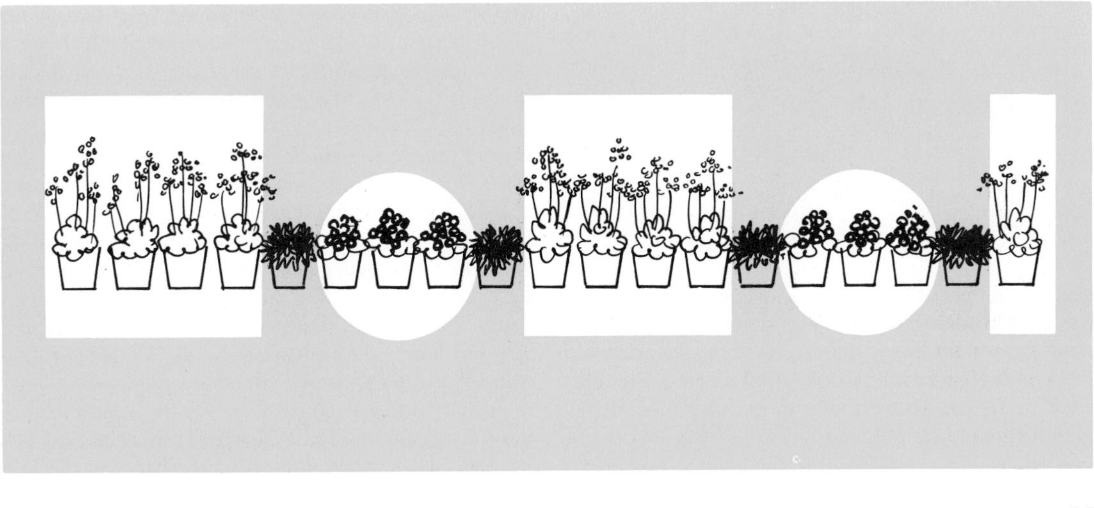

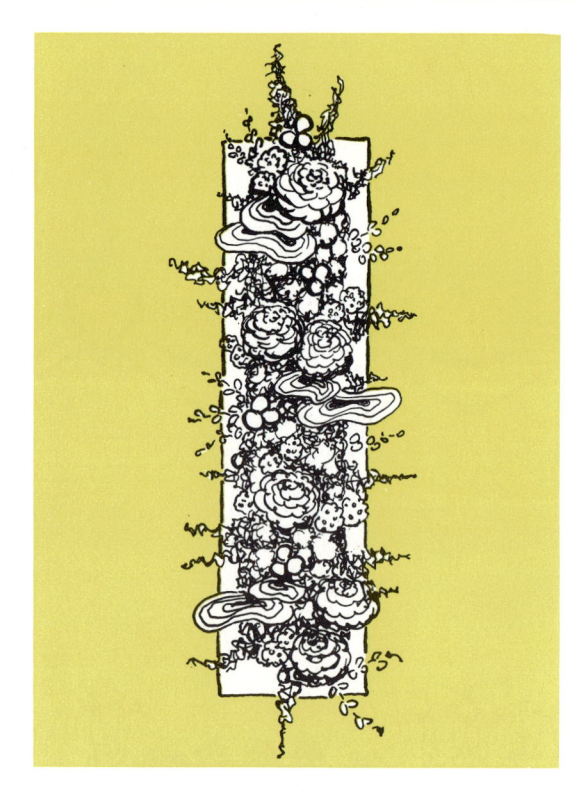

Abb. 74. Ob vereinzelt oder in Gruppen, die Motive bedecken die Fläche optisch gleichmäßig

Abb. 75. Das ist eine „Streuung". Auf einem Brett ist aus Trockenformen ein Wandschmuck entstanden. Auch wenn formenreich kombiniert wird, ist das Prinzip der Streuung verwirklicht

und der dabei entstehenden Anordnung der Blumen auf dem Boden bekannt. Vor dem Konfirmanden, dem Brautpaar oder der Prozession ausgestreute Blumen bedeuten einen Glückwunsch und eine Ehrung. Je besser gestreut wurde, um so regelmäßiger verteilt liegen die Blumen auf dem Weg der somit Geehrten. Dieses angestrebte Gleichmaß entspricht einer Naturerscheinung. Wird z. B. Salz in Wasser gegeben, so verteilen sich die Salzteilchen auch ohne umzurühren regelmäßig im Wasser; man spricht von einer Diffusion = selbständige Zerstreuung und Ausbreitung von flüchtigen oder gelösten Teilen. Schichtet man über dieses salzige Wasser getrennt durch eine durchlässige Membran reines Wasser, so findet der Konzentrationsausgleich sogar durch diese Membran statt, ein Vorgang, den wir alle aus der Pflanzenphysiologie als Osmose kennengelernt haben.

Das Ordnungsprinzip der Streuung folgt aus dieser Beobachtung: Gleiche oder verschiedene Teile werden optisch regelmäßig erscheinend über eine Fläche verteilt. Die Mischung und die Abstände der Teile sind überall in etwa gleich (s. Abb. 74).

Gestalterische Beispiele aus der Floristik sind die Verteilung der Gestaltungsmittel an der Oberfläche von Kränzen, Strohblumenpyramiden, Früchtepyramiden mit Immergrün zu Weihnachten, von Kugelformen, vom Biedermeierstrauß ohne geometrische Flächengliederung und bei vollen Blütengirlanden (Abb. 75). Die Art der Streuung, also die Verteilung der Formen und Farben sowie die Fleckengrößen müssen auf der ganzen Oberfläche gleich sein. Doch nicht nur in der Formbinderei ist die Streuung eine häufig angewandte Ordnungsart, auch beim Aufstellen von Blumentöpfen oder Bepflanzen von Flächen

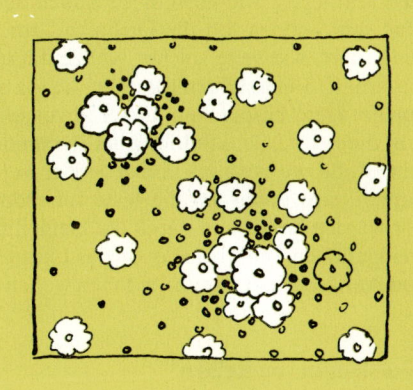

Abb. 76. Streuungen mit einer und mit zwei Verdichtungen 
Abb. 77. Die Pyramide mit größeren Formen unten als auf der schmaler werdenden Spitze hat eine Flächengliederung nach dem Prinzip der Streuung mit Schwerpunkt

mit „Beetpflanzen" ist die Streuung ein zwar meist unbewußt eingesetztes aber wichtiges gestalterisches Gefüge. Blumentöpfe einer Art und Preisklasse werden z. B. in Gefäßen in Torf eingefüttert oder auf den Boden gestellt, so daß die bestellte Fläche regelmäßig besetzt ist. Wird ein Topf aus dieser Anordnung verkauft, ist die Ordnung gestört. Wer einen Sinn für Ordnung hat, wird die verbleibenden Töpfe so auseinanderschieben, daß die Lücke verschwindet und die regelmäßige Streuung wieder erreicht ist. Werbepsychologisch ist es jedoch mitunter besser, die Lücke zu lassen, denn der Kunde greift leichter dort hin, wo schon andere so deutlich sichtbar etwas weggenommen haben.

Weitere Beispiele der Streuung sind vielfältig, z. B. die Tupfen auf dem Perlontüll, Tapeten- und Stoffmuster, Schmuckmotive auf Geschenkpapier, die Kiesstreuung auf den Waschbetonplatten, regelmäßig verteilte Lampen an der Decke des Verkaufsraumes, die blühende Wiese, die Beetpflanzung mit *Tagétes* u. a..

Die Wirkung der regelmäßigen Streuung ist ähnlich der der stetigen Reihe. Das Ordnungsprinzip ist leicht zu erkennen; die Regelmäßigkeit der Verteilung wirkt klar und einfach. Nur die Art der Teilformen, die Farbigkeit und die Entscheidung, ob mehrere unterschiedliche Teile gemischt oder verschiedene Fleckengrößen gebildet werden, führt zur Belebung und Reizsteigerung.

Die Streuung mit Schwerpunkt
Sie ist ähnlich wie die Reihe mit Schwerpunkt zu verstehen. Durch Vergrößerung oder Verdichtung der Formteile kann man eine oder mehrere Konzentra-

tionen herbeiführen (s. Abb. 76). Wo die Konzentrationszentren liegen, wie groß diese Zonen der Verdichtung sein können, ob die Dichte bis zur engen Häufung führt, wie viele solcher Konzentrationsgebiete zu schaffen sind, klären Gesetze, die wir bei den „Gruppierungen" besprechen. In der Praxis spielt bei uns z. B. die Schwerpunktbildung bei Pyramidenformen eine Rolle, wo sie durch immer größer werdende Teilformen nach unten hin die feste ruhende Basis spürbar werden lassen und durch die kleineren, lockerer eingefügten Teilformen oben das Leichterwerden und Auflösende der Spitze betonen wollen (Abb. 77).

Wiederholungen von Reihen
Latten können wir wegen ihrer überdimensionalen Länge im Verhältnis zu Breite und Dicke als Reihen ansehen. Nageln wir auf zwei quergelegte Leisten mehrere längs auf, parallel ausgerichtet mit regelmäßigen Abständen, erhalten wir eine Fläche, in diesem Falle einen Lattenrost, den wir als Dekorationsfläche im Schaufenster oder aufgehängt zur Raumgliederung verwenden können. Die annähernd parallellaufenden Blattadern im Blatt von Gräsern gliedern die Fläche des Blattes, und die Backsteinschichten lassen aus vielen Backsteinreihen die Wand entstehen. Damit haben wir bereits Beispiele genannt, die uns zugleich das Ordnungsprinzip deutlich machen.
Das Ordnungsprinzip lautet: Reihen werden neben- bzw. untereinander wiederholt. Somit dehnen sie sich auch in der 2. Dimension aus und bilden Flächengliederungen. Dabei können stetige oder rhythmische Reihen, immer gleiche oder verschiedene gewählt werden. In dem daraus sich ergebenden Flächenmuster kann man die Ordnung der Reihen in der Waagerechten, in der Senkrechten und diagonal verlaufend wiederfinden. Wird eine rhythmische Reihe aus zwei Motiven mehrmals wiederholt, jedoch jeweils versetzt angefügt, so ergibt sich in der Diagonale eine stetige Reihe (s. Abb. 78). Wesentlich ist außer der Wiederholung der Reihungen die Parallelität der Reihen. Die Gleichheit der Lage fügt sie zu einer Einheit zusammen. Außerdem sollen die Teilformen nicht auf die Fläche gestreut wirken, sondern sie sol-

Abb. 78. Blume und Flasche wechseln rhythmisch ab. Mit der Wiederholung dieser Reihe, nur versetzt, entsteht eine reizvolle Flächengliederung
Abb. 79. Dreimal das gleiche Motiv, doch zweimal sind Verbindungen geschaffen, welche die runden Formen besser zum Flächenmuster zusammenschließen

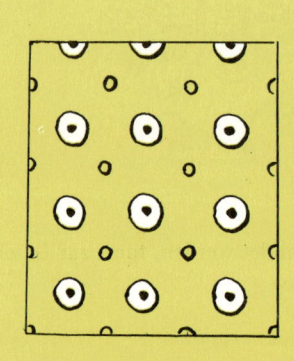

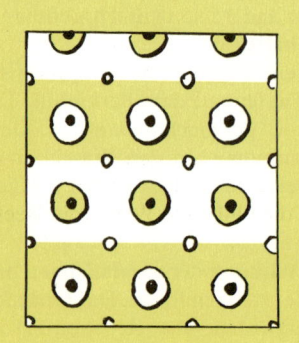

Abb. 80. (oben links) Das Auge faßt Gleiches zusammen, so bildet es hier sechs Teilflächen heraus, die Grenzen sind dort, wo andere Strukturen beginnen

Abb. 81. (oben rechts) Parallelität ist auch eine Form der Gleichheit, die optisch verbindet. So bilden sich hier acht Teilflächen heraus

Abb. 82. (Mitte rechts) Lattenroste zeigen das Ordnungsprinzip der Parallelität. Sie sind gute Elemente zur Raumgliederung im Schaufenster

len sich optisch zur Fläche zusammenschließen. Berührungen der Teilformen, verbindende Linien oder farblich einheitliche Untergründe sind entsprechende Maßnahmen, das zu erreichen (Abb. 79). Der Graphiker, Stoffdesigner und Musterentwerfer wird sich mit diesem Gebiet gründlicher auseinandersetzen. Für uns Floristen genügt das Verständnis für das Prinzip.

Beispiele solcher Flächenmuster sind außer den oben schon genannten der Plattenbelag des Fußbodens, liniiertes und kariertes Papier, das gestreifte oder karierte Muster von Stoffen oder das Gewebe an sich sowie gewirkte Strukturen, das Geflecht von Körben und Matten, die Buchstabenreihen der Schrift oder die Pflanzenreihen kultivierter Bodenflächen, von der Pikierkiste des Gärtners angefangen über den Kartoffelacker bis zum planmäßig angelegten Wald. In der Floristik spielen solche Flächengliederungen mehrfach eine Rolle, z. B. in der Ladengestaltung bezüglich der Wand- und Bodenflächen, eventuell bei der Band- oder Schnurverspannung zur Schaffung transparenter, raumteilender Flächen und, wenn man will, als Design des Einwickelpapiers, welches man selbst entwerfen kann, z. B. aus Firmenzeichen und Namenszug im Wechsel und dann versetzt wiederholt, oder aus stilisierten Blüten und Gefäßformen usw.

Die Wirkung der Flächemuster ist von vielen Faktoren abhängig. Sind die Teilformen geometrisch klar oder frei geformt und lebendig wirkend; sind sie einfach oder vielfältig gegliedert; wählt man wenige Teilformen oder relativ viel verschiedene; welche Farbkontraste beeinflussen das Bild und welche Farbharmonien sind gewählt; sind ruhige Zwischenzonen aus Linien oder anderen stetigen Reihen zwischen rhythmische Reihen gelegt; welche Größenverhältnisse sind vorhanden; gibt es Spannungen zwischen vielen Unterschieden oder gibt es viele ruhig wirkende Gleichheiten? So kann man von der ruhigen klaren Erscheinung der Backsteinwand bis zum feingliedrigen Muster eines Stoffdrucks mit Blumenbordüren alles entwickeln.

Gliederungen durch Teilflächen
Eine Fläche kann man unterteilen, indem man Teile dieser Fläche von anderen abhebt. Dazu führen verschiedene Maßnahmen:
Verschiedene Strukturen bilden Teilflächen. Alles, was die gleiche Struktur aufweist, gehört zusammen. Das Auge faßt alles, was gleich ist, zusammen, somit verbinden Gleichheiten zu einem einheitlichen Ganzen. Geben Sie Teilflächen einer großen Fläche verschiedene Strukturen oder Farben, so heben sich diese Teilflächen von denen anderer Struktur ab, ohne daß eine Trennungslinie da ist (Abb. 80).
Beispiel: Gelbe *Tagétes* und blaue Astern werden auf einer Kranzoberfläche zu größeren Flecken zusammengesteckt, die Teilflächen heben sich so deutlich voneinander ab, daß die Kranzoberfläche zerstückelt wirken kann, was nicht im Sinne der Kranzsymbolik ist. In diesem Falle wäre eine feinere Verteilung und damit die Streuung die richtige Gliederungsart. In der Rabattenbepflanzung mit verschiedenen Sommerblumen dagegen ist diese Gliederungsart richtig, wobei die Teilflächen willkürlich frei oder geometrisch exakt geformt sein können. Auch die Blütenringe beim konzentrisch gegliederten Biedermeierstrauß sind solche Strukturflächen, in diesem Falle geometrisch gestaltet.
Teilflächen durch Parallelen. Was parallel verläuft, gehört durch die Gleichheit der Raumlage und Bewegung zusammen. Somit trennt das Auge die Fläche dort, wo andere Parallelen lagern (Abb. 81). Diese Parallelen können gerade oder gebogen sein, es können Striche, andere einfache Reihen oder nicht zu komplizierte rhythmische Reihen sein. Die Verwendung dieser Gliederungsart ist in der Floristik recht selten. Beispielsweise wenn eine Fläche zwischen Schauauslagen und Verkaufsraum bei der Schaufenstergestaltung nach diesem Prinzip sichtbar gemacht und zugleich gegliedert wird, wenn Latten oder schmale Bretter senkrecht und waagerecht zu Teilflächen zusammengenommen werden und etwa wie in Abb. 82 aufgehängt werden.

Teilung durch Trennung von Feldern
Dabei wird die Gesamtfläche durch Striche in geometrische Teile zergliedert oder durch freizügig geführte Linien mit Überschneidungen in frei geformte Ausschnitte zerteilt (Abb. 83). In jedem Falle grenzen die Teilflächen aneinander. Ein Beispiel ist die Gliederung einer Geschenkkartonoberfläche durch Kordelumschlingung, die rechtwinklig oder strahlig geführt werden kann (Abb. 84). Strukturiert man durch Linien getrennte Teilflächen unterschiedlich oder gibt man ihnen verschiedene Farben, verknüpft man diese Gliederungsart mit der erstgenannten durch verschiedene Strukturen, nur kommen hier die Trennungslinien dazu.

Teilung durch Figuren
Figuren sind Darstellungen mit einem charaktervollen Umriß. Sie decken Teile der Fläche ab und sind damit selbst Teilfläche. Sie lassen Flächenstücke frei, stehen damit also im Kontrast zur sogenannten „Ne-

Abb. 83. Die durch gerade Linien konstruktiv gegliederte Fläche hat zehn Teilflächen; die frei schwingende in sich geschlossene Linie kreuzt sich so oft, daß siebzehn frei geformte Teilflächen entstehen

von Bildern an der Wand oder das Legen von Teppichen bedeutet eine Gliederung dieser Wand- oder Bodenfläche.

Bei diesen Flächengliederungen durch Figuren, welche natürlich durch Linien ergänzt werden können, sind neben der Berücksichtigung der prinzipiellen Ordnungsregeln weitere gestalterische Gesichtspunkte zu beachten, z. B.: Wieviel Teilflächen sind notwendig oder richtig? Wie sollen die Größenverhältnisse sein? Wie kann man Gleiches zusammenfassen und Unterschiedliches deutlich absetzen, um kein Durcheinander zu erreichen, sondern die geordnete Gliederung wirksam zu machen? Wie kann man die durch die Gegensätze entstehende Spannung ausgleichen und den Zusammenhang erhalten? Wo sollen die optischen Schwerpunkte liegen, und wie bezieht man das Ganze jeweils sinnvoll auf den Zweck usw.? All diese Fragen werden bei den weiteren Erörterungen über die Gruppierungen im Raum geklärt oder sie greifen in die Formen- und Farbenlehre hinein. Sie sind hier lediglich einmal aufgeführt, um dem Lernenden zu zeigen, wie wertvoll ein umfangreiches Grundlagenwissen ist, denn in jeder Gestaltung verwirklicht man immer eine Summe vieler Gestaltungsgrundsätze.

Abb. 84. Die Kordel- oder Bandumschlingung teilt die Oberfläche des Geschenkkartons in Felder, die gestalterisch mit wirksam sind
Abb. 85. Beidemale ist die Tulpe deutlich, auch dort, wo nicht die Tulpe, sondern der Freiraum um sie herum dargestellt wurde

gativform" (Abb. 85). Sie können geometrisch klar oder frei und lebendig geformt sein; sie können einfach oder untergliedert sein (s. Formenlehre, Seite 32 ff.) Sie können frei, sich berührend oder sich teils überlagernd eingefügt sein. Durch die Überschneidungen der Formen entsteht eine scheinbare Raumtiefe, denn was ganz zu sehen ist, scheint vor dem zu stehen, was teils abgedeckt ist. So beginnt diese Flächengliederung, die dritte Dimension optisch mit einzubeziehen, was man bei bildhaften Darstellungen mit einer Scheinperspektive noch deutlicher machen kann (s. „Perspektive").

Schon wenn wir verschieden bespannte Platten auf den Boden des Schaufensters für eine Schaufenstergestaltung legen, gliedern wir die Bodenfläche in der beschriebenen Weise. Jedes Plakat und Bild gehört zu dieser Art der Flächengliederung. Das Aufhängen

Zur Vertiefung
1. Finden und beschreiben Sie je Art der Flächengliederung weitere Beispiele.
2. Stellen Sie fest, an welchen Beispielen mehrere Arten der Flächengliederung zugleich wirksam sind.
3. Fertigen Sie Collagen aus verschiedenen Materialien an, aus Papier, Stoffen, Folien in verschiedenen Fleckenformen und -größen, so daß die Unterlage völlig bedeckt wird. Stellen Sie mehrere Collagen (= geklebte Bilder) her, suchen Sie heraus, welche Ihnen am besten gefällt und klären Sie, welche Farbkontraste und Farbharmonien, welche Größenunterschiede und welche Anzahl der Fleckenarten Sie gewählt haben.
4. Gliedern Sie zeichnerisch eine Raumdecke durch ein unregelmäßiges Holzgitter und bestimmen Sie, welche Gitterfelder durch Lampenkörper ausgefüllt werden sollen.

6.3 Die Verhältnisse des Raumes

Das räumliche Gestalten kann besser verstanden werden, wenn wir uns zunächst mit dem Raum an sich und seinen Erscheinungen beschäftigen. Folgende Gesichtspunkte sollen besprochen werden:
1. Die Raumdimensionen
2. Das räumliche Sehen
3. Objekt und Freiraum
4. Überschneidungen
5. Steigerung der Raumwirkung

Die Raumdimensionen. Der Raum hat drei Dimensionen: *Breite, Höhe und Tiefe*. Wenn wir in einem Raum stehen, kennzeichnen wir danach die Raumrichtungen: „Links und rechts" verläuft die Breite, „vorn und hinten" die Raumtiefe und „oben und unten" die Höhe; jede Dimension ist lediglich durch den eigenen Standpunkt geteilt. Somit ist aber auch der Betrachter und sein Standpunkt entscheidend für *die Raumerscheinung*. Genau genommen hat der Raum keine Form und keine Grenzen, nur die Dinge, die unseren Blick behindern, weiter in den Raum zu dringen, lassen uns den Raum begrenzt, damit aber zugleich erfaßbar erscheinen.

Ein „räumliches" Gebilde ist eines, das sich in diesen 3 Richtungen ausdehnt. Man kann auch von einer „körperlichen" Gestalt sprechen, denn körperlich heißt u.a. auch „raumfüllend". Ein solches räumliches Objekt, eine Frucht, ein Gefäß, eine Pflanze z.B., hat also Grenzen der Ausdehnung; wir sprechen vom *Umriß*. Dieser Umriß kennzeichnet eine Form oder Gestalt (s. Formenlehre).

Alles, was sich in der Natur frei entwickeln kann, dehnt sich in den drei Dimensionen des Raumes aus, die Wolke am Himmel, der Farbfleck im Wasser und die Pflanze beim Wachstum. Auch wir Floristen gestalten in allen unseren Arbeiten räumlich. Zwar wird häufig eine Hauptansicht begünstigt ausgearbeitet, doch auch das „Hinten" wird gestaltet. Arbeiten mit „Wand" sind unvollkommen, weil sie nicht alle Raumausdehnungen voll nutzen. Die liegende Gestaltung, der Kranz, hat zwar eine Unterseite, die Höhe seiner Wölbung muß jedoch gut zur Kranzgröße passen ($^3/_4$ von der Kranzkörperdicke), wenn die Form gut plastisch (= 3dimensional) wirken soll.

Das räumliche Sehen. Die Dinge im Raum sehen wir nicht alle auf einmal, unser Auge sieht nur einen relativ kleinen Ausschnitt scharf. Doch was wir schnell nacheinander sehen, fügt sich durch die Erinnerungsleistung des Gehirns zu einem Gesamtbild zusammen, in dem sogar vieles richtiger eingeordnet wird, als wir es sehen. Wir sehen z.B. folgendes falsch (optische Täuschung):

Was in der Ferne ist, erscheint kleiner als es wirklich ist. Auch Entfernungen erscheinen verkürzt, je weiter entfernt der Abschnitt ist (Abb. 86). Entferntere Objekte scheinen über denen in der Nähe zu liegen, wenn sie unter unserer Augenhöhe in gleicher Ebene

Abb. 86. Weil die Linien hier Formen andeuten, die den Gesetzen der Perspektive entsprechen, hat man den Eindruck, als führe ein Gang mit Türen in die Raumtiefe

aufgestellt sind, und sie erscheinen niedriger als gleich hohe Objekte im Vordergrund, wenn sie über der Augenhöhe ihren Platz haben. Linien, die rechtwinklig in den Raum hineinlaufen, wirken schräg, und parallele, in den Raum weisende Linien scheinen sich in einem Punkt zu treffen, was natürlich in Wirklichkeit nicht geschieht, wie jeder weiß. Wir alle kennen diese Erscheinungen des räumlichen Sehens, doch um sie zeichnerisch auf ein Bild zu übertragen, muß man sie erst neu lernen! Das hängt damit zusammen, daß das eigentliche falsche Bild unseres Sehens mit dem unseres Verständnisses nicht übereinstimmt.

Überträgt man das räumliche Bild auf die 2 dimensionale Bildebene des Zeichenblattes, so entsteht eine Darstellung in Perspektive. Die Gesetze der Perspektive greifen das Erlebnis des Sehens auf mit den scheinbaren Verkürzungen in der Raumtiefe und mit dem scheinbaren Zusammentreffen parallel in den Raum laufender Strecken in einem Punkt, dem sogenannten „Fluchtpunkt" (s. Kapitel Entwurfszeichnen: Das perspektivische Schaubild). Jeder, der sich mit räumlichen Gestaltungen auseinandersetzen muß, soll sich auch mit den Gesetzen der Perspektive beschäftigen.

Objekt und Freiraum. Objekte im Raum werden in ihren Beziehungen zu anderen Objekten und zum Raum festgestellt. Dabei spielen nicht nur andere Objekte und deren Eigenschaften eine Rolle, sondern auch der leerbleibende Raum ist wichtig. Der Berg wird erst zum Berg, wenn neben ihm Täler sind. Objekt und Leerraum oder „Positivform" und „Negativform", wie man im bildnerischen Gestalten auch sagt, bedingen einander. Ohne Freiräume wirken auch die Objekte nicht, was eine wesentliche Erkenntnis z.B. für die Schaufenstergestaltung ist. In der modernen Floristik hat diese Erkenntnis zum formal-linearen Gestalten geführt, wo es große Freiräume gibt. So kann man sagen, daß wir auch mit den Raumanteilen, wo nichts ist, bewußt gestalten müssen. Die Leerräume müssen den Objekten größenmäßig entsprechen und ihre Formen, die an den Objektoberflächen angrenzen, können nach dem Gesichtspunkt der Kontraste bewußt gestaltet werden (Abb. 87). Größenunterschiede, Richtungsunterschiede und Formvariationen der Freiräume sind Wirkungsfaktoren, welche die Erscheinung der Gesamtgestaltung wesentlich mitbestimmen. Allerdings brauchen wir bei Arrangements in den meisten Fällen nicht bewußt darauf zu achten; da die Grenzen der Freiräume die Oberflächen der Objekte sind, so bedeutet die richtige Auswahl und Zuordnung der Teile meist auch schon die richtige Gestaltung der Leer-

Abb. 87. Die Leerräume wirken wesentlich mit, wenn eine Gestaltung als reizvoll und harmonisch angesehen werden soll

räume. Anders ist das bei Gruppierungen unterschiedlicher Objekte im Raum, weshalb hier der Hinweis auf die Proportionsregeln und die Gesichtspunkte der Auswahl und Zuordnung gegeben werden muß.

Steigerung der Raumwirkung. Man kann durch gestalterische Maßnahmen die räumliche Wirkung steigern. Vor allem kommt es dabei auf das Empfinden der Raumtiefe an. Die Dimensionen der Fläche, nämlich Breite und Höhe, sind leicht zu erfassen, die dritte Dimension, die der Raumtiefe, ist durch unser Sehen mit zwei Augen zwar auch erkennbar, sie ist aber außerdem von farbigen und optischen Wirkungen abhängig. Das machen wir uns zunutze. Die Raumtiefe wird durch folgende Wirkungsfaktoren betont:

1. *Die Objektgröße* verringert sich optisch, wenn der Gegenstand in der Ferne steht. Groß wirkt demnach nah, klein wirkt fern. Stellt man z. B. im Schaufenster vorn nur kleine und hinten die großen Sachen hin, geht die Wirkung der Raumtiefe verloren. Es gehören deshalb vorn auch große und hinten kleinere Objekte hin.
2. *Die Farben* sind ebenfalls ein ganz entscheidender raumbeeinflussender Faktor, was bereits im Kapitel 4, Seite 51 ff. behandelt wurde.
3. *Die Raumrichtungen* der Objekte können den Blick in die Tiefe führen. Flächen und Körper haben Ausdehnungen, von denen meist eine dominiert; diese bevorzugte Ausdehnung der Objekte hat eine in den Raum weisende Wirkung. Ein Brett leitet den Blick z. B. in Richtung seiner lan-

gen Seite; legt man es im Schaufenster quer, bremst es den Blick, legt man es längs, in den Raum hineinweisend, führt es den Blick nach hinten. Beide Vorgänge sind erwünscht. Doch hier kommt es auf die Erkenntnis an, daß Formen, auch die lineare Anordnung der Reihen und Linien, die ohnehin den stärksten Richtungsausdruck haben, die Raumtiefe betonen, wenn sie vom Betrachter weg in den Raum weisen.

4. *Gliederung in Vorder-, Mittel- und Hintergrund* kann bewußt gestaltet werden. Im Vordergrund sind wenig hohe, gut durchschaubare Objekte und rahmenbildende Formen anzubringen; sie werden meist nur silhouettenhaft gesehen. Im Mittelgrund sind die wirksamsten Erscheinungsformen mit entsprechender Größe und auffallenden Farbwerten richtig einzuordnen, im Hintergrund stehen ergänzende, dunklere Objekte und in Durchblikken wieder kleinere Formen, die den Blick in die Tiefe ziehen.

5. *Überschneidungen* sind wesentlich, um diese Raumschichtung erkennbar zu machen. Ordnen wir die zurückliegenden Formen genau auf Lücke, so daß sich alles voll präsentieren kann, erscheint es leicht, als ständen alle Teile nebeneinander statt hintereinander. Das Bild macht einen flächigen Eindruck. Deshalb gilt der Grundsatz: Überschneidungen müssen sein, sie machen unzweifel-

Abb. 88. Die Blickführung begünstigt den Platz im rechten Drittel und Mittelfeld eines Raumes
Abb. 89. Hier sieht man deutlich, daß die Anordnung mit über die Wirkung der Rangordnung entscheidet

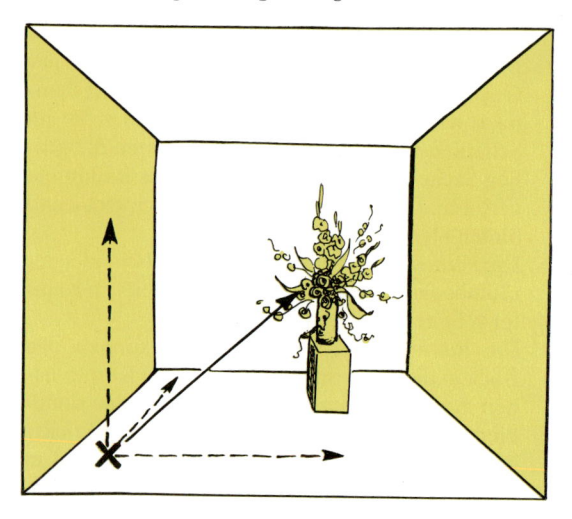

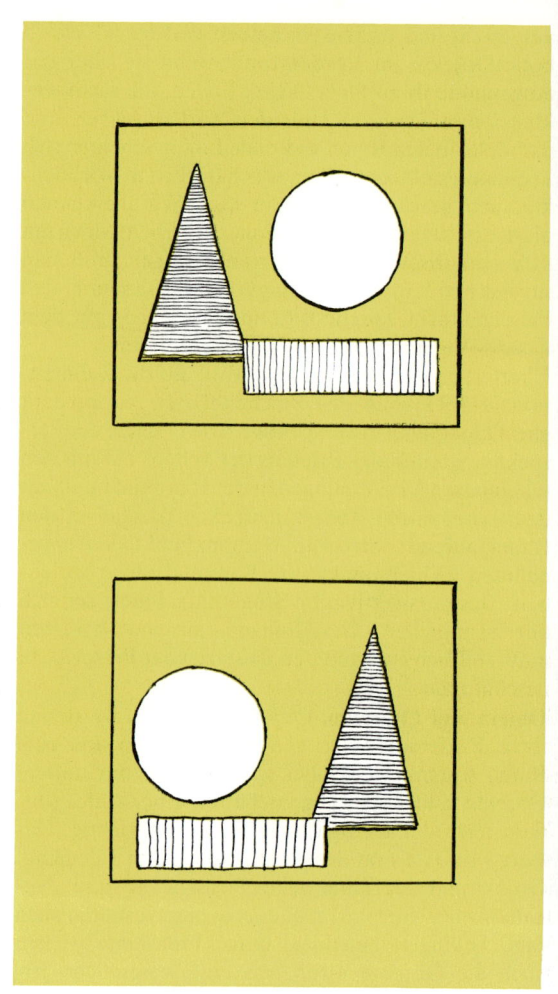

haft sichtbar, daß ein Teil vor dem anderen steht. Damit ist die Raumwirkung gesteigert.

6. *Freiräume* müssen bei aller Tiefenstaffelung erhalten bleiben. Sie sind nicht nur notwendig, um die Teilformen zur Wirkung zu bringen. Sie sind auch für die Raumwirkung wichtig. Deshalb müssen sie so gestaltet werden, daß der Blick zonenweise bis in den Hintergrund wandern kann.

Wirkungssteigernder Platz im Raum. Jedes Objekt hat Wirkung. Diese Wirkung wird gesteigert, wenn es eine bestimmte Anordnung im Raum bekommt. Das hängt mit unseren Sehgewohnheiten zusammen. Steht man vor einem Raum, einem Schaufenster z. B., so wandert der Blick durch diesen Raum. Er setzt vorn an und wird nach hinten gezogen, hinsichtlich der Breitendimension geht der Blick von links nach rechts und hinsichtlich der Höhe von unten nach oben. Aus diesen drei Bewegungen ergibt sich im Kraftfeld dieser drei nur eine Linie; sie verläuft von links unten vorn nach rechts oben hinten (Abb. 88). Anfangs ist der Blick noch flüchtig, erst im zweiten Drittel wirkt die Wahrnehmung und wird zum Verstehen. Zum Schluß aber löst sich bereits die Konzentration vom Gesehenen, um sich dem neuen Blickweg zuzuwenden. So ist das, was im rechten Drittel des Raumes, im hinteren Mittelfeld der Tiefenzonen und erhöht, aber noch nicht über Augenhöhe steht, am bedeutungsvollsten, allein schon durch diesen Platz (Abb. 89). Sollen andere Teile das dort Stehende an Wirkung übertreffen, müssen sie sehr viel Wirkungsfaktoren (Größe, Aktivität der Farbe, Licht, Bewegung usw.) einsetzen, um als Dominante im Raum akzeptiert zu werden.

Geht es nicht um eine Raumgliederung, sondern nur um eine räumliche Gruppierung ohne bedeutungsvollen Raumbezug, so kann man sagen, daß alles erhöht Gestellte durch die Hochstellung Anderes übertrumpft an Wirkung. Das hat drei Ursachen: Die erste liegt im Wertempfinden; wir verbinden mit der Hochstellung einen höheren Wert und damit auch eine größere Bedeutung. In unserem sozialen Leben spielen diese Begriffe der „oberen" 10 000 oder der „unteren" Klassen die gleiche Rolle. Die zweite Ursache für die größere Wirkung des Hochgestellten liegt in unserem Empfinden für Schwere und in unserem Wissen über das Gesetz der Schwerkraft. Was hoch steht, muß entgegen der Schwerkraft bewegt worden sein. Um das Hochgestellte ist also mehr Aufwand getrieben worden als bezüglich all der unten stehenden Teile. Damit verbunden ist ganz unbewußt auch eine größere Aufmerksamkeit, die wir diesen Teilen zuwenden. Und die dritte Ursache ist ganz einfach die Nähe der Teile; was in Augenhöhe oder etwas darunter steht, ist am bequemsten zu sehen und zu erfassen.

Zur Vertiefung
1. Beschaffen Sie sich die Fotografie eines Innenraumes in Zentralperspektive, d. h., der Betrachter steht auf der Raummittelachse und sieht rechtwinklig in die Raumtiefe. Verlängern Sie alle rechtwinklig in den Raum laufenden Linien und finden Sie den Fluchtpunkt. So erleben Sie die Perspektive und das Zusammenlaufen von Linien, die in Wirklichkeit parallel sind.
2. Beurteilen Sie die Art, in der Sie Blumen arrangieren nach der Frage, ob Sie wirklich alle Raumrichtungen in gleicher Weise hinsichtlich der Ausdehnung ausbilden, ob vor allem die Ausdehnung nach rechts und links auch der nach vorn und hinten gleich ist.
3. Machen Sie zwei einfache Collagen einer asymmetrischen Flächengliederung durch Anordnung von schlichten Figuren. Beide sollen gleich in den Teilen und Ordnungsgefügen sein, nur soll ein Bild spiegelbildlich zum anderen gestaltet sein, d. h., einmal ist der Schwerpunkt bzw. das Hauptmotiv rechts und einmal links. Prüfen Sie, bei welcher Platzwahl das Hauptmotiv wirkungsvoller erscheint.

6.4 Anordnungen im Raum

Das Gruppieren. Eine Gruppe ist ein Zusammengehörendes Ganzes aus mehreren oder vielen Einzelteilen. Im Bereich der bildenden Kunst spricht man von der „Komposition", wenn Formteile zu einem harmonischen Formgebilde zusammengefügt werden. Jedes unserer floristischen Werkstücke ist in diesem Sinne eine Gruppe oder eine Komposition. Doch auch mehrere Werkstücke können eine neue gestalterische Einheit, eine Gruppe, bilden. Sieht man eine Gruppenbildung an, kann man sie zumeist mehrmals untergliedern. Ein dekoratives Blumengesteck besteht z. B. aus vielen Blütenstaffelungen; die ebenfalls als Gruppe zu bezeichnende Blumenstaffelung setzt sich aus drei oder mehr verschieden langen Blumen einer Art zusammen; jede einzelne Blume ist wieder eine Gruppenbildung; sie hat eine Blüte, einen Blumenstiel und zumeist auch Blätter. Die Blüte ist aus Blütenblättern, Kelch und Fruchtblättern zusammengesetzt usw. Eine Gruppe ist also eine Einheit, deren Teile zumeist wiederum Gruppierungen sind. Gruppieren heißt demnach, Teilformen zu einem neuen wirkungsvollen Ganzen zusammenfügen. Nach dieser Definition sind genau genommen auch Reihen und Flächengestaltungen Gruppierungen, doch ist es üblich, unter einer Gruppierung eine räumliche Gestaltung zu verstehen. Das Gruppieren schafft Beziehungen, und zwar
   a) Beziehungen der Teile untereinander,
   b) Beziehung zum Raum und
   c) Beziehung zum Betrachter.

Der Betrachter stellt nämlich die Ordnung und das Gefüge als eine wesentliche Eigentümlichkeit der Gruppierung fest. Nicht allein die Teile der Gruppe, sondern vor allem der Zusammenhang bestimmt über das Empfinden eines harmonischen Zusammenklanges. So macht das Gruppieren überschaubar, verständlich und schön. Wir müssen also im folgenden feststellen: Durch welche Beziehungen verwachsen die Teile zu einer Gruppierung?

6.5 Gruppen mit Bewegungszentren.

Gemeinsamkeiten verbinden. Was aus einem gemeinsamen Entstehungspunkt entspringt, bleibt durch dieses Bewegungszentrum verbunden. Auch Blumenstiele sind Bewegungen; führen sie, wenn man sie zurückverfolgt, in einem Punkt zusammen, so gehören sie gefühlsmäßig zu einem „Organismus". Dieses einfache ordnende Prinzip um einen gemeinsamen Bewegungsmittelpunkt erleben wir an allen Pflanzen und Pflanzenteilen. Rosettenpflanzen wie Echeverien, strahlige Blüten wie Margeritenblüten, Strahlenastern, die runden Alliumblütenstände u. a. zeigen das am deutlichsten. Aber auch, wenn sich der Bewegungspunkt zu einer langen Achse streckt wie z. B. bei Zweigen und beim Ritterspornblütenstand, bleibt der gemeinsame Bewegungsursprung aller Teile sichtbar. Bei der Pflanze ist diese Tatsache er-klärbar durch die Entwicklung aus dem Samenkorn und den weiteren Vorgang der Zellteilung. So gehört dieses verbindende Prinzip vor allem zur organischen Welt, weshalb wir auch dort vom „*Wuchsmittelpunkt*" sprechen, wo nichts wächst, sondern gesteckt ist wie beim Blumenarrangement.

Blumen und Blätter eines Arrangements müssen sich in der rückläufigen Bewegung nun nicht tatsächlich in einem Punkt treffen, das wäre technisch gar nicht möglich; doch soll die Bewegung der Stiele so verlaufen, daß sie sich alle theoretisch in einem Punkt treffen könnten (Abb. 90). Beim Anordnen in einer weiten, flachen Schale kann diese Bewegungsmitte sogar unter der Schale empfunden werden. Bei dem Kranzschmuck liegt sie tief im Kranzkörper und beim Brautstrauß kurz über der haltenden Hand.

Sammelnde Kräfte im Wuchsmittelpunkt. Da die Beachtung der gemeinsamen Bewegungsmitte so wichtig ist, wollen wir uns fragen, ob man nicht weitere Kräfte nützen kann, um den Wuchsmittelpunkt noch wirkungsvoller auszubilden. Die Bewegungsmitte weist lediglich auf einen organischen Zusammenhang hin, einen guten optischen Zusammenhalt garantiert sie allein aber noch nicht. Wir nutzen dazu zwei sammelnde bzw. anziehende Kräfte.

Die erste ist die sammelnde Kraft einer Kreisbewegung, die zweite die Massenanziehungskraft. Wenn sich auch nicht tatsächlich etwas im Kreise drehen wird oder eine Massenanziehungskraft tatsächlich wirksam wird, für den Beschauer wirken in den Formen diese Kräfte gefühlsmäßig weiter. Und darauf kommt es an!

Die Zentripetalkraft. Die sammelnde Kraft in einer kreisenden Bewegung begegnet uns im Wasserstrudel

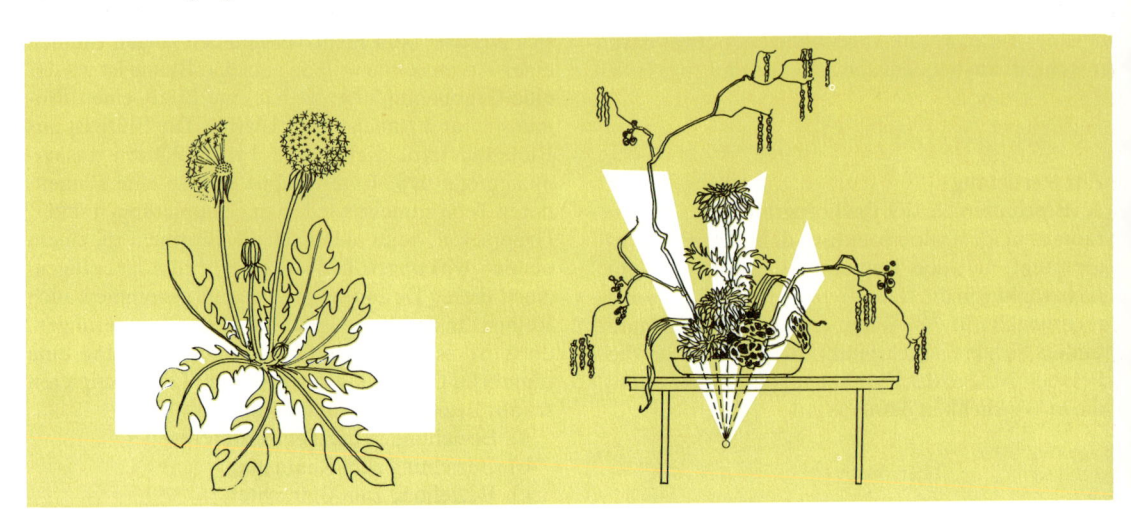

Abb. 90. Die Natur zeigt vor allem in der Pflanzenwelt das ordnende Prinzip des Bewegungsmittelpunktes, der bei Gestaltungen meist nur empfunden wird und mitunter außerhalb der Gestaltung liegen kann

Abb. 91. Links: Die sammelnde Kraft der Kreisform wird deutlich. Rechts: Der Bewegungsmittelpunkt ist da, doch mit rundlichen Blättern nahe der Mitte wirken die Blumen fester verbunden

oder im Weltenraum bei den Spiralnebeln. Unser Sonnensystem soll sich aus einem solchen kreisenden Nebel gebildet haben, in welchem sich die schwebenden Teilchen im Zentrum der Drehbewegung immer mehr zusammendrängten, bis feste Himmelskörper entsanden sind. In jeder runden Blatt- oder Fruchtform wird diese sammelnde Kraft spürbar, auch wenn man es sich nicht bewußt macht. Wenn wir also rundliche Formen nahe dem Wuchsmittelpunkt anordnen, so wirken die wegstrebenden Blumenstiele der längeren Blüten wie von diesen „Kreisbewegungen" in ihren „Strudel" gezogen und damit kräftemäßig fester mit der Wuchsmitte verbunden als ohne diese Formen (Abb. 91).

Die zweite anziehende Kraft erwächst nicht aus einer empfundenen Bewegung, sondern aus der Masse an sich. Wir müssen wieder einem Weltraumgesetz nachspüren. Newton[1] hat es im 17. Jahrhundert zum ersten Mal erkannt. Es ist die Gravitation.

Das Gravitationsgesetz oder Massenanziehungsgesetz ist hier für uns interessant; es besagt:
„*Jede Masse hat eine entsprechend ihrer Größe eigene Anziehungskraft. Große Körper ziehen kleine an. Das Kraftfeld, in dem die Gravitation (Anziehungskraft) einer Masse wirkt, läßt mit der Entfernung nach.*"

---

[1] Sir Isaac Newton, englischer Physiker und Mathematiker, 1643–1727; Begründer der theoretischen Physik und Himmelsmechanik und damit der Naturwissenschaften der Neuzeit

Die Gestirne bewegen sich aufgrund der Anziehungskraft anderer Himmelskörper auf ihren Bahnen. Unser Gewicht ist eigentlich eine Leistung der Erde unter uns, sie zieht uns mit dieser Kraft an. Würden wir uns von ihr entfernen, würde diese Kraft nachlassen, bis sie gar nicht mehr wirkt und wir schwerelos wären. Ebbe und Flut der Weltmeere werden von der Anziehungskraft der Sonne und des Mondes bestimmt. Und selbst beim Blumenstecken denken wir an dieses Gesetz, wir verdichten die Masse in der Bewegungsmitte und bringen große Formen (Blüten, Blätter, Früchte) nahe an die zusammenhaltende Basis und kleine, lockere, leicht wirkende in die Außenpartien. Die in Abb. 92 wie-

Abb. 92. Welche Kugel zieht die anderen optisch an?

die aus einer gemeinsamen Bewegungsmitte erwachsen, doch entwickelt sich eine Staffelung in nur einer Richtung.
In einigem Abstand davon beginnt eine neue Staffelung, so daß gleichlang belassene Blumen nie dicht nebeneinander stehen. Innerhalb einer Staffelung soll man die Arten nicht mischen, das würde die Ordnung, die durch das Gliedern in Staffelungen entsteht, wieder zunichte machen (Abb. 94).
Viele Staffelungen werden in alle mögliche Raumrichtungen zeigend angeordnet, wobei auch Blätter, Gräser, Zweige usw. selbständig Staffelungen bilden sollen. So formen sich dekorative Arrangements, die aber nicht voll und buschig wirken, sondern einen lockeren Umriß haben. Man kann die Staffelungen mit der Hand umfahren. So vollzieht man den Rhythmus der Bewegung dieser Staffelungen nach.

Abb. 93. (oben) Nahe der Basis stecken wir Blüten und Blätter relativ eng zusammen, um konzentrierende Verdichtung zu erzielen

Abb. 94. (Mitte rechts) Beide Sträuße unterscheiden sich nur durch die Trennung der Arten; einmal sind sie in Staffelungen zusammengefaßt, und im anderen Strauß sind die Arten mehr nach dem Prinzip der Streuung gemischt. Was wirkt klarer geordnet?

Abb. 95. (unten rechts) Die geschlossene Pyramidenform des Traubenhyazinthen-Blütenstandes (links) und die Strohblumenpyramide (rechts) sind nach dem gleichen Gestaltungsprinzip geschaffen

dergegebenen Zeichnungen von je drei Kugeln lassen spüren, daß die anziehende Kraft von der größten der drei Kugeln ausgeht. Somit muß die Anordnung einmal stehen, das andere Mal muß sie hängen.
Wenn wir außer der Größe der Formen auch noch die Abstände variieren, d.h., nach der Mitte hin die Abstände kleiner halten, weiter außen die Abstände immer größer werden lassen, so als wirke hier die Massenanziehungskraft nicht mehr so stark, entsprechen wir mit dieser Anordnungsweise beim Blumenstellen ganz diesem physikalischen Naturgesetz (Abb. 93). Gerade das empfindet der Betrachter als richtig und schön, auch wenn er es nicht zu erklären weiß.
Das Staffeln ist demnach ein Ordnen nach dem Gravitationsgesetz. Wenn wir nämlich eine große Blüte nahe der Bewegungsmitte anordnen und ihr immer längere Blumen mit immer zierlicher werdenden Blüten zugesellen, so haben wir einerseits das Massenanziehungsgesetz in eine sichtbare Ordnung umgesetzt, wir haben zugleich eine sogenannte Staffelung geschaffen, vorausgesetzt, diese abgestufte Blütengruppe ist eng zusammengefaßt. Die Staffelung ist also eine einfache Form der Gruppierung von Teilen,

Diese setzt immer neu im Wuchsmittelpunkt an und entfaltet sich mit dem natürlichen Schwung der Blumenstiele nach allen Seiten. Das Auge folgt gern diesen Linien, deshalb sind die Räume zwischen den Staffelungen sehr wesentlich. Sie dürfen nicht mit Schnittgrün ausgefüllt oder durch zu dichtes Anordnen verwischt werden. Obendrein würde man die für die organische Wirkung der Gestaltung so wichtige Wuchsmitte, die wir soeben sinnvoll herausgebildet haben, wieder verdecken und schließlich nur ein ungegliedertes Durcheinander von Farbflecken erhalten; der Reiz des Lebendigen unseres Gestaltungsmaterials ginge verloren.

Zur Vertiefung
1. Nennen Sie 10 runde geschlossene Formen, welche den Bewegungsmittelpunkt gestalten können, ohne daß Sie Blumen kurz schneiden müssen wie z. B. Islandmoostuffs, Glaskugeln u. a.
2. Lesen Sie in der Formenlehre durch, was über die Urform Kreis und über sammelnde Bewegungsformen geschrieben ist.
3. Definieren Sie mit ihren Worten die Begriffe: die Gruppe, das Gruppieren und das Staffeln.
4. Zeichnen Sie graphische Formen mit Bewegungsmitten. Es sind sogenannte *Strahlungen*, zu denen die Sternformen, Kreuzformen und Rosetten gehören.

6.6 Gruppen im geschlossenen Umriß

Wir können bei dieser Art der Gruppenbildung auf ein bekanntes Prinzip der Gliederung zurückgreifen, und zwar auf das der Streuung; bei relativer Dichte der Teile wird die so regelmäßig gefüllte Form mit ihrer Abgrenzung stark wirksam. Der Umriß als periphere (am Rande befindliche) Grenzlinie gibt nicht nur dem Zusammenschluß der Teile eine einheitliche, charaktervolle Gestalt, sie bindet auch alle Teile in diesen „Organismus".

Betrachtet man z. B. einen blühenden Schneeball (*Vibúrnum ópulus* 'Roseum'), eine Traubenhyazinthe (*Muscári botryoídes*) oder eine Blütendolde der Garbe (*Achilléa filipendulína*), so setzt sich die Form des Blütenstandes jeweils aus vielen Einzelteilen zusammen. Wenn man die Blütenstände genau betrachtet, erkennt man auch das Bildungsgesetz des Wuchsmittelpunktes, doch beim oberflächlichen Ansehen ist er durch die Dichte der Blüten verdeckt. Als vereinendes Prinzip ist damit die geschlossene Umrißlinie betont wirksam (Abb. 95). Deshalb können wir hier auch von einer „geschlossenen Gruppe" sprechen.

Alle Formbinderei richtet sich nach diesem Gestaltungsmuster der Natur, wie es der Biedermeierstrauß, der Kranzkörper oder die Strohblumenpyramide u. a. zeigen. Auch hier entscheidet die Gestalt der zusammenhängenden Umrißlinie über das Gefüge; die einzelnen Blüten oder Blätter sind lediglich Bausteine dieser neuen, charakteristischen Form. Deshalb ist es wichtig, auf die Ausbildung dieser Form besondere Aufmerksamkeit zu richten. Außerdem gehören gestellte Blumentopfgruppen, sogenannte Gruppenbepflanzungen, geschnittene Hecken u. a. dazu. Anordnungen nach dem Ordnungsprinzip des geschlossenen Umrisses wirken wegen der ruhigen Linienführung und dem Fehlen eines deutlichen Rhythmuses der Bewegung schlicht, klar und einfach, mitunter auch von einer feinen Verhaltenheit und Ruhe. Die Kombination und Anordnung der gestreut verteilten Farben kann diese Wirkung abschwächen, so daß auch eine geschlossen gearbeitete Blumenpyramide reizvoll und heiter durch das Farbenspiel werden kann (s. Formbinderei, Seite 149).

6.7 Aufgelockerte Gruppe und ihre Gruppengesetze

Sie setzt sich aus mehreren Gestalteinheiten zusammen, die aber nicht beziehungslos nebeneinander stehen, sondern durch eine „innere" Gesetzlichkeit zusammengehören. Genau genommen ist es ein Spannungsfeld, in dem die Teile stehen, was den Zusammenhang bewirkt. Diese „Spannung" entsteht durch unser Gefühl für Schwere und zugleich durch das Bedürfnis des Ausgleichs. Es wirken also die Gravitation, aus der unser Gewichtsempfinden erwächst und die organische Notwendigkeit einer Ausgewogenheit der Belastung rechts und links. Auch bei Gruppen gibt es ein Rechts und Links.

Die Gruppenachse wird meistens nur empfunden. Die Seiten können gleich oder ungleich sein. Demnach sind auch die Belastungen auf diesen beiden Seiten gleich oder ungleich. Die „Last" auf der einen Seite fordert die „Gegenlast" auf der anderen. In diesem zum Ausgleich gelangenden Kräftespiel ruht die gestalterische Grundregel dieser Gruppenbildung. Um dies noch deutlicher zu begründen, beschäftigen wir uns mit den Begriffen: Optisches Gewicht, Optisches Gleichgewicht, Hebelgesetz, Symmetrie und

Asymmetrie, die zusammen die Verbindung mehrerer Teile zur aufgelockerten Gruppe erklären.

Das optische Gleichgewicht. Die Voraussetzung für das Verständnis des optischen Gleichgewichts ist die Klärung des Begriffes „*optisches Gewicht*". Dieses ist ein vom Auge den Dingen angemessenes Gewicht, also eine reine Empfindungssache und hat mit dem tatsächlichen Gewicht nichts gemeinsam. Zwei gleiche Keramikvasen, die eine mit Wasser gefüllt und die andere leer, werden beim Sehen gleich schwer geschätzt.

Der Eindruck des optischen Gewichtes wird durch mancherlei Eigenschaften der Gegenstände beeinflußt. Betrachten wir die Stofflichkeiten und nehmen dabei Form und Farbe als gleich an oder erkennen wir die Wirkung von Farb- und Formenunterschieden oder die der Fleckengrößen, so gelangt man zu folgenden Erkenntnissen:

– Durchsichtig wirkt leichter als undurchsichtig.
– Glatt wirkt leichter als rauh und borkig.
– Seidig wirkt leichter als rustikal.
– Helle Farben wirken leichter als dunkle.
– Runde Formen wirken schwerer als lange, schlanke.
– Breit lagernde Formen wirken schwerer als hoch aufragende.
– Viele kleine Blüten wirken leichter als eine große geschlossene von gleicher Masse.

Abb. 96. Die zwei Möglichkeiten der Bildung eines zweiarmigen Hebels: der gleicharmige enthält das Prinzip der Symmetrie (oben), der ungleicharmige das der Asymmetrie (unten)
Abb. 97. Auf- und Grundriß einer symmetrischen Gruppierung

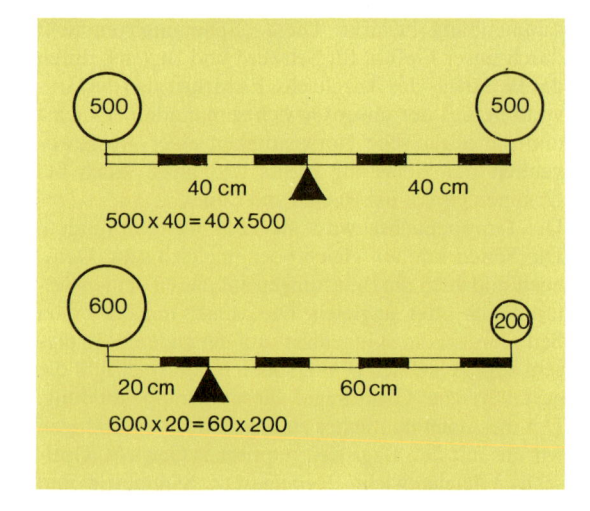

Eine Gruppe ist im optischen Gleichgewicht, wenn auf beiden Seiten der Gruppenachse etwa gleiche Gewichtsverhältnisse herrschen. Dabei ist nicht allein das optische Gewicht entscheidend, sondern auch die Entfernung zur Gruppenachse. Optisches Gewicht und Entfernung stehen im Zusammenhang und gehorchen einer ganz bestimmten Gesetzmäßigkeit, nämlich dem Hebelgesetz.

Das Hebelgesetz lautet: „Ein zweiarmiger Hebel befindet sich im Gleichgewicht, wenn sich die Produkte aus Länge und Belastung je Hebelarm gleichen." Die kurze Formel ist:

Kraft × *Kraftarm* = *Last* × Lastarm.

Das bedeutet, daß eine Waage – denn sie ist ein zweiarmiger Hebel – mit gleichlangen Hebelarmen dann im Gleichgewicht ist, wenn die Hebelarme gleich belastet sind. Bei einer ungleicharmigen Waage muß der kurze Arm stärker belastet sein als der lange (Abb. 96). Die Zeichnungen der beiden zweiarmigen Hebel zeigen die zwei entscheidenden Prinzipien der Gruppierung, nämlich das der Symmetrie und das der Asymmetrie.

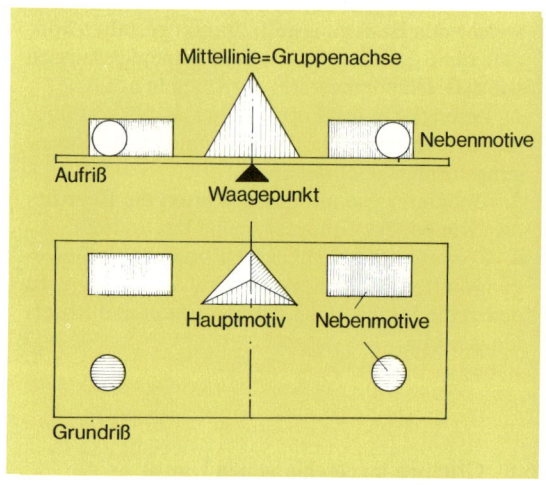

Das Prinzip der Symmetrie. Es ist mit dem der Asymmetrie zusammen das wesentliche raumgliedernde Prinzip. Bei einer Gruppierung stellt man entweder das Hauptmotiv der Gruppierung in die symmetrische Mitte und hat damit rechts und links 2 gleich lange Seiten, oder man stellt es aus dieser Mitte herausgerückt auf und hat damit zwei ungleich lange Seiten. Andere Möglichkeiten gibt es nicht. Somit sind die Prinzipien der Symmetrie oder Asymmetrie die zwei Grundprinzipien der Raumgliederung.
Bei der Ausführung einer symmetrischen Gruppierung sind folgende Regeln zu beachten:

Abb. 98. Eine der beiden Gruppen enthält einen prinzipiellen Fehler, welche?

1. *Die Gruppenachse* – eine gedachte Hilfslinie – läuft genau durch die geometrische Mitte der Gruppe.
2. Der *Waagepunkt* als Ausgangspunkt für die Bestimmung des optischen Gleichgewichts liegt unter der geometrischen Mittelachse.
3. Das *Hauptmotiv* der Gruppenbildung muß unbedingt in dieser geometrischen Mitte stehen. Es wird selbst durch die Gruppenachse in zwei Hälften geteilt (Abb. 97).
4. Beiderseits der Gruppenachse werden die weiteren Anordnungen *spiegelbildlich* gleich vorgenommen, d. h., alles, was auf einer Seite steht, muß sich auf der anderen Seite in gleicher Form, Farbe und Art, in gleichem Abstand von der Gruppenachse und in gleicher Höhen- bzw. Tiefenstaffelung wiederholen.
5. Diese *Ebenmäßigkeit* muß optisch wirksam sein, das Erscheinungsbild rechts muß dem links gleichen, tatsächlich kann die Stückzahl der Blumen in den Blumengestecken z. B. unterschiedlich sein (Abb. 98).
6 Die *Beziehungsfiguren* der Teile sind gleichschenklige Dreiecke, da das Hauptmotiv jeweils mit 2 gleichen Nebenmotiven in spiegelbildlicher Stellung verbunden wird, was als gedachte Beziehungsfigur jeweils ein gleichschenkliges Dreieck gibt.

Die symmetrische Ordnung wird auch die „strenge" oder „architektonische" genannt. Eine symmetrisch geordnete Gruppe wirkt allein durch das Ordnungsprinzip der Symmetrie überschaubar, leicht verständlich, klar und streng, wie es auch die geometrischen Baukörper tun. So verkörpert die symmetrisch gegliederte Gruppengestalt das klar Abmeßbare, das statisch Ruhende und Architektonische. Sie vermag deshalb viel Geschlossenheit, Konzentration und Ruhe, auch Würde oder Strenge, Feierlichkeit und Ernst auszudrücken. Deshalb ist das Ordnungsprinzip der Symmetrie das geeignete Gestaltungsprinzip für würdevolle, feierliche oder offizielle Anlässe wie die Dekoration für eine Aufbahrung, den Altarschmuck jeder kirchlichen Feier, Bühnendekorationen für repräsentative Feiern von Wirtschaftsunternehmen usw. (Abb. 99). Die Ausgewogenheit, Klarheit und Würde griechischer Tempel ist nicht zuletzt die Folge der symmetrischen Architektur, die sogar nach vier Seiten ausgerichtet ist.

Der Ausdruck, der durch die Symmetrie erreicht wird, kann durch folgende Gestaltungen unterstützt werden: Formbäume und Formbinderei wie Girlanden, Blumensäulen oder Blumenpyramiden, durch dekorative Vasen- und Schalenfüllungen und ganze Blumenwände. Klare, große Formen und dazu eine kräftige Einfarbigkeit, auch die Kombination weniger reiner Farben oder eine solche von verschiedenen Helligkeitswerten eines Farbtons entsprechen dem Wesen der Symmetrie. Will man den Ausdruck der Strenge mildern (je nach Anlaß und Ort), können

Abb. 99. Aufriß der Skizze einer Schaufenstergestaltung zum Thema: „Festliche Hochzeit". Die Symmetrie ist hier ein Mittel, die Feierlichkeit der Hochzeit, die Braut als Mittelpunkt und die repräsentative Wirkung des Blumenschmuckes herauszustellen

freier und wuchshafter gestaltete Einzelmotive verwendet werden sowie hellere und zartere Farben, fein nuancierte Farbharmonien und zierlich ausschwingende Formen.

Das Prinzip der Asymmetrie. Das Ordnungsprinzip der Asymmetrie wird auch die „freie" oder „wuchshafte" Ordnung genannt. Es scheint ohne eine streng bindende Gesetzmäßigkeit auszukommen, zumindest ist diese nicht so leicht und klar erkennbar. So erscheinen die Dinge zwangloser zueinander geordnet; das läßt der Phantasie weiteren Spielraum. Die Wirkung ist aufgelockerter und lebendiger. Das asymmetrische Ordnungssystem hat etwas mit dem Wesen unseres Gestaltungsmaterials – der Pflanze und Blume – gemeinsam. Deshalb ist in einer asymmetrischen Ordnung das Lebendige einer Blume oder Pflanze besser zum Ausdruck zu bringen.

Die Freiheit und Ungezwungenheit innerhalb der Asymmetrie ist aber nur scheinbar, und gerade weil die verbindende Gesetzmäßigkeit nicht so leicht zu erkennen ist, ist die freie Ordnung schwerer zu handhaben.

Wichtig ist die Beachtung folgender Punkte:

1. Das *Hauptmotiv* darf deshalb auf keinen Fall in der geometrischen Mitte plaziert sein, sonst ist man zur Ausbildung einer symmetrischen Gruppe gezwungen. Es wird nach rechts oder links verschoben (Abb. 100).
2. Zwischen der geometrischen Mitte und dem Hauptmotiv liegt die *Gruppenachse* mit dem *Waagepunkt*, man erhält einen zweiarmigen Hebel mit ungleichen Armen. Die Fixierung dieses Waagepunktes ist Empfindungssache und hängt mit dem Hebelgesetz zusammen. So kann der Waagepunkt auch mitten unter dem Hauptmotiv empfunden werden. Nun sind das Gegen- und Nebenmotiv allein für den Ausgleich des optischen Gleichgewichtes verantwortlich (Abb. 101).
3. Alle Teile, die dem Hauptmotiv hinzugefügt werden, sind in ihrer Erscheinung, Höhen- und Tiefenstaffelung sowie Wertmäßigkeit verschieden. Neben dem Hauptmotiv wird das „*Nebenmotiv*" angeordnet und auf der anderen Seite der geometrischen Mitte erscheint das „*Gegenmotiv*", das den optischen Gewichtsausgleich herstellen muß. Da hier das Hebelgesetz wirksam ist, ergibt sich das scheinbar Widersprüchliche: Je kleiner bzw. optisch leichter das Gegenmotiv ausgebildet wird, um so weiter weg muß es gestellt werden, damit man das Gefühl der Dazugehörigkeit hat.
4. Weitere untergeordnete und verbindende Elemente können den drei wichtigen Motiven hinzugefügt werden.
5. Die *Beziehungsfigur* der drei Motive ist das ungleichseitige Dreieck. In allen asymmetrischen Gliederungen vom kleinen Gesteck bis zur großen Blumendekoration spielt diese Dreiecksbeziehung eine große Rolle (s. auch Seite 117).

Innerhalb einer Ordnungseinheit muß das raumgliedernde Ordnungsprinzip konsequent durchgeführt werden. Auch beim Arrangieren von Schnittblumen in einem Gefäß, wo die Ausgestaltung des Wuchsmit-

Abb. 100. Eine asymmetrische Gruppierung mit dem Waagepunkt zwischen der geometrischen Mitte und dem Hauptmotiv.

Abb. 101. Eine asymmetrische Gruppe mit dem Waagepunkt unter dem Hauptmotiv, das Gegenmotiv kann kleiner sein, denn es muß nur das Nebenmotiv „aufwiegen"

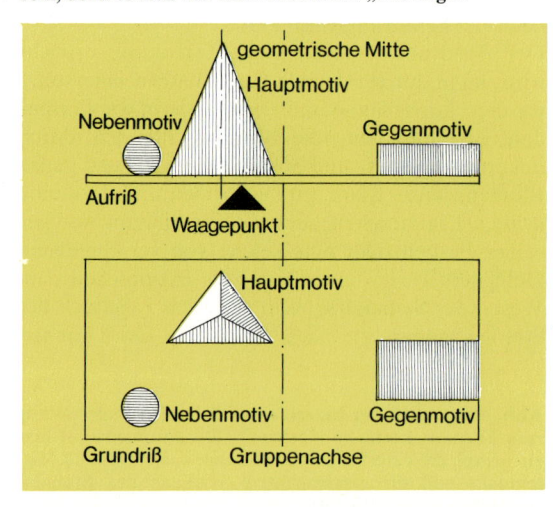

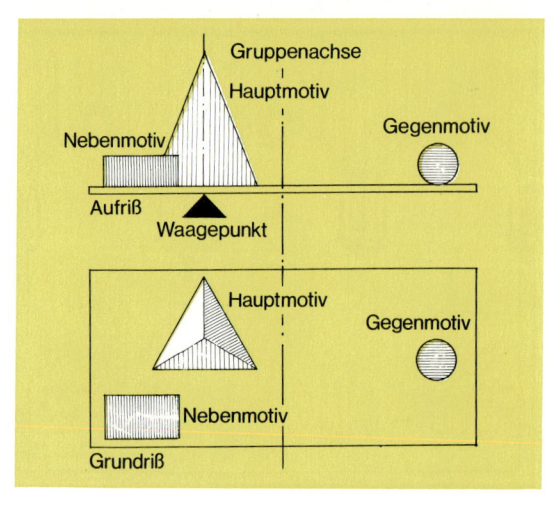

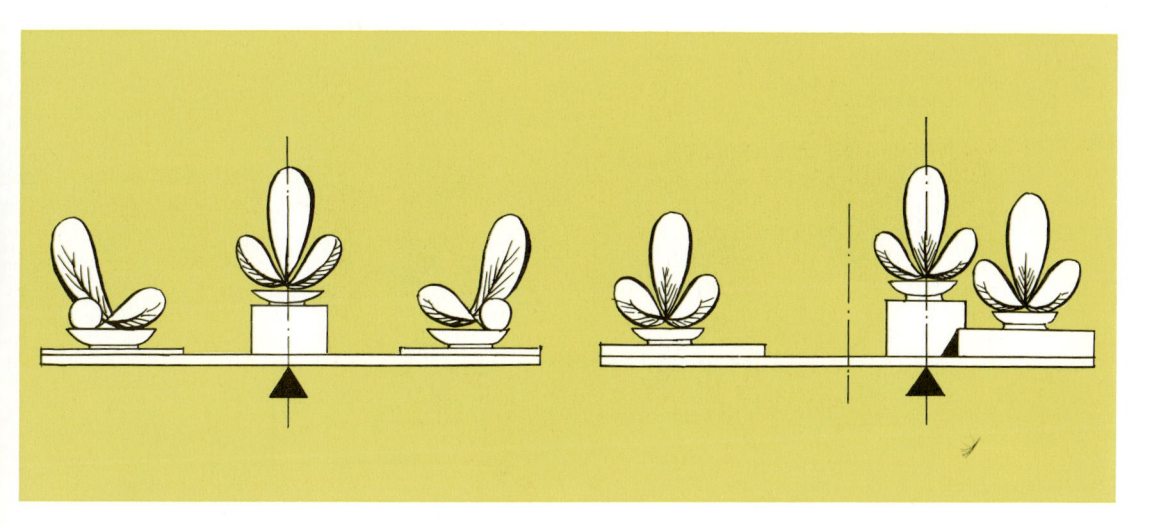

Abb. 102. Schematische Darstellung von einer symmetrischen Gruppenbildung, in der zwei asymmetrische Gestaltungen enthalten sind und einer asymmetrischen Gruppe, die nur aus symmetrischen Motiven besteht

telpunktes schon zusammenschließend wirkt, kann obendrein noch eine symmetrische oder asymmetrische Ordnung ausgebildet werden. Aus drei symmetrisch geordneten Schalen kann somit eine asymmetrisch geordnete Gruppe von Schalen gestellt werden, denn die Schalengruppe ist eine andere Gestalteinheit als die Einzelschale (Abb. 102).

Da von der Asymmetrie in der Wirkung etwas Ungezwungenes, Bewegtes, Lebendiges ausgeht, ist sie das richtige Ordnungsprinzip für Gestaltungen zu heiteren Anlässen. Doch sie kann auch das Bild besinnlicher Beschaulichkeit verkörpern, je nachdem, welche Stimmungswerte durch die Farbwahl und den Charakter der Einzelmotive aufgenommen werden (Abb. 103).

Das Gesetz der Rangordnung. Bei der Besprechung der symmetrischen oder asymmetrischen Gruppe fielen die Bezeichnungen „Hauptmotiv", „Gegenmotiv" und „Nebenmotiv", und es wurde von unterschiedlichen „Wertigkeiten" gesprochen. Hier soll nun die diesen Bezeichnungen zugrunde liegende Gesetzlichkeit behandelt werden. Wie in der Musik, wo die erste Stimme die führende Melodie enthält, weitere Stimmen lediglich zur Begleitung, Untermalung und Harmoniebildung beigegeben sind, *so soll in einer gestalterischen Gruppe ein Motiv als Dominante* (lat. dominare = beherrschen) *herausgebildet sein*. Dieses Hauptmotiv spielt die führende Rolle, alle anderen Gruppenteile müssen sich unterordnen. So vermeidet man Rivalität zwischen den Einzelteilen einer Gruppe. Würde man die Rangordnung nicht durch gestalterische Maßnahmen entscheiden, würde die Gruppe als einheitliche Erscheinungsform auseinanderfallen, weil jedes Teil für sich gelten möchte (Abb. 104). Folgende Eigenschaften können ein Gruppenteil zum Hauptmotiv machen:

Die Größe: groß triumphiert über klein.
Die Farbigkeit: hell überstrahlt dunkel, aktiv domi-

Abb. 103. Aufriß der Skizze einer Schaufenstergestaltung zum Thema „Hochzeitmachen, das ist wunderschön". Die Asymmetrie ist hier ein Mittel, die Heiterkeit und Lebensbejahung dieses Festes zum Ausdruck zu bringen. Diese Abbildung ist mit der Abb. 99 zu vergleichen: Es sind absichtlich gleiche und ähnliche Motive gewählt, um zu zeigen, daß die Raumgliederung allein schon stark den Ausdruck der Anordnung bestimmt

Abb. 104. Zwei gleichwertige Pflanzen bilden keine Gruppe, sie rivalisieren um die Vorrangstellung. Stellt man eine Pflanze höher, ist der Streit entschieden; die Pflanzen schließen sich zu einer einfachen Gruppe zusammen

niert über passiv, spannungsreiche und daher lebhafte Farbkombinationen sind auffallender als eine schlichte Einfarbigkeit.
Die Bewegungsform: stolz und aufrecht wirken bedeutender als niedrig, breit und seitlich geneigt.
Die Hochstellung: was höher steht als anderes, dominiert über alles andere, auch wenn Größe, Farbigkeit und Bewegungsform nicht die Dominanz unterstreichen.
Der Raumort. Wie auf Seite 104 dargestellt, entscheidet auch der Platz, an dem ein Objekt aufgestellt wird, mit, ob es voll zur Wirkung kommt oder nicht. Bei der symmetrischen Anordnung ist es die geometrische Mitte (Abb. 105), bei der asymmetrischen der Standort im rechten Drittel der Breite und im Mittelfeld der Tiefe, welcher bevorzugt die Wirkungsfaktoren des dorthin gestellten Objektes steigert.

Das Gesetz der Beschränkung. Bei der Betrachtung der asymmetrischen Gruppe haben wir immer nur von drei Motiven gesprochen, dem Haupt-, Gegen- und Nebenmotiv. Sie sind die Hauptwahrnehmungseinheiten; untergeordnete Begleitformen können ergänzen und optische Übergänge schaffen. Dies ist nicht zufällig, sondern in einem weiteren Gruppengesetz begründet. Dieses Gestaltungsgesetz lautet: *In einer Gruppeneinheit sollen nicht mehr als drei (höchstens vier) Teile bzw. Motive von bedeutungsvoller Wirkung enthalten sein.* Nimmt man weniger (nur zwei), so wirkt die Gruppe unfertig, nimmt man mehr, wird sie unübersichtlich, verworren, in ihrem Aufbau unklar. Die Begründung ist folgende:

1. Zwei Teile wirken konkurrierend, wenn die Rangordnung nicht klar entschieden ist. Aber selbst dann vollzieht sich erst mit dem dritten Partner der Ausgleich, die Vervollkommnung, die Abrundung.
2. Die Dreizahl, verkörpert das Vollkommene, wie es im Sprichwort „Aller guten Dinge sind drei" oder in der japanischen Blumenstellkunst mit ihren drei Hauptlinien als Darstellung des ganzen Universums zum Ausdruck kommt. Und will man

Abb. 105. Die Stellung in der Symmetrieachse entscheidet hier über die Dominanz des Objektes innerhalb der Gruppe, selbst Größe der Nebenmotive kann diese Rangordnung nicht ändern

den ganzen Raum erfassen, so muß man seinen drei Dimensionen folgen. Alle Stoffe können in nur drei Aggregatzuständen vorkommen, nämlich fest, flüssig oder gasförmig. Weitere Beispiele der Dreiteilung eines Begriffes sind:

Sonne, Mond und Sterne = Gestirne
Vater, Mutter, Kinder = Familie
Blüte, Blatt, Stengel = Blume
Vater, Sohn und Heiliger Geist = die christliche Gottheit
und viele andere

So folgt die Begriffswelt des Menschen dem Vorbild der Natur, indem sie in der Dreizahl die Verkörperung des Vollkommenen sieht.

3. Drei, allenfalls vier unterschiedliche Dinge kann der Mensch beim schnellen Überblick erfassen. Die Beschränkung auf nur drei Hauptwahrnehmungseinheiten innerhalb einer Gruppe macht diese deshalb überschaubar und verständlich. Unübersichtliche und unklare Dinge lehnt der Mensch jedoch gefühlsmäßig ab und findet sie auf keinen Fall schön.

Befolgt man bei der Gestaltung einer Gruppe das Gesetz der Beschränkung, wird die sinnvolle Ordnung einer Gruppierung deutlich. Somit steht die gestaltete Gruppe im Gegensatz zu zufälliger Anhäufung oder wirrer Unordnung. Das Gesetz der Beschränkung kann auch auf die Farb- und Formenzusammenstellung bezogen werden. Das heißt nun nicht, daß man im Idealfall drei Farben oder drei Formen kombinieren soll, das wäre zu einfach ausgelegt. Ein Beispiel soll das erläutern:

In einem formal-linear gestalteten Adventsschmuck werden die drei Farben Grün bis Blaugrün, Rot und Graubraun vereint. Das Grün wird vertreten durch *Ábies procéra*, *Ílex* und Eukalyptus-Knospenzweige, das Rot durch die Kerze, Zierpaprika und rote Kordel, das Braun durch Lotosfrüchte, Zypressenzapfen und interessant gewachsene Zweige oder Wildfrüchte der australischen Flora (Abb. 106).

Obgleich damit neun unterschiedliche Materialien vereint werden, bleibt die Anordnung in ihrer Struktur klar durchschaubar. Erst nimmt man die drei Farbgruppen wahr, dann je Farbeinheit die drei Formengruppen und schließlich je Formengruppe die Staffelungen. Damit wird der Wert dieser Untergliederung deutlich, der in einer Blickführung liegt. Im Schaufenster, wo man mitunter hunderte von Einzelteilen in Arrangements, diese in Gruppen und die Gruppen wieder zu übergeordneten Gruppen zusammenfaßt, beschränken wir durch dieses mehrfa-

Abb. 106. Aller guten Dinge sind drei! Hier drei Farbgruppen, nämlich Rot, Grün und Braun, von jeder Farbe drei Formen

che Zusammenschließen von Teilen zu optischen Einheiten ebenfalls die Wirkungseinheiten.

Das Auge wird nicht von allen Einzelheiten zugleich in Anspruch genommen; die könnte es gar nicht bewältigen, sondern es stellt nacheinander vom Auffälligen, Wirkungsvollen bis zur kleinsten Einzelheit die Eigenheiten fest. Damit ist das Wort „*in der Beschränkung liegt die Meisterschaft*" geklärt. Es bedeutet nämlich nicht, wie häufig fälschlicherweise interpretiert, aus wenig etwas machen, sondern viel in eine Ordnung bringen, aus der nur wenig gestalterische Einheiten hervorgehen, die zu einem gut gegliederten Bild verschmelzen.

Zur Vertiefung

1. Zunächst soll wegen der Bedeutung der beiden raumgliedernden Ordnungsprinzipien hier ein Vergleich im Überblick gegeben werden:

Symmetrie	Asymmetrie
Hauptmotiv in der Mitte	Hauptmotiv außerhalb der Mitte
Nebenmotive rechts und links gleich	Nebenmotive alle unterschiedlich
Blick auf die Mitte konzentriert	Blick wandern lassend
abmeßbar	innere Beziehung

gebunden	erfühlbar gelöst
geschlossen	offen
architektonisch	wuchshaft
streng	frei
gleichmäßig	ungleichmäßig
ausgewogen	spannungsreich
ruhig, statisch	lebendig, bewegt
bewußt geplant	scheinbar zufällig
Ordnung wirkt klar	Ordnung drängt sich nicht auf
diszipliniert	leger, ungezwungen
„autoritär"	„antiautoritär"
zieht in seinen Bann	verzaubert ohne Zwang
feierlich	freundlich
ernst	heiter

2. Zeichnen Sie einen zweiarmigen Hebel, dessen eine Seite 3 cm, die andere 5 cm lang ist. Belasten Sie ihn zeichnerisch dreimal unterschiedlich. Verwenden Sie ein Kästchen des karierten Blattes als Gewichtseinheit der gezeichneten Last. Das Gleichgewicht ist rechnerisch zu beweisen.

3. Aus dem Anzeigenteil einer Zeitung sind symmetrisch und asymmetrisch gesetzte Anzeigen herauszuschneiden. Stellen Sie fest, ob die symmetrisch gesetzten Inserate bestimmten Anzeigethemen oder Inserentengruppen angehören und ob sich darin die asymmetrisch geordneten Anzeigen unterscheiden.

4. Schneiden Sie aus selbstklebendem Buntpapier geometrische Formen aus (Kreise, Rechtecke, Dreiecke) und kleben Sie in freier Wahl der Größen, Farben und Formen daraus drei symmetrische und drei asymmetrische Flächengliederungen auf.

5. Man spricht von Gruppenpflanzen und meint damit Blumen, die in geschlossenen Flächen gepflanzt werden und so zur Wirkung kommen. Nennen Sie fünf solcher Gruppenpflanzen einer Kulturperiode mit botanischem Namen und machen Sie drei zeichnerische Vorschläge, wie eine Rabatte mit diesen Blumen bepflanzt werden soll.

7 Bindungen im Überblick

Die Bindung gibt den Teilen einer Gestaltung den Zusammenhang; sie verankert, fügt zusammen, schlägt Brücken und verbindet. Sie schafft Maß und Ordnung. Bei der Besprechung der Gestaltungsarten haben wir auch die verschiedenen Bindungen kennengelernt. Doch sollen sie noch einmal kurz im Überblick dargestellt werden. Diese Übersicht erleichtert das Verständnis für die Gestaltungsprinzipien der Gestaltungsarten und vertieft das bereits erworbene Wissen.

Paul Klee sagte einmal: „Vermag ich eine klare Bindung zu erkennen, so habe ich davon mehr als von schwungvoller imaginärer (eingebildeter, scheinbarer) Konstruktion". Für uns Floristen übertragen heißt das: Die Ordnung bzw. die Anordnung macht das Wesentliche des Werkstücks aus, je klarer und konsequenter das Ordnungsgefüge ausgebildet ist, um so wirkungsvoller ist die Gestaltung. Großartige Zusammenstellungen und ideenreiche Materialwahl kann unklare Ordnungssysteme oder fehlerhafte Anordnungen nicht ersetzen oder ausgleichen. Deshalb soll jeder gestalterisch Tätige Kenntnisse über Bindungsfaktoren[1] sammeln und seine Arbeiten entsprechend durchdenken.

7.1 Gleichartiges

Dinge, die einander ähneln, werden beim Ansehen empfindungsmäßig zusammengefaßt; Unterschiede dagegen trennen, da sie die Dinge voneinander abheben. Gleichheiten verbinden also. Was in allen Eigenschaften (Form, Farbe, Struktur, Wesen) gleich oder ähnlich ist, schließt sich durch diese Gleichartigkeit sehr leicht zusammen. Was sich nur in einer Eigenschaft gleicht oder ähnelt, ist loser, aber dennoch deutlich spürbar verbunden.

Als Beispiel für den Zusammenschluß von Gleichartigkeiten haben wir die stete Reihe und alle entsprechenden floristischen Arbeiten oder die Gruppenpflanzung von Tagetes einer Art. Beispiele des Zusammenschlusses durch nur wenige oder nur eine Eigenschaft sollten wir in allen unseren floristischen Gestaltungen finden. Zwischen den bunten Blumen im weißen Gefäß sollten auch weiße Blüten sein; zu den gelben Blumen im Brautstrauß paßt gut das gelbliche Band; mit den exotischen Orchideen harmoniert das Blatt von Warmhauspflanzen, wobei wir die

---

[1] Faktor = maßgebender Umstand, bestimmendes Element, wirksame Größe

Gleichheit der Herkunft und des Wesens sehen, ein sehr wichtiger Gesichtspunkt, der bei der wert- und wesensmäßigen Zuordnung noch einmal besprochen wird.
Der Zusammenschluß von Gleichem oder Ähnlichem bedeutet Wiederholung von Gleichartigem. Somit kann man auch *die Wiederholung* als Faktor der Bindung ansehen. Verknüpfen wir mit dem Gesichtspunkt der Wiederholung das Gesetz der Beschränkung, so heißt das: Innerhalb eines dekorativen Gestecks kommen Staffelungen einer Art jeweils nur 3 mal vor, oder: in einer vielfältig zusammengesetzten Gruppierung im Schaufenster kommen z.B. Farbkonzentrationen von Rot nur dreimal vor oder nur drei Gruppen aus Glasgefäßen im Kontrast zu 3 Gruppengefügen mit glasierter Keramik. So ergibt sich aus der 3fachen Wiederholung von Gleichheiten bei räumlicher Anordnung stets die *Beziehungsfigur des Dreiecks* ein sehr wesentliches Gefüge, welches hilft, überschaubare Zusammenschlüsse zu finden (Abb. 107).

7.2 Gleichmaß

Gleichmaß, beziehungsweise Gleichmäßigkeit erkennt man sofort. Da man jedes Ding in seinen Beziehungen zum Umfeld wahrnimmt, ist das Gleichmaß, nämlich die Wiederholung gleicher Längen, gleicher Abstände, gleicher Massen usw. das am leichtesten feststellbare Ordnungssystem. In der steten Reihe, den regelmäßigen Streuungen, in der Wiederholung gleicher Reihen zum Flächenmuster und in der Symmetrie ist das Gleichmaß entscheidende bindende Kraft. Betrachtet man die Umkehrung von „Gleichmaß", so tauchen die Worte „ungleichmäßig" und „unregelmäßig" auf. Nicht geregelt bedeutet ungeordnet, fehlerhaft, durcheinander, gestört. Dies sagt noch einmal deutlich, wie wichtig ein Ordnungsgefüge ist, hier die Beziehung der Teile durch Gleichmäßigkeit, also durch Wiederholung gleicher Maße.
Doch nicht jede Gleichmäßigkeit ist so leicht zu erkennen wie die hier beschriebene. So gibt es weitere Bezeichnungen von Bindungsfaktoren, in denen jedoch auch ein gewisses Gleichmaß mitwirkt. Das sind der Rhythmus und Parallelitäten.

7.3 Rhythmus

Rhythmus ist eine gesetzmäßige Wiederholung von gleichen Abläufen, die aus Abfolgen von ungleichen oder ähnlichen Objekten oder Bewegungen gebildet

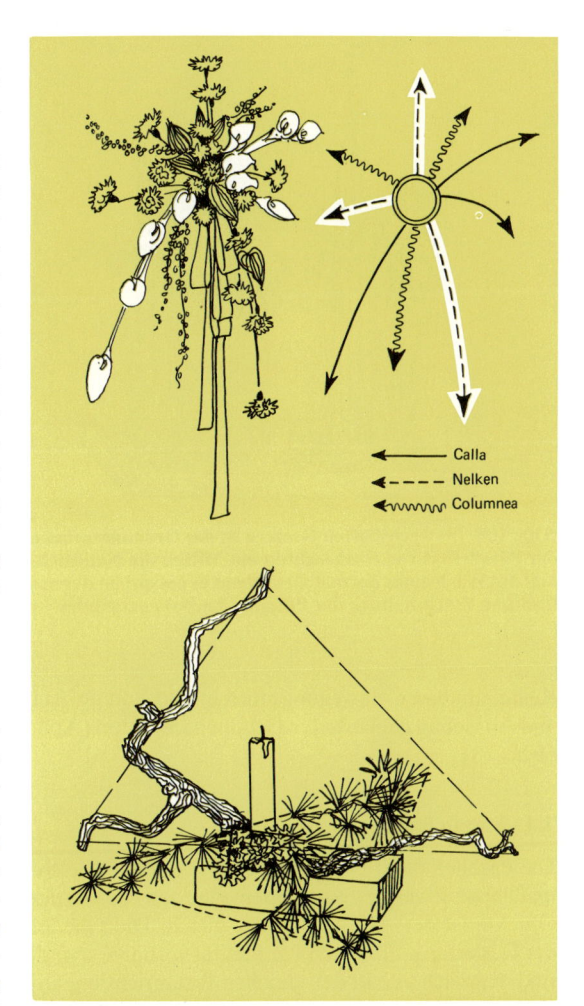

Abb. 107. Gleichartiges faßt das Auge zusammen; ergeben sich dabei ungleichseitige Dreiecke als Beziehungsfiguren, so wirkt das Arrangement oder die Gruppe abgerundet und ausgewogen

sind. Die Wiederkehr von Gleichheiten ist auch hier enthalten sowie das Gleichmaß des Abschnittes. Im Rhythmus erfolgt ein regelmäßiger Wechsel von Unterschieden, so wirkt er angenehm, weil er bewegt und dennoch überschaubar geordnet ist. Rhythmus ist eine Verbindung von Bewegung und Gegenbewegung: Auf und ab, kurz und lang, schnell und langsam, Spannung und Entspannung, Ballung und Öffnung, Verdichtung und Auflösung. Damit ist Rhythmus eine natürliche Ordnung, die jeder lebendigen Bewegung innewohnt (Gehen, Herzschlag, Tanzen). In der Gestaltung erleben wir rhythmische Ordnungen in

Abb. 108. Im wuchshaften Gesteck ist das Ordnungsprinzip der Parallelität von Senkrechten ein Mittel, die Natürlichkeit des Wachstums darzustellen; denn es entspricht der natürlichen Wuchshaltung der Pflanzen im Nebeneinander

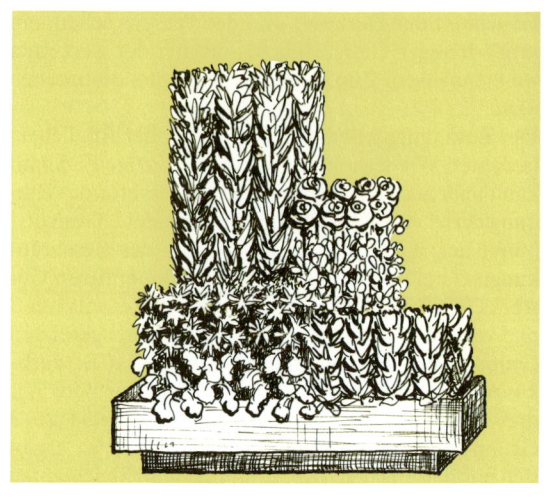

Abb. 109. Parallel aufgesteckte Blumen und Zweige ergeben hier vier Blöcke, die zusammen mit dem quaderförmigen Gefäß eine moderne formale Komposition ergeben, die konstruktiv wirkt wie moderne Architektur

Reihe, um einen Bewegungsmittelpunkt und im Auf und Ab richtig gegliederter Gruppen im Raum (Abb. 69 bis 73).

7.4 Parallelität

Die Parallelität ist eine besondere Form der Gleichmäßigkeit. Zwischen den Linien oder den Achsen der Objekte ist der Abstand immer gleich. Die Glieder der Gestaltung, die durch Parallelität verbunden sind, sind demnach alle in der gleichen Raumrichtung angeordnet. Auch dies ist eine natürliche Ordnung: Durch die Gravitation der Erde sind wir in Ruhestellung senkrecht ausgerichtet, viele Menschen stehen demnach zumindest scheinbar nebeneinander, da sie in Wirklichkeit zum Erdmittelpunkt ausgerichtet sind, doch ist diese geringe Abweichung für unser Empfinden nicht bemerkbar. Damit ist Parallelität eine uns allen vertraute, wenn auch oft unbewußte Ordnung. Schreibt jemand auf weißem Papier in nicht parallelen Buchstabenreihen oder sitzt der ganze Schriftblock nicht rechtwinklig in der Papierfläche, so spricht man von unordentlicher Schrift, und der Psychologe erkennt daraus Besonderheiten des Charakters des Schreibers. Ist die Tapete schief an die Wand geklebt, wird jeder den Fehler beseitigen lassen. Wir nutzen z. B. die Parallelität, wenn wir Dekoplatten rechtwinklig in den Schaufensterraum stellen, die Plattenkanten also parallel mit den Raumlinien verlaufen. Wenn wir Bilder aufhängen, wenn wir im Drahtständer Ordnung schaffen, oder wenn wir ein wuchshaftes oder ein besonderes formal lineares Gesteck gestalten (Abb. 108 und 109). Wir stellen rechtwinklige Dekohocker auf, weil die Parallelität der Formkanten untereinander und zum Raum Klarheit und Ordnung schafft und weil sie zu den lebendigen Formen der Blume und Pflanzen sowie zur Bindung durch die Bewegungsmitten im wirkungssteigernden Kontrast steht.

7.5 Die gemeinsame Bewegungsmitte

Die gemeinsame Bewegungsmitte bindet alle Teile, die von ihr ausgehen, zu einem zusammenhängenden Ganzen. Auch das ist ein natürliches Ordnungssystem. In der Konzentration jeder Drehung auf einen Drehmittelpunkt, in der Entwicklung aller Strahlungen von einem Ausgangspunkt her und bei dem organischen Zusammenhang aller durch Zellteilung entstandenen Wesen finden wir diese Art der Bindung wieder. Sie ist auf Seite 106 bereits ausführlich behandelt worden.

7.6 Die Staffelung

Die Staffelung entwickelt sich beim floristischen Gestalten auch aus einem Bewegungsmittelpunkt. Das Bindungsprinzip, welches neben dem zusammenschließenden Bewegungsmittelpunkt auch noch im Staffeln liegt, kann leichter verdeutlicht werden, wenn wir ein anderes Wort von gleicher Bedeutung aufgreifen: *Stufung*. Eine Stufung ist eine allmähliche Veränderung, eine schrittweise Veränderung der Höhe oder Höhenlage (Treppenstufen), eine allmähliche Veränderung der Größen, der Lage oder der Abstände (Abb. 110). Bei der Reihung mit Schwerpunktbildung haben wir das Abstufen bereits kennengelernt. Stufungen sind also Zusammenschlüsse von Gleichheiten, bei denen sich eine Eigenschaft allmählich abändert. Bei der Staffelung, in der wir obendrein auch noch dem Gravitationsgesetz gerecht werden sollen (s. Seite 107), wandeln sich zwei Eigenschaften allmählich um, die Größen nehmen von innen nach außen ab und die Abstände werden weiter (Abb. 111).

Abb. 110. Abstufungen der Größen, Entfernungen und Schräglage. Zwischen den Endstadien liegen die Stufen der Übergänge

Abb. 111. So wie beim Wachstum von Zweigen Größen und Abstände abgestuft sind, wird die Staffelung aus veränderten Größen und Abständen gebildet

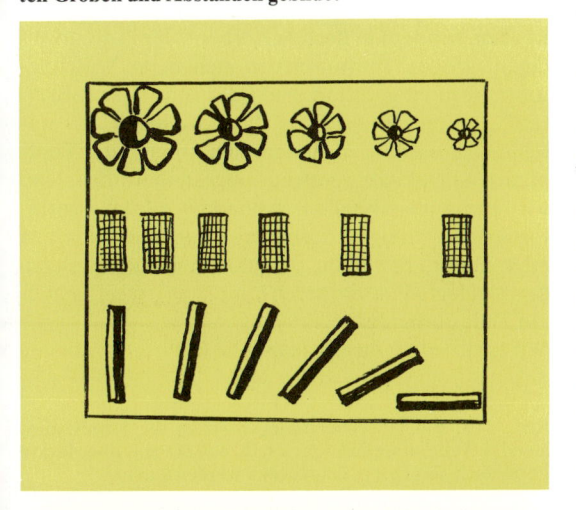

7.7 Das optische Gleichgewicht

Der optische Gewichtsausgleich verbindet auch Dinge, die keine Gleichheiten aufweisen. Die naturgegebene Grundlage ist jedes Kräftespiel in einer Bewegung. Ein Streben führt zu einem Gegenstreben: ein Pendel schwingt hin und her; erst wenn nach dem linken Fuß auch der rechte seine Bewegung macht, ist das Gehen möglich; in der Kreisbewegung wirken sammelnde und fliehende Kräfte. Das Auf führt zu einem Ab, und eine Last fordert eine Gegenlast. Dieser Dualismus[1] als sich ergänzende Einheit findet sich in unserem Sprachgebrauch und in unserer Begriffswelt oft: hüben und drüben, oben und unten, Ruhe und Unruhe, Licht und Finsternis, Spannung und Entspannung usw. Auch das Hebelgesetz zeigt uns das *Gesetz des Ausgleichs*. Ist die eine Seite des Hebels belastet, muß auch auf die andere Seite etwas hinkommen; Last und Gegenlast gehören zusammen, weil durch beide die Spannung ausgeglichen ist. So kann man sagen, daß das optische Gewicht auf der einen Seite auch eines auf der anderen Seite des Wuchsmittelpunktes oder der Gruppenachse erfordert. Dieses Gesetz des Ausgleichs wirkt bei allen Gestaltungen. Im formal-linearen Gesteck mit wenig sehr gegensätzlichen Gestaltungsmitteln verbindet es die unterschiedlichsten Formelemente (Abb. 112 und 113).

7.8 Die Beziehung zur Gruppenachse

Die Beziehung zur Gruppenachse entspricht in ihrer Gesetzmäßigkeit dem Streben nach Gewichtsausgleich. Doch soll hier noch einmal betont werden, daß nicht die Gewichte allein über den Ausgleich entscheiden, sondern auch die jeweilige Entfernung der optischen Gewichte zur Gruppenachse und damit zum Waagepunkt (s. Hebelgesetz).
Auch diesem Bindungsprinzip liegt eine Form der Gleichheit zugrunde, hier die Gleichheit der Produkte aus Gewicht mal Entfernung. So kommt es, daß kleine Formen auf der einen Seite immer noch sehr

---

[1] Dualismus: der Widerstreit von zwei einander entgegengesetzten Kräften, die sich aber ausgleichen und so zu einer Einheit finden.

Fliederblütenstand, die Tonvase oder den Teppich vor, bestätigt sich diese Darstellung. Auch Buchstaben schließen sich zum Wortbild zusammen bei kleinen Abständen zwischen den Buchstaben aber größeren zwischen den Worten. Wo der enge Zusammenschluß endet, liegt der Umriß. Er wird vom Auge als Ganzheit erfaßt. Sollten durch Überschneidung Teile der Umrißform nicht sichtbar sein, fügt das Ergänzungsvermögen die fehlenden Teile in der geistigen Vorstellung dazu, vorausgesetzt, die Form des Umrisses ist in seinen wesentlichen Eckpunkten erkennbar (Abb. 114).

Teile, die in einem geschlossenen Umrißbild vereint wurden, sind also in eine schnell erfaßbare gestalterische Einheit gebracht. Wir nutzen das beim Aufstellen von Topfpflanzengruppen, indem wir die Umrißlinie der Gruppe sichtbar machen. Das geschieht, wenn die Töpfe nicht einfach auf den Boden gestellt werden, sondern in flachen Körben oder in gradwandigen, großen Eternitschalen stehen, in Waschbetonwannen eingefüttert sind oder von Balken, Brettern, Leisten, Bambus, Bahnschwellen u. a. umschlossen werden, im Innenraum können die Topfpflanzen regelmäßig gestreut aufgestellt werden. Und wir nutzen die schnelle Erfaßbarkeit solcher Umrißformen als ruhiges, formklares Element zwischen oder unter bewegten, graphischen Gestaltungen durch gelegte Platten, deren Umriß die darauf gestellten Teile verbindet.

Wo es also enge Zusammenschlüsse im verbindenden

Abb. 112. Eine Studie aus Formen und Linien, die dem Gesetz des Ausgleichs entspricht
Abb. 113. Der notwendige Ausgleich schließt diese unterschiedlichen Formen zusammen

Abb. 114. Bei Überschneidungen sollen die formbestimmenden Teile so weit zu sehen sein, daß die teils überdeckte Form doch als Ganzes empfunden werden kann

spürbar zum großen Teil auf der anderen Seite der Gruppenachse gehören, obleich die Entfernung notwendigerweise recht groß ist (s. Gruppenbildungen).

7.9 Der Umriß

Der Umriß als verbindender Faktor wirkt zusammen mit Gleichheit oder Ähnlichkeit und mit der Dichte der Teile zueinander. Was nahe zusammenliegt, erfaßt das Auge als Ganzes, und das um so leichter, je gleicher die Teile sind und je regelmäßiger die Streuung ist. Stellt man sich den Haufen Äpfel oder den

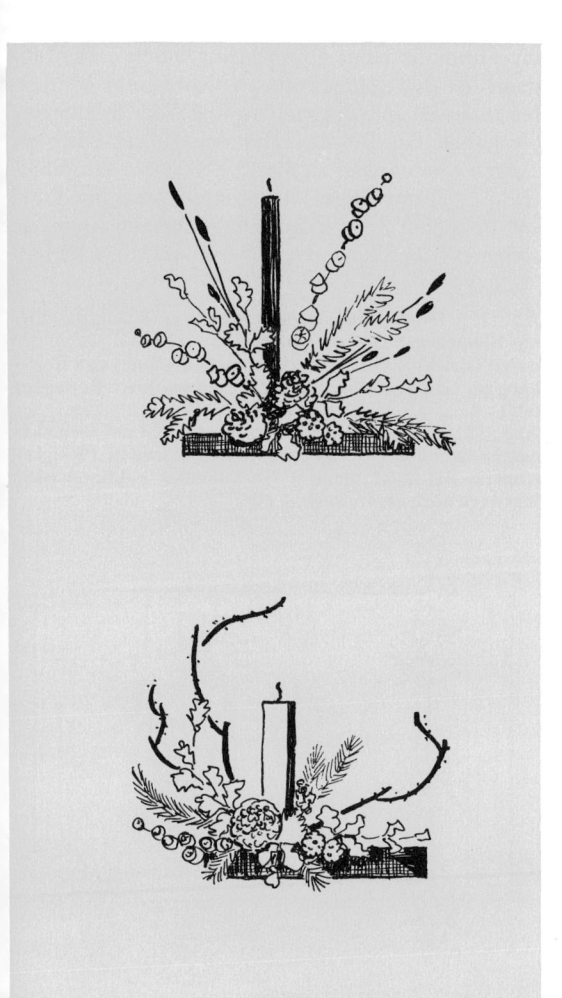

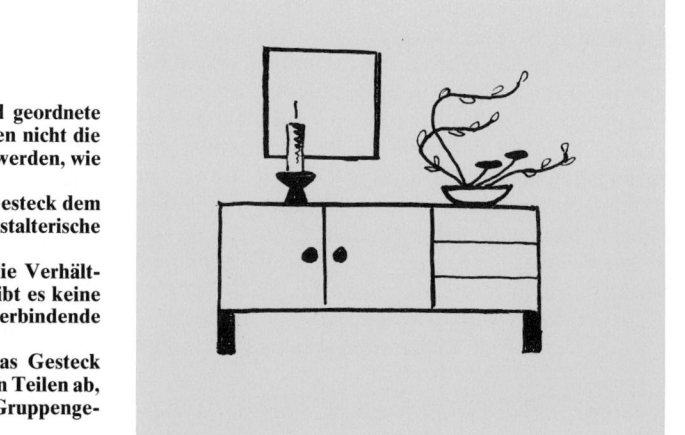

Abb. 115. (oben links) so strahlig wegstrebend geordnete Gestaltungsmittel, wie im oberen Gesteck, lassen nicht die innige Beziehung der Teile zueinander deutlich werden, wie die Bewegungsführung im unteren Gesteck

Abb. 116. (oben rechts) Hier wendet sich das Gesteck dem Bild und Kerzenleuchter zu, wodurch eine gestalterische Einheit betont wird

Abb. 117. (Mitte rechts) Hier stimmen zwar die Verhältnisse der asymmetrischen Gruppierung, doch gibt es keine Beziehung durch Bewegung, weshalb die verbindende Gleichheit der Farbe z. B. notwendig wird

Abb. 118. (unten rechts) Hier wendet sich das Gesteck durch die Bewegung der Zweige von den anderen Teilen ab, wodurch die Gruppe zerfällt, obgleich andere Gruppengesetze richtig verwirklicht sind

Abb. 119. Skizze einer Schaufensterdekoration mit aufgesteckten Schnittblumen als Hauptgruppe und Pflanzungen auf Ästen als Gegen- und Nebenmotiv. Die Zuwendung der Äste zueinander und zum Hauptmotiv ist wichtig

Umriß gibt (Formbinderei z.B.), wirken Klarheit, Ruhe, schnelle Erfaßbarkeit und Schlichtheit. Weil der Umriß als verbindender Faktor eine der einfachsten gestalterischen Maßnahmen ist, spielt die Formbinderei an den Anfängen der gestaltenden Blumenbinderei, nämlich der Brauchtumsbinderei eine große Rolle.

7.10 Die Abstimmung der Bewegung

Die Abstimmung der Bewegung als Faktor der Bindung ist dort notwendig, wo die Gestaltgrenzen offen bleiben. Wir schätzen Freiräume zwischen den Teilformen einer Gestaltung, weil dadurch jedes Detail (= Einzelheit) seine charaktervolle Wirkung behält, obgleich es sich in eine Ordnung einfügt. So sind wir zur rhythmischen Gliederung der dekorativen Arrangements, zum formal-linearen und wuchshaften Gestalten und zur durchschaubaren Anordnung der Gruppenbildungen gekommen. Doch jede nun zur Geltung kommende Teilform, wie auch die Gestaltungsformen selbst, haben Raumbeziehung, d.h., daß in jeder Form eine Kraft enthalten ist, die von innen nach außen über die Formgrenzen hinaus in den Raum dringend weiterwirkt (s. Formenlehre Seite 32 bis 47). Um nun die Linien eines Arrangements oder die Formteile einer Gruppierung durch diese Tendenz[1] der Bewegungen optisch nicht auseinanderlaufen zu lassen, gilt eine weitere Regel der Bindungen. Sie lautet: Die Bewegungstendenzen der Form erzeugen einen Spannungsbereich bzw. ein Wirkungsfeld der Form. Dieser Spannungsbereich der Form soll in andere Spannungsbereiche hineinwirken, sie sollen sich berühren oder überschneiden, anderen-

Abb. 120. Diese Bühnendekoration ist aus strahlig gestalteten Blumengestecken gruppiert. Die Teile sind verbunden durch Gleichheiten, Wiederholungen, Reihung und Beziehung zur Gruppenachse, doch Zuwendung durch Bewegung fehlt

Abb. 121. Diese Bühnendekoration besteht aus formal-linearen Gestecken an geschwungen geformten Plexiglasstreifen. Bei allen anderen verbindenden Faktoren wirkt hier auch noch die Bewegung mit

---

[1] Tendenz = Neigung, Streben, Hang, Richtung (lat.: tendere = ausstrecken, sich hinneigen)

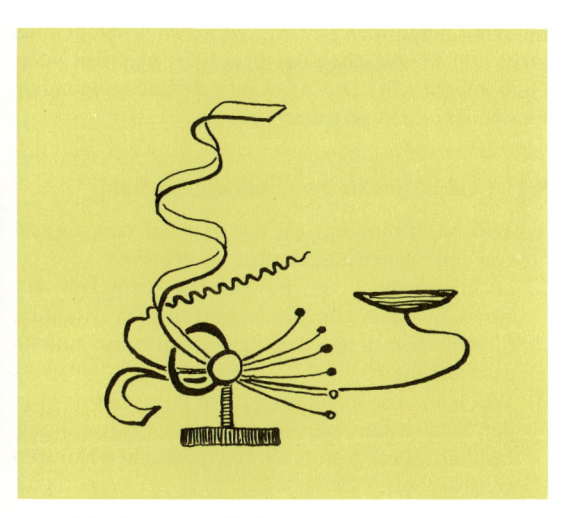

Abb. 122. Trainieren Sie Ihr Gefühl für Ausgewogenheit beim zeichnerischen Zusammenfügen von Formen nach dem Gesetz des Ausgleichs

falls zerfällt das Gefüge der Gestaltung in Einzelteile. In der Malerei wird diese Regel das „*Gesetz der Dynamik*" genannt, nach dem Linien und Formen in freier Anordnung zu einer verbindenden Einheit verwachsen. Welche Rolle es in der Blumenbinderei spielt, sollen 3 Beispiele zeigen. Abb. 115 zeigt ein adventliches Gesteck. Die erste Ausführung läßt die Formen alle strahlenförmig aus dem Bewegungszentrum weg in den Raum streben; in der zweiten Gestaltung aber sind schwingende Linien gewählt worden, Zweige, welche so ausgeschnitten sind, daß sie sich einander zuwenden. Sie umfassen Räume, und ihre Bewegung wird über den Freiraum hinweg von anderen Zweigen aufgenommen und weitergeführt. Diese Bewegungen gehören zusammen, und zwar mehr noch, als es die Bewegungsmitte allein erreichen kann.

Das zweite Beispiel ist in Abb. 116 dargestellt. Ein asymmetrisches Arrangement steht auf einer Anrichte. Zusammen mit einem Kerzenleuchter und einem Bild bildet es eine Gruppe. Mit seinen Bewegungstendenzen muß es sich dem Bild zuwenden, dann wirkt die Gruppe optisch gut zusammengeschlossen. Steht es starr und steif da, ohne einen Spannungsbereich zu den anderen Gruppenteilen auszubilden, ergibt sich keine verbindende Beziehung (Abb. 117). Wendet es sich aber gar ab, weil man es falsch herum ausgerichtet hat, so fällt die Gruppe völlig auseinander (Abb. 118). Diese Raumbeziehung durch Bewegungen muß bei der Schaufenstergestaltung beachtet werden (Abb. 119). Durch Hinwendungen zum Hauptmotiv wird auch der Blick des Betrachters immer wieder zurück zum Hauptmotiv geführt, und es gewinnt zusätzlich an Bedeutung. So ist die Beachtung der Bewegungsführung auch werbepsychologisch von Bedeutung.

Das dritte Beispiel greift eine große Raumdekoration, z. B. eine Bühnendekoration auf und zeigt in Abb. 120 und 121, daß Gruppenmotive ohne Bewegungsbeziehungen recht isoliert einfach neben- oder übereinander angebracht wirken, solche mit raumgreifenden und zugewendeten Bewegungen sich optisch aber besser zusammenschließen.

Abb. 123. Solche Flächengliederungen mit aufgesetzten Formen sind als Studien gedacht, um sich im Gruppieren zu üben

Zur Vertiefung

1. Nennen Sie Blütenstände von 10 Arten, welche durch einen geschlossenen Umriß gekennzeichnet sind.
2. Nennen Sie Blüten von 10 Blumenarten, die strahlige Blüten haben, deren Bewegungsmittelpunkt den optischen Zusammenschluß der Blütenblätter oder der Einzelblüten betont.
3. Zeichnen Sie eine von einem Punkt ausgehende, nach links geneigte Phantasieform und finden Sie dazu eine formal andere, aber ausgleichende Form auf der anderen Seite, wie z. B. Abb. 122.
4. Sehen Sie in ein Kaufhausschaufenster mit gruppierten Mannequinpuppen. Stellen Sie fest, wie die Dekorateure die Puppen durch Zuwendung und Bewegungen zur Gruppe zusammengeschlossen haben.
5. Setzen Sie in eine Fläche von 7 × 10 cm eine asymmetrische Gruppe aus Kreisen mit der Beziehungsfigur des ungleichseitigen Dreiecks. Die Kreise können gezeichnet oder aus Buntpapier geschnitten sein. Beim nächsten Versuch gestalten Sie mit Dreiecken oder mit Rechtecken. Später gestalten Sie auf einer Fläche erst zwei, dann drei Gruppen in übereinander gelagerter Weise so, daß dennoch die Dreiecksbeziehungen deutlich sind und Leerräume in gutem Verhältnis neben den beklebten Flächen stehen (Abb. 123 als Muster).

8 Gesichtspunkte der Auswahl und Zuordnung

Der Florist arbeitet stets für einen bestimmten Zweck, also im Hinblick auf eine beabsichtigte Wirkung. Der Anlaß für eine binderische Gestaltung und die Wirkung des binderischen Werkes müssen harmonieren; die den Ausdruck einer binderischen Arbeit bestimmenden Eigenschaften und die Gestaltungsart müssen also sehr überlegt ausgewählt werden.

Die Gestaltungselemente, wie die Eigenschaften der Gestaltungsmittel auch genannt werden, sind aus der Formen- und Farbenlehre (Seite 32 bis 86) bekannt. Dieses Kapitel hier gründet auf alles dort Dargestellte. Man muß die Eigenschaften der Blumen kennen, denn mit ihnen wird gestaltet. Doch entscheidet man nicht einfach zwischen der Frage: Ist hier Rot oder Gelb angebracht? Die Auswahl wird nach folgenden Gesichtspunkten getroffen:

8.1 Gesichtspunkte der farblichen Auswahl

1. Welche Stimmung soll bezogen auf den Zweck von den Farben ausgehen? (s. Seite 81)
2. Ist man farblich von besonderen Wünschen des Kunden oder von Bedingungen des Raumes (Tischdekoration), der Person (Brautschmuck) usw. abhängig?
3. Will man eine spannungsreiche Wirkung mit großen Kontrasten erreichen oder soll die Gestaltung farblich fein abgestuft werden mit kleinen Kontrasten? (s. Seite 72)
4. Welche Harmoniebildungen kommen demnach in Frage? (s. Seite 72)
5. Wie schafft man farbliche Verbindungen zwischen kontrastreichen Farbtönen?
6. Welche Farbe soll mengenmäßig dominieren?
7. Muß man eine passende Form im Interesse der farblichen Abstimmung farblich verändern (spritzen oder tauchen u. a.)?

8.2 Gesichtspunkte der formalen Auswahl

1. Welches soll die dominierende Form sein?
2. Welche begleitenden und ergänzenden Formen sind notwendig?
3. Welche Formenkontraste sollen wirksam werden? Diese Entscheidungen sind abhängig von der gewünschten Spannung, die zum Ausdruck kommen soll, von dem Gestaltungsstil (dekorativ oder formal-linear z. B.) und von der Gestaltungsart (geschlossene oder aufgelockerte Gruppen z. B.).
4. Welche Größenverhältnisse sind erforderlich (S. Seite 130).
5. Welche Bewegungen sind notwendig, um formale Beziehungen innerhalb des Objektes oder solche zum Raum zu schaffen?

Zur Erklärung der dargestellten Überlegungen soll entsprechend der genannten Punkte die Abb. 124 analysiert werden:

zu 1. Die aufstrebende Entfaltungsform der Strelitzien.
zu 2. Die ebenfalls aufstrebenden Formen des Strelitzienblattes und der Vase sowie weitere acht kontrastierende Formen aus vier verschiedenen Bewegungsformgruppen.
zu 3. Damit sind große Kontraste wirksam, was hier

richtig ist, weil es sich um den formal-linearen Gestaltungsstil handelt und eine lockere, asymmetrische Gruppierung um einen Bewegungsmittelpunkt.

zu 5. Das Strelitzienblatt nach oben und die Ranken nach unten verbinden bewegungsmäßig Blumen und Gefäß. Die Überschneidung durch den Zweig steigert die räumliche Wirkung, zugleich öffnet sich damit die asymmetrische Anordnung nach rechts, weshalb alles, was dort hingestellt wird, mit dem Strelitziengesteck optisch verbunden wirkt.

8.3 Gesichtspunkte der stofflichen Auswahl

1. Welche Stofflichkeit harmoniert am besten mit dem Zweck der Gestaltung?
2. Welche stofflichen Gleichheiten müssen gefunden werden, um die dominante Stofflichkeit voll zur Wirkung zu bringen und die vorhandenen Formen und Farben durch diese Gleichheit optisch zu verbinden?
3. Welche stofflichen Kontraste können die Wirkung noch interessanter machen? (s. Seite 89)

Abb. 124. Im Text wird diese Gestaltung hinsichtlich formaler Zusammenstellung analysiert

Bei dieser Übersicht wird deutlich, daß man vom Grundsatz her immer in zwei Richtungen hin überlegen kann: Entweder Gleichheit oder Kontrast! Diese Entscheidung trifft der Gestalter allein, und trifft er sie richtig, erhält seine Kreation[1] die Ausstrahlung, welche dem Kunden und Betrachter gefällt oder gar fasziniert (bezaubert). Wegen der Bedeutung der Frage, ob Gleiches oder Unterschiedliches ausgewählt werden soll, müssen beide Gesichtspunkte hier ausführlicher erörtert werden.

8.4.6 Gleich und gleich gesellt sich gern

8.4 Gleich und gleich gesellt sich gern, sagt der Volksmund. In Sprichwörtern liegen oft tiefe Weisheiten, so auch hier. Nehmen wir einmal weiße Margeriten und stellen sie in eine matt weiß glasierte Keramikvase, so haben wir damit farblich eine problemlose Zusammenstellung, denn die gleichen Farben verursachen keine Spannungen. Die Gemeinsamkeit des Farbtons verbindet die unterschiedlichen Gestaltungseinheiten, die Blumen und das Gefäß (s. Bindung durch Gleichheit, Seite 116f.). Die Wirkung ist einheitlich und ruhig, sie wäre eintönig, würden nicht gleichzeitig auch Unterschiede wirksam werden, wie Form- und Strukturunterschiede, die Größenunterschiede, die verschiedenen Ordnungssysteme (strahlige Blüten, geschlossene Gefäßform), die unterschiedliche Höhenstaffelung der Blumen, das naturgegebene Grün der formal kontrastierenden Blätter und Blumenstiele usw.

Doch können je nach gestalterischer Absicht die Gestaltungselemente Form, Farbe und Struktur auch im Kontrast gewählt werden. Aber eines sollte zumindest bei den bestimmenden Gestaltungsmitteln immer gleich sein. Das ist das Wesen der Blumen. Um das verständlich zu machen, müssen die Begriffe Wesen und Wert sowie die Gesetze der wert- und wesensmäßigen Zuordnung und das Landschaftliche Gesetz erklärt werden.

8.5 Das Gesetz der wertmäßigen Zuordnung

Das Gesetz besagt: *Die Dinge, die zusammengefügt werden sollen, müssen gleichen Wertstufen angehören.* Am besten verdeutlicht ein Beispiel aus der Innenarchitektur dieses Gestaltungsgesetz: Ist der Raum mit schlichten, glatten Holzmöbeln ausgestattet, gehören

---

[1] Kreation = Schöpfung, Modell (lat.: creatio = Erzeugung)

dazu der Sisal- oder Wollteppich, Vorhänge in Leinenwebart, die schlichte Leuchte mit einem Papier- oder Glasschirm, das bunte Leinenkissen auf den Stühlen mit Rohr- oder Bastgeflecht. Ein kostbarer Perserteppich oder ein eleganter Kristalleuchter würde hier mehr störend als schön wirken. In die „oberste" Wertstufe würden zum Orientteppich und Kristallüster die schweren Stilmöbel, Polstermöbel mit Gobelin bezogen, Seidentapete oder kostbare Edelholzverkleidung der Wand, die Seidenkissen und kunstvoll drapierten Samtvorhänge gehören. Von diesem Beispiel ausgehend sagt man: So wie zum kostbaren Möbelstück kein billiger Kunststoffbodenbelag gehört und zum eleganten Nachmittagskleid kein schlichter Straßenschuh, so beansprucht die Blume ihren Partner und das ihrem Wert gemäße Gefäß. Auch in der Fachliteratur für Floristen findet man dieses Gesetz, jedoch ist es hier sehr leicht abwandelbar, gründet es doch allein auf der Vorstellung vom materiellen Wert. So paßt in die kunsthandwerklich schöne und als Einzelstück z. B. sehr wertvolle Keramik durchaus die schlichte Distel vom Wegesrand oder in das edle Kristallgefäß die *Clématis*-Blüte aus dem Garten! Und daß die dunkelbraune Keramikplatte mit dem Knorren, den Gräsern und dem blühenden Heidekraut nicht auf die mit edlem Porzellan und gutem Tafelsilber gedeckte Festtafel paßt, liegt nicht am Preis, sondern am Wesen der Blumen. So gilt in der Floristik dieses Gesetz der wertmäßigen Zuordnung nur bedingt; wir brauchen es nicht strikt (streng; peinlich genau) einzuhalten.

Unsere Blumen haben zwar einen materiellen Wert, aber – und das vor allem – auch einen ideellen Wert. Von „edel" und „unedel" bei Blumen zu sprechen, fällt sehr schwer. Wem würde die schlichte weiße Margerite nicht auch im kostbaren Rubinglaskelch gefallen? Ihr weißer Blütenstrahlenkranz würde recht rein und schön über dem Rot des Glases leuchten, und ihre „Bescheidenheit" würde durch die Kostbarkeit des Kelches geadelt.

Unsere Kombinationen von Blumen und Gefäßen gehen also mehr von der Harmonie der Eigenschaften aller Einzelformen aus als von einem Wertbegriff.

8.6 Das Gesetz der wesensmäßigen Zuordnung

Das Wesen ist die Eigenart, die Grundeigenschaft einer Pflanze, Blume oder jedes anderen Geschöpfes. Ebenfalls haben Dinge Wesen oder Wesensart. Man sagt auch, sie sind „Wesenheiten". Alle Eigenschaften eines Objektes bilden eine Gesamtheit, die als Wesensart beschrieben werden kann. Das Wesen ist mit neuen Eigenschaftsworten zu beschreiben, die durch das Einfühlungsvermögen des Betrachters für die spezifischen Eigenarten der Objekte gefunden werden. So wirkt z. B. eine Königskerze stolz, eine Rose prachtvoll und ein Veilchen bescheiden. Bei den Charakterformen haben wir das Wesen der Blumen vom Gesichtspunkt der Geltungsforderung ausgehend besprochen (Seite 44 f.).

Das Gesetz der wesensmäßigen Zuordnung besagt nun zweierlei:
1. Je nach Dominanz oder Unterordnung in einer Zusammenstellung müssen Wesenheiten kombiniert werden, deren Geltungsforderung dem Platz in der Gruppierung entspricht (s. Charakterformen, Seite 44 f.).
2. In einer floristischen Zusammenstellung sollen Wesenheiten zusammengefügt werden, die ein einheitliches Gepräge haben.

Dieser zweite Teil des Gesetzes der wesensmäßigen Zuordnung erweitert im floristischen Sinne das Gesetz der wertmäßigen Zuordnung. Hier ist nämlich ein Gepräge des Wesens gemeint, welches unabhängig von den formalen Forderungen auch mit dem Wert im Zusammenhang stehen kann. Doch müssen wir auf Gemeinsamkeiten des Wesens zurückgreifen, die mehr von der Herkunft oder von ideellen Vorstellungen geprägt sind als vom materiellen Wert. Letzteres meint einen leitenden Gedanken, zu dem man passende Wesenheiten sucht. Die Vorstellungen werden sich dabei am Zweck der Gestaltung und der beabsichtigten Ausstrahlung des Arrangements orientieren. Beispiele sind folgende:

Zur Eleganz und Festlichkeit der Braut passen z. B. wesensmäßig keine rustikalen Disteln. Das Extravagante einer besonderen Tischdekoration wird durch das schlichte Wesen der Kornblumen gestört. Zur schlichten Gefälligkeit einfacher Sommerblumen passen keine Orchideen. Mit der heimatlichen naturnahen Zusammenstellung aus Gräsern und Margeriten harmonieren keine Proteen. In das exotisch Fremdländische eines Arrangements aus Heliconien und Bromelien gehört nicht die uns vertraute *Tagétes*, auch wenn sie farblich und formal passen sollte. Wesenheiten, die das Festliche verkörpern, werden kaum durch blattlose Erlenzweige in ihrem Wesen unterstützt, es sei denn, man spritzt diese z. B. weiß oder gold. So führt Ideenreichtum nur zum Ziel, wenn das Einfühlungsvermögen in die Wesensart jedes einzelnen Gestaltungsmittels die einheitliche Grundeigenschaft der Teile findet. Denken wir aber an das einheitliche Gepräge der Pflanzen durch ihre Herkunft, so hilft uns ein weiteres Gesetz, gleiche Wesenheiten zu finden und damit das Gesetz der wesensmäßigen Zuordnung zu erfüllen; es ist das Landschaftliche Gesetz.

8.7 Das Landschaftliche Gesetz

Es besagt: Wenn in binderischen Arbeiten nur zusammengefügt wird, was in der Natur zusammenwächst, so ergibt das eine von einem einheitlichen Wesen der Teile bestimmte, sehr harmonische und ausdrucksvolle Gestaltung (Abb. 125). Was eine Landschaft oder eine Jahreszeit hervorbringt, ist einheitlich in seinem tiefsten Wesen, auch wenn es unterschiedlich in Form und Farbe ist. Kombiniert man z.B. mit der *Iris* nicht einfach Nelken, sondern *Tróllius*, der Sumpfdotterblume ähnlich, dazu große fleischige Blätter der Bergenie, den Blattformen der Flora am Bachufer ähnlich, und eventuell Schilfkolben und Sumpfgräser, so atmet diese Zusammenstellung etwas von der feuchten Frische einer schattigen Wiese nahe dem Bache. Oder kombiniert man zur Narzisse im Gesteck den Krokus und das Haselkätzchen, so ist das ein überzeugender Frühling, anders als wenn *Asparagus* zwischen die Osterglocken *(Narcissus pseúdonarcissus)* gefügt wäre.

Nun heißt das aber nicht, daß man nur zusammenstellen darf, was auch zusammen gewachsen ist. Das würde unsere Kombinationsmöglichkeiten sehr einengen. Auch ist es ein Irrtum anzunehmen, der Florist wäre verpflichtet, seine Gestaltungen nur nach dem Vorbild der natürlichen Gemeinschaften zusammenzustellen. Die abgeschnittene Blume ist schon keine reine Natur mehr; sie ist Bild des Lebendigen, des Schönen, sie ist Stimmungsträgerin oder Vermittlerin guter Wünsche und damit ins Geistige gehoben. Selbst beim Zusammenstellen von Pflanzen für Lebensgemeinschaften in Schalen entscheiden mehr die Form, die Farbe, der Charakter, die ähnlichen Pflegebedürfnisse und der Zweck, für den die bepflanzte Schale bestimmt ist, als die natürliche Pflanzengemeinschaft. Dennoch, im Wesen sollen auch hier die Pflanzen etwas Gemeinsames haben. Und das erfordert Einfühlungsvermögen. Da gibt es keine Tabellen, aus denen man lernen kann! Pflanzenkenntnisse, botanisches Grundwissen, Beobachten der natürlichen Pflanzengesellschaften, Erinnerungsvermögen an Formengemeinschaften und Farbenkombinationen in der Natur helfen dem Floristen, ähnlich harmonisch nachgestalten zu können, wobei er mehr vom Wesen, das in der Gestalt liegt, ausgeht als von der natürlichen Zusammengehörigkeit. Ein Beispiel haben wir in dem schon genannten Irisarrangement:

Abb. 125. In diesem wuchshaften Gesteck ist auch das „landschaftliche Gesetz" berücksichtigt

Die beigegebenen Bergenienblätter sind ja nicht wirklich von einer Pflanze des Bachuferbereiches, wie auch die *Iris* nicht, die wir verkaufen. Die Bergenie ist in asiatischen Bergwäldern beheimatet, doch die Blätter sind im Wesen ähnlich denen der großflächigen Sumpfpflanzenblätter, weshalb wir sie in diese künstlerische – nicht natürliche – Gestaltung des Arrangements einordnen können und dennoch den natürlichen Eindruck erhalten.

8.8 Gegensätze ziehen sich an

In der Elektrophysik gilt das Gesetz, daß sich gleichgeladene Teilchen abstoßen, Plus- und Minusteilchen aber schließen sich zusammen. Auch das Sprichwort sagt: Gegensätze ziehen sich an. Das oben zitierte Sprichwort „gleich und gleich gesellt sich gern" und das hier genannte von den Gegensätzen, die sich anziehen, widersprechen sich nur scheinbar. Beide müssen beim Gestalten mit Blumen verwirklicht werden: Gleiche Wesenheiten, aber unterschiedliche Formen z.B. Und so wie Gleichheiten verbinden, bringen

Kontraste Leben und Spannung in die Zusammenstellung.

Die Bedeutung der Gegensätze. Für jede Harmoniebildung ist die Wahl von Gegensätzlichkeiten in Farben, Formen, Bewegungen und Stofflichkeiten notwendig, denn Harmonie heißt Zusammenklang, nicht Einklang! Wenn viele Geigen den gleichen Ton streichen, hört man nur diesen einen Ton, das ist nicht harmonisch, sondern eintönig. Erst wenn die Instrumente verschiedene Töne anklingen lassen, können diese unterschiedlichen Einzeltöne in einem großen Akkord wohltuend zusammenklingen; dann erst haben wir eine Harmonie.

Ja, nicht nur die Harmoniebildung, sondern in dem weltenlenkenden Kräftespiel wie in unserer Begriffswelt ist alles auf Gegensätze aufgebaut: In der Drehbewegung wirken Zentripetalkraft und Zentrifugalkraft, die eine sammelt, die andere löst die Teile ab. Physikalisch ziehen die Massen an (Gravitation), chemisch gibt es aber Reaktionen, die explosive Kräfte freisetzen und alles Verdichtete wieder auseinanderstreuen. Ein Begriff ist ohne seinen Kontrastpartner nicht denkbar: Ordnung und Unordnung, Glück und Unglück, Statik und Dynamik, Anfang und Ende, Ruhe und Bewegung, Licht und Dunkelheit sind einige Beispiele. Aus dem Gegensatz auf und ab oder weit und eng oder groß und klein usw. erwächst die Bewegung, die zum Rhythmus führt. Und ohne Gegensätze gibt es keine Lebensvorgänge und kein Leben.

Gegensätze sind wichtige Voraussetzungen für unsere Wahrnehmung. Ein überbelichtetes Foto, auf dem alles hell ist, läßt nichts erkennen. Erst wenn helle und dunkle Partien sich abgrenzen, werden Objekte sichtbar. Ein großer Mensch wirkt erst groß, wenn ein kleiner zum Vergleich daneben steht; neben einem noch größeren wirkt er klein! So sind Gegensätze Orientierungsmaßstäbe.

Wir können zusammenfassen:
1. Gegensätze sind im Kräftespiel der Natur vorhanden.
2. Unsere Wahrnehmung orientiert sich am Vergleich mit dem Unterschied.
3. Begriffe setzen sich vielfach aus Kontrastpaaren zusammen.
4. Ohne Gegensätze keine Harmoniebildung.
5. Ohne Gegensätze keine Gliederung und keine Gestaltung.
6. Ohne Gegensätze kein Rhythmus und kein Leben.

Im folgenden wollten wir aber nicht mehr von „Gegensätzen" sprechen, sondern von „Kontrasten". Unter Gegensatz versteht man das Entgegengesetzte, das größtmögliche Gegenteil, den polaren Kontrast. Als *Kontrast* bezeichnet man aber jeden Unterschied. Kontrastieren heißt, sich abheben, abstechen; vom hellen Grau hebt sich schon ein etwas dunkleres Grau ab, man braucht nicht die Polaritäten Schwarz und Weiß.

In diesem Sinne spricht man von dem Spannungsfeld der Kontraste. Das *Spannungsfeld der Kontraste* soll mit folgender Darstellung deutlich gemacht werden:

    unendlich weit
    sehr weit
    recht weit
    weit
    weniger weit
    weder weit noch nah oder sowohl als auch
    weniger nah
    recht nah
    sehr nah
    kontaktnah

Zwischen den polaren Kontrasten unendlich weit und kontaktnah liegen gleitende Werte mit unterschiedlichen Spannungen. Je weiter die Abstände werden, um so größer werden die Spannungen, um so deutlicher hebt sich aber auch das eine vom anderen ab. Wo durch große Kontraste aber starke Spannungen herrschen, müssen auch Gleichheiten vorhanden sein; das Gemeinsame z. B. der Farbe bindet die Unterschiede der Form oder der Stellung im Raum. Auch das Ordnungsgefüge kann die Spannung der Kontraste ausgleichen wie z. B. die Wiederholung des Rhythmus oder der Gewichtsausgleich (Seite 117 und 119). So kann man sagen, daß Kontraste die Grundlage der Gestaltung überhaupt sind.

Durch Unterschiede werden Eigenschaften verdeutlicht, Gestaltungen spannungsreich und lebendig und für den Betrachter reizvoll. Das Spannungsfeld der gewählten Kontraste bestimmt maßgeblich den Ausdruck einer Gestaltung mit. In Fortsetzung der bereits begonnenen Zusammenfassung muß gesagt werden:

7. Kontraste trennen die Vergleichsobjekte
8. Kontraste bringen Spannung in die Zusammenstellung und machen interessant
9. Gegensätze ermöglichen die ausgleichenden Ergänzungen
10. Kontraste benötigen die Bindung, z. B. Gemeinsamkeiten, um zusammengehalten zu werden.

Die gestalterische Aufgabe des Floristen liegt vornehmlich darin, Eigenschaften in ihrem Wesen zu erkennen, ausgleichende oder wirkungssteigernde Kontraste auszuwählen und diese in Harmonie zusammenzufügen (Abb. 126). Dabei muß alles auf einen Zweck abgestimmt sein. Das hebt die Arbeit des

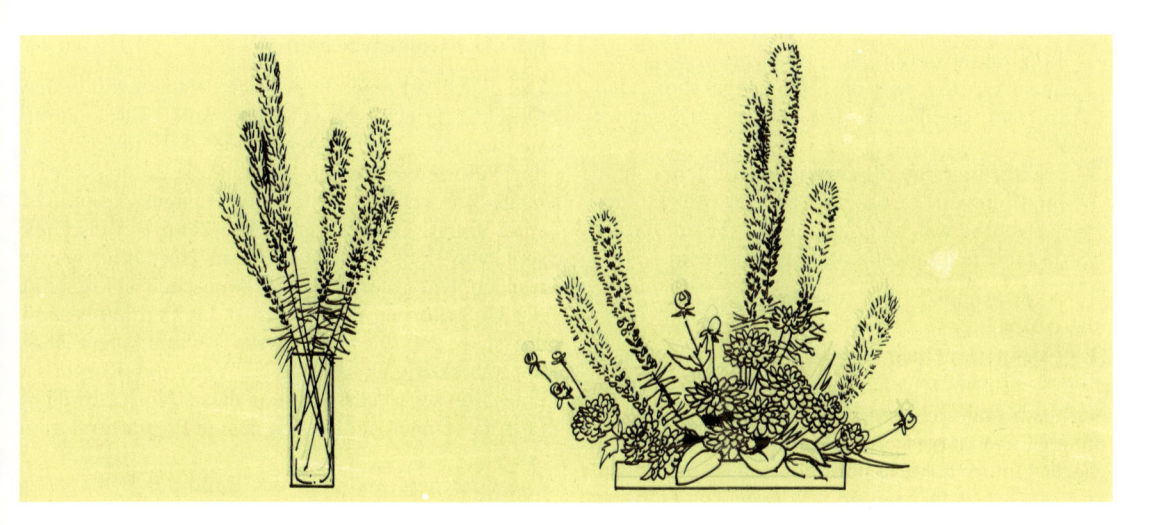

Abb. 126. Links: Líatris, allein in einer Glasvase. Rechts: Líatris und Dahlien mit Laubwerk in einer Schale. Die Gegensätze der Formen, Farben und Raumrichtungen machen diese Zusammenstellung interessanter und ausdrucksvoller.

Floristen in den Bereich des schöpferisch Gestaltenden oder Künstlerischen.

8.9 Der gute Mittelweg

Die ideenreiche Kombination von Kontrasten macht eine Gestaltung zur einmaligen Schöpfung, zum Original. Allerdings läuft man dabei Gefahr, des Guten zuviel zu tun, was im Extrem zur zusammenhanglosen Unregelmäßigkeit führen kann, wenn nicht Ordnung schaffende Bindungen ein strenges Regiment führen. Andererseits aber führt die Zusammenstellung von Gestaltungsmitteln, die sich in vielen Eigenschaften gleichen, zu einer Geschlossenheit der Gestaltung, in der die Regelmäßigkeit dominiert. Das aber kann leicht so arm an Idee und Spannung sein, daß man es banal (geistlos, nichtssagend, fade) nennen kann. So bewegt sich der Gestalter, auch der Florist je nach seinen Entscheidungen hinsichtlich Kontrasten und Gleichheiten zwischen Banalität und Originalität. Wahrscheinlich liegt das Ideal in der Mitte.
Unsere Gestaltungsmittel haben viele Eigenschaften. Einige Eigenschaftsgruppen sollten Kontraste aufweisen. Diese machen interessant, lebendig, ungewöhnlich. Andere Eigenschaften sollten mit denen anderer Teile übereinstimmen. Diese Gleichheiten schließen alles zu einer Harmonie zusammen, die gefällig, verständlich und wohlgeordnet wirkt. Trifft man je nach Anforderungen aus dem Anlaß die richtige Wahl, von jedem etwas, mal das eine mehr, mal das andere, aber nie nur das eine oder das andere, so gelingt das richtige Zusammenspiel von Spannung und Entspannung. Man erreicht Individualität der Teile und zugleich das harmonische Zusammenspiel in einer wirksamen Ordnung. Dies wäre ein Dualismus[1], der ganz dem Leben entspricht. Hinzu kommt, daß die Originalität der Kontrastwirkungen die Neugier des Betrachters erweckt, die Gleichheiten aber verständlich und überschaubar machen. Somit bleibt dem Floristen gar nichts anderes übrig, als bei der Auswahl und Zuordnung der Teile an reizvolle Kontraste und zugleich an verbindende Gleichheiten zu denken!

---

[1] Dualismus = gemeinsame Wirkung von 2 entgegengesetzten Kräften.

Zur Vertiefung
1. Vergleichen Sie die Ladeneinrichtungen eines Lebensmittelselbstbedienungsladens, eines Buchgeschäftes und eines Pelzhauses oder Juweliers. Betrachten Sie die Fußboden- und Wandgestaltung, die Lampen, Möbel oder Regale, Farbigkeit des Raumes und sonstige auffällige Einzelheiten und geben Sie zusammenhängende Beschreibungen. Setzen Sie die Einrichtung in ihrer wesensmäßigen Zusammensetzung in Beziehung zu den Verkaufsobjekten und zu den Menschen, die als Kundenkreis für jedes dieser drei Geschäfte in Frage kommen (Gesetz der wesensmäßigen Zuordnung).

2. Charakterisieren Sie pflanzensoziologische Gemeinschaften wie die Heidevegetation, den Ackerrain, die Wiese, den Garten im Sommer usw.
3. Betrachten Sie Pflanzen oder Pflanzenteile (Schnittblumen) und stellen Sie fest, welche Gegensätze und welche Gleichheiten (Form, Farbe, Struktur) die Pflanzengestalt auszeichnen.

9 Die gute Proportion

Nachdem man sich über Pflanzenauswahl und Ordnungsgefüge klargeworden ist, bleibt noch die Frage, wie die Unterschiede der Größen und Mengen in gute Verhältnisse zu bringen sind. Müssen z. B. Höhe und Breite eines Arrangements in gesetzmäßig erfaßbaren Beziehungen stehen, um schön zu wirken, und wie sollen sich die Blumen in Ausdehnung und Menge untereinander und zur Größe des Gefäßes verhalten?

Abb. 127. Am menschlichen Körper gibt es vielfach vergleichbare Größen, die sich wie a : b verhalten nach dem Goldenen Schnitt

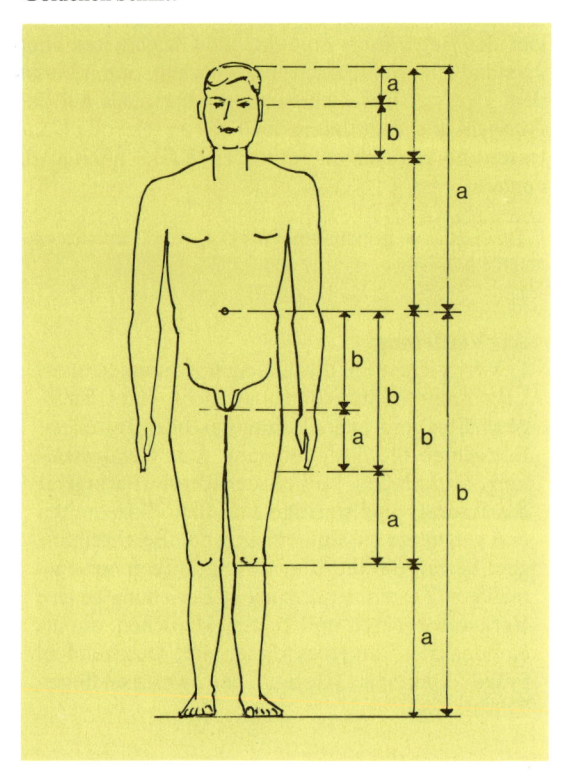

9.1 Der Goldene Schnitt

Die gleichen Fragen haben sich, bezogen auf andere Objekte, griechische Bildhauer und Mathematiker vor mehr als 2000 Jahren gestellt. Sie entdeckten in der Natur eine Gesetzmäßigkeit, die unterschiedlich lange Streckenteile in ein wohlgefälliges Zusammenspiel bringt. Der Mensch selbst kann Beweisobjekt sein, wie Längenunterschiede in Harmonie vereint werden. Der Oberkörper des Menschen ist kürzer als der Unterkörper, und immer ist das Verhältnis annähernd so, daß der Unterkörper 1,6 mal länger ist als der Oberkörper (Abb. 127). Wenn der Körperbau eines Menschen allzusehr von dieser Norm abweicht, fällt die Ungewöhnlichkeit seiner Proportionierung auf.

Die Griechen, und zwar der Bund der Pythagoreer (Anhänger von Pythagoras), auf Sizilien lebend, haben etwa 400 Jahre v. Chr. diese Gesetzmäßigkeit des Verhältnisses 1 : 1,6 an der geometrischen Figur des Pentagramms entwickelt (Abb. 128). In den Kreis mit dem fünfzackigen Stern lassen sich Blattformen einzeichnen. Auch der Mensch paßt in das Pentagramm, indem Hände und Füße je eine Sternspitze berühren, nur der Kopf reicht nicht bis zur fünften Sternspitze. Das Pentagramm ist also eine geometrische Grundform, die Maßsysteme vieler gewachsener Gestalten enthält.

Die Gesetzmäßigkeit lautet. Der Goldene Schnitt schneidet eine Strecke in zwei Teile, so daß die beiden Abschnitte unterschiedlich sind und in einem ganz bestimmten Verhältnis stehen: der kleinere Teil verhält sich zum größeren immer genau so, wie der größere zur ganzen Strecke. Mathematisch bedeutet das: Die Strecke c wird in den kleinen Abschnitt a und den größeren b geteilt; a verhält sich zu b wie b zu c (a: b = b : c). Diese Teilung ist stetig, d. h., der große Abschnitt verhält sich zur ganzen Strecke c wie die ganze Strecke c zu einer neuen Strecke, die sich aus b + c errechnet und d genannt wird (b : c = c : d (b + c). In konkreten Zahlen heißt das:

$$1 : 2 = 2 : 3 \,(1 + 2)$$
$$2 : 3 = 3 : 5 \,(2 + 3)$$
$$3 : 5 = 5 : 8 \,(3 + 5)$$
$$5 : 8 = 8 : 13 \,(8 + 5)$$
$$8 : 13 = 13 : 21 \,(8 + 13) \text{ usw. (Abb. 129).}$$

Will man beweisen, daß die Gleichung 3 : 5 = 5 : 8 stimmt, muß man nur die beiden Seiten durch Dividieren aufrechnen:

$$3 : 5 = 0{,}60$$
$$5 : 8 = 0{,}62$$

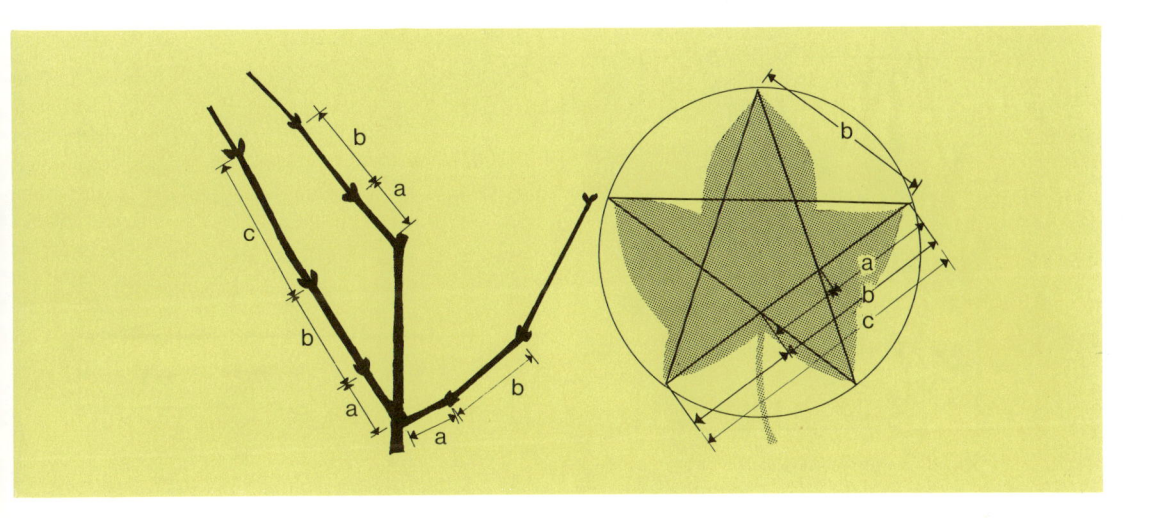

Abb. 128. Der Goldene Schnitt bei Streckenteilungen am Pflanzlichen

Beide Seiten ergeben also in etwa 0,6; somit stimmt die Gleichung, da hier keine mathematische Genauigkeit erforderlich ist.
Will man weiterhin beweisen, daß die größere Strecke tatsächlich 1,6mal größer ist als die kleine oder daß die ganze Strecke 1,6mal größer ist als der größere Abschnitt, muß man eine Division vornehmen. Versuchen wir es mit 8:5. Die 5 geht in die 8 genau 1,6mal (8:5 = 1,6).

Das Rechnen nach dem Goldenen Schnitt

Wir wissen, daß zwei Strecken im Verhältnis des Goldenen Schnittes stehen, wenn die größere 1,6mal größer als die kleine ist. Mit diesem Wissen kann man ganz einfach zu einer bekannten Strecke eine zweite errechnen, die im Verhältnis des Goldenen Schnitts zu der bekannten Strecke steht.
Ist die bekannte Strecke 20 cm lang, muß die neue Strecke 1,6mal größer sein, also 20 × 1,6 = 32 cm.

Will man aber zu den 20 cm eine kleinere Strecke finden, ebenfalls im Goldenen Schnitt proportioniert, so muß man lediglich durch 1,6 teilen, also 20:1,6 = 12,5 cm. So sind 12,5:20 und 20:32 im Goldenen Schnitt proportioniert.
Da a und b zusammen c ist, die ganze Strecke also aus beiden Abschnitten besteht, so ist c 2,6mal größer als a. Somit kann man auch gleich aus a, dem kleinen Abschnitt, c errechnen, eine Größe, in der a und b enthalten sind, indem man a mit 2,6 multipliziert. Vereinfacht können wir aber auch a:b wie 1:2 rechnen, da am Anfang der Verhältniszahlen im Goldenen Schnitt ebenfalls diese Zahlenbeziehung steht (Abb. 130).

Die zeichnerische Teilung einer Strecke nach dem Goldenen Schnitt. Die zeichnerische Lösung ist für Floristen praktisch nicht verwertbar, doch für die Interessierten sei es kurz erklärt: Die Strecke AB soll geteilt werden. Dazu errichtet man in B die Senkrechte und trägt auf ihr von B $\frac{AB}{2}$ ab. So erhält man den Punkt C. Nun werden A und C verbunden. Von C aus trägt man auf AC wieder $\frac{AB}{2}$ ab. Der so entstandene Punkt auf AC wird durch einen Zirkelschlag um A auf

Abb. 129. Der Goldene Schnitt erlaubt eine stetige Teilung

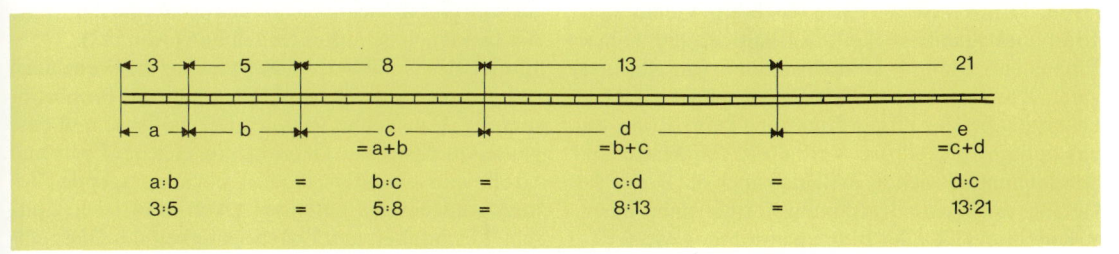

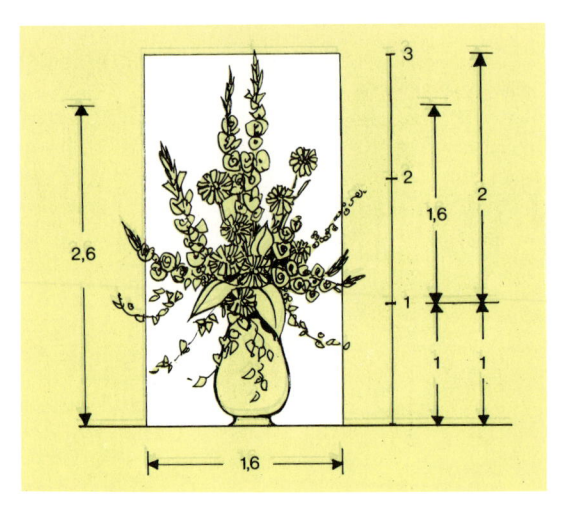

Abb. 130. Die große Strecke kann 1,6 bis 2mal größer sein als die kleine

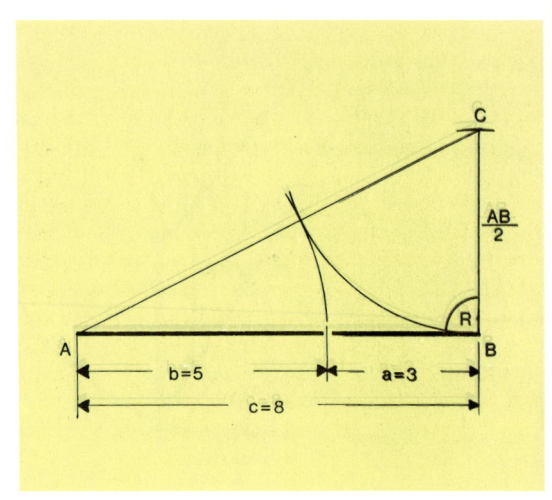

Abb. 131. Zeichnerische Teilung der **Strecke AB im Goldenen Schnitt**

die Strecke AB übertragen. Damit ist AB in die Abschnitte a : b im Goldenen Schnitt geteilt (Abb. 131).

9.2 Abwandlungen des Verhältnisses im Goldenen Schnitt

Das Goldene-Schnitt-Verhältnis ist für uns nur ein Maßstab. An unseren Gestaltungen wird nichts mit dem Zentimetermaß nachgemessen, sondern es mißt allein das Auge. Und das Auge läßt sich beeinflussen, ja sogar täuschen. Der optische Eindruck muß die Maße in einem guten Verhältnis erscheinen lassen, und da wirken mancherlei Faktoren mit. Nehmen wir als Beispiel das Verhältnis zwischen Gefäß und Höhenausdehnung der Blumen.

Einfluß der Gefäßformen. Die breite, runde Vase kann im Gegensatz zur schlanken, zierlichen Vase von gleicher Höhe eine viel höher aufragende, ja bis zum Vierfachen der Gefäßhöhe betragende Blumenfüllung bewältigen als die schmale Vase. Das hängt mit der Massenwirkung des Gefäßes zusammen (Abb. 132). Es ist, als hätte das breite Gefäß mehr Kraft und Standfestigkeit, weshalb es die höhere Blumenanordnung kompensieren (ausgleichen) kann. Das tatsächliche Fassungsvermögen der Gefäße spielt bei der Proportionierung keine Rolle, nur das optisch feststellbare Verhältnis von Masse und Ausdehnung ist wichtig. Will man auch die Breite des Gefäßes mit in eine Berechnungsformel einbeziehen, so lautet sie: Höhe der Blumenanordnung wie Breite + Höhe des Gefäßes × 2 bei zierlichen Blumenformen in lockerer Anordnung; Breite + Höhe des Gefäßes × 1,5 bei größeren Blumenformen oder vollerer Anordnung.

Einfluß der Blumenform und Art der Anordnung der Blumen. Kleinblütige, grazile Blumen und zierliche Gräser können bis zum Vierfachen der Gefäßhöhe aufstreben (Abb. 133). Durch eine gut gestaltete Wuchsmitte werden sie optisch gebunden und wirken festgehalten. Die überhohe Ausdehnung betont eher die Leichtigkeit und Eleganz der Formen, als daß sie unproportioniert wirkt. Das Auge wägt auch mehr das Verhältnis der Massen als das der Ausdehnungen ab, und spielerisch-lineare Formen ergeben nicht so schnell einen Masseneindruck. Große und kompakte Blumen dagegen dürfen höchstens bis zur doppelten Höhe des Gefäßes aufragen, bei fülliger Anordnung gehen sie besser nicht über das 1 : 1,6-Verhältnis hinaus. Sollen lagernde seitlich wegstrebende oder abfließende Formen in einer Anordnung dominieren, kann die Höhenausdehnung der Blumen im Verhältnis zum Gefäß kleine Größe aus der Reihe der Maße des Goldenen Schnittes einnehmen (Abb. 33).

Einfluß des Gefäßmaterials. Nicht nur die Form, auch das Material des Gefäßes beeinflußt die Proportionierung. Eine rauhe, massive Keramikvase und eine glatte, durchsichtige Glasvase von gleicher Form und Größe müssen unterschiedlich hoch aufragende Blumenarrangements enthalten (Abb. 134). Die optische Leichtigkeit und Durchsichtigkeit des Glasgefä-

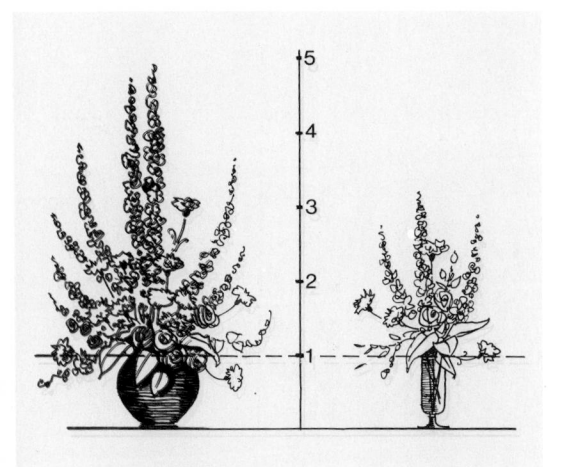

Abb. 132. (oben links) Das breite Gefäß kann nicht nur mehr, sondern auch höher aufragende Blumen aufnehmen als das schmale Gefäß gleicher Höhe

Abb. 133. (oben rechts) Zierliche, feingliedrige Formen können höher aufragen als voll plastische, optisch schwere Formen

Abb. 134. (Mitte rechts) Derbe Keramik kann optisch mehr und höher aufragende Blumen an sich binden, als ein durchsichtiges Gefäß gleicher Form und Größe

Abb. 135. (unten rechts) Ein formal-lineares Gesteck mit viel Freiräumen kann höher aufragen als ein üppig dekoratives

ßes zwingen zu einer niedriger gehaltenen Blumenanordnung als die Schwere des rustikalen Keramikgefäßes. Dennoch wirken beide Arrangements gut proportioniert, obgleich in der Glasvase die Länge der Blumen nur das Doppelte der Gefäßhöhe beträgt, während sie die Keramikvase um das Drei- bis Vierfache überragen.

Einfluß der Blütenfarbe. Die Farbe der Blüten hat ebenfalls Einfluß auf die Variation der Höhenausdehnung. Dunkle Blüten können, wenn sie aus formalen Gründen hoch aufragen sollen (z. B. dunkelblauer Rittersporn) etwas höher aufstrebend angeordnet werden als hellere Sorten der gleichen Art, weil sie aufgrund der geringeren Farbhelligkeit nicht so schwebend und leicht wirken. Die dunkle Farbe scheint die Blüten etwas herabzuziehen, und diese optische Wirkung heben wir auf, indem wir die dunklen Blütenstände von vornherein etwas höher aufragen lassen.

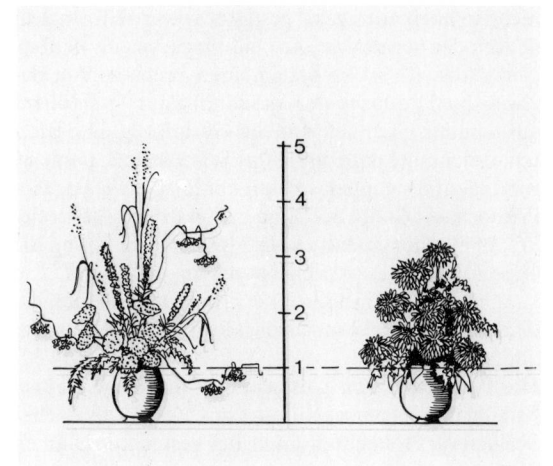

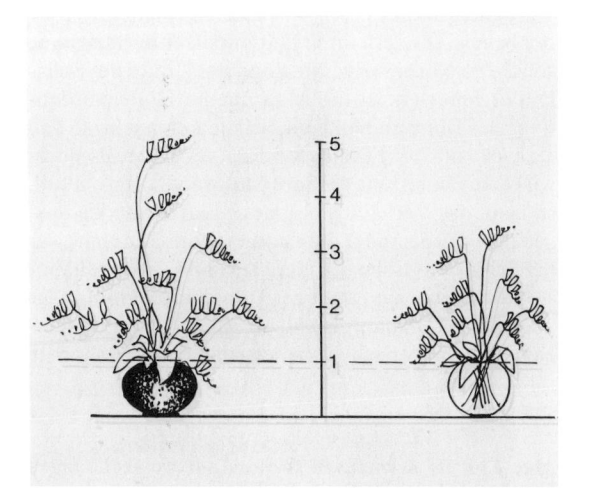

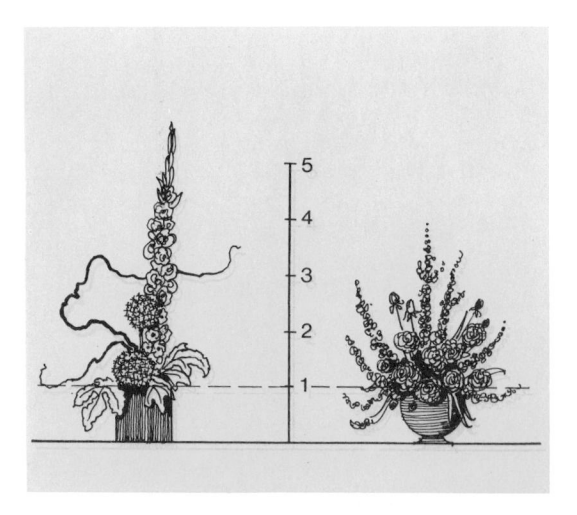

Einfluß der Gestaltungsart. Schließlich entscheidet die Gestaltungsart über die Höhenausdehnung und damit über das Verhältnis zwischen Gefäß und Blumen. Eine üppige, dekorative Füllung wird im ganzen nicht so hoch aufragend gestaltet wie eine formal-lineare oder vegetative, die beide lockerer im Aufbau sind (Abb. 135). Im allgemeinen rechnet man das Zwei- bis Dreifache der Vasenhöhe für die Höhenausdehnung einer dekorativen Gestaltung. Die Breitenausdehnung paßt gut in das Schema 1:2, denn sie wird ebenfalls doppelt so breit bemessen, wie das Gefäß hoch ist (Abb. 136). Dabei liegt die größte Breite in Gefäßhöhe, so daß die breiteste Ausdehnung die Gesamthöhe des Arrangements in $1/3 : 2/3$ teilt. So kann man den Umriß in eine Tropfenform einfügen, eine Naturform, die in sich die Harmonie der Ausdehnungen verkörpert.

Die Proportion von Gestecken in flachen Gefäßen.
Nun bleibt uns nur noch, über das Verhältnis flacher Schalen zur Höhenanordnung der gesteckten Blumen zu sprechen. Im Grunde genommen ist es hier nicht viel anders als bei Vasen, nur daß man nicht die Höhe der Schale, sondern ihren Durchmesser in Beziehung setzt. Die Norm wäre: Die doppelte Breite des Schalendurchmessers ist das Maß für die Höhenausdehnung der Blumen. Sollte die Schale tiefer sein, so daß sie nicht nur als Fläche, sondern verstärkt als Form wirkt und damit eine größere Massenwirkung eintritt, so kann das Verhältnis bis zur dreifachen Höhe ausgedehnt werden oder man addiert zum Durchmesser der Schale die Höhe des Gefäßes und verdoppelt dieses Maß, um die richtige Höhenausdehnung der Zweige und Blumen zu finden. Auch wenn man sehr zierliche, spielerische Formen wie Gräser, skurrile

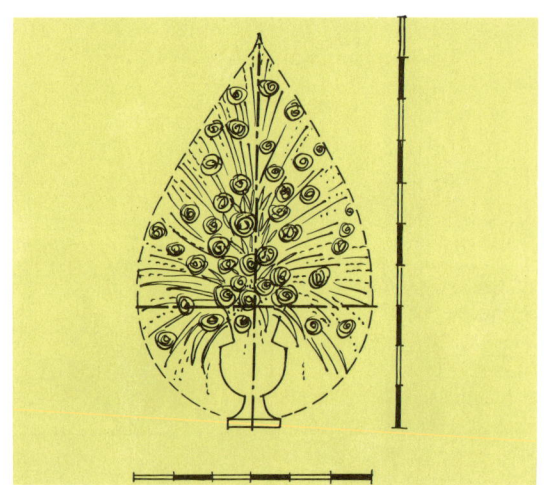

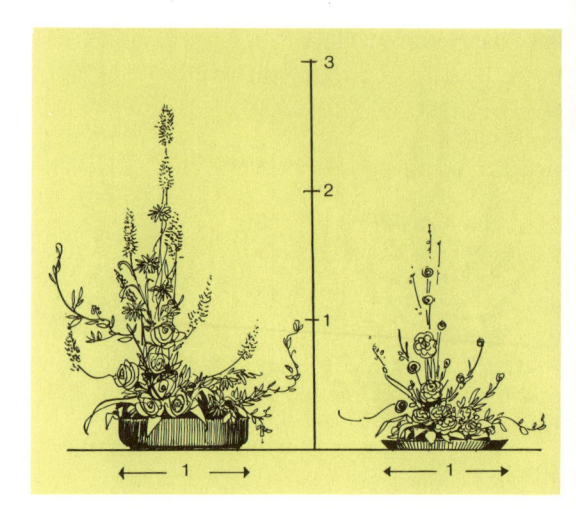

Abb. 136. Im dekorativen Gesteck mit tropfenförmigen Umriß verhält sich die Breite zur Höhe wie a : b

Abb. 137. Je größer die Massenwirkung einer Schale, um so höher können die Blumen aufragen

Abb. 138. Hier dominiert die Breite über die Höhe um ein Mehrfaches. Die mit Wasser in Glasröhrchen und Gummikappe versehenen Kamelienzweige sind nur gelegt, was einen netten Tischschmuck ergibt

Zweige u. ä. steckt, kann das Verhältnis mehr als 1:2 betragen (Abb. 137).
Mitunter kann man aber auch erheblich unter diesen Verhältnissen bleiben, vor allem, wenn man auf flachen Schalen anordnet. Dann kann die Breite der Schale die große Ausdehnung haben, die Höhe der Blumen die kleine (Abb. 138). Doch über diese Einzelheiten im speziellen Teil der Blumenschmuckkunde mehr, hier geht es um Grundsätzliches.

9.3 Das Normverhältnis

Der Vollständigkeit halber soll noch auf ein weiteres Proportionsgesetz hingewiesen werden: das Normverhältnis. Es ist besonders gut geeignet, Flächen zu gestalten wie Spiegel, Plakate, Rahmen als Dekorationshilfen bei der Schaufenstergestaltung usw. Mit dem Schreibpapier DIN A 4 oder DIN A 5 liegen bereits im Normverhältnis gestaltete Flächen vor. Hierbei ist die längere Seite immer 1,4mal größer als die kürzere. Auch diese Proportion entwickelt sich aus einer geometrischen Figur, nämlich aus dem Quadrat (Abb. 139). In jedem Quadrat, ganz gleich wie groß es ist, ist die Diagonale stets 1,4mal größer als die Seitenlänge (genau genommen nicht 1,4, sondern 1,415), das ist nämlich die Wurzel aus 2. Und daß in einem Quadrat die Diagonale 1,415mal größer ist als die Seite, kann man mit dem Lehrsatz des Pythagoras beweisen. Dieser besagt: In einem rechtwinkligen Dreieck sind die beiden Kathetenquadrate zusammen genauso groß wie das Hypotenusenquadrat (Abb. 140). In der Formel sieht das so aus:

$a^2 + b^2 = c^2$.

Da die Diagonaldreiecke aus dem Quadrat gleiche Seiten haben, die wir x nennen, und die Diagonale des Quadrats (Hypotenuse der Dreiecke) y genannt wird, schreiben wir die Formel: $x^2 + x^2 = y^2$. Diese Formel brauchen wir bloß etwas umzustellen, um zu beweisen, daß y = 1,4 x ist.

$$\begin{aligned} x^2 + x^2 &= y^2 \\ 2x^2 &= y^2 \\ \sqrt{2} \cdot \sqrt{x^2} &= \sqrt{y^2} \\ \sqrt{2} \cdot x &= y \\ 1{,}415 \cdot x &= y \end{aligned}$$

Sucht man also zu einer kurzen Seite eine lange, die im Normverhältnis proportioniert ist, so rechnet man:

kurze Seite · 1,4 = lange Seite
z. B. 30 cm · 1,4 = 42 cm

Hat man die lange Seite und sucht die kurze Seite dazu, so rechnet man:

lange Seite : 1,4 = kurze Seite
140 cm : 1,4 = 100 cm

Vergleich zwischen der Proportion im Goldenen Schnitt und dem Normverhältnis

Um das wesentliche dieser beiden Proportionsgesetze noch einmal darzustellen, ist folgender Überblick entwickelt worden:

Goldener Schnitt	Normverhältnis
Eine Strecke wird in 2 ungleiche Teile zergliedert	2 vorhandene unterschiedliche Längen stehen in Beziehung
Das Verhältnis ist fortlaufend weiter zu entwickeln a : b = b : c = c : d = d : e usw.	Das Verhältnis bezieht sich nur auf 2 Größen
Das Verhältnis läßt Schwankungen in den Verhältniszahlen zu 1 : 2 bis 1 : 1,5	Das Verhältnis verlangt genaue Zahlenwerte
Mittlere Verhältniszahl 1 : 1,6	Verhältniszahl 1 : 1,4
Erkannt am organischen Wachstum	Geometrisch entwickelt, mit dem Lehrsatz des Pythagoras bewiesen
Beziehungsfigur ist das Pentagramm	Beziehungsfigur ist das Diagonaldreieck des Quadrats
Zeichnerische Darstellung verlangt ein rechtwinkliges ungleichschenkliges Dreieck	Zeichnerische Darstellung verlangt ein rechtwinkliges gleichschenkliges Dreieck
Bei räumlichen Gestaltungen und Hintereinanderschaltungen (Staffelungen z. B.) bevorzugt	Bei Flächenproportionen bevorzugt
In künstlerischer Gestaltung von Bedeutung	Als Maß in der Technik – DIN[1] – bevorzugt

[1] DIN = Abkürzung für Deutsche Industrie-Norm

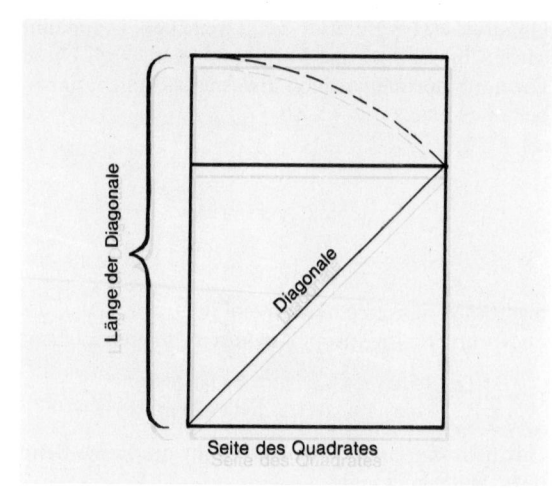

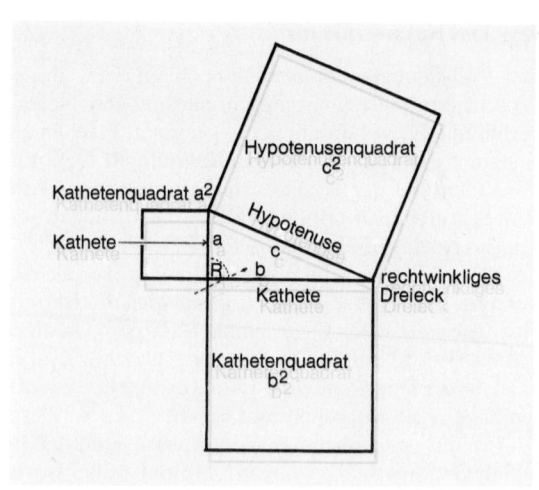

Abb. 139. Dieses Rechteck ist im Normverhältnis proportioniert. Da die Diagonale des Quadrats 1,4mal größer ist als die Seite des Quadrats, verhalten sich die Seiten des gebildeten Rechtecks wie 1 : 1,4

Abb. 140. Mit dem Lehrsatz des Pythagoras kann man beweisen, daß die Diagonale im Quadrat 1,4mal größer ist als die Seite

Zur Vertiefung

1. Messen Sie Ihre Körperlängen vom Nabel aus nach oben und nach unten und errechnen Sie, wieviel größer der Unterkörper im Verhältnis zum Oberkörper ist. Untersuchen Sie die Verhältnisse zwischen Hand und Unterarm, Oberschenkel und Unterschenkel incl. Fuß, Oberlippe und Kinn, Breite und Höhe des Kopfes usw. Sie werden noch häufiger die Verhältniszahlen 1,5 – 2, im Mittel 1,6 finden.

2. Schneiden Sie 10 Rechtecke aus mit den Seitenlängen 1 × 1; 1 × 1,2; 1 × 1,4; 1 × 1,6; 1 × 1,8; 1 × 2; 1 × 2,2; 1 × 2,4; 1 × 2,6; 1 × 2,8; kleben Sie sie auf gemeinsamer Grundlinie nebeneinander mit regelmäßigem Abstand, etwa 3 mm und legen Sie diese Kollage Ihren Bekannten und Freunden vor. Lassen Sie das Rechteck bezeichnen, das am schönsten gefunden wird. Welches wird am häufigsten benannt?

3. Es sind folgende Streckenlängen gegeben: 1,40 m, 1,00 m, 0,80 m, 0,50 m, 0,30 m. Wie groß jeweils muß die im Normverhältnis proportionierte kleinere Strecke sein?

4. Sie haben runde Dekorationsplatten mit dem Durchmesser 0,60 m. Nun möchten sie noch größere Platten dazu haben, deren Flächengröße sich zur Größe der kleineren Platte im Verhältnis des Goldenen Schnitts verhält. Welchen Durchmesser müssen diese Platten haben?

Spezielle Blumenschmuck- und Dekorationskunde

1 Maßstäbe der floristischen Gestaltungen

Alles, was wir tun, erfüllt einen Zweck. Alle floristischen Gestaltungen sollen dem Kunden gefallen. Alles Gestalterische hat Stil[1]. Diese drei Feststellungen führen zu grundsätzlichen Überlegungen, die allem kreativen (schöpferischen) Tun vorausgehen müssen. Sie sind notwendig, um sinnvolle und unabhängig vom persönlichen Geschmack des Floristen auch den verschiedenen Kunden zusagende Floristik zu schaffen. Deshalb geht der Besprechung über die speziellen Arbeitsgebiete des Floristen eine grundsätzliche Betrachtung voran, in welcher fünf allgemein gültige Maßstäbe besprochen werden, nach denen jede Gestaltung beurteilt werden sollte.

1.1 Die Zweckgerechtigkeit

Zweckgerechtigkeit ist gegeben, wenn die speziellen Anforderungen an das floristische Werkstück erfüllt sind. So werden bei der Besprechung der Blumengestaltungen auch jeweils die Anforderungen behandelt, um zweckmäßig gestalten zu können. Ein Sprichwort sagt: „Der Zweck heiligt die Mittel". Auf den Arbeitsbereich des Floristen bezogen heißt das, daß zur Zweckerfüllung eventuell auch einmal andere, sonst sehr wertvolle Maßstäbe mißachtet werden können. Wenn aus gestalterischen Gründen z. B. Blätter mit Silber besprüht werden, weil das Blumenarrangement die Tafel für eine Silberhochzeit schmücken soll, so ist das zwar nicht ganz wahrhaftig, aber zweckgerecht (s. Wahrhaftigkeit). Wenn in einem Brautstrauß die Rosen nach unten hängen, so ist das zwar nicht materialgerecht, aber zum Zwecke der die Braut schmückenden Formgestaltung des Brautstraußes zweckgerecht (s. Materialgerechtigkeit). Wenn wir das Band zur Schlaufe zusammennehmen und so angedrahtet zwischen die Blumen in den Kranzschmuck stecken, so ist das nicht werkgerecht, weil das Band nicht wirklich gebunden ist, aber zweckgerecht (s. Werkgerechtigkeit). Somit deutet sich hier bereits an, daß der Designer (Gestalter) entscheiden muß, ob er alle fünf Maßstäbe gleichermaßen beachten will oder ob der eine aufgrund der Forderungen des anderen mehr oder weniger unberücksichtigt bleibt. Ja, Gestalten ist nicht nur aufgrund der notwendigen Kenntnisse aus der Gestaltungslehre und anderen Gebieten eine geistige Leistung, sondern vor allem auch durch die Entscheidungen, die der Gestalter im Hinblick auf die Zweckerfüllung seiner Arbeit treffen muß.

1.2 Die Materialgerechtigkeit

Materialgerechtigkeit ist im heutigen Gestalten eine sehr wichtige Forderung. Man spricht von der spezifischen Schönheit des Materials oder von der Sprache des Materials und strebt an, auch bei der Verarbeitung die typische Wirkung der Gestaltungsmittel zu erhalten. Der Modist entwickelt den Schnitt des Kleides aus der Eigentümlichkeit des Stoffes in Struktur, Musterung und Festigkeit. Der Architekt plant die Gliederung der Hausfassade durch die Kombination verschiedener Materialien. Der Tischler benutzt die Maserung des Holzes für die schöne Wirkung des Schrankes usw. Der Florist muß seine Betrachtungen auf die Pflanzenteile richten und ihre spezielle Schönheit innerhalb des binderischen Werkstücks darstellen. Er erreicht das durch drei Maßnahmen:

1. Die Blumen, Blätter und Zweige werden im Arrangement so gesteckt, wie sie wachsen. Ihre natürliche Haltung wird ihnen durch das Stecken wiedergegeben; zumindest muß ihre Wachstumstendenz erhalten bleiben (s. Bewegungsformen und Abb. 141).
2. Durch die Auswahl der treffenden Charakterformen für den zugedachten Platz im Arrangement oder für den speziellen Gestaltungsstil werden beim Gestalten die Wesenheiten der Blumen berücksichtigt (s. Charakterformen).
3. Durch die richtige Auswahl der Partner in einem Arrangement nach dem Gesetz der wesensmäßigen Zuordnung gibt man jeder Blume das zu ihr passende Umfeld innerhalb des Arrangements.

---

[1] Stil = Gepräge einer Gestaltung, in dem sich das Wesen der Persönlichkeit und der Zeit ausdrückt

Abb. 141. Ein Gesichtspunkt der Materialgerechtigkeit ist die Stellung der Pflanzenteile entsprechend ihrer natürlichen Wuchshaltung

Allerdings kann man auch hier im Interesse der Stilgerechtigkeit oder Zweckgerechtigkeit die Materialgerechtigkeit einmal nicht beachten, z.B. kann man im formal-linearen Gesteck den Grashalm knicken oder zum Zwecke der Anpassung des Kranzschmuckes an den Kranzkörper die Gladiole legen. Die jeweils richtigen Entscheidungen machen den guten Gestalter aus.

1.3 Die Werkgerechtigkeit

Werkgerechtigkeit ist eine weitere Forderung, welche den Herstellungsprozeß gestalterisch benutzt, um optisch wirksame Akzente zu setzen. So kann ein Strauß z.B. nicht einfach nur mit einem Bastfaden gebunden werden, sondern außerdem mit einer Schmuckschleife, die das Binden sichtbar betont. So werden alle Bänder, die zu dekorativen Zwecken angebracht werden, derartig eingefügt, als würden sie das Gebinde zusammenhalten. Die Schleifen müssen also von der scheinbaren oder tatsächlichen Bindestelle ausgehen (s. Grabstrauß, Kranzschleife, Band im Biedermeier- oder Brautstrauß usw.). Wenn wir Bambusstäbe zu einem Gestell zusammenbinden, geschieht das nicht nur mit Draht, sondern außerdem mit Kokosstrick oder Kordel, damit sich das Binden gestalterisch schön darstellen kann.

---

[1] Toleranz = Duldsamkeit, Nachsichtigkeit, Weitherzigkeit gegenüber Andersdenkenden, Andersartigen (lat.: tolerare = ertragen)

1.4 Die Stilgerechtigkeit

Stilgerechtigkeit fordert vom Floristen Kenntnisse über Stilformen und viel Einfühlungsvermögen. Stil ist ein einheitliches Gepräge aller Dinge, die in einem Zeitabschnitt geschaffen sind oder die zu einer Person passen. Stil ist also der in den Dingen erkennbare Ausdruck der einem Zeitcharakter oder dem Wesen einer Person entsprechen kann. Der Florist darf nicht nur seinen persönlichen Stil pflegen, was er jedoch tut, wenn er nach seinem Geschmack urteilt. Geschmack ist das persönliche Urteil über das, was gefällt, Geschmack drückt also einen persönlichen Stil aus. Da der Florist aber für andere, nämlich für seine Kunden, gestaltet, muß er auch Dinge herstellen, die ihm selbst stilistisch nicht gefallen. Dennoch sind diese Dinge von einer allgemein gültigen Schönheit, wenn sie nach gestalterischen Gesetzen geordnet sind. Stilgerechtes Gestalten fordert demnach Kenntnisse und Einfühlungsvermögen sowie Toleranz[1]. Die Kenntnisse kann das vorliegende Buch vermitteln, Einfühlungsvermögen und Toleranz entwickeln sich durch Bildung und Reife.

1.5 Die Wahrhaftigkeit

Wahrhaftigkeit wird hier zwar als fünfte Forderung aufgeführt, was jedoch keine Wertung bedeutet. Nur ist sie ein recht übergeordneter Begriff, der meist schon erfüllt ist, wenn die vier anderen Maßstäbe richtig berücksichtigt wurden. Wahrhaftigkeit bedeutet Aufrichtigkeit, Wahrheitsliebe, Echtheit des Wesens. Die gestalterische Forderung nach Wahrhaftigkeit meint, daß die Erscheinung einer Gestaltung seiner „inneren Wirklichkeit" entspricht. Werden sehr natürlich aussehende Seidenblumen z.B. wuchshaft gesteckt, so ist das nicht wahrhaftig, denn diese künstlichen Blumen wachsen nicht. Steckt man sie aber dekorativ zu einem Schaufensterschmuck in einem Modehaus, z.B. wo es auf farbliche und dekorative Wirkung ankommt, nicht auf Lebensfülle oder den Zauber natürlicher Frische, kann man aus zweckmäßigen Gründen wohl zu Seidenblumen greifen, ohne die Wahrhaftigkeit zu übersehen, vorausgesetzt man sieht in der Seidenblume an sich nicht schon die Forderung nach Wahrhaftigkeit mißachtet: Will die Seidenblume „echt", also lebendig, wirken, tut sie das, doch will sie weiter nichts als ein dekoratives Mittel in der Form von Blüten sein, tut sie das nicht. Ein anderes Beispiel der Wahrhaftigkeit in der Floristik liefert die Kranzbinderei. Die innere Wahrheit des Kranzes ist der zum Ausdruck kommende Symbolgehalt. Wird der Blumenschmuck des Kranzes wirkungsvoller gestaltet als der Kranzkörper, so ist dem „Gesetz der Wahrhaftigkeit" nicht entsprochen, weil die Gesamtform nicht dem geistigen Gehalt des Gebindes entspricht. Diese „Entartung" des Kranzes ist jedoch oft zu beobachten, weil der Florist glaubt, daß dem Kunden äußere Wirkung wichtiger ist als von innen ausstrahlende Schönheit.

Zur Vertiefung
1. Suchen Sie Keramiken, in deren Form und Oberfläche das Drehen der Drehscheibe noch sichtbar ist, die also werkgerecht sind (s. Florist Band 2, Seite 135).
2. Beurteilen Sie die Pflanzung in einem alten Plätteisen nach den Gesichtspunkten der Zweckgerechtigkeit, der Stilgerechtigkeit und der Wahrhaftigkeit.
3. Beurteilen Sie Werkzeuge, Küchengeräte, Möbel und anderes nach den fünf Betrachtungsmaßstäben und stellen Sie fest, welcher besonders deutlich wird.

2 Der Strauß

2.1 Allgemeines

Das Wort „Strauß" hat sich erst in der Neuzeit herausgebildet. Es hängt mit dem Wort „strotzen" zusammen, gemeint ist die Zusammenstellung von Blumen vieler Formen und Farben, die von Fülle und reicher Pracht strotzt. Die Römer nannten gebundene Schnittblumen „Blumenbündelchen" (fasciculus florum), die deutschen Menschen im Mittelalter sagen „Blumenbüschel" oder „Blumenbusch" dazu. Die bei uns noch heute bekannte Bezeichnung „Bouquet", verdeutscht „Bukett", kommt aus dem Französischen und erinnert an die Düfte, die den Blumenzusammenstellungen entströmen. Man sagt ja auch zum Duft des Weines „das Bukett des Weines" oder „die Blume des Weines". Früher (noch bis um die Jahrhundertwende) bevorzugte man tatsächlich Sträuße, vor allem für Hand- und Anstecksträußchen, stark duftende Blumen wie Tuberosen, Orangenblüten, Veilchen und *Stephanótis*, Maréchal Niel-Rosen, Gardenien, Maiglöckchen und Nelken, unter Umständen auch Thymian, Rosmarin, Lavendel und Salbei (Abb. 142).

Geschichtliche Entwicklung. Der Strauß ist zu allen Zeiten, da Menschen ihre Umwelt bewußt erleben, bekannt. Ägyptische Wandmalereien zeigen Frauen mit Büscheln von Lotosblüten in der Hand. Die Hellenen trugen bei Umzügen Sträuße in der Hand zu Ehren einer Gottheit, und sie legten sie an den Stufen der Altäre oder Tempel nieder. Die Römer warfen allen siegreich heimkehrenden Kriegern Sträuße zu. Im Mittelalter wurden Blumensträuße über Schnüre gehängt und damit Zimmer oder Straßen bei festlichen Anlässen geschmückt. In der Neuzeit ist der Strauß in der Vase ein Stück der gepflegten Wohnung. Man verschenkt den Strauß und drückt mit ihm Wünsche aus. Man zeigt Anerkennung, Achtung und Liebe durch ihn, und man bindet ihn selbst, um die Blumen der Wiese oder des Gartens nach Hause zu tragen. Die Formen der Sträuße sowie die Art der Blumenauswahl und -zusammenstellung haben sich mehrmals gewandelt. Sie sind dem Zeitgeschmack und sogar etwas der Mode unterworfen (s. Seite 9 bis 27). Heute ist der Strauß sehr vielgestaltig, und seine Formen sind abhängig vom Verwendungszweck und der Kunst des Gestalters.

2.2 Heute übliche Formen des Straußes

Sträuße unterscheiden sich nicht allein durch die Blumenarten, die in ihnen zusammengebunden werden. Der fachlich gut unterrichtete Florist unterscheidet vier Straußtypen, deren Gestaltungsmaßnahmen besonderen Gesetzmäßigkeiten folgen. Die

Abb. 142. Das „Pompadourbukett", eine beliebte Straußform Ende des vorigen Jahrhunderts

Abb. 143. Der schlichte Strauß
Abb. 144. Der rhythmisch gegliederte, dekorative Strauß
Abb. 145. Der formal-lineare Strauß

vier Zeichnungen (Abb. 143 bis 146) machen die Unterschiede der Gestaltungsformen in den folgenden Straußtypen deutlich.

a) Der schlichte Strauß, der gleichartige Blumen bzw. bunte Zusammenstellungen gleich langer Blumen vereint ohne sie zu staffeln oder in Arten zu gruppieren.

b) Der künstlerisch gestaltete, dekorative, also üppige Strauß, der bewußt und interessant zusammengestellt ist und mehr oder weniger in Staffelungen rhythmisch geordnet wird.

c) Der formal-lineare Strauß, in dem wenige, aber recht gegensätzliche Formen zusammengebunden werden, so daß die Formen der Blüten und Blätter sowie das Spiel der Linien der Stiele, Zweige oder Gräser besonders reizvoll zur Geltung kommen.

d) Der Biedermeierstrauß, eine geschlossene Endform, in dem die Blüten Bausteine einer neuen Gestalt sind.

Die häufig gebrauchten Bezeichnungen „Vasenstrauß" oder „Geschenkstrauß" zur Differenzierung der Straußtypen sagen gar nichts, denn jede der oben genannten Straußformen kann verschenkt und muß in die Vase gestellt werden.

Der schlichte Strauß stellt in seiner einfachen, unkünstlerischen Art keine Anforderungen an die handwerklichen und gestalterischen Fähigkeiten des Floristen. Die gleichlangen Blumen werden mit oder ohne Schnittgrün zusammengenommen und gebunden. Die Blüten fügen sich zu einer flachrunden Blü-

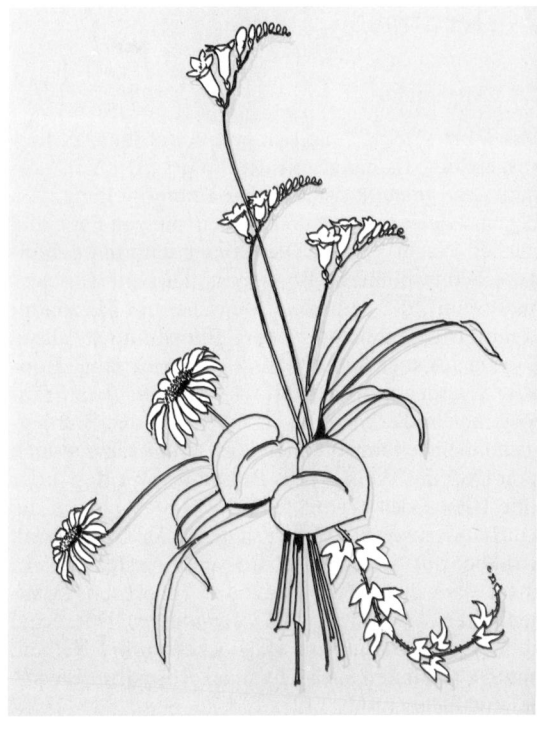

Abb. 146. Der Biedermeierstrauß, er kann gut in weitbauchige oder becherartige Gefäße eingestellt werden

tenscheibe zusammen. Gliedert man den Strauß lokker, sollen die Blüten in regelmäßiger Streuung verteilt sein. Zum Binden empfiehlt sich die Verwendung von Bindefoliestreifen. Deren Handhabung ist schnell „in den Griff" zu bekommen, so daß man nicht zu fest bindet, um die Stiele nicht zu zerquetschen, aber auch nicht zu locker, weil sonst die Blumen nicht zusammenhalten. Man spart mit dieser Technik den sich summierenden Zeitaufwand durch Binden, Knoten und Abschneiden des Fadens. Auch braucht man nicht zu befürchten, daß der Strauß durch die Bindetechnik den Charakter von Bündelware bekommt – jedenfalls nicht mehr, als er ihn ohnehin schon hat! Dieser Strauß sollte eigentlich nicht so in die Vase gestellt werden. Der Besitzer oder Beschenkte sollte die Blumen nach eigenem Geschmack und Können arrangieren. Geschieht das aber, ist es eigentlich sinnlos, daß die Blumen überhaupt zusammengebunden worden sind. Sie ließen sich doch viel besser verpacken und transportieren, wenn man sie sorgfältig auf das Einwickelpapier oder in einen extra dafür geschaffenen Karton legt. Jedenfalls ist dies in Ländern üblich, wo das Blumenarrangieren zu einer weit verbreiteten Liebhaberbeschäftigung geworden ist, z. B. in England. Selbst die Blumen, die man verschenkt, werden nicht gebunden, sondern die Verpackung aus Cellophan oder Karton mit einem Cellophanfensterchen bekommt eine farbig passende Schleifenbindung als dekoratives Attribut (Abb. 147). Hier entfällt die Überlegung, ob die Blumen ausgewickelt überreicht werden sollen. Auch bei uns gibt es Kunden, die ihre Blumen arrangieren und nicht einfach in die Vase stopfen!

Der dekorative Strauß erfordert mehr Phantasie und Können. Hier werden zwei oder mehrere Blumenarten vereint. Die farbliche Zusammenstellung richtet sich nach dem Anlaß, für den der Strauß bestimmt ist, und wird nach den Harmonieregeln komponiert. Die Formen und Bewegungen werden recht kontrastreich gewählt. Für die Zuordnung von Blättern, Gräsern oder Zweigen gilt der Gesichtspunkt der wesensmäßigen Zuordnung. Im folgenden werden weitere wichtige Gestaltungsregeln aufgeführt, wobei wir zwei verschiedene Ausprägungen des Straußtyps unterscheiden wollen. Die erste Version sieht folgendermaßen aus:

1. Es werden in farblicher Harmonie mehrere Blumenarten und Beiwerk zusammengestellt, wobei man keine Edelformen nimmt, da sie in der Fülle dieses Straußes nicht voll zur Geltung kommen können.
2. Die Blumenarten werden mit relativ geringen Längenunterschieden in Gruppen zusammengefaßt.
3. Die Blumengruppen werden in Streuung in der Straußform gemischt, wobei man Zonen der Verdichtung schaffen kann (Abb. 148).
4. Der Strauß wird rund in der Draufsicht und kuppelförmig in der Ansicht gestaltet.
5. Das Gefäß wird so gewählt, daß die Gesamtansicht voll und rund wirkt. (Abb. 148)

Abb. 147. Verpackungskartons für Schnittblumen, wie sie in England üblich sind

Abb. 148. Der phantasievoll zusammengestellte, üppige Strauß mit runder Kuppelform. Die innere Gliederung ist nicht durch Staffelungen rhythmisch aufgebaut, sondern mehr nach dem Prinzip der Streuung mit Schwerpunkten gestaltet

Die zweite Version wird stärker gegliedert:
1. Zusammenfassung der Blumenarten in Staffelungen.
2. Ausgestaltung des Bewegungsmittelpunktes.
3. Die freien Zwischenräume sind wesentlich, damit der Rhythmus der Staffelungen wirksam wird. Dieser Straußtyp kann so locker gestaltet werden, daß auch Edelformen gut zur Geltung kommen können. Bei interessanter formenreicher Zusammenstellung kann die Berücksichtigung der Freiräume den Strauß schon fast graphisch wirken lassen, weshalb sich hier Übergänge zum formal-linearen Strauß ergeben.
4. Das Umrißbild dieses Straußes sollte tropfenförmig sein. Damit sind aufstrebende Bewegungsformen in ihrer Wirkung unterstützt und die gute Proportion der Gestaltung garantiert. Auch das Einstellgefäß muß sich in diesen Umriß einfügen (Abb. 149).

Diese dekorativen Sträuße wirken üppig, repräsentativ, lebendig, farbig interessant und phantasievoll. Bei dem reichen Blumenangebot des Sommers sind sie Ausdruck von Lebensfülle und sommerlicher Pracht. Sie vereinen Blumen, Blätter und Zweige aus allen Formgruppen der Bewegungsformen. Mit nur einer Bewegungsform, z.B. der aufstrebenden, kann man diesen Straußtyp nicht gestalten. Vor allem sind die ausschwingenden Zweig- und Blattformen wesentlich für die Ausbildung des unteren Bereiches der Kuppel- oder Tropfenform. Je mehr Geltung eine Blume für sich fordert, um so mehr Freiraum braucht sie um sich und Untergeordnetes unter sich, und um so größer müssen auch die Zwischenräume ausgebildet sein. Somit gestattet dieser Straußtyp durch die Möglichkeit der unterschiedlichen Ausbildung der Freiräume allein schon durch die innere Gliederung viele Variationen. Von einer wie aufgeschüttelt wirkenden Lockerheit bis zum fast graphisch wirkenden Strauß mit sammelnder Mitte ist alles möglich. Die Blumen selbst entscheiden dabei mit (s. Formenlehre Seite 32 ff.).

Beispiele möglicher Zusammenstellungen und Verwendungen dekorativer Sträuße:
Purpurviolette Anemonen, rosa Röschen (,Carol'), weiße Freesien (statt Freesien auch Maiglöckchen oder Ixien), dazu weiß-grüne Funkienblätter und weiß-grüne, kleinblättrige Efeutriebe zum Geburtstag eines jungen Mädchens oder als Taufgeschenk.
Blauvioletter Flieder, Baccara-Rosen, weiße Nelken und *Nephrolépsis*-Wedel und weiß-grüne Efeuranken als Jubiläumsstrauß für eine Dame.
Hell-lachsrosa Anthurien, dunkelrote Rosen, blauviolette *Clématis* und weiße Lilien mit wenigen Buchsbaumzweigen, Bergenienblättern, *Nephrólepsis*-Wedeln und blauen Limónium-Tuffs in der Mitte als Hochzeitsglückwunsch.
Hell- und dunkelblauer Rittersporn, dunkelrote Rosen oder Pfingstrosen, weiße Margeriten mit rosa blühenden *Symphoricárpos*-Zweigen, weiß-grünen

Abb. 149. Der locker und rhythmisch gegliederte, dekorative Strauß wirkt gut mit einem tropfenförmigen Umriß. Die üppig gestalteten Sträuße passen gut in bauchige, weit offene Gefäße

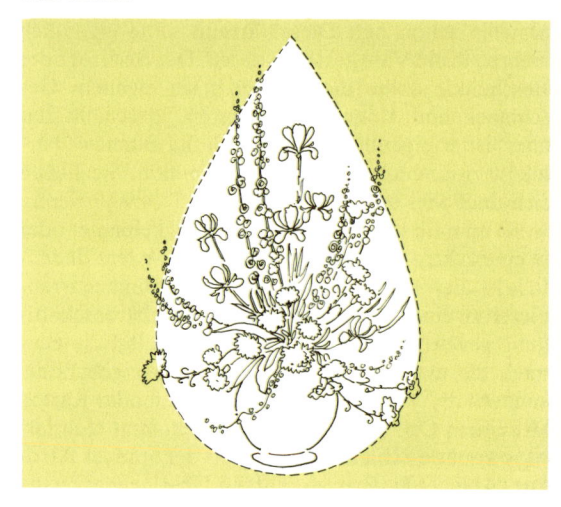

Funkienblättern und Gräsern als Geburtstagsgeschenk für eine Dame.
Rote Gladiolen, rote Rosen, blaue *Agápanthus* und dunkelblaue Sommerastern mit Blutpflaumenlaub zur Gratulation für einen Herren.
Goldgelbe Tulpen, tiefblaue *Íris*, weißblühende Kirschzweige, Islandmoostuffs in die Mitte, zur Seite Kirschlorbeergrün als Mitbringsel zur Einladung.
Gelbe Rosen, pastellblauviolette *Agératum* und zartblauviolette Skabiosen mit gelbgrünen *Lonicéra japónica*-Zweigen und runde *Alchemílla*-Blätter für einen Besuch im Krankenhaus.
Der Kunde muß darauf hingewiesen werden, daß dieser Strauß gebunden in das passende Gefäß zu stellen ist. Kugelvasen oder Becherformen eignen sich am besten dazu, weil sie dem Formcharakter des Straußes am meisten entsprechen.

Der formal-lineare Strauß wird in seiner Wirkung nicht durch das Umrißbild bestimmt. Die sammelnde Bewegungsmitte und der Gewichtsausgleich sind die verbindenden Kräfte (s. Seite 119).
In dieser Gestaltungsform werden wenige Teile mehrerer unterschiedlicher Formen in ein reizvolles Zusammenspiel gebracht. Dieser Strauß ist besonders dazu geeignet, Herrschaftsformen, Edelformen oder Geltungsformen bzw. sehr raumgreifende Entfaltungsformen oder lineare Formen (s. Formenlehre) mit passendem Beiwerk in eine besonders ansprechende Ordnung zu bringen. Derartige Sträuße haben zwar eine Hauptansicht, werden aber trotz aller Sparsamkeit der Einzelformen mit Ausdehnungen nach allen Seiten gebunden. Folgende Beispiele sollen das erläutern:
2 Lilienstiele, 2 Funkienblätter, 2 Gräser (z. B. *Pennisétum*), 2 Vogelbeerzweige und Vogelbeertuffs nahe der Bindestelle, sowie 3 kräftig-ultramarinblaue Skabiosen, 2 Zweige von *Lonícera pileáta* und Alchemílla-Blätter, (Abb. 150). 3 *Líatris,* 1 *Állium*-Blüte (z. B. A. *caerúleum* oder A. *pórrum*), 2 gelbe *Gérbera*, einige blaugrüne Grasblätter, zwei blaugrüne Funkienblätter und Immergrünranken *(Vínka mínor)* dazu.
3 *Pennisétum*-Gräser, 3 goldgelbe Rosen (,Tawny Gold'), 3 gelbe Freesien, *Chlórophytum*-Blätter, Platanenfrüchte und eine dunkelgrüne, kleinblättrige Efeuranke.
Für diesen Straußtyp ist also Beiwerk wie Gräser, Blätter, Zweige oder Fruchtformen besonders wichtig. Unter den heute so vielfältig angebotenen Trockenformen findet man allerhand, was für solche Sträuße gut brauchbar ist; auch das Stadtgeschäft ohne Garten als Lieferant spezieller Zutaten für den formal-linearen Strauß kann ausreichend interessan-

Abb. 150. Formal-lineare Sträuße sind nur herstellbar, wenn man formenreiches Beiwerk zur Verfügung hat

tes Material haben, welches sogar noch den Vorteil hat, daß es nur aus dem Karton genommen zu werden braucht.
Formal-lineare Kombinationen sind weniger etwas für den Kunden, welcher Zahl der Blüten und Länge der Stiele als Maßstab für die Wertschätzung eines Straußes nimmt, sondern mehr für denjenigen, der für die ästhetischen Reize der Formen- und Linienkontraste einen Sinn hat. Doch diese Kunden gibt es in nicht geringer Zahl. Alle Geschäfte jedoch, die lediglich Zierspargel *(Aspáragus)* als Bindegrün verwenden, können diese anspruchsvolle Binderei nicht liefern.
Die Sträuße werden gebunden in das Gefäß gestellt. Klare geometrische Vasenformen eignen sich am besten: der Zylinder, die Kugel, die rechteckigen Formen. Ist die Öffnung der Vase zu groß, kann man die Blumenstiele mit Kieselsteinen oder Glaskugeln festklemmen, sie auf einen Kenzan stecken oder den Strauß mit Hilfe eines Drahts in die Vasenöffnung einhängen (Abb. 151). Der Steckdraht (12er oder

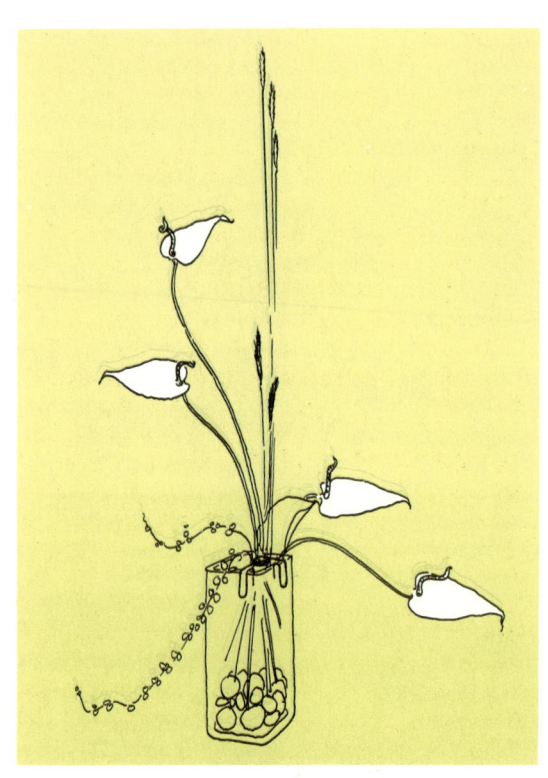

Abb. 151. Der gebundene Strauß wird bei weiten Gefäßöffnungen mit Hilfe von abgewickeltem Steckdraht eingehängt. Kieselsteine im Gefäßraum geben zusätzlich Halt

Der Biedermeierstrauß hat eine geschlossene Umrißform. Er wirkt durch die Zusammenstellung der Farben und die Aufgliederung der Fläche. Die einzelne Blume ist Baustein einer geschlossenen Form. Dieser Strauß zählt zum Typ der Formbinderei. Gemeinschaftsblüher mit runden kleinen Blütenformen sind für diese Binderei besonders gut geeignet wie Tausendschön und Polyantharöschen, Veilchen und Primeln, *Árabis* und Vergißmeinnicht, *Reséda* und *Verbéna*, *Agerátum* und *Tagétes*, Pompon-Dahlien und Knopfchrysanthemen usw. Kleine Blüten, wie Veilchen, kann man erst zu kleinen Sträußchen zusammennehmen, ehe man sie in die große Ordnung einfügt (weiteres über die Technik s. Seite 147).

Um eine Mittelblume, etwa eine Rose, werden die Blüten ring- oder spiralförmig geordnet, so daß deutlich abgesetzte Farbringe entstehen. Die Formung dieser Parallelringe aus Blüten erfordert ein gutes Augenmaß. Man erleichtert sich gern diese Arbeit, indem man das Prinzip der Streuung (s. Seite 96) als Flächengliederung wählt. Ist die kuppel- oder kegelförmige Blütenordnung fertig, legt man einen Blätterkranz als Abschluß an. Es können auch längliche Blütenstände als spielerische Auflockerung zusammen mit zartem Grün gewählt werden, z. B. Maiglöckchen und *Adiántum* oder Gartenrittersporn (*Delphínium ajácis*) und Schleierkraut (*Gypsóphila paniculáta*) u. a. Das wird dann ähnlich wirken, wie die mit lockerem Spitzenmuster endende Biedermeiermanschette. Diese Manschette gibt es aus Papier

16er) wird mit hellgrünem, braunem oder weißem Kautschukband gut abgewickelt, je nach Farbe des Gefäßes, wobei Hellgrün immer paßt, weil es zu den Pflanzenfarben gehört. Das Abwickeln verhütet Roststellen am Gefäß und bewirkt eine geschmeidigere Befestigung am Gefäßrand. Der Draht wird ein- bis zweimal um die Bindestelle gewunden, die Enden werden ein- bis dreimal fest umeinander gedreht, so daß der Strauß gut in den Drahtwindungen festsitzt; dann werden zwei Haken gebogen, die man getrennt voneinander um den Gefäßrand biegt, so daß die Haken ein Stück innen an der Gefäßwand liegen, sich oben über den Rand biegen und außen wieder 2–3 cm herablaufen. Dieses Einhängen des Straußes mit Hilfe eines abgewickelten Drahtes ist ein einfacher Trick; er erfordert lediglich die Bereitschaft des Floristen, seinen Kunden entsprechend zu beraten. Doch gerade diese Beratung hebt das gute Fachgeschäft aus dem Kreis der einfachen Verkaufsbetriebe heraus und sichert ihm einen entsprechenden Kundenkreis.

Abb. 152. Schleifen für den Biedermeierstrauß werden angedrahtet und so an der Straußbindestelle befestigt

oder Perlontüll. Man kann die Wirkung der Manschette auch mit angedrahteten Tüllfächern aus Perlon-Tüllband erzielen. Werden Bänder zur weiteren Ausschmückung des Straußes gewählt, so drahtet man die Schleifen an abgewickelten Stützdraht mit sogenannter „Gabel" an (Abb. 152). Die Drahtenden werden um die Bindestelle gelegt, befestigt und so gebogen, daß man sich nicht verletzen kann; am besten drückt man die Drahtenden zwischen die Blumenstiele. Nun sitzt die Schleife dort, wo sie hingehört, nämlich an der Bindestelle. Sie darf nicht zwischen den Blumen angeordnet werden oder über der Manschette liegen, das wäre nicht werkgerecht.

Das problemlose Sicheinfügen der bescheidenen Einzelformen und die Geschlossenheit der Endform des Straußes beeinflussen seinen Charakter. Er wirkt bei aller Farbigkeit ruhig und ist von einer freundlichen Bescheidenheit. Kein Teil fordert besondere Beachtung. Der Blick kann darüber hingleiten oder auch darauf ausruhen. Der Biedermeierstrauß strahlt daher etwas von der Gemütlichkeit aus, die in der bürgerlichen Wohnung der Zeit, in der diese Straußform entstand, zu Hause war. Das ist wohl auch der Grund, weshalb man den Biedermeierstrauß heute noch gern verschenkt.

Vergleichender Überblick der Straußtypen: Für alle, die das Gestalten eines Straußes noch einmal durchdenken und noch mehr Verbindungen zu den gestalterischen Grundlagen finden wollen, ist die Übersicht auf Seite 146 geschrieben worden.

2.3 Die Technik des Straußbindens

Der Blumenstrauß soll in die Vase gestellt werden. Dabei unterscheiden wir zwei Varianten: Sträuße, deren Bindung gelöst wird, ehe die Blumen eingestellt werden und Sträuße, die gebunden in das Gefäß gestellt werden. Letztere sind alle gestalteten Straußtypen, erstere nur der schlichte Strauß, den man eigentlich mehr als „Bund" bezeichnen könnte. In jedem Fall werden vor dem Binden die Blumen vorbereitet, kranke und unnötige Blätter werden entfernt. Für den gestalteten Strauß werden eventuell einige Blüten oder Blütenstiele gestützt und zum Biegen vorbereitet.

Das Stützen der Blumen wird beim gestalteten Strauß mitunter einmal notwendig. Beim Biedermeierstrauß müssen zum Beispiel die Blüten in bestimmten Winkeln stehen, damit sie sich als Teil der kuppelartigen Gebindeform richtig einfügen. Eine leichte Biegung, die man dem Blütenstiel kurz unter der Blüte geben muß, darf also nicht zurückschwingen. Dazu verhilft

Abb. 153. Das Stützen von Blumenstielen kann verschieden vorgenommen werden

ein dünner Stützdraht, der entweder mit einem Ende in den Blütenboden gesteckt und mit weiten Windungen um den Blumenstiel gelegt oder durch die Blüte in den hohlen Stengel gesteckt wird (Abb. 153). Das geht bei Zinnien, *Tagétes*, großen Tausendschön u. a. gut, ohne die Blüte zu beschädigen oder ihre Lebensdauer zu beeinträchtigen.

Muß aber eine Blume gestützt werden, die in einer lockeren Straußgestaltung ihren Platz finden soll, so nehmen wir nicht einfach nur grünen Stützdraht, sondern wickeln diesen mit hellgrünem oder braunem Blumenbindeband aus Kautschuk (z. B. Guttacoll) ab und legen ihn dann um den Stiel. Nun wirkt der Draht wie eine pflanzliche Ranke, die sich um den Stiel windet, und nicht mehr so technisch, wie es der nackte Draht tun würde. Soll ein fester Blumenstiel oder Zweig an einer bestimmten Stelle gebogen werden, so legt man besser ein oder zwei Drahtstücke der notwendigen Länge und Stärke (12–15 cm lang, 1–1,6 mm stark) glatt an den Stiel an und umwickelt Stiel und Drähte mit dem Blumenbindeband aus Kautschuk in passender Farbe. Die Partien, an denen der Draht beginnt und endet, müssen mehrmals umwickelt werden, damit die Drahtenden nicht so leicht durchstoßen. Nun kann das gestützte Stück vorsichtig gebogen werden, indem beide Daumen unten gegendrücken und die Zeige- und Mittelfinger den Zweig oder Stengel nach unten biegen.

Hier sei noch einmal gesagt: Dieses Stützen ist nur bei Sträußen berechtigt, deren Bindung beim Einstellen

Übersicht: Straußtypen

	Der einfache Strauß	Der üppige runde Strauß	Der rhythmisch gestaffelte Strauß	Der formal-lineare Strauß	Der Biedermeierstrauß
von folgenden gestalterischen Maßnahmen geht verbindende Wirkung aus:	Bewegungsmitte, regelmäßige Streuung der Blüten, Umriß, in der Draufsicht kreisrund.	Umriß, locker gefüllt, so daß der Bewegungsmittelpunkt spürbar mitwirkt. Flecken in unregelmäßigen Größen gestreut.	Staffelungen, in Dreiecksbeziehungen wiederholt. Bewegungsmittelpunkt und, wenn auch sehr locker gegliedert, der Umriß.	Bewegungsmittelpunkt, optischer Gewichtsausgleich. Abstimmung der Bewegungen.	Geschlossener Umriß, Oberfläche durch Streuung oder Parallelkreise gegliedert.
Wirkung der Blumen:	Das ungegliederte Nebeneinander der Blumen überläßt es ihnen allein, eine Wirkung zu erzielen, soweit sie dazu noch in der Lage sind.	Die Blüten sind gut zu sehen, die Blumenstiele sind nur mehr oder weniger kurz zu sehen. Die Bewegungsmitte wirkt durch Verdichtung, nicht durch sammelnde Formen.	Die Blumen kommen mit einem großen Teil ihres Blumenstieles zur Wirkung. In der Staffelung unterstreicht Gleichartigkeit und Parallelität den Bewegungsverlauf.	Die Linienführung jeder Form ist voll zu sehen bis zur sammelnden Form nahe der Bewegungsmitte.	Jede Blüte ist nur an der Oberseite als Fleck in einer Fläche zu sehen.
Besonders geeignet sind folgende Charakterformen:	Entscheidung ohne Bedeutung, da der Strauß ohnehin nicht gestalterisch beachtungswert ist. Keine Edelformen.	Geltungsformen, Prunkformen, Gemeinschaftsformen.	Herrschaftsformen, Geltungsformen, Gemeinschaftsformen, auch Prunkformen und gerade oder leicht schwingende, lineare Formen.	Graphische Formen, Edelformen, Herrschaftsformen, Gemeinschaftsformen für die Mitte, auch Prunkformen, aber nur abstrakt als reine Form.	Gemeinschaftsformen und in gewisser Weise auch Geltungsformen.
Besonders wichtig sind folgende Bewegungsformen:	Jede Blumenart möglich, nur keine sich stark entfaltenden Blumen.	Aufstrebende Formen, aufstrebende Entfaltungsformen mit runden Blüten, ausschwingende Formen.	Aufstrebende Formen, Entfaltungsformen, ausschwingende und abfließende sowie sammelnde Formen.	Alle Bewegungsformen, dazu auch spielerische und brüchige graphische Formen.	Runde Blütenformen und ausschwingende Blätter.
Wirkung des Straußes, die von der Ordnung ausgeht:	Einfach, ohne besonderen Reiz. Gestalterisch nahe der Banalität. Blumen wirken, ohne darin durch die Ordnung unterstützt zu werden.	Üppig, prachtvoll, repräsentativ, farblich reizvoll, formale Kontraste werden in der Wirkung nicht stark unterstützt.	Festlich, elegant, durchschaubare, reich gegliederte Fülle, schwingend, bewegt, rhythmisch, reizvoll durch wirksame Formkontraste.	Sehr spannungsreich durch starke Formkontraste, interessant, originell, lebhaft, sehr bewußt kombiniert wirkend.	Im Formprinzip schnell erfaßbar, daher einfach, bescheiden, nett, freundlich, ruhig, nur durch die Farbigkeit und die Randgestaltung belebt.

nicht gelöst wird. In jedem anderen Fall ist die Verwendung von Draht unsinnig und falsch, es sei denn, man muß schwachen Blumenstielen Halt geben (Nelken) oder man will das Verbiegen durch sekundäres Streckungswachstum vermeiden *(Gérbera)*. Auch hier wird der Stützdraht in hohle Stengel eingeführt, oder an krautige Stengel in Windungen um den Stengel eng herumgelegt, wobei das obere Ende des Drahtes in den Blütenboden oder Fruchtknoten gestochen wird. Für Chrysanthemen mit zu elastischen, biegsamen Stielen gibt es einen speziellen, sehr starken und langen, grünen Stützdraht, der mit grünem Kunstbast an zwei, besser drei Stellen festgebunden wird. Denselben Zweck erfüllen auch die entblätterten Stiele der Goldrute *(Solidágo*-Hybriden), die außerdem noch naturhafter und deshalb organischer wirken.

Das Zusammennehmen. Sind die Blumen fertig vorbereitet und nebeneinander auf Blumenbänke gelegt (Abb. 154), liegen Blätter, Zweige, Gräser oder Gerank bereit, ist der angefeuchtete Bastfaden zur Hand, so kann das Zusammennehmen des Straußes beginnen. Die linke Hand hält, die rechte reicht zu. Die Blumen werden mit Daumen, Zeige- und Mittelfinger gehalten, nur bei großen, schweren Sträußen muß zum Schluß die ganze Hand zufassen. Man beginnt mit den mittleren Partien des Straußes, für den die gradstieligen Blumen ausgewählt werden, und legt die äußeren Partien geneigt an, indem man den Strauß auch einmal dreht. So wird er rund und allseitig gut geformt. Beim Zusammennehmen achte man darauf, daß alle Blumenstiele in Schräglage nach ei-

Abb. 154. Blumenbänke helfen, Schnittblumen pfleglich zu behandeln. Hier die mögliche Konstruktion einer Blumenbank

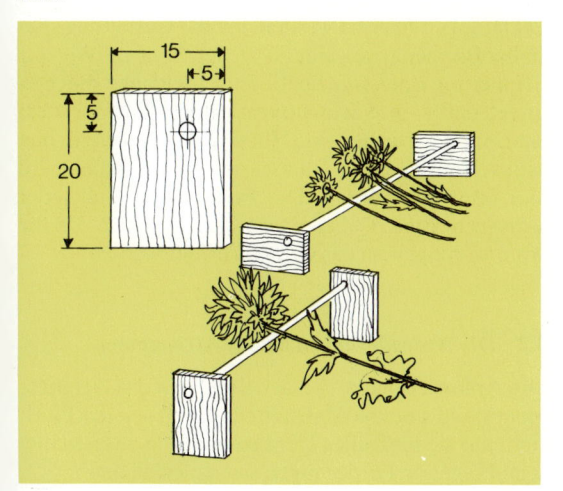

Abb. 155. So wie in einem leicht geschraubten Steckdrahtbündel die Drähte liegen, so sollen die Stiele der Blumen und Zweige im Strauß aneinandergefügt sein

ner Richtung (schraubenförmig von links nach rechts) angelegt werden (Abb. 155). Das hat drei Vorteile: Erstens wird der Straußstiel nicht unnötig dick, weil die neu hinzugefügten Stengel sich gut in die Lücken einfügen. Zweitens kann man den Strauß während des Bindens zusammenraffen, beim Griffwechsel drehen und wieder locker schütteln; alle Blumen behalten dennoch den ihnen zugewiesenen Platz. Drittens kann man, sollte es einmal notwendig werden, Blumen nachträglich zwischen die mittleren Partien stecken; sie schieben sich mit ihrem Stiel zwischen die anderen Stiele, ohne dort etwas verschieben zu können. Auch wenn man die Höhen- oder Tiefenstellung einzelner Blumen korrigiert oder eine herauszieht, kann nichts passieren.

Eine technische Besonderheit ist bezüglich des Biedermeierstraußes zu erwähnen: Wenn zu kurzstielige Blüten eingelegt werden, die mit Silberdraht oder dünnem Stützdraht angedrahtet sind, dann wird gleichzeitig eines der langen, wasseraufsaugenden Sumpfmoospflänzchen *(Sphágnum)* eingefügt. Dieses läuft durch die Bindung, taucht ins Wasser ein und führt die Feuchtigkeit zwischen die Stielen der anderen Blumen an das Ende des kurzen Stiels heran. Nur so ist es gerechtfertigt, angedrahtete Blumen in den Biedermeierstrauß zu binden, deren Stiele nicht durch die Bindung führen und ins Wasser gelangen.

Das Binden. Gebunden wird möglichst ganz zum Schluß, wenn alle Blumen, Blätter und Zweige zusammengefügt sind, andernfalls könnte man zwischendurch keine Korrekturen vornehmen. Nur Ungeübte dürfen bereits zwischendurch binden. Auch beim großen, repräsentativen Strauß, bei dem die Masse der Blumen schon während des Zusammennehmens zum Haltgeben zwingt, kann gebunden werden, und es darf dies hier auch geschehen, weil die Bindung zum Einstellen nicht gelöst wird. Beim Biedermeierstrauß fordert die Exaktheit der Endform, daß man die angelegten Blüten in ihrer Stellung häufiger verankert, so daß hier ein Zwischenbinden regelrecht notwendig wird.

Die Bindung soll im allgemeinen möglichst schmal sein und muß genau dort liegen, wo die Stiele die engste Berührung haben. Trifft man diese Stelle nicht, wird die Spreizung zusammengedrückt, und die schöne lockere Form des Straußes geht verloren. Wenn man mit dem Zusammenbinden beginnt, läßt man den Anfang des Fadens lang genug hängen, damit man ihn zum Schluß fest mit dem Ende verknoten kann. Ein Einbinden des Anfangs und Durchziehen des Endes durch die Blumenstiele ist nur bei buschigen Sträußen möglich und bei billiger Massenware bzw. Bündelware gerechtfertigt. Für den gestalteten Strauß genügt diese Bindetechnik nicht, auch der Bindestreifen reicht hier nicht aus (s. Florist Band 2, Teil Materialkunde). Der gut gebundene Strauß bewahrt seine Form, auch wenn man ihn an nur einem Blumenstielende aufrecht hält. Zum Schluß werden die Stiele einheitlich lang geschnitten, so daß die Stielenden $1/3 - 1/4$ der Gesamthöhe des Straußes ausmachen.

> **Zur Vertiefung**
> 1. Geben Sie für jeden Straußtyp 12 Beispiele der Zusammenstellung, pro Monat eines. Blumen und Beiwerk sind mit vollem botanischen Namen zu nennen.
> 2. Sammeln Sie Gräser verschiedenster Art vom Straßenrand. Aus diesen soll ein üppiger, runder, gestaffelter Strauß gebunden werden mit sehr schmaler Bindestelle (nur 1 cm). Der Strauß soll auf der Spreizung der gleichlang geschnittenen Stielenden frei auf dem Tisch stehen. Also gut auf schräges, gleichgerichtetes Anlegen achten und auf feste Bindung an der richtigen Stelle.
> 3. Es mögen in der Draufsicht drei Flächengliederungen für Biedermeiersträuße gemalt werden. Stilisierte Blütenformen und Tuschfarben sollen die verwendeten Blumenarten erkennen lassen.

3 Das gesteckte Arrangement

3.1 Allgemeines

Der Betriebsvergleich weist aus, daß der Umsatz von Gefäßen in Blumengeschäften laufend steigt. Die Durchschnittszahl des Gefäßabsatzes von 5 % des Umsatzes ist beachtlich. Im Blumengeschäft werden Gefäße heute vielfach zusammen mit Blumen verkauft; dies ist ein Beweis dafür, daß die arrangierte Blume ein immer beliebteres Kaufobjekt wird. Die Ansprüche der Kunden steigen. Wer früher den schlichten Strauß verschenkt hat, nimmt heute den kombinierten; wer früher den bunt zusammengestellten Strauß verschenkt hat, nimmt heute das Arrangement. Mit den in Gefäßen geordneten Blumen werden auch die gestalterischen und handwerklichen Leistungen des Floristen gekauft. Für das gute Fachgeschäft werden deshalb Wissen und Können der Floristen auf diesem Gebiet der Gestaltung immer wichtiger.

Die notwendigen Grundlagen umfassen:

– Die Materialkenntnis von Blumen, Beiwerk, Gefäßen,
– die gestalterischen Gesichtspunkte, Kenntnisse von Gesetzmäßigkeiten usw.

– die technischen Möglichkeiten und Fertigkeiten.

Hinsichtlich des erstgenannten Punktes muß auf das Buch Florist Band 2, verwiesen werden, durch dessen Studium man Pflanzen- und Materialkenntnisse gewinnen kann.

Die gestalterischen Gesichtspunkte sind im vorhergehenden Kapitel ausführlich erörtert worden. Hier werden die als bekannt vorausgesetzten Begriffe für Erklärungen benutzt werden, um die Gestaltung spezieller Blumenarrangements zu beschreiben. Wer zur Erinnerung oder Information nachschlagen möchte, findet dafür im Stichwortverzeichnis (Sachregister) am Ende des Buches eine Hilfe. Über die technischen Möglichkeiten beim Blumenstellen im Gefäß wird hier berichtet werden. Die Fertigkeiten muß jeder selbst erwerben. Dabei gilt es, so zu arbeiten, daß die Anforderungen an das Gesteck erfüllt werden.

3.2 Die Anforderungen an das Arrangement

Die Anforderungen, die der Kunde an das Arrangement stellt, sind der Maßstab für die Arbeit des Floristen; auf sie muß alles Denken und Tun ausgerichtet sein. Folgende Forderungen sind zu erfüllen:

1. Das Arrangement muß zum Anlaß passen, so daß es die richtige Ausstrahlung hat.
2. Die Gestaltung soll stilvoll und harmonisch sein, so daß sie das ästhetische Bedürfnis befriedigen kann.
3. Das Gesteck soll standfest sein.
4. Es soll transportfähig sein.
5. Die Blumen müssen gut pflegbar sein.
6. Das Arrangement darf nichts beschmutzen oder anderweitig beschädigen.

Die Überlegung, wie diese Anforderungen zu erfüllen sind, führt zu folgenden Gedanken:

Zu 1. Die Übereinstimmung zwischen Anlaß und Ausstrahlung der Gestaltung setzt voraus, daß der Florist Kenntnisse über die näheren Umstände des Kaufes hat. Er muß im Gespräch mit dem Kunden ermitteln, wozu das Arrangement passen soll. Danach wählt er die Eigenschaften der Gestaltungsmittel, die Gestaltungsart und den Gestaltungsstil aus. Somit sind hier das Wissen aus der Formen- und Farbenlehre sowie das Können im Umgang mit den gestalterischen Grundlagen notwendig.

Zu 2. Die gestalterische Konzeption[1] führt zu einem Gestaltungsstil, worüber im nächsten Abschnitt gesprochen wird. Dieser soll möglichst prägnant[2] ausgebildet werden.

Zu 3. Die Stellfläche des Gefäßes muß den Ausdehnungen der Gestaltung entsprechen. Setzt man irgendwelche Konstruktionen, z.B. ein Leistengerüst als gestalterisches Hilfsmittel ein, so muß dieses sorgfältig und gut haltbar gebaut sein.

Zu 4. Die Blumen müssen fest in der Steckmasse sitzen. Die Steckmasse muß gut mit dem Gefäß verbunden sein, das Gefäß muß an einer eventuell eingesetzten Konstruktion gut festsitzen. Das Arrangement kann in einem Karton stehen, eventuell in eine Palette geklemmt oder mit Papier festgesetzt, wenn man es im Auto transportieren will.

Zu 5. Es sollte in jedem Fall ein Gefäß mitverwendet werden, auch bei Gestaltungen auf einem Korbdeckel z.B., und in dem Gefäß soll Platz für nachzufüllendes Wasser sein.

Zu 6. Sorgfalt bei der Auswahl der Mittel ist notwendig. Gefäße müssen dicht sein. Eventuell gestrichene Leisten dürfen nicht färben. Verwendete Holzscheiben müssen gut ausgetrocknet sein und Filz- oder Styroporscheibchen als Schutz gegen Verkratzen der Möbel an der Unterseite tragen.

Die Punkte 3 bis 6 sind also nur zu erfüllen, wenn man Kenntnisse der technischen Möglichkeiten hat und Sorgfalt walten läßt. Die Beachtung aller ästhetischen und funktionellen Anforderungen macht die Zweckgerechtigkeit des Arrangements aus.

3.3 Die Gestaltungsstile des Blumengestecks

Alles, was Menschen formen, zeigt ihre „Handschrift". Wesen und Denken der Menschen haben auf ihre Gestaltungen Einfluß. Und nicht nur, was der Mensch erschafft, ist ein Stück seiner selbst, auch Dinge, die ihm lediglich gefallen, ohne sie selbst gestaltet zu haben, spiegeln etwas von seinem Wesen wider, weil er nach seinem Geschmack urteilt, Geschmack aber ist vom Charakter und der Bildung der Person geprägt.

Der Florist will gestalten, was dem Kunden gefällt. Bietet er Arrangements in nur einem Stil an, kann er nicht alle Kunden voll befriedigen, weil er nicht alle Geschmacksrichtungen trifft. Deshalb ist es für den Floristen wichtig, sich mit den Eigenarten verschiedener Stile vertraut zu machen und diese auch konsequent herauszuarbeiten. Je stilreiner ein Blumengesteck ist, um so ausdrucksvoller ist es und um so überzeugender wirkt es.

Schon bei den Straußgestaltungen haben wir verschiedene Stile unterschieden, so auch hier. Je nach Art der Gliederung, der Umrißgestaltung und der Formkontrastwirkung unterscheiden wir

1. den geschlossenen Stil, das *Formgesteck,*
2. den rhythmisch gegliederten *dekorativen Stil,*
3. den graphischen, sehr kontrastreichen, *formal-linearen Stil,*
4. den materialgerechtesten, den vegetativen = *wuchshaften Stil.*

Das Formgesteck. Hier ist die einzelne Blume am meisten ihrer Natürlichkeit und Geltung beraubt. Sie ist zum Baustein geworden, Teil einer neuen Form. Sie wird ein farbiger Fleck auf einer geschlossenen Oberfläche. Sie „opfert" ihre Persönlichkeit zugunsten einer großen Gemeinschaft. Da Gemeinschaftsformen ihrer Natur nach sogar in eine enge Verbindung mit vielen ihresgleichen drängen, sind sie die geeigneten Blumen für die Gestaltung von Formgestecken. Ein schon fast „klassisches" Beispiel für diesen Stil des Arrangements ist der Biedermeierstrauß. Weiterhin gehören die Strohblumenkugeln und -pyramiden, Blumenstäbe und Kuppelformen, Blumengirlanden und Blumenkränze hierher (auch Girlanden und Kränze kann man stecken – z.B. für Tischdekorationen – deshalb sind sie hier mit erwähnt). Im traditionellen Stil des Blumenstellens der Engländer

---
[1] Konzeption = Einfall, Auffassung, Planung, Entwurf
[2] prägnant = genau, treffend

Abb. 156. Dreiecke, Kreis- und Bogenformen sind Vorbilder für die Gestaltung englischer und amerikanischer Steckarrangements

werden Schnittblumen gern einseitig arrangiert (mit Rückseite und Schauseite) und die Blüten mit ungleich langen Stielen zu geschlossenen Formen gefügt, die pyramidal oder kugelförmig, halbmond- oder S-förmig sind (Abb. 156). Solche Arrangements wirken zwar gebaut und gezwungen, aber auch klar, ruhig und diszipliniert. Der Biedermeierstrauß oder das Arrangement nach diesem Vorbild wirkt freundlich und traulich. Weil keine Blüte für sich allein Geltung fordert, wirkt auch das Ganze ruhig, einheitlich, mitunter bescheiden. Weil runde Blüten sich in eine runde Form einfügen, geht von den vielen Abrundungen eine sanfte, weiche, beruhigende Wirkung aus. Vielleicht ist auch das der Grund, daß heute die Formbinderei gemäß alter Brauchtumsformen so viele Liebhaber findet. In ihrem Wesen ist sie ein angenehmer Ausgleich zu der Eile und Anspannung im Betrieb des täglichen Lebens.

Der Umriß als stärkste verbindende Kraft ist ein einfaches, leicht verständliches Ordnungssystem. Das einzige, was in das Formgesteck Spannung und Leben bringt, sind die Farben und Strukturen der Blüten. So spielt die Auswahl, Zuordnung und Gruppierung der Farben hier wieder eine sehr wichtige Rolle. Will man die Oberfläche des Gestecks etwas auflockern, kann man spritzige Formen in Staffelungen rhythmisch angeordnet herausragen lassen, doch bleibt die Klarheit der Form das entscheidende Gestaltungsprinzip. Die Form darf umspielt, aber nicht überdeckt werden, die Staffelungen dürfen durch Masse, Farbe und Größe nicht wichtiger werden als die Unterform. Man muß sich zügeln und auf die Formwirkung einstellen. Diese Zucht, die die Gestaltung des Formgestecks verlangt, führt aber andererseits auch zu der beherrschten, ruhigen „ordentlichen" Wirkung, die Gestecke dieses Typs zu angenehmen Erscheinungen im Wohnraum macht (Abb. 157).

Das dekorative Arrangement. Wenn auch alle anderen Stile von Blumengestecken dekorativen Wert haben, so ist doch dieser Typ betont darauf abgestimmt. Hier geht es nicht in erster Linie um die Darstellung der Blume, sondern um den schmückenden oder dekorativen Effekt. Der Brautstrauß ist deshalb ein typisches Beispiel dieser Gestaltung. Auch der Kranzschmuck, der Sargschmuck und der festliche Tischschmuck gehören hierher.

Das dekorative Arrangement im Gefäß zeigt folgende Merkmale: Üppige, aber rhythmisch gestaffelte Fülle, Zwischenräume zwischen den Staffelungen, aber Verdichtung der Mitte, zwar meist symmetrische Gesamtgestalt (Tropfenform oder Kuppel-

Abb. 157. Ein Formgesteck in Kuppelform. Stilistisch paßt es gut in ein Zimmer im Biedermeier- oder Empirestil, doch auch im modernen Wohnraum ist es ein reizvoller Blumenschmuck

Abb. 158. Das dekorative Gesteck sollte bei aller Fülle nicht voll wirken. Je lockerer gestaffelt wird, um so besser kann sich jede Blume zeigen.

form – Abb. 158), doch belebt durch das Zusammenspiel der Farben und die Bewegungsfolge der Staffelungen.
Festliche Pracht und repräsentative Wirkung gehen besonders von diesem Typ des Blumenarrangements aus. Die Natürlichkeit und das Wuchsstreben der Blume können im Interesse der Gesamtwirkung zweitrangig behandelt werden. Dennoch ist es wichtig, so weit als möglich, materialgerecht zu arbeiten, d. h., dem Wuchsstreben der einzelnen Blume gemäß die Anordnung in der Gesamtheit vorzunehmen. Was in der Natur aufrecht wächst, sollte auch hier aufrecht angeordnet werden. Läßt man die Gladiole z. B. zunächst seitlich gerichtet verlaufen, soll zumindest die Spitze des Blütenstands die Tendenz zur himmelwärtsgerichteten Bewegung deutlich machen. Die seitlich ausschwingenden Linien im dekorativen Arrangement sollen Blüten übernehmen, die an der Pflanze ebenso wachsen, andernfalls nimmt man Zweige oder Blätter, deren Natur der schrägen oder waagerechten Bewegungsrichtung entspricht.
Ideale Gefäße für das dekorative Arrangement sind weit offene Formen, Becherformen und Kelche, tiefe Schalen und Kübel sowie bauchige Gefäße mit großer Öffnung.

Das formal-lineare Gesteck. Hier wird keine Fülle gewünscht. Die Wuchsbewegung und Natürlichkeit der Blumen und Blätter müssen nicht berücksichtigt werden. Die Pflanzenteile werden abstrakt als reine Form, Fläche oder Linie angesehen. Die Korkenzieherhasel (*Córylus avellána* Contorta) ist nicht als Zweig, sondern als skurril gebogene Linie interessant. Die runde Zwiebelblüte kann man fast ohne Stiel verarbeiten, denn das natürliche Streben zum Licht kann ignoriert werden; *Állium* (die Arten: *christóphii*, *gigantíum* und *jesdiánum*) wird als Kugelform angesehen, nicht als Blume. Das *Aspidístra*-Blatt wirkt als Fläche, die man sogar einrollen oder zur Schlaufe biegen kann (Abb. 159).
Entscheidende Gestaltungsgesichtspunkte sind: Kontrastreiche Formenwahl, Verbindung durch Ausgleich. Der Bewegungsmittelpunkt wird als sammelnde Form, nicht als diffuse[1] Masse ausgebildet; auch Parallelitäten werden eingesetzt; viel Freiraum zwischen den Teilformen ist notwendig.
Die Wirkung des formal-linearen Arrangements geht von den kontrastreichen Formen und Linien aus, daher der Name dieses Stils. Beachtung des Gesetzes der Beschränkung in Verbindung mit sparsamster

Abb. 159. Das formal-lineare Gesteck betont die Wirkung von Formen und Linien

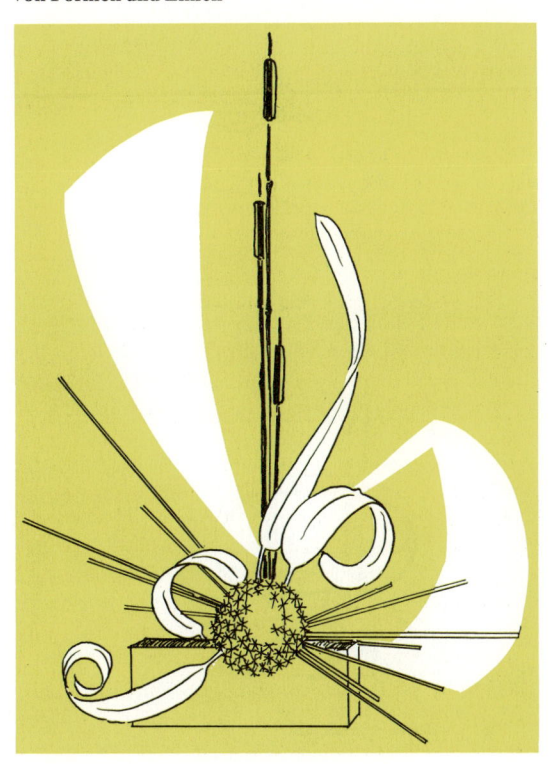

---

[1] diffus = zerstreut, wirr, nicht klar, abgegrenzt, verschwommen

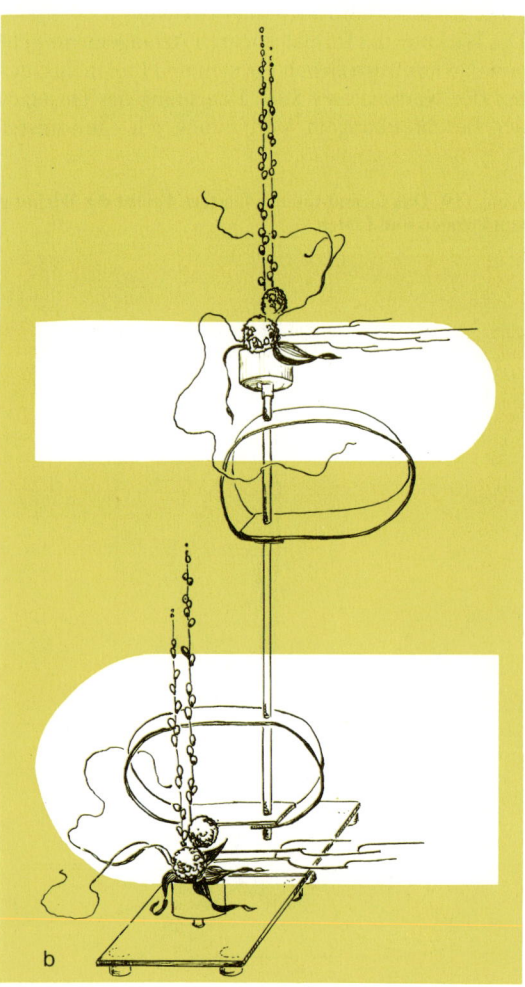

Verwendung der Einzelformen führt hier zur reizvollsten Wirkung jeder Form und Linie. Klare oder bizarre Formen von Blüten und Früchten, großflächige Blätter und interessante Linien von Ästen, Gräsern oder fremdländischen Trockenformen sind vorzüglich geeignet, derartige Kompositionen zu gestalten. Auch das Gefäß soll formal eindeutig sein, und da die eckige, rechtwinklige Form in den gewachsenen Teilen nicht vertreten ist, bildet die Wahl des Gefäßes hier die Möglichkeit der Ergänzung. So sind rechteckige Platten, würflige Gefäße oder Glasbausteine und ähnlich geformte Vasen ideal für formal-lineare Blumenarrangements. Auch die Gefäßplastik, selbst schon interessante Gestalt, kann graphisch ergänzt und so zu einer formal-linearen Komposition werden (Abb. 160a und b).

Dieser Gestaltungsstil erlaubt wie kein anderer das Experiment (Versuch). Vor allem der Einsatz nicht belebter Materialien (Draht, Glas, Plexiglas, Folie, Rohre usw.) oder bearbeiteter Stoffe (Holz- oder Korkplatten, Latten, Peddigrohr, Kordeln, Schnüre usw.) bereichert dieses formal-lineare Gestalten ungemein. So kommt es dort, wo man zweckfrei allein um der Gestaltung willen arbeiten kann (Ausstellungen, Demonstrationen) zu Kreationen, die mitunter diese Mittel dominant verwenden und die Blume nur zur Ergänzung brauchen oder sie sogar ganz weglassen. Dennoch nennen sie sich „floristische Objekte", eine Bezeichnung, die man annehmen kann, die aber auch, weil sie erst interpretiert (erklären, begrifflich bestimmen) werden muß, um jedem verständlich zu werden, zu Diskussionen, Fragen und Verurteilungen geführt hat.

Eins ist jedoch hier wichtig festzustellen: Der Gestaltungsstil der formal-linearen Komposition muß nicht nur mit Blumen ausgeführt werden. Wer sich als Florist auch mit anderen Werkstoffen auseinandersetzt, kann nur lernen, und schließlich gibt es in der floristischen Praxis genug Gelegenheiten, derartige Kenntnisse anzuwenden (moderne Adventsschmuckgestaltungen, Dekorationen für Tafel und kaltes Buffet, Bühnendekorationen, Themenerarbeitungen für Ausstellungen, Schaustücke für Schaufensterdekorationen, Einzelstücke als moderner Raumschmuck u.a.). Selbst das extrem abstrakte „floristische Objekt" kann im Zusammenhang mit einem Verwendungszweck angebracht sein!

Abb. 160 a. Gefäßplastiken sind formal so anspruchsvoll, daß sie nur sparsam mit Formen und Linien besteckt werden können

Abb. 160 b. Plexiglasbänder des Stecksystems „Dekoplex" eignen sich gut für formal lineare Kompositionen

Der formal-lineare Gestaltungsstil des Arrangements ist modern. Er hat seine Parallelen im heutigen Bauen, denn dort bevorzugt man ebenso die klare, geometrische Form und kombiniert Formkontraste: den langgestreckten Flachbau neben dem schmalen Hochhaus, das schlichte Kirchengebäude neben dem Glockenturm aus einer transparenten Betonkonstruktion oder die linear gestaltete abstrakte Plastik vor der ungegliederten Wand aus Waschbeton. So schätzen moderne und vor allem künstlerisch interessierte Menschen das formal-linear gestaltete Blumenarrangement, das, egal, ob dominant mit Blumen oder mit nur wenig pflanzlichem Material gestaltet, in seinem Wesen mit einer abstrakten Plastik zu vergleichen ist. Farben spielen hier eine untergeordnete Rolle, wenn auch sie natürlich „stimmen" müssen.

Das wuchshafte (vegetative) Arrangement. Hier dominiert die Grundregel: Nichts darf entgegen seiner natürlichen Wuchshaltung angeordnet werden, und alle Pflanzenteile werden im wesentlichen in unveränderter Gestalt verwendet. So gehört zur Blüte der Stiel. Er hebt die Blume empor; es ist widernatürlich, die Blüte so kurz einzufügen, daß kein Stiel zur Wirkung kommt. Will man also im wuchshaften Arrangement eine kraftvolle Wuchsmitte gestalten, muß man zu runden Blättern oder Knorren und Baumschwämmen, auch zu Kieseln oder anderen Steinen, zu Moosen und ähnlichem greifen, je nach Art der verwendeten Pflanzenteile.

Doch meist braucht man diese planvolle Gestaltung einer Bewegungsmitte gar nicht. Schließlich gibt es

Abb. 161. Im vegetativen Arrangement braucht jede Blume viel Platz, um scheinbar wachsen zu können

Abb. 162. Hier ist nichts gepflanzt, so natürlich kann auch ein Gesteck aussehen, es ist wahrhaft „vegetativ"

dies in der Natur auch nicht, es sei denn, aus einer Blattrosette wachsen die Blumenstiele heraus (Echeverien, *Béllis,* Primeln u. a.). So ist es richtig, auch im wuchshaften Gesteck aus einer blattreichen Basis Blüten „wachsen" zu lassen, wobei die Arten nicht durcheinander gemischt werden (Abb. 161). Es soll so aussehen, als wüchsen mehrere Pflanzen aus einem eng zusammenliegenden Grund, daneben werden aus eigenen Wuchspunkten hervorkommende neue Gestecke gesetzt, so daß in der flachen weiten Schale oder in der Schalengruppe mehrere Gestecke zusammenkommen. Dabei achtet man auf Unterschiede der Höhenausdehnung, der Rangordnung und auf eine naturgemäße Durchbildung des „Bodens" mit Kies, Moospolstern, Wurzelstücken u. a. (Abb. 162).

Das Gesetz der wesensmäßigen Zuordnung muß besonders streng beachtet werden, ja sogar die Berücksichtigung des landschaftlichen Gesetzes ist hier von größtem Vorteil (Abb. 125). Weil bei diesem Gestaltungsstil die Natur der Blume und das Charaktervolle ihres Wuchses so stark berücksichtigt, ja sogar betont herausgestellt werden, wirkt diese Zusammenstellung besonders lebendig und naturhaft. Wir nennen sie deshalb „vegetativ". Und da im heutigen Gestalten allgemein die „Sprache des Materials" eine bedeutende Rolle spielt, ist das wuchshafte Arrangement sehr zeitgemäß. Es hat sich ja auch erst nach 1950 entwickelt. Hier muß MORITZ EVERS genannt werden, denn er hat den Floristen gelehrt, die Blume nicht nur als Verkaufsobjekt oder als „Material" für

Gestaltungen, sondern auch als Lebewesen mit ureigener Schönheit zu betrachten. Allerdings findet man relativ selten das konsequent wuchshaft gestaltete Arrangement, meist ist der zu üppige Materialeinsatz oder der hier falsch gestaltete Wuchsmittelpunkt der Grund, daß es nicht wie gewachsen, sondern eben doch nur gesteckt wirkt. So wird häufig die materialgerechte dekorative oder formal-lineare Gestaltung bereits „wuchshaft" genannt, doch ist das eigentlich nicht konsequent genug.

Eine vergleichende Betrachtung der vier Gestaltungsstile in Tabellenform soll das Wesentliche der Gestaltungsstile noch einmal darstellen.

Vergleichende Betrachtung der vier Gestaltungsstile

	Formgesteck	Dekoratives Gesteck	Formal-lineares Gesteck	Wuchshaftes Gesteck
Rolle der Einzelblüte	Baustein einer neuen Form. Einzelwirkung wird zum größten Teil aufgegeben.	Teil einer gegliederten Fülle, kann sich aber selbst recht wirksam darstellen, vorausgesetzt, sie ist in natürlicher Haltung gesteckt.	Das Teil ist als ganzes wirksam, sichtbar bis zur Bewegungsmitte. Die formale Erscheinung ist wichtiger als der Wuchscharakter.	Jedes Teil ist als Ganzes wirksam, natürlich wachsend, in natürlicher Gemeinschaft dargestellt.
Gestalterische Maßnahmen der Bindung	Umriß und Gleichmaß, Gleichartiges und Gleichheiten.	Rhythmus und Bewegungsmittelpunkt, Gleichartiges in Staffelungen und Dreiecksbeziehungen.	Ergänzender Ausgleich und Bewegungsmittelpunkt und Abstimmung der Bewegungen.	Bewegungsmittelpunkt bei mehreren Gestecken in einer Gestaltung, die Berücksichtigung der Gruppengesetze.
Umriß	Geschlossen, evtl. leicht umspielt von auflockernden Formen.	Aufgelockert, rhythmisch gegliedert durch Staffelungen.	Sehr transparent, weil die Freiräume größer sind als die „Positivformen".	Sehr locker, so daß jedes Teil seinen „Lebensraum" hat, den es naturgemäß beansprucht.
Bewegungsmitte	Nur spürbar durch die Stellung der Blüten an der Oberfläche.	Durch Verdichtung der Formen gestaltet.	Formenklar durch runde Teilformen ausgebildet.	Natürlich durch Blätter, Moos oder Wurzelstücke gestaltet, meist mehrere Bewegungsmitten.
Passende Gefäße	Becher- und Kübelformen für Pyramiden und Kuppeln, auch Schalen mit Fuß.	Bauchige Gefäßformen mit weiten Öffnungen, tiefe Schalen, Schalen mit Fuß, Kübel, Becher.	Geometrisch klare Formen, rechteckige, zylindrische u. a. Formen, auch konstruierte Zusammenstellungen.	Weite flache Schalen oder eine Gruppierung mehrerer flacher Schalen auf einem gemeinsamen Untergrund (Matte, Brett u. a.).
Wirkung	Gefällig, klar, freundlich, volkstümlich.	Festlich, repräsentativ, üppig, prächtig.	Graphisch, gedanklich anregend, abstrakt.	Natürlich, feinsinnig, schlicht, von „innerer Schönheit".

Abb. 163. Oben links: Hortensienblüte, Vorbild für die geschlossene Gestalt eines Formgestecks. Oben rechts: Chlorophytum, rhythmisch aufgebaut wie ein dekoratives Gesteck. Unten links: Wie beim formal-linearen Stil bestimmt das Zusammenwirken von Formen und Linien die Gestalten der Pflanzenwelt. Unten rechts: Das natürliche Miteinander von Individuen ist Vorbild für wuchshaftes Gestalten

Die Zeichnungen in Abb. 163 zeigen am natürlichen Vorbild die entscheidenden Merkmale der Gestaltungsstile noch einmal. Damit wird deutlich, daß auch hier die Natur unsere Lehrmeisterin ist.

3.4 Techniken des Blumensteckens

Steckhilfsmittel Kunststoff. Beim gewerblichen Blumenstellen wird bevorzugt in fester wasserhaltender Kunststoffmasse arrangiert. Die Blumen sitzen darin für den Transport gut fest, vorausgesetzt, daß sie tief genug hineingesteckt werden. Das Arbeiten ist leicht und geht schnell. Doch nicht immer kommt man ohne vorbereitende Handgriffe aus, nämlich dann nicht, wenn das passend zugeschnittene Stück Steckmasse nicht im Gefäß festklemmt. Da gibt es fünf Möglichkeiten der Abhilfe.

1. Man verkeilt das Stück mit Abfallstücken der Steckmasse oder mit Steinbrocken. Vor allem bei locker aufgebauten Gestecken in weiten Schalen wirkt es schön, wenn man zwischen den Staffelungen Kies hindurchscheinen sieht. Mit dem Kies (grober Flußkies) bettet man das Stück Steckmasse ein, so daß es nicht verrutscht. Wenn man in einem Glasgefäß mit Steckmasse arrangieren will, ist es ohnehin vom Gestalterischen her ratsam, um die Steckmasse Kiesel zu legen. Es wäre nicht schön, wenn das künstliche Hilfsmittel durch das Glas hindurch zu sehen ist, während Flußkies eine natürliche Beziehung zum Wasser hat (Abb. 164). An solchen Kleinigkeiten beweisen sich Sorgfalt und gestalterische Leistungsfähigkeiten des Floristen.

2. Man kann auch mit Hilfe von abgewickelten Steckdrähten (12er oder 16er Draht, mit Guttacoll umwickelt) den Steckblock am Gefäßrand festhalten. Nur ist es dann ratsam, die Steckmasse erst mit einem Netzwerk zu umgeben, damit das Zerschneiden der Kunststoffmasse durch den Draht verhindert wird. Das Netz kann aus Perlon sein, wie es als Blütenschutz bei Chrysanthemen verwendet wird. Auch ein Stück vom Zwiebelsack oder ein Stück altes Fischernetz und anderes mehr läßt sich verwenden, je nachdem, was man am Ort günstig erwerben kann. Bei kleineren, eleganten Arbeiten (z.B. Anbringen eines Blumenschmucks an einem Porzellanleuchter) wäre weißes Perlonnetz vorzuziehen, bei großen Raumde-

Abb. 164. Durch ein Glas sollte man nicht auf Steckmasse sehen können. Eine Kieslage oder Glaskugel, eine zusammengeknitterte Cellophanschicht oder Staniolfolie können den Kunststoff umhüllen

Abb. 165. Befestigung der Steckmasse mit Draht und Bambussplitt auf einer Glasscheibe oder einem Korbdeckel

korationen der Maschendraht oder die Umwicklung mit Sphagnummoos. Zum Festhalten des Steckblocks werden die in der Stärke und Länge passenden Steckdrähte kreuzweise durch die Steckmasse gesteckt und über den Rand des Gefäßes zu festsitzenden Haken gebogen. Deshalb wickeln wir den Draht auch vorher mit passendem Kautschukband ab, weil dadurch der Draht anschmiegsamer am Gefäßrand festhält und auch nicht durch Rostflecke dem Gefäß Schaden zufügen kann.

3. Eine dritte Befestigungsart wird bevorzugt, wenn man auf einer Glasplatte, Holztafel oder einem Korbdeckel arrangiert. Wir können nämlich hier auf die Umwicklung mit Netz oder Sumpfmoos verzichten, wenn wir ein flaches 1–1,5 cm breites Hölzchen nehmen (etwa ein Stück Bambussplitt aus einem Nizzakorb), dieses Stück mitten auf die Steckmasse legen, so daß es rechts und links ein wenig überragt, und nun von einem Ende des Hölzchens einen Steck- oder Wickeldraht unter der Platte hindurch zum anderen Ende des Hölzchens führen (Abb. 165). So werden der Steckblock und mit ihm alle hineingesteckten Blumen fest an der Unterlage gehalten. Auch hier ist zu empfehlen, das Drahtstück vorher mit Kautschukband zu umwickeln. Wird auf Holz oder Korbgeflecht arrangiert, sollte der Steckblock in einem schlichten, passenden, etwa 2–4 cm hohen, rechtwinkligen oder runden Kunststoffschälchen stehen. So kann die Feuchtigkeit nicht die Unterlage beschädigen.

4. Besonders schnell geht das Umkleben mit Klebefolie (z.B. Tesafilm). Ein langer Klebestreifen wird quer über die Steckmasse, weiter unten um die flache Schale oder Platte herum wieder zurück bis zur Steckmasse gelegt und noch ein Stück über den Anfang des Foliestreifens geklebt. Damit ist der Steckblock fest auf der Unterlage verankert, ohne daß der schmale Streifen das Bestecken mit Blumen behindert.

5. Eine weitere Möglichkeit der Befestigung des Steckblocks bietet die Bedarfsartikelindustrie. Man kann Kunststoffhalterungen, sogenannte Pinholder, kaufen, die mit einer Knetmasse (oasis fix z.B.) am Boden des Gefäßes festgeklebt werden und auf deren drei „Höcker" die Steckmasse aufgedrückt wird. Im trockenen Gefäß und mit trockenen Fingern gehandhabt, hält diese Vorrichtung ganz gut, auch wenn nachher Wasser in die Schale kommt. Es ist durchaus möglich, daß in absehbarer Zeit weitere geeignete Hilfsmittel auf den Markt kommen. Deshalb: Augen auf, den Markt beobachten, ausprobieren, selbst begutachten!

Arbeitsfolge beim Arrangieren mit Steckmasse bei dekorativen Arrangements: Vorteilhaft ist es, wenn man die Steckmasse den Gefäßrand überragen läßt. So kann man die volle Wuchsmitte leichter gestalten und die seitlich ausschwingenden Formen besser feststecken. Beim dekorativen Arrangement wird diese Mitte zunächst gesteckt, d. h., man fängt mit Blättern, kurzstieligen Blumen oder Früchtetuffs an, die Basis zu gestalten. Auf diese Weise hat man die Steckmasse bald abgedeckt, doch bleiben genügend Lücken, um die längeren Formen und Staffelungen dazwischen zu stecken. Auch kann man bei dieser Arbeitsfolge von

"unten noch oben" die Abstände der Blüten innerhalb der Staffelungen richtig entwickeln – von der Verdichtung durch kürzere Abstände in der Mitte bis zum locker werdenden Umriß mit immer größer werdenden Zwischenräumen von Blüte zu Blüte innerhalb der Staffelungen (Abb. 166).
Die Technik des formal-linearen und wuchshaften Arrangements wird gesondert behandelt.

Steckhilfsmittel Maschendraht. Ein weiteres Steckhilfsmittel, geeignet für tiefe Schalen, Kübel oder Vasen, ist der Maschendraht. Ein Stück Maschendraht (verzinkt oder kunststoffüberzogen, 5–6 cm Maschenweite und 3–5mal so groß wie die Öffnung des Gefäßes) wird so geknäuelt, daß ein Drahtball entsteht, der gleichmäßig von einem nicht zu engen Drahtgewirr durchzogen ist. Dieser Ball wird in die Öffnung des Gefäßes eingehängt: entweder liegen zwei gekreuzt durchgeschobene Hölzchen (Zweigstücke) auf dem Gefäßrand auf und halten die Drahtkugel, oder aber die Kugel wird mit zwei abgewickelten starken Steckdrähten eingehakt (Abb. 167). Genau wie die Steckmasse soll auch der Drahtball den Gefäßrand etwas überragen. So gewinnen die hineingesteckten Blumen und Zweige einen besseren Halt. Verwendet man Glasgefäße, ist es unschön, wenn der Draht den ganzen Gefäßraum ausfüllt. Hängt er nur in der Öffnung, wird er von den Stielen oft durchkreuzt und von Blättern außen abgedeckt, so daß er kaum zur Geltung kommt, dafür aber das klare Wasser im durchsichtigen Gefäß ohne störende Elemente technischer Art wirkt.
Die Technik mit dem Maschendrahtknäuel ist vor allem für den Kunden interessant. Deshalb sollte man sie öfter einmal als Thema einer Schaufenstergestaltung wählen. Der Florist arbeitet gern mit Maschendraht, wenn er dekorative Blumengestecke für Ausstellungen, Dahlien- oder Rosenschauen usw. ausführt, wenn er in großen Gefäßen arrangiert für Raumdekorationen oder wenn er im eigenen Schaufenster wirksame "Schauarrangements" zusammenfügt.

Spezielles für das Formgesteck. Für das Formgesteck sind ebenfalls Steckmasse oder Maschendrahtknäuel

Abb. 166. Vier Entwicklungsstufen eines dekorativen Arrangements
Abb. 167. (unten) In großen Vasen oder tiefen Schalen und Kübeln kann man Blumen gut mit Hilfe von Maschendraht stecken, der mit Hölzchen oder eingehaktem Draht vor dem Hineinrutschen oder Verdrehen bewahrt wird

die technischen Hilfen. Bei hohen Pyramidenformen aus frischen Blumen wird auch der entsprechend hohe Kern aus Steckmasse wichtig. Man läßt also hier die Steckmasse extrem hoch über den Gefäßrand aufragen, stellt den „Ziegel" auf seine kleinste Seite ins Gefäß und keilt ihn gut fest. Reicht diese Höhe noch nicht aus, so muß eventuell ein zweiter „Ziegel" darüber gestellt werden. Eine sichere Verbindung erreicht man, indem man einen Stab durch die Längsachse beider Ziegel hindurchsteckt. Außerdem umschließt man die hohe Steckmasse fest mit einer haltenden Hülle. Dazu ist ein großmaschiges Netz bzw. kleinmaschiger (1,5–2 cm), mit grünem Kunststoff ummantelter Maschendraht gut geeignet. Man kann auch eine dünne Lage Sphagnummoos über den Steckschwamm binden. So verhindert man das eventuell mögliche Auseinanderplatzen der Kunststoffmasse. Bei Verwendung von Sumpfmoos sorgt man sogar etwas für die bessere Feuchterhaltung der Steckmasse. Mit dem *Sphágnum* kann man auch Steckmassestücke, also Bruch oder schon einmal verwendete Blöcke um den Stab binden – für Dekorationen also eine rationelle Maßnahme. Braucht man eine recht hohe Säule aus Steckmasse, so ist die Verankerung im Gefäß besonders sorgfältig vorzunehmen. Am besten gipst man den Stab in einen Blumentopf oder in eine dicke, oben abgeschnittene Kunststoffflasche ein (Kunststoffbehälter für Pulverkaffee oder Putzmittel sammeln!). Nachdem der Gips fest geworden ist, wird dieses Teilstück im Dekorationsgefäß durch Sand oder Kies fest eingebettet. Oben wird das Gefäß mit Steckmasse gefüllt und über den nun aufragenden Stab werden die Steckblöcke gesteckt oder mit *Sphágnum* angebunden. Für Dekorationen von entsprechend kurzer Dauer lassen sich auf diese Weise wirkungsvolle Teilarbeiten gestalten.

Verlängern von Blumenstielen. Will man auch im dekorativen Gesteck „höher hinaus", so genügt es, für nur wenige Blumenstiele eine technische Verlängerung anzufertigen. In großen Gestecken können schlanke Steckvasen (Grabvasen), in kleineren, zierlichen Arbeiten Glasröhrchen, wie Reagenzgläser oder Orchideenröhrchen, hilfreich sein (Abb. 168 und 169). Sie werden an zwei starken Steckdrähten oder an einem Stab mit Wickeldraht und hellgrünem Kautschukbindeband befestigt. Steckvasen an Stäben müssen gut in der Steckbasis verankert sein, ehe man mit dem Blumenstellen beginnt. Steckröhrchen können während des Arrangierens eingefügt werden. Sie sollen aber an „Gabel" gedrahtet sein, auch wenn das Röhrchen an einem Stab befestigt ist. Dadurch erreicht man einen festeren Stand dieses Hilfsmittels.

Abb. 168. Steckvasen – hier in einen Maschendrahteinsatz für große Vasen gestellt – sind vorteilhafte Hilfsmittel beim Aufstecken von Blumen

Den Kunden, die Bodenvasen haben und sie auch benutzen, sollte man diesen Tip mit Maschendraht und Steckvasen weitergeben, damit sie Freude am Ausgestalten dieser großen Gefäße haben, bei denen es meist schwer fällt, die richtigen Proportionen auszuarbeiten.

Spezielles für das formal-lineare und wuchshafte Gesteck. Der Maschendraht spielt hier keine Rolle, wohl aber die Steckmasse. Da beim formal-linearen Gesteck so formklar wie möglich gesteckt werden soll, kann man nicht einfach Blätter und Triebspitzen zum Abdecken der Steckmasse einordnen. Damit würde ein buschiger Aufbau angelegt, der hier unerwünscht ist. Deshalb ist es ratsam, dort, wo keine Blüte oder Frucht, kein Moos oder Islandmoostuff die Steckmasse zudecken werden, ein oder mehrere großflächige Blätter so auf die Steckmasse zu legen, daß zwar der Blattstiel in der feuchten Masse steckt, die Blattfläche aber mit kleinen Drahthaken flach auf der Steckmasse gehalten wird. Alle weiteren Formen werden nun einfach durch das Blatt hindurch oder zwischen die Lücken der Blätter (Ahorn, Eiche, Efeu, Bergenie, Alpenveilchen u. a.) in die Steckmasse gesteckt. Die Blätter sind also nicht Formelemente der Gestaltung, sondern Hilfsmittel, um eine saubere Arbeit zu liefern, denn es wirkt immer unschön, wenn man die Steckmasse sieht. Scheut man sich, ein Blatt zum technischen Hilfsmittel zu degradieren, kann man mit Lappen- oder Plattenmoos arbeiten. Bei formal-linearen Anordnungen in Glasgefäßen oder eleganten, festlichen Gestaltungen in Schalen sind Alufolien gut zum Abdecken der Steckmasse. Solche Folien gibt es im Dekorationsgeschäft in vielen Farben, so daß man farblich passend zu den Blüten und zum Anlaß wählen kann. Beim wuchshaften Arrangement in flachen Schalen helfen außer Moosen Kiesel oder Steinbrocken, die Partien der Steckmasse abzudecken, die nicht von wuchshaften Formen bedeckt werden, denn solche unnatürlichen Materialien wie Folien passen hier nicht hin.

Da im formal-linearen Arrangement auch bearbeitete pflanzliche (Bretter, Leisten usw.) oder nicht pflanzliche (Draht, Metallstanzabfälle, Kunststoffe u. a.) Materialien eingesetzt werden können, kommt der Florist mit den Techniken des Steckens, Drahtens und Bindens nicht aus. Er muß auch nageln, schrauben, kleben, eventuell sogar löten und schweißen können oder andere materialgemäße Techniken beherrschen lernen. Je mehr er kann, um so besser!

Der Steckvorgang bei sehr locker aufgebauten Gestaltungen. Das Stecken von wuchshaften oder formal-linearen Arrangements beginnt an der Basis, nur sind dies zunächst Handgriffe, die die Steckmasse abdecken sollen. Dann folgen die gestalterisch wichtigen Formen, welche nicht in der Reihenfolge von unten nach oben wie beim dekorativen Gesteck eingefügt werden. Hier kann mit den größten und bestimmenden Formen und Linien angefangen werden. Man setzt sich sozusagen Leitlinien und ergänzt nach und nach. Bei dem lockeren Aufbau dieser Gestecktypen fällt es nicht schwer, zwischen die wenigen langen Formen nachträglich kurze zu setzen. Ein Verlängern durch angedrahtete Glasröhrchen ist hier nicht möglich, weil die lineare und lockere Gestaltung dieses Hilfsmittel nicht genügend verdeckt. Nur in einem bestimmten Fall ist die Verwendung von Glasröhrchen anzuraten, nämlich bei der Herstellung eines Orchideengestecks unter Verwendung von Steckmasse. Die Orchidee soll in klarem Wasser stehen. Deshalb steckt man Orchideen mit dem Glasröhrchen in die Steckmasse. Damit das runde Röhrchen sich nicht so leicht verschiebt oder dreht, kann es mit einem abgewickelten Draht angegabelt und so gesteckt werden. Es empfiehlt sich nicht, das ganze Röhrchen völlig mit hellgrünem Kautschukband zu umwickeln, weil der Kunde das Röhrchen für die Pflege des Arrangements sehen muß, um das Wasser ergänzen zu können.

Verwendung des Nagelblocks. Bei beiden Arrangementtypen kann weiterhin ein Steckhilfsmittel eingesetzt werden, das zwar in der Praxis des Floristen eine geringe Rolle spielt, beim Kunden aber eines der Haupthilfsmittel ist (bzw. sein sollte). Es ist der Nagelblock, auch Blumenigel, Fakirbed, Kenzan oder Steckblock genannt. Da der Fachmann den Kunden in allen ihn interessierenden Fragen beraten muß, sollte er auch über das Blumenstellen mit dem Nagelblock Bescheid wissen. Deshalb folgen hier einige Hinweise in Stichworten.

Man muß stets einen Steckblock in ausreichender Größe wählen, denn sein Gewicht gibt den Blumen Halt. Den „Igel" in der trockenen Schale mit Knetmasse am Schalenboden anheften. Für den Hausgebrauch genügt ein gefaltetes Stück Zeitungspapier unter dem Steckblock, damit dieser nicht so leicht verrutscht. Vor dem Blumenstecken Wasser in die Schale füllen. Die Blumen fest aufdrücken. Zu dünne Stiele werden verdickt, damit sie zwischen den Nägeln halten. Man nimmt einfach ein Stück von einem dickeren, möglichst hohlen Stiel (z. B. von *Anemóne* oder *Gérbera*), durch das der dünne Stiel (Freesie oder Grashalm) hindurchgesteckt wird. Man kann auch den dünnen Stiel mit einem Streifen Seidenpa-

Abb. 169. Reagenzgläser helfen, Blütenstiele zu verlängern. Draht schmiegt sich besser an Glas an, wenn er abgewickelt ist

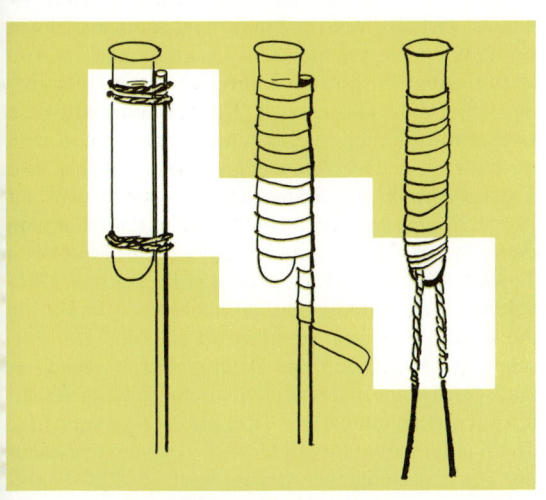

pier oder Floristape umwickeln. In beiden Fällen muß die Schnittfläche der Blume, die gesteckt werden soll, frei bleiben (Abb. 170). Auch wenn man mehrere Stielstückchen an den dünnen Stiel bindet, gelingt das Festklemmen des zierlichen Blumenstiels zwischen den zu weiten Nägeln leicht. Oder man füllt die Abstände zwischen den Messingnägeln mit einem Polster von Plattenmoos oder einem Stück Steckmasse aus, um so die dünnstieligen Formen ohne weitere Vorbereitung stecken zu können; nur führt dies beides zu Verunreinigungen des Wassers. Zu dicke, feste, holzige Stiele werden entweder angespitzt, schräg angeschnitten oder eingekerbt (Abb. 171), damit sie sich auf den Kenzan stecken lassen. Wird der Steckblock zum Arrangieren in Glaskelchen verwendet, muß er seitlich mit Flußkieseln oder Glaskugeln umgeben werden, damit man ihn nicht sieht.

Besonderheiten bei Trockenarrangements. Mit Trockenblumen gestaltet der Florist in allen vier Stilarten. Da Trockenblumen kein Wasser benötigen, fällt die Anforderung der Pflegbarkeit weg. Auch werden andere Steckhilfsmittel einsetzbar, obzwar die bisher besprochenen Steckmaterialien weiterhin zu verwenden sind. Doch ehe von den technischen Hilfsmitteln gesprochen wird, sei auf Florist Band 2, Seite 126 bis 135, verwiesen mit den dort beschriebenen Maßnahmen der Ernte, Trocknung und Lagerung sowie eventueller Färbung von Trockenmaterial.

Ton als Steckhilfsmittel. Für Trockenformen sind andere Steckhilfsmittel wichtig, so z. B. Ton. Aus Ziegeleien oder Töpfereien und im Bedarfsartikelhandel kann man sich knetbaren Ton beschaffen. In feuchte Lappen oder in Plastikfolie eingewickelt, bleibt er immer plastisch. Wird er einmal hart, kann man ihn in wenig Wasser legen und wieder knetbar machen. Ton ist brauchbar für holzige, schwere Formen oder große, dekorative Gestecke in Körben u.a. Will man Gräser mit dünnen Stielen hineinstecken, muß man sie andrahten. Der Ton trocknet und „mauert" die Trockenformen regelrecht fest. Arrangiert man auf Ästen, Baumscheiben oder Holzbrettern, so darf man den Ton nicht einfach aufkleben. Er schrumpft beim Trocknen und fällt ab. Man muß vorher ein paar Nägel einschlagen und eventuell noch einen Draht um die Nägel schlingen. So schmiegt sich der Ton zwischen die Nägel und das Drahtgewirr, wodurch er auch getrocknet hält und nicht abplatzt. Beim Arbeiten mit glatten Unterlagen (Keramik, Glas) kann man durch aufgeklebte Pinholder dem Ablösen trocknender Tonmasse entgegenwirken.

Abb. 170. Ein dünner Blumenstiel wird zum Stecken auf den Nagelblock mit einem Blumenstielabschnitt oder Seidenpapierstreifen verdickt

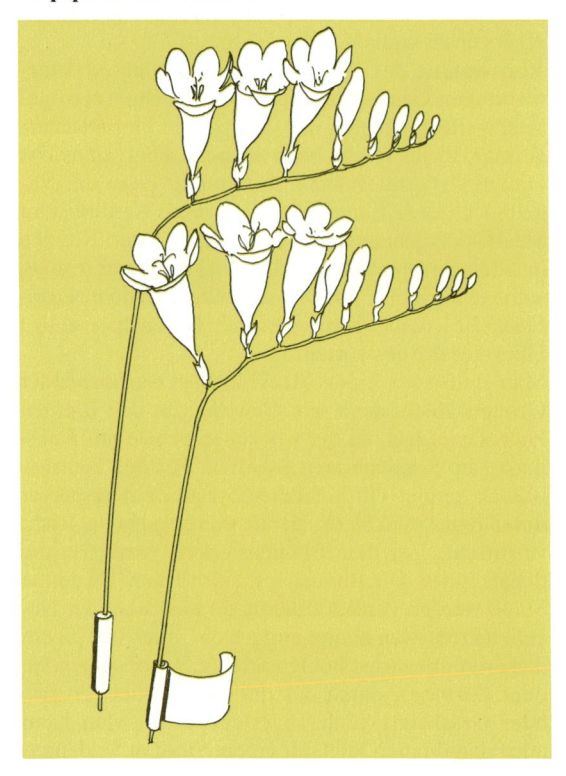

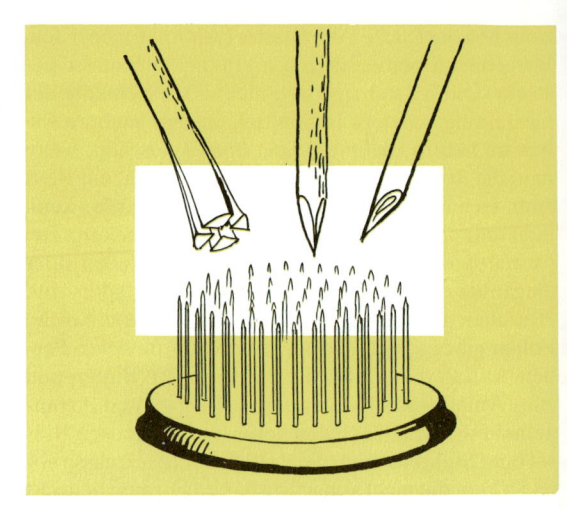

Abb. 171. Dicke, holzige Stiele muß man zum guten Stecken auf den Nagelblock vorbereiten

Knetmasse als Steckhilfsmittel. Wie der Ton ist auch eine Knetmasse zu verwenden, welche die Bedarfsartikelindustrie anbietet. Es gibt bisher zwei Fabrikate: knety und Floraform. Beide sind grün, werden in Rollenform zu je 1 kg gehandelt und bestehen aus einer dauerelastischen Masse, deren Grundstoff Naturkautschuk ist. Die Handhabung ist einfach. Ein Kügelchen dieser Knetmasse klebt gut am Boden einer Keramikschale, auf Kacheln, Glasplatten usw. Rauhe Holzbretter sollten mit 2–3 Nägeln beschlagen werden, zwischen welche die Steckmasse gedrückt wird. Formal-lineare Arbeiten auf Holzklötzen, Baumscheiben, Ästen usw. oder dekorative Arbeiten in ausgehöhlten Kürbissen, kleinen Keramik-Kelchen, auf Basttellern oder Abendbrot-Brettchen u. a. lassen sich mit Hilfe der Knetmasse arbeiten. Dünne Grasstielchen müssen auch hier angedrahtet (angegabelt) werden. Zu beachten ist, daß diese Masse im warmen Zimmer weicher wird. Schwerere Formen sinken dann um! In kalten Räumen wird die Knetmasse hart, wodurch sie sich von glatter Keramik ablösen kann. So kombiniert man gern diese Knetmasse mit fester Trockensteckmasse (Oasis-sec), und man befestigt sie sicherheitshalber noch mit Tesafilm oder anderen Techniken (s. Seite 155).

Fester Kunststoff als Steckhilfsmittel. Für Formgestecke werden Grundformen aus Styropor, Styrofoam bzw. Oasis-sec oder selbst zurechtgeschnittenem, trockenem Steckschwamm verwendet. Styropor, Styrofoam und Oasis-sec gibt es in Kugel-, Pyramiden- und Plattenformen. Styropor ist weiß und fest, kann mit Spezialkleber beklebt werden, oder die Blumen werden mit Stecknadeln aufgesteckt bzw. angedrahtet und gesteckt. Oasis-sec-Kunststoff ist locker in der Struktur, weshalb man selbst Gräser hineinstecken kann, ohne sie anzudrahten. Auch die Steckschwammziegel sind wie der Trockenschaum zu verwenden, nur muß man sie vorher in die gewünschte Pyramidenform zurechtschneiden. Die Trockensteckmasse ist mit knety, Oasis-fix und Pinholder, Steckfix-Halter oder einem eingegipsten Stab leicht im Gefäß zu befestigen, so daß die spätere Strohblumenpyramide oder lockere, dekorative Anordnung fest sitzt (Abb. 172). Wenn man Formgestecke mit auflockernden Staffelungen arbeitet, wird man zu den Hilfsmitteln greifen, die das Andrahten im allgemeinen überflüssig machen.

Abb. 172. Steckmasse für Trockenblumen-Pyramiden vorbereitet und im Gefäß befestigt; links mit knety und Pinholder, rechts mit einem eingegipsten Stab. Um den Gips liegt geknülltes Papier, damit das Gefäß nicht auseinanderspringt

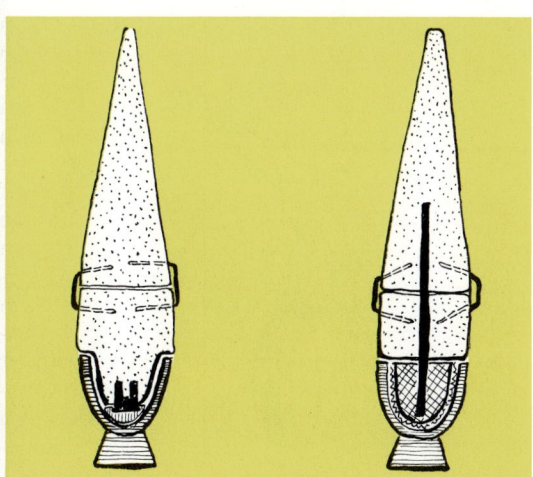

Zur Vertiefung

1. Fassen Sie das Typische der genannten vier Stilformen deutschen Blumensteckens zusammen und stellen Sie die Unterschiede heraus.
2. Geben Sie zu jedem Stil 12 Beispiele der Zusammenstellung, pro Monat eines, einschließlich der Beschreibung des gewählten Gefäßes.
3. Skizzieren Sie den Aufriß von drei der gewählten Zusammenstellungen.
4. Nennen Sie Ihnen bekannte Steckhilfsmittel, beschreiben Sie die Arbeitsweise mit ihnen, auch die Vor- und Nachteile.
5. Nennen Sie Hilfsmittel, mit denen Blumenstiele verlängert werden können, ohne daß eine Schnittblume vorzeitig welk werden muß.
6. Stellen Sie eine Liste der Handelsnamen und – so man erfahren kann – der botanischen Namen von Trockenformen zusammen. Kataloge von Handelsfirmen, die Trockenmaterial vertreiben, können dabei sehr hilfreich sein.
   a) 10–20 Namen von runden Formen, zur Ausgestaltung der Basis gut geeignet.
   b) 10–20 Namen von interessanten linearen Formen, für formal-lineare Gestecke gut geeignet.
   c) 10–20 Namen von langen oder lockeren Formen, für die Außenpartien von dekorativen Gestecken gut geeignet.
   d) 5 oder mehr Namen von präparierten Laubarten, die bei Trockengestecken Verwendung finden.

Für die Klasse in der Berufsschule oder den Arbeitsraum im Betrieb können Muster dieser Arten und die dazugehörenden Namensschildchen zu Schautafeln zusammengestellt werden. Als Tafelmaterial eignen sich die einfache Tischlerspanholzplatte oder die etwa 2 cm dicke Styroporplatte gut. Beide Materialien können gestrichen oder mit Molton umspannt werden, damit ein farblich neutraler und zum Raum passender Hintergrund für die Muster geschaffen wird. Die Einordnung der Muster kann auch unter folgenden Rubriken vorgenommen werden: Trockenblumen, Trockengräser, Trockenfrüchte, Zweigformen (mit und ohne Fruchtbesatz) exotische Trockenformen (aus Australien oder Afrika) u. a.

3.5 Ikebana

Unsere Kunden lesen in Büchern, Illustrierten und Kalendern vom „Ikebana", der Kunst des Blumensteckens in Japan. Es gibt in Berlin, Linz am Rhein, Bremen, Crailsheim, Frankfurt und Hannover, Köln und München, Stuttgart, Baden-Baden und Oldenburg u. a. Schulen und in vielen Städten Volkshochschulkurse, die diese Kunst lehren. Deshalb geschieht es auch oft genug, daß im Blumengeschäft das Gespräch auf Ikebana kommt. Der Florist muß also informiert sein. Er muß Rede und Antwort stehen können. Ja, er soll sich sogar ein persönliches Urteil bilden, es vertreten und begründen können. Deshalb darf im Rahmen dieses Lehrbuches Ikebana nicht unerwähnt bleiben. Leider ist nicht Raum genug, dieses Thema so ausführlich zu behandeln, daß man daraus Ikebana lernen könnte. Doch soll das Wesentliche dieser asiatischen Form des Blumenstellens deutlich werden.

Geistiger Gehalt des Ikebana. Ein Ikebana (= „gesteckte Blume" oder „lebende Blume") kann man nicht kaufen! Ein Ikebana ist mehr als nur ein Blumengesteck. Ein Ikebana ist voller Symbolik und religiöser Sehnsucht. Wollte man eine Parallele zum Ikebana in unserem Kulturkreis finden, müßte man das Kruzifix nehmen. Ein Ikebana wird zum Zwecke der Entspannung und Meditation[1] gefertigt und aufgestellt. Dem Japaner geht es nicht allein um das fertige Gesteck, sondern mehr noch um das Beschäftigen mit der Blume. Pflanzen und Blumen leben im Gegensatz zum menschlichen Wesen in völliger Harmonie mit ihrer Umwelt ohne Widerspruch zwischen Geist und Körper. Während man Blumen in einem Ikebana stellt, betrachtet man sie, man denkt über die Daseinsformen nach, man ahnt etwas von dem großen Geheimnis der Schöpfung, von dem Einssein mit sich und der Umwelt. Und dieses Empfinden, sich selbst als ein Teil des Ganzen zu erleben, einen Hauch von der Ewigkeit zu spüren, das ist der eigentliche Sinn eines Ikebana.

Den Japaner verbindet ein inniges Mitgefühl mit der Pflanze. Er sieht aber die Blume nicht um ihrer selbst willen, er sieht in ihr die Natur, die Schöpfung – aus der Berührung von Himmel und Erde entstanden –, das Symbol für viele geistige Inhalte. So gibt er einem Blumengesteck gern einen Namen, nennt es „Jungmädchentraum" oder „Sommersehnsucht", „Festlicher Gesang" oder „Am Teichrand". Es mag sogar

Abb. 173. Ein Rikka (nach Ohchi 1956)
Abb. 174. Ein Nageire (nach Ohchi 1956)

---

[1] Meditation = sinnendes Betrachten, tiefes Nachdenken, religiöse Versenkung, lat.: meditatio = Nachsinnen, Denken

Abb. 175. Gestecke im Shoka-Stil (nach Ohchi 1956)

vorkommen, daß sich der Japaner vor dem fertigen Ikebana in Ehrfurcht verneigt, denn nun ist auch dieses eine Schöpfung, vollendet und harmonisch, und es strahlt den gleichen Geist aus, der in allem ruht. Die individuelle Gestaltung ist immer nur ein Stück des ganzen Seins. Da aber der Vorgang der Gestaltung den Menschen mehr bereichert als das fertige Gesteck, da das Selbsttun zum Sichselbstfinden führen kann, gehört Ikebana in den persönlichen Bereich des Menschen, nicht in das Blumengeschäft!

Ikebana-Schulen. In Japan gibt es viele Schulen, welche die verschiedenen Formen des Ikebana lehren. Millionen von Menschen besuchen diese Schulen jahrelang. Drei Schulen sind führend:
1. Die Ikenobo-Schule in Kyoto und Tokio. Sie ist die älteste Schule, besteht seit 1462 und lehrt noch heute die ältesten Ikebana-Formen „Rikka" und „Shoka" neben den modernen Stilen.
2. Die Ohara-Schule, in der zweiten Hälfte des vorigen Jahrhunderts gegründet, sieht im traditionellen und modernen „Moribana" die beste Möglichkeit, durch das Blumenstellen die Natur und sich selbst in Einklang zu bringen.
3. Die Sogetsu-Schule besteht seit 1928 in Tokio. Sie ist die modernste der großen Schulen und ihr bevorzugter „freier" Stil hat sich am meisten von den traditionellen Regeln gelöst.

Während also die Ikenobo-Schule die Tradition und geistige Durchdringung des Werkes betont, die Ohara-Schule das Verständnis für die Natur als Ziel anstrebt, will die Sogetsu-Schule die Individualität des Gestalters im Werk widerspiegeln. So verschieden die Schulen in ihrer letzten Konsequenz auch sein mögen, so gehen sie doch alle gemeinsam den gleichen Weg, den „Kado", den Blumenweg, auf dem die Menschen durch die Beschäftigung mit der Blume das beglückende Erlebnis suchen, sich eins zu fühlen mit der Schöpfung.

Die Stile des Ikebana. Der geistige Ursprung des japanischen Blumenstellens liegt in der Religion. Der Schintoismus, eine Naturreligion, und der Buddhismus, die Lehre von der Erleuchtung, prägen gemeinsam den Glauben der Japaner. Ehrfurcht vor der Natur hat die Blume in das religiöse Bewußtsein der Menschen gehoben. Das Streben nach Erkenntnis durch Meditation hat zur Beschäftigung mit der

Abb. 176. Moribana-Gestecke im aufrechten und geneigten Grundstil

Blume geführt. Anfänglich als Altardienst von Mönchen ausgeführt, wurde das Blumenstellen später als rituelle Handlung auch von Laien geübt. Im 16. Jahrhundert fand es als Teil der Teezeremonie Eingang in jedes Haus. Die Formen wurden einfacher und freier, bis sich im vorigen Jahrhundert naturalistische Gestaltungen durchsetzten. Heute greift man zu jeglichem Material – auch zu nicht belebtem – und fügt abstrakte Plastiken zusammen.
Die wichtigsten Stilrichtungen sind:
Rikka = stehende Blume. Ein meist über 1 m großes Arrangement, in Vasen gestellt. Erst seit dem 15. Jahrhundert in seinen Regeln bekannt, aber schon vorher von Priestern als Altardienst gestellt. Im 17. Jahrhundert durch jährliche Ausstellungen in Kyoto allgemein beliebt (Abb. 173).
Nageire = Einwurfgesteck, frei gestaltet, kleiner. Die Ausbildung von nur drei Linien macht es leichter, ein solches Gesteck zu arbeiten. In Vasen arrangiert mit Hilfe von Reisstroh oder einem gegabelten Hölzchen, dem sogenannten Hanadome. Seit Anfang des 16. Jahrhunderts mit der Teezeremonie verbunden (Abb. 174).
Shoka = festliches Gesteck. Es verbindet Elemente des Rikka und Nageire. Im 18. Jahrhundert gehört es zur guten Bildung, ein Shoka stellen zu können (Abb. 175). Anfang des 19. Jahrhunderts wird Ikebana zur häuslichen Beschäftigung. Es entstehen Schulen und eine geistige Erneuerung der teils erstarrten Tradition wird gesucht.

Moribana = Blumenbusch. Gestecke in flachen Schalen mit Hilfe des Kenzan (Nagelblock) oder Shippo (Bleiringe mit Haltegittern). Sie werden in der zweiten Hälfte des 19. Jahrhunderts sehr beliebt. Die naturhafte Darstellung wandelt Regeln und Anschauung (Abb. 176).
Jiyu-bana = der freie Stil, beginnt in den zwanziger Jahren unseres Jahrhunderts und ist Grundlage des heutigen Strebens, sich vom Formalismus der überlieferten Stile zu lösen und die Persönlichkeit frei im Werk zu entfalten (Abb. 177).
Ein Moribana-Grundstil. Man beginnt meist, den Moribana-Grundstil zu lernen. Jede Ikebana-Schule hat ihren eigenen Grundstil entwickelt, der sich von den anderen in Kleinigkeiten unterscheidet. Hier soll der aufrechte Grundstil der Sogetsu-Schule besprochen werden.
Man hat Zweige und wenige Blumen je einer Art vor sich auf dem Tisch liegen. In der flachen Schale ist Wasser. Die Haltung soll entspannt sein. Einfache, ruhige Bewegungsfolgen sind wichtig. Es wird wenig, besser gar nicht gesprochen. Man schaut und probiert. Man soll aus sich heraus in Einklang mit der Blume und dem Gesteck kommen. Der Kenzan wird links hinten in die Schale gelegt, wenn im Sommer die Wasserfläche mitwirken soll, links vorn, wenn man wenig Wasser sichtbar werden lassen will. Man sieht sich die Zweige an, damit man den richtigen für den ersten Hauptzweig (*shin*) wählt. Dieser Zweig soll

Abb. 177. Im freien Stil werden sehr unterschiedliche Gestaltungen gefertigt, doch entsprechen sie am meisten unserem formal-linearen Gestalten (dargestelltes Ikebana nach Sofu Teshigahara)

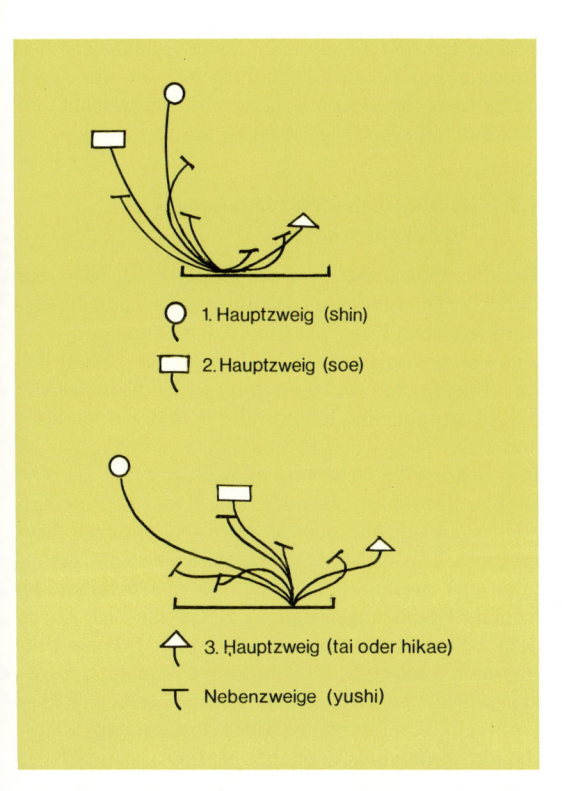

○ 1. Hauptzweig (shin)
▭ 2. Hauptzweig (soe)
△ 3. Hauptzweig (tai oder hikae)
⊤ Nebenzweige (yushi)

Abb. 178. Moribana-Diagramme, die Grundtypen der Ikebana-Stile angeben, aber auch nach dem Gestalten als Erinnerungsdiagramm spezieller Arbeiten hergestellt werden.

kung erzielt. Ist das Gesteck fertig, betrachtet man es in Ruhe und zeichnet ein Erinnerungsdiagramm (Abb. 178). Neben der aufrechten Grundform gibt es eine geneigte und neben den Grundformen viele Abwandlungen, sogenannte Variationen. Diese Variationen sollen das Sehen und Erkennen schulen. Sie sollen das Gefühl für die Zuordnung, Raumdurchdringung und Formenwirkung entwickeln. So führen sie zum freien, selbständigen Gestalten.

Deshalb kann auch der deutsche Florist, wenn er sich mit Ikebana beschäftigt, für sein Gestalten mit Blumen viel lernen, denn was wollen wir anderes, als die Schönheit der Blumen dem Beschauer nahebringen und ihn anrühren mit dem, was eine Blumenzusammenstellung aussagen kann? Auch wir müssen sehen und erkennen, den Ausdruck der Formen und Farben verstehen, um neue beeindruckende Zusammenstellungen aus Blumen und Blättern gestalten zu können. Vor allem lernt man aus dem Ikebana für das Arrangieren im formal-linearen Stil. Ein Ikebana ist in erster Linie auf graphische Wirkung ausgerichtet. Linien und Formen sind entscheidende Ausdrucksmittel, Farben spielen eine zweitrangige Rolle. Deswegen meidet der Japaner im allgemeinen die Fülle, denn in ihr gehen die Linien unter. Er schneidet die überflüssigen Blätter vom Zweig, damit man die Linienführung gut verfolgen kann. Er biegt und knetet, damit die Linie so verläuft, wie es der harmonische Zusammenklang des gesamten Linienspiels verlangt. Er kann sich stundenlang mit seinem Ikebana beschäftigen, denn das Gestalten eines Ikebana ist Sammlung und Entspannung zugleich, ist Suchen und Finden, ist Sinn des Ikebana überhaupt.

1,5–2mal so lang sein wie die Höhe plus Durchmesser der Schale. Der Zweig wird leicht nach links geneigt (15°) und etwas nach vorn gerichtet gesteckt. Der zweite Hauptzweig (*soe*) ist $^2/_3$–$^3/_4$ mal so lang wie shin, ist 45° nach links geneigt und ebenfalls etwas nach vorn gedreht zur linken Schulter des Arrangierenden hin. Der dritte Hauptzweig (*hikae*) ist $^2/_3$–$^3/_4$ mal so lang wie soe, wird 75° nach rechts vorn geneigt gesteckt. Dieser dritte Hauptzweig wird im Gegensatz zu den anderen aus Blüten gestaltet. Jede Hauptlinie kann Begleitlinien, sogenannte Nebenzweige (*yushi*) bekommen. Die Anzahl unterliegt keiner Regel, nur müssen die Nebenzweige dicht am Hauptzweig stehen. Alle sollen unterschiedlich lang sein; keiner darf länger sein als die Hauptlinie. Der Kenzan bleibt meist sichtbar. Der Rand des Gefäßes darf nicht von Blättern oder Stengeln berührt werden. Die Bewegung der Zweige oder Blumen wird gern so geführt, daß sie „sich ansehen", d. h., daß die Linien in der Verlängerung über ihre Endform hinaus zusammenführen. So wird eine geschlossene ruhige Wir-

Zur Vertiefung

1. Sammeln Sie aus Fachzeitschriften, Kalendern und Illustrierten Bilder und Artikel über Ikebana. Damit und mit Hilfe von Fachbüchern sollen folgende Themenkreise erarbeitet werden:
   a) Gefäße, die im Ikebana bevorzugt verwendet werden (schlichte Umrißskizzen anfertigen).
   b) Diagramme einiger besonders interessant oder typisch erscheinender Arbeiten zeichnen und das verwendete Material dazu benennen.
   c) Informieren Sie sich über die Ausbildungsmöglichkeiten für Ikebana in der Bundesrepublik bzw. in dem Ihnen zugänglichen Bereich.
2. Beschreiben Sie nach den Abb. 173 bis 177 die fünf genannten Stilrichtungen des Ikebana.

3. Betrachten Sie folgende Ikebana-Regeln und finden Sie dazu die entsprechenden, in unserem Blumenstellen gültigen Gestaltungsregeln:
a) Es werden nur drei Hauptlinien ausgebildet.
b) Die Nebenlinien sind unterschiedlich lang und dicht an die Hauptlinie gefügt.
c) Die Hauptlinien werden in unterschiedlichen Winkelstellungen aufgesteckt.
d) Die erste Hauptlinie ist 1,5–2mal so lang wie das Maß aus Höhe und Breite der Schale beträgt.
e) Jede weitere Hauptlinie ist immer kürzer als die vorhergehende.

4 Das gepflanzte Arrangement

4.1 Allgemeines

Auf dem Gebiet der Schalenbepflanzung gibt es die gegensätzlichsten Richtlinien und Verhaltensweisen, die man sich denken kann. Die einen „füllen" im schlimmsten Sinne des Wortes die Schalen mit allem, was der Betrieb gerade bietet, ohne Rücksicht auf pflanzenphysiologische, farbliche oder formale Gesichtspunkte; die anderen vertreten das genaue Gegenteil. Sie wollen in der Schale nur das vereint sehen, was auch in der Natur zusammen wächst und wünschen die Schalenbepflanzung einem Stück Natur nachgebildet. Beides ist falsch. Der Sinn einer Schalenbepflanzung liegt in der Zweckerfüllung, und der Zweck kann recht unterschiedlich sein. Also gibt es nicht nur eine richtige Lösung, sondern viele Lösungen. Die sind leicht zu finden, wenn man sich die Frage beantwortet: wozu werden Blumen und Pflanzen in Schalen gepflanzt?
Hier die Antworten:
Schalenbepflanzungen werden verschenkt oder es werden Blumen in Schalen und Kübeln zum Schmuck der Zimmer, der Tafel, von Eingangshallen und Büroräumen, Dachgärten und Terrassen, Innenhöfen und Grabstätten verwendet. Sie dienen als Objekte der Freude, der Befriedigung ästhetischer Bedürfnisse oder sie sind Stätten pflegender Tätigkeit. Sie spielen eine Rolle im Bereich zwischenmenschlicher Beziehungen oder in der Gestaltung der näheren oder weiteren Umgebung der Menschen. Sie sind so vielseitig zu betrachten, daß wir die speziellen Zweckerfüllungen von bepflanzten Gefäßen erst einmal zurückstellen und allgemeine Gesichtspunkte der Gestaltung und Technik behandeln müssen, um davon ausgehend die Besonderheiten zu besprechen, die sich durch die jeweilige Zweckerfüllung ergeben.

4.2 Grundsätzliches zur Gestaltung von Gefäßbepflanzungen

Da alles Gestaltete in seiner Erscheinung nicht nur durch die verwendeten Gestaltungsmittel und die Gestaltungstechnik geprägt wird, sondern zugleich auch einen Gestaltungsstil zur Wirkung bringt, sollen Betrachtungen über drei Gestaltungsstile folgen, welche bei Pflanzungen in Gefäßen ausgeprägt werden können.

Die dekorative Schalenbepflanzung. Hier ist eine Blütenpflanzenart als führendes Element beteiligt, z.B. Alpenveilchen oder Hortensien oder Topfchrysanthemen usw. Andere Pflanzen (meist nur Grünpflanzen) ordnen sich unter und übernehmen die formale Ergänzung, wobei es gleichgültig ist, ob sie dem Lebensraum der dominierenden Pflanze entstammen oder nicht. So kann zum *Cýclamen* das formal reizvoll kontrastierende und mit seinem hellen Grün gut vom dunklen Alpenveilchenblatt abstechende *Adiántum* gepflanzt werden, obgleich es feucht-warmen Standorten entstammt, das Alpenveilchen aber eine kühle Heimat hat. Zur prunkvollen Hortensie paßt der elegant ausschwingende *Nephrólepis*-Farn und zur Chrysantheme mit den tief fieder-

Abb. 180. Die landschaftliche Schalenbepflanzung wirkt reizvoller, wenn zwischen den Pflanzengruppen Freiräume bleiben. Welches Schema ist demnach besser als das andere?

Abb. 179. Dekorative Schalenbepflanzung

teiligen Blättern paßt der Nestfarn *(Asplénium nídus)* mit glattrandigen, großen Blättern. Außerdem müssen lagernde oder hängende Pflanzen die Verbindung zwischen den hochwachsenden Blumen und dem Gefäß herstellen. Entsprechende Gefäßbepflanzungen für das Freiland werden mit verschiedenen Blütenpflanzen der Saison gestaltet.

Ergänzung der Form und Vervollständigung eines fülligen Umrisses der Pflanzung ist hier die Richtlinie für die Pflanzenzusammenstellung. Die Pflanzung selbst wird nicht in Gruppen untergliedert, sondern in einer nicht allzu dichten, jedoch einheitlichen kuppelförmig aufgebauten Gestaltung vorgenommen. Insgesamt gesehen kann man bei diesen Schalen von einem ausgewogenen, symmetrisch wirkenden Gestaltungsschema sprechen, in welchem die regelmäßige Verteilung der Blüten, Blätter und Sproßtriebe innerhalb einer Umrißform verbindende Prinzipien sind (Abb. 179).

Die an diesen Schalentyp gestellten Anforderungen sind folgende:

1. Die Pflanzung soll repräsentativ und vollkommener als „nur" ein Blumentopf wirken.
2. Bei Dominanz einer Blütenart soll diese durch wirkungssteigernde Kontraste der untergeordneten Beipflanzen in ihrer Schönheit gesteigert werden.
3. Die Schale soll für die Dauer der Blütezeit genügend Lebensraum bieten, denn nach der Blüte der erstrangigen Pflanzen wird diese Pflanzung im allgemeinen auseinandergenommen.
4. Das Pflanzsubstrat, der Standort und die Pflege sollen den physiologischen Bedingungen der zusammengestellten Pflanzen während der Dauer ihrer Gemeinschaft entsprechen. Da jedoch diese Dauer begrenzt ist, kann man diesbezüglich relativ großzügig sein und eventuell gestalterische Gesichtspunkte gegenüber den pflanzenphysiologischen bevorzugen.
5. Das Gefäß soll sich gestalterisch gut unterordnen.
6. Das Gefäß soll standfest und wasserdicht sein, bei Aufstellung im Freiland ein Wasserabzugsloch haben (s. Anforderungen an das Arrangement, Seite 148)
7. Wird die Pflanzung verschenkt, kann der Beschenkte diese Gestaltung wegen ihrer Regelmäßigkeit und relativen Schlichtheit problemlos überall aufstellen.

Die landschaftliche Schalenbepflanzung. Hier wird vielgestaltiger kombiniert und innerhalb der Pflanzung in Gruppen untergliedert. Vor allem ist das asymmetrische Gestaltungsprinzip gültig, was für diese Schalen jede Möglichkeit der Zuordnung gestattet. Auch hier können Blütenpflanzen dominieren, vielfach wird aber auch bevorzugt mit Grünpflanzen gestaltet. Sehr beliebt sind Frühlingsschalen. Die Beachtung des Landschaftlichen Gesetzes ist dabei recht vorteilhaft (s. Seite 127). Doch da auch diese Schalenbepflanzung meist nach dem Abblühen der Topfblumen auseinandergenommen wird, und da die Umweltbedingungen im Zimmer ohnehin nicht optimal für viele Pflanzen sind, kann man ebenfalls hier diesbezüglich großzügig sein. So gehören ungeachtet des landschaftlichen Gesetzes auch die blühende rosa Azalee mit dem blauen Usambaraveilchen und dem Farn *Pelláea* als Unterpflanzung dazu. Hier kommt es lediglich darauf an, daß durch die Pflanzung das Bild einer kleinen Landschaft entsteht. Nicht der üppige Eindruck ist das Ziel, sondern das Zusammenspiel großer und kleiner, hoch wachsender und lagernder, stolzer und bescheidener Pflanzen. Die einzelnen Blumen und Pflanzen sollen wirken, weshalb man die Pflanzengruppen so zusammenstellt, daß zwischen ihnen freier Raum bleibt. Damit kann das Auge die Umrisse der Pflanzen ganz erkennen (Abb. 180). Die freibleibenden Räume zwischen den Pflanzen und Pflanzengruppen führen dazu, daß Bodenfläche sichtbar bleibt. Sie muß nun entsprechend den natürlichen Vorbildern durchgestaltet werden. Große und kleine Kiesel mit Sand oder Bruchsteine, Plattenmoos und kleine Pflanzen oder Wurzelstückchen, Moose und Waldbodenstreu sind z.B. Mittel, die Pflanzung lebendig und naturgetreu bis in die Bodenformation hinein durchzubilden.

Abb. 181. Auch bei Pflanzenschalen kann man auf besondere formal-lineare Kontraste achten

Dieser Schalentyp kann als *Saisonpflanzung* oder *Dauerpflanzung* angelegt sein. Der Unterschied liegt in der Absicht, die Pflanzen entweder nur befristet während der Blütezeit zusammen in der Schale zu belassen oder die Pflanzung insgesamt recht lange als gestalterische Einheit zu erhalten, mitunter jahrelang. Daraus erfolgen veränderte Anforderungen.

Die Saisonschalenbepflanzung kann mehr auf ästhetische Gesichtspunkte wie Farbharmonie, Formenkontraste, Größen- und Bewegungsunterschiede usw. abgestimmt sein, wobei die Herkunft und damit die gleichen Pflegebedingungen der Pflanzen nur in so weit wichtig sind, als die Lebensfähigkeit für die Dauer der Pflanzengemeinschaft nicht bedroht ist. Dennoch wird man die wesensmäßige Zuordnung nicht außer acht lassen, und da die Landschaft das Wesen der Pflanzen prägt, wird über das Gesetz der wesensmäßigen Zuordnung (s. Seite 126) auch das landschaftliche Gesetz in gewisser Weise mit einbezogen. So wird die aus dem warmen Klima Mexikos stammende Echeverie unter dem Alpenveilchen nicht gut zur Geltung kommen, weil beide Arten durch ihre landschaftliche Prägung wesensmäßig konkurrieren und nicht harmonieren.

Bei der Dauerpflanzung müssen die Pflegeansprüche der zusammengefügten Pflanzen unter den Bedingungen des Wohnraumes oder des Aufstellungsplatzes im Freien gleich sein. Licht, Wasser und Temperaturbedürfnisse der Pflanzen sowie die Ansprüche an das Pflanzensubstrat müssen dem Floristen bekannt sein, denn daraus ergeben sich die Pflanzenzusammenstellung, die Wahl der Erdmischung und des Gefäßes sowie die Ratschläge an den Kunden hinsicht-

Abb. 182. Gruppierungen von Pflanzungen im formal-linearen Stil können gut interessante Pflanzenpersönlichkeiten herausstellen

Abb. 183. Kübelbepflanzungen mit einer hoch wachsenden und mehreren stark untergeordneten Pflanzen gehören auch zu den formal-linearen Pflanzungen. Auch alte Baumformen von Mutterpflanzen wirken reizvoll, wie hier die Araucária, der ein Stubben und ausweichende Pflanzen zugeordnet wurde

ten Pflanzen gleichen Klimazonen oder Standorten entstammen wie die dominierende Pflanze. Wählt man z. B. die blühende *Vríesea spléndens* als Leitmotiv, kann sie zur Untermalung ihres exotischen Charakters neben eine borkige Wurzel mit *Cryptánthus*, einer kleinen *Pílea cadiérei*, einer Kletter-Feige *(Fícus púmila)* u. a. gepflanzt werden (Abb. 181).

Die Beipflanzung ist bei diesem Schalentyp ein Mittel, um die formale Schönheit und charakterliche Besonderheit der herausragenden Pflanzenpersönlichkeit zu unterstreichen. In gleicher Weise soll auch der Geltungsunterschied zwischen der dominierenden Pflanze und den beigegebenen Arten wirken, weshalb

Abb. 184. Interessant gestaltete Gefäße sollen sparsam bepflanzt werden, wobei formale Gesichtspunkte dominieren

lich Aufstellungsort und Pflegemaßnahmen. Werden solche Pflanzungen zum Verschenken gekauft, ist es gut, diese Ratschläge schriftlich mitzugeben, z. B. in Form einer „Pflegeanweisung", die zusammen mit dem Firmenstempel gleichzeitig zum Werbemittel wird.

Die formal-lineare Schalenbepflanzung. Hinsichtlich lockerer Umrißgestalt, asymmetrischem Aufbau und kontrastreicher Zuordnung der Pflanzen entspricht dieser Typ der Schalenbepflanzung ganz dem Typ der landschaftlichen Pflanzung. Nur ist der zuletzt genannte Gesichtspunkt, nämlich derjenige der Auswahl der Pflanzen, noch betonter auf interessante Pflanzengestalten gerichtet. Nicht der Blütenflor entscheidet, sondern der Wuchs, bzw. die Charakterform der dominierenden Pflanze. Und da der Charakter einer Pflanze auch durch die landschaftliche Herkunft geprägt ist, sollte bei diesem Typ von bepflanzten Schalen darauf geachtet werden, daß die zugeordne-

bei den formal-linearen Pflanzungen das Bild von der locker gruppierten, landschaftlichen Gestaltung in der weiten flachen Schale oder in der Gefäßgruppe bis zur Schalen- oder Kübelpflanzung mit einer starken Pflanzenpersönlichkeit und 1–3 stark untergeordneten Beipflanzen varriieren kann (Abb. 182 und 183). Zur Steigerung der graphischen Wirkung kann man auch mit Geäst, Wurzeln oder anderen linearen gestalterischen Beigaben kombinieren (Abb. 181).

Die Technik der Schalen und Kübelbepflanzung wird gesondert erläutert (s. Seite 171ff.). Hier seien nur folgende Besonderheiten erwähnt:

Wer eine solche Schalenbepflanzung verschenkt, wird vielfach die dominante Pflanze in ihrem Blumentopf belassen, weil man erwarten kann, daß der Beschenkte die Pflanzung nicht als Ganzes erhalten will. Verfährt man so, muß eine entsprechende Pflegeanweisung mitgegeben werden, damit die Pflanze in dem eingefütterten Topf speziell gegossen wird. Das Gießen der Pflanzung an einer Stelle am Schalenrand genügt dann nicht, um der Pflanze im Topf genügend Feuchtigkeit zu geben.

Bei diesem Gestaltungstyp der Bepflanzung wirkt das Gefäß formal stark mit, weshalb man gern schöne Keramiken, moderne Vasen wählt wie z. B. Kugel- oder Würfelformen mit asymmetrischen Wandaussparungen als Öffnung, Becher- oder Kelchformen mit schönen, werkgerechten Glasuren oder Gefäßplastiken, die in sich schon Formkombinationen bedeuten (Abb. 184).

Als Pflanzen sind Baumformen mit Stamm und Blattschopf besonders gut geeignet, weil sie selbst graphisch reizvolle Gestalten sind und weil sie viel Raum unter sich freilassen, so daß Unterpflanzen ebenfalls voll zur Wirkung kommen können. Folgende Pflanzenarten gibt es als wirkungsvolle Baumformen, die teils um so reizvoller werden, je älter sie sind und je öfter sie gekappt werden.

Araucária excélsa
Cordýline terminális
Crótón = Codiāēnum variegátum
Dieffenbáchia maculáta
Dracaēna frágans, D. margináta, D. dereménsis
Dizygothéca elegantíssima
Fátsia japónica
Grevíllea robústa
Hédera hélix auf einem Fatshederasstamm
Yúcca -Arten u. a.

Andere locker gegliederte Pflanzengestalten, die ebenfalls als dominante Pflanze in betont formal-linearen Pflanzungen gut geeignet sind, können folgende Arten sein:
Acácia armáta
Anthúrium crystallínum
Caládium -Bicolor-Hybride
Cýperus alternifólius
Euphórbia tirucálli, E. míllii
Fícus benjamína, F. diversifólia
Palmen (Florist Band 2, Seite 108)
Philodéndron bipinnatífidum
Schéfflera digitáta
Syngónium podophýllum

Außerdem hochwachsende Kakteen wie Cereen, Opuntien und andere Sukkulente wie Sansevierien. Die Bromelien werden hier durch ihre verschiedenen interessanten Blütenstände wichtig. Arten für formal-lineare Kübelbepflanzungen im Freiland werden später genannt (s. Seite 180)

4.3 Übersicht von allgemein gültigen Gestaltungsregeln

Nach der Beschreibung der stilistischen Merkmale von gepflanzten Gestaltungen soll in Erinnerung an die im Kapitel über die Allgemeinen Grundlagen der Gestaltung mit Blumen dargelegten Gestaltungsprinzipien und -gesetze hier ein kurzer Überblick wichtiger Regeln folgen:

1. Die Persönlichkeit der Pflanze soll zur Wirkung gebracht werden. Sie bestimmt außerdem die Zusammenstellung und den Platz der Pflanze im Arrangement.
2. Die Wuchsbewegungen der Pflanzen dürfen sich nicht behindern, sondern sollen sich ergänzen. Gegensätze der Bewegungsformen fügen sich in ein harmonisches Zusammenspiel ein.
3. Lineare Formen gestalten den Umriß, plastische Formen betonen die Pflanzfläche. Auch im gepflanzten Arrangement sollte das Zusammenspiel von Verdichtung und Auflockerung stattfinden.
4. Die stoffliche Abstimmung kann nach dem Gesichtspunkt der verbindenden Gleichheiten (z. B. nur metallisch glänzende Formen), aber auch nach dem wirkungssteigernden Gegensatz (als Akzent einen rauhen, borkigen Ast dazu) vorgenommen werden. Das Gefäß ist einzubeziehen.
5. Die farbliche Abstimmung muß von den Blütenfarben, Blattzeichnungen und dem Farbton des Gefäßes zugleich ausgehen. Farbkontraste, Hell-Dunkel-Kontraste und Qualitätskontraste sind bevorzugt zu beachten. Das Gefäß soll farblich untergeordnet sein.
6. Wesensmäßige Abstimmung setzt Kenntnis der Herkunft und Einfühlungsvermögen in das Wesen einer Pflanze voraus. Die Beachtung des „landschaftlichen Gesetzes" und seiner Abwandlung hilft, Pflanzen zu vereinen, die von einheitlichem Wesen sind.
7. Beachtung der pflanzenphysiologischen Bedürfnisse ist wichtig, Kenntnis der Pflegebedingungen von Topfpflanzen Voraussetzung.
8. Klar entscheiden, welcher Gestaltungsstil den Pflanzen und dem Zweck entspricht.
9. Das gewählte Ordnungsprinzip – symmetrischer, rhythmisch gegliederter Umriß bei der dekorativen Gestaltung oder Gruppierung in asymmetrischer Anordnung – konsequent durchführen.
10. Bei landschaftlichen oder formal-linearen Pflanzungen Gruppierungen schaffen (in asymmetrischer Anordnung), damit nach den Gesetzen der

Beschränkung und Rangordnung die Pflanzen zu wenigen Gruppen zusammengefügt werden.
11. Die Proportionen müssen stimmen. Größenverhältnisse zwischen den Pflanzen, zwischen den Gruppen und zwischen Pflanzen und Leerräumen in gute Beziehungen bringen.
12. Die gute Proportion zwischen Pflanzen und Gefäß: Tiefe Pflanzschalen und Kübel fordern auch eine Beachtung des Massenverhältnisses, nicht nur des Größenverhältnisses.
13. Optisches Gleichgewicht beachten. Das optische Gewicht muß beiderseits der Gruppenachse richtig verteilt sein.
14. Räumlich gestalten. Auch wenn die Pflanzung eine Hauptansicht hat, müssen sich doch Formen nach hinten wenden. Bei Blumenfenstern an die Gestaltung des ganzen Fensterraums denken. Eine große Pflanze, Ampelpflanzen oder eine rahmengebende Rankpflanze müssen den oberen Teil des Fensterraumes mit erfassen und gliedern (Abb. 185).

Abb. 185. Das Auf und Ab der Größen, die gut gelöste Rangordnung, die Stellung der dominierenden Pflanze und die „Rahmengestaltung" machen dieses Blumenfenster zu einem reizvollen Bild

4.4 Zur Technik der Schalenbepflanzung

Anforderungen an das Gefäß für Aufstellung im Wohnraum

Technische und gestalterische Gesichtspunkte müssen gleichermaßen berücksichtigt werden.
Gestalterisch sollen die Gefäße von klarer schlichter Form sein, neutrale Erdfarben oder vergraute, trübe Farbtöne zeigen, die sich farblich gut unterordnen, und sie sollen charakterlich ganz der Pflanze angemessen sein oder der Raumeinrichtung entsprechen. Geht man von der Pflanze aus, eignen sich am besten Keramikgefäße. Schließlich sind sie aus Ton, und Ton ist Erde, deshalb für die Gestaltung des Pflanzenuntergrunds am sinnvollsten. Denkt man aber mehr an die Wohnraumatmosphäre des Standorts, wäre eine Blumenbank mit einem Pflanzkasten aus dem gleichen Holz wie die Möbeleinrichtung am harmonischsten. Auch Kunststoffgefäße, Glasaquarien und Körbe mit wasserdichtem Einsatz sind passend, wenn diese Materialien dem Einrichtungsstil entsprechen. Der Vorliebe für alten Hausrat gemäß werden auch gern alte Einmachtöpfe, bäuerliche Waschschüsseln, Steintröge und Kupferkessel bepflanzt. Gestalterisch ist alles möglich, was sich stofflich und stilistisch der Umgebung gut anpaßt.
Technisch gesehen sollen die Gefäße zwei Anforderungen erfüllen: Sie müssen standfest sein und Wachstum und Pflege der Pflanzen möglich machen. Die „Standfestigkeit" brauchen wir nicht zu erörtern, wichtiger sind die pflanzengerechten Gesichtspunkte. Pflanzen müssen gegossen werden. Der Fußboden des Zimmers oder das Möbelstück, auf dem die Schale steht, dürfen aber nicht naß werden. Das Gefäß muß also wasserdicht sein oder über eine wassersammelnde Einrichtung verfügen. Absolut wasserdicht sind nur sehr hart gebrannte oder glasierte Keramikgefäße, Glas- und Kunststoffgefäße. Die hartgebrannte oder matt glasierte Keramikschale ist gut brauchbar, wenn sie groß, weit und flach ist. Dann ist nämlich die Schalenoberfläche groß genug, um die notwendige Durchlüftung des Erdreichs zu garantieren; die geringe Erdtiefe verhindert ein Vergießen. Soll aber eine tiefe Schale oder ein Kübel bepflanzt werden, ist zu bedenken, daß die Luftführung im Erdreich und die Kontrolle des Gießwasserstandes ein Problem sind, wenn kein Wasserabflußloch da ist. Folgendes ist zu bedenken:
1. Ist im Gefäßboden ein Ablaufloch für Gießwasser, so braucht man eine Auffangschale für das Wasser unter dem Gefäß. Damit nicht häßliche Untersetzer oder gar der Prozellanteller vom aussortierten Service dazu verwendet werden und so der ästhetische Wert eines schönen Gefäßes mit passender Pflanzung gemindert wird, sollten aus dem Angebot keramischer Pflanzgefäße solche herausgesucht werden, die farblich und formal passende Untersetzer mitliefern (Abb. 186). Aus Kunststoff gibt es entsprechende Gefäßkombinationen, teils sogar mit Wasser weitergebendem Gewebe

Abb. 186. Diese formschöne Pflanzenschale besteht in Wirklichkeit aus zwei Schalen, die obere ist unglasiert und hat eine körnige hellgraubraune Oberfläche und ein Abflußloch für das Gießwasser; die untere ist dunkelbraun glasiert und dient als wasserauffangener Untersatz

zwischen Pflanzraum und Untersatz (System Riviera).

2. Ist kein Ablaufloch vorhanden, gibt es die Möglichkeit, nicht in dem Gefäß selbst, sondern in einen formal passenden Einsatz zu pflanzen. Das ist vor allem bei Kübeln ratsam. Bei Blumenkästen im Blumenfenster oder bei Blumenwannen ist dieses Problem technisch teils schon gut gelöst (Abb. 187).

3. Ist der Einsatz nicht vorhanden, kann man den Dränageeffekt und die Kontrolle des Wasserstands durch die Pflanztechnik erreichen, indem im unteren Viertel oder Fünftel des Pflanzkübels Kieselsteine, Lecaton oder Topfscherben eingefüllt werden (keinen Marmorkies oder Kalksteinbruch nehmen wegen der Wirkung auf den pH-Wert). Darüber legt man eine Schicht Sphagnummoos, welche die Erde vom Kies trennt und gleichzeitig das Wasser gut leitet. Darüber kommt das Pflanzsubstrat: ein möglichst luftdurchlässiges Erdgemisch wegen der luftabschließenden Gefäßwände. Wenn man bei diesen Arbeiten am Gefäßrand ein Stück dunkelgrauen Plastikschlauchs oder ein Plexiglasrohr mit einfügt, der oder das etwas über den Gefäßrand aufragt und bis hinunter in die Kiesschicht führt, so hat der Kunde und Blumenliebhaber die Möglichkeit, den Wasserstand nach dem Prinzip des Ölstandmessers im Auto mit einem Holzstäbchen festzustellen (Abb. 188).

4. In tiefen Schalen kann man auf die Dränage verzichten, sofern man recht luftreiches Erdreich von guter Krümelstruktur (evtl. mit Styromull durchsetzt) verwendet und wenn man die Gestaltung der Erdoberfläche wellig hält, so daß eine Partie fast bis zum Gefäßgrund vertieft ist; damit wird die luftzuführende Oberfläche größer, und man kann ein Vergießen vermeiden, weil man das sich sammelnde Gießwasser in der Vertiefung sieht (Abb. 189).

5. Die letzte Möglichkeit ergibt eine sehr einfache Wasserstandskontrolle: Pflanzt man in Glasgefäßen, Aquarien, zylindrischen Vasen oder Kugelformen, so kann man sehen, ob sich Wasser ansammelt und staut.

Das Pflanzen in Glasgefäßen erlaubt sogar eine gestalterische Gliederung der Erdformation durch Schichtungen verschiedener Erden, durch Einfügen von Kieseln oder Blähtonschichten, ja selbst Plat-

Abb. 187. Ein Pflanzkübel und eine Pflanzwanne, die beide doppelwandig konstruiert sind. Das innere Gefäß wird bepflanzt, das äußere fängt das Gießwasser auf

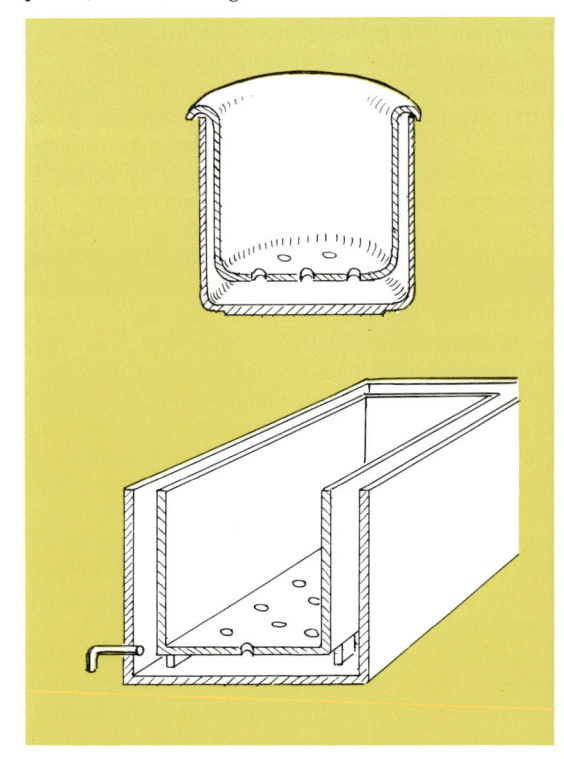

Abb. 188. Dränage mit Wasserstandsrohr im Kübel

Derbe Schamottekeramik, alte Steinkrüge, Eichenholzkübel oder halbe Holzfässer, Beton oder Waschbeton, Zement oder anderer Kunststein und vor allem Asbestzement sind übliche Materialien für Gartenschmuckgefäße. Grundsätzlich sind alle Materialien schön, wenn sie in schlichter und materialgerechter Weise für die Formgebung eingesetzt sind. Man entscheidet sich dann gern für ein bestimmtes Material, wenn dieses bereits in anderer Verwendung an der Gestaltung des Platzes, wo die Schale aufgestellt werden soll, beteiligt ist. Auf den Platz neben dem bepflanzten Wasserbecken, der mit Waschbetonplatten gestaltet ist, paßt auch die Schale aus Waschbeton (möglichst mit gleichem oder zumindest sehr ähnlichem Kiesel gearbeitet). In dem Wohnhof, der mit hellgrauen Kunststeinplatten und dunkelgrauen Pflasterstreifen dazwischen belegt ist, harmoniert gut die

tenmoos bleibt unter der Erde dicht hinter der Glaswand über einen längeren Zeitraum hinweg grün und reizvoll.

Passende Pflanzgefäße zur Aufstellung im Freiland
Die ersten Gedanken zum Schalenschmuck im Freien muß man sich über die Gefäße machen. Allgemein ist zu sagen: Die Gefäße müssen vor allem fest stehen, also eine breite Standfläche haben, damit der Winddruck gegen die Pflanzung das Ganze nicht umwerfen kann. Sie müssen Abflußlöcher haben, damit sich an regenreichen Tagen nicht das Wasser sammeln kann und die Wurzeln im Schlamm verfaulen. Sie sollten groß und massig sein, damit sie in dem großen Raum des Gartens nicht verloren wirken und damit sie in einem guten Verhältnis zu den Pflanzungen der Umgebung stehen. Klare, schlichte, breitlagernde Formen sind zu bevorzugen. Die Formklarheit des modernen Bauens hat auch auf die Pflanzgefäße des Gartens Einfluß ausgeübt. So gibt es z. B. rechtwinklige, gradwandige Schalen in verschiedenen Höhen und Weiten, die einzeln oder in Gruppen aufgestellt werden. Ihre architektonische Form führt zu einer guten optischen Verbindung zwischen der bewachsenen Fläche des Gartens und der ebenfalls kubischen Form des Hauses. Ein Gefäß mit aufwendigem Dekor (buntes Mosaik oder antike Reliefornamente) hat zu viel Eigenwirkung, als daß die Blumen darin noch gut zur Geltung kommen könnten. Haben solche Gefäße wirklich einen gestalterisch-ästhetischen Wert, stellt man sie ohne Bepflanzung wie eine Plastik auf.

Abb. 189. In weiten Pflanzenschalen sollte die Bodenformation hügelig gestaltet sein mit einer Vertiefung fast bis zum Schalenboden

ebenfalls graue Eternitschale oder die Kunststeinwanne in einem passenden Grauton. Natürlich muß man nicht unbedingt auf gleiche Stofflichkeiten oder Farben zurückgreifen, auch der Gegensatz wirkt gut. Selbst die absonderliche Idee kann angeboten werden: die bepflanzte Schubkarre für das Rasenstück neben dem Garteneingang (Abb. 190), der ausgehöhlte Baumstamm für die natursteinbelegte Terrasse oder den mit Ziegeln gepflasterten Wohnhof und der Steintrog für den Sitzplatz im Steingarten. Wer zu seinen Kunden Haus- und Gartenbesitzer zählen kann, findet ganz sicher Interessenten für sol-

Abb. 190. Die bepflanzte Karre kann im Garten unter Umständen passen. Der bepflanzte Kinderwagen wirkt dagegen unsinnig und ist allenfalls ein Gag

che Angebote. Und wenn etwas Schönes und Originelles seinen Liebhaber sucht, spielt oft der Preis gar nicht einmal die ausschlaggebende Rolle.

Die Pflanztechnik

Einiges zu diesem Teilthema ist, ausgehend von dem Pflanzgefäß, bereits im vorangehenden Abschnitt erwähnt, nämlich der mögliche Einbau einer Dränage oder die hügelige Oberflächengestaltung. Der letzte Gesichtspunkt soll noch etwas ausführlicher behandelt werden.

Bei dekorativen, üppigen Schalenbepflanzungen ist *die hügelige Gestaltung der Erdoberfläche* nicht möglich (z. B. bei Hortensien und *Nephrólepis* in der großen Schale für eine Bühnendekoration oder die kleinere Schale mit drei *Cýclamen, Ptéris-, Pelláea-* und Efeubeipflanzen als Geburtstagsgeschenk). Die Topfballen der Pflanzen füllen ohnehin den Schalenraum aus. Bei Saisonschalen mit landschaftlichem Charakter, Pflanzenzusammenstellungen nach formal-linearen Gesichtspunkten und gruppierten Dauerpflanzungen in Schalen und Wannen vermeiden wir jedoch, den Pflanzraum ganz mit Erde aufzufüllen. Das hat folgende Gründe:

1. Die in einer lockeren Pflanzung zu Gruppen zusammengefaßten Pflanzen benötigen nicht soviel Erde, wie man zum Vollfüllen des Gefäßes nehmen müßte. Allzuviel undurchwurzelte Erde schadet aber eher, als daß sie nützt. Sie versauert leicht, wenn in ihr nicht die notwendige Bodenatmung stattfindet.

2. Da die Schalen für den Wohnraum wasserdicht sein sollen, sammelt sich das überflüssige Gießwasser, die Wurzeln können im Sumpf nicht atmen, sie faulen, sterben ab, die Pflanzen gehen ein. Die Vertiefung in der Bodenoberfläche erlaubt jedoch eine Kontrolle, so daß dieses „Vergießen" nicht so leicht vorkommt. Zugleich sorgt die vergrößerte Bodenoberfläche für eine bessere Durchlüftung, was der Fäulnis im Boden entgegenwirkt. In weiten Schalen und großen Pflanzwannen ist deshalb eine solche hügelige Bodengestaltung vorzunehmen, die entsteht, wenn man um die Topfballen Erdhügel aufschichtet und damit die Pflanzen festsetzt, zwischen den Pflanzengruppen aber nur sehr wenig Erdreich einfüllt.

3. Schließlich ist ein gestalterischer Grund maßgeblich. Die wellig angelegte Bodenoberfläche wirkt lebendig, reizvoll und natürlich. In ihr können Steinbrocken oder Kiesel, Stubbenteile oder Plattenmoospflanzen sinnvoll eingeordnet werden, ohne daß sie wie draufgelegt wirken. Steine, Moos und unbedeckte Erde können in der Art der Zuordnung ein reizvolles Miteinander ergeben, wie es uns die Natur im großen vormacht. Natürlich müssen diese bodengestaltenden Zutaten sinnvoll und dem Wesen der Pflanzung gemäß ausgewählt und materialgerecht eingefügt werden. Ein moderner Knorren gehört zur Flora der Tropen oder der Heide, nicht zum Kakteensortiment. Ein Steinbrocken gibt bei der Azalee oder dem Alpenveilchen den Hinweis auf die felsige Heimat der Urformen dieser Pflanzen, doch die epiphytische Pflanze verlöre unserem Gefühl nach etwas ihren Charakter neben dem Stein, wenngleich in der tropischen Heimat auch Felsen mit aufsitzenden Pflanzen bewachsen sind. Das Plattenmoos kommt zwischen die Steinplatten des lagernd eingearbeiteten Sedimentgesteins oder wird als Polster einzeln oder in Gruppen regelrecht gepflanzt. Der Holzknorren wird nicht einfach in den Boden gesteckt, daß er wie ein Griff herausragt, sondern er wird so eingearbeitet, mit Moos und Pflanzen umgeben, daß es wirkt, als läge er schon lange da und sei im Laufe der Zeit überwachsen.

Naturbeobachtung gibt Anregung für die schöne Bodengestaltung im Pflanzenarrangement. Wir gestalten zwar die Natur nicht im kleinen nach, doch die gewachsene, organische, harmonische Wirkung soll in der Pflanzung genauso sein wie in der Natur.

Doch gleichgültig, ob die Schale ganz gefüllt wird

oder teils leer bleibt, wichtig sind folgende *technische Maßnahmen:*
1. Töpfe und Ballen der Pflanzen vor dem Verpflanzen tauchen, damit die Wurzeln gut durchtränkt sind.
2. Pflanzen vorsichtig austopfen, daß die Wurzelballen nicht beschädigt werden, was vor allem bei noch nicht gut durchwurzelter Erde wichtig ist. Ist dagegen der Wurzelballen sehr stark verfilzt und kaum noch Erde zu sehen, ist es gut, die Wurzeln außen herum hier und da leicht locker zu ziehen, damit sie zu der neuen Erde leichter Kontakt bekommen.
3. Die Topfballen gut mit feuchter Erde festdrücken, mitunter mit Steinen festsetzen.
4. Auf jeden Fall muß der Topfballen ganz mit neuer Erde umgeben sein, anderenfalls trocknet er aus, bevor die Wurzeln in die neue Erde hineinwachsen konnten.
5. Nach dem Pflanzen leicht gießen und die Pflanzen abspritzen.
6. Gefäß säubern.

Substrate für Blumenschalen und -kästen
Bepflanzte Schalen, die für kurze Dauer gedacht sind, wie dekorative und Saisonschalen, werden am besten mit *Torfmull* gearbeitet. Dieser enthält zwar kaum Nährstoffe, doch die Pflanzen haben in ihrem Topfballen genügend Nährstoffreserven, und außerdem sollen sie ja gar nicht lange in dieser Pflanzengemeinschaft leben und wachsen.

Die gute Luftführung durch die poröse Struktur, die wasserhaltende Kraft und das Pufferungsvermögen gegenüber kalkhaltigem Gießwasser machen den Torfmull zu einem idealen Pflanzsubstrat für Pflanzungen in Behältern. Er wird vor der Verwendung tüchtig angefeuchtet, ja fast naß gemacht. So kann man mit dem Torfmull sehr gut Pflanzen festsetzen und trotzdem die Bodenoberfläche hügelig gestalten. Dekorative Schalen oder Kübel mit üppiger Blumenfülle, die für Bühnen- oder Raumdekorationen gedacht sind und gar nicht gepflanzt, sondern nur zusammengestellt werden, wobei die Pflanzen in den Töpfen bleiben können, stopft man am besten mit *Sumpfmoos (Sphágnum)* aus. Das Sumpfmoos hält die Feuchtigkeit sehr gut und verhindert das Austrocknen der Topfballen, auch wenn man die Töpfe nicht einzeln gießt, was durch eventuelle Schrägstellung einiger Töpfe ohnehin nicht möglich ist. Bei Kunststofftöpfen ist dann allerdings ein Austopfen ratsam. Sind die Topfballen vor dem Zusammenstellen getaucht und also sehr naß, wird das Sumpfmoos allgemein feucht gehalten, kann eine solche Hortensien-, Chrysanthemen-, oder Erikenschale 1–2 Wochen, ohne daß sie an Schönheit verliert, aushalten. Das ist für Messen und andere Dekorationen wichtig. Für Dauerpflanzungen wird ein nährstoffreiches Substrat genommen, für spezielle Ansprüche auch *die besondere Erdmischung* (s. Florist Band 2, Seite 65–67). Meist genügt aber *Einheitserde* oder Torfmull, ausreichend mit Vorratsdüngern gemischt.

In Pflanzkästen oder -wannen werden vielfach die Topfpflanzen nur eingefüttert, nicht ausgepflanzt. Man verwendet dafür Torfmull, Bimskies oder feinkörnigen Blähton. *Das Einfüttern* bewirkt, daß die Wurzelballen nicht so stark zusammenwachsen; beim Auswechseln oder Umpflanzen braucht man somit die Wurzeln der Pflanzen nicht so sehr zu beschädigen. Das Einfüttern hat obendrein zwei weitere Vorteile gegenüber dem einfach auf die Fensterbank gestellten Blumentopf mit Untersetzer:
1. Die Blumentöpfe trocknen nicht so leicht aus, weil der den Blumentopf umgebende Torf oder Bimskies die Verdunstung im Topf vermindert und obendrein noch einen Feuchtigkeitsvorrat an den Topf heranführt.
2. Die große feuchte Fläche der Einfütterungsmasse sorgt für eine größere Luftfeuchtigkeit im Bereich der Blätter, so daß die in einen Kasten eingefütterten Topfpflanzen besser gedeihen.

Die Hydrokultur kommt ohne Erde aus. Die Pflanzen stehen in relativ feinkörnigem Blähton (0,5–2 cm) und sie werden durch eine Nährlösung erhalten. Die speziellen Systeme und Besonderheiten der Hydrokultur sind im Florist Band 2, Seite 73–75, ausführlich beschrieben.

4.5 Spezielles zu bepflanzten Schalen, ausgehend vom Zweck

Bepflanzte Schalen als Geschenkobjekte
Früher – noch in der ersten Hälfte unseres Jahrhunderts – verschenkte man Pflanzenzusammenstellungen, die beim Überreichen repräsentativ und üppig wirkten, die vom Beschenkten aber sehr bald auseinandergenommen wurden. So füllte man Körbe mit verschwenderischer Pracht. Blühende Pflanzen und Blattpflanzen wurden in den Korb gedrängt und befriedigte der Blütenflor nicht, so steckte man einfach Schnittblumen in Steckvasen dazu; zumindest bekam der Bügel einen dekorativen Schleifenschmuck. Kurze Zeit nach dem Fest bevölkerten dann die Pflanzen – wieder in Blumentöpfe gepflanzt und auf Untersetzer oder in Übertöpfe gestellt – die Fenster-

bänke, Blumentische, Balkone oder Treppenhäuser, der Korb landete auf dem Dachboden.

Auch heute werden bepflanzte Schalen gern verschenkt. Sie wirken repräsentativer als nur ein Blumentopf. Als Geschenk sollen sie Freude bereiten, Achtung beweisen, auf jeden Fall sollen sie gefallen. Je nachdem, wer beschenkt wird und aus welchem Anlaß eine bepflanzte Schale geschenkt werden soll, werden die Blumen und Pflanzen zusammengestellt. Doch werden nicht wie früher die Pflanzungen bald wieder auseinandergenommen. Man will die Pflanzen im Gefäß pflegen können, man will sich nicht nur an den Pflanzen, sondern an der Zusammenstellung länger erfreuen. Man sieht die neue Einheit im gepflanzten Arrangement, das Schmuckstück für das Zimmer, den Treppenaufgang oder den Balkon. So können gepflanzte Arrangements, die verschenkt werden sollen, die der Käufer sich vielleicht auch selber schenkt, den drei schon beschriebenen Gestaltungstypen angehören. Recht repräsentativ und relativ unproblematisch hinsichtlich der Aufstellung sind dekorative Pflanzungen oder landschaftliche Saisonschalen mit verschiedenen Blumen, die nach dem Abblühen wieder auseinandergenommen werden.

Interessant und wirkungsvoll sind landschaftlich gruppierte Dauerpflanzungen oder Pflanzungen mit einer interessanten Pflanzenpersönlichkeit und stark untergeordneten Beipflanzen, doch müssen diese überlegt zusammengestellt sowie auf den künftigen Stellplatz und die Vorliebe der beschenkten Person bezogen werden.

Gepflanzter Raumschmuck
Schalen, Kübel, Kästen, Blumenbänke und Pflanzbecken, schön bepflanzt mit interessanten und ausdauernden Zimmerpflanzen, sind beliebte Objekte der Raumgestaltung. Dazu kommt das Blumenfenster, das heute in keiner gepflegten Wohnung fehlt. Große raumgliedernde Pflanzgruppen oder die Pflanzenidylle im Flaschengarten, die Solitärpflanze im schönen Kübel und das Kombinationssystem mit Hydrokultur, die dekorative Pflanzung oder landschaftliche Zusammenstellung, alles gehört zu gepflanztem Raumschmuck. Doch so unterschiedlich diese Gestaltungen auch sein mögen, die Auswahl der Pflanzenzusammenstellungen müssen immer auf den Standort bezogen sein.
Die Auswahl der Pflanzengemeinschaft für einen gepflanzten Raumschmuck hängt von folgenden Gesichtspunkten ab:
1. Lichtintensität oder Sonneneinstrahlung entscheiden, ob eine Pflanzengemeinschaft gewählt wird, die Sonne verträgt oder hell aber ohne Sonnendirektstrahlung besser gedeiht oder gar mit relativ wenig Helligkeit noch auskommt (s. Florist Band 2, Seite 63).
2. Der Wasserbedarf der Pflanzenarten ist unterschiedlich; was zusammengepflanzt wird, muß mit gleich viel oder gleich wenig Wasser auskommen. Der Florist braucht diesbezügliche Kenntnisse, um beim Zusammenstellen der Pflanzengemeinschaft keine Fehler zu machen und um den Kunden richtig beraten zu können (s. Florist Band 2, Seite 61).
3. Die Anforderung der Pflanzen an die Luftfeuchtigkeit kann nur selten befriedigend erfüllt werden, da die Zimmerluft für die meisten Pflanzenarten zu trocken ist. Doch Pflanzen, welche als Topfpflanzen kultiviert sind, werden damit mehr oder weniger gut fertig, Pflanzen mit besonderer Empfindlichkeit gegen trockene Luft gehören in spezielle Kleinklimate, wie sie in Pflanzvitrinen, in Terrarien als Pflanzbehälter oder auch in großen bauchigen Flaschen gegeben sein können. Einzelpflanzenarten, die sehr feuchte Luft für gutes Gedeihen benötigen, sind *Ácorus gramíneus, Cárex gráyi, Cýperus alternifólus, Caládium-*Bicolor-Hybride, *Circǽa intermédia, Cryptánthus bivittátus, Fícus púmila, Fittónia verschafféltii, Marántha leuconeūra, Pílea cadiérei* 'Nana', *Tillandsia usneoídes,* viele Farne, kleine Orchideen u. a.
4. Die Temperaturansprüche sind ebenfalls verschieden. Doch da man mit den Pflanzen wohnen will, muß die Pflanze, vor allem die in Dauerpflanzungen, Wohnraumtemperaturen vertragen. Doch wenn dem Floristen spezielle Wünsche betreffs Aufstellung im etwas kälteren Flur und Treppenhaus oder im warmen Bereich, also in der Nähe von Heizkörpern, genannt werden, ist auch dieser Gesichtspunkt zu beachten (s. Florist Band 2, Seite 63).
5. Der besondere Zweck der Pflanzung hat ebenfalls Bedeutung für die Pflanzenwahl. Eine Schmuckgestaltung, aufgestellt auf dem breiten Fensterbrett, auf einem Hocker, in der Diele oder im Wohnzimmer, ein Raumteiler zwischen Eßplatz und Wohnraum oder die Pflanzung als belebendes Element in einem Großraumbüro, gepflanzter Blumenschmuck für die Party oder die gepflanzte Tischdekoration, immer wird der Zweck Einfluß auf die Pflanzenauswahl haben, denn diese müssen im Charakter, in Form, Größe und Farbe zum Anlaß passen. Weitere Gesichtspunkte lassen sich von der erwünschten Zweckerfüllung ableiten.

6. Der Aufstellungsort muß mit seinen Bedingungen bekannt sein, denn dieser ist nicht nur pflanzenphysiologisch, sondern auch gestalterisch mit einzubeziehen. Raumgröße, Stellplatz, Raumstil, Materialien im Raum, vorherrschende Farben und Blickrichtungen bestimmen mit, welche Pflanzen ausgewählt werden und wie sie zusammengestellt werden. Der Zweck der Pflanzung und der Aufstellungsort sind wesentliche Maßstäbe für die Entscheidung, in welchem Gestaltungsstil bzw. Gestaltungstyp die Pflanzung ausgebildet werden soll, ob dekorativ, landschaftlich oder formal-linear.
7. Der Gestaltungstyp, in dem man den gepflanzten Raumschmuck fertigen will, hat ebenfalls auf die Auswahl der Pflanzgemeinschaften Einfluß, wobei formale, farbliche und charakterliche Faktoren entscheiden (s. Gestaltungsstile der Pflanzungen, Seite 170).

Das Blumenfenster

Die Haltung und Pflege der Blumen im Zimmer kann wesentlich erleichtert werden. Bereits mit relativ geringen Mitteln kann der Blumenliebhaber ein Fenster zum sinnvoll ausgestatteten Blumenfenster umgestalten. Dabei muß allerdings bedacht werden, daß das Blumenfenster nicht nur Heimstatt der Blumen ist und ihnen möglichst günstige Lebensbedingungen bieten soll, sondern auch Teil des Wohnraums, der gepflegt werden muß. Pflanzkästen, die auf rollbaren Gestellen vor das Fenster geschoben werden können, oder Kastenkombinationen für die Fensterbank, die zum Fensterputzen in handlichen Einheiten heruntergenommen werden können, sind Möglichkeiten für das schöne und zugleich praktische Blumenfenster. Noch viele weitere Konstruktionen sind möglich, vom einfachen Eternitkasten bis zum komfortablen Einbaufenster mit einem breiten Pflanzbeet aus doppelten Einsätzen, mit Kippfenster und Heizungsanlage an den Scheiben, mit Lamellenjalousien zwischen den Doppelfenstern und Luftbefeuchter sowie mit Warmton-Leuchtstofflampen und Blendschutz. Zum Fensterputzen kann das Pflanzbeet mit dem Fenster zugleich um die Längsachse gedreht werden, sonst käme man über das schöne, breite Pflanzbeet nicht an die Scheiben.

Die Industrie bietet bereits die verschiedensten Einrichtungen. Der Florist sollte das Angebot auf Messen und Börsen beobachten, damit er stets gut informiert ist.

Um Maßstäbe für die Beurteilung der gebotenen Blumenfenstereinrichtungen zu haben, seien hier stichworthaft die wichtigsten *Gesichtspunkte der Einrichtung* erörtert (nach „Blumenfenster, 10 zeitgemäße Beispiele für Bau und Bepflanzung"):

1. Pflanzwanne. Sie ist wichtigster Bestandteil des Blumenfensters, Breite mindestens 20 cm, Höhe 15–25 cm. Ihr oberer Rand sollte mit dem unteren Fensterrahmen abschließen. In die Pflanzwanne kommt eine Schicht Basaltsplitt, Flußkies oder Styromull, darauf Torf. In den Torf werden die Tontöpfe mit den Pflanzen eingesenkt. Blumentöpfe aus Kunststoff werden am besten durch poröse Tontöpfe ausgewechselt. Der Torf wird feucht gehalten, so sorgt er für eine gleichmäßige Erd- und Luftfeuchtigkeit.

2. Luftfeuchtigkeit. Sie kann zusätzlich an warmen Tagen durch Übersprühen der Pflanzen mit abgestandenem Wasser verbessert werden. Will man außer dem feuchten Torf ein weiteres Feuchtigkeitsreservoir schaffen, verwendet man doppelwandige Pflanzwannen (Abb. 187). Die äußere Wanne sammelt das Gießwasser, das verdunstet und die Luftfeuchtigkeit erhöht.

3. Beschattung ist für SW-, S- und SO-Fenster wichtig. Günstig sind außen vor den Fenstern angebrachte, verstellbare Jalousien, die zwar Schatten geben, aber nicht verdunkeln. Die Schattierungsanlage kann auch zwischen den Doppelfenstern liegen. Verläuft sie jedoch im Raum, also hinter dem Fenster, hat sie wenig Zweck; sie hält zwar das Licht ab, aber die Wärme dringt doch ein (Gewächshauseffekt).

4. Lüftungsanlage. Sie ist nur bei dem doppelt verglasten Blumenfenster unbedingt notwendig und im offenen Blumenfenster dann, wenn die Schattenanlage innen angebracht ist. Ansonsten genügt es, wenn die frische Luft durch ein zweites Fenster im Raum zugeführt werden kann.

5. Belichtung. Sehr dunkle Fenster (Nordseite oder unter Balkonvorbauten) können durch Zusatzbeleuchtung in den Lichtverhältnissen verbessert werden. Dazu werden oben im Fensterraum Warmton-Leuchtstofflampen und ein Blendschutz zum Wohnraum hin angebracht".

Bepflanzte Gefäße als Schmuck außerhalb des Hauses

Es gibt viele Standorte, die durch bepflanzte Schalen oder Kübel geschmückt werden können. Hier ist nicht an die Straßen oder öffenlichen Anlagen gedacht, in denen die bepflanzten Gefäße aus Keramik, Stein, Zement oder Waschbeton immer beliebter werden, sondern an den Hauseingang oder die Terrasse, den

Dachgarten oder großen Balkon, an die Wohnhöfe oder Rasenflächen im Garten und schließlich an die Grabstätte. Diese Pflanzungen sollen folgende Ziele erreichen:
1. Sie sollen farbige Akzente sein im jahreszeitlichen Grün des Gartens oder auf den Flächen von Höfen, Eingängen, Terrassen, Balkonen u. a. Dazu sind dekorative Schalen mit den Blütenpflanzen der Saison passend.
2. Sie sollen unbewachsene Flächen beleben, wie Höfe, Dachgärten, große Balkone u. a. Dazu sind die dekorativen Schalengestaltungen und landschaftliche Pflanzungen sowie Solitärpflanzen in Kübeln mit oder ohne Unterpflanzung gut geeignet (Abb. 191).
3. Sie sollen ein kleiner, überschaubarer Bereich der Sammlung von „Liebhabereien" sein, z. B. von Steinbrechgewächsen und Sempervivum oder von winterharten Kakteen oder Zwerggehölzen und Kleinstauden; für Pflanzen mit speziellen Bodenansprüchen wie z. B. alpine Flora oder Sumpfpflanzen usw. In jedem Falle sind hier landschaftliche Gestaltungen mit besonders starker Prägung durch das naturgegebene landschaftliche Vorbild richtig.

Abb. 191. Die landschaftlich gestaltete Schale im Vordergrund links bringt ein Stück Garten in den Hof. Rechts die Solitärpflanze im Kübel mit passender Unterbepflanzung

Zu allen drei Zielen ist noch mehr zu sagen, doch soll dies im Zusammenhang mit einer Betrachtung geschehen, welche von den drei Gestaltungsstilen für Pflanzungen im Freiland ausgeht. Dazu muß auch auf die auf Seite 171 f. dargelegten Überlegungen bezüglich der Gefäßwahl hingewiesen werden:
Die üppig blühende Saisonschalenbepflanzung wird bevorzugt in schlichte runde Schalen gesetzt, aus denen die Blumenfülle regelrecht heraus- und überquellen kann, in denen die Topfballen aber ausreichend Raum finden. Diese Pflanzungen mit jahreszeitlich passenden Gruppenpflanzen gehören zu dem schon beschriebenen dekorativen Pflanzentyp. Sie werden gern auf plattenbelegten Plätzen aufgestellt, auf der Terrasse, auf dem Pfeiler am Hauseingang, zur Belebung grauer Pflasterflächen in Höfen und auf Plätzen vor Bürogebäuden, als farbiger Akzent vor der grünen Rasenfläche, auf Plattenwegen oder Gartentreppen (Abb. 192). Ja, man stellt sie am sinnvollsten im Zusammenhang mit architektonischen Formen, also auf plattenbelegte oder gepflasterte

Flächen, auf niedrige Mauern, evtl. auch nur auf den Kanaldeckel im Rasen, jedenfalls nicht einfach auf das Erdreich oder mitten in die üppig wachsende Rasenfläche. Der Rasen muß geschnitten werden, so daß die Schale nur stören würde.

Im Frühjahr werden die Stiefmütterchen, Vergißmeinnicht und Tausendschön gepflanzt, eventuell mit Tulpen und Narzissen dazwischen, im Sommer die Pelargonien zusammen mit Petunien, Heliotrop, Pantoffelblumen und kleinen Strauchmargeriten, für Schattenplätze die Begonien oder Fuchsien, im Herbst die Buschchrysanthemen oder Eriken. Im Winter wird das Koniferengrün gesteckt, falls die Schalen nicht ganz weggenommen werden. Solche Schalen sind rein dekorativ, bei ihnen geht es nicht um die Darstellung der Schönheit besonderer Pflanzengestalten, sondern um ein üppiges, buntes Blühen. Und so muß es auch sein, denn diese Schalen sind der wirkungsvolle Gegensatz zu dem vielen Grün und den wuchshaften Formen im Garten.

Die landschaftliche Gestaltung benötigt Schalen mit weitem Durchmesser, denn diese werden gern mit Gehölzen, Stauden und Gräsern bepflanzt. Hier werden Gegensätze der Formen, Größen, Wuchsbewegungen und Gleichheiten von Stofflichkeiten und Charakteren in Gruppen vereint. Solche Zusammenstellungen wirken besonders ausdrucksvoll, wenn man die Pflanzen eines Lebenskreises zusammenbringt. Dabei müssen nicht nur natürliche Bezirke wie Heide, Bergwelt, sumpfiges Teichufer oder Trockenzonen das Vorbild sein, auch Zusammenstellungen nach rein gestalterischen und pflanzenphysiologischen Gesichtspunkten haben ihre Schönheit, wie die Kulturlandschaft des Gartens oder Parks (Abb. 193). Diese Pflanzungen werden bevorzugt dort aufgestellt, wo man den Garten vermißt, nämlich im Atriumhof, auf der Dachterrasse, neben der plattenbelegten Einfahrt und im Vorhof des Bürohauses. Sie entsprechen damit den gepflanzten Arrangements auf öffentlichen Plätzen und in Einkaufsstraßen, die vornehmlich mit Gehölzen gestaltet werden. Einen solchen „kleinen

Abb. 193. Langsamwachsende und oft verschnittene Gehölze von bonsai-artiger Gestalt passen gut in solche landschaftlichen Pflanzungen

Abb. 192. Die dekorative Saison-Schalenbepflanzung schmückt jeden Garten, sollte aber auf architektonische Untergründe gestellt werden.

Garten" in den großen Garten zu stellen, erscheint widersinnig. Will man dort eine Pflanzengruppe besonders herausheben, mögen sogenannte Hochbeete mit Betonformsteinen oder Bahnschwellen z. B. errichtet werden. Sie wirken wie sehr große, quaderförmige Gefäße, haben aber doch den Kontakt mit dem gewachsenen Boden.

Nur sogenannte Troggärten oder „Minigärten", kleinwüchsige und langsamwachsende Pflanzenarten (Gehölze und Stauden) in einem alten Steintrog oder schönem Keramikgefäß fallen als Besonderheit auch zwischen der Gartenbepflanzung auf. Man stellt sie gern bei Sitzplätzen auf, schließlich will man seine „Lieblinge" um sich haben. Der Florist wird seltener der Gestalter solcher speziellen Pflanzungen sein, doch kann er aus der Beschäftigung mit derartigen Liebhabereien Anregungen gewinnen, die zu gut verkaufbaren Besonderheiten führen, wie z. B. Kugelformen, Schalen oder Krüge aus Keramik mit mehreren Öffnungen, bepflanzt mit *Sédum-, Saxífraga-* und *Sempervívum-* Arten.

Kübel mit Solitärpflanzen werden ebenfalls in Wohnhöfen oder auf Balkonen und Dachgärten gern aufgestellt. So manche unschöne Ecke oder kahle Wand kann dadurch belebt und schön gestaltet werden. Dabei ist nicht nur an die „klassischen" Kübelpflanzen Oleander, Lorbeer, *Yúcca,* Agave, *Datúra,* Fuchsienhochstämme und anderes gedacht. Diese müssen frostfrei überwintern und stellen damit nicht immer erfüllbare Anforderungen in der Behandlung. Es ist deshalb gut, auch auf winterharte, nicht sehr wüchsige Gehölze zurückzugreifen, z. B. kleinwüchsige Koniferen, immergrüne Laubgehölze wie *Contoneáster salicifólius* var. *floccósus, Íllex crenáta* oder *Vibúrnum davídii.* Auch blattabwerfende Gehölze wie *Ácer palmátum, Parrótia pérsica* und *Magnólia stelláta* sind bevorzugt einzusetzen, weil sie durch bizarren Wuchs, interessante Blattformen und schöne Herbstfärbung gefallen. Unter den einjährigen Pflanzen und Blumen können u. a. folgende gewählt werden: Ziermais, Sonnenblumen, Stockrosen (Malven), Feuerbohnen oder Rizinus. Stauden und Gräser liefern weitere Pflanzengestalten, geeignet, in einen Kübel gepflanzt zu werden: Riesendisteln, die Herkulesstaude, Lilienarten und Fingerhut, Pampasgras und Federborstengras *(Pennisétum).* Das gestalterisch Besondere einer Kübelbepflanzung ist, daß zu der Solitärpflanze nur sehr wenige, stark untergeordnete Pflanzen beigegeben werden, etwa eine bodennah wachsende Pflanze und eine Rankpflanze. Sie sollen lediglich die Gestaltung vervollkommnen und eine Verbindung schaffen zwischen Solitärpflanze und Gefäß (Abb. 194).

Abb. 194. Bei solchen Kübelbepflanzungen kommt es auf starke formale Kontraste und deutliche Unterordnung an

Bepflanzte Schalen für den Friedhof
Bepflanzte Schalen als Schmuck der Grabstätte werden immer beliebter. Doch oft sieht man, daß solche Schalen ins Erdreich eingesenkt werden. Zwar ist dies für die Pflanze vorteilhaft, denn die Erde trocknet dadurch weniger leicht aus; außerdem kann die Pflanzung nicht umgeweht werden. Doch der gestalterische Effekt ist dahin. Steht die Schale aber auf einer Steinplatte, dem Plattenweg oder auf einem Sockel, kann sie zu einem sehr schönen Grabschmuck werden, der sogar zwischen Erdfläche, Pflanzen und Grabstein vermittelt.

Ist die Grabfläche schlicht mit einer einheitlichen, bodendeckenden Pflanzenart bewachsen ohne weitere Bepflanzung, würde sich eine Schale mit einem oder zwei schönen Kleingehölzen, dazu eine grüne oder blühende Unterpflanzung, sehr gut eignen. Auf einer Grabstelle mit pflanzlich reicher Gestaltung, wie es meistens üblich ist, wirkt die dekorative Schale mit Blütenpflanzen am passendsten. Auch aus pflegerischen Gründen wird man auf die Dauerpflanzung in Schalen meist verzichten. Die Wurzelballen der Blütenpflanzen stopft man mit Torfmull oder Einheitserde in der standsicheren Schale gut fest, damit sie nicht allzu leicht durch Wind oder Tiere herausgerissen werden können. So umgibt das die Feuchtigkeit gut haltende Pflanzsubstrat die Topfballen ganz und schützt vor unnötiger Verdunstung.

Zur Vertiefung

1. Nennen Sie 10 blühende Topfpflanzenarten, welche für dekorative gepflanzte Blütenschalen geeignet sind.
2. Finden Sie lagernde und ausweichende Pflanzenformen, die als Unterpflanzen unter folgende aufstrebende Entfaltungsformen passen: *Cordýline terminális, Dracaéna dereménsis, Fícus diversifólia,* und entwerfen Sie zeichnerisch je eine formal-lineare Kübel- oder Schalenbepflanzung mit den genannten oder selbst gesuchten Arten dominanter, interessanter Pflanzengestalten.
3. Stellen Sie insgesamt 20 Pflanzen für die Gestaltung eines Blumenfensters zusammen, in denen weiß-grün panaschierte Blattzeichnungen dominieren sollen; setzen Sie wenige einheitlich grüne „Ruhepunkte".
4. In ein doppelt verglastes Blumenfenster bzw. in eine Pflanzenvitrine sollen Blumen und Pflanzen des feuchtwarmen, tropischen Klimas gepflanzt werden. Nennen Sie 20 hierfür geeignete Arten.
5. Geben Sie 10 Blattpflanzen an, die relativ geringe Ansprüche stellen und auch in kühlen Fluren, lichtarmen Zimmern oder Eingangshallen überdauern.
6. Kombinieren Sie durch Nennung der Pflanzennamen fünf dekorative Schalenbepflanzungen, ausgehend von je einer Blütenpflanzenart mit passenden Beipflanzen.
7. Nennen Sie die Vorteile, die eine hügelige Bodengestaltung in der Pflanzschale oder der Pflanzwanne hat.
8. Nennen Sie je 10 geeignete
   a) Saisonpflanzen des Frühjahrs und Herbstes für Schalenschmuck im Freiland,
   b) Saisonpflanzen des Sommers für Schalenschmuck im Freiland,
   c) Gehölze für landschaftliche Schalengestaltungen im Freien geeignet,
   d) Kübelpflanzen zum Aufstellen im Freien,
   e) kleinwüchsige Pflanzenarten für Troggärten.
9. Beantworten Sie folgende Fragen:
   a) Welche Anforderungen stellt man an das Pflanzgefäß für den Wohnraum und an das zum Aufstellen im Freien?
   b) In welche Umgebung stellt man bevorzugt landschaftlich gestaltete Gefäße im Freien auf?
   c) Warum stellt man bepflanzte Schalen im Freien auf Steinplatten oder andere architektonische Formen?
10. Stellen Sie für die 3 Jahreszeiten Frühjahr, Sommer und Herbst Pflanzen zusammen, um jeweils eine dunkelbraune, tiefe Keramikschale mit 60 cm Durchmesser als Schmuck für eine Grabfläche zu gestalten.

5 Gebinde zur Totenehrung

5.1 Grab- und Trauersträuße

Allgemeines

Blumen haben das gleiche Schicksal wie alle Lebewesen. Sie entwickeln sich aus dem Samen, wachsen blühen, fruchten und vergehen. Und sie tun das so selbstverständlich und unproblematisch, daß der Mensch sogar in ihrem Dahinsterben etwas Schönes, etwas Harmonisches sieht. So haben seit altersher die Menschen – seit sie ihre Umwelt bewußt erkannten und sich als ein Teil in ihr begriffen – Blumen als Symbol und Trost bei Totenehrungen angesehen. Es entwickelten sich Bräuche und Gebindeformen, in denen Blumen eine ganz bestimmte Rolle bei Trauerfeiern oder in der Grabgestaltung spielen. Wie meist bei der Überlieferung von Verhaltensweisen, so ging jedoch auch hier von dem tieferen Sinn und der Symbolik hinsichtlich der Verwendung von Blumen und Gebinden zur Totenehrung viel verloren. Blumen sind heute zum großen Teil nur Schmuckobjekte oder Repräsentationsmittel geworden. Dennoch wird sich kaum jemand eine Trauerfeier ohne Blumen vorstellen können. Als Zeichen der Anteilnahme oder des Gedenkens bringen Angehörige, Freunde und Bekannte Blumen in das Trauerhaus und zur Grabstätte. Vielfach wird dabei neben anderen überlieferten Gebindeformen der Strauß bevorzugt. Am häufigsten sind es die Angehörigen, die gern den weniger „offiziellen" Strauß wählen. Obendrein kann man ihn auch besser zum Schmuck des Sarges verwenden, so wie der dauerhafte Grabstrauß die Grabstelle besser „abdeckt" und sich gestalterisch leichter einfügt als die Form des Kranzes. Der Strauß ist variabler in der Gestaltung. Er kann sehr groß sein oder zierlich klein, kann mit oder ohne Schleife gearbeitet werden, kann zum Nachwerfen oder Niederlegen bestimmt sein, kann auf innige Verbundenheit mit dem Toten oder auf repräsentative Wirkung abgestimmt sein. So ist der Strauß ein wichtiges Gebinde für die Totenehrung.

Die Gestaltungstechnik

Gebunden. Werden für einen Trauerstrauß Schnittblumen mit nur wenigen Blättern oder Zweigen als Schnittgrün gewünscht, wie ihn vielfach Damen bevorzugen oder wie er zum Nachwerfen gestaltet wird, dann entspricht die Bindetechnik dem normalen Straußbinden. Bast oder Kunststoffbindeband ist das Bindemittel, und es spielt keine Rolle, ob bereits während des Zusammennehmens zwischengebunden wird. Die Form des Straußes kann rund (zum Nachwerfen) oder halbrund – also einseitig – sein, wenn der Strauß über den Arm gelegt getragen und als persönliche Gabe auf oder neben den Sarg gelegt werden soll.

Der Strauß zum Niederlegen wird halbrund bzw. flachoval gestaltet, so daß auch Zweige, Blätter und Blüten oder andere Schmuckformen über den Griff bzw. die Blumenstiele zurückfallen. Beim liegenden Strauß werden somit die Stiele überdeckt – nicht unbedingt ganz zugedeckt. Darum ist es technisch einfacher, diese Straußform nicht zu binden, sondern zu stecken.

Gesteckt in gebundener Basis. Arbeitet man ohne technische Straußhalter, so wird zuerst aus 2–3 Tannen- oder Fichtenzweigen, für Trauersträuße aus frischen Blumen, auch aus Geäst von Laubgehölzen, eine Art „Unterlage" gebunden. Dabei achtet man darauf, daß ein kräftiges Zweigende (sauber abgeputzt) den Straußgriff bildet. Notfalls genügt auch ein fest eingebundenes Aststück. Der Griff soll 15–25 cm lang sein, je nach Größe des Straußes. Die Bindestelle wird mit kurzen Laub- oder Fichtenzweigen verstärkt, so daß man dort gut eine Sphagnummoosbasis von etwa doppelter Faustgröße aufbinden kann, ohne daß man von der Rückseite aus etwas von dem Moos sieht.

Das Moosknäuel wird für die weitere Arbeit die Steckbasis sein; es muß also gut festsitzen. Will man sich das Stecken leicht machen, so kann man ein Stück Kunststoff-Steckmasse einarbeiten. Indem man Sphagnummoos oder etwas Fichtengrün herumlegt, kann man das Stück Steckmasse (etwa $1/3$, $1/2$ eines Ziegels oder einen ganzen Ziegel je nach Größe des Straußes) auf die entsprechend vorbereitete Unterlage mit Wickeldraht draufbinden.

Die Laubgehölz-, Tannen- oder Fichtenunterlage muß noch nicht die endgültige Größe des Straußes haben, auch braucht sie nicht die volle tropfenförmige Umrißlinie des Straußes anzudeuten, denn nun stek-

Abb. 195. An „Gabel" drahten

ken wir mit weiteren entsprechend langen oder kurzen Zweigen die eigentliche Straußform aus. Da also auch das Grünmaterial zum großen Teil gesteckt wird, erhalten wir ein lockeres und leichtes Straußarrangement, das dem eigentlichen Straußcharakter viel mehr entspricht, als dichte aber flache Tannenbündel mit einer meist auch flachen Blumengruppe darauf. Die Zweige scheinen einer gemeinsamen Bewegungsmitte zu entwachsen, nämlich der Steckbasis, und sie entfalten sich locker und gefällig nach allen Seiten, auch über den Griff zurückfallend.

Schräg angeschnitten und tief in die Steckbasis gedrückt, sind Zweige und Blumen schnell zu stecken, ohne angedrahtet zu sein, und sie halten doch fest in der Form. Nur die Zapfen, Moostuffs und andere kurzstielige oder stiellose Schmuckformen müssen an „Gabel" angedrahtet werden, um sie stecken zu können (Abb. 195). Sollte der Draht durch die Steckbasis stoßen, wird das herausragende Ende zurückgebogen, so daß keine Drahtstücke spitz herausragen, weder auf der Rückseite des Straußes, noch innerhalb des Straußes. Benutzt man Kunststoffmasse als Basis, empfiehlt es sich, die Blumen besonders tief zu stecken oder den Draht sorgfältig zu befestigen, weil sich die Blumen sonst leicht beim Transport lockern und herausfallen können. Natürlich ist auch beim Stecken in Moos handwerkliche Sorgfalt notwendig. Angedrahtete Blumen stecken wir so, daß die Stielenden in das wasserhaltende Material gelangen. Ist das im Ausnahmefall nicht möglich, so wird an die Schnittstelle des Blumenstiels etwas Sumpfmoos angelegt und mit festgedrahtet. Damit bekommt auch diese Blüte einen kleinen Feuchtigkeitsvorrat.

Der Grabstraußhalter als technische Basis: Aus dem Angebot der Bedarfsartikelindustrie wählt man Steckmasse mit Kunststoffhalterungen. Es gibt solche ohne Griffe; die fertigen Gestecke werden also nicht wie ein Strauß, sondern in der Armbeuge getragen, doch kann man sie genau so gestalten wie den „Strauß" zum Niederlegen.

Weiterhin werden sogenannte Grabstraußhalter angeboten. Diese können recht verschieden sein. Eine „Technik" besteht aus starkem grünlackiertem Draht, der zu einer Fläche mit einem Griff gefügt ist. Die Moosbasis läßt sich leicht aufbinden; ein Steckmassestück kann mit Maschendraht darauf befestigt und von unten mit Folie abgedeckt werden (Abb. 196). Damit fällt dieser Grabstraußhalter als Erleichterung für das Arbeiten mit einer selbst gefertigten Steckbasis auf.

Die größte Arbeitserleichterung bieten Kunststoffhalterungen mit Steckmasse (Schale mit Griff und Gitter, welches die Steckmasse hält), z. B. die Grabstraußhalter „Coronette" und „Coronella" (Abb. 197). Sie ermöglichen schnelles, leichtes, sauberes Arbeiten beim Gestalten von Trauersträußen mit Zweigen, Blättern und frischen Blumen. Angedrahtetes Material kann in der Steckmasse nicht so festen Halt finden, weshalb man schwere Formen nur dann richtig befestigt, wenn der Draht durch den Steckblock hindurchstößt und um das Kunststoffgitter herum

Abb. 196. Grabstraußhalter aus Eisendraht mit Moos-Steckbasis und Folienabdeckung

Abb. 197. Coronett und Coronella

umgebogen wird. Leichtes, graziles Material wird – wenn überhaupt angedrahtet – an „Gabel" gedrahtet; die ausreichend langen Drahtenden werden tief in die Steckmasse gedrückt, in der Absicht, sie mit anderem Material innerhalb des Steckblockes fest zu verbinden, z. B. durch das Durchstecken schon vorhandener Blumenstiele usw.

Gestaltungsgesichtspunkte

Die *Straußform* ist wie beim dekorativen Arrangement im Gefäß dem Umriß eines Tropfens nachgebildet (Abb. 198). Die Staffelungen der Schmuckformen dehnen sich von der Steckbasis ausgehend zur liegenden Spitze des Straußes hin doppelt so lang aus, wie sie über den Straußgriff zurückschwingen oder seitlich gerichtet sind. Die Steckbasis liegt dadurch zwischen dem unteren und mittleren Drittel der Gesamtlänge des Straußes, und die Gesamtbreite des Straußes beträgt $^2/_3$ von der ganzen Länge.

Damit haben wir eine ideale und ästhetische Proportionierung des Gebindes erreicht, die dem Verhältnis des Goldenen Schnitts weitgehend entspricht. Über der Steckbasis erheben sich die Blumen senkrecht und zur größten Höhe im Strauß, etwa genau so hoch oder nur wenig höher als die Ausdehnung zur Seite beträgt, so daß sich der liegende Strauß halbkreisförmig über der Basis wölbt (Abb. 199).

Die *Straußbasis:* Nahe der Basis werden kurzstielige, größere und möglichst runde Blüten oder Trockenformen und dichte Grünbüschel angeordnet. Schon hier wird nicht „gepflastert", sondern locker aufge-

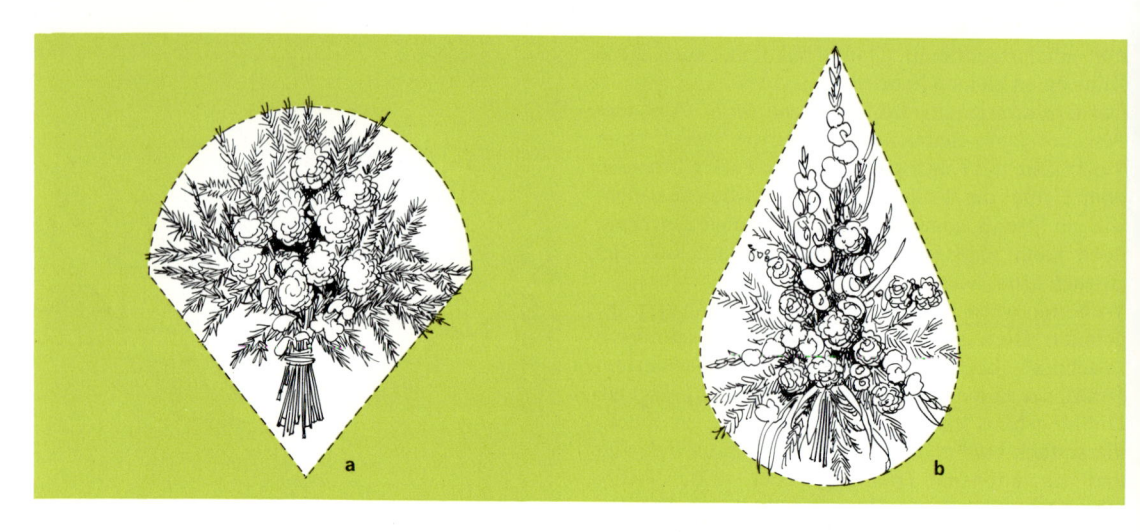

Abb. 198. Der Strauß links ist zu buschig-rund ohne Schmuckmittel über den Stielen. Der Strauß rechts zeigt die richtige und schöne Lösung

baut, d.h., daß dicht nebeneinander liegende Blüten nie gleich lange Stiele haben sollen.

Das Staffeln: Die Schmuckformen werden zu Staffelungen zusammengefaßt. Innerhalb der Staffelungen oder Gruppen werden die Schmuckmittel nicht gemischt. Zwischen den Staffelungen bleibt genügend freier Raum, damit eine lockere, rhythmisch gegliederte Gesamterscheinung entsteht, wie es für dekorative Gestaltungen typisch ist.

Materialzusammenstellung: Die Schmuckmittel werden nach formalen, farblichen und charakterlichen Gesichtspunkten ausgewählt und geordnet, wobei verbindende Gleichheiten und wirkungssteigernde Unterschiede bedacht werden (s. Seite 127). Für den Trauerstrauß kombinieren wir gern längliche Blütenstände mit runden Blütenformen, etwa: Gladiolen mit Dahlien oder Chrysanthemen, Rittersporn und Pfingstrosen, *Líatris* und Nelken oder Rosen, Forsythienzweige und Tulpen, sowie Calla *(Zantedéschia)* mit Flieder oder Rosen usw. Passende Blätter sollten nicht vergessen werden. Ein Blatt gehört zur Blüte. Wenn man z.B. Nelken auf Tanne ohne jedes zusätzliche Blattgrün bringt, so wirkt der Strauß nicht so vollkommen, als wären wenige *Nephrólepis*-Wedel

Abb. 199. Die Proportion des Trauerstraußes entspricht in jeder Sicht (links Aufsicht, rechts Schnitt) dem Goldenen Schnitt

mit eingearbeitet. Koniferengrün allein mit Blüten erscheint uns nicht organisch und deshalb nicht von einer befriedigenden Harmonie. Mit wenig Laubblättern erzielt man bereits eine Steierung des „optischen" Wertes, und das ist nicht zu verachten! Zweige von Laubgehölzen (Kirschlorbeer, *Rhododéndron*, Buchsbaum, Mahonien, Liguster, Buche, Eiche und vieles mehr) oder Farnblätter, Päonienblätter, auch Blätter von *Cýclamen* oder vom Gummibaum vervollkommen den Trauerstrauß. Natürlich muß jedes Grün richtig ausgereift sein, denn junge Triebe welken schnell, auch in nasser Steckmasse.

Für den Grabstrauß werden die verschiedensten Koniferenarten und immergrüne Pflanzen verwendet. Doch sollten in einem Gebinde etwa zwei, in ihrer Erscheinung recht kontrastreiche Koniferenarten mit ein bis drei Laubarten kombiniert werden, z. B. Tanne und *Chamaecýparis* mit Farnwedeln, Efeublättern und -trieben. Nimmt man zu viele Arten in einem Strauß zusammen, wirkt er wie eine zufällige Kombination und ungeordnet; die gestalterische Klarheit wäre verloren. Das gleiche gilt für die anderen Gestaltungsmittel: Nicht von jeder Zapfenart einen, sondern mehrere von zwei bis drei unterschiedlichen Formtypen wählen. Greift man zu runden Formen, dann nicht die gleichgroßen Platanenfrüchte, Zypressenzapfen, Kugeldisteln und Lärchenzapfen bunt durcheinander mischen, sondern allenfalls die großen offenen Zedernzapfen zu den kleinen Platanenfrüchten in Gruppen ordnen. Dabei werden die Gruppengesetze wichtig (s. Seite 106 ff.).

Früher wurden Palmenzweige bzw. *Cýcas*-Wedel mit eingearbeitet, doch ist dieser Typ des Trauergebindes bei uns im allgemeinen nicht mehr üblich, allenfalls kommt er noch in ländlichen, konservativen Gemeinden vor. Derartige „Palmenzweige" sind meist recht groß; deshalb bindet man die Moos- oder Steckmassenbasis auf einen festen Holzstab, mit Fichtenzweigen unterlegt. So erhält die Unterlage ausreichende Stabilität. Übrigens kann diese Praxis auch beim Binden sehr großer Trauersträuße nützlich sein.

Band im Trauerstrauß. Für Trauersträuße ist die Verwendung von Band und Schleifen sinnvoll und schön. Band bindet, also muß die Schleife von der scheinbaren Bindestelle ausgehen. Sie wird jedoch nicht tatsächlich gebunden, sondern jedes Ende und jede Schlaufe wird für sich angedrahtet und gesteckt, weil man so die beste Wirkung erzielen kann; doch der Eindruck, als sei die Schleife gebunden, soll entstehen. Ein farblich passendes „Kranzschleifenband" wird in jedem Falle eine Bereicherung des Arrangements sein. Zu *Líatris* und gelben Rosen nimmt man gern dunkelviolettes Band, zu weißen Gladiolen und gelben Chrysanthemen ein bräunlichgrünes und zu Calla *(Zantedéschia)* und weißem Flieder ein sanftes Lindgrün. Es gibt so viele, schöne und ruhigfarbene Kranzschleifenbänder, daß man eigentlich immer wieder staunen muß, wie weit verbreitet im Gebrauch das harte kalte Weiß und das trostlose Schwarz sind.

5.2 Dekorativer Winterschmuck für die Grabstätte

Allgemeines. Zum Winter schmücken wir gern die Grabstätten unserer Angehörigen mit dauerhaften Arrangements und Gebinden. Der Grabstrauß ist eine Gestaltungsform von vielen möglichen. Im Grunde genommen ist er gar kein „Strauß", denn er wird nicht gebunden, sondern gesteckt. Von der im vorigen Abschnitt beschriebenen Technik ausgehend, ist es deshalb nur ein kleiner Schritt, sich von dem Straußvorbild zu lösen und andere Formen zu stecken.

Die Endform des Gestecks kann
1. breit oder lang und flach sein,
2. hoch, asymmetrisch und nach einer Schauseite gerichtet oder
3. hoch, allseitig rund, symmetrisch im Umrißbild wie ein gestecktes, dekoratives Arrangement im Gefäß. Diese Formen entsprechen den Standorten auf der Grabstätte, die mit diesen Arrangements geschmückt werden sollen. Da sind
1. die Flächen des Hügels oder der Grabstelle,
2. der Platz vor dem Grabstein und
3. ein besonders hervorgehobener Platz auf größeren Grabstätten, wo im Sommer meist eine Pflanzschale mit Pflanzen der Saison steht.

Weil der unten beschriebene Winterschmuck für Grabstätten speziell für bestimmte Plätze auf dem Grab gestaltet wird, fügt er sich gut und harmonisch in die gesamte Grabgestaltung ein. Er wirkt nicht so zufällig „abgelegt", wie es den Herzen oder Kissen meistens ergeht, sondern er ist ein organischer Teil der Grabstelle.

Das oval-runde, flache Gesteck. Als Unterlagen für diesen flachen Typ winterlichen Grabschmucks eignen sich ein Brett, ein Holzkreuz aus Lattenstücken oder eine Plastikhalterung mit Steckmasse, die eventuell noch mit *Sphágnum* zu umwickeln ist, wenn angedrahtete, schwere Formen festzustecken sind. Eine flache und breite Auflage garantiert eine gute Lage. Die reichlich große und relativ feste Steckmasse schafft die Voraussetzung, daß man auch längere

Zweige gut feststecken kann (Abb. 200). Will man ohne solche „massiven" Unterlagen auskommen, kann man auch 2–4 Fichtenzweige so aufeinanderlegen, daß die starken Holzteile in der Mitte übereinanderliegen und die Spitzen entgegengesetzt gerichtet sind. Nachdem die Mitte noch durch einige kurze Zweigstücke verstärkt ist, wird die Steckbasis draufgebunden, ähnlich wie bei der beschriebenen Straußtechnik. So vorzugehen ist dann zu empfehlen, wenn die Grabstätte, die mit dem Arrangement bedeckt werden soll, dicht bewachsen ist. Nun wirkt das Arrangement wie eine Abdeckung, durch die lockere Gestaltung kommt aber noch genügend Luft an die darunter befindlichen Pflanzen, so daß sie nicht absterben.

Die weitere Ausgestaltung geht nun einfach und wie bei der Herstellung des Grabstraußes vor sich. Alle Zweige und gestielten Formen werden in die Steckbasis gedrückt, angedrahtete Zapfen und andere Schmuckmittel müssen fest verankert werden, weil sie sich sonst beim Transport leicht lösen.

Die oval-längliche Form des Arrangements entsteht dadurch, daß der Bewegungsmittelpunkt in der geometrischen Mitte des Gestecks liegt, die Ausdehnungen der gegenüberliegenden Richtungen also immer gleich sind. Dabei kann eine Achse lang ausgebildet werden und die Querachse kürzer. Die höchste Ausdehnung über der Wuchsmitte sollte die Hälfte der kurzen Achse betragen. Bleibt man niedriger, bekommt das Gesteck den Charakter einer „Decke", arbeitet man höher aufragend, wird es leicht zu buschig, und die tief eingeordneten Formen der Zapfen und Moostuffs kommen nicht genug zur Wirkung (Abb. 201).

Die äußeren oder höher aufragenden Partien werden durch gestielte Schmuckformen wie kleine Distelblü-

Abb. 200. (oben links) Technische Hilfsmittel zur Gestaltung für flache Schmuckgestecke: Dekohalter, Holzkreuz mit Moosknäuel, Brett mit Steckmasse
Abb. 201. Das dekorative Gesteck für die Grabfläche

ten, Mohnkapseln, Erikentriebe oder Gräser, durch Ginsterzweige, *Chamaecýparis*-Spitzen und vieles andere mehr gebildet.

Die gut ausgebildete Bewegungsmitte wird durch massive Schmuckformen wie runde, große Zapfen, Baumpilze, Islandmoostuffs oder Plattenmoospolster, auch Lotosfrüchte, Magnolienfrüchte, Tuffs aus Platanenfrüchten und anderem ausgestaltet.

Die breitlagernde Form des Gestecks, das natürliche Material mit seinen stillen Farben und der lockere, wie gewachsene Aufbau des Arrangements bewirken, daß es zu einem harmonischen Grabschmuck wird.

Das hohe asymmetrische Gesteck. Im Sommer werden vor den Grabsteinen gern Blumen gepflanzt, im Winter kann dieser Platz betont werden durch ein Arrangement aus Dauerformen. Damit die Beschriftung auf dem Stein nicht zugedeckt wird, weicht man gern mit höher aufragenden Formen seitlich aus, was zu asymmetrischen Gestaltungen führt. Die gesamte Anordnung muß sehr locker und rhythmisch gegliedert sein, damit der Stein in seiner vollen Form trotz des davorgestellten Gestecks zu erkennen ist (Abb. 202). Obgleich dieses Schmuckgesteck vor den Stein gestellt wird, soll es doch nicht mit einer „Rückwand" gearbeitet werden, d.h., zum Stein hin folgen den höchsten Formen noch einmal halbhohe und niedere Teile, so daß sich das Arrangement gut abhebt und nicht wie vor den Stein gedrückt wirkt.

Neben den zu beachtenden Gruppengesetzen (Seite 106ff.), der Ausgewogenheit einer asymmetrischen Ordnung (Seite 112) und der interessanten Materialwahl ist als wichtige gestalterische Maßnahme hier auch die natürliche Wuchshaltung der Gestaltungsmittel zu beachten. Dieser winterliche Schmuck kann sehr wuchshaften Charakter bekommen, also zum vegetativen Gestaltungsstil gehören, was vor allem gelingt, wenn man das Material nach dem landschaftlichen Gesetz zusammenstellt, z.B. Knorren, Baumpilze, Plattenmoos und Islandmoosbüschel, Kiefernzapfen, Erikatriebe, Kiefernzweige und interessante blattlose Äste.

Da häufig eine immergrüne Bodenbedeckung auch im Winter vor dem Grabstein wächst, ist es gestalterisch vorteilhaft, wenn man die Steckbasis des Arrangements etwas anhebt. Andernfalls wirkt die Wuchsmitte nicht kraftvoll genug, weil sie zwischen den Pflanzen versinkt, und die unteren Zweige haben nicht den erforderlichen Platz, locker zur Seite zu schwingen. Man kann deshalb einen hohen Ziegelstein als Halterung für die Steckbasis aus Moos benutzen. Er hebt die Steckbasis gut an und verhütet durch sein Gewicht das Umkippen. Der Kunde erkennt diese Überlegungen dankbar an und akzeptiert das zunächst unangenehme Gewicht des Gestecks mit dem Stein.

Das hohe symmetrische Gesteck. Wird das Arrangement aus immergrünen Gehölzen und Trockenformen nicht vor den Grabstein gestellt, sondern frei auf die Fläche der Grabstätte, muß es allseitig rund ausgebildet werden. Es entspricht in jeder Hinsicht dem dekorativen Blumenarrangement mit der symmetri-

Abb. 202. Asymmetrische Gestecke, die vor dem Grabstein stehen sollten

Abb. 203. Allseitig und rhythmisch gestaffelt paßt dieser repräsentative Grabschmuck auf eine Freifläche der größeren Grabstätte

schen, tropfenförmigen Umrißgestalt (Abb. 203). Man kann es sehr gut in eine Keramikschale, aber auch in eine Moosbasis auf einem Ziegelstein sowie in Steckmasse mit passender Halterung einarbeiten. Wird eine Schale gewählt, so nimmt man eine schlichte dunkelbraune oder sandfarbene Pflanzschale mit breiter Standfläche, 20–40 cm Durchmesser je nach der gewünschten Größe und dem geplanten Verkaufspreis, schlägt das Abflußloch durch, damit nicht Regenwasser gesammelt und bei Frost das Gefäß zersprengt wird und arbeitet eine passende Steckbasis dafür. Sphagnummoos, das universelle Hilfsmittel in der Trauerbinderei, muß auch hier wieder erwähnt werden, man kann aber auch zu Stopfmoos, Plattenmoos und Abfällen von Islandmoos greifen. Sand in die Schale zu schütten und da hinein die Dekorationsmittel zu stecken, empfiehlt sich nicht, weil vor allem längere Zweige durch den Transport oder Wind nur allzu leicht verschoben werden oder gar herausfallen können. Der Moosball jedoch kann mit Steckdrahthaken oder Wickeldraht fest mit dem Gefäß verbunden werden, und die tief hineingesteckten Schmuckmittel halten in der elastischen Masse gut fest. Den Moosball arbeitet man höher als der Gefäßrand ist. So kann man die seitlich angeordneten Zweige gut feststecken; zugleich wölbt sich die Basis hügelig auf. Das ermöglicht ein interessantes gestaffeltes Anordnen von Zapfen, Plattenmoostuffs und evtl. Baumschwämmen u. a. Die Zapfen müssen nicht nur flach auf die Steckbasis gesetzt werden, sie können auch auf Stäbe gebunden und so

in Staffelungen gesteckt werden. Dadurch erreicht man eine sehr großzügige Bewegungsführung und eine wirkungsvolle Darstellung der Zapfen. Die Mittelachse dieses Gestecks in der Schale kann durch lange, gerade Trockenformen (z. B. Königskerze u. a.) oder durch eine senkrecht gewachsene Koniferenspitze von genügender Größe gestaltet werden. Setzt man *Juníperus* oder *Chamaecýparis*, *Táxus* oder *Búxus* ein, kann dafür auch aus ein paar passend gewachsenen Spitzen ein pyramidal geformtes Bäumchen gebunden werden. Darum scharen sich dann die Zapfentuffs, Stechapfel- oder Mohnkapselgruppen mit weiteren Grünpartien, alles untermalt von Plattenmoospolstern oder Islandmoostuffs (Abb. 204). Trotz ihrer dekorativen Fülle wirken solche gesteckten Schalen recht wuchshaft, was sie zu einem wertvollen und standortgerechten Schmuck der Grabstätte macht.

Abb. 204. In der Mitte dieser dekorativen Schalengestaltung ist eine aus Wacholderspitzen gebundene Pyramidenform, die wie ein gewachsenes Bäumchen aussieht

Zur Vertiefung
1. Beschreiben Sie Techniken der Trauerstraußherstellung.
2. Zeichnen Sie einen Trauerstrauß in der Draufsicht und tragen Sie an einer seitlichen Meßlinie die Proportionen, ausgehend vom Wuchsmittelpunkt, ein.
3. Finden Sie gestalterische Unterschiede zwischen dem hohen asymmetrischen und dem hohen symmetrischen Gesteck als Grabschmuck.
4. Stellen Sie für 5 Trauersträuße Blumen und Beiwerkarten zusammen und beachten Sie dabei:
   a) Kontraste der Bewegungsformen,
   b) Farbharmonien kleiner Kontraste mit reichen Abstufungen,
   c) das Wesen der Zusammenstellung passend für die Beerdigung eines Herrn oder einer Dame.

5.3 Kränze

Geschichte und Symbolik

Was wir heute Kranz nennen, hieß bei den Völkern des Altertums „corona plexiles". Fürsten und Könige, sieghafte Wettkämpfer oder Heerführer trugen Hand- oder Kopfkränze als Amts- und Ehrenzeichen. Aus dieser „corona" hat sich die „Krone" entwickelt. Doch nicht nur weltliche Ehrung und Auszeichnung, auch symbolische Verbindung mit der Götterwelt drückte der Kranz aus. Die alten Ägypter verehrten die Sonne als Gottheit (Rê), der Kranz symbolisierte die immer kreisende, lebenspendende Sonne. Reste von Kränzen in Form von kleinen Blumenringen (etwa 20 cm ⌀) sind in ägyptischen Mumiensärgen gefunden worden. Die Griechen dachten sich die Götter, also die Unsterblichen, bekränzt, der vollrund gebundene Blumenkranz als Weihegabe für den Toten symbolisierte Unsterblichkeit.

Die Germanen kannten ebenfalls die Sitte der Bekränzung. Außerdem flochten sie Strohreifen, die sie an den bedeutungsvollen Sonnenwendfesten brennend die Berghänge hinabrollen ließen. Sonnenwagen und Sonnenornamente waren alte kultische Zeichen im Ritus der germanischen Stämme. Die Ringform verflochtener Girlandenkränze sollte an den ewigen Kreislauf der Sonne erinnern und die Unvergänglichkeit der menschlichen Seele symbolisieren. In der christlichen Zeit wird der Brauch des Kränzebindens zu Trauerfeiern übernommen, nur bekommt die symbolische Deutung einen anderen Inhalt; die Ewigkeit bzw. die ewige Seeligkeit soll mit der Form ohne Anfang und Ende ausgedrückt werden.

Wenn man sich diese eigentliche Bedeutung der Kranzform klarmacht, dürfte man nur ganz schlichte Kränze aus einheitlichem Material ohne jeglichen weiteren Schmuck arbeiten. Nur so wird die Stetigkeit der Kreisbewegung in der Form vollkommen klar und eindeutig zum Ausdruck gebracht. Tatsächlich wird von verantwortungsbewußten Floristen der schlichte Blütenkranz als Idealform vertreten. Im westlichen Ausland ist er weit verbreitet. Leider wird der Kranz hier in Deutschland zumeist viel zu sehr mit Blumenschmuck versehen, so daß seine Symbolform kaum zur Geltung kommt.

Die Vorliebe für aufwendigen Schmuck des Kranzes stammt aus der Zeit um die Jahrhundertwende. Man liebte damals sogar ovale oder eiförmige Kränze, fügte weit ausladende Palmblätter, *Aspidístra*-Blätter, viel *Aspáragus plumósus*-Grün und auserlesene Blumen dazu, so daß eigentlich von einer Entartung der Kranzgestaltung gesprochen werden kann (Abb. 205). Immerhin paßte diese oberflächliche Pracht des Kranzes in die Zeit, in der z. B. die reich mit Stuck verzierten Hausfassaden und die mit Marmor ausgekleideten Hauseingänge mehr bedeuten als Licht und Luft in den Hinterhöfen und Wohnungen. Doch heute baut man anders, dem Zweck gemäß, und so sollte man auch wieder einen Kranz gestalten, dessen Form der inneren Wahrheit entspricht.

Die Kranzform und ihre Proportionen

Wirkende Kräfte: In den Kränzen muß die in sich geschlossene Kreisbewegung spürbar sein. Das Erreichen wir durch einen gut proportionierten Kranzkörper. Ist die Öffnung in der Mitte zu klein, so scheint die empfundene kreisende Bewegung spiralig zur Mitte zu führen. Die Zentripetalkraft überwiegt empfindungsmäßig, ist der Kranz aber ein zu schmaler Ring mit einer großen Öffnung, so überwiegt die Fliehkraft (Zentrifugalkraft). In einem richtig proportionierten Kranz sind Fliehkraft und sammelnde Kraft ausgewogen, und die Bewegung fließt in den unendlichen Kreis ein (Abb. 206).

Optische Beeinflussung der Proportion: Ein Kranz ist dann gut proportioniert, wenn die Kranzöffnung etwa 1,6 mal größer erscheint als der Kranzkörper dick ist. Das wäre das Verhältnis im Goldenen Schnitt. Doch weil das Auge die Verhältnisse abmißt, das Auge sich aber täuschen läßt, müssen wir tatsächlich unterschiedliche Maße einsetzen. Richtig proportioniert

Abb. 205. Kranz aus dem Jahre 1908. Unter dieser Fülle von Blütenzweigen und Palmenblättern verbirgt sich eine Kranzform!

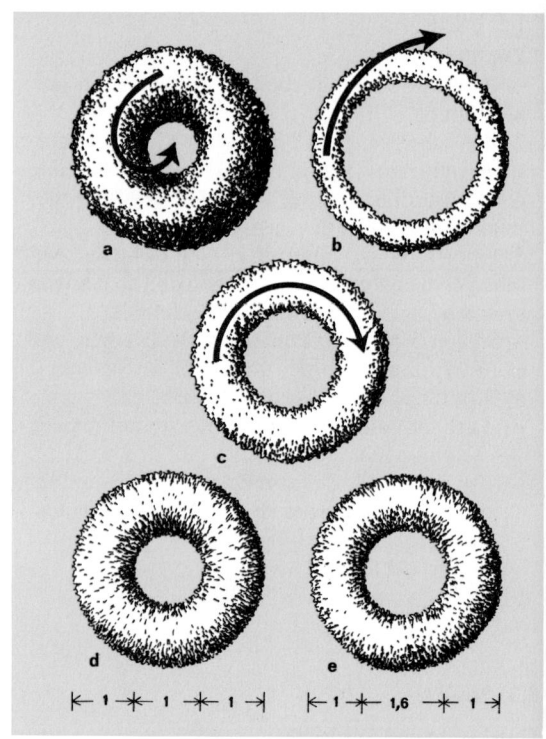

Abb. 206. Die gegensätzlichen Kräfte einer Drehbewegung werden durch eine optisch gute Proportion ausgeglichen

erscheint nur der Kranz aus hellem Material mit glatter bzw. geschlossener Umrißbildung, wenn er tatsächlich ein Mehrfaches der Maße 1:1,6:1 darstellt. Doch da vor allem die Farbhelligkeit die Größenwirkung scheinbar schrumpfen läßt, müssen Kränze aus dunklerem Material (Magnolienblätter, Kiefer, dunkelblaue Astern) dicker gearbeitet werden.

Auch die Umrißgestaltung spielt eine Rolle bei der Entscheidung über die gute Proportion. Die glatte, geschlossene Umrißlinie ist leichter als Grenzlinie des Körpers festzustellen als eine aufgelockerte, rhythmisch gebuchtete Randgestaltung. Im zweiten Falle empfindet man die Grenzlinie der Form zwischen Einbuchtung und größter Ausdehnung. Der Kranz wirkt deshalb optisch dünner, somit ergeben sich folgende Richtlinien:

Außer Farbhelligkeit und Umrißbildung sind auch eine eventuelle Längsgliederung der Kranzform

Sehr helles Material, geschlossene Umrißgestaltung:	1:1,6:1
Sehr helles Material, aufgelockerte Umrißgestalt:	1:1,4:1
Helles Material, sehr buchtige Umrißgestalt:	1:1,3–1,2:1
Material mittlerer Helligkeit, geschlossene Umrißgestalt:	1:1,4–1,5:1
Material mittlerer Helligkeit, aufgelockerte Umrißgestalt:	1:1,3–1,2:1
Material mittlerer Helligkeit, sehr buchtige Umrißgestalt:	1:1,2–1,1:1
Dunkles Material, geschlossene Umrißgestalt:	1:1,3–1
Dunkles Material, aufgelockerte Umrißgestalt:	1:1,2–1,1:1
Dunkles Material, sehr buchtige Umrißgestalt:	1:1:1

durch unterschiedliche Materialien und die Ausbildung eines schmalen hohen „Grates" beim Gestalten des Deichprofiles Faktoren, die den Kranz schmaler erscheinen lassen, als er tatsächlich ist. So wirken auch sie noch mit. Doch sollte man nicht unter das Verhältnis 1:1:1 gehen; d.h., die innere Öffnung sollte nicht kleiner im Durchmesser sein, als die Wulstform des Kranzes dick ist.

Berechnung der passenden Kranzproportion: Kennt man die Verhältniszahl, kann man bei jedem gewünschten Kranzdurchmesser die Maße für die Kranzdicke und die Kranzöffnung errechnen. Soll der Kranz z.B. 80 cm Außendurchmesser haben und stecken wir ihn aus weißen Dahlien, wählen wir also das Verhältnis 1:1,6:1, so rechnen wir folgendermaßen:
1 + 1,6 + 1 = 3,6.
80 cm Außendurchmesser geteilt durch 3,6 = 22,2 cm.
Das heißt, der Kranzwulst hat eine Dicke von reichlich 22 cm, die Kranzöffnung ist 36 cm breit (22:36:22).
Soll der Kranz aus dunklen, gefaltet aufgehafteten Magnolienblättern gearbeitet werden und wird wegen der Farbe und der lockeren Umrißgestaltung das Verhältnis 1:1:1 gewählt, so ist zu rechnen:
1 + 1 + 1 = 3.
Der Kranzwulst ist 80:3 = 26,6 rund 27 cm dick.
Nun bekommt der Kranz die Maße 27:27:27. Genau wären das zwar 81 cm Kranzdurchmesser – aber so exakt brauchen wir nicht zu sein. Jetzt ist es ein Leichtes, die Kranzbügelgröße oder die Maße der Strohunterlagen zu ermitteln. Wer dies ein paar Mal so gründlich gemacht hat, wird bald ein sicheres Gefühl für die wahrhaft gute Proportion eines Kranzes entwickeln.

Die Höhe des Kranzkörpers soll $3/4$ der Kranzdicke betragen. Nur wenn man den Kranz an die Wand hängen will, wird der Kranzkörper $1/2$ mal so hoch wie dick gearbeitet. Macht man ihn plastischer, hebt er sich zu sehr von der Wand ab, und man hat das Gefühl, als wolle er herunterfallen. Der halbrunde Kranz fügt sich dagegen wie ein Relief in der Wandfläche ein.

Das Kranzprofil: Die höchste Höhe des Kranzkörpers liegt nahe dem inneren Drittel. Das Profil des guten Kranzes ist nicht regelmäßig rund, sondern es bekommt die Deichform. Ob man bindet, steckt oder haftet, immer wird das Blumen- oder Blättermaterial innen eng an den Wulst oder die Unterlage gearbeitet, mit der Unterseite zum Wulst hin gerichtet. Außen dagegen sind Blätter oder Zweige mit der Unterseite zum Boden – bzw. zur Tischplatte – gerichtet aufzuarbeiten, Blüten werden länger gestielt aufgesteckt. So ergibt sich von innen nach außen zunächst eine steil aufsteigende Linienführung, ein relativ schmaler Grat auf der Höhe des Profils und ein schräges Auslaufen zur Fläche des Bodens hin (Abb. 207). Die Öffnung des Kranzes wird durch das kurze Anlegen des Materials innen exakt rund und wir laufen nicht so leicht Gefahr, daß sie zu klein wird. Legt man diesen Kranz nieder, so nimmt er durch das schräg auslaufende Profil optisch eine gute Beziehung zum Boden auf. Vor allem sollte dies bei Kränzen, die man zu Gedenktagen oder zum Totenfest niederlegt, beachtet werden.

Der Kranzbügel liegt bei dieser Formgebung nicht in der Mitte des Kranzkörpers, sondern beim inneren Drittel. Die Größe des Reifens errechnet sich also aus Durchmesser der Kranzöffnung plus $2/3$ des Kranzkörperdurchmessers. Beispiel: Auf Fichtenwulst gesteckter *Chamaecýparis*-Kranz/mittlere Helligkeit, lockerer Umriß = Verhältnis 1:1,3:1/80 cm Außendurchmesser/80:3,3 = 24 cm, die Maße des Kranzes sind demnach 24:32:24. Zwei Drittel vom Kranzkörperdurchmesser sind 16 cm. 32 cm Kranzöffnung und 16 cm = 48 cm. Der Kranzbügel muß also 48 cm groß sein.

Die Kranztypen

Je nach Technik, Profil und Umrißgestaltung unterscheiden wir vier verschiedene Kranztypen. Wenn in der Praxis der Gesichtspunkt der rationellen Arbeitsweise auch dazu führt, daß nicht alle Arten eine gleich bedeutende Rolle spielen, so muß der Fachmann jedoch alle Möglichkeiten kennen.

Der „Römer" (Typ I). Von der klassischen Architektur römischer Bauten sind uns Reliefschmuckmotive in Form von Kränzen, Girlanden und keulenartigen Gehängen bekannt. Der Steinmetz hat sie mit Zirkel und Lineal entworfen und mit dem Meißel in Stein gehauen. So kommt die exakte Anordnung der Blätter und die strenge, architektonische Form des Kranzes zustande (Abb. 208). Der Florist bildet heute diese Steinformen mit lebendigen Blättern nach. Aufgrund der Gesetzmäßigkeiten bezüglich Material- und Werkgerechtigkeit ist man jedoch nicht an das strenge Vorbild gebunden. Dennoch wird der „Römer" glatt, architektonisch streng mit einem Reifenprofil gearbeitet. Genau genommen dürfte man zum Islandmoos- oder Blaufichtenrömer gar nicht „Römer" sagen, denn die in Stein gehauenen Reliefs zeigen nur Blattformen: Lorbeer, Eichenlaub u.a. Doch soll einer allgemein verständlichen Benennung

Abb. 207. Ein Kranz mit Deichprofil (links) fügt sich besser in seine Umgebung ein als ein „Römer" mit Reifenprofil (Mitte). Bei dem Plattenmooskranz (rechts) oder Islandmooskranz stützen nach unten Koniferenzweige ab, damit auch mit diesen Materialien eine gefällige Kranzform gestaltet werden kann

zuliebe der bereits geübten Sprachgewohnheit gefolgt werden: Als „Römer" bezeichnen wir den auf Stroh- oder Kunststoffwulst gehafteten oder gewickelten Kranz mit einer geschlossenen Umrißgestalt und dem ³/₄ runden, also außen wieder einziehenden Profil.

Das Wesen der geschlossenen Form verlangt, daß dieser „Römer" am besten auf bauliche Elemente gelegt wird, auf eine Steinplatte, einen Sockel, einen Steinsarkophag u. a. Die Verbindung mit dem Architektonischen rechtfertigt seine strenge Form. Ebenso muß sich der Schmuck des Kranzes dieser Geschlossenheit des Kranzkörpers anpassen; er sollte also auch in strenger und geschlossener Ordnung dicht auf den Wulst aufgebracht werden. Wählt man lockere, wuchshafte Formen, sollten diese recht sparsam – nur als Akzent – eingesetzt werden und mehr den Kranz umspielen als überdecken. Sehr passend ist lediglich

Abb. 208. Kranzrelief aus dem Alten Rom

eine Banddrapierung, die mit einer schönen Bindung die Kranzform umschlingt (Abb. 209).

Der Arbeitsvorgang beginnt mit dem Auswählen der richtig proportionierten Stroh- oder Kunststoffunterlage (für Islandmoos z. B. 50/10, Blaufichte 50/12, präparierte gefärbte Magnolienblätter 50/14. Diese wird mit dunkelgrünem Römerwickelband aus Kunststoffolie abgewickelt. Die Kunststoffunterlagen wickelt man nicht ab, deshalb sind Materialien von dunkelgrüner Farbe besser, weil sie weniger fremd und steril wirken als die weißen. Nun werden Blätter aufgehaftet, Koniferenspitzen aufgewickelt mit Wickeldraht. Islandmoos wird meist gehaftet, die Form des Kranzes wird schöner; nur wer Kranzbindemaschinen einsetzt, mag es aufwickeln im Interesse einer Rationalisierung. Ein Wickeln mit der Hand geht jedoch nicht schneller als das Haften.

Die Teile des Kranzschmucks werden angedrahtet in die Unterlagenwulst direkt gesteckt. Wenn man eine lockere Gestaltungsart für den Schmuck wählt, bringt man besser extra eine Steckbasis auf dem Wulst an. Dazu bindet man einen Sphagnummoosball (etwa faustgroß) und befestigt ihn auf der Unterlage, indem drei angespitzte Bambussplittstäbe (aus Nizzakörben) oder Blumenstäbe in verschiedenen Richtungen durch den Moosball tief in die Unterlage gesteckt werden. So bleibt die Rückseite des Kranzes frei von Steckdrähten oder Wickeldrahtbindungen; außerdem ist diese Technik zeitsparend und sicher.

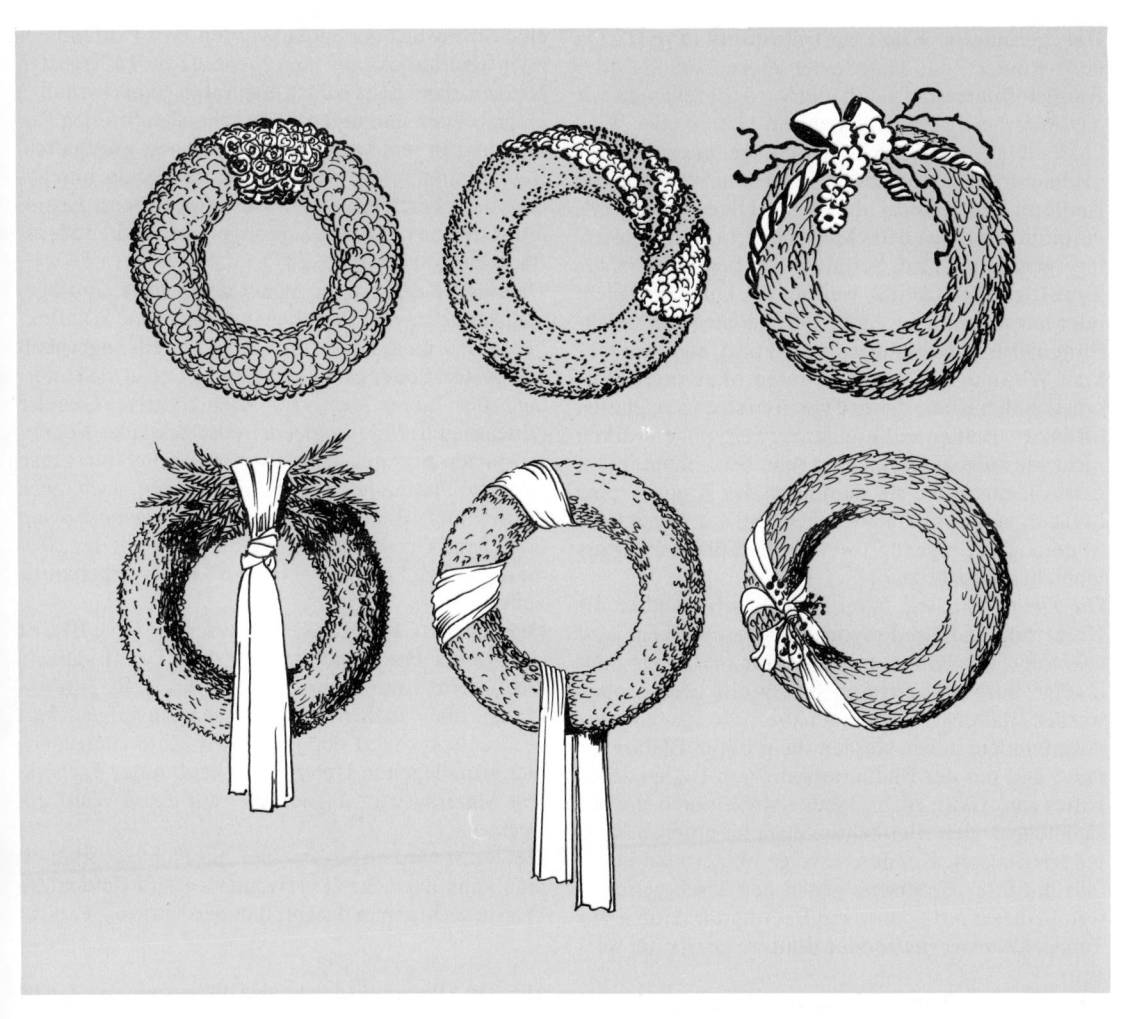

Alle gestielten Schmuckmittel werden schräg angeschnitten direkt in die Basis gesteckt. Alle ungestielten Formen werden an „Gabel" gedrahtet und gesteckt.

Geeignete Materialien für die Gestaltung von Römerkränzen sind: *Laūrus nóbilis* und *Prúnus laurocérasus* (frisch oder präpariert und gefärbt), *Magnólia grandiflóra* und *Castánea sativa* (präpariert und gefärbt), weiterhin *Hédera hélix*, *Aucúba japónica*, *Rhododéndron catawbiénse*, Einzelblättchen von *Íllex aquifólium* und *Mahónia aquifólium*; im Sommer auch *Stáchys olýmpica*, *Cýclamen pérsicum*, *Quércus-*, *Fágus-* und *Vítis-* Arten, dazu alle liegend wirksamen Koniferenarten von klarem Aufbau, nämlich Arten von *Pícea* und *Ábies* sowie *Táxus*; ferner Islandmoos und Plattenmoos, außerdem Katzenpfötchen (*Antennária*), blauer Widerstoß (*Limónium sinuátum*), Weißfichtenzapfen, Kugeldisteln, die aufgeklebt werden, u. a. Es wäre gut, wenn es sich einbürgern würde, diesen „Römer" als *Typ I* der Kranzgestaltung zu bezeichnen. Die Benennung „Römer" ist im eigentlichen Sinne ohnehin nicht exakt zutreffend, und man könnte die weiteren Kranztypen ohne viele erläuternde Worte ebenso klar betiteln.

Abb. 209. Der Schmuck eines Römerkranzes kann die Fläche gliedern oder er soll sich der architektonischen Form eng anschmiegen. Bandumschlingungen sind besonders formgerecht und werkgerecht

Der „gerömerte" Kranz mit Deichprofil (Typ II). Da der „Römer" mit Hilfe einer dicken Stroh- oder Kunststoffunterlage gearbeitet wird, bezeichnen wir das Aufarbeiten des Materials mit Haften oder Wikkeldraht auf eine solche Unterlage allgemein als „Römern". Während aber beim „Römer" (Typ I) die Endform des Kranzes durch die Unterlage bereits vorbestimmt ist, weil das Material dicht an die Unterlage gearbeitet wird, gestalten wir beim Kranz des Typs II ein Kranzprofil, welches die Unterlage nicht oder nur im geringen Maße hat, nämlich die Deichform. Doch nicht nur diese neue Form, auch die lokkere Wirkung des aufgearbeiteten Materials unterscheidet den Kranz dieses Typs vom strengen, glatten „Römer". Blätter und Koniferenzweigspitzen wirken nicht wie aufgeklebt, sondern scheinen, zumindest in den Außenpartien, aus dem Kern des Kranzkörpers herauszuwachsen. Damit haben wir das Gesetz der Materialgerechtigkeit, soweit es die Formgebung erlaubt, berücksichtigt.

Die Deichform, wie bereits im Abschnitt über die Kranzform und ihre Proportionen beschrieben, *wird wie folgt gearbeitet:* Innen werden Blätter oder Zweige flach und dicht an den Wulst gelegt; oben werden Blätter gefaltet aufgehaftet, Zweige schuppig aufgebunden; außen werden die größten Blätter gefaltet und mit der Blattunterseite zum Boden angehaftet (die Hafte sticht dabei seitlich durch die zusammengelegten Blatthälften etwa im unteren Viertel des Blattes). Koniferenzweige bindet man ebenfalls mit ihrer Unterseite gegen den Tisch gerichtet fest. In dieser Art können gut Beerdigungskränze aus Tanne, *Chamaecýparis* oder Blättern gearbeitet werden.

Der passende Blumenschmuck sieht wie folgt aus: Locker gestaffelt, dekorativ im Gestaltungsstil, gesteckt in einer besonders dafür angebrachten Steckbasis aus Steckmasse oder Sphagnummoos. Er paßt zu dieser Art der Kranzkörpergestaltung gut, weil auch die Kranzform in ihrem äußeren Umrißverlauf eine aufgelockerte Struktur zeigt. Weiteres über passenden Kranzschmuck wird unter Typ III aufgeführt, weil für beide Kranztypen das gleiche bezüglich der Schmuckgestaltung gilt.

Passendes Bindegrün: Außer den schon beim Typ I genannten Grünarten eignen sich für die Gestaltung von Kränzen des Typs II noch: *Búxus sempérvirens, Thúja-, Chamaecýparis-* und *Juníperus-*Arten, Päonienlaub, *Pachysándra terminális, Píeris japónica* und *P. floribúnda.* Auch Flieder, Levkojen, Löwenmaul, Stiefmütterchensträußchen und Goldlack, Sommerrittersporn und *Agératum*-Tuffs können gleich auf eine Strohwulst gebunden werden. Mit Plattenmoos oder Islandmoos kann man ebenfalls diesen Kranztyp fertigen, dann ist es jedoch anzuraten, zunächst außen einen breiten und innen einen schmalen Streifen Koniferengrün (am besten *Chamaecýparis*) anzuhaften. Beim Plattenmoos verdecken die Zweige die unschönen seitlichen Teile der Moospolster, beim Islandmoos stützen die außen lang angelegten dicken Moosflöckchen gut ab (Abb. 207).

Da dieser Kranztyp die locker gegliederte Umrißgestalt anstrebt, wird zwischen das Plattenmoos auflockerndes Grün gesteckt, teils gehaftet, teils angegabelt und gesteckt oder gar nur angespitzt und in die Unterlage tief hinein gesteckt. Kleinblättrige Gehölze (Buchsbaum, *Ílex, Lonícera*) oder schlanke Koniferenspitzen sind gut dafür geeignet. Kombiniert man zu dem Plattenmoos und Grünspitzen auch noch Zapfentuffs, Baumpilze, Beerentuffs, *Sempervívum* und kleine Grasbündel, kann man auch mit der „Römerunterlage" den „vegetativen" Kranz arbeiten (s. Seite 195).

Der gesteckte Kranz auf Wulstunterlage (Typ III). Er sieht in der Form und Struktur dem Typ II ähnlich. Der Umriß kann relativ geschlossen (z.B. *Tagéteskranz*), aber auch mehr oder weniger aufgelockert sein, entsprechend der jeweiligen Materialeigenart. Der grundlegende Unterschied liegt in der Technik. Das Material wird angedrahtet auf einen Wulst gesteckt.

Der Wulst wird im allgemeinen aus Fichte gearbeitet; man kann auch Stroh verwenden. Beim Binden des Wulstes achte man darauf, daß der Kranzbügel nicht

Abb. 210. Querschnitt durch einen Blütenkranz vom Typ III

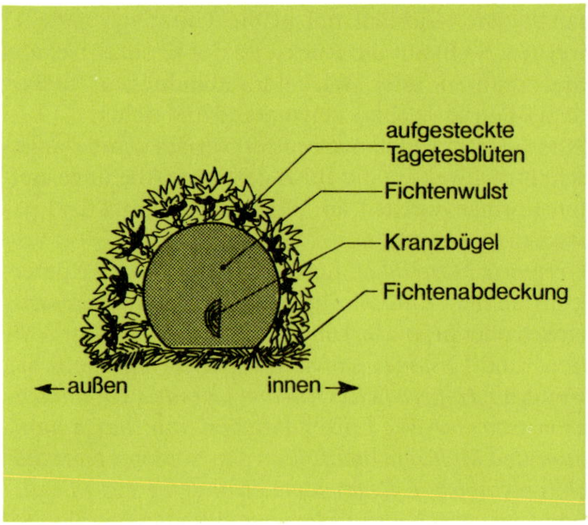

im Zentrum des Wulstes verläuft, sondern ganz unten, damit er beim Bestecken nicht hindert. Der fertige Wulst wird umgedreht und mit einer flach aufgebundenen Fichtenspitzenlage bewickelt. Diese gestaltet die Rückseite des Kranzes sauber und deckt die angedrahteten Blütenstiele oder Grünbüschel ab. Schon jetzt muß die Stärke des Kranzkörpers beachtet werden: Man darf die Fichtensträußchen nicht zu breit anlegen, denn man will sie ja von oben nicht sehen (Abb. 210).

Zum Bestecken wird der Wulst wieder umgedreht, so daß man auf der Abdeckung den etwa armdicken, runden Fichtenwulst vor sich hat. Das Material wird angegabelt oder lang angedrahtet. In keinem Fall darf beim Stecken Draht auf der Unterseite des Kranzes heraustreten. Deshalb steckt man das „gegabelte" Material mit den Drahtenden in Uhrzeigerrichtung schräg (also von sich weg) in die Unterlage und biegt die Grünsträußchen oder die Blüte in die richtige Stellung. So werden auch mit der Maschine angenadelte Teile gesteckt. Das Angabeln ist nur bei Verwendung des Strohwulstes ratsam; beim Fichtenwulst ist der Halt angegabelten Materials nicht befriedigend.

Beim lang angedrahteten Material sticht man dort, wo das Teil sitzen muß, so durch den Wulst, daß das Drahtende oberhalb der Abdeckung wieder heraustritt und nun zurückgebogen und in den Wulst verhakt werden kann. Diese Methode garantiert eine feste Verankerung und kein Drahtende tritt unkontrolliert auf der Kranzunterseite heraus, wo es Verletzungen verursachen könnte.

Das Andrahten und Stecken ist zwar arbeitsaufwendiger als das Haften oder Aufbinden, doch wird die Form des Kranzkörpers besser, weil man nicht so abhängig von der Form der Unterlage ist wie beim Typ I und II, vorausgesetzt, man hat Formgefühl und beherrscht die Technik. Außerdem kann man Materialien verwenden, die bisher nicht einsatzfähig waren.

Verwendbare Materialien sind z. B.: Alle stehend wirksamen Wuchsformen: Kiefernspitzen, Wassermoos, *Pachysándra*, *Píeris*, *Erica*, die meisten Blütenformen (z. B. Dahlien, *Tagétes*, Astern, Rosen und Nelken usw.) und getütete Efeublätter. Die Blüten werden einzeln angedrahtet, bei kleinen Formen ordnet man mehrere dicht nebeneinander und drahtet das ganze Sträußchen an. Kiefer oder Wassermoos werden pinselartig zusammengenommen. Wichtig ist, die Längen zu beachten. Innen kommen ungestielte oder ganz kurzstielige Blüten oder kurze Büschel auf die Unterlage, außen werden die längsten Partien aufgesteckt. Der Wulst darf in diesem Falle nicht zu dick sein, sonst hat man es schwer, den richtig proportionierten Kranzkörper mit gutem Deichprofil zu gestalten.

Natürlich kann auch alles liegend wirksame Grün eingesetzt werden wie *Ábies-, Chamaecýparis-, Juníperus-* und *Pícea-*Arten und viele Blattarten. Hier darf der Wulst dicker sein, weil die flachschuppig angedrahteten Grünteile nicht so dick auftragen, andererseits aber fest auf dem Wulst aufliegen sollen.

Der Schmuck dieses Kranzes wird in eine besonders aufgebrachte Steckbasis gearbeitet (Steckmasse mit Sphagnummoos umwickelt oder mit Maschendraht überspannt und festgesteckt, oder man nimmt den Kunststoff-Gitterhalter „Coronette"). Wir unterscheiden je nach Größe und Form des Kranzschmucks den Schmuckakzent, den Schmuck in Straußform, den dekorativen Schmuck und den gruppierten Schmuck (s. Seite 199).

Der „vegetative" Kranz (Typ IV). Soweit Formbinderei überhaupt „vegetativ" sein kann, ist bei diesem Kranz die wuchshafte Wirkung der Gestaltungsmittel so weit wie möglich berücksichtigt. Der Kranzkörper hat eine Unterform, die die Wirkung der Symbolform garantiert. Aus ihr heraus „wachsen" auflockernde Blütenstaffelungen, Zweigspitzen und Blätter. Innen wird die geschlossene Unterform des Kranzes recht wenig überragt; erst auf der Höhe des Kranzprofils und verstärkt nach außen werden die Staffelungen immer länger (Abb. 211). So entsteht zur Kranzöffnung hin die plastische, wirkungsvolle Ringform nach außen lockert sich die Kranzform in rhythmisch geordnete, rechtwinklig zum Kranzreifen gestellte, weit auslaufende Partien auf.

Das richtige Andrahten entscheidet hier noch mehr als beim Typ III über das Gelingen der Gestaltung. Die Endform muß trotz aller Auflockerung gleichmäßig gerundet wirken. So ist dieser Typ der Kranzgestaltung am schwersten auszuführen und wird deshalb auch als Beweis des binderischen und gestalterischen Könnens von Floristen bei der Meisterprüfung häufiger gezeigt.

Bevorzugte Materialien dieses Kranztyps sind Blumen wie folgende Kombination: Schneeball, Tausendschön- und Veilchensträuße als Unterformen, Maiglöckchen, Tausendschönblüten und gefüllte rosa Tulpen für die Staffelungen, dazwischen blaugrüner Chamaecýparis zum Füllen und Auflockern. Eine andere Zusammenstellung ist: *Agératum* und rote Polyantharosen als Unterformen, weiße *Campánula persicifólia,* rote Polyantharöschen, Knospen und Schleierkraut (*Gypsóphila*) als Überformen, dazu Rosen- und *Alchemílla-*Blätter. Im Herbst sind fol-

Abb. 211. Der vegetative Kranz

gende Zusammenstellungen möglich: Gelbe Pompondahlien, braune kleinblumige Freilandchrysanthemen und goldspitziges *Chamaecýparis*-Grün als Unterformen und zugleich in Staffelungen angedrahtet, dazu Tuffs aus Hagebutten und Vogelbeeren; oder: Heidekraut und Preiselbeerlaub (*Vaccínium vítis-idáea*) mit Kiefernbüscheln, dazu Baumpilze und Tuffs aus Kiefernzapfen als Unterformen. Formale Kontraste, farblicher Zusammenklang und wesensmäßige Zusammengehörigkeit der Teile durch Beachtung jahreszeitlicher oder landschaftlicher Gemeinsamkeiten machen den Kranz harmonisch, einmalig und ausdrucksstark.

Der Kranzschmuck. All diese Kränze des Typs IV vertragen keinen aufwendigen Schmuck. Man kann höchstens aus der Not eine Tugend machen und dort, wo der Kranz etwas stärker geworden ist, ein passendes Band herumschlingen. Die scheinbare Schleifenbindung (in Wirklichkeit werden jedes Band und jede Schleife einzeln gesteckt) liegt außen am Kranz und kann mit Klettertrieben, längeren Blütenstaffelungen oder Zweigen betont werden. Die Bandenden laufen senkrecht vom Kranz weg. Die Schleifenbindung weist beim liegenden Kranz auf den Beschauer hin (Abb. 211 links).

Der gebundene Kranz. Den Kranzkörper mit einem gefälligen Deichprofil kann man auch auf einen Bügel binden. Die herkömmlichen Fichten- oder Tannen-„Unterlagen" sollten eigentlich so gestaltet sein. Es kostet nicht mehr Zeit und Material, innen die Fichtensträußchen mit der Unterseite gegen den Bügel, oben die Fichtenspitzen schräg stehend und außen abstehend und mit der Unterseite zum Boden gerichtet, anzulegen. Wird dann noch immer einmal ein straffes Fichtenstück von unten flach gegen die Bindewulst gelegt, erhält man den gut geformten und nach hinten sauber abgedeckten Fichtenkranz. Er ist auch keine „Unterlage" mehr, denn er hat bereits die Endform des Kranzkörpers. Werden noch Blüten oder Mahonienspitzen zwischen das Fichten- oder Tannengrün gesteckt, ist dies lediglich eine Bereicherung. Als „Unterlage" kann man den Kunststoff- oder Strohreifen und den Wulst für die Kranztypen III und IV bezeichnen.

Der gut angepaßte Kranzschmuck.

Der schlichte, runde Kranz aus einer Materialart ist an und für sich die passendste Ausführung der Symbolform. Nur geben wir uns damit selten zufrieden. Der Kranz muß noch seinen Schmuck haben; dieser besteht bei Trauerfeiern meist aus Blumen und ist etwas üppiger als bei Kränzen zum Totenfest aus winterharten, pflanzlichen Materialien.

Die gewählten Schmuckmittel sollen den Kranz betonen und bereichern, aber nicht überdecken oder übertrumpfen. Der Schmuck ist nicht Selbstzweck, sondern er spielt nur die zweite Rolle. Damit sich der Schmuck der Kranzform unterordnet und mit dem Kranzkörper eine gute Verbindung eingeht, beachten wir Folgendes:

1. *Größe des Kranzschmucks.* Der Schmuck soll im wesentlichen nicht mehr als $1/3$ der Kranzrundung überspielen. Leichte Formen wie Knospen, Gräser, Zweige usw. dürfen auch einmal etwas weiter auslaufen (Abb. 212).
2. *Höhe des Kranzschmucks.* Die am höchsten aufragende Blume soll nicht länger sein, als der Kranzwulst dick ist. Zu hoch gestaffelte Blüten lösen sich optisch von der Kranzform. Dann wirkt der Kranz wie die Basis eines Steckarrangements. Damit wäre er der Diener des Schmucks; es soll aber umgekehrt sein.
3. *Dichte des Kranzschmucks.* Selbst bei der größten Blütenfülle muß der Umriß des Kranzes zu

Abb. 212. Eine der beiden Kranzschmuckgestaltungen deckt zu viel vom Kranzkörper zu!

verfolgen sein; das bedeutet, daß zwischen den Blütenstaffelungen immer wieder ein Teil der Außenlinie des Kranzumfangs freibleiben muß. Bei unserer heutigen Methode des Staffelns der Blüten ist dies leicht zu erreichen.

4. *Bewegungsverlauf des Kranzschmucks.* Die Materialien – seien es Blumen oder Zapfen und anderes – werden so arrangiert, daß sie alle einem gemeinsamen Bewegungsmittelpunkt zu entwachsen scheinen. Dieser „Wuchsmittelpunkt" liegt im Kranzkörper. Aus ihm heraus entwickeln sich die Schmuckmittel nach allen Seiten, über ihm steht senkrecht die am höchsten aufragende Staffelung. So verwächst der Kranzschmuck optisch gut mit dem Kranzkörper (Abb. 213).

5. *Der Kontakt zwischen Kranzschmuck und Kranz* wird verstärkt, wenn man große Blütenformen (große Dahlien oder Chrysanthemen) dicht an den Kranzkörper, nahe dem Mittelpunkt des Gesteckes anordnet und nur kleinere, leichtere Formen höher aufragen oder seitlich weiter ausschwingen läßt.

6. *Die Bewegungsachse des Kranzschmucks,* die vom Auge deutlich empfunden wird, soll nicht genau der Kreislinie des Kranzes folgen. Das sähe zu gezwungen aus. Sie soll aber auch nicht ganz starr gerade sein, das wäre zu eigenwillig. Ein leicht gebogener Verlauf läßt spüren, wie sich die neue Gestaltungseinheit des Schmucks der Kranzform anzupassen bemüht, also dem Kranz die Führungsrolle überläßt, ohne allerdings ihre Eigenart völlig aufzugeben (Abb. 214).

7. *„Körperlich" arbeiten.* Der Kranz hat durch die sich aufwölbende Deichform obere und untere Partien. Arbeitet man die Blumen des Kranzschmuckes nur obenauf und dann noch wie eine Scheibe aus, so nimmt der Kranzschmuck keine gute formale Beziehung zum Kranz auf. Diesen Fehler sieht man sehr oft. Der Kranz als körperhafte Form kommt viel besser zur Geltung, wenn auch Zweige und Blüten bis hinunter zum Boden reichen und großzügig ausgearbeitet sind; genau genommen wiederholt das Schmuckgesteck im

Abb. 213. Alle Bewegungen des Schmuckgesteckes sollen zu einer Mitte führen, die im Kranzkörper liegend empfunden wird

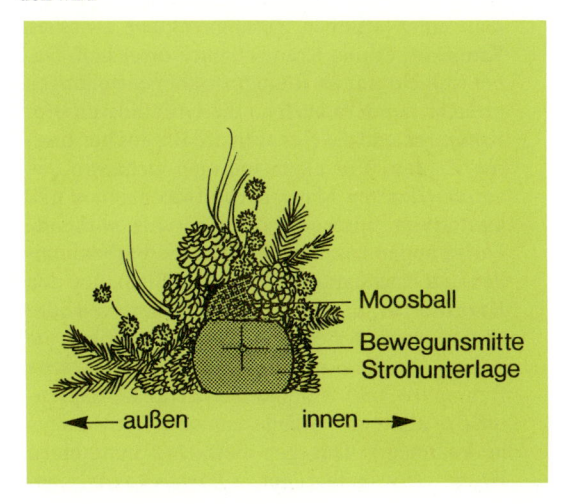

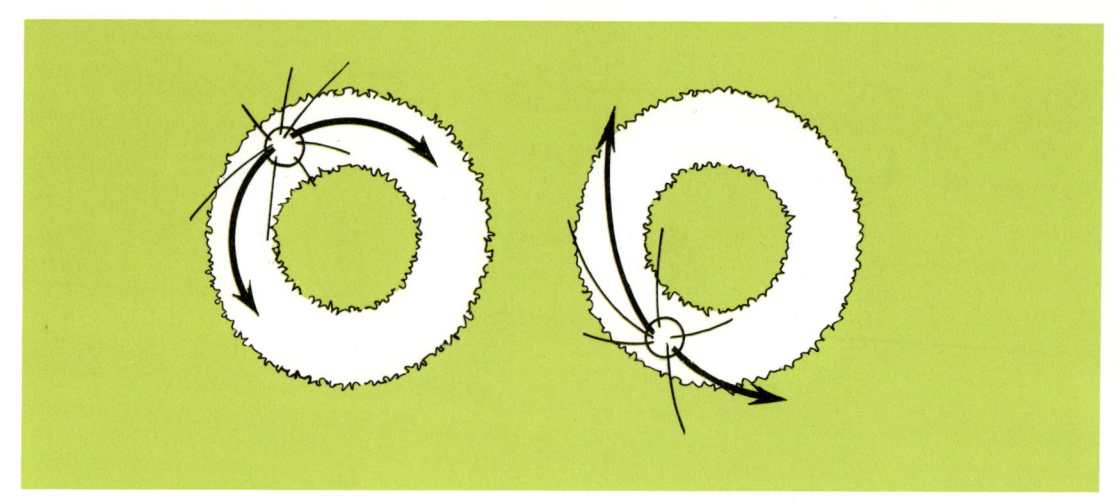

Schnitt die Deichform. Diese Gleichheit verbindet in besonderer Weise. Ein derartig geschmückter Kranz, vor allem ein Dauerkranz, wird so niedergelegt, daß der Kranzschmuck links vorn liegt, nicht hinten bzw. „oben", wie oft fälschlicherweise gesagt wird (Abb. 215).

8. *Kranzmaterial auch in den Kranzschmuck einarbeiten.* Ein wesentliches Mittel zur Verbindung zwischen Kranzkörper und Schmuckgesteck ist es, von dem Material, aus dem der Kranzkörper gearbeitet ist, etwas mit im Schmuck zu verwenden. Beim Islandmooskranz müssen auch Moostuffs in der Basis des Schmuckgestecks erscheinen. Tut man dies nicht, fehlt die materielle Verbindung und damit auch die strukturelle und farbliche Zusammengehörigkeit.

9. *Farbliche Abstimmung.* Die Auswahl und die Kombination der Farben sind zu beachten, will man einen schönen Zusammenklang zwischen Kranzkörper und Kranzschmuck erreichen. Dabei ist nicht nur an Blumenzusammenstellungen gedacht, sondern auch an die Grüntöne unserer Koniferen und die Nuancen des Brauns bei unseren Zapfen. Vor allem soll man nicht von den verschiedensten Materialien etwas nehmen und kunterbunt mischen, sondern ruhig wirkende Farbgruppen zusammenstellen wie Farbenfamilien und Nachbarfarben: z. B. aus Blautanne den Kranzkörper, darauf blaugrüne Echeverien oder rötlich gerändertes *Sempervívum*, violettrote *Erica*, weißgraues Islandmoos, ebensolche Baumpilze und graubraune Zypressenzapfentuffs – alles vom Bläulichen oder Weißgrauen herkommend. Dagegen betrachte man einen Kranz aus gelbgrüner *Chamaecýparis*, ge-

Abb. 214. Die Bewegungsachse des Kranzschmuckes soll gebogen, wie mitschwingend, aber nicht zum Kranz parallel verlaufen

Abb. 215. So sollte ein Kranz niedergelegt werden

schmückt mit braungelben Mohnköpfen, großen rotbraunen Seekiefer (*Pínus halepénsis*)-Zapfen, *Ílex*-Zweigen mit roten Beeren und Plattenmoos, eine Farbgruppe, die gelblich-rötlichen Einfluß zeigt. Das Kranzmaterial gibt für die Wahl der Farbgruppe den Ausschlag.

10. **Band verbindet.** So kann man Kranzbänder einfügen, um das Schmuckgesteck mit dem Kranzkörper optisch stärker zu verbinden. Band in unseren Blumen- oder Dauerkränzen wird glatt aufliegend oder als gedrehter Wulst (was noch schöner ist) so angebracht, daß sich aus der Bewegungsmitte der Garnierung drei verschieden lange Bänder entwickeln und wie um den Kranz geschlungen wirken. Richtung und Länge der Bandteile hängen von der Anordnung der anderen Schmuckmittel ab. Schlaufen oder schräggeschnittene Enden können mit eingearbeitet werden. Der ganze Blumenschmuck wirkt durch ein derartig eingefügtes Band wie aufgebunden. Der Zusammenschluß von Kranz und Schmuckgesteck ist noch betonter (Abb. 216).

Kranzschmuckgestaltungen

Wir unterscheiden je nach Größe und Form des Kranzschmucks den Schmuckakzent, den Schmuck in Straußform, den dekorativen Schmuck und den gruppierten Schmuck, außerdem die schmückende Flächengliederung und Bandschmuck.

Der Akzent-Schmuck ist für runde Blütenkränze mit starker Farbwirkung oder für Kränze mit interessanter Materialzusammenstellung gut geeignet. Er akzentuiert lediglich die Form durch ein paar Zweige oder Blättertuffs, durch Gerank mit einigen Blüten oder durch eine Schleifenbindung (Abb. 217). Beispiele: Kranz aus gelb-braunen *Tagétes* mit wenig abgeblühten Sonnenblumen und rotbraunlaubigen *Cotoneáster*-Zweigen, oder: rosa Sommerasternkranz mit rot-silbrigen Rexbegonienblättern und dunkelvioletten Ligusterbeertuffs; oder: weißlicher Staticekranz (*Limónium tatáricum*) mit moosgrünem Samtband.

Der Schmuck in Straußform wirkt wie aufgelegt; der Bewegungsmittelpunkt wird unter der gedachten Bindestelle gesehen. Über die gesteckten Blumenstiele fallen Blätter und wenig Blüten zurück (Abb. 217). An der scheinbaren Bindestelle ist ein Bandschmuck sinnvoll anzubringen. Für diesen Kranzschmuck eignen sich solche Blumen gut, deren Stiele für die Wirkung der Blüten wichtig sind wie Calla (*Zantedéschia*), Anthurien, Gladiolen, Lilien, Nelken, Rosen, Tulpen, Blütengehölze u. a. Lange Farnwedel oder kleinblättrige Gehölze mit ausschwingenden Zweigformen (*Lonicéra pileáta, Symphoricárpos × chenaúltii, Cotoneáster*-Arten) und lineare Schmuckformen (Ginsterzweige, Gräser und lange Fruchtstände) sind passende Zugaben für den Kranzschmuck in Straußform, natürlich kombiniert mit ergänzenden sammelnden Formen für die „Strauß"-Mitte.

Der dekorative Schmuck – symmetrisch bei großen, offiziellen Schleifenkränzen gearbeitet, asymmetrisch bei kleineren Kranzformen – entspricht dem, was häufig auch „Kopfgarnierung" genannt wird. Diese Benennung ist jedoch in doppelter Hinsicht unschön: Erstens hat der Kranz keinen Kopf, denn es ist eine Form ohne Anfang und Ende! Zweitens enthält

Abb. 216. Bandschmuck zwischen Blumen

Abb. 217. Akzentschmuck und Kranzschmuck in Straußform

das Wort „Garnierung" etwas vom Begriff „Verzierung". Wir wollen aber nicht oberflächlich verzieren, sondern den Kranzkörper inniger mit den Schmuckmitteln verbinden. Deshalb ist hier von Kranzschmuck gesprochen worden, weil mit diesem Wort auf ein Verschönern hingewiesen wird und damit auf eine bessere Zusammengehörigkeit der Teile. Natürlich wollen wir nicht spitzfindig sein; auch das Wort „Garnierung" ist nicht falsch, vor allem der dekorative Kranzschmuck ist leicht nur Garnierung – dann nämlich, wenn zu „draufgesetzt" gearbeitet ist. Die Bewegungsmitte, aus der sich alle Schmuckformen zu entfalten scheinen, muß jedoch im Kranzkörper liegend empfunden werden. Alle Pflanzenteile sollen sich so aus dieser „Wuchsmitte" heraus entwickeln, daß man ein gewisses Wuchsstreben spürt. Deshalb kann es auch vorkommen, daß dieser Kranzschmuck „vegetativ" genannt wird. Da er aber trotz aller Berücksichtigung der wuchshaften Bewegungstendenzen der Schmuckformen eine rein auf die Kranzform bezogene, dekorative Arbeit ist, sollte man ihn besser als „dekorativen" Kranzschmuck bezeichnen (Abb. 218).

Geeignete Blütenformen sind solche, die in sich bereits prunkhaften Charakter tragen wie Rosen, Nelken, Dahlien, Chrysanthemen, gefüllte Tulpen, Hyazinthen und Narzissen, Levkojen, Goldlack, Rittersporn und gefüllte Margeriten, Gladiolen, Hortensien und Päonien usw. Band ist in verschiedener Weise einzufügen, immer ausgehend vom Bewegungsmittelpunkt des Kranzschmucks. Die Bandfarben sollen zu den Blüten passen und in den Aktivwerten der Farbe gebrochen, also trüber sein, so daß sie stiller und sich unterordnend wirken. Geeignet sind: Brauntöne, Olivgrün oder ein mattes Blaugrün, Sandfarbe und Creme, Violett und Grau, erst zuletzt das Weiß, das allzu leicht kalkig und fremd wirkt, oder das Schwarz, das ebenfalls wenig Beziehung zu den Blütenfarben hat.

Der Schmuck in Gruppenunterteilung sieht neben einer größeren Hauptgruppe zwei Nebengruppen vor, die kleiner sind und in unterschiedlichen Abständen zur Hauptgruppe meist auf die nach außen abfallenden Partien des Kranzkörpers (nicht direkt auf dem höchsten Grat der Form aufsitzend) angebracht werden. Verbindende Elemente zwischen den Gruppen können Triebe von Kletter- oder Ampelpflanzen oder Zweige sein. Beispiele: Auf einem kostbaren Wassermooskranz wird eine Hauptgruppe aus *Cryptánthus*-Pflanzen und *Phalaenópsis*-Blütenständen gearbeitet, aus der Klettertriebe von *Fícus pumila* oder im Stofflichkeitskontrast Flechtenzweige zu zwei weiteren Gruppen von *Cryptánthus* überleiten. Auf einen Kiefernkranz können rustikale Zweige geordnet werden, in der Hauptgruppe mit Christrosen umwachsen, an den zwei Stellen, wo die Zweige den Kranzkörper noch einmal berühren, ebenfalls kleine Gruppen aus Christrosen. Dies ergibt einen sehr stimmungsvollen Kranz zum Niederlegen in der Weihnachtszeit. Der Kranz aus *Rhododéndron*-Blättern kann nicht schöner geschmückt werden als mit

Abb. 218. Symmetrischer und asymmetrischer, dekorativer Kranzschmuck
Abb. 219. Schmuckformen in Gruppenanordnung

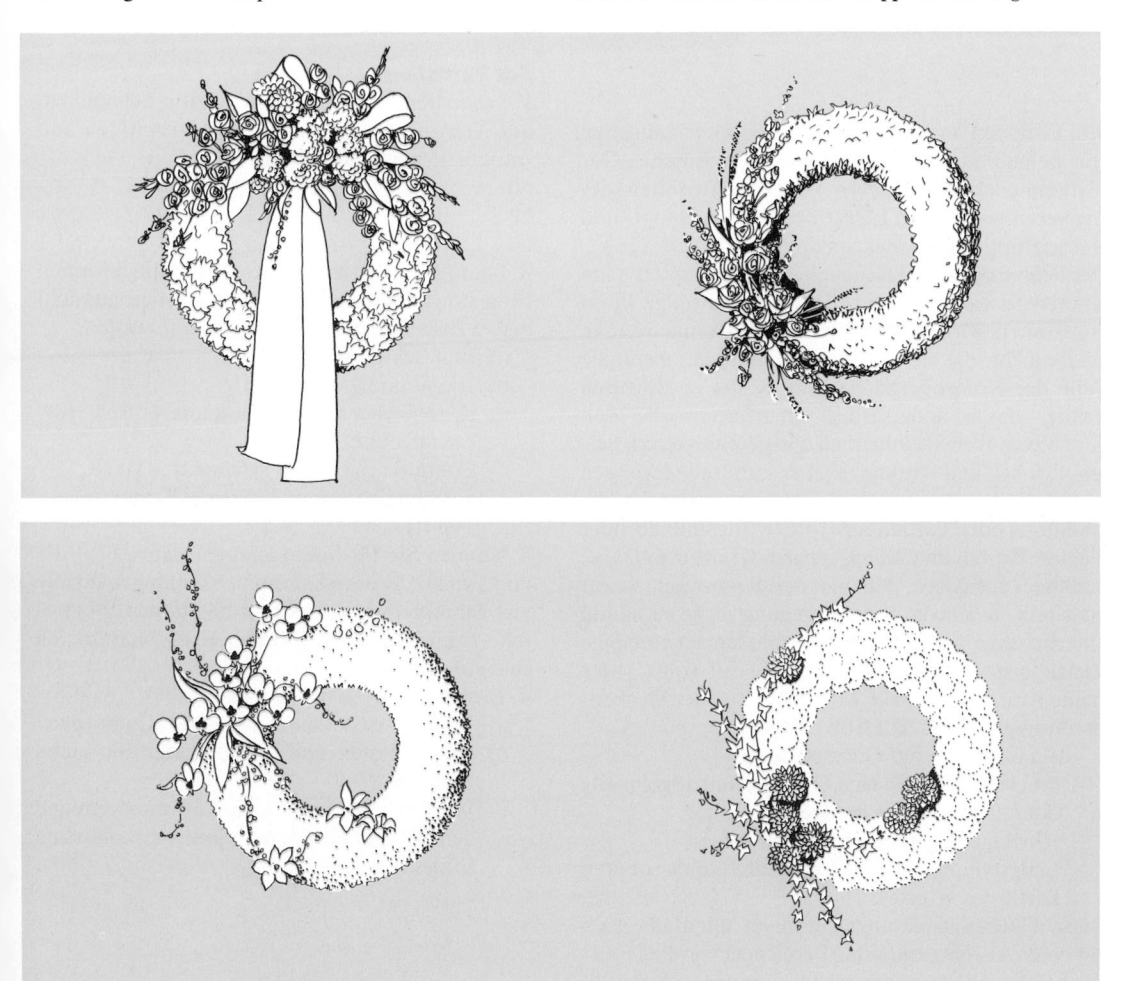

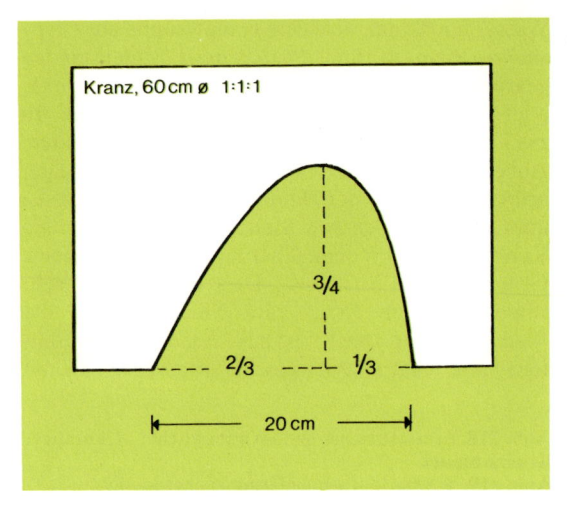

Abb. 220. Schablone für ein Kranzkörperprofil

(Kranz, 60 cm ø 1:1:1, 3/4, 2/3, 1/3, 20 cm)

drei Gruppen von *Rhododéndron*-Blüten, umgeben von belaubten Zweigen der gleichen Büsche. Der Plattenmooskranz dagegen wird mit Rosetten des *Sempervívum* und mit Efeutrieben, die in Haupt- und Nebengruppen geordnet sind, besteckt (Abb. 219).
Der Schmuck durch Flächengliederungen spielt beim Kranztyp I eine besondere Rolle. Die strenge Form des Römers wird gut durch ebenfalls strenge Motive geschmückt, die sich am besten einfügen, wenn sie Teile der Kranzoberfläche sind. So ist es stilistisch richtig, durch andersartige Oberflächenteile den Kranz zwar formal einheitlich und geschlossen zu halten, farblich und strukturell aber Untergliederungen zu schaffen, z. B. durch Blautannenstreifen im Islandmoos oder Partien aus rotem Buchenlaub oder kleinen Zapfen im *Chamaecýparis*-Kranz u. a. Dabei muß man aufpassen, daß man den Kranz nicht zu oft quer teilt, damit die Kreisbewegung nicht zu häufig unterbrochen wird. Außerdem müssen regelmäßige Vierteilungen vermieden werden, weil sonst jeder runde Kranz eckig wirkt. Möglichkeiten der Flächengliederungen sind z. B. (Abb. 209):
– ein relativ breiter Querstreifen;
– drei verschieden breite Querstreifen, regelmäßig oder unregelmäßig im Kreis verteilt;
– schwingend geführte Streifenmotive;
– Längsteilung durch einen Streifen in der oberen Partie des Wulstes.

Diese Flächengliederungen können allenfalls noch mit einer Akzentgarnierung bereichert werden.
Die Flächengliederung durch Streuungen (s. Seite 94) ist beim Kranz Typ II bis IV allgemein üblich, wenn mehrere Blumen- und Grünarten zur Bildung des Kranzkörperwulstes eingesetzt werden. Je interessanter und reicher gegliedert diese Streuungen wirken, um so weniger ist noch ein weiterer, aufgearbeiteter Kranzschmuck zulässig.
Bandschmuck ist schon im Zusammenhang mit anderen Schmuckarten dargestellt worden. Band kann überall dazugehören. Band bindet, umschlingt, verknüpft, und es kann als auflösende Form durch Schlaufen und Bandenden vom Kranzkörper wegstreben. So sind viele Bandschmuckmöglichkeiten gegeben (s. Abb. in diesem Kapitel). Doch immer soll bedacht werden, daß es funktionsgerecht, also dem Binden und Umschlingen gemäß, und materialgerecht, also der Eigenschaft des textilen Gestaltungsmittels gemäß, verarbeitet werden muß.

Zur Vertiefung
1. Schneiden Sie aus festem Karton Schablonen der Kranzprofile für folgende Kranzgrößen und -proportionen (Abb. 220 als Beispiel):
60 / 1 : 1 : 1   70 / 1 : 1   : 1   80 / 1 : 1   : 1
60 / 1 : 1,3 : 1   70 / 1 : 1,3 : 1   80 / 1 : 1,3 : 1
60 / 1 : 1,6 : 1   70 / 1 : 1,6 : 1   80 / 1 : 1,6 : 1
2. Für folgende Kränze sollen die Schmuckformen für je drei Schmuckgestaltungen (Dauerschmuck) in den Zusammenstellungen genannt werden:
   a) Blaufichtenrömer,
   b) Islandmooskranz Typ II,
   c) Kirschlorbeerkranz, präpariert und rotbraun gefärbt, Typ II,
   d) Föhrenkranz *(Pínus sylvéstris)*, Typ III,
   e) goldspitziger *Chamaecýparis*-Kranz, Typ III.
3. Nennen Sie für bunte Blumenkränze (Typ III und Typ IV) Materialzusammenstellungen für alle vier Jahreszeiten je drei Kombinationen. Botanische Namen und die gewählten Farbharmonien sind aufzuführen.
4. Beantworten Sie die Fragen:
   a) Wie unterscheiden sich die vier Kranztypen?
   b) Wann haften und wann binden Sie einen „Römer"?
   c) Wodurch verbindet man die Kranzform und den Kranzschmuck zu einer harmonischen Einheit?

5.4 Weitere Formgebinde für den Grabschmuck

Kreuze

Das Kreuz ist ein christliches Symbol. Trotz Verknüpfung der Form mit den Leiden Christi ist es ein Zeichen des Trostes und der Hoffnung, denn es weist auf Vollendung, Erfüllung und Erhörung hin. Zugleich ist das Kreuz Symbol für Glauben, für die Allgegenwart Christi und Zeichen des Segens.
Bei uns ist heute die Form des römischen bzw. lateinischen Kreuzes üblich. Es ist durch eine bestimmte Proportion gekennzeichnet: Vom Kreuzungspunkt aus verlaufen die vier Arme rechtwinklig, die zwei seitlichen und der nach oben gerichtete sind gleichlang, der vierte nach unten gerichtete ist von doppelter Armlänge. So hat also der Querbalken $2/3$ der Länge vom Längsbalken (Abb. 221). Nach der Ausarbeitung soll die Breite der Arme gleich sein und höchstens die Hälfte der kurzen Längen betragen. (Die Maße rechnen jeweils ab Mittelpunkt der Kreuzung.) Der Querschnitt der Kreuzarme ist $1/2 - 3/4$ rund. Die technische Grundform des Kreuzes wird meist fertig gekauft und ist aus Stroh oder Kunststoff. Wer sie selbst herstellt, beachte zweierlei:

1. Die Form muß stabil und genau sein. Deshalb wird besser ein Lattenkreuz als Einlage für die Unterlage gezimmert. Dieses wird mit Moos oder Stroh, Holzwolle oder Fichtenreisig umwickelt.
2. Bei der Herstellung der Unterlage muß bedacht werden, daß das eigentliche Gestaltungsmaterial aufträgt. Damit also die Kreuzarme nicht unschön dick werden, muß die Grundform entsprechend dünn proportioniert sein.

Alle Materialien, aus denen sich Kranzkörper fertigen lassen, eignen sich auch für die Gestaltung der Kreuzform; sie werden aufgebunden oder geheftet. Damit wäre das Kreuz eigentlich fertig, denn jeder weitere Schmuck kann leicht zuviel sein. Die schlichte Form ist die wirkungsvollste Gestaltung des symbolischen Zeichens, jeder weitere Schmuck ist eine Äußerlichkeit. Der Ernst und die gedankliche Tiefe, die in der Kreuzform liegen, können damit nicht gesteigert werden. Doch da der Kunde einen Schmuck der Kreuzform erwartet, werden zwei Gestaltungsmöglichkeiten dargestellt.

Schmuckformen. Zunächst wird hier empfohlen, den Schmuck nicht auf dem Kreuzungspunkt der Balken flach auf der Kreuzform liegend anzubringen, sondern am Ende des unteren langen Armes (Abb. 222). So bleibt das Kreuz schlicht und unbeeinflußt in seiner Formwirkung. Es scheint dem gleichen Punkt zu entwachsen, aus dem die locker aufstrebenden und

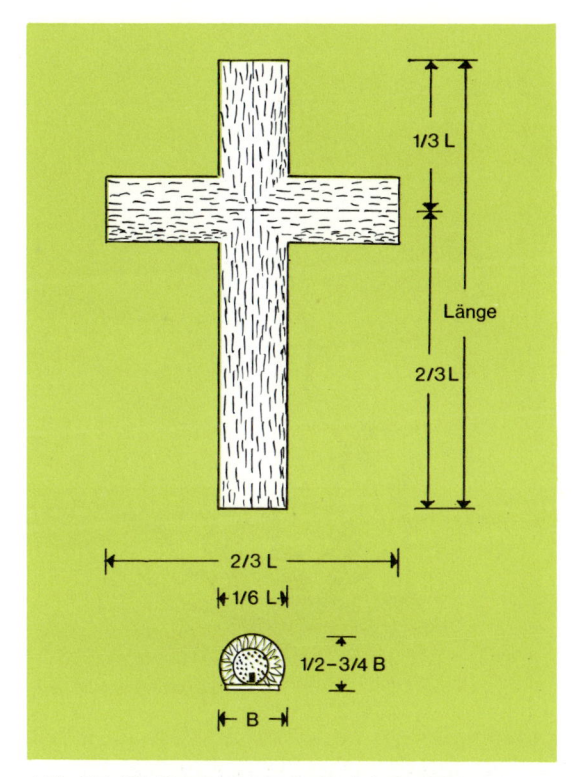

Abb. 221. Die Proportionen des lateinischen Kreuzes

ausschwingenden Schmuckmittel hervorgehen. Diese wiederum sollen nicht auf dem Kreuz liegen, sondern der Kreuzform ausweichen, sie lediglich begleiten und umwachsen. Die technische Basis aus Sphagnummoos, in welche die Schmuckmittel gesteckt werden, darf nicht groß sein. Die Größe des unteren Armes darf durch den Schmuck nicht verändert werden. Locker gegliederte Anordnung der Staffelungen und eine gute optische Verfestigung des Wuchsmittelpunkts durch runde Schmuckformen nahe der Basis sind wichtig. Bei dieser Anordnung der Schmuckformen ist zu beachten, daß beim Fertigen des Kreuzes die Blätter oder Koniferenspitzen so auf die Grundform aufgebracht werden, daß die drei kurzen Arme von ihren Enden an belegt werden, der lange Arm aber vom Kreuzungspunkt nach unten behaftet wird. Unter dem Wuchspunkt der Schmuckgestaltung liegt auch der Schluß der Formausarbeitung.
Entschließt man sich jedoch, das Kreuz auf dem Kreuzungspunkt zu schmücken, arbeitet man die Koniferen oder Blätter von den Enden aller Balken ausgehend zum Kreuzungspunkt hin. Außerdem muß

Abb. 222. Bei dieser Anordnung der Schmuckformen kann man großzügig sein, ohne die Kreuzform zu zerstören. Stilistisch ist dies eine formal-lineare Gestaltung.

Abb. 223. Auch wenn man mehr dekorativ gestaltet, darf die Kreuzform nicht zugedeckt werden; die formbestimmenden Linien müssen erkennbar bleiben

man sehr zurückhaltend mit den Schmuckmitteln sein. „Zu viel" und „zu groß" führen hier zur Unstimmigkeit. Man sollte sogar der Mengenwirkung durch die Schmuckmittel dadurch sorglich entgegenarbeiten, daß man die Kreuzarme nahe dem Kreuzungspunkt schmaler gestaltet als an den Enden. Werden auf dem Kreuzungspunkt Schmuckmittel aufgearbeitet, empfindet das Auge die Kreuzform wieder als gleichmäßig durchgebildet; der Schmuck verschmilzt mengenmäßig mit der Form. Daß flächige oder plastische volle Schmuckformen dicht an den Körper des Kreuzes aufgearbeitet werden, zierliche Formen wie Gräser oder Zweige u. a. so verlaufen, daß sie die Kreuzarme begleiten, muß wohl nicht weiter ausgeführt werden (Abb. 223).

Herzen und Kissen

Speziell zum Totengedenken werden noch vielfach Herzen und Kissen gearbeitet. Andere Gebindeformen, wie der Anker als Sinnbild der Hoffnung, das zerbrochene Rad oder die abgebrochene Säule als Hinweis auf ein beendetes Leben, gehören vergangenen Epochen an. Daß sich Herzen und Kissen – Symbole für Liebe und Ruhe – bis heute als Gebindeform erhalten haben, mag daran liegen, daß vor allem ältere Menschen ihren Gewohnheiten treu geblieben sind und daß die oft recht kleinen Formen relativ preiswert angeboten werden. Wer aber mehr an die schöne Gestaltung der Grabstätte denkt, greift heute lieber zu frei gestalteten Gestecken als zu diesen romantisierenden Formen. Dennoch sollen sie hier nicht unerwähnt bleiben. Sie gehören zur Formbinderei, und auch sie sind nur sinnvoll durch die saubere, sorgfältige Ausarbeitung der Form. Dies geschieht, indem zunächst der äußere Rand der Form durch die auf die Kunststoffunterlage aufgehafteten Gestaltungsmittel (Islandmoos, Blaufichte u. a.) sauber ausgebildet wird. Nun wird die Form fertig zugesteckt, so daß man das Aufarbeiten des Deckmaterials dort beendet, wo die Steckbasis für die Schmuckmittel aufgebracht werden wird.

Die Bewegungsmitte des Schmucks, also auch die

Moosbasis für die Schmuckmittel, wird nach rechts oder links und zugleich nach unten oder oben verschoben. So ergeben sich vier Punkte, von denen aus die Linien des Schmucks laufen können (Abb. 224). Dadurch bleibt immer ein größerer Teil der Form wirksam bzw. die Form des Gebindes wird interessant und nach dem Goldenen Schnitt (s. Seite 130) gegliedert.

Bei der Anbringung des Schmuckes im Zentrum der Gebindeform geschieht es all zu leicht, daß die Wirkung der Form verloren geht, weil das, was dominant sein sollte, nur wie ein Rand unter dem Schmuckgesteck erscheint.

Sollte ein solches Formgesteck nicht zum Niederlegen auf das winterliche Grab, sondern aus frischen Blumen für eine Beerdigung verlangt werden, kann man die Blüten (etwa Astern oder Tausendschön) einfach mit langen Dekorationsnadeln durch die Blütenköpfe aufstecken. Vergißmeinnicht lassen sich in Sträußchen zusammengenommen aufhaften; Polyantharöschen u. a. kann man mit kurzem Stiel an „Gabel" drahten. Etwas Sphagnummoos unter die Blüten gelegt und mit festgesteckt, dient der Frischhaltung der Blumen. Jeder weitere Blumenschmuck wird in ein aufgearbeitetes Sphagnummoosknäuel gesteckt. Immer muß man aber darauf achten, daß die Rückseite des Kissens frei von Nadelspitzen oder Drahtenden bleibt.

5.5 Urnenschmuck

Beim Schmücken einer Urne gilt es, den Schmuck so anzubringen, daß er nicht einfach aufgesetzt oder darüber gehängt wirkt und daß das Gefäß als geschmückte Form wirksam bleibt. Meist haben die Urnen keine Befestigungsmöglichkeiten wie Henkel oder Knäufe. Doch gibt es mehrere Möglichkeiten, sich technische Halterungen zur Anbringung von Blumenschmuck zu schaffen:

1. Ein starker Drahtring wird mit Kautschuk-Blumenbindeband (z. B. Guttacoll in zum Gefäß passender Farbe) oder mit Schleifenband umwickelt. Er wird über das Gefäß gelegt, so daß er in einer Rille der Form ruht. An ihm können Sträußchen oder zierliche Schmuckgebinde befestigt werden (Abb. 225).
2. Zwei bis drei Haken mit Gummi- oder Plastiksaugschälchen werden an der gewünschten Stelle fest gegen die Gefäßwand gedrückt, damit sie sich festsaugen. Nun können der Strauß oder das Schmuckgebinde daran gehängt werden. Es sollte immer mit abgewickeltem Draht gearbeitet werden, der geschmeidiger und griffiger ist. Der Strauß oder das Schmuckgebinde werden in der Art moderner Brautstraußtechnik gebunden, mit feuchter Watte angedrahtet, mit Kautschukband abgewickelt und dann zum Gebinde zusammengenommen.
3. Das leichte, corsagenartig gebundene Schmuckgebinde kann mit gut klebender Steckmasse (z. B. knety oder Oasis-fix) angekittet werden.
4. Die auf einen abgewickelten festen, aber gut biegbaren Draht gearbeitete Blütenrispe wird so um die Urne gelegt, daß sie sich selbst hält. Allenfalls

Abb. 224. Links: Mögliche Bewegungsmittelpunkte für den Schmuck. Rechts: Bewegungslinien und Proportionen eines aufgearbeiteten Schmuckes

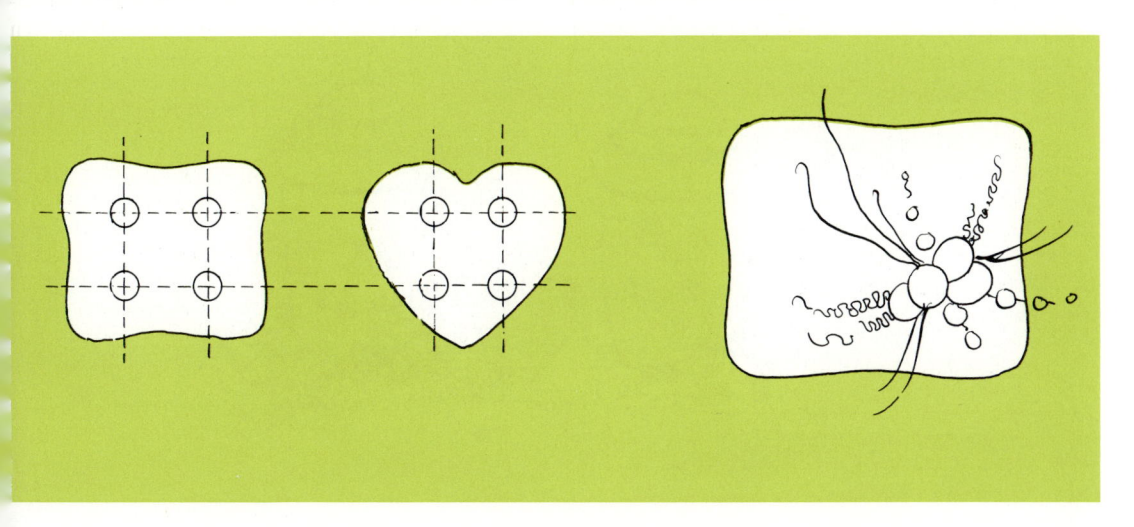

206

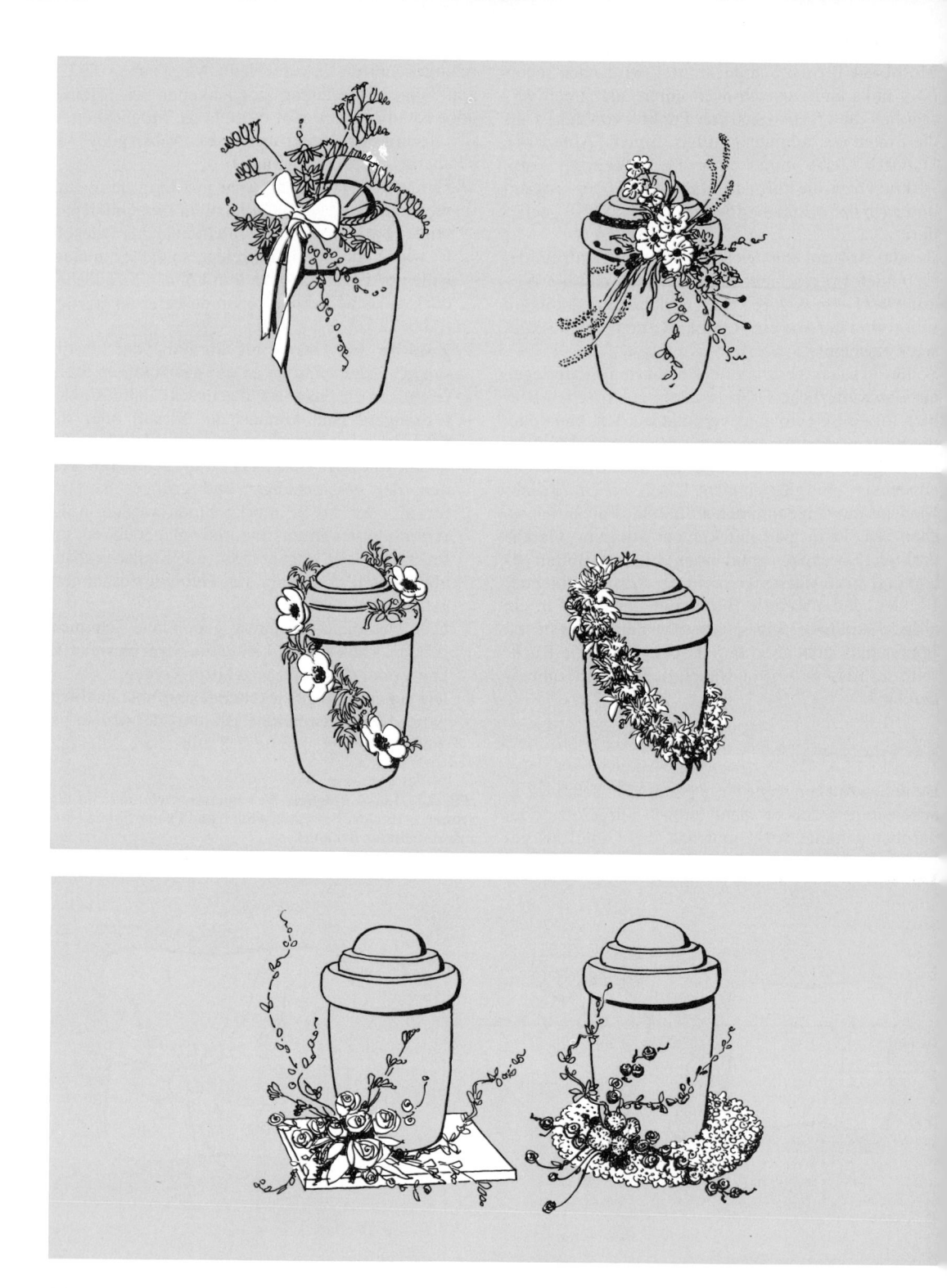

können Tesafilmstreifen Sicherheit geben. Die Blüten und Blätter werden einzeln mit feuchter Watte angedrahtet, gut mit Kautschukband oder Floristtape abgewickelt und in lockerer, rhythmischer Ordnung auf den Haltedraht aufgebunden (Abb. 226).
5. Die eleganteste Lösung ist die, nicht die Urne, sondern das Tragebrett mit dem Schmuck zu versehen, der in seiner Form und seinem Linienverlauf Beziehung zum dazu gestellten Gefäß aufnimmt und es so schmückend umgibt (Abb. 227). Dabei kann ein Gesteck allein oder auch ein Blütenkranz mit einem Schmuckgesteck darauf gearbeitet werden. Das Schmuckgesteck auf dem Kranz richtet sich in seiner Größe und seinen Ausdehnungen nach der in den Kranz gestellten Urne, nicht nach der Kranzform. Der Kranz selbst ist mehr eine geschlossene Girlande als ein Kranz, denn seine Proportionen sind anders als die beim Trauerkranz: er muß ziemlich flach und weit geöffnet sein.

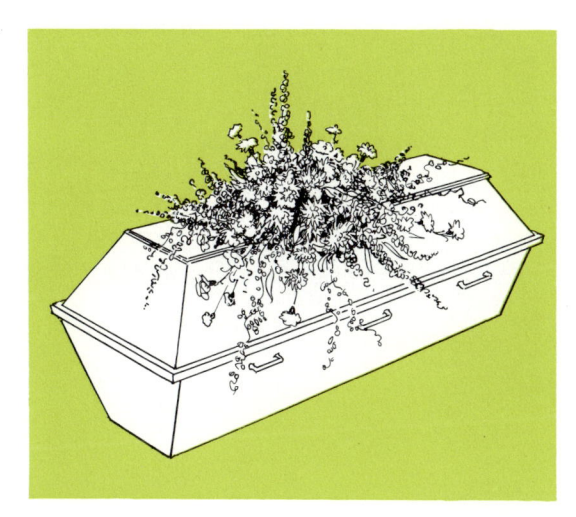

Abb. 228. Dekorativer Sargschmuck in Form eines „Mittelstückes"

5.6 Sargschmuck

Der Schmuck des Sarges mit Blumen und Grün ist heute allgemein üblich. Er gehört zu einer würdigen Aufbahrung, nicht selten wird er durch das Beerdigungsinstitut vermittelt. Doch gerade dadurch haben sich mancherorts Schmuckformen für den Sarg herausgebildet, die unverändert immer wiederholt werden. Damit der Florist aber nicht nur Ausführender, sondern auch Berater und Gestalter ist, sollen hier einige Empfehlungen für die Anordnung der Blumen auf dem Sarg gegeben werden.

Das dekorative Mittelstück
In eine ziegelsteingroße Basis aus Steckmasse werden Blüten und Zweige so angeordnet, daß sie locker nach allen Seiten ausschwingen. Die meisten Staffelungen begleiten die Formen des Sarges, sie hängen also oder sind waagerecht über den Deckel gerichtet (Abb. 228). Nur über dem Wuchsmittelpunkt ragt eine Staffelung senkrecht auf, wenige Staffelungen übernehmen den Übergang von der Senkrechten zur Waagerechten. Große Blütenformen nahe der Basis angeordnet, schaffen eine gute Verbindung zwischen der Masse des Sarges und den lockeren Formen der Blüten, Zweige und Staffelungen.

Die Steckbasis kann aus einem Steckschwammziegel im Kunststoffgitter bestehen, aus einem Stück Steckmasse mit Sphagnummoos umwickelt und auf einem Brett befestigt oder aus einem Brett mit Nägeln, auf die der Steckmasseziegel einfach aufgesteckt wird (je nach benötigter Festigkeit). Bretter oder Kunststoffgitter werden mit vier Wickeldrahtstücken versehen, so daß sie an den Deckelschrauben des Sarges festgebunden werden können. Aufschrauben oder gar Aufnageln ist weniger zu empfehlen, weil häufig der Sargschmuck nicht auf dem Sarg verbleibt (Feuerbestattung). In allem muß man die örtlichen Verhältnisse berücksichtigen, sie entscheiden über Befestigungsart und anderes mehr.

Sargschmuck in zwei Teilen
Kann der Sargschmuck üppiger sein und wird bei der Aufbahrung vornehmlich auf die Fußseite des Sarges gesehen, kann man die soeben beschriebene Gestaltung durch ein zweites Gesteck ergänzen. Das Hauptstück wird zunächst etwas zur Kopfseite hin verschoben, am Fußende wird eine weitere Steckbasis angebracht. Ein halber Steckziegel genügt. Hier werden vornehmlich lang herabfließende Formen oder Blütenstaffelungen eingearbeitet. Bei Verwendung relativ kurzstieliger Blumen werden die Blütenpartien, die herabhängen sollen, getrennt gebunden und in der

Abb. 225. Urnenschmuck, mit Hilfe eines abgewickelten Drahtringes befestigt
Abb. 226. Eine Blütengirlande, auf einen festen Draht gearbeitet, hält sich leicht an jeder Form, wenn sie so herumgeschlungen wird. Notfalls hilft etwas Klebestreifen bei der Befestigung
Abb. 227. Der Schmuck wird neben der Urne auf dem Tragebrett gearbeitet.

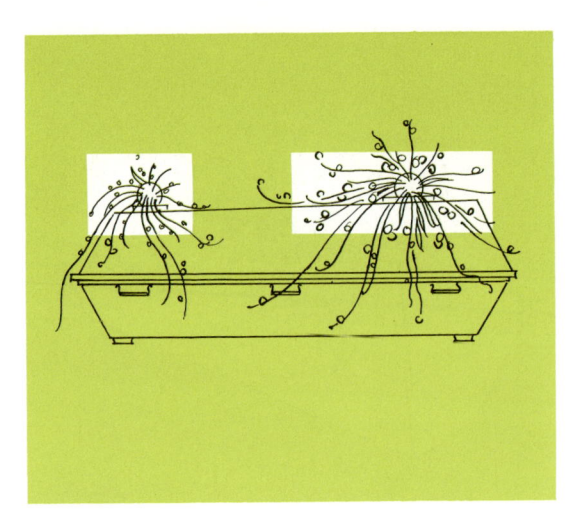

Abb. 229. Anordnungsschema eines Sargschmuckes in zwei Gruppen

Steckbasis befestigt. Nach oben werden nur flach gehaltene Schmuckformen gesteckt (Abb. 229). Beide Gestecke wirken von der Längsachse her gesehen wie eins. Dennoch müssen sie nicht die gleiche Blumenkombination zeigen. Die Rangordnung der beiden Gestecke muß nicht nur durch Größe und Höhenausdehnung, sie kann auch durch die Farbverteilung herausgestellt werden.

Die Sargdecke
Soll der Schmuck des Sarges und des Fußendes zu einem Ganzen verknüpft und kann der Sargschmuck entsprechend üppig ausgearbeitet werden, gestaltet man ein großes Gesteck, das den ganzen Sarg überspannt. Bei aller Üppigkeit muß aber die Form des Sarges maßgebend für die Ausdehnungen der Blüten sein. Vor allem die herabfließenden Formen sind wichtig, die Höhenausdehnung sollte äußerst zurückhaltend behandelt werden. Als technische Basis wird ein langes Brett genommen, das entweder mit einer Sphagnummooswulst bewickelt oder mit Steckmasse bestückt wird. Die Steckmasse kann einfach auf eingeschlagene Nägel gesteckt werden, besser ist aber, sie mit Maschendraht, Kunststoffnetz oder Spagnummoos und Wickeldraht gut auf der Latte zu befestigen. Bei dieser langen Steckbasis ist es besonders wichtig, auf einen gemeinsamen Bewegungsmittelpunkt aller gesteckten Teile zu achten (Abb. 230). Ansonsten gelten alle Regeln, die unter den Gestaltungsgesetzen beim dekorativen Arrangement im Gefäß genannt sind.

Kombination von Formbinderei und dekorativen Stücken
Girlanden und dekorative Teile. Auf Bindfaden werden zwei halbrunde Girlanden aus Blüten und Blättern oder aus feinem Grün gebunden (z. B. aus *Alchemílla*-Blütenständen, Buchsbaumzweigen, goldspitziger *Chamaecýparis* u. a.). Diese werden quer über den Sarg gelegt und reichen jeweils bis zum Boden bzw. liegen mit dem Ende auf dem Podest. Nun werden drei Steckbasen angebracht, eine neben der hinteren Girlande oben auf dem Sargdeckel, zwei am Boden vor den Enden der vorderen Girlande. Nicht zu große Schmuckgestecke ergänzen den Girlandenschmuck (Abb. 231). Diese Gestaltung ist vor allem dort vorteilhaft, wo der Sarg auf einem hohen Katafalk steht.

Geschlossene Decke mit dekorativem Mittelstück.
Die schon beschriebene Basis aus der sarglangen Latte mit Steckmasse wird von den Enden bis zur Mitte hin zunächst dicht mit Grün oder mit Blüten besteckt, so daß ein geschlossener, gut dem Sarg aufliegender breiter Wulst entsteht. Aus der Mitte hervor

Abb. 230. Alle Bewegungslinien einer Sargdecke müssen scheinbar einem Mittelpunkt entspringen

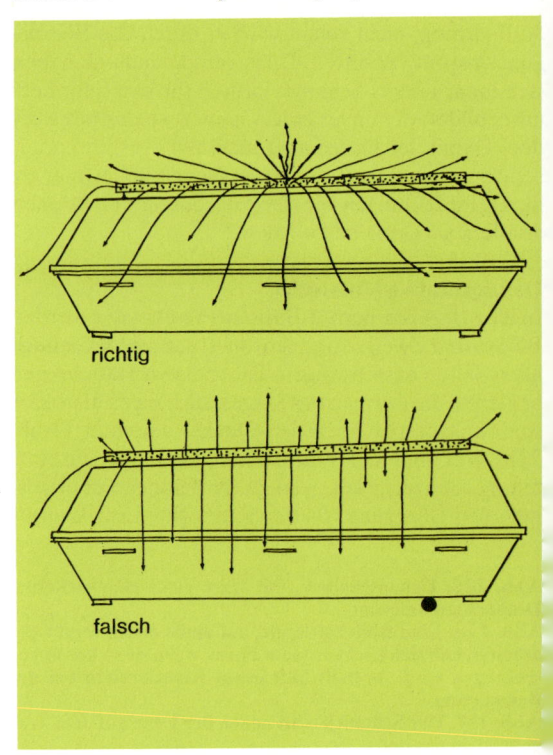

Abb. 231. (oben links) Diese Schmuckanordnung ist vor allem bei einer erhöhten Stellung des Sarges gut wirksam
Abb. 232. (oben rechts) Geschlossene Blütendecke mit dekorativem Mittelstück
Abb. 233. (Mitte rechts) Wo es üblich ist, Kerzen auf den Sarg zu stellen, bringt man den Blumenschmuck seitlich an
Abb. 234. (unten rechts) Die gesteckte oder genähte Decke aus Blüten oder Blättern

ordnen sich in lockeren Staffelungen langstielige Blumen oder Blütenpartien ein wie beim dekorativen Mittelstück (Abb. 232). In dem Mittelstück sollen auch Blüten oder Grün enthalten sein, aus denen die geschlossenen Formteile gearbeitet sind, ergänzt mit farblich und charakterlich passenden Blumen. Die ruhige Wirkung der Formteile zur locker arrangierten Mitte betonen Ernst und Feierlichkeit des Anlasses, weshalb diese Gestaltung sinnvoller ist als eine allzu üppige Blumendecke.

Kreuz und dekorative Gestecke. Wo der Sargdeckel für das geschnitzte Kreuz frei bleiben muß oder wo ein gebundenes Kreuz aufgelegt werden soll, muß man nicht auf dekorativen Blumenschmuck verzichten. Drei Steckbasen können Blumen aufnehmen, zwei sind auf dem breitesten Rand des Sarges angebracht (dort, wo der Deckel aufgeschraubt wird) und eine wird vor den Sarg an das Fußende gesetzt. So wird die würdige Ruhe des Kreuzes nicht gestört und doch die Strenge der Formen etwas gemildert (Abb. 233). Die Kombination von Blumenkreuz, Blumengirlanden und Blumengestecken führt weiter zu anderen zeitaufwendigen Schmuckausführungen.

Die auf Stoff gesteckte oder genähte Blütendecke
Diese Gestaltung wird wohl selten vorkommen, doch

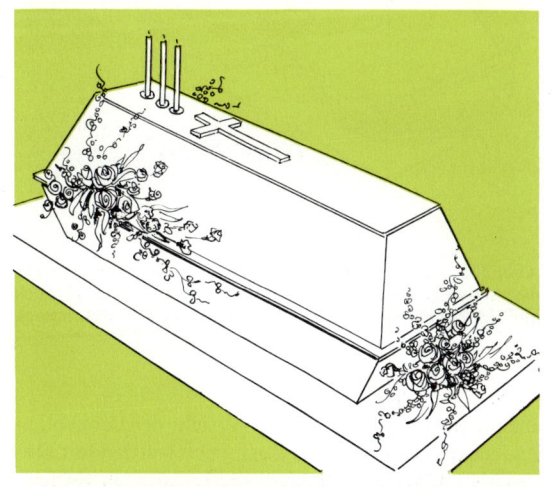

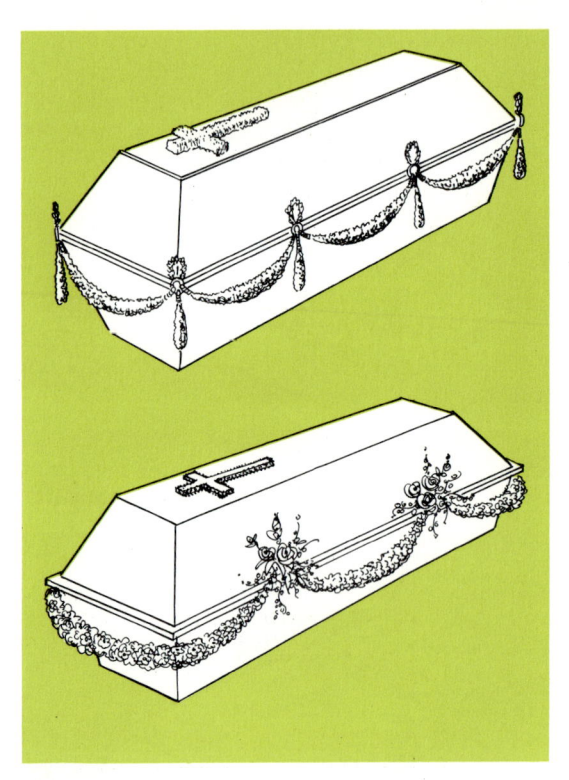

Abb. 235. Klassizistischer, d. h. nach den Schmuckmotiven des klassischen Altertums gestalteter Girlandenschmuck und ein schlichtes Kreuz sind ein sehr würdiger Sargschmuck

entspricht sie am meisten der Absicht des liebevollen Zudeckens. Auf starkes Jutegewebe werden mit Dekonadeln Blätter und Blüten (evtl. sogar nur Blütenblätter) schuppig aufgesteckt, oder man näht alles auf, so daß regelrecht ein „Blütentuch" entsteht, das über den Sarg gelegt wird (Abb. 234). Näht man erst auf die feste Jute ein Stück Samt und besteckt nun die Decke mit einer Blütenkante, so wirkt hauptsächlich der Stoff. Auf die schlicht gestaltete Decke wird ein Strauß gelegt, schräg und lang gebunden aus wenigen edlen Blumen.

Der klassizistische Girlandenschmuck

Für die Aufbahrung hoher Amtsträger ist eine ruhige, strenge Schmuckgestaltung anzuraten. Diese stille und geschlossene Wirkung kann von der Wahl der Blütenfarben und -formen sowie von der Art der Gestaltung des Blumenschmucks ausgehen, sie kann aber auch erreicht werden durch schlicht grüne Girlanden und Festons (Abb. 235). Auf den Sarg wird ein in passender Form gearbeitetes Kreuz aus Grün (Buchs) oder Blüten (Rosen oder Nelken) gelegt.

Die Bogengirlanden werden an den Schmuckschrauben angehängt. Sind nicht genügend Schrauben da, muß man selbst Halterungen einschrauben. Diese Halterungen müssen binderisch betont werden, andernfalls nehmen die Formgirlanden keine gute Beziehung zum Sarg auf. Ein schlichtes Grünbüschel aus dem Material der Girlanden erfüllt diese Aufgabe bereits gut (technische Hinweise s. Girlanden, Seite 211 f.).

Das Kreuz wird am besten auf eine selbstgefertigte Unterlage gearbeitet, die aus mehreren Maschendrahtlagen besteht, bedeckt mit einer Moosschicht und abgewickelt mit Kunststoff-Römerband. So erhält man die zum Sargdeckel passende Form und kann die seitlichen Balken etwas herabbiegen. Dadurch schmiegt sich die Kreuzform dem Sargdeckel gut an.

Zur Vertiefung

1. Nennen Sie Blumenarten, die sich für Blütengirlanden-, Strauß- oder Schmuckgebindegestaltungen als Urnenschmuck eignen (botanische und deutsche Namen).
2. Nennen Sie Blumen- und Grünkombinationen (botanische Namen und Farben), die einen würdigen dekorativen Sargschmuck ergeben.
3. Zur Trauerfeier für ein Kind soll ein Sargschmuck gearbeitet werden. Es sind zwei Beispiele der Materialwahl zu geben: Woraus sollen Girlanden angefertigt werden und woraus dekorative Gestecke?
4. Bitten Sie einen Bestatter um Größenangaben von Urnen und Särgen und machen Sie sich entsprechende Notizen oder Zeichnungen mit Maßangaben.
5. Stellen Sie Blumenarten für den Schmuck eines hellen Eichensarges zusammen, wobei Sie folgende Farbkontraste herausarbeiten:
   a) den Hell-Dunkel-Kontrast,
   b) den Komplementärkontrast,
   c) den Rein-Trübe-Kontrast.

6 Schmuckranken, Girlanden und Festons

6.1 Allgemeines

Das natürlich gewachsene Gerank des Efeus, des Weins oder der Feuerbohne z.B. sind Vorbild der gestalteten Schmuckranken und Girlanden.

Als „Ranken" bezeichnet man die lockeren, gegliederten Reihungen, in denen die Stengelabschnitte mitwirken, während Girlanden zur Formbinderei gehören; in ihr fügen sich Blüten und Blätter zu einer geschlossenen Wulstform zusammen. So ist die saubere und sorgfältige Ausführung der Form notwendige Voraussetzung für die Gestaltung guter Girlanden, gleichgültig, ob aus Grünmaterial, Blüten oder Früchten, ob gebunden oder gesteckt.

Das Wort „Girlande" ist vermutlich aus dem Französischen übernommen (Guirlande = Blumen- oder Laubgewinde). Auch „Festons" sind Gebinde aus Blumen, Blättern und Früchten, bezeichnen aber keulenartig sich verdickende Girlanden, die – ähnlich wie der Römerkranz – ihr Vorbild im Reliefschmuck antiker architektonischer Formen haben (Abb. 236).

sehr früh in der Menschheitsgeschichte ausgeführte Schmuckformen. Heute spielen die Schmuckranke und Girlande eine vergleichsweise geringe Rolle. Das liegt weniger am Bedarf oder dem geschmacklichen Urteil der Zeit, als vielmehr an dem benötigten Zeitaufwand für die Herstellung derartiger Formgebinde. Außerdem liefert die Papier- und Kunststoffindustrie den Ersatz zu einem Preis, für den der Florist seine Arbeit nicht verkaufen kann. Sollte aber einmal zu einem Winzerfest die Schmuckranke aus echtem Weinlaub gewünscht werden, zu einer Saalausschmückung die Blumengirlande als verbindender Bogen zwischen den dekorativen Blumengestecken auf der Bühnenkante bzw. der Emporenbrüstung oder zu einer Aufbahrung die schlichte Grüngirlande in klassischer Form, muß der Florist gestalterische und technische Kenntnisse in der Girlandenbinderei haben. Außerdem kann man viele moderne Schmuckgebinde in der Form der Girlande gestalten, z.B. die runde senkrecht hängende Blumenschnur aus Strohblumen zum Aufhängen als Raumschmuck oder in Verbindung mit Strohblumenkugeln zur Gestaltung von Mobiles. Die halbrunde Stabgirlande aus Tannengrün, Zapfentuffs und weihnachtlichen

Abb. 236. Formgirlanden, Festons und Kränze, können mannigfaltig kombiniert werden. Die hier dargestellten Formen sind Reliefschmuck der römischen Antike nachgebildet

Wahrscheinlich sind die Bezeichnungen „Girlande" und „Feston" bei uns üblich geworden, als mit der kulturellen Führungsposition Frankreichs in der Zeit des Absolutismus (Barock) und des Napoleonischen Empires (Klassizismus) französische Lebensart und Sprache in ganz Europa Einfluß hatten. Vorher nannte man diese Gebinde mit dem Ordnungsprinzip der Reihung Blumenschnur, Blumenstab, Gehänge, Wulst, Quaste und ähnlich.

Da die einfache Reihe das Ordnungsgefüge ist, welches am leichtesten zu gestalten ist, sind Schnur- oder Stabgebinde aus Blumen- oder Grünarten schon

Früchten wird zum senkrechten Aufhängen als adventlicher Schmuck während der Vorweihnachtszeit gearbeitet. Dazu kommen die verschiedenen Blumengirlanden, aus denen wirkungsvoller Tischschmuck gestaltet werden kann.

6.2 Arten und Techniken der Girlande

Blatt- und Blütenketten

Sie werden zum Schmuck von Bildern und Spiegeln, Türen und Portalen, Wänden und Gestühl oder gar zum persönlichen Schmuck verwendet. Die Blütenketten der Südseeinsulaner, die sogenannten Leis, sind weltweit bekannt, und sie dienen als Willkommensgruß und Glückwunsch. Man fädelt die Blüten einfach auf eine dünne Schnur (Abb. 237). Auch Ilexblätter kann man derart zu rundwulstigen Girlanden zusammenfügen, die ein schöner Schmuck für das weihnachtliche Zimmer oder das Kirchengestühl sind. Ansonsten werden Blattketten in volkstümlicher Weise über Schnüre gefaltet und mit Hölzchen zusammengesteckt oder sich überlappend zusammengelegt und mit dem festen Blattstiel verbunden (Abb. 237).

Volkstümliche Schnurgirlanden
Diese sind lediglich gespannte Schnüre, über die Zweigspitzen oder kleine Blumensträuße gehängt werden (Abb. 237). Sie sind heute noch, wo sich Brauchtum bewahrt hat, beliebter Haus- und Straßenschmuck für Prozessionen und Umzüge. Der Florist kann daraus Anregungen gewinnen, z. B. für eine Schaufensterdekoration zum Erntedank oder für den Raumschmuck zu einem Jagdessen u. a.

Geflochtene Girlanden
Die Methode, Blumen in feucht gemachtes Stroh einzuflechten, ist ebenfalls bäuerlichen Ursprungs. Mit diesen blumigen Strohzöpfen wurden früher die Räume zum Erntedankfest geschmückt. Heute kann sie uns Anregung sein für die Gestaltung von Wandschmuck aus Trockenmaterial: In einen Bastzopf können *Helichrýsum* oder Katzenpfötchen *(Antennária)*, blaues *Limónium* und gefärbtes Hasenschwanzgras *(Lagúrus)* zu einem lustigen Gehänge eingeflochten sein, passend in die bäuerlich gestaltete Wohnküche oder als Kontrast zu den modernen, schlichten Möbeln in der Stube (Abb. 238).

Abb. 237. Blatt- und Blütenketten sowie „Schnurgirlanden" volkstümlicher Art

Abb. 238. In Stroh oder Bast geflochtene Blüten sind bäuerlicher Wandschmuck

Die gebundene Girlande
Die gewählten Gestaltungsmittel (Koniferen oder Laubzweige, Blumen oder Blätter) werden auf Schnur, Kordel, Seilstücke, Draht oder Latten gebunden. Dabei sind drei Dinge zu beachten:
1. Die Stärke des Girlandenkerns muß der Länge und Dicke der Girlande sowie der Belastung entsprechen. Werden z. B. in der Vorweihnachtszeit Fichtengirlanden als Straßenschmuck gearbeitet, hat man mit einer zusätzlichen Belastung durch Regennässe oder Schnee zu rechnen.
2. Bei Verwendung dünnerer Schnüre oder Drähte müssen 5–10% der gewünschten Girlandenlänge zugegeben werden, weil dieser Kern der Girlande beim Binden etwas wellig zwischen dem aufgebundenen Material verläuft, auch wenn man noch so sehr auf Straffheit der Schnur achtet.
3. Eine weitere Zugabe der Kordel- oder Drahtlänge, die für Schlaufen am Anfang und Ende der Girlande gedacht ist, darf nicht vergessen werden, damit man die Girlande aufhängen kann.

Das Bindegrün wird mit Wickeldraht (oder Myrtendraht bei kleineren Gebinden) auf dem Kern befestigt, wobei die gewünschte Form der Girlande aus passenden, gleichlangen Zweigstücken gebildet wird. Im Inneren der Girlande soll aber immer ein längerer Zweig verlaufen, damit die Schnurgirlande zwar biegsam ist, aber nicht abknickt. Bei Stabgirlanden ist das regelmäßige Einlegen längerer Zweige natürlich nicht notwendig. Stäbe, Latten oder Leisten als Kern für Girlanden bevorzugt man dort, wo man die Girlande gradlinig anbringen will (Bühnenkante, mitten auf dem Tisch für einen Tischschmuck, eckig verlaufende Türumrahmungen u. a.).

Man arbeitet flache Girlanden zur Umrahmung von Bildern, Firmenschildern, Stühlen usw.; halbrunde Profile werden bei größeren Schmuckgirlanden gewählt, wenn Säulen oder Pfeiler, Fahnenstangen oder Wände bei Türumrahmungen, das Hochzeitsauto oder andere Objekte geschmückt werden sollen; dreiviertelrund wären liegende Stabgirlanden für den Tischschmuck oder die Bühnenkantedekoration zu arbeiten. Vollrund arbeitet man alle frei hängenden Girlanden, da sie von mehreren Seiten her zu sehen sind.

Die flachen, halb und dreiviertelrunden Girlanden auf der Schnur sehen auch von unten sauber aus, wenn man beim Binden Grünzweige von unten gegen die Wulst anlegt. Die Girlanden zum Legen können, will man die Auflage nicht beschädigen, mit einem Folienstreifen unterlegt werden. Beim vollrunden Profil muß die Schnur oder Latte ständig gedreht werden, damit das Grün gleichmäßig rings um den Girlandenkern gebunden werden kann. Das Ende wird durch einige Spitzen, die in entgegengesetzter Richtung angelegt werden, sauber und formschön gearbeitet.

Blumen fügt man in regelmäßiger Verteilung oder rhythmischer Gliederung mit dem Grün ein. Desgleichen sollten Blumengirlanden zusammen mit Laub gestaltet sein. Das Laub verhindert zudem, daß der Draht die Blütenstiele beim Binden durchschneidet, denn man muß fest anziehen. Angedrahtete Blüten lassen sich sicherer befestigen und besser in die richtige Stellung bringen, doch sollte man nur andrahten, wenn es nicht anders geht. Will man die Haltbarkeit von Blumen und Blättern verlängern, kann man etwas feuchtes Sphagnummoos zwischen die Blumenstiele legen und einbinden. Früchte, die nicht so leicht faulen und festes Fleisch haben, können angedrahtet oder auf Hölzchen gespießt werden und so zusammen mit Herbstlaub gebunden oder in Tufs nachträglich in die fertig gebundene Girlande gesteckt werden.

Die gesteckte Girlande

Die Technik des Steckens in eine Mooswulst empfiehlt sich dort, wo Blütensäulen, Blumenwülste und Blumenringe für Dekorationen gearbeitet werden. Alle genannten Formen sind Variationen der Girlande, denn sie werden nach dem gleichen Ordnungsprinzip der Reihung und in derselben Genauigkeit bezüglich Ausarbeitung der Form gestaltet wie die Girlande auch. Der Kern (Latte, Reifen oder Schnur) wird zunächst mit Sphagnummoos umwickelt oder man steckt Blöcke von Steckmasse auf den Stab und sichert mit Maschendraht oder Perlonnetz diese Unterform vor dem Zerbröckeln. In die Wulst werden die Blüten und Blätter oder Zweigspitzen gesteckt. Sind die Stiele zu schwach oder weich, um sich gut stecken zu lassen, können die Blumen einzeln oder in Büscheln an „Gabel" gedrahtet werden, doch werden sie so gesteckt, daß die Schnittflächen der Blumen in das feuchte Sphagnummoos oder die Steckmasse gelangen. Größe und Stabilität der Unterform hängen von den Anforderungen ab, die man an die Blumengirlande stellt.

Auch die quer über den Sarg gelegte Blumengirlande kann man stecken. Hier genügt ein entsprechend langes Stück Maschendraht von doppeltem Maß der gewünschten Breite, etwa 2–2,5 cm Maschenweite; das Sumpfmoos wird dazwischen gelegt, so daß ein breitflacher Wulst entsteht. Diese wird zunächst von einer Seite mit Folie abgedeckt oder flach mit Fichtenspit-

Abb. 239. Blumengirlanden kann man in eine Mooswulst stecken, die auf Schnur oder einen Stab gebunden ist, woraus sich wirkungsvolle Raumschmuckteile ergeben. Hier der Vorschlag für eine Tischdekoration

zen besteckt, damit die Unterseite der späteren Blumengirlande sauber gestaltet ist. Dann werden leicht gewölbt die Blüten in die Oberseite gesteckt. Zwei solcher Girlanden sind mit dekorativen Gestecken zu einem würdigen Sargschmuck zu kombinieren (Abb. 231).

Für die Blütengirlande als Tischschmuck kann man Steckmassestücke mit Sphagnummoos um ein Stück Kordel wickeln. Dieser Wulst wird symmetrisch über ein kübelartiges Gefäß gelegt, das ebenfalls mit Steckmasse gefüllt ist. Die auf dem Tisch aufliegenden Wulstenden werden von unten mit Plastikfolie umkleidet, indem die Folienstreifen etwa 2–3 cm hochgeschlagen und mit Haften in den Steckwülsten befestigt werden. Die Länge des Wulstes muß etwa das Vier- bis Fünffache der Höhe des Gefäßes betragen. Besteckt man sie mit schlichten Blütenformen und gestaltet man die über dem Gefäß liegende Partie etwas üppiger aus, erhält man einen wirkungsvollen Tischschmuck, der bei aller Fülle nicht protzig wirkt, sondern etwas Freundliches, Bescheidenes, Gemütliches in sich birgt (Abb. 239). In der Adventszeit kann man Tannenspitzen, *Ílex*- Zweigspitzen, Nüsse, kleine Zapfen, kleine Äpfel usw. verwenden und sogar Kerzen in den Wulst stecken – und fertig ist der schöne, adventliche Tischschmuck. Man sieht, Girlanden sind vielfältig zu variieren, und sie bereichern die Gestaltungsmöglichkeiten des Floristen ungemein.

Für die Blumensäule gipst man einen Stab in einen Blumentopf ein oder stopft ihn mit Holzwolle oder Moos in einer Beton-Kabelröhre fest (s. Saaldekorationen). Nun kann dieser zum Bestecken mit Blumen oder Schnittgrün durch Umwickeln mit Sumpfmoos oder Steckmasse und Maschendraht vorbereitet werden. Bei der Verwendung von Steckmasse muß bedacht werden, daß beim Bestecken Wasser herausgedrückt wird. Arbeitet man an einer solchen Säule als Teilstück einer Dekoration in einem Raum mit Holz- oder Teppichboden, muß man ein großes unbeschädigtes Stück Folie unter die Säule legen, damit alles Tropfwasser aufgefangen werden kann. Nach der Arbeit wischt man das Wasser auf und zieht das Folienstück mit Hilfe einiger Kollegen hervor, wenn die Säule nicht zu schwer ist. Sonst wischt man es gut ab und faltet es zusammen, damit es sauber und dicht um den Fuß der Säule geschlungen liegt.

Als Material eignen sich alle runden Blütenformen und Blüten von Gemeinschaftsblühern gut, außerdem Früchte mancherlei Art sowie Blätter und Zweigstücke. Die Blütenstäbe oder Blumensäulen sind allein oder in Verbindung mit dekorativen Gestecken bei Raumdekorationen wirkungsvoll einzusetzen (Abb. 355). Man kann sie streng und geschlossen in der Form oder auch etwas lockerer gestalten, so daß Gruppen von gestaffelten Partien die geschlossene Unterform überragen und umspielen. Man kann Bänder um sie schlingen oder sie ohne Gefäß als senkrechte oder waagerechte Formelemente in einer Bühnen- oder Schaufensterdekoration an Kordel oder Strick aufhängen und so interessante Raumgliederungen erreichen. Der Phantasie sind keine Grenzen gesetzt. Allenfalls sind es die Preisüberlegungen, die die Verwendung dieser Art von Formbinderei einschränken, da die gesteckten Stabgirlanden durch den relativ hohen Arbeitsaufwand die Dekoration verteuern, die Gestaltung aber auch reizvoll ergänzen.

Formgirlanden und Festons, gebunden oder geheftet auf einen Formkern

Die sich an den Enden verjüngende Bogengirlande und das keulenartige Gehänge werden aus Stroh, Holzwolle oder Stopfmoos vorgeformt. Um einen Draht oder eine Kordel wird das Stopfmaterial so aufgebunden, daß die halbrunde oder vollrunde Form in ihren breiten und schlanken Partien sorgfältig durchgebildet ist, nur die zu erwartende Verdickung durch das aufgearbeitete Material muß berücksichtigt sein, damit die fertige Form gut proportioniert ist. Zweige (Buchsbaum oder Tannenspitzen) können aufgebunden werden; Blätter (Kirschlorbeer oder präpariertes Buchenlaub, Lorbeer oder Eichenlaub u. a.) werden glatt und flach aufgelegt oder gefaltet aufgeheftet, Blüten und Früchte können mit Drahtösen oder Dekorationsnadeln flach aufgesteckt oder kurz an „Gabel" gedrahtet gesteckt werden. Arbeitet man eine Moosbasis, können Blüten mit festen Stielen auch unangedrahtet gesteckt werden, wenn man sie tief genug in das Moos drücken kann, so daß sie ausreichend Halt finden. Für flache Formgirlanden und Festons als reliefartiger Wandschmuck kann die Unterform aus 2–3 cm starken Oasis-sec- oder Styroporplatten geschnitten werden, auf die man die Grünzweige oder Blätter haftet oder gar aufklebt. Blüten werden bei Verwendung von Styropor mit langen Dekorationsnadeln stiellos und flach aufgesteckt; in Oasis-sec sind sie mit eigenen Stielen leicht zu stecken. Runde Blüten wie Astern, *Erígeron*, Pompon-Dahlien usw. eignen sich besonders gut zur Gestaltung solcher Formen.

Die Girlandenbogen werden von der unteren Mitte zu beiden Seiten hin besteckt, die Keulengehänge von unten nach oben. Der sich verjüngend gearbeitete Abschluß wird mit einer Kordelbindung, einem

Abb. 240. Abschlüsse der klassizistischen Formgirlande

Trichter aus Metallfolie bzw. farbiger Pappe oder bei stärkeren Girlanden mit bronzierten Blumentöpfen umkleidet. Die weiterlaufende Kordel aus dem Kern der Girlande oder eine am Ende der Girlande befestigte Kordel wird zum Aufhängen der Bogen und Quasten verwendet (Abb. 240).

Die Gestaltung solcher klassizistischen Girlanden ist nicht leicht, da die Form besonders genau und bei der Herstellung mehrerer Bogen und Quasten in exakter Wiederholung ausgeführt werden muß. Doch die rhythmische Anordnung eines solchen Girlandenschmuckes kann sehr wirkungsvoll sein.

6.3 Die Anbringung der Girlanden

Anbringungspunkte betonen: Der Platz, wo die Girlanden und Festons befestigt werden, hat eine Funktion zu erfüllen. Diese Funktion muß gestalterisch dargestellt werden. Ein Nagel, über den sich die Kordelschlingen legen, kann zwar kräftemäßig genügen, doch optisch ist er nicht wirksam genug. Besser ist es, aus dem Nagel einen kräftig wirkenden Knauf zu machen, indem man eine Holz- oder Plastikkugel auf den Nagel steckt. Die Kugel kann passend zur Kordel- oder Wandfarbe gestrichen sein. Für einen Früchtefeston auf einer aufgehängten Holzplatte als Blickfang für eine Schaufensterdekoration z. B. kann man sich Türknäufe oder Schubladengriffe kaufen und sie auf das Brett aufschrauben. So wird die Aufhängung sinnvoll betont und damit zweckgerecht gestaltet. Beim Sargschmuck oder bei der Anbringung von Festons auf einem geschmückten Korsowagen oder an einer Bühnenkante können die Befestigungsstellen durch dekorative Gestecke betont werden (Abb. 235).

Verwendung von Band: Werden Festons an vorhandenen baulichen Formen (Säulen, Geländerpfosten, Gittern usw.) angebunden, kann die Bindung mit einer wirkungsvollen Schleife betont werden. Der architektonische Schmuck der Römer zeigt solche Schleifenbindungen in vorbildlicher Weise; auch die Umschlingung der Festons mit Bändern wird häufig dargestellt. Folgen wir diesen klassischen Vorbildern, müssen wir die symmetrische Gestaltung der Bogen bedenken. Eine einfache Umschlingung wäre nicht richtig, erst die gekreuzte Bindung führt wieder zur Deckungsgleichheit der beiden Bogenhälften (Abb. 241).

Symmetrische Anbringung. Girlanden um Türen, Firmenschilder, Stuhllehnen usw. sollten der Symmetrie des geschmückten Objekts gemäß ebenfalls symmetrisch gestaltet sein. Wenn die Grünspitzen auf einer Seite nach oben weisen, müssen sie dies auch auf der anderen Seite tun. Man kann also die ganze Länge nicht durchgehend binden, sondern muß jeweils in der Mitte der Schnurlänge beginnen und zu den Enden hin arbeiten. Diese Mitte kann durch einen stärkeren Tuff Grünmaterial oder eine Schleifenbindung betont werden. Wird die Schleifenbindung nahe den Girlandenenden noch einmal wiederholt, erreicht man eine abgerundete, gefällige Wirkung. Werden Blumen in diese Türgirlande eingearbeitet, müssen auch ihre Anordnungen rechts und links optisch gleich sein.

Abb. 241. Auch der Bandschmuck paßt sich der Symmetrie der Formgirlande an

Girlandenwindungen. Werden Fahnenstangen oder Säulen umwunden, rechnet man im allgemeinen drei Girlandenbreiten Zwischenraum, damit die Windungen nicht zu dicht oder zu weit wirken. Die Stärke der Girlande muß natürlich der Dicke des geschmückten Objekts entsprechen, bei Fahnenstangen 8–12 cm, bei Säulen 10–15 cm, dicht und halbrund gebunden. Durch das Umwinden der senkrechten Stangen oder Säulen mit Girlanden gibt es Überlagerungen von Linien in verschiedenen Raumrichtungen. Dadurch kann es zu optischen Täuschungen kommen. Liegen die Windungen bei mehreren Säulen immer in der gleichen Richtung, scheinen die Säulen zur Seite zu kippen. Deshalb windet man paarweise gegenläufig, so daß die Windungen innen niedriger liegen als außen. Dadurch neigen sich die zwei Säulen scheinbar zueinander und eine gibt der anderen Halt. Legt man die Windungen anders herum, scheinen sie auseinander zu kippen, und das wirkt sehr unschön (Abb. 242).

Bogige Aufhängung. Werden Girlanden bogig aufgehängt, achte man darauf, daß der Schwung der Bogen

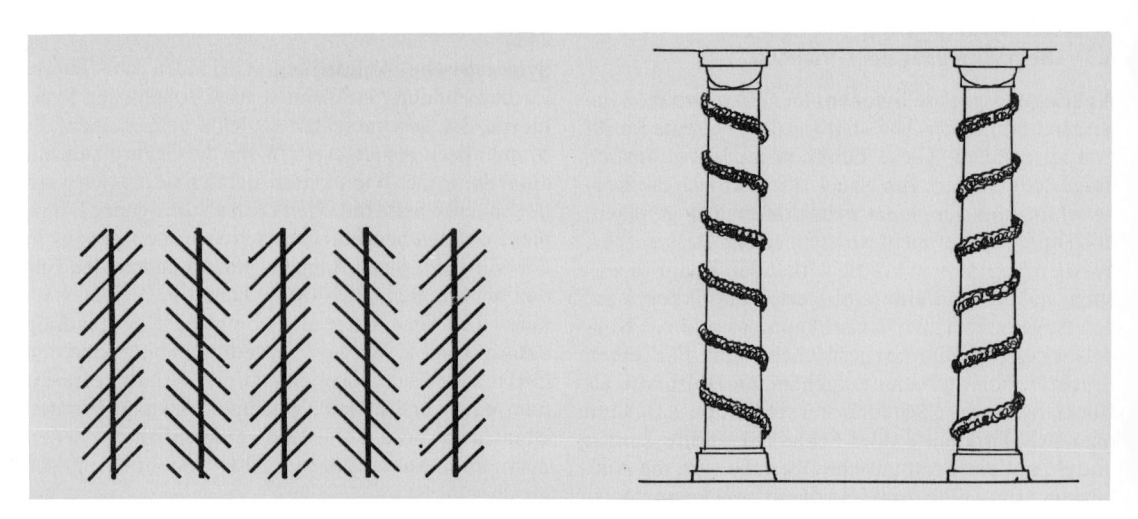

Abb. 242. Links: Absolut senkrechte Linien scheinen schräg zu stehen, wenn sie von Diagonalen mehrfach überkreuzt werden (Zöllnersche Figur). Rechts: Damit Säulen optisch nicht nach einer Seite umzukippen drohen, legt man Girlandenwindungen so, daß sich die Säulen gegeneinander zu neigen scheinen

nicht zu flach oder zu tief durchhängend ist. Einen schönen Bogenrhythmus erreicht man, wenn der Durchhang $1/4–1/3$ der Spannweite beträgt. Um die Länge der benötigten Girlande für den Bogen zu berechnen, addiert man Spannweite und das Maß des Durchhangs, was in etwa der Bogenlänge entspricht. Sollen Wandpartien unter Fenstern, Emporen und andere Bauteile mit Bogengirlanden geschmückt werden, sollten die Girlanden waagerecht verlaufende architektonische Gliederungen (Gesimse, unteren Abschluß der Emporenbrüstung usw.) nicht überschneiden. Schön ist es, wenn die Befestigungspunkte gestalterisch betont werden können (s. Anbringung der Festons).

Zur Vertiefung
1. Für die Dekoration im Altarraum einer Kirche sollen stehende Blumensäulen bzw. Stabgirlanden gearbeitet werden. Stellen Sie für folgende Anlässe die Gestaltungsmittel zusammen:
    a) Pfingstfest,
    b) Hochzeit im Juli (3 verschiedene Beispiele),
    c) Erntedank,
    d) Aufbahrung und Trauerfeier für einen hohen Würdenträger im Oktober.
2. Aus *Chamaecýparis*-Zweigen, roten Rosen und Margeritenblüten sollen Türgirlanden gebunden werden. Es sind zeichnerisch drei Möglichkeiten der Anordnung der Blütengruppen darzustellen.
3. Nennen Sie mit botanischen Namen bekannte Grün- oder Blumenarten, aus denen man Girlanden für den Sargschmuck binden oder stecken kann.
4. Besuchen Sie Bauten aus der Barock- und Rokokozeit und betrachten Sie gemalte oder aus Stuck geformte Girlanden und Ranken. Beschreiben Sie die gestalterischen Unterschiede dieser Schmuckformen beider Epochen.
5. Nennen Sie Gelegenheiten, für welche Girlanden
    a) flach bis halbrund,
    b) halbrund,
    c) vollrund
gearbeitet werden.

7 Binderei für Advent und Weihnachten

7.1 Grundlagen aus dem Brauchtum

Die Beziehungen zum Brauchtum machen die floristischen Gestaltungen sinnvoll

Unsere Binderei für Advent und Weihnachten ist selbst bei noch so modern scheinenden Gestaltungen eng mit dem Brauchtum verknüpft. Obgleich man nur noch in wenigen Gegenden überlieferte Bräuche pflegt, zumindest kaum die geistigen Zusammenhänge kennt, lebt doch unbewußt im Volk das überlieferte Kulturgut alter Zeiten weiter. Bringt der Florist in seinen Gestaltungen Wesentliches dieses geistigen Gehalts zum Ausdruck, sind seine Arbeiten schön und sinnvoll und finden Gefallen.

Die Beziehung zum Brauchtum schafft man durch Verwendung bestimmter Gestaltungsmittel oder durch die Herstellung von Gestaltungsformen, welche überlieferte Symbolformen aufgreifen. Dabei kann man sich auf sehr viel Überlieferungen stützen.

Die Symbolform Kranz

Er entspricht einem alten Sinnbild der Winterzeit. Ein mit Stroh bewickeltes Rad ließ man zur Wintersonnenwende brennend den Berg hinabrollen. Das sich drehende Feuerrad wies auf den Kreislauf der Sonne hin, zugleich wurde der Kreislauf der Jahreszeiten und des Lebens symbolisiert, woraus sich in der dunklen Winterzeit Hoffnung auf eine wärmere, lebensvollere Zeit ergibt.

Auch im Christentum ist die Kranzform verankert. Der Kranz ist Sinnbild für den Übergang in ein neues Kirchenjahr, dessen erster Tag bereits von dem ersten der vier Lichter erhellt wird und so die Geburt Christi – das Licht der christlichen Welt – ankündigt.

Symbolgehalt der Pyramidenform

Die Kegel- oder Pyramidenform ist eine stilisierte Baumform. Der Baum als Lebensbaum spielte eine Rolle im heidnischen Fruchtbarkeitszauber, doch auch im Christentum ist die Baumform verankert. Der Baum der Erkenntnis ist Symbol des Schuldigwerdens der Menschen. Der Lichterbaum zum Fest der Geburt Christi soll dies bewußt machen, gleichzeitig aber die Erlösung von der Schuld ankündigen. So ist der geschmückte Lichterbaum, obwohl eng mit heidnischen Bräuchen verknüpft, dennoch das passende Attribut einer christlichen Weihnacht, obgleich die Kirche erst recht spät die mit Lichtern geschmückte Tanne als „Weihnachtsbaum" anerkannt

Abb. 243. Die Apfelpyramide und der Putzapfel, ehemals aus Schlesien

hat. Er wurde erst, wie der Adventskranz übrigens auch, in der zweiten Hälfte des vorigen Jahrhunderts allgemein bekannt, doch gehören beide seitdem bei uns so eng zur Advents- und Weihnachtszeit, daß sie zum Charakteristikum der deutschen Weihnacht geworden sind.

Die Kegel- oder Pyramidenform als stilisierte Baumformen sowie andere abstrakte Baumformen aus Schmiedeeisen, Holzplatten oder gesteckt aus Tannenzweigen um einen Holzpfahl sind also sinnvolle Gestaltungsformen für die Vorweihnachts- und Weihnachtszeit, sei es für größere Dekorationsstücke oder für Verkaufsware. Anregungen können Brauchtumsformen liefern, wie die schlesische Apfelpyramide (Abb. 243), die Weihnachtsklausen mit den sich drehenden Flügelrädern aus der Hamburger oder Berliner Gegend sowie die holzgeschnitzten „Klausen" aus dem Erzgebirge oder die „Paradiesbäume" aus Schleswig-Holstein. Selbst der Kranz kann als Teil einer Baumform eingesetzt werden, wenn z. B. drei verschieden große Kränze zu einem wirkungsvollen Gehänge vereint werden (evtl. für die Eingangshalle eines großen Hotels oder den hohen Schalterraum einer Bank, Abb. 244).

Symbolik der Kerzen
Die Kerze bzw. die Flamme versinnbildlicht das Sonnenlicht und das davon abhängige Leben. Im christlichen Sinn weist das Licht auf den Stern der Ankündigung von Christi Geburt, ja sie – oder besser gesagt das Licht – bedeutet Christus selbst, auch Hoffnung und Friede sowie Verheißung einer Seligkeit im Glauben. Die Kerze erhält ihren Sinn, indem sie brennt und warmes Licht verbreitet. So sind die einfachen, walzenförmigen Kerzen formal am sinnvollsten, denn sie brennen meist gut. Runde Kugeln, würfelförmige oder gar rechteckige Kerzen mit zwei Dochten mögen als plastische Form sehr schön aussehen, doch ihre Aufgabe erfüllen sie meist nicht befriedigend. Auch Fernsehkerzen, Leuchtkerzen, Duftkerzen usw. eignen sich für die Adventszeit wenig, weil die Flamme in den Kerzenkörper einsinkt und diesen leuchten läßt. Damit ist das warme Licht der Kerzenflamme verloren, doch gerade dies zaubert adventliche Stimmung.

Noch einige Worte zur Farbe und Form der Kerzen: Kurze, gedrungene „Stumpen"-Kerzen wirken derb, rustikal und passen deshalb gut für Advent. Lange, schlanke Kerzen wirken edel oder festlich. Die rote Kerzenfarbe ist die Farbe der Lebenskraft und symbolisiert damit das Leben. Gelb ist die Farbe des Lichts und des Glücks, das trübe Gelb der Honigkerzen mit seinem naturhaften, unverfälschten Farbton paßt besonders gut zum rustikalen Immergrün und zu Zapfen. Weiß wirkt feierlich und rein, deshalb gehört es bevorzugt zum Weihnachtsfest. Andere Farben können gestalterisch reizvoll aussehen, sollten dann aber am besten dunkel oder trübe sein, damit sie zum winterlichen Gestaltungsmaterial passen. Dunkelbraun, ein helles oder dunkles Olivgrün, ein Weinrot, auch Violett oder Mittelgrau passen gut zur adventlichen Binderei. Zu Weihnachten – und vor allem, wenn man mit frischen Blumen kombiniert – kann man zu helleren Kerzenfarben greifen, die den Blütenfarben entsprechen, denn da will man nicht mehr die besinnliche, adventliche Stille ausdrücken, sondern Festesfreude. Reliefkerzen, bunt bemalte Kerzen, die strukturierten Renaissancekerzen sind gestalterisch nicht so vorteilhaft wie die einfarbig glatten, weil sie mit den anderen Schmuckmitteln nicht so gut harmonieren, sondern durch die auffallende Reliefornamentik eher konkurrieren.

Das Immergrün gehört dazu
Das Bindegrün ist besonders symbolträchtig. Weil die immergrünen Gehölze der Kälte des Winters trotzen, sich ihre Lebenskraft also sichtbar durchsetzt, holte man früher Zweige vom Wacholder, Buchsbaum oder

Abb. 244. (rechte Seite) Weihnachtsklausen, ein Paradiesbaum und eine Kranzpyramide, alles stilisierte Baumformen

219

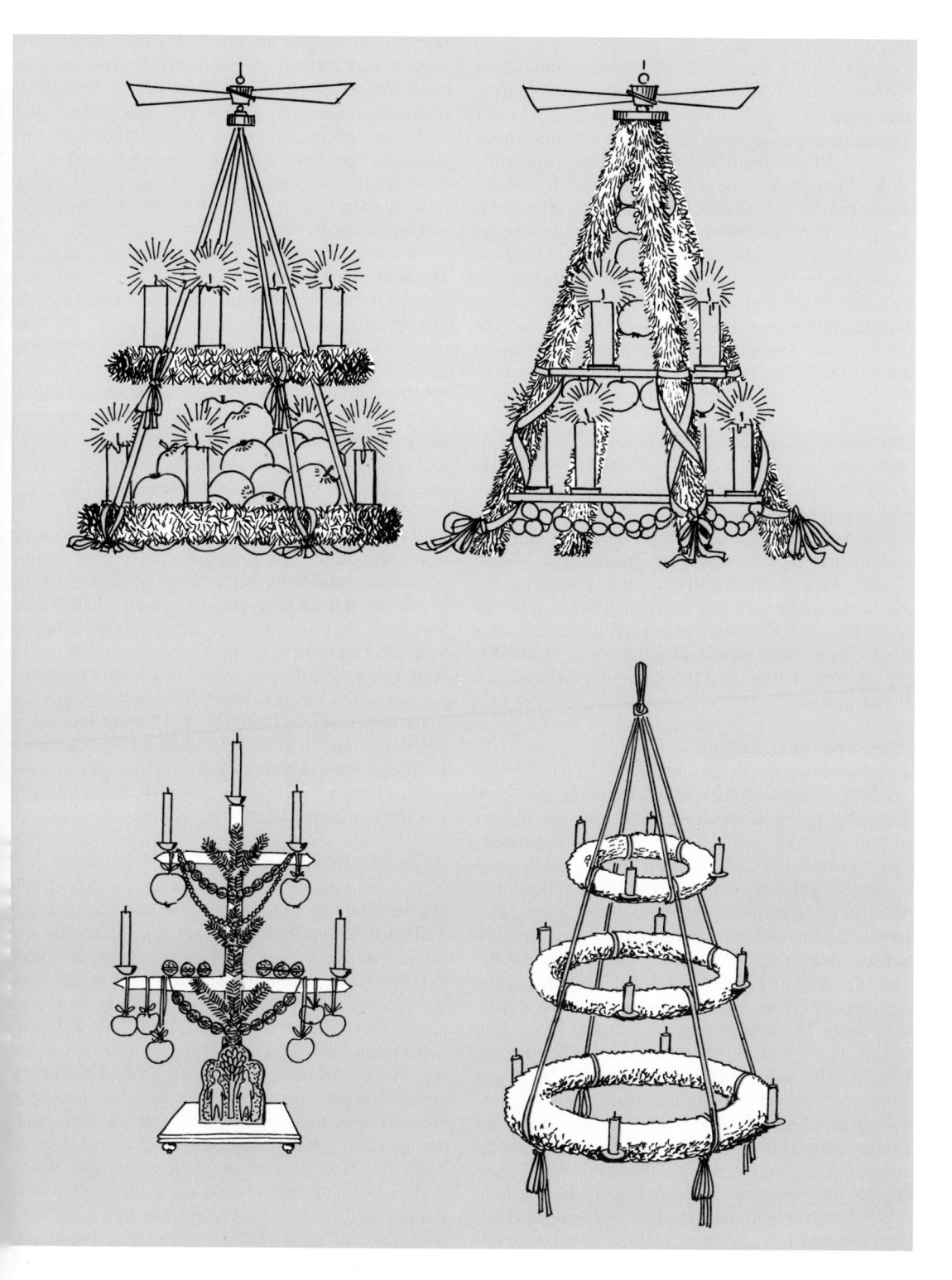

Ílex ins Haus als Zaubermittel in der Vorstellung, die Lebenskraft der Zweige könnte auch das Haus gegen die Mächte des Winters und der Dunkelheit schützen. Der angelsächsische Brauch, Mistelzweige über der Tür anzubringen, geht auf ähnliche Vorstellungen zurück. Die Mistel spielte im keltischen Ritual eine roße Rolle. Man glaubte, sie sei aus der Hand der Götter direkt auf die Erde gefallen und in den Bäumen hängen geblieben. Außerdem bildet die Verzweigung der Mistel eine Gabel, die der germanischen Lebensrune entspricht, weshalb man die Mistel als Symbol für die Lebenskraft ansieht (Rune = ältestes germanisches Schrift- oder Zauberzeichen). So wurde sie mit goldenen Äxten abgeschlagen und in kostbaren Tüchern aufgefangen, damit sie nicht die Erde berühre. Außerdem wurde sie als Träger übernatürlicher Kräfte verehrt und verwahrt.

Wir verwenden heute alle immergrünen Koniferen- und Laubarten, die sich uns bieten: *Pícea-*, *Pínus-* und *Ábies-* Arten, *Táxus* und *Juníperus*, *Chamaecýparis* und *Cryptoméria*, für kurzlebige Dekorationen *Cédrus atlántica* 'Glauca' und *Tsúga canadénsis*. Sehr gut haltbar sind die Laubarten *Ílex*, Buchsbaum, Mistel, Ginster, Kirschlorbeer und Efeu. Für weihnachtliche Zusammenstellungen mit frischen Blumen nehmen wir neben dem Koniferengrün auch Laubwerk oder Pflanzenteile von Warmhauspflanzen, je nachdem, ob sie formal und charakterlich zur verwendeten Blume passen.

Früchte und Samenstände
Sie gehören wie die Kerze und das Immergrün zur adventlichen und weihnachtlichen Binderei. Mit dem Samen bergen sie die Hoffnung auf neues Leben, und so sind auch sie Symbol der Hoffnung und Erneuerung geworden. Im Brauchtum sind sie außerdem Opfergabe gewesen, Dank für die guten Mächte und Mittel der Besänftigung der bösen. Äpfel, Nüsse, Rosinen und Backpflaumen wurden bei den Brauchtumschmuckformen verwendet; am ersten Weihnachtsbaum (im 17. Jahrhundert in Straßburg) sollen auch ausgeblasene Eier gehangen haben. Wir nehmen heute Trockenformen, wie Zapfen, Nüsse und Lotosfrüchte, Früchte der Platanen oder Baumpilze, Kugeldisteln oder Magnolienfrüchte u. a. Dazu kommen die vielen neuen südafrikanischen und australischen holzigen Fruchtformen, die allerdings mit Feingefühl ausgewählt und in eine passende Zusammenstellung gebracht werden müssen. Die frischen Früchte wie Äpfel und Apfelsinen oder Clementinen, Paprikafrüchte und *Ílex-*Beeren werden natürlich nicht vergessen. Auch Kunstfrüchte sind zu akzeptieren; sie befriedigen die Forderung nach guter Haltbarkeit und lenken, ohne wirklich Früchte zu sein, doch die Gedanken auf die Symbolform. Schließlich ist die Abstraktion der Frucht, die Glaskugel, sinnvoll und sehr beliebt. Vor allem für weihnachtliche Gestaltungen greift man gern zur Glaskugel, weil sie mit ihrer Glätte und Farbe (Gold, Silber, Rot) Lichtreflexe zaubert und so den Lichterglanz des hohen Festes noch steigert.

Die Rolle der Zweige
Für die formal-linearen Arrangements werden gerne interessant gewachsene Zweige verwendet, wie Lärchen mit Zapfen oder Flechtenbesatz, dornige Rosentriebe, Erlen mit Kätzchen- oder Zäpfchenbüscheln, Schrauben- oder Bänderweide, Baumwürger oder Weinreben, auch Buchenzweige mit oder ohne Bucheckern, Zweige vom Rotdorn, von der Schlehe und dem Sanddorn oder krüppelig gewachsenes Holz jeder anderen Art. Doch so modern die mit Zweigen gestalteten Adventsgestecke auch sind, dieses Geäst verknüpft sie doch mit altem Brauchtum: Die Rute spielt im alten Fruchtbarkeitszauber eine Rolle; schließlich enthält der entblätterte Zweig so viel Lebenskraft, daß er aus sich heraus neues Leben hervorbringen kann, sollte diese Kraft nicht übertragbar sein? Im Zauberstab, im Zepter der Herrscher, in der Rute von Knecht Ruprecht und in den am Palmsonntag geweihten Zweigen leben entsprechende alte Rituale und Symbolvorstellungen in unterschiedlichen Weisen weiter. So ist auch der entlaubte Zweig im adventlichen oder weihnachtlichen Arrangement sinnvoll und schön, auch wenn man sich die kulturellen Zusammenhänge nicht bewußt macht.

Weitere Gestaltungsmittel
Neben den genannten Schmuckmitteln sind noch solche sinnvoll, die Beziehung zum adventlichen und weihnachtlichen Geschehen haben, wie der *Stern*, der *Engel* und die *Krippe*. Sind diese von guter kunsthandwerklicher Ausführung, vermögen sie die binderischen Gestaltungen sehr zu bereichern. Sterne aus Stroh, Glas oder Metallfolie, Engel und Krippenfiguren aus Holz geschnitzt oder gedrechselt sowie aus volkskunstmäßiger Keramik, mit Geschmack ausgewählt und gestalterisch gut mit den sonstigen Gestaltungsmitteln vereint, können zu sehr stimmungsvollen Zusammenstellungen führen.

Auch *farbliche Veränderung* kann auf das Weihnachtliche hinweisen. Wenn über Holz oder über Zapfen und Nüsse etwas Gold aus der Sprühdose oder aus dem Plaka-Farbentopf mit dem Pinsel aufgebracht wird, so ist das der kleine Kunstgriff, der zugunsten des dekorativen Effekts erlaubt ist. Dieser Goldhauch will ja nicht Gold vortäuschen, sondern will das Besondere des Festes, den Glanz des Lichts und der Freude andeuten. In Maßen benutzt und an wenigen ausgesuchten Schmuckmitteln angebracht, strahlt dieser Gold- oder Silberschimmer etwas Weihnachtliches aus.

Mit dem *Schnee* aus der Sprühdose ist es dagegen etwas problematischer: will er nicht echten Rauhreif oder Schnee vortäuschen? Wer sich dazu entschließt, mit dem Raufreifeffekt zu arbeiten, der darf auf keinen Fall das fertige Arrangement übersprühen, so daß das Grün der Zweige, die Brauntöne der Zapfen und vielleicht sogar das Honiggelb der Bienenwachskerze unter einem grauen Überzug verschwinden! Ein kleiner Hauch auf zwei bis drei Zweigspitzen ist schon fast mehr als genug, schließlich soll das Gesteck eine angenehme, das Herz erwärmende Stimmung ins Haus bringen und nicht das Bild des Frostes!

Die Verwendung von *Band* und *Kordel* ist ursprünglich aus dem Zweckvollen, dem Binden und Umschlingen hergekommen. Heute hat das Band meist eine mehr dekorative als eine funktionelle Aufgabe. Doch der Florist achtet darauf, daß der Zusammenhang zwischen Aufgabe und Art der Anbringung des Bandes oder der Kordel gewahrt bleibt. Schleifen werden dort angebracht, wo Bindestellen sind, und nicht einfach unvermittelt mitten auf den Adventskranz gesetzt. Außerdem entspricht es dem textilen Material, das Schleifenband weich fließend verlaufen zu lassen. Kordel dagegen verlangt Verknoten und Knüpfen. Kordelschleifen sind nicht materialgerecht, wohl aber dicke Knoten an zwei unterschiedlich langen Kordelenden. (Abb. 245)

Die Farben der Bänder oder Kordeln wählt man passend zu den sonstigen Gestaltungsmitteln: Moosgrüne Kordel für einen rotbraunen, krüppligen Kiefernast, blaugraue oder weinrote Kordel für den Blaufichtenkranz, rote Kordel für den grünen Tannenkranz, Silberkordel für die Weihnachtskugel aus Blautanne (*Ábies procéra* 'Glauca') mit silbern gespritzten Nüssen, Eukalyptusknospen, graubraunen Zypressenzapfen sowie knallroten Paprikafrüchten und schließlich die Goldkordel für das Arrangement mit der hellgelben oder rostroten Kerze. An Gold- und Silberband gibt es schöne matt schimmernde Bänder, sogar solche von altgoldener Wirkung, die im Arrangement „feiner" wirken als das protzig glänzende Lahnband. Die Bänder mit den breiten Metallstreifen sind dagegen ideal für große Dekorationen, für die Adventskränze im Kaufhaus, für die Schau-

Abb. 245. Band oder Kordel sollten immer funktions- und materialgemäß angebracht werden

fenstergestaltung oder für den Saalschmuck zur Weihnachtsfeier. Bordürenbänder betonen das Volkstümliche, Heitere, Althergebrachte, und sie lassen farblich reizvolle Kompositionen zu.

Schmuckmittel und Form des Gebindes müssen immer dem Zweck entsprechen. So muß man sich jeweils fragen: Was soll geschmückt werden; welche Stimmung soll zum Ausdruck kommen; welche Menschen sollen angesprochen werden? Dementsprechend kann Binderei für Advent und Weihnachten recht unterschiedlich sein: Sie kann zu Herzen gehen oder nur das Auge entzücken; sie kann Erinnerungen wachrufen oder mit Unerwartetem überraschen; sie kann besinnlich stimmen oder dekorative Akzente setzen. Doch in keinem Fall kann sie ohne wenigstens zwei der genannten brauchtumsgemäßen Schmuckmittel auskommen.

7.2 Formbinderei für Advent und Weihnachten

Die strenge, klare Form des Kranzes, der Pyramide, der Kugel und des Stabes sind Gebindeformen, die sinngemäß und charakterlich gut in die Advents- und Weihnachtszeit passen. Die Schönheit und Schlichtheit der Formen wirken angenehm und ruhig. Die Pyramide ist obendrein die Stilisierung der Baumform, weshalb sie kurz vor Weihnachten bevorzugt angeboten werden sollte. Die Kugel ist das Abbild der Fruchtform, also ebenfalls symbolisch bedeutsam in der Adventszeit. Der Stab ist eine uralte Symbol- und

Abb. 246. Links: Zapfenkranz aus japanischer Lärche zum Hängen oder Legen. Die Kerzen werden auf Moosbällchen – besteckt mit Tanne – gesetzt. Rechts: Vier Beispiele der Kordelaufhängung. Von links nach rechts: Große Schlaufe. Einfache Befestigung mit Hilfe von Steckdraht, Bindestelle optisch verstärkt durch Kranzumschlingung mit einem Kordelstück. Dreiviertel-Umschlingung und Befestigung mit einem dicken Knoten und Steckdraht. Kleine Schlaufe mit Wickelbefestigung: die Kordelenden werden mit Tesafilm umklebt und eingeknotet oder angedrahtet zwischen die Schlingen gezogen

Gebindeform; auch er enthält durch seine schlichte Ordnung und seinen klaren Formaufbau sowie durch die vielartige Kombination von winterlichen Früchten und Zweigspitzen von immergrünen Gehölzen etwas Stimmungsvolles und Trautes, selbst wenn man solch eine Gestaltung vorher noch nie gesehen hatte.

Der Adventskranz
Der Adventskranz soll im allgemeinen nicht festlich wirken. Er ist ein Lichterbote, der in der dunkelsten Zeit des Jahres ein neues Licht ankündigt. Somit ist er Quelle der Besinnung und Einkehr; er ist ein stiller Begleiter in einer erwartungsvollen Zeit; er ist Vorbote und Wegbereiter zugleich. Überlegt man sich dies, wird es klar, daß er nicht glitzern und prahlen darf, daß er nicht modisch aufgeputzt oder um eines Effektes willen verändert werden darf. Wie könnte er sonst adventliche Stimmung in das Haus tragen? Wie könnte er sonst der inneren Freude einer besinnlichen Zeit dienen?

Der runde Kranz zum Aufhängen. Er wird für große Räume, für die Diele, den Gemeindesaal, für das Gastzimmer des Hotels oder für Geschäftsräume gewählt. Seine Form ist am schnellsten und mit dem geringsten Materialaufwand herzustellen, wenn er auf eine Strohunterlage gebunden wird. Besonders geeignet ist Material, das nicht so leicht nadelt wie *Ábies procéra*, *Juníperus-* und *Chamaecýparis-*Arten, recht büschelige Kiefer und Douglastanne *Pseudotsúga menziésii*. Sehr hübsch ist auch die Kombination verschiedener Grünarten und Zapfentuffs, z.B. Tanne, Wacholder und *Ílex*, dazu Gruppen von Zypressenzapfen und den helleren Platanenfrüchten. Kleinere Baumschwämme werden an den Seitenpartien des Kranzes angebracht, hin und wieder werden auch ein paar Mistelzweige eingearbeitet.

Ein Kranz nur aus Zapfen (Lärchenzapfen oder kleinen Kiefernzapfen) hat auch seinen Reiz. Die Zapfen müssen an „Gabel" gedrahtet und gesteckt oder mit langen Haften auf der Strohwulst so befestigt werden, daß sie senkrecht zur Mittelachse des Wulstes stehen. Damit man bei diesem Kranz das Koniferengrün nicht ganz vermissen muß, sollte man zum Anbringen der Kerzen zunächst kleine Moosbälle auf dem Kranz oder am äußeren Rand des Kranzes befestigen. Dort werden die Kerzen gesteckt, dazu Koniferenzweige in wuchshafter Anordnung und evtl. noch weitere Schmuckmittel (Abb. 246).

Mit der Wertschätzung alten Hausrates und bäuerlicher Ursprünglichkeit hat es sich eingebürgert, den Strohreif unbewickelt als Adventskranz anzusehen. Damit ist man eigentlich dem „Sonnenwendrad" sehr nahe, doch möchte man nicht, daß der Strohkranz brennt! Deshalb werden die Kerzen mit Hilfe von Metallkerzenhaltern aufgearbeitet. Bordürenbandumwicklungen, aufgesetzte Fruchtgruppen oder kleine Zweiggestecke können diesen Strohreif adventlich sinnvoll schmücken.

Die Proportion der Adventskränze ist anders als die der Trauerkränze, schließlich kommen noch Kerzen und Zapfen, Kugeln oder Sterne, Äpfel oder Apfelsinen, Bänder oder andere Schmuckmittel dazu, die die Massenwirkung verstärken. Der hängende Kranz soll etwa 1:3:1 proportioniert sein, der liegende etwa 1:2:1 bis 1:2,5:1. Für die weitere Ausgestaltung des Kranzes gelten drei Grundsätze:

1. Die Aufhängung soll optisch gut sichtbar und haltbar sein, gleichzeitig auch schmückend wirken. Kordel ist am geeignetsten. Knoten, Umschlingungen und Umwicklungen werden als Schmuckelemente genutzt (Abb. 246). Soll der Kranz am Band aufgehängt werden, muß für größere Kränze zunächst eine Befestigung mit Wikkeldraht vorgenommen werden. Das Band überdeckt dann den Draht, und es muß gut gestrafft sitzen. Auch hier kann das Band zum weiteren Schmuck genutzt werden, indem man Schleifen in gefälliger Verschlingung herabhängen läßt.

2. Die Höhenausdehnung der Aufhängung soll etwa das $1^1/_2$fache des Kranzdurchmessers betragen. Die obere Verknotung der Kordeln oder Bänder muß sauber und fest sein.

3. Die Kerzen sollen in passender Größe ausgesucht werden: etwa $^1/_3$ so stark wie die Dicke des Kranzkörpers und $1^1/_2$–2mal so hoch. Hat man nicht die passende Kerzenstärke da, kann man statt einer Kerze eine Gruppe aus drei dünnen, schlanken Kerzen aufarbeiten. Die Kerze sollte bei hängenden Kränzen nicht oben auf der höchsten Wölbung des Kranzkörpers, sondern seitlich nach außen verschoben angebracht werden. Man sieht ja schräg von unten gegen den hängenden Kranz, weshalb die außen angebrachten Kerzen optisch besser wirken. Als technische Hilfen nehmen wir starke Steckdrähte oder dünnen Schweißdraht. Band wird zum Abwickeln des Drahts oder Umkleiden der Andrahtstelle benutzt. Kleine Kunststoffkugeln oder Holzkugeln, wie sie als Knäufe für Gardinenstangen oder als Schleuderkugeln im Gardinengeschäft zu kaufen sind, können zu interessanten Kerzenhaltern werden. Außerdem bieten sich preiswerte, schlichte, aber feste Kerzenhalter aus Metall oder Holz an, die Bedarfsartikelfirmen, Kaufhäuser oder Dekorationsgeschäfte verkaufen. Die Holzkugeln bekommen einen eckigen, spitzen Holzpflock, mit dem sie in den Kranz gesteckt werden, und einen Nagel, auf dem die Kerze sitzt. Die Halter werden mit starkem Steckdraht angedrahtet und mit zwei Drahtenden in den Strohwulst gesteckt (Abb. 247). Fester Halt ist natürlich sehr wichtig. Werden die

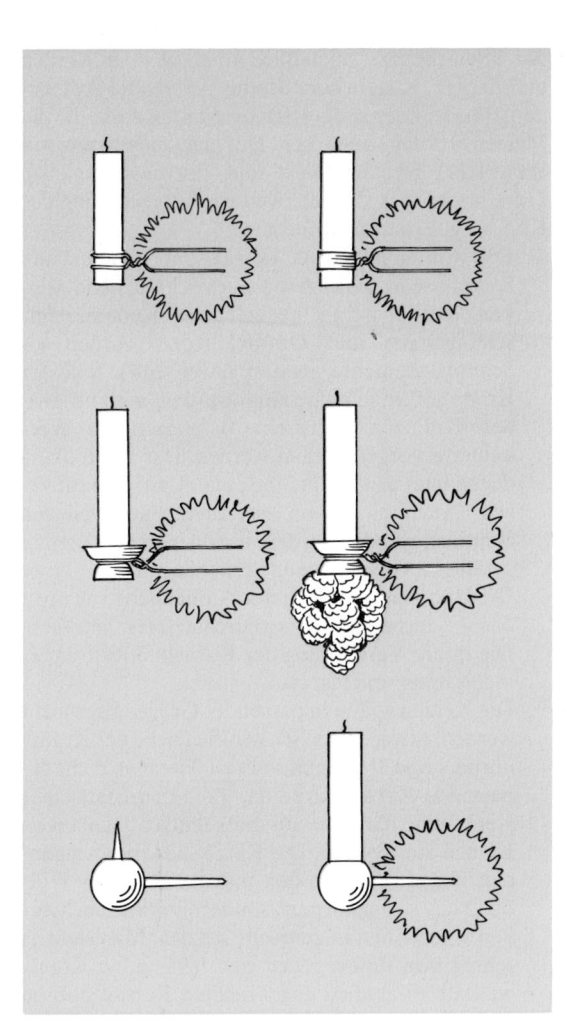

Kerzen mit Hilfe eingeschmolzener Steckdrahtstücke auf den Kranz gesteckt, sollte ihr Fuß durch Kordelbindungen, eine Bandwicklung oder einen Streifen Metallfolie umschlossen werden. So wird das Aufsitzen und Halten optisch betont. Will man jedoch feuersicher arbeiten, empfiehlt es sich, Metallhalter mit einer Tropfschale und einem Steckdorn zu benutzen.

Der gelegte Tischkranz. Er wird meist $1/2$–$3/4$ rund aus *Ábies álba*, *Pseudotsúga menziésii*, *Ábies procéra* oder *Pícea púngens* gebunden. Auch der schlichte Strohring ist beliebt, der nicht mit Draht, sondern mit gelblichem Perlonfaden umwickelt ist. Sehr reizvolle Adventskränze ergeben sich aus einer vielgestaltigen Zusammenstellung verschiedener Materialien. Zu einer der genannten Koniferenarten können noch Buchsbaum oder *Rúscus*, Paprikafrüchte, Erlenzapfen und -kätzchen, Islandmoos und Flechtenzweige, *Ílex*-Beeren usw. kommen. Kurzstielige Schmuckmittel werden angedrahtet, beim Binden mit angelegt und am Drahtbügel des Adventskranzes befestigt, damit man die angedrahteten Teile nicht einfach herausziehen kann. Eine andere Herstellungstechnik nutzt die Trockensteckmasse in Ringform, in welche

Abb. 247. Drei technische Vorschläge der Kerzenbefestigung. Oben links: Mit starkem Draht, der abgewickelt ist mit Band oder Guttacoll; man kann auch über den Draht das Band um die Kerze legen. Mitte: Kerzenhalter, angedrahtet mit sehr starkem Steckdraht oder dünnem Schweißdraht. Eine Traube aus kleinen Zapfen kann den Halter nach unten gestalterisch ergänzen. Unten: Holzkugeln, angestrichen oder goldbespritzt. Der Haltepflock muß eckig sein, damit sich die Kugel nicht dreht.

Abb. 248. Die Schmuckmittel betonen den Stand der Kerze oder die Vierteilung der Ringform

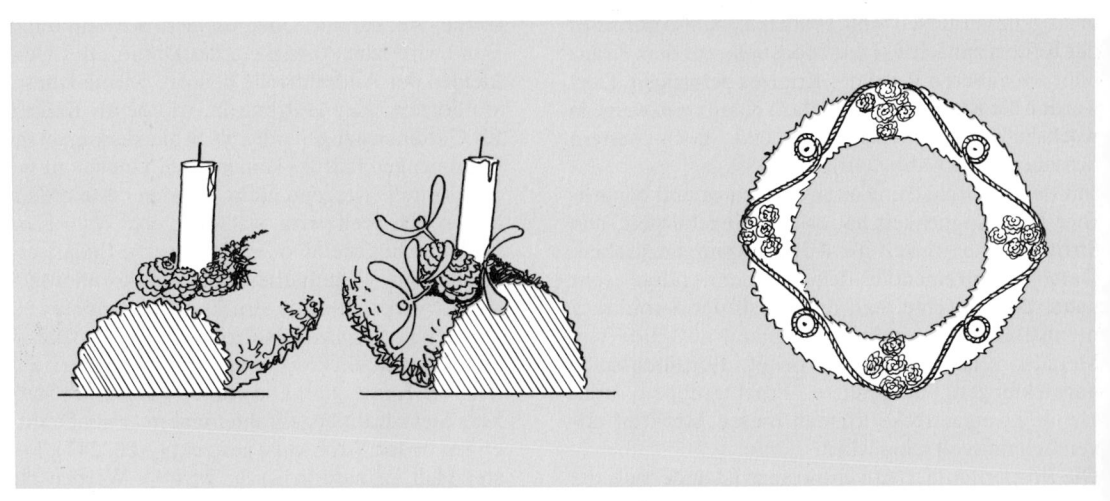

Abb. 249. Das kleine Wagenrad oder ein Kreis aus Baumscheiben ergeben hier die Symbolform Kreis, die adventlich ausgestaltet wurde

die gestielten oder kurz an „Gabel" gedrahteten Schmuckmittel einfach hineingesteckt werden. Sorgfalt dabei zeigt eine saubere Abdeckung von unten durch einen passend zugeschnittenen Ring aus Karton, welcher untergeklebt wird.

Ein solch vielfältig kombinierter Kranz kann nicht noch weiter geschmückt werden; nur die vier Kerzen in passender Farbe werden aufgesteckt (adventrot oder honigfarben). Dazu werden wenigstens zwei, besser drei Drahtstücke in die Unterseite der Kerze eingeschmolzen, von denen ein Drahtstück lang genug sein muß, damit es um den Kranzbügel gebogen oder im Schmuckmaterial verhakt werden kann. Auch hier sollten die Kerzen einen „Fuß" bekommen. Das kann ein Ring aus Metallfolie sein, die es in Papier- oder Dekorationsgeschäften in Gold und Silber, aber auch in Rot und anderen Farben zu kaufen gibt. Wählt man Kordel oder Band, können diese gleich zum weiteren Schmuck verwendet werden, so als bänden sie die Kerzen fest.

Bei Tischkränzen aus einheitlichem Koniferengrün oder Stroh bringt man gern weitere Schmuckmittel auf, wobei sie nicht einfach irgendwo auf den Kranz gesetzt werden dürfen, sondern in Beziehung zur Vierteilung, zu den Kerzen oder zur Kranzform stehen müssen (Abb. 248).

Die Ringform muß jedoch nicht gebunden werden, man kann auch Holzringe (Sperrholz z. B. mit Füßchen versehen aus kleinen Holzscheiben oder Holzhalbkugeln), Eisenringe von alten Küchenherden, Räder von kleinen Karren oder vom Spinnrad, mit Band abgewickelte Kranzreifen und anderes nehmen und es adventlich ausgestalten (Abb. 249). So ergeben sich phantasievolle, modern wirkende Schmuckformen, die dennoch voller Symbolgehalt sind.

Tür- oder Wandschmuck aus flach gebundenen Kränzen. Flach und leicht bindet man kleine Kränze zum Hängen an die Wand. Die Sitte des Türkranzes als adventlicher Schmuck des Hauses kommt aus Skandinavien. Dort werden sie als adventlicher Willkommensgruß für alle Einkehrenden an die Haustür gehängt. In England und Amerika liebt man sie als stimmungsvollen Wandschmuck für die Räume.

Man bindet die Tannenspitzen, *Ilex*-Blätter, Zapfentuffs oder Flechtenzweigstückchen auf einen Drahtring, den man aus 16er Steckdraht formt, oder man nimmt den Drahtbügel eines Tischkranzes. Der Durchmesser des Reifens beträgt 20–25 cm. Nun werden die kleinen Schmuckteile ganz flachschuppig mit Wickeldraht aufgebunden. Damit die Tür nicht verkratzt oder die Tapete nicht befleckt wird, bindet man einen Plastikstreifen (grünes Römerband) gegen die Rückseite, indem man die Folie alle 3–4 cm als bauschige Schlaufe faßt und einbindet (Abb. 250). Man arbeitet die zwei Kranzhälften jeweils von oben nach unten und ordnet die Schmuckformen rechts und links gleich (spiegelbildlich), damit durch diese symmetrische Gliederung ein ruhiges Hängen deutlich wird. Der untere Abschluß kann durch weiter auslaufende Schmuckformen (Mistel- oder Erlenzweige u. a.) sowie durch eine Schleifenbindung betont werden. Oben wird eine Schlaufe zum Aufhängen befestigt (Abb. 251). Rotes Adventsband, auch

farblich zur Gesamterscheinung passen. Es wird gebeizt oder gestrichen, mit Folie, Rupfen oder anderen Dekostoffen bespannt; Schwartenbretter mit Borke bleiben roh-naturhaft.

Man stellt die Gestaltungsmittel kontrastreich, phantasievoll, farblich harmonisch zusammen:

Als Früchte wählt man bevorzugt kleine Äpfel, Mandarinen oder Clementinen, Walnüsse und kleine Zapfen. Doch kann man auch zu kleinen Glaskugeln, Paprikafrüchten, Kunstfrüchten, Platanen, Strohblumen, Achilleen, Staticen, *Kályx*-Pilzen, Baumschwämmen und Kugeldisteln greifen sowie zu jedem anderen in Form und Charakter passenden floristi-

Abb. 250. Abdeckung von hinten für Kränze zum Hängen an der Wand und Girlanden zum Legen

Abb. 251. Wandkränze kann man verschieden aufhängen, doch sollte man jedesmal aus der technischen Notwendigkeit einen Schmuck machen

altgoldenes oder mattsilbernes Metallband wirken schön. Soll der Kranz außen an der Haustür angebracht werden, nimmt man derbere Bänder: braungelbes Ripsband, olivgrüne Baumwollitze oder dunkelrote Kordel. Auch Rupfenband ist schön zum Aufhängen des Kranzes, für eine Schleifenbindung ist es jedoch nicht gut geeignet, weil es steif ist.

Der Früchtestab

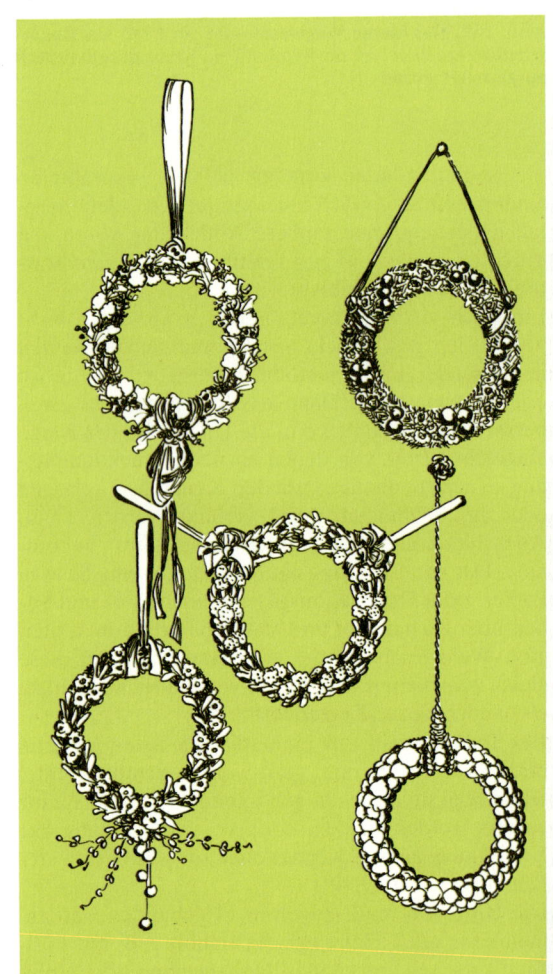

Er kann als Wandschmuck oder als Tischschmuck gearbeitet werden. In beiden Fällen werden vielerlei Früchte mit kleinen Zweigspitzen von Tanne und *Ílex*, Wacholder und Buchs oder *Rúscus* u. a. kombiniert.

Technische und gestalterische Maßnahmen sind folgende:

Das tragende Brett als Unterform wird so groß gewählt, daß es als Rand unter dem Früchtestab zu sehen bleibt, z. B. für den Tischschmuck etwa 10–12 cm breit, 50–60 cm lang und 2–3 cm dick; für den Wandschmuck ähnlich oder entsprechend größer. Da das Brett gestalterisch mitwirkt, muß es stofflich und

Abb. 252. Der Früchtestab als Tischschmuck

mooswulst binden und mit Nägeln befestigen. Nun werden die Schmuckmittel direkt oder angedrahtet gesteckt, so daß das Brett überspielt, aber nicht zugedeckt wird.
Die natürlichen Früchte werden angedrahtet oder auf Holzstäbchen gespießt. Benutzt man z. B. zum Andrahten der Clementinen einen mit hellbraunem Guttacoll abgewickelten Steckdraht, so stößt man diesen längs durch die Frucht hindurch, so daß er keine der saftigen Fruchtscheiben verletzt. Dann kann man die Clementine mit den zusammengebogenen Drahtenden gut feststecken. Will man sicher sein, daß die Frucht nicht so bald fault, darf die Fruchtschale nicht verletzt werden. Man legt sie auf eine am richtigen Platz innerhalb der Gestaltung festgesteckte Drahtöse aus starkem, abgewickeltem Steckdraht und kittet sie mit etwas knety oder Oasis-fix fest.

schen Material. Als Grün kombiniert man gern verschiedene Arten Immergrün, z.B. Koniferen und Buchsbaum; auch *Rúscus* und *Erica-Moos*, Plattenmoos und Islandmoos sind passend und zudem gut füllend.
Die Arten werden in unterschiedlich großen Gruppen oder kurzen Staffelungen zusammengefaßt (s. Formbinderei, Seite 109) und über die Form gestreut.
Die regelmäßige Wulstform muß sauber ausgearbeitet werden, $^3/_4$ rund beim Tischschmuck, $^1/_2$ rund beim reliefartigen Wandschmuck. Staffelungen auflockernder Arten dürfen die Form nicht zerstören. (Abb. 252)
Beim waagerecht gestellten Tischschmuck und beim senkrecht hängenden Wandschmuck werden die Früchte, Zapfen, Blüten und Pilze so gesteckt, daß eine Bewegung der Form nach oben wirksam wird bzw. die Unterseite der Zweige auch wirklich nach unten sieht.
Insgesamt sind die Staffelungen so gerichtet, daß man zu einem Zentralpunkt hinführende Bewegungsachsen empfindet.

Herstelltechnik. Das Brett wird vorbereitet. Für den Tischschmuck sollte es Leistenabschnitte als Füßchen bekommen. Für den Wandschmuck wird es von hinten mit zwei dünnen Leisten benagelt (Abb. 253). An die obere wird Perlonschnur als Aufhängung befestigt. Nun wird ein Streifen Trockensteckmasse aufgenagelt, der so zugeschnitten wurde, daß rings um ihn herum etwa 3–4 cm vom Holzbrett frei bleiben. Man kann auch einen entsprechenden Sphagnum-

Abb. 253. Der Früchtestab als Wandschmuck, links die Aufhängetechnik, rechts Vorderansicht

Beim Tischschmuck kann man drei, vier oder mehr lange, schlanke Kerzen angedrahtet oder mit Kerzenhaltern in den Trockenschaum drücken und dann Früchte und Grün stecken. An den Enden gestaltet man die Stabform etwas lockerer und schmaler, zur Mitte hin werden die Schmuckformen größer und dichter. Auch Band wirkt passend und sehr schmückend, wenn es wie eine zusammenhaltende Umschlingung durch die Mitte läuft und in langen Schlaufen und Enden über dem Tafeltuch liegt (Abb. 252). Doch auch ohne Kerzen bildet dieser Früchtestab einen stimmungsvollen Tischschmuck.

Abb. 254. Der Stableuchter

Stab gesteckt, der in einen Blumentopf (12er) eingegipst ist. Beim Eingipsen des Stabes ist zu bedenken, daß der Blumentopf zerplatzt, wenn nicht vor dem Eingießen der Gipsmasse eine leicht geknüllte Schicht Zeitungspapier gegen die Wandung gelegt wird. Der Stab muß etwa 3–4mal so lang sein, wie die Kugel dick ist. Nach dem Bestecken der Mooskugel muß die Höhe von Topf und freiem Stab zusammen mindestens doppelt so groß sein wie der Durchmesser der Kugelform (Abb. 255).

Statt Sphagnummoos oder Kunstschaum kann man auch andere Materialien als Unterform verwenden, z. B. Styroporkugeln (zum Bekleben oder Arbeiten mit Haften gut geeignet), Maschendrahtknuddel mit

Abb. 255. Die Proportionen des Kugelbäumchens

Der Stableuchter

Er ist eine senkrechte Form des Früchtestabes, vollrund, frei aufgestellt, deshalb mit einem Stellfuß und einer Kerzenhalterung versehen. Die Technik ist einfach herzustellen, wenn man zwei gleichgroße Holzplatten, die quadratisch oder rund sind, mit einem Stab dazwischen verbindet (Abb. 254). Dieser Stab kann festgenagelt, mit Metallwinkeln angeschraubt oder in passend gebohrte Löcher eingeleimt werden. Wichtig ist die rechtwinklige Verbindung und der sichere, feste Halt. Um den Stab wird Sphagnummoos gewickelt, oder man schafft eine Steckbasis aus festgebundenen Streifen der Trockensteckmasse. Bei allen Vorarbeiten muß bedacht werden, daß die weiteren Schmuckmittel die bisherigen Proportionen verändern. Die fertig bestecke „Säule" darf nicht plump oder dick wirken; die untere Platte muß als funktionell wichtiger Stellfuß sichtbar bleiben. Auf die obere Deckplatte wird eine passende Stumpenkerze gestellt. Ansonsten gelten alle gestalterischen Maßnahmen, die beim Früchtestab bereits beschrieben worden sind. Genau genommen sind diese Schmuckformen sogenannte Stabgirlanden, weshalb auch auf das dort Gesagte zu verweisen ist (s. Seite 211 ff.).

Die Advents- und Weihnachtskugel

Auch diese Schmuckform kann zum Hängen und Stellen gearbeitet werden. Im ersten Fall wird ein Sphagnummoosball oder eine Trockenschaumkugel von einfacher bis doppelter Faustgröße an einer Kordel befestigt. Im zweiten Fall wird die Kugel auf einen

knetbarem Ton dazwischen oder knetbare Kunststoffmasse wie knety.
Die Kugelunterform sollte zunächst mit Tannenspitzen oder Islandmoos flach behaftet werden, so daß die technische Basis schon fast nicht mehr zu sehen ist. Dann werden die Früchtegruppen gesteckt und dazwischen die Zweigspitzen. Man braucht nun nicht so dicht zu arbeiten, denn die Lücken zeigen ja in jedem Falle Tannengrün oder Flechte. Der Wuchsmittelpunkt der gesteckten Tannenspitzen ist der Mittelpunkt der Kugel. Man muß die Kugel beim Arbeiten mehrmals drehen, damit sie gleichmäßig rund wird, die Früchte gut verteilt gesteckt werden und die Länge und Dichte der Grünspitzen überall gleich ist. Bei den hängenden Kugeln kann das Hängen durch Trauben von Glaskugeln oder einzeln angebundenen Zapfen oder Nüssen gestalterisch betont werden, auch durch Kordelenden mit dicken Knoten oder eine lang herabfließende Schleife. Die Kugeln auf den Stäben können ebenfalls mit Band ergänzt werden. Man kann aber auch auf dem Gips im Blumentopf etwas knety befestigen und dort etwas Tannerün und ein paar Früchte stecken. Man kann den Topf mit Gold ansprühen, mit Kokosstrick abwickeln oder in einen Übertopf stellen, mit Plattenmoos abdecken und nur ein paar Zapfen zwischen den Moosplatten befestigen. Der sichtbare Teil des Holzstabs kann mit Band abgewickelt werden oder – bei Verwendung eines Bambusstabes oder Astes – auch Natur bleiben.

Die Weihnachtspyramide

Auch sie kann in unterschiedlichen Techniken gearbeitet werden. Zwei Möglichkeiten sollen hier beschrieben sein.
In einen Blumentopf wird ein Stab eingegipst; um diesen Stab wird Sphagnummoos mit Wickeldraht oder feinerem Maschendraht befestigt, so daß bereits ein kegelförmiger Kern entsteht. Man kann auch einen Kunststoff-Kegel passender Größe auf den Stab stecken. Will man nicht den Topf als Stellhilfe, sondern die Pyramide auf einem Brett, Bastteller, Korbdeckel, Korkstück und anderem befestigen, wird zunächst eine Scheibe Kunststoffsteckmasse (Oasissec) vom Durchmesser der unteren Kegelfläche aufgenagelt oder mit Steckdraht befestigt. Darauf ist der Oasis-sec-Kegel mit Steckdrahthaken leicht gut festzusetzen. Durch die untergearbeitete Steckmassenscheibe wird die Proportion der Pyramide vorteilhaft zum Schlankeren hin beeinflußt. In die technische Unterform werden kleine angedrahtete Fruchtformen und kurze Koniferenspitzen gesteckt, nachdem man zunächst Tanne flach aufgehaftet hat zum Abdecken der Unterform. Man kann dicht stecken und mit einer fast glatten Umrißlinie abschließen. Man kann die regelmäßige, durch Früchte ausgebildete Pyramidenform aber auch etwas auflockern durch schlanke Zweigspitzen, die über die runden Formen hinausragen. In diesem Fall muß man darauf achten, daß die Bewegungsrichtung der Zweigspitzen am Fuß der Pyramide nach unten ausschwingend gesteckt wird, weiter oben jedoch sich immer mehr zur Senkrechten aufrichtet, bis die Spitze die Senkrechte erreicht. Die Zweige einer Höhenlage müssen die gleiche Winkelstellung zur Mittelachse haben (Abb. 256). Beim Arbeiten von Strohblumenpyramiden mit auflockernden Staffelungen ist das gleiche „Bauprinzip" zu beachten; es entspricht dem natürlichen Vorbild im Wuchs eines Baumes. Damit bekommt das Arrangement einen lebendigen, natürlichen, wuchshaften Charakter.
Auch Kerzen passen an diese Baumform. Man wählt kleine Stumpen- oder Adventskerzen, wenn man sie über die ganze Baumform verteilen will, oder vier

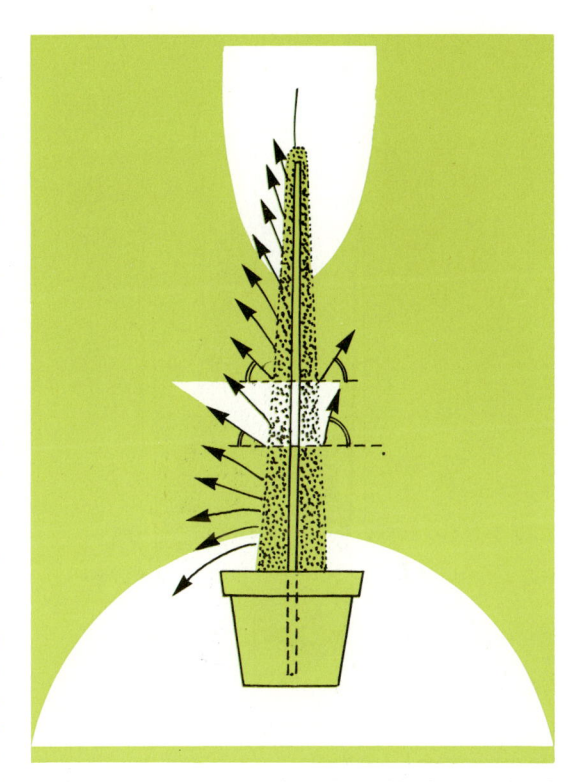

Abb. 256. Die Symmetrie dieser Pyramidenform muß auch in den Schrägstellungen der Schmuckteile beachtet werden, da ihre Bewegung über die Form hinaus wirkt. Was ist falsch in dieser Zeichnung?

Abb. 257. Die Pyramiden aus Zapfen oder Fichtenspitzen können mit Kerzen geschmückt werden

lange, schlanke Kerzen, wenn sie in vier Richtungen und in gleicher Höhe in den unteren Teil der Weihnachtspyramide gesteckt werden (Abb. 257).
Die Kerzen muß man an 16er Steckdraht andrahten, dessen mittlerer Teil mit Kautschukband oder farbig passendem Band abgewickelt ist. Die freibleibende Drahtgabel wird in die Pyramide gesteckt; sie hält die Kerze senkrecht und in genügendem Abstand. Stofflich und farblich ergeben sich sehr viele unterschiedliche Kombinationsmöglichkeiten, so daß dieses Formgebinde als adventlicher oder weihnachtlicher Schmuck zu jedem Menschen und in jeden Raum passen kann.
Übrigens können alle hier beschriebenen Formgebinde auch aus Strohblumen und anderem Trockenmaterial gearbeitet werden als stimmungsvoller Raumschmuck, der das ganze Jahr über Freude macht. Gestaltet man mit frischen Blumen, ergeben sich wirkungsvolle Gestaltungen zu persönlichen oder jahreszeitlichen Festen. Z. B. zum Geburtstag der Blütenkranz zum Legen oder der Stableuchter mit dem Lebenslicht, als Tischdekoration das Kugelbäumchen oder der waagerechte Blütenstab, zum Erntedank der Kugelbaum oder die Pyramide aus Gartenblumen und Früchten usw. (s. Seite 276).

7.3 Arrangements mit formal-linearem, wuchshaftem oder dekorativem Charakter

Seit etwa 25 Jahren beginnt man, mit relativ wenig Material locker aufgebaute Gestecke mit Kerzen zu gestalten, in denen ein reizvolles Linienspiel interessant gewachsener Zweige im Kontrast zu massiven Formen (Kerze und Zapfen) zur Wirkung kommt, in denen aber auch die Tannenzweige so angeordnet werden, daß sie nicht wie gesteckt, sondern wie gewachsen aussehen. Üppigere Zusammenstellungen werden rhythmisch gegliedert.
Wenn man etwas in die Hand nimmt, um davon ausgehend eine floristische Gestaltung zu entwickeln, kann man in Wahrheit nicht mehr frei wählen, was man zuordnen will. Man muß zu der Form, der Farbe, der Struktur und dem Charakter des zuerst gewählten Teiles passende Partner suchen. Der Griff zum ersten Teil einer Zusammenstellung ist jedoch abhängig von der gestalterischen Absicht: Soll das Arrangement

naturhaft, rustikal sein oder elegant beziehungsweise dekorativ; soll es betont wuchshaft wirken oder sollen die Kontraste der Linien und Formen extrem herausgearbeitet werden; soll es einen zentrierten (von einer Bewegungsmitte ausgehenden) Gestaltungsteil haben oder nach anderen Bindungsprinzipien aufgebaut werden (Abb. 258 u. Seite 116); soll es stehen oder hängen usw.? Die Idee führt zunächst zur Wahl der Basis. Deshalb soll über verschiedene Materialien und Konstruktionen solcher technischer Teile gesprochen werden. Die Bezeichnung „technische Teile" schließt nicht aus, daß diese auch von bedeutender gestalterischer Wirkung sind, wie aus dem oben Gesagten ja hervorgeht.

Technische Hilfen zum Stellen und dazu passende Gestaltungen

Die Absicht, Gestaltungen mit recht naturhafter Wirkung zu erhalten, hat zu dem „Großverbrauch" an *Wurzeln bzw. Stubben* geführt. Dabei ist es gar nicht leicht, diese richtig in die Gesamtgestaltung einzubeziehen. Meist werden sie wirklich nur als funktioneller Teil behandelt, auf dem ein Moos-, Trockenschaum- oder Knetmasseteil befestigt und dieses mit Grün, Zapfen, Kerzen u. a. voll gesteckt wird, so daß man von der Wurzel bestenfalls noch ein paar uninteressante und unvermittelt wirkende Endstücke sieht. Und das ist falsch! Die Wurzel oder jede andere Basis ist eine Form, die ihre eigene Schönheit hat.

Abb. 258. Hier wirken als Bindungsprinzipien z. B. die Dreiecksbeziehung der Kerzen, formale, strukturelle und farbliche Gleichheiten, das Gesetz des Ausgleichs und Beziehungen zur Gruppenachse, doch nicht der Bewegungsmittelpunkt

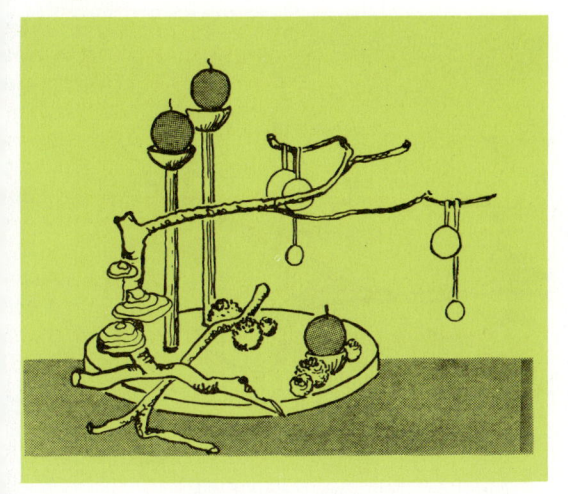

Abb. 259. Wurzeln oder Äste werden am besten dargestellt, wenn sie auf ein Brett genagelt werden und die begleitenden Formen keine wesentlichen Teile zudecken

Diese Schönheit muß zur Wirkung kommen, indem man die Basis nur durch lockere Formen überspielen läßt, nie aber wesentliche Teile ganz zudeckt. Wurzeln bzw. Stubben müssen in dieser Hinsicht besonders aufmerksam behandelt werden. Am besten ist es, man befestigt sie auf einer Holzplatte (Baumscheibe, Brett, Korkscheibe) und setzt Gesteck und Kerzen daneben, so daß eine Gruppierung entsteht (Abb. 259).

Übrigens muß man nicht nur Stubben aus dem Wald nehmen, man kann auch *Astwerk vieler Gehölzarten* zu Konstruktionen zusammennageln. Das heißt: Man nimmt 2–5 Äste einer Holzart, z.B. Kiefernäste, mit knorpeligem Fruchtholz besetzte Zweige von Obstgehölzen, dickere Weinreben, Äste von Robinien, vom Rotdorn und anderen Baumarten oder die aus Italien eingeführten, sehr interessanten Schilfwurzeln. Daraus werden Konstruktionen zusammengenagelt, die in irgendeiner Weise räumlich sein sollten, die fest stehen sollen und deren inneres Gerüst sich letztlich aus der Art der Zweige entwickelt. Man kann an ein Gewirr regelmäßiger Dichte, an Parallelitäten mit unregelmäßigen diagonalen Verbindungen, an Dreibeinkonstruktionen u. a. denken. Auf passenden Punkten werden Kerzen, Zapfengruppen und andere Schmuckmittel befestigt (Abb. 260 und 261).

Auch *bearbeitete Hölzer, Bretter oder Leistenstücke* aus der Abfallkiste des Tischlers oder in Würfel- oder Quaderstücke zersägte Balken sowie Abendbrotbrettchen aus dem Kaufhaus sind ideal für die mo-

Abb. 260. Astgabeln sind parallel-senkrecht stehend verschraubt und somit zu einer plastischen Gruppe verbunden, die durch Kugelkerzen zu einem modernen Leuchter wird

Abb. 261. Drei Äste sind gelegt, ihr Astwerk steht im linearen Gegensatz zur plastischen Form der Kerze

derne Adventsschmuckbinderei. Die Brettstücke können gebeizt, gestrichen, mit Band bewickelt, in Metallfolie eingeschlagen oder mit der Lötlampe schön gemasert werden (bei Weichholzarten möglich).

Die Bretter oder Leisten können symmetrisch oder asymmetrisch ausgeschmückt werden; die Kerzen können aus dem Mittelpunkt des wuchshaften Gestecks aufragen oder neben das Arrangement auf eingeschlagene Nägel gesteckt werden (Abb. 262).

Die Bretter können auch für einen vierkerzigen Adventsleuchter dienen, indem zwei etwa 30–40 cm lange und 5–7 cm breite sowie 1–2,5 cm hohe Holzleisten so überkreuz zusammengenagelt werden, daß die gleichlangen Kreuzarme fest auf dem Tisch aufliegen. Dazu muß man entweder am Kreuzungspunkt in der Mitte der Leisten diese entsprechend einkerben oder die einfach übereinander gelegten Leisten mit kleinen Holzstückchen abstützen (Abb. 263). Auf die Leistenenden werden die Kerzen und auf den Kreuzungspunkt ein großer Pinienzapfen oder eine mit kleinen Zapfen beklebte Kunststoffkugel aufgearbeitet, worunter noch Tannenzweige und Paprikafrüchte oder anderes hervorragen, oder man gestaltet dort ein kleines dekoratives Gesteck aus adventlichem Material. Will man weniger naturhaft arbeiten, kann die Glasscheibe, die Kachel oder der Glasbaustein als Basis dienen.

Der Glasbaustein sollte betont formal-linear ausgestaltet werden, d. h., wenige, aber extrem geformte Schmuckmittel werden mit ihm kombiniert, wie lange, schmale, schraubig getrocknete Hülsen einer exotischen Frucht und runde offene Zedernzapfen, zwei lange, schlanke Kerzen umspielt von einem Stück

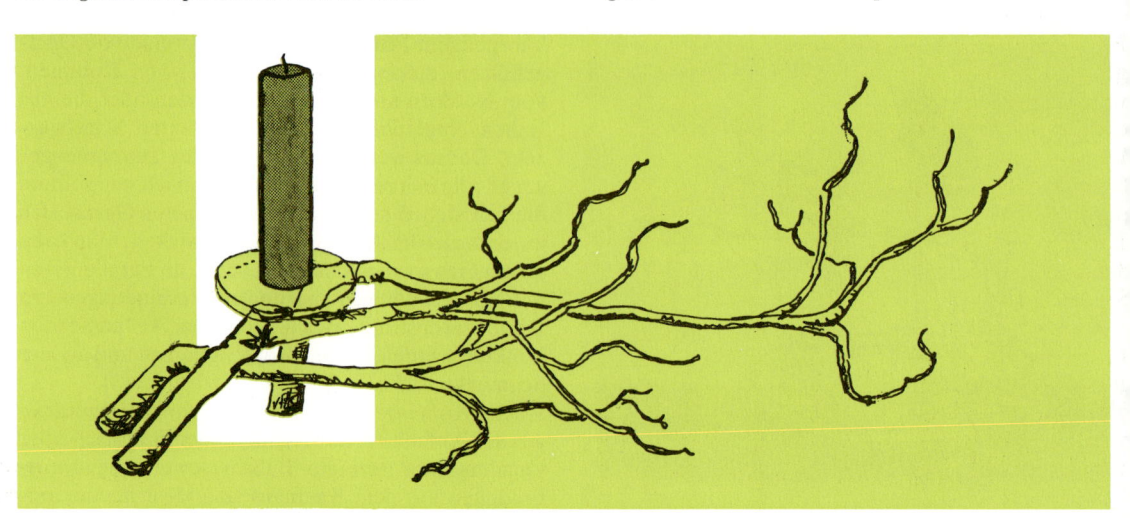

Abb. 262. Arbeitet man die Kerze zusammen mit Schmuckmitteln in eine gemeinsame Basis, wählt man am besten eine lange Kerze. Ansonsten wirkt vor allem auf einem Holzbrett eine dicke, kurze Kerze recht adventlich
Abb. 263: Rechts: Ein Adventsleuchter mit vier Kerzen. Das Holzkreuz ist aus Lattenstücken leicht zu basteln. Die Zapfenkugel bzw. ein dicker Pinienzapfen und Zweige geben den adventlichen Akzent

Rohr, das man ins Wasser legen muß und dann in Bögen und Verschlingungen biegen kann, wie man es wünscht; dazu nur wenige Blautannenzweige und evtl. einen kurzen Trieb *Ilex* (Abb. 264).
Die Glasplatten können goldfarben untersprüht, mit farbiger Folie unterlegt oder schwarz mit einer Dispersions- oder Metallfarbe gestrichen sein, damit die Tischdecke nicht schmutzig wird, wie es bei Verwendung von Plaka-Farbe geschehen würde. Die Schmuckmittel und Kerzen werden mit der gut klebenden Kunststoffknetmasse (z.B. knety oder Oasis-fix) aufgebracht oder in Sphagnummoosknäuel gesteckt, die mit abgewickelten Drähten oder Tesafilm auf der Kachel, der Glasplatte oder dem Glasbaustein befestigt sind. Noch schneller kann man arbeiten, wenn man ein Stück Oasis-sec mit knety oder Oasis-fix und Pinholder auf der Unterlage festklebt.

Abb. 264. Eine formal-lineare Gestaltung auf einem Glasbaustein oder Holzklotz

Geschenkpäckchen geeignet, weshalb man sie zum Nikolaustag oder für Weihnachten anbieten sollte (Abb. 265).

Und schließlich kann noch ein weiteres Material benutzt werden, um funktionell gute und gestalterisch sehr wirksame Halterungen für das winterliche Grün zu bilden, nämlich Draht. Am besten arbeitet es sich mit *Schweißdraht*, 90 cm lang und 3–6 mm dick. Diese Stücke werden zusammengebogen und zu Ständern zusammengefügt. Meist genügen zwei Teile, die mit Hilfe eines festen Sphagnummoosknäuels (etwa Faustgröße) und Wickeldraht genügend haltbar verbunden werden können. Die vier Drahtenden steckt man in das Moosknäuel, mit dem Wickeldraht werden die wieder heraustretenden Stücke fest verspannt. Abb. 266 zeigt vier Formen, die aus jeweils zwei Schweißdrähten zu biegen sind. Zum Biegen der Rundungen benutzt man zylindrische Gefäße (z. B. eine leere Würstchenbüchse oder eine grobe Keramikvase) als Hilfe. Auch bei der Gestaltung dieser

Abb. 265. Weihnachten ist die Zeit des Schenkens, so ist es sinnvoll, nette Kombinationen mit Geschenkpaketen anzubieten

In den Schaumstoff werden alle Schmuckmittel gesteckt. Angedrahtetes Material wird entweder angegabelt, oder man biegt das Drahtende zu einem kleinen Haken. Mit beiden Maßnahmen erreicht man, daß alles Gesteckte gut festsitzt. Will man die Kerzen allein stellen, genügt eine knety-Kugel, etwas dicker als die Kerze. Sie wird unter die Kerze gelegt und mit ihr an der Platte festgedrückt, so daß die Kerze einen Wulst um sich drückt. Nun wird die Knetmasse mit dünner Kordel in passender Farbe spiralig umkleidet. Die Kordel klebt auf der haltenden Masse und schmückt zugleich den Fuß der Kerze.

Weiterhin eignen sich auch aus Bast, Stroh, Schilf, Rohr, Weide und ähnlichen Materialien *geflochtene Teller, flache Schalen oder Körbe* sehr gut für die Gestaltung von Adventsschmuck. Das natürliche Material harmoniert gut mit dem Immergrün und den Früchten; die Steckbasis ist leicht mit abgewickelten, durch das Geflecht gesteckten Drähten zu befestigen. Größere Körbe sind obendrein trotz Arrangements zum Aufnehmen von Obst und Nüssen oder kleinen

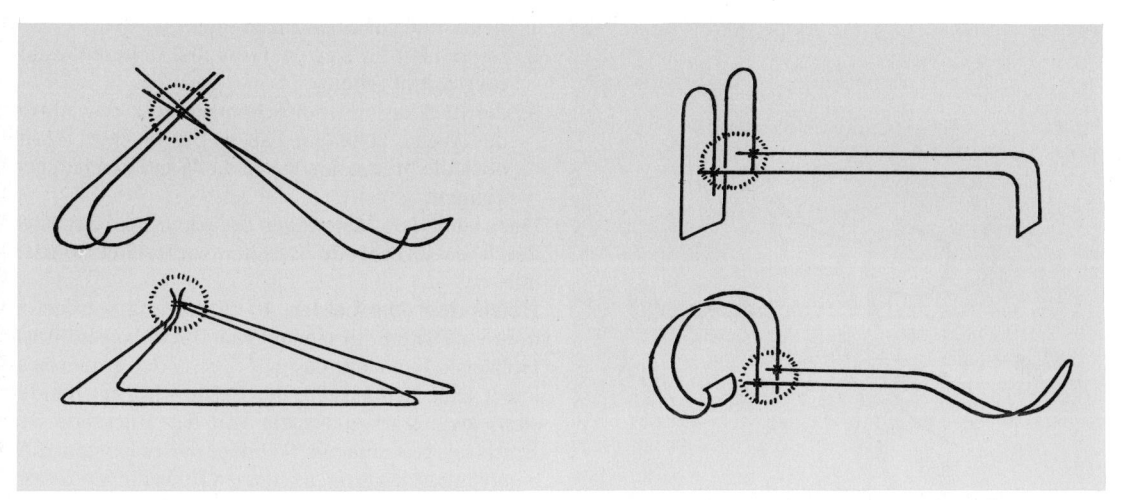

Abb. 266. (oben) Aus Schweißdraht gebogene Ständer
Abb. 267. (Mitte) Dem linearen Ständer gemäß muß auch die weitere Gestaltung sehr transparent und voll linearer Wirkung sein
Abb. 268 (unten) Durch ein Glas soll man auf Haselnüsse oder kleine Zapfen sehen, nicht auf Steck- oder Knetmasse

Ständer achte man auf die Kombination von Gegensätzen. Kurz zu lang, hoch zu niedrig, nach oben und nach unten gebogen usw. Der Draht kann vor dem Biegen mit Band umwickelt oder nach dem Biegen gestrichen oder bespritzt werden, damit er farblich und strukturell besser zu den weiteren Gestaltungsmitteln paßt (Abb. 267).

Daß man *Gefäße*, vor allem Teller, Schalen und Kelche aller Materialien, als Basis für ein Adventsarrangement verwenden kann, ist wohl selbstverständlich. Daß rauhe *Keramiken* oder *Metallgefäße* am besten mit dem winterlichen Werkstoff harmonieren, ist ebenfalls einleuchtend. Daß man aber auch *Gläser* sehr schön, vor allem zum Weihnachtsfest einsetzen kann, scheitert bei durchsichtigen Gläsern oft an der lässigen handwerklichen Ausführung. Wenn man durch die Gefäßwand die Knetmasse, Steckmasse oder unsauberes Moos sieht, ist die ganze Schönheit dahin! So wird die Steckmasse mit farblich passender Metallfolie umwickelt. Oder wie hübsch wäre es, wenn man kleine Zapfen oder Haselnüsse im Gefäß sieht, zwischen denen die Kerze und Zweige aufragen? Aus der Steckmasse wird ein Zylinder geschnitten, der etwas höher ist als das Gefäß, aber wesentlich schmaler als dessen Innenraum. Nun befestigt man die untere Walzenfläche am Gefäßboden mit knety und Pinholder und füllt den Hohlraum mit Nüssen oder kleinen Zapfen. Zum Stecken der Kerze und

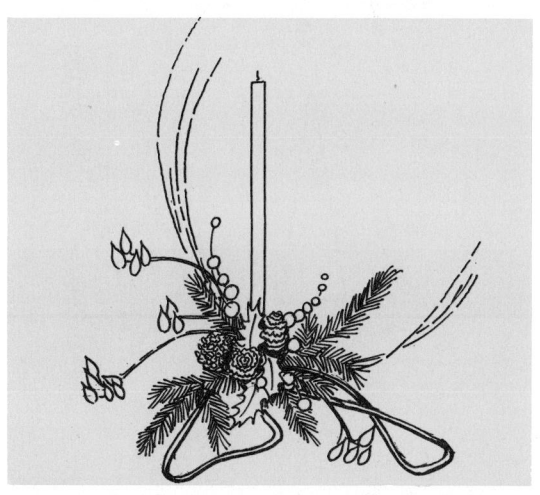

1. sicher und gut anzuhängen sein,
2. festen Halt für Kerzen, Grün und weitere Gestaltungsmittel geben,
3. die Steckbasis mit den Schmuckmitteln so weit von der Wand abhalten, daß weder feuchtes Moos noch die brennende Kerze die Wand beschädigen können.

Dazu sind viele Materialien brauchbar, die natürlich durch entsprechende Bastelei vorbereitet werden müssen:

Holzbretter oder Leisten, 40–60 cm lang, werden im unteren Drittel mit einem etwa 10 cm langen Stück Holzleiste benagelt, das 2 × 2 cm oder größer sein kann. Eine Schmalseite der Leiste wird mit mindestens zwei starken Nägeln von der Rückseite des Bretts aus festgenagelt. So bildet dieses Leistenstück einen haltenden Arm, auf dessen Ende die Steckbasis angebracht wird (Abb. 269).

Rechtwinklige Leistenkonstruktionen, frei variiert, führen zu phantasievollen Gerüsten, auf denen Kerzengruppen, Gruppierungen aus Schmuckmitteln, auch formal-lineare Gestecke placiert werden können (Abb. 269).

Abb. 270. Wandschmuck auf Weinreben oder knorrigen Ästen

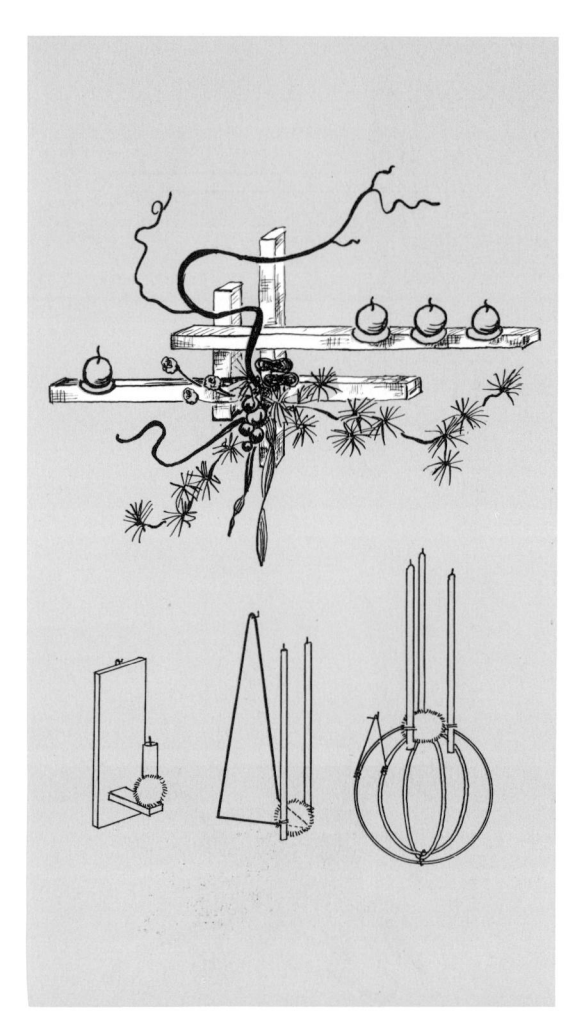

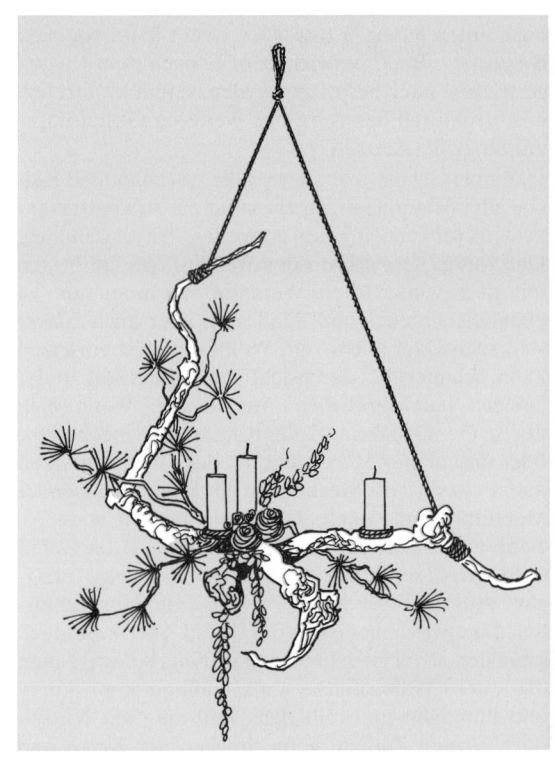

Abb. 269. Leisten, ein Brett, Schweißdraht und Adventskranzreifen als technische und gestalterische Hilfsmittel für adventlichen Wandschmuck

Zweige benötigt man die Steckmasse im Glas kaum, sondern den Teil über dem Glasrand. Wer mit Sumpfmoos arbeitet, schichtet außen Nüsse, innen Moos ein und fügt zum Schluß ein festumwickeltes Moosbällchen mit Steckdrahthaken oben auf; das ermöglicht eine schönere Gestaltung des Wuchsmittelpunkts und eine bessere Anordnung der seitlichen Partien (Abb. 268).

Technische Hilfen zum Hängen an die Wand und Gestaltungshinweise

Die Technik muß drei praktische Anforderungen erfüllen, nämlich

Abb. 271. Advent ist eine gute Gelegenheit, mit Formen zu experimentieren, so ist auch dieser Wandschmuck entstanden
Abb. 272. Plexiglasstreifen lassen sich vielfältig variieren. Hier sind sie in einem Dekoplex-Dekosystem eingeordnet

Glasplatten werden längs mit zwei Kordelbindungen versehen, an denen an einer Schmalseite eine lange Kordelschlaufe zum Aufhängen angebracht wird. So hängt zunächst einmal die Glasscheibe. Nun wird im unteren Drittel der Scheibe ein ziemlich großer Moosball an den Kordeln befestigt; das geht gut mit Steckdraht. Zur Sicherung windet man auch noch 1–2mal abgewickelten Steckdraht quer um die Platte und durch den Moosball. Die Kerzen werden nicht auf dem Moosball angebracht, sondern von vorn dagegen gesteckt. So hält die ganze Dicke der Moosbasis die Kerzen von der Wand ab.

Plexiglasplatten und Bänder können verschraubt oder auch mit Acryfix geklebt werden, wodurch man sehr interessante Unterformen bauen kann, die zu eleganten, weihnachtlichen Gestaltungen passen (Abb. 272).

Äste können an einer Kordel aufgehängt werden. Sie müssen jedoch recht krumm gewachsen sein, daß sie zwar an 2–3 Stellen der Wand anliegen, aber auch Partien von der Wand wegführen; auf diese kommen die Kerzen und die Steckbasis. Mitunter müssen zwei Äste zusammengenagelt oder gebunden werden, um die richtige Linienführung zu erhalten. Die Kordel, ein Stück von 80–150 cm Länge (je nach Größe und Form des Astes), wird mit den Enden an zwei Aststücken festgebunden. Hat man geprüft, daß der Ast gut hängt, wird dort eine Schleife geknüpft, wo der haltende Nagel oder Haken sitzen soll, damit das Arrangement nicht schief aufgehängt wird (Abb. 270).
Äste oder Stubben sind auch im Sinne moderner „floristischer Objekte" zusammenzustellen, so daß sich anhängbare Konstruktionen ergeben, auf denen man Kerzen und weitere Schmuckmittel befestigen kann. Dabei muß man nicht an Gestecke mit Wuchsmittelpunkten denken, sondern man schafft Gruppen, Reihungen, Parallelitäten und aufeinander abgestimmte Bewegungen (s. Seite 118 und 122), nutzt also auch andere Bindungsarten als nur die der Bewegungsmitte (s. Seite 106). Solche Gestaltungen sind immer Unikate (Einzelstücke). Sie werden von Kunden beachtet, die auch sonst Interesse am modernen kreativen Gestalten haben. Natürlich wendet man sich diesen Gestaltungen nicht in der arbeitsreichen Vorweihnachtszeit zu; die Konstruktionen können schon lange vorher angefertigt sein (Abb. 271).

Abb. 273. Hängender Adventsschmuck aus Kranzreifen

Schweißdraht kann sehr leicht zu einer funktionell ausgezeichneten Halterung für ein adventliches Schmuckgebinde zum Hängen gebogen werden. Der 90 cm lange Draht wird in der Mitte geknickt und zu einem schmalen V zusammengebogen. Die Enden werden etwa 10 cm lang rechtwinklig abgebogen und so gedreht, daß sie sich berühren. Dort wird nun die Steckbasis befestigt, die damit einen mindestens 5 cm weiten Abstand von der Wand bekommen hat. Wer aufwendige Formen aus Draht biegen will, mag dies mit starkem Draht von der Rolle versuchen, denn dann kann man die Länge des benötigten Endes selbst bestimmen und hat mehr gestalterische Möglichkeiten als beim Schweißdraht.

Drahtkranzbügel für Adventskränze eignen sich ebenfalls. Man steckt einfach drei von ihnen so zusammen, daß sie sich oben und unten kreuzen und zu einer Kugel fest verbunden werden können. Natürlich sind die Kranzbügel vorher mit Band umwickelt oder mit Alu- oder Goldfolie umkleidet worden. Hält man sie nun so gegen die Wand, daß die Pole senkrecht übereinander stehen, sieht man genau, wo an zwei Bügeln ein starker abgewickelter Steckdraht als Aufhänger festgemacht werden muß. Auf dem oberen Pol wird die Steckbasis angebracht (Abb. 269).

Technische Hilfen zum freien Hängen und Gestaltungshinweise

So wie *bizarr gewachsene Äste* die Gestaltung eines sehr schönen Wandschmucks ermöglichen, so können sie auch für Deckengehänge eingesetzt werden. Die Kordel muß nur an drei Stellen Halt geben. Beim Verknüpfen der Kordelstücke am oberen Aufhängepunkt achte man darauf, daß die Zweigteile nicht in einer Höhe hängen; es sieht viel lebendiger und interessanter aus, wenn ein Aststück einmal etwas tiefer herunterreicht, ein anderes höher ragt. Wo Kerzen und Steckbasen für Schmuckmittel angebracht werden, ergibt sich allein aus der Form des Astes oder der Astkombination. Bei allen Verbindungen oder Befestigungen vermeidet man häßliche Drahtumwicklungen; besser ist, man nagelt oder schraubt.

Kranzreifen oder Drahtringe können zu Kugel- oder Kranzformen zusammengenommen werden (Abb. 273). Wenn Verbindungen mit Draht vorgenommen werden müssen, nimmt man nicht Wickeldraht, sondern braun abgewickelten starken Steckdraht, der nur ein- bzw. zweimal herumgelegt und mit der Flachzange fest verdreht wird. Das gibt besseren Halt und sieht sauber aus. Die Steckbasen werden bevorzugt aus Sphagnummoos sein und nicht zu groß, weil die graphische Unterform mit zierlichen, lockeren Gestecken geschmückt werden muß. Die Aufhängungen aus Kordel oder Band, bei der Kugelform aus Sicherheit wegen der darunter sitzenden Kerze besser mit einer Kette, sollte schön verknüpft und verschlungen die Kranz- oder Kugelform nicht nur tatsächlich, sondern auch optisch gut halten.

Der Leistenstern wird aus sechs gleichlangen Leisten 2 × 2 cm und 60–75 cm lang entstehen, indem man zwei gleichseitige Dreiecke zimmert und diese zu ei-

Abb. 274. Das Holzkreuz ist eine funktionale praktische und gestalterisch gute Möglichkeit, adventliche Gestaltungen mit vier Kerzen zum Hängen herzustellen

Abb. 275. Kombination von Kugel und Kreuz als adventlicher Schmuck zum Aufhängen.
Abb. 276. Ein dicker Bambusabschnitt ist aufgehängt worden und Ausgangsform eines hängenden Adventsschmucks.

Schmuckgruppen sein werden. Zapfentuffs und – wenn man will – auch Glaskugeln betonen die Mitte dieser Gruppierungen. Koniferenzweige, Schmuckformen wie Lärchenzweige mit Zapfen oder Eukalyptustriebe übernehmen die spielerische Auflösung durch weit in den Raum schwingende Linien. Der somit entstehende Kontrast zwischen der runden Kugelform in der Mitte und den linear gestalteten Kerzengruppen wirkt besonders reizvoll. Doch man denke daran, daß man schräg von unten gegen diese Arbeit sieht; die Zweige müssen also auch seitlich nach unten führen. Außerdem kann man als Abrundung, Blickpunkt und „Gewichtsausgleich" unter jedem Kerzenarrangement einen großen Pinienzapfen anbringen.

Und schließlich gibt es noch viele weitere Möglichkeiten, mit denen man hängenden Adventsschmuck ge-

nem Stern übereinander nagelt. Dieser Stern wird an vier Stellen waagerecht an Kordeln aufgehängt, vier Kerzen und zwei Moosknäul mit Immergrün und Zapfen werden an den passenden Stellen angebracht, und fertig ist ein stimmungsvoller Adventsschmuck zum Hängen.

Auch das einfache Holzkreuz kann in entsprechender Größe gearbeitet und aufgehängt werden. Moospolster auf und unter dem Kreuzungspunkt nehmen die Zweige und Fruchtformen auf, und die Kerzen stehen an den Enden der Kreuzarme auf Nägeln (Abb. 274). Eine aufwendige, aber sehr schöne Abwandlung wäre die Kombination dieses Holzkreuzes mit der aus Blaufichte behafteten Styroporkugel (Abb. 275). Es muß eine große Hohlkugel sein, Durchmesser 30 cm, bestehend aus zwei Hälften. Bevor die Kugelhälften passend eingeschnitten, aufgesteckt und mit Steckdrahthaken zusammengesteckt werden, bindet man eine Kordel fest um das Holzkreuz, an der das Werkstück aufgehängt wird. Nun können die sichtbaren Holzarme mit Kordel oder Band umwickelt werden oder man streicht sie einfach nur mit Farbe oder Beize. Die Kunststoffkugel wird zunächst mit dem grünen Plastikband, das man zum Abwickeln der Römerunterlagen verwendet, umwickelt und dann mit Blaufichtenspitzen behaftet. Man beginnt oben und haftet unten zum Schluß ein paar Spitzen überkreuz, damit ein sauberer Abschluß entsteht. Nun kommen auf die Leistenenden kleine Sphagnummoosbälle, welche Basis für die Kerzen und frei gestaltete

stalten kann: man kann Räder aufhängen, mit Holzringen aus Sperrholz, mit solchen aus Plexiglas oder anderem Kunststoff arbeiten, Äste oder Wurzeln zu Ringformen oder Baumscheiben zum Kreis zusammennageln, mit frei variierten Gerüsten aus Leisten, Stäben, Draht oder Blechstreifen kombinieren, Rohre senkrecht aufhängen (Abb. 276) und vieles mehr; dem schöpferischen Floristen sind nur Grenzen durch die Anforderungen der Zweckbestimmung und durch die bildnerischen Möglichkeiten des Materials gegeben. Man denke also bei allen Experimenten an Zweckgerechtigkeit, Materialgerechtigkeit, Werkgerechtigkeit und Wahrhaftigkeit sowie an stilistische Klarheit (s. Seite 137f.), und das Werk wird gelingen.

Weihnachtlicher Kerzenschmuck mit frischen Blumen

Blumen sind seit jeher Begleiter der Feste. So gehören auch Blumen zum Weihnachtsfest und das um so mehr, als überlieferte Bräuche das Blühen im Winter als glückhaftes Vorzeichen für die künftige Zeit ansehen. So holt man am Tage der Heiligen Barbara, am 4. Dezember, Zweige von Kirscharten, Forsythien und anderen blühwilligen Gehölzen in das Haus. Blühen diese Zweige in der Heiligen Nacht, wird die Zukunft voll Glück und Segen sein. So sollen viele andere Blumen auch Freude und Glück in die Weihnachtsstuben bringen.

Passende Blumen, die sich besonders gut dazu eignen, mit Kerzen und Zweigen in einem Arrangement zusammengefügt zu werden, sind Weihnachtssterne *(Euphórbia pulchérrima)* und *Euphórbia fúlgens*, Christrosen *(Helléborus níger)* und Rosen, Alpenveilchenblüten und blühende Begonientriebe, Orchideenrispen – oder einzelne Orchideenblüten, blühende Zweige der *Hamamélis*, von *Prúnus-* oder *Málus-*Arten und anderen Gehölzen. Natürlich kann man auch noch weitere schöne Frühlingsblüher wie Maiglöckchen oder weiße Narzissen, Tulpen und Anemonen oder Veilchen mit Freesien wählen; schließlich wird ja das Weihnachtsfest auch im Hinblick auf eine Erneuerung des Lebens gefeiert. Wir symbolisieren das mit dem Immergrün und den Fruchtformen. Die Blüten sprechen noch deutlicher aus, was in den genannten Schmuckmitteln nur angedeutet wird. Dennoch sollte man Blumen, deren Charakter allzu sehr vom Weihnachtlichen wegführt, nicht für Arrangements zum Weihnachtsfest wählen. Die gelbe Osterglocke gehört zum Osterfest. Chrysantheme, Nelke und *Íris* sind während des ganzen Jahres so bestimmend, daß sie das Besondere zur Weihnacht nicht ausdrücken können. Orchideen sind passend, weil sie dem hohen Fest durch ihre Besonderheit entsprechen. Außerdem kann man Orchideen sehr wirkungsvoll einzeln oder in sehr geringer Zahl einfügen. Gerade das ist notwendig bei der Kombination von Schnittblumen mit Koniferengrün und Kerzen (Abb. 277).

Die Kerze oder Kerzengruppe als weihnachtliches Attribut muß dominieren; die Blumen ergänzen genauso wie das Grün, die Fruchtformen und das Band. Natürlich geht die Wahl der Schmuckmittel von dem Gesichtspunkt aus: was paßt zur Blume? Insofern entscheidet die Blume weitgehend über Farb- und Formgebung des Arrangements. Auch technisch stellt sie Forderungen: sie will frisches Wasser!

Für die Schnittblumen liefert man *frisches Wasser* mit, indem man Glasröhrchen oder Kunststoff-Steckröhrchen einsetzt. Auch beim Stecken in Moos sollte man so verfahren. Die Blumen lassen sich besser pflegen und sind im Wasser länger frisch zu halten als nur in Moos gesteckt. Wenn man mit wasserhaltender Steckmasse in Gefäßen arrangiert, sind Steckröhrchen unnötig. Nur die Weihnachtssterne und die Orchideen sind auch hier besser in klares Wasser zu stellen, nämlich in Steckröhrchen, die in die Steckmasse gedrückt werden.

In jedem Falle muß dem Kunden eine gute *Pflegeanweisung* mitgegeben werden. Das heißt, es muß auf die Glasröhrchen aufmerksam gemacht werden, damit der Kunde das Wasser täglich mindestens einmal kontrolliert und ergänzt. Auch wenn *Pflanzen mit*

Abb. 277. Frische Blumen können auch in größere adventliche Gruppierungen eingefügt werden, sie sind in jedem Falle nur begleitende Formen für die Kerzen

Abb. 278. Kleine, schiefgewachsene Weihnachtssterne sind gut geeignet für eine Schmuckgestaltung mit Kerzen

Wurzelballen eingearbeitet sind, muß darauf hingewiesen werden, damit dieser Bereich der Wurzeln feucht gehalten wird. Man wählt dann gern rankende Formen wie Efeu, *Fícus púmila* und *Sédum*-Arten, oder sammelnde Formen wie Echeverien, *Sempervívum*, Chryptanthen u. a. Auch niedrig gewachsene Weihnachtssterne sollte man als Pflanze einarbeiten, d. h., der Topfballen wird von allzuviel Erde befreit, in Sphagnummoos gewickelt und an die Steckbasis gebunden (Abb. 278). Beim Stecken der Zweige und der angedrahteten Fruchtformen vermeide man, den Topfballen zu zerstechen.

Die wichtigsten Gestaltungsregeln im Überblick

Zwar sind die Gestaltungsgesetze im Kapitel „Allgemeine Grundlagen der Gestaltung" ausführlich behandelt, doch sollen hier die wichtigsten Gesetzmäßigkeiten herausgestellt werden. Dies ist notwendig, damit die Verknüpfung der Blumenschmuckkunde mit den Gestaltungsgrundlagen erleichtert wird.

1. *Die Auswahl der Gestaltungsmittel* und ihre Zusammenstellung sind maßgebend für den Stimmungsgehalt und die Aussagekraft des Arrangements. Man muß die Eigenschaften Farbe, Form, Bewegung und Stofflichkeit sowie den Charakter erkennen und die passenden Partner suchen. Dabei entscheiden folgende Gesichtspunkte:
   – Gleichheiten verbinden.
   – Charakterliche Gleichheit bzw. Wesensverwandtschaft ist wichtig.
   – Gegensätze bringen Spannung und Leben in die Zusammenstellung.
2. *Das Gesetz der Beschränkung* beachten: Das heißt nicht, daß man nur wenig Arten oder wenig Teile nehmen soll, sondern man muß die Teile so auswählen, daß man Artengleiches zusammenfassen kann oder farblich Gleiches (z. B. rote Kerze, rote Paprika und rotgefärbte *Achilléa*) sich optisch zu Farbengruppen zusammenschließt. Somit kommt nicht die Zahl der Teile oder Arten zur Geltung, sondern die Zusammenschlüsse werden zu Wirkungseinheiten. Deshalb darf man z. B. nicht je ein Exemplar von 6 verschiedenen Zapfenformen nehmen, sondern man soll zu nur 2–3 Arten greifen, die recht gegensätzlich geformt sind. Die Stückzahl muß jedoch größer sein. Mit den Grünarten und anderen Materialgruppen verfährt man ebenso.
3. *Übersicht und Ordnung schaffen durch Gliederungen.* Die gewählten Materialien nicht vereinzelt und gemischt anordnen, sondern in Gruppen bzw. Staffelungen zusammenfassen (Abb. 279).

Abb. 279. Alle Schmuckmittel werden bereits in Gruppen zusammengefaßt; hier gilt nicht das Prinzip der Streuung!

4. *Zwischen den Gruppen freie Räume lassen.* In dichter Fülle geht die Schönheit der Teilformen verloren. Deshalb sollen zwischen den Staffelungen Räume frei bleiben, damit das Auge um die Formen herumwandern und so die ganze Schönheit erkennen kann.
5. *Rangordnung der Gruppen herausstellen.* Die Einzelteile bzw. Gruppen müssen unterschiedlich in ihrer Geltung sein. Bei gleicher Geltungsforderung würden sie konkurrieren, nur bei unterschiedlicher Bedeutung fügen sie sich in die neue Gestaltungseinheit ein. Bedeutungsmäßig spielt bei der Gestaltung von weihnachtlichen Arrangements die Kerze bzw. die Kerzengruppe die erste Rolle, deshalb bekommt sie häufig den bevorzugten Platz in der Hauptachse des Arrangements. Alle anderen Zutaten begleiten die Kerze und erhalten untereinander verschiedene Geltung (Abb. 280).
6. *Wird die Kerze extra gestellt,* so muß man wirkungsvolle Beziehungen zwischen ihr und dem

Abb. 280. Drei Stechapfelgruppen, doch sie sind von unterschiedlicher Geltung. So entsteht eine Blickführung und harmonische Einfügung

Abb. 281. Hier entscheiden die Bewegungen und die Wiederholung der Arten über die innige Verbindung von Gestecken und Kerze

Schmuckgesteck schaffen; z.B. durch Farbgleichheit zwischen Kerze und weiteren Gestaltungsmitteln, durch Hinwendung der Zweigbewegungen zur Kerze und durch Anbringen einiger schon vorhandener Schmuckmittel (Zapfen, Baumpilze, Flechten) auch an der Basis der Kerze (Abb. 281).
7. *Den Wuchsmittelpunkt gut ausgestalten.* Die verbindende Kraft des Bewegungsmittelpunkts und die sammelnde Kraft runder oder großer Fruchtformen muß gestalterisch genutzt werden, um die vielen einzelnen Gestaltungsmittel zu einem neuen organischen Ganzen zu verknüpfen.
8. *Andere Bindungsarten* wie Reihungen, Parallelitäten, Ausgleich durch Gegenbewegung, Gegengewicht, Dreiecksbeziehungen u.a. (s. Seite 116) überall dort beachten, wo in freien Kompositionen nicht das traditionelle Gesteck mit der Bindung durch den Wuchsmittelpunkt gestaltet, sondern in anderer Weise kombiniert wird (z.B. Abb. 271).
9. *Räumlich gestalten.* Auch wenn wir eine Hauptansicht ausbilden, darf keine „Rückwand" entstehen. Der Raum muß ganz genutzt werden, d.h., Staffelungen richten sich nach vorn und nach hinten, nach rechts und links sowie nach oben und unten. Auch beim Arrangieren auf flachen Unterlagen (Glasplatten, Holzbrettern, Kacheln oder Flechttellern) kann durch die Steckbasis (Moosball oder knety mit Trockensteckmasse) etwas Höhe gewonnen werden, so

daß die Zweige und Schmuckformen auch von oben seitlich nach unten schwingend angeordnet werden können. Bei hängenden Arrangements sollte das Hängen betont und gestalterisch durch herabfließende Schmuckformen genutzt werden. Überschneidungen nutzen, um Räumlichkeit betont sichtbar zu machen (s. Seite 104).

10. *Das optische Gleichgewicht beachten.* Von allen Seiten gesehen muß das Arrangement ausgewogen wirken. Es darf nicht auf einer Seite stärker belastet erscheinen als auf der anderen.
11. *Die natürliche Wuchsbewegung berücksichtigen,* indem Zweige, Blumen, Fruchtformen möglichst so gesteckt werden, wie sie wachsen würden.
12. *Die Bewegungsführung* linearer Formen so wählen, daß Räume umfaßt werden, daß ein Miteinander oder Ineinander spürbar wird und die Linien nicht einfach strahlig auseinanderlaufen (s. Seite 122).
13. *Funktionell Wichtiges betonen* bzw. wirkungsvoll in die Gesamtgestaltung einbeziehen. Z. B. bleibt die Halterung der Kerze unsichtbar, wenn man nur Drahtstücke einschmilzt. Es soll aber das Halten dargestellt werden, also werden in diesem Falle die Kerzen unten mit Kordel, Band oder Folie umwickelt. Man kann mit Uhu Flechtenstückchen gegen die Kerzenbasis kleben oder man läßt die Kerze von kleinen Baumpilzen oder Zapfen umwachsen. Die Aufhängung eines Adventskranzes soll nicht nur fest sein, sie muß auch fest aussehen! Ein Brettchen als Basis für ein Arrangement muß in seiner ganzen Form zu erkennen sein, damit man sieht, was dem Gesteck Standfestigkeit gibt. Geschmückte Leuchter müssen in der ganzen Gestalt voll wirksam bleiben (Abb. 282).
14. *Zweckgerechtigkeit ist wichtig.* Die Auswahl der Mittel, die Art der Gestaltung, also Detail und Ganzheit, sind nur richtig und schön, wenn sie sinnvoll sind. Jedes kreative Gestalten ist eine geistige Leistung; auch beim Schaffen adventlicher und weihnachtlicher Schmuckgestaltungen genügen nicht Gefühl, Routine oder Experimentierfreude!

Abb. 282. Leuchter dürfen nicht zu üppig „beladen" werden mit Schmuckmitteln

Zur Vertiefung
1. Stellen Sie für folgende Gruppen adventlicher Gestaltungsmittel die vollen botanischen Namen mit Familienzugehörigkeit zusammen:
   a) immergrüne Gehölze,
   b) Zapfen,
   c) andere Trockenformen,
   d) interessante Zweigformen.

Es sollen wenigstens 10 Namen je Gruppe genannt werden.

2. Stellen Sie für folgende adventliche Schmuckarrangements die Gestaltungsmittel zusammen:
   a) ein Früchtestab als Tischdekoration mit 4 roten Kerzen,
   b) ein formal-linear gestaltetes Arrangement auf gelbem Glasbaustein,
   c) ein sehr naturhaft wirkendes Gesteck auf einer bizarren Wurzel,
   d) ein aufgehängtes Aststück, weißgraues Holz, vom Wasser glattgewaschen,
   e) ein Wandkränzchen als Schmuck an eine Kaminwand aus hell-mittelbraunen Holländerziegeln.

Geben Sie dazu jeweils die gewählten Farbtöne und Farbharmonien an.

3. Es sollen weihnachtliche Arrangements mit frischen Blumen gestaltet werden. Nennen Sie zu folgenden Blumen die passenden Zuordnungen von Kerzen, Gefäßen oder anderen Halterungen sowie Immergrün, Fruchtformen usw.:
   a) kräftig orangerote *Euphórbia fúlgens*,
   b) zartrosafarbige Kamelien an Zweigen,
   c) goldgelb blühende *Hamamélis*-Zweige,
   d) rote Rosen ('Baccara'),
   e) Maiglöckchen,
   f) violette Dendrobien *(Dendróbium phalaenópsis)*.
4. Beschreiben Sie fünf verschiedene Techniken, um Kerzen zu befestigen.
5. Bauen Sie aus Vierkantleisten drei verschiedene, freigestaltete Modelle von Ständerformen zum Stellen und Hängen.

8 Brautsträuße

8.1 Zeitgemäßer Brautschmuck

Die Brautstraußmode wandelt sich

Der Blumenstrauß als Brautschmuck ist gar nicht so alt, wie man denkt. Erst in der Mitte des vorigen Jahrhunderts bürgerte es sich ein, daß die Braut Blumen als Schmuck in der Hand trägt. Vorher heiratete man in der ortsüblichen *Tracht,* die zum Brautstaat durch den Brauchtumsbrautschmuck wurde, wie z.B. durch Brautkronen aus Perlen, Goldplättchen, Tüllblüten und langen bunten Bändern oder reich verzierte Hauben, die zu einer bestimmten Haartracht getragen wurden. Hatte die Braut Blumen am Brusttuch oder in der Hand, so waren es meist Lavendel, Thymian, Rosmarin u.a., die weniger schmücken, als vielmehr die Braut während der Zeremonie durch den Duft erfrischen sollten. Bräute aus Adelshäusern oder reichem Bürgerstande heirateten im modischen Festkleid, zu dem in jedem Falle, so auch zur Hochzeit, der Blumenschmuck am Kleid oder im Haar gehörte.

Es gibt also keine Tradition in bezug auf die Gestaltung des Blumenschmucks der Braut. Der Brautstrauß war seit eh und je eine modische Beigabe. Als solche ist er *Veränderungen der Mode* unterworfen, und er drückt wie die Mode selbst die Einstellung des Menschen zur Zeit, zur Umwelt und zu sich selbst aus.

Wenn man die Entwicklung des Brautstraußes verfolgt, so kann man sagen, daß man bis zu den Jahren 1930–40 etwa durchaus von modischen und stilgerechten Brautsträußen sprechen kann. Nach dem Krieg (1945) mußten die geistigen und gesellschaftlichen Umwandlungen erst ausreifen, ehe eine Brautstraußmode gefunden werden konnte, die der neuen Zeit entspricht; und das ist jetzt der Fall. Seit etwa 1960 kann man von einer modernen Brautstraußgestaltung sprechen. Der Florist muß entsprechend lernen, will er die Anforderungen seiner Zeit erfüllen. So wird auch das, was hier geschrieben wird, nichts Endgültiges sein. Deshalb wird auf grundlegende Überlegungen und auf etliche Möglichkeiten der Brautstraußgestaltung bzw. -technik hingewiesen werden, damit der Florist darauf aufbauend in Zukunft selbst Zeitgemäßes entwickeln kann.

Der Brautstrauß hat sich in den vergangenen 100 Jahren wie folgt verändert: Um die Mitte des vorigen Jahrhunderts trug die Braut den kleinen, rund und geschlossen geformten Strauß aus kurzstieligen Blumen, mit einer Tüllmanschette fest umgeben, wie wir ihn heute noch als *Biedermeierstrauß* kennen. Gegen Ende des vorigen Jahrhunderts führte der sich entwickelnde Wohlstand in der Kaiserzeit zu Übertreibungen in der Größe. Es wurden flache, scheibenartige Gebilde aus angedrahteten Blumen gebunden, mit kostbaren Spitzen eingefaßt. Man kann diese Form als „*Tellerstrauß*" bezeichnen. Dieser Strauß war weniger Brautschmuck als vielmehr Repräsentationsobjekt. Viele Bräute konnten sich solche kostbaren Gebilde nicht leisten, wollten aber dennoch so ausstaffiert sein. Deshalb gingen sie in den Papierladen und kauften sich den „Brautstrauß" aus Papierblumen!

Nach der Jahrhundertwende führte die Entwicklung des Gartenbaus in Deutschland und die Einfuhr von Schnittblumen zu einem größeren und vor allem ganzjährigen Angebot langstieliger Schnittblumen. Damit konnte ein neuer Typ des Brautstraußes entstehen, der den Wunsch nach Prachtentfaltung noch besser erfüllte, der „*Wasserfall*". Nelken oder Rosen – meist weiß, allenfalls zartrosa oder hellgelb – auch Calla *(Zantedéschia)* oder Maiglöckchen wurden mit vielem Grüngerank aus Myrte oder Zierspargel unter Einsatz von feinem und stärkerem Draht zu wahren Blumenkaskaden zusammengebunden, die zur Drapierung des langen Rocks und der Schleppe am Kleid sehr gut paßten. Der Strauß wurde in beiden Händen gehalten, so daß man die ganze Blütenpracht vor der Braut sah. Die Stiele waren entsprechend gerichtet, daß sie bequem von oben nach unten durch die Hände liefen, und dennoch zeigten die Blumen – bis auf wenige kurz eingebundene – nicht nach oben, sondern nach vorn und unten. Breites Atlasband in Schleifen und lang herabfließende Bänder ergänzten formal und materiell in schöner Weise diesen Brautschmuck (Abb. 283).

Später, nach dem 1. Weltkrieg, wurden die Röcke kürzer, zum modischen Kleid der zwanziger Jahre paßte der lange, üppige Strauß nicht mehr. Mit der glatten, taillelosen Linie des Kleides und dem Bubikopf harmonierten die geraden Blumenstiele besser als die Blüten. Also legte die Braut wenige langstielige Blumen, Flieder oder Calla *(Zantedéschia)*, Rosen oder Nelken in den Arm, so daß die Blüten von vorn gesehen weniger zur Wirkung kamen als das Bündel der Stiele. Dies war der *Armstrauß*, ein damals sehr gut passendes modisches Attribut.

Ging die Braut der zwanziger Jahre jedoch mit einem langen Kleid in die Kirche, so wurde auch der Strauß lang gebunden. Beide Straußformen bestanden also zu Recht nebeneinander. Daß sich im Laufe der Zeit aus beiden Formen eine Mischung entwickelt hat, die weder „Wasserfall" noch Armstrauß war, hat mehrere Ursachen. Die eine liegt in der geistigen Entwicklung: Mit der sich durchsetzenden Wertschätzung der Natur und des Natürlichen, Ungekünstelten lehnte man den Draht an Blumen ab. Zum richtigen Gestalten des „Wasserfall"-Straußes gehört aber Draht als Hilfsmittel. Folglich war es technisch gar nicht möglich, die schön herabfließenden Blumenkaskaden zu arbeiten. Daß man den schräg gebundenen Strauß aus 20 oder mehr Rosen der Jahre 1940–1960 dennoch „Wasserfall" nannte, ist eine gedankenlose Verbindung des Begriffes mit falschen Vorstellungen. Der zweite Grund der „Entartung" des Brautstraußes ist darin zu suchen, daß sich die Zahl der Blumengeschäfte seit den zwanziger Jahren beträchtlich vermehrt hatte, die Zahl der guten Fachleute und Blumenbinder aber nicht in gleichem Maße gewachsen war. Erst in neuerer Zeit gibt es ausreichend Kurzlehrgänge, Demonstrationsvorträge und Jahreskurse, die allen Interessierten über eine Lehre hinaus Schulungsmöglichkeiten bieten.

Der Brautstrauß heute will nicht mehr dekorativ sein wie der „Wasserfall", sondern er will die Braut attraktiv machen. Er ist nicht mehr Aushängeschild für die gesellschaftliche Stellung der Eltern, sondern er ist individueller Schmuck der Persönlichkeit der Braut. Außerdem geht es nicht um die Natürlichkeit der Blume, sondern es geht um die Schönheit der Braut. Selbstverständlich werden auch repräsentative Maßstäbe wirksam – das liegt in der Natur des Menschen – doch schließen sie das Eingehen auf den Typ der Braut nicht aus. Kurzum, die Braut selbst setzt die Maßstäbe. Diese muß der Florist erkennen.

Der Florist muß beraten

Die moderne Brautstraußgestaltung beginnt bereits beim *Verkaufsgespräch*. Oft weiß der Kunde nur, daß er einen Brautstrauß braucht, hat jedoch keine genauen Vorstellungen von dem Strauß selbst. In den Brautmodeheften findet man höchst selten Darstellungen von Bräuten mit guten Brautsträußen. Hier und da findet man schon einmal eine Modenschau, wo auch Brautmoden mit Brautsträußen gezeigt werden, doch leider geschieht das viel zu selten. Die Unsicherheit ist also groß. Doch wer möchte seine Unsicherheit zugeben? Also tritt der Kunde forsch auf und verlangt die obligatorischen roten Rosen! Nun wäre es falsch, wenn der Florist meint: Na ja, was der Kunde haben will, soll er bekommen! Im Grunde will er ja gar nicht die Rosen, sondern er will den Strauß, der gefällt. Er weiß nur nicht, daß vielleicht eine andere Blumenart, vor allem eine individuell abge-

Abb. 283. Die Braut um 1910 mit dem „Wasserfall"

Abb. 284. Obgleich bei diesem weit gerafften Rock des Brautkleides der Brautstrauß breit ausschwingende Partien haben darf, soll er doch nicht wichtige Körperlinien verdecken. Der Strauß links ist zu hoch, zu breit, zu voll und unschön proportioniert

stimmte Blumenzusammenstellung viel mehr gefallen würde, weil sie nämlich auch viel besser zur Braut paßt. Mitunter muß der Florist sogar unpassende Blumenwünsche, die durch ein Illustriertenbild angeregt sein können, umlenken auf die mit dem Typ der Braut harmonierenden Blumen. So erfordert das Verkaufsgespräch bei der Bestellung eines Brautstraußes den gut ausgebildeten Fachmann sowie den Menschen mit Einfühlungsvermögen und Sicherheit im Urteil.

Als *Beratungshilfen* stehen ihm Brautstraußprospekte, Fachbücher mit guten Abbildungen unterschiedlicher Brautschmuckgestaltungen und, wenn möglich, eigene Bildersammlungen von Fotos, Skizzen und ausgeschnittenen Abbildungen aus Fachzeitschriften und Illustrierten zur Verfügung.

Um jedoch richtig beraten zu können, braucht man nicht nur Phantasie, Vorstellungsgabe, Überzeugungskraft, Materialkenntnis und sonstiges Fachwissen, *der Florist muß auch die Braut kennen*, zumindest muß er einige Angaben über sie erhalten. Ein Schneider muß ebenfalls die Maße haben, will er ein passendes Kleid arbeiten.

Die Maße, nach denen der Brautstrauß „geschneidert" wird, heißen:
1. Äußere Erscheinung der Braut, Größe und Statur.
2. Das Wesen der Braut, wir sprechen auch vom Typ.
3. Das Alter der Braut, d. h. ob jugendlich oder reifer und gesetzter.
4. Die Farben der Braut, Haar und Teint.
5. Das Kleid der Braut, Schnitt, Farbe und Stoffart.
6. Art der Hochzeit.
7. Lieblingsblumen und Lieblingsfarben können eventuell auch berücksichtigt werden.

Die nächsten Abschnitte werden zeigen, wie der Florist dieses Wissen umsetzt in die individuelle, moderne und schöne Brautschmuckgestaltung.

8.2 Welche Anforderungen muß der Brautstrauß erfüllen?

Unsere Arbeit ist sinnvoll, wenn sie dem Zweck entspricht. Nur was sinnvoll ist, kann auch schön sein. So führt also eine den Anforderungen gemäße Gestal-

tung zum schönen Brautstrauß. Der Brautstrauß muß sieben Anforderungen erfüllen:
1. Er muß zum Anlaß passen.
2. Er muß die Braut schmücken.
3. Er muß bequem zu tragen sein.
4. Er muß die Form behalten.
5. Die Blumen müssen so lange wie nötig frisch bleiben.
6. Er darf nichts beschmutzen oder anderweitig beschädigen.
7. Er muß sein Geld wert sein!

Der Anlaß als Maßstab
Die Hochzeit ist ein hohes Fest im Leben des Menschen, voll Ernst, Würde und Feierlichkeit, freilich mit freudigen Akzenten. Das Festlich-Frohe wird durch bunte Farben und rhythmisch beschwingte Straußformen betont, dennoch sollte eine gewisse Verhaltenheit durch die Wahl einer nicht zu kontrastreichen Farbharmonie der Feierlichkeit der Zeremonie Rechnung tragen, vor allem bei Sträußen für die kirchliche Trauung. Auch allzu närrische Einfälle hinsichtlich Materialwahl (knorrige Aststücke, Bastzöpfe oder vergoldete Drahtschleifen) sowie offensichtlich gesuchte modische Extravaganzen entsprechen kaum der Würde des Anlasses. Und was sollen z. B. Filmrollen oder Radioröhren, Metallspäne und andere Zeichen irgend einer Berufszugehörigkeit in einem Brautstrauß? Die Forderung nach Zweckgerechtigkeit sowie die der wesens- und wertmäßigen Zuordnung dürfen nicht vergessen werden!

Abb. 285. Die formale Parallele zur fraulichen Figur ist der Strauß in Tropfenform (links) oder entsprechend Teilen des Tropfens (rechts)

Der Strauß soll schmücken
Schmücken kann nur, was paßt. Ein Schmuckstück soll betonen, unterstreichen, zieren, ergänzen, vervollständigen. So auch der Brautstrauß. Welche Eigenheit der Braut man betonen will, in welche Richtung man ergänzt und zu welchem Bild man die Erscheinung der Braut vervollständigt, liegt an dem Einfühlungsvermögen des Floristen, an seinem Vorstellungsvermögen und Einfallsreichtum. Findet er den richtigen Vorschlag und arbeitet er das passende „Schmuckstück", wird sein Kunde nicht nur zufrieden, sondern begeistert sein.
Die erfragten – oder besser noch selbst festgestellten – Eigenschaften der Braut sind Richtlinien für die Planung, nämlich Statur, Typ, Alter, Farbigkeit und Kleid. Wenn im folgenden über diese Eigenschaftsgruppen im einzelnen geschrieben wird, muß jedoch bemerkt werden, daß sie immer nur zusammengefaßt wirken. Die Wesensausstrahlung der Braut kann z. B. dazu führen, daß gegebene Hinweise bezüglich Respektierung der Altersgruppe nicht gelten.

Der Strauß muß zur Statur passen. Die Menge der Blumen, die Ausdehnung des Straußes und die Einzelgröße der Blumen müssen im richtigen Verhältnis zu der körperlichen Erscheinung der Braut stehen.
Ausdehnung des Straußes. Es dürfen keinesfalls Körperpartien (Taillenbreite, Armlinie) zugedeckt werden, denn die Figur der Braut ist das Primäre, und sie muß ganz zu verfolgen sein (Abb. 284). Wohl dürfen einzelne Staffelungen und Gerank die seitlichen Körperlinien überspielen, jedoch sollen sie nicht nach beiden Seiten ausgedehnt sein. Da der Strauß rechts getragen wird, soll auch nur die rechte Körpergrenze überschritten werden, sonst wäre der Strauß zu breit. Brustlinie und Saum des Kleides dürfen nicht von Blüten oder Zweigen und Bändern überragt werden. Die höchste Ausdehnung des Straußes kann etwas über der Taille enden, die tiefste Ausdehnung soll, wenn ein kurzes Kleid getragen wird, etwa 1,5–2mal so groß wie die aufragende Partie sein (vom Bewegungsmittelpunkt über der haltenden Hand gemessen).
Die Form des Straußes harmoniert am besten mit der Statur der Braut, wenn sie nach dem Gesichtspunkt der verbindenden Gleichheit gebildet ist. Betrachtet man den weiblichen Körper, so kann man von der Taille nach unten leicht eine Tropfenform einzeichnen (Abb. 285). Die umgekehrte Tropfenform ist damit auch die richtige Umrißform für den auf die menschliche Figur bezogenen Blumenschmuck, der vor dem Körper getragen wird. Auch aus der Tropfenform entwickelte Teilformen wie die Kuppel- oder

Bogenform entsprechen der formalen Übereinstimmung zwischen Braut und Brautstrauß. Dreiecksformen, wie sie teils auch heute angeboten werden, passen nicht gut zur menschlichen Figur (Abb. 285).

Körpergröße der Braut. Zur großen, stattlichen Braut passen vorwiegend klare und größere Blütenformen wie Lilien, Amaryllis *(Hippeástrum),* Calla *(Zantedéschia), Clématis,* Rosen und Nelken, Gladiolenblüten, *Phalaenópsis.* Mit der kleinen, zierlichen, graziösen Statur harmonieren gut *Stephanótis* und Maiglöckchen, die Garnette- oder Moosröschen, Enzian und Ixien, Bouvardien und Freesien, die Wicken und Rittersponrnblüten, Dendrobien und Veilchen usw. Natürlich können bei den kleinen Blüten ein paar große die Mitte des Straußes bilden; bei den großen Blütenformen können Staffelungen kleinerer Blüten in den Außenpartien des Straußes ergänzen. In den Kombinationen kommt es nur auf die Mengenverhältnisse an.

Der Strauß muß zum Wesen der Braut passen. Ohne Psychologe zu sein, kann man doch beim Ansehen der Person einiges über ihr Wesen erkennen. Mimik und Sprechweise, Bewegungen und Kleidung verraten eine ganze Menge, so daß man in etwa sagen kann: sie wirkt freundlich, lebensvoll und heiter, evtl. temperamentvoll oder sie wirkt kühl, herb, zurückhaltend und Abstand wahrend. Oder man erkennt: sie wirkt damenhaft, selbstsicher, modebewußt, vielleicht sogar extravagant oder sehr konservativ. Im Gegensatz dazu steht der Typ, der bescheiden, mädchenhaft oder fraulich wirkt. Daneben gibt es noch den Typ der burschikosen Braut, ungezwungen, sportlich, flott. In eine dieser Gruppen kann man jede Frau einreihen, weshalb hier zu jedem dieser „Brauttypen" einige Hinweise betreffs der passenden Blumenwahl gegeben werden sollen.

1. *Zu der temperamentvollen Braut* passen goldgelbe, orange und rote Blütenfarben; denn Temperament kann am besten durch lebhafte Farben unterstrichen werden. Blau sollte nur als Ergänzung auftreten. Zarte Pastelltöne wären fehl am Platze, es sei denn, man wählt sie in einer Harmonie des Gleichklangs als Zwischenfarbe zum Weiß und läßt den reinen Farbton dominieren (kreßrote Anthurien und lachsrote Nelken oder rote *Amarýllis*-Blütenkelche, passend rosafarbige Tulpen kurz gefaßt, rosa Ginster und Partien aus weißen Freesienblüten.
2. *Die kühl und zurückhaltend wirkende Braut* würde mit den roten Baccara-Rosen im Arm aussehen, als gehöre ihr der Strauß gar nicht; ihre Erscheinung würde von der Kraft der Blumenfarbe überstrahlt, und sie würde eher unscheinbar als voll Charme wirken. Ihrem Wesen entsprechen Blumen von den Farben Violett und Weiß oder Blau bis Ultramarinblau mit Gelb bis Goldgelb kombiniert. Wenn rote Rosen gewünscht werden, dann darf diese Braut nur ein Rot bekommen, dessen aktive Kraft gedämpft ist, also ein Purpur oder ein Rosa. Oder man wählt helle oder herb wirkende Farbenkombinationen, in denen das Rot einen untergeordneten Kontrast ergibt.
3. *Der damenhaft erscheinenden Braut* sollte man ebenfalls weder lebhafte Farben noch bunte Farbkombinationen empfehlen. Zu ihr passen klare, ruhige Farben wie Gelb und Goldgelb oder Purpur, Violett, Ultramarin und Blau, dazu das Weiß. Pastellfarben können allenfalls ergänzen, sollten aber nicht dominieren. Den rein weißen Brautstrauß halten wir für sehr passend, und das um so mehr, je hoheitsvoller die Erscheinung ist. Die Blütenformen sollten klar sein, verspielte und be-

Abb. 286. Die klare Form des Straußes paßt zur beherrschten, damenhaften Braut, und er deckt die formbestimmenden Linien des Kleides nicht zu

Abb. 287. Die extravagante Braut liebt Besonderheiten. Hier ist passend zum Plissee-Teil im Rock ein plissierter Bandfächer in den ansonsten bogenförmigen Strauß eingearbeitet

schwingte Formen widersprechen dem Charakter der Braut. Deshalb kann man auch zum englischen Brautstrauß in Tropfenform raten, weil diese ruhig wirkende Gebindeform dem Beherrschten dieses Typs entspricht (Abb. 286).

4. *Die modebewußte, extravagante Braut* liebt das Besondere. So wählt man für sie gern die ungewöhnliche Zusammenstellung deutlich kontrastierender Blatt- und Blütenformen. Oder man ergänzt die Blumen und Blätter mit modischem Beiwerk wie Federn, Perlenketten, Posamenten (Quasten, Borten usw.) und anderem. Auch die ungewöhnliche Gestaltungsform wie Blumen am Muff, auf der Handtasche und dem Schuh oder dem Modeschmuck nachempfundene Blumengebinde (Blütenkette, Blütengürtel usw.) passen zu diesem Brauttyp (Abb. 287).

5. *Die mädchenhaft oder fraulich wirkende Braut* sollte nicht den Vorbildern extravaganter oder exklusiver Hochzeiten folgen. Gerade ihr Wesen ist es ja, das sie liebenswert macht, also sollte sie dies mit der Brautstraußwahl betonen. Die mädchenhafte Braut wird mit Frühlings- oder Sommerblumen (Tausendschön, Anemonen und Maiglöckchen oder Margeriten, Ritterspornblüten und Röschen) viel reizvoller wirken als mit Anthurien oder Lilien u. a. (Abb. 288). Die frauliche Braut sollte runde weiche Blütenformen bevorzugen: Rosen und *Gérbera,* Nelken und Anemonen, *Phalaenópsis* und Bouvardien. Ein paar spritzige Formen, z. B. Blätter *(Ácorus, Chloróphytum)* oder Blütengerank (aufgezogene oder zu Blütenrispen gebundene Freesien, *Stephanótis* oder Hyazinthen) beleben diese Sträuße, ohne den Charakter zu verändern (Abb. 289).

6. *Die sportliche Braut* braucht den formal-linear interessant kombinierten Strauß, in dem klare Formen dominieren, z. B. cremegelbe Gladiolenblüten mit blauvioletten *Buddléja* oder zwischen breite purpurrote Samtbandschlaufen und -bänder geordnete Calla *(Zantedéschia)* oder *Spathiphýllum* und silbrig-rote Rexbegonienblätter,

Abb. 288. Zur zierlichen und mädchenhaften Braut passen feingliedrige Sträuße mit spielerischem Charme

tramarinblaue Muscari oder korallrote Pompondahlien, orangefarbene Montbretien und hell- und dunkelblaue Ritterspornblüten.

Älter und gesetzter wird durch weniger lebhafte Farben sowie durch klare, größere Blütenformen gewürdigt: Weiße Rosen und weiße *Phalaenópsis* oder weiße *Clématis* und gelbe Rosen oder purpurfarbene Rosen mit rotgesprenkelten Lilienblüten (Auratum-Hybriden) u. a.

Der Strauß muß zu den Farben der Braut passen. Gemeint sind die persönlichen Farben der Braut, vor allem Haarfarbe und Teint, wobei auch an Zweitfrisur und Make up gedacht werden muß. Zum hellen Haar passen lichte, also ebenfalls helle Farben, die allerdings von wenigen dunklen Blüten untermalt und ergänzt werden müssen. Zum dunkleren Haar passen satte, dunkle, schwere oder kräftige Farbtöne. Selbst wenn die sehr dunkelhaarige Braut einen zarten, blassen Teint hat, wirkt ein Purpurrot im Brautstrauß gut (Schneewittchenvorstellung). Die blonde Braut mit blasser Gesichtsfarbe dürfte jedoch nicht allzu viel Rot im Brautstrauß haben, sie würde fade und unbe-

Abb. 289. Die frauliche Braut wird durch runde Blütenformen und durch alles wirkungsvoll unterstrichen, was weich, freundlich und gefällig wirkt

Abb. 290. Dieser Brauttyp liebt klare, kraftvolle Formen, so paßt unter anderem die „Glamelie" gut

dazu „Ranken" vom Immergrün *(Vínca mínor)*, auch zierlich und leicht geschwungen gewachsene *Líatris* mit Baccara-Rosen wären mögliche Zusammenstellungen. Der Strauß im Typ der Formbinderei (Biedermeier- oder englischer Brautstrauß) würde ebenfalls gut zu diesem Brauttyp passen, weil die Klarheit und Schlichtheit der Form dem Typ gemäß sind, der weder verspielt noch beschwingt, weder kapriziös noch mädchenhaft zart wirken möchte (Abb. 290).

Der Strauß muß zum Altar der Braut passen. *Jung und zart* wird durch helle, lichte, zarte Farben und kleine, zierliche Blüten- und Bewegungsformen betont: *Floribúnda*-Rose 'Zorina', Maiglöckchen und Enzian oder rosafarbige Cyclamenblüten, weiße Hyazinthen und rosa blühende Ginsterzweige *(Cýtisus multiflórus)* u. a.

Jung und lebhaft wird durch frische, leuchtende Farben und kontrastreiche Kombinationen betont: Kupferrote Azaleenblüten, braunrote Freesien und ul-

deutend wirken in der Gegenüberstellung mit den Farben den Blumen. Ihr ständen zartfarbige Blüten besser von den Farben Rosa und Weiß, Gelb mit Hell oder Dunkelblau, Lachs und Pastell-Lila mit Violett. Die rothaarige Braut mit zartem Teint sollte zu hell- und dunkelblauen Blüten mit Gelb kombiniert greifen; hat sie sonnenbraune Haut, können vom Gelb bis Kreßrot Kombinationen der Nachbarfarben gewählt werden; nur mit Purpurrot sollte man vorsichtig sein. Als kleine, aber sehr wichtige Nebensache muß die Beachtung der Lippenstiftfarbe angesehen werden, wenn rote oder rosa Farbtöne im Brautstrauß kombiniert werden. Der Florist sollte keine Hemmungen haben, darauf hinzuweisen. Die Braut denkt in der Aufregung der Vorbereitungen nicht daran und nachher ärgert sie sich, wenn sie nicht den richtigen Lippenstift zur Hand hat. Auch der Lidschatten kann auf die Blütenfarben des Straußes abgestimmt sein. Zu Gelb, Violett und Blau paßt der bläuliche Lidschatten, zu Orange, Lachsrosa oder Rot besser der grünliche; Purpur harmoniert mit Blau oder Grün.

Der Strauß muß zum Brautkleid passen. *Der Schnitt des Kleides* ist die erste Frage: lang oder kurz, weit oder eng, mit oder ohne Überjäckchen oder Mantilla? Beim langen Kleid können die herabfließenden Formen (Blütenstaffelungen, Gerank und Bänder) wesentlich länger gearbeitet werden als beim kurzen Rock. Beim weit ausgestellten Kleid darf der Strauß etwas breiter ausschwingen als bei der schmalen Silhouette. Gehören zum Kleid Jäckchen oder Mantel, sollte man sich in etwa beschreiben lassen, wie der jeweilige Schnitt ist. Für die modische Linie wirksame Abstufungen oder Nähte dürfen nicht zugedeckt werden; deshalb sollte auf den großen, allzu üppigen Strauß verzichtet und lieber ein niedriger, geschlossener Strauß oder ein kleiner, lockerer Strauß mit kostbaren Blumen gearbeitet werden (Abb. 291).

Das Material des Kleides muß ebenfalls bekannt sein. Zu einer schweren, glatten Atlasseide passen klare, große Blütenformen gut; Klarheit und Großzügigkeit werden doppelt betont. Doch auch zierliche, aufgegliederte Blüten kommen vor dem glatten Hintergrund gut zur Geltung. Ist dagegen das Kleid aus einer reich gemusterten Spitze, sollte man nur dann zu kleinen Blütenformen greifen, wenn sie zur Ergänzung für die dominierenden großen, klaren Blüten benutzt werden und wenn sie in der Farbe mit dem Kleid kontrastieren. Maiglöckchen allein vor weißer Spitze gäben z. B. ein Bild der Unruhe und Unklarheit, das gewiß niemanden befriedigt. Zum duftigen Voile jedoch gehören zierliche, beschwingte Blütenformen; zur glänzenden Duchesse wie zum Seidenrips gehö-

Abb. 291. Der Oberkörper ist wichtig für die figürliche Wirkung, er soll durch den Strauß nicht verdeckt werden und das um so mehr, wenn das Kleid dort wesentliche Wirkungsmerkmale hat

ren wiederum klare Linien und kraftvolle Formen; zum ungemusterten Tüll oder leichten Chiffon sind zierliche Blüten passend, natürlich im Kontrast zu wenigen großen Blüten, die Ruhe und Kraft in die Bewegungsmitte des Straußes bringen.

Die Farbe des Kleides ist nicht immer Weiß. Bei farbigen Kleidern wählen wir eine Blütenkombination, die die Kleidfarbe in die Farbharmonie aufnimmt (die Harmonie der Nachbarfarben, der Farbenfamilie oder des Gleichklangs sind „bunteren" Farbklängen vorzuziehen).

Werden zum weißen Kleid weiße Blumen gewählt, ergibt dies einen sehr stillen, reinen, feierlichen Farbklang. Das Grün der Blätter hebt den Strauß farblich etwas ab. Weißes Band würde vor dem weißen Kleid jedoch völlig unscheinbar wirken, weshalb ein duftig-zartes Pastellgrün als Bandfarbe in diesem Falle vorzuziehen ist.

Der farbige Brautstrauß betont das Freudige des Festes oder das Individuelle der Braut mehr als der weiße. Deswegen wird gern die bunte Zusammenstellung vorgezogen. Da Weiß eine unbunte Farbe ist, passen alle Blütenfarben zum Weiß des Kleides. Will man weiße und bunte Blumen im Strauß kombinieren, sollte man bedenken, daß ein Brautstrauß aus roten und weißen Blumen z.B. (Rosen und Freesien) schon aus einigen Schritten Entfernung vor der Braut nicht schön wirkt, weil die weißen Blüten vor dem weißen Hintergrund sehr gering, die roten Blumen dagegen wie kräftige Flecke wirken. Der Strauß löst sich also in wenige Tupfen auf, die nicht mehr die vollständige und vollkommene Gestalt des Straußes erkennen lassen. Am Bindetisch ist das anders, da wirken Rot und Weiß sehr hübsch; vor dem Brautkleid wäre aber ein zum Rot passendes Rosa besser statt Weiß. Ansonsten muß hier noch einmal auf die Farblehre verwiesen werden, aus der alle möglichen Farbkombinationen zu entnehmen sind.

Der Strauß muß zum Stil der Hochzeit passen. Die Forderung nach Schmuckwert des Brautstraußes bezieht sich zwar in der Hauptsache auf die Braut, wird aber auch von der Art und dem Stil der Hochzeit mitbestimmt. Zwar schlägt sich das bereits in der Kleidung der Braut nieder; so sollen hier auch keine weiteren Ausführungen über entsprechende Brautsträuße gegeben werden, doch sind zur Information des Floristen einige Hinweise notwendig:

Wir unterscheiden die kirchliche Trauung und die standesamtliche Hochzeit; für beide werden nach den oben dargelegten Gesichtspunkten Brautsträuße gestaltet. Bei der kirchlichen Hochzeit haben sich Begriffe eingebürgert wie die „kleine", „mittlere" oder „große" Hochzeit. Der Unterschied liegt in der Bekleidung der Brautleute und der ganzen Hochzeitsgesellschaft. Demnach wird auch der Brautstrauß einfacher und kleiner, repräsentativer und prächtiger oder festlicher und wertvoller sein. Als Besonderheit ist die Trachtenhochzeit zu erwähnen, bei der die Braut das Edeldirndel oder ein Kleid im Trachtenlook trägt; der Bräutigam und möglichst auch die ganze Hochzeitsgesellschaft sind entsprechend gekleidet. Der Brautstrauß muß in Form und Material ebenfalls das Einfache, Bäuerliche oder Vokstümliche, bzw. Landschaftsgebundene vertreten.

Der Strauß soll bequem zu tragen sein

Wenn man die Hand locker vor dem Körper hält, so legt man den Unterarm leicht auf die Hüfte; der Daumen ist etwa in Höhe des Nabels; der Handrücken weist nach vorn. Dieser bequemen Tragehaltung entsprechend wird der Strauß gearbeitet. Der Griff des Straußes führt von oben nach unten durch die

Abb. 292. Die bequemste Tragehaltung für den Brautstrauß führt den Straußgriff von oben nach unten durch die Hand leicht nach vorn geneigt. Die höchste Ausdehnung des Straußes sollte jedoch etwas senkrechter verlaufen

Hand, oben mit einer kleinen Neigung vom Körper weg (Abb. 292). Wenn man demnach die höchste Ausdehnung des Straußes in Verlängerung der Griffachse arbeitet, geschieht es leicht, daß der Strauß nach vorn überzukippen scheint. Arbeitet man mit Brautstraußhaltern, soll man diese in der richtigen Griffhaltung am Ständer einspannen, die höchste Ausdehnung des Straußes aber mehr zur Senkrechten hin anordnen. Beim Arbeiten mit Drahtgriff muß man zunächst keine Rücksicht auf die Griffstellung nehmen, weil zum Schluß das Drahtbündel, das den Griff bildet, so gebogen werden kann, daß der Strauß gut in der Hand liegt. Im allgemeinen kann man sagen, daß diese Forderung an den Brautstrauß zu bestimmten Techniken führt, wie später dargelegt wird.

Der Strauß soll seine Form behalten

Der Strauß soll während der ganzen Hochzeit aussehen, als wäre er gerade erst gearbeitet worden. Jede Blume muß an ihrem Platz bleiben; jede verbogene Staffelung muß wieder in ihre alte Stellung zurückschwingen. Und das tut sie auch, wenn handwerklich gut gearbeitet wurde. Die Blume muß festgesteckt und vor dem Herausrutschen gesichert sein, wenn mit dem Brautstraußhalter gearbeitet wird, bzw. sie muß in einem dichten Gefüge von Andrahtestellen eingezwängt sitzen, wenn mit Drahtgriff gearbeitet wird. Außerdem sollte die Blume im Strauß ihren natürlichen Stiel haben. Ist sie angedrahtet bis zur Blüte, verbiegt sich der Draht beim Gegendrücken und hindert den Blumenstiel am Zurückschwingen in die alte Lage. Dies gilt für den locker gestaffelten Strauß und hier vor allem für die längeren Staffelungen. Man kann wohl einmal einen grünen Stützdraht in den hohlen *Gérbera*-Stiel oder den fleischigen Calla-Stiel stecken; die *Gérbera* würde sich sonst unerwünscht durch ihr weiteres Wachstum verbiegen, die Calla könnte über der Andrahtestelle abknicken. Im allgemeinen aber ist kein Stützdraht notwendig. Auch Nelken brechen nicht so leicht, wie befürchtet wird. Der Grundsatz lautet also: Draht im Blumenstrauß nur dort, wo er zum Zusammenhalten und Anordnen dient, an den Blumenstielen aber möglichst keinen Draht. Müssen einzelne Blüten wegen ihrer Kurzstieligkeit angedrahtet werden, fügt man sie derartig zu Partien zusammen, daß sie dort dicht an einer Drahtachse sitzen, welche als ganzes elastisch und auch fest genug ist, um ihre Form zu wahren (s. Seite 260). Das Zusammenfassen selbst muß so fest und dicht wie möglich erfolgen, damit sich kein Blumenstiel aus der gegebenen Stellung herausschieben kann.

Der Strauß soll frisch bleiben
Der Brautstrauß hat seinen Zweck erfüllt, wenn nach der Trauung der Fotograf das Erinnerungsfoto geschossen hat. Zur Feier oder zur Reise braucht man ihn nicht mehr. Deshalb können wir zu Techniken greifen, die uns eine auf die Figur des Menschen bezogene Formgebung des Straußes gestatten, die aber nur eine begrenzte Haltbarkeit der Blumen mit sich bringen. Immerhin muß der Strauß, auch wenn er nicht ins Wasser gestellt werden kann, 1–2 Tage frisch bleiben. Folgende Maßnahmen garantieren das:
1. Es werden nur ausgereifte Blüten und Blätter verwendet.
2. Die Blumen und Blätter müssen turgeszent (mit Wasser „gespannt") sein, d. h., sie müssen vor dem Verarbeiten 10–20 Stunden angeschnitten im Wasser gestanden haben.
3. Die Bindetechnik soll so weit als möglich und nötig auf Erhalten der Feuchtigkeit abgestimmt sein. So wird z. B. nasse Steckmasse oder feuchte Watte an der Schnittstelle mitgegeben, oder die natürlichen Stiele werden so behandelt, daß man den Strauß in Wasser stellen kann.
4. Es werden so viel wie möglich Blätter von den Blumenstielen entfernt. Sie sind Verdunstungsflächen und verbrauchen nur das wenige Naß.
5. Der fertige Strauß wird mit Wasser besprüht. Bei zarten Blüten (Wicken), weißen Blüten und vor allem Orchideen vorsichtig sein. Es gibt auch Mittel in Sprühdosen, die die Haltbarkeit der Blumen ohne Wasser verlängern sollen, doch wird hier empfohlen, sie auszuprobieren. Nicht jede Blumenart verträgt sie. Der Strauß mit natürlichen Blumenstielen wird tief in ein weit geöffnetes Gefäß gehängt.
6. Nun wird ein feuchtigkeitsgesättigtes Kleinklima um den Strauß erzeugt, indem er unter eine große Plastiktüte gestellt wird, die unten auf die Tischplatte aufstößt oder zugebunden wird (Kranzbeutel oder Matratzenbeutel; Abb. 293). Damit die Tüte nicht auf die Blumen drückt, werden an dem

Abb. 293: Ein an dem Straußständer befestigter Stab stützt den Plastikbeutel, unter dem sich der Strauß gut frisch hält

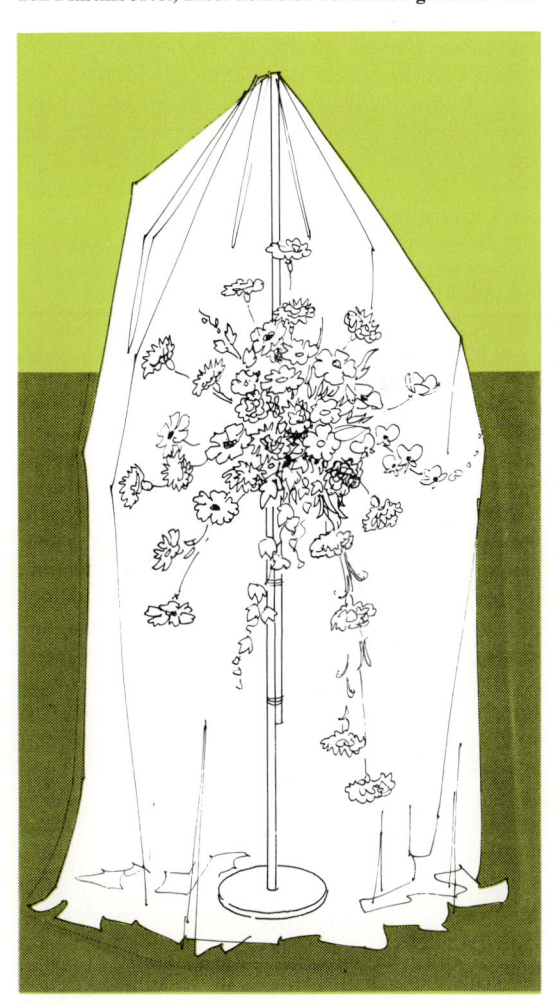

Brautstraußständer oder in dem haltenden Gefäß Stöcke befestigt, die neben dem Strauß auftragen und den Beutel abstützen.

So behandelt, kann man den Brautstrauß gut und gern schon einen Tag vor der Hochzeit arbeiten, man kann also diese Arbeit in seinen Zeitplan einfügen, ohne den betrieblichen Ablauf zu stören oder unnötig zu belasten.

Der Strauß darf nichts beschmutzen oder verletzen. Färbende Bänder oder gefärbte Trockenformen, Beeren, die zerdrückt werden können, Dornen, an denen man sich reißen kann, oder Metallspäne, an denen man sich schneiden kann usw., gehören nicht in einen Brautstrauß. Alle Drähte müssen gut abgewickelt sein. Sorgfalt, Überlegung, Sauberkeit und eine gute Technik sind notwendig, um diesen Punkt der Anforderungen des Brautstraußes zu erfüllen.

Der Strauß ist sein Geld wert, wenn er allen genannten Anforderungen entspricht. Die Arbeitsaufwendigkeit und die spezielle Leistung des Floristen bei guten Brautstraußgestaltungen führen zu entsprechend hohem Preis; doch kein Kunde wird diesbezüglich unzufrieden sein, wenn er den handwerklich guten, gestalterisch interessanten und zur Braut passenden Strauß erhält, der gefällt!

8.3 Brautstraußtypen

Der Individualismus der Menschen führt zu unterschiedlichen Stilformen. Es gibt zwar heute einen einheitlichen Ausdruck des Zeitgeistes, der sich vor allem im modernen Bauen, in der „zweckschönen" Industrieform, in der abstrakten bildenden Kunst u. a. ausdrückt, doch gibt es daneben für den persönlichen Bereich jedes einzelnen Menschen Gestaltungsformen unterschiedlichen geistigen Gehalts. Wenn auch die Mode von vielen weniger als Ausdruck eines persönlichen Stils, sondern eher als eine „infektiöse Krankheit" angesehen wird, drückt sich doch auch in der Wahl modischer Artikel etwas vom Wesen des betreffenden Menschen aus. So jedenfalls soll es unbedingt bei der Wahl des Brautstraußes sein, andernfalls kann er nicht zu dem individuellen Schmuckstück werden, wie es beabsichtigt ist. Nun hängt der Charakter des Straußes nicht allein von der Blumenzusammenstellung ab, sondern auch von seiner Gestaltung. Wir können im Überblick fünf verschiedene Brautschmucktypen unterscheiden.

Rhythmisch gestaffelte Brautsträuße

In ihnen werden Blumen unterschiedlicher Formen und Farben sowie Blätter und Gerank oder zierliche Zweige und Bänder kombiniert. Die Arten sind zu Staffelungen zusammengefaßt, die aus dem Bewegungsmittelpunkt des Straußes über der haltenden Hand herausschwingend nach allen Richtungen auseinanderstreben. Deshalb ist eine gute Ausbildung der Mitte durch runde Blüten oder dichtere Anordnung in den Staffelungen wichtig. Zwischen den Staffelungen bleibt genügend Raum, damit man die natürlichen Blumenstiele weit nach innen in den Strauß verfolgen kann. So bekommt der Strauß bei aller Üppigkeit ein lockeres, rhythmisch bewegtes Aussehen,

Abb. 294. Dekorative Brautsträuße, in Techniken und gestalterischen Einzelheiten unterschiedlich, alle aber rhythmisch gegliedert und tropfenförmig

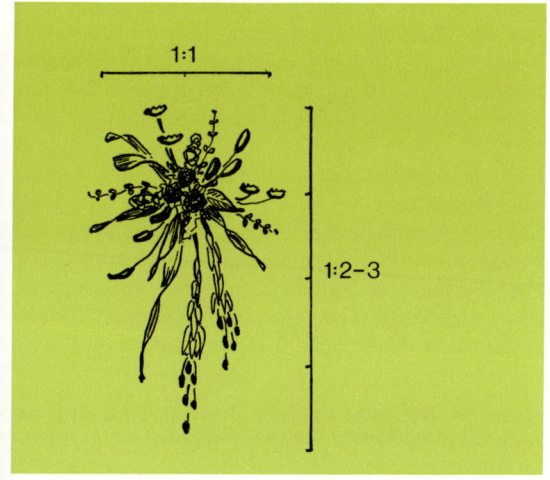

Blätter können etwas über dieses Maß hinausgreifen. Nach unten stufen sich die Ausdehnungen ab. Dabei kann man vom Eineinhalbfachen bis zum Dreifachen variieren je nach Anpassung an das kurze oder lange Kleid (Abb. 296), die Partien also nach unten 15–40 cm lang gestalten.

Der Biedermeierstrauß

Er wird aus annähernd gleichlang gestielten Blumen meist runder Blütenform gearbeitet, dicht zusammengefügt zu einer geschlossenen Kuppel- oder flachen Kegelform, in strenger Kreis- oder Spiralgliederung geordnet oder freigestreut, mit zartem Grün und einer Spitzenmanschette umgeben. Dieser recht massive, aber jugendlich und in seiner Schlichtheit der Form sehr freundlich wirkende Strauß kann abgewandelt werden. Dabei ist uns der französische Brautstrauß Vorbild. Ebenfalls rund und kuppelförmig sowie von einer Tüllmanschette umgeben, wird er

Abb. 295. (oben) Die Kuppel- und Bogenform sind Teile des tropfenförmigen Umrißbildes
Abb. 296. (Mitte) Die Proportionen des tropfenförmigen, dekorativen Brautstraußes
Abb. 297. (unten) Der kuppelförmige Brautstrauß mit Tüllfächern

was einerseits dem Streben nach Repräsentation, andererseits aber auch der Darstellung des Eleganten oder des Natürlichen und Jugendlichen der Braut entspricht. Je nach Zierlichkeit und Aufgliederung unterscheiden wir den graphischen Strauß, den spritzigen und feingliedrigen oder den üppigen repräsentativen (Abb. 294). Je nach Umrißgestalt unterscheiden wir die Kuppelform, die Tropfenform oder die Bogenform (Abb. 295). Von oben gesehen ist der Strauß rund gestaltet mit der höchsten Staffelung in der Mitte, von vorn gesehen sind die Ausdehnungen unterschiedlich, je nach gewählter Umrißform. Bei der Tropfenform sind die Proportionen wie folgt: Von der Bindestelle, dem Bewegungsmittelpunkt aus sind die Ausdehnungen nach vorn und hinten, rechts und links, schräg und senkrecht nach oben alle etwa gleich, nämlich 10–12 cm. Zierliche Knospen und

Abb. 298. Die Glamelie

jedoch nicht massiv aus Blüten, sondern vorwiegend aus Tüllfächern geformt, zwischen die Blüten – ohne Stiel angedrahtet und mit grünem Guttacoll abgewickelt – gesteckt werden. Die Blüten können einzeln und gleich lang oder in Staffelungen zusammengefaßt eingefügt sein. Wir schätzen außerdem Blätter neben den Blüten; der französische oder italienische Florist arbeitet meist ganz ohne Blattgrün. Als herabfließende Formen werden lediglich Bänder dicht unter der Manschette am Griff angebracht, an die evtl. weitere kleine Sträußchen angeheftet sein können (Abb. 297).

Die Glamelie

Der Strauß ist kuppelförmig und geschlossen wie der Biedermeierstrauß, doch er wird nicht aus Blüten, sondern aus Blütenblättern gearbeitet. Der Name ist die Zusammenstellung der beiden Blumennamen „Gladiole" und „Kamelie" = Gla-melie. Aus Gladiolenblütenblättern wird eine große Blütenform zusammengenommen nach dem Blütenvorbild der Kamelienblüte. Blätter schließen die runde Blütenform nach unten ab, andere ergänzen sie graphisch zur Bogenform. Zur Kordel gedrehtes Band bildet eine strukturell passende Ergänzung zu dieser klaren Gebindeform (Abb. 298), welche zur sportlichen oder extravaganten Braut, zum Hosenanzug oder zum schlichten, langen Kleid gleichermaßen paßt.

Der englische Brautstrauß in Tropfen- oder Bogenform

Dieser „klassische" englische Gestaltungstyp des Brautschmuckes gehört mehr zur Formbinderei. Die Randpartien des Straußes sind zwar aufgelockert, doch wirken der Tropfen oder „Halbmond" relativ geschlossen. Nach oben und vorn aufgewölbt, wird

Abb. 299. Klassische englische Bauträuße in Tropfenform mit gerader und geschwungener Achse und in Bogenform

Abb. 300. Der Tropfen mit Bewegungsachse von hinten

die Form von einer Bewegungsachse durchzogen, welche beim Tropfen gerade oder geschwungen, bei der Halbmondform gebogen verläuft (Abb. 299).
Die zur Braut gerichtete Rückseite des Straußes wird mit Fächern aus Schleifenband oder Tüll oder mit Blättern abgedeckt (Abb. 300). Die Blumen sind meist im Gleichklang oder in der Harmonie der Nachbarfarben gehalten mit nur geringem Kontrast der Hell-Dunkel-Tönung oder der Farbtonverschiebung. Die dunkleren oder kraftvolleren Farben konzentrieren sich nahe der haltenden Hand, die helleren oder lichteren Farben liegen in den Außenpartien. Einige Kombinationsbeispiele sind: *Eucharis*-Blüten, weiße Rosen (*Virgo*) und *Stephanótis*-Blüten, oder ceriserosa[1] Nelken, rosa *Polyántha*-Röschen (Gabrielle Privat) und zartrosafarbiger Gartenrittersporn (*Delphínium ajácis*) oder orangefarbige *Gérbera*, goldgelbe Rosen (Tawny Gold) und zitronengelbe Freesien.
Je strenger die Form ausgebildet wird und je ruhiger die Farbigkeit gewählt ist, um so beherrschter, konservativer und feierlicher wirken diese Sträuße. Je geschwungener die Formachse ausgebildet und je zierlicher die Außenpartien aufgegliedert werden, um so graziöser, schwungvoller und jugendlicher ist die Wirkung dieser Sträuße.

[1] franz.: cerise = Kirsche, Ceriserosa = ein vom Kirschrot abgeleitetes Rosa

Das „Körbchen"

Seine Wirkung steht im krassen Gegensatz zum englischen Brautstrauß. Es wirkt verspielt, jugendlich, ja sogar etwa keß. So muß also auch die Braut sein; auf jeden Fall muß sie sich sicher und ungezwungen bewegen könne. Mit dem „Körbchen" hat man nämlich nichts in der Hand, denn die Blumen werden an einem Henkel gearbeitet, den man über den rechten Unterarm schiebt (Abb. 301). Die Blumen führen aus der Bewegungsmitte am unteren Ende des Henkels nach drei Seiten und nach unten, in Staffelungen verschiedener Länge geordnet; die vierte Seite ist die zum Kleid gerichtete. Nur wenige Blüten weisen kurz nach oben, weil ja Platz für den Arm bleiben muß. So dominieren also die nach unten ausschwingenden Linien. Deshalb wird dieses Schmuckgebinde am besten zum langen Kleid getragen. Das „Körbchen", das seinen Namen von der Tragehaltung und dem eingearbeiteten Henkel bekommen hat, kann dann auch einmal in der Hand und mit hängendem Arm getragen werden, es wird dennoch vor dem Stoff des Rokkes zu sehen sein. Das „Körbchen" kann sehr gut als

Abb. 301. Brautschmuck in Körbchenform, zu diesem weiten, langen Rock gut passend

Blumenschmuck für die Brautführerinnen empfohlen werden. Weil der Kunde diese Form kaum kennen wird, ist es ratsam, ein solches Schmuckgebinde aus künstlichen Blumen zu arbeiten und als Muster zu zeigen. Daran kann die Kundin auch ausprobieren, wie sie es tragen kann bzw. ob sie sich sicher damit fühlt.

Die Corsage als Brautschmuck

Mitunter möchte die Braut lieber ein zum Kleid passendes Täschchen in der Hand tragen und keinen üppigen Strauß. Dennoch soll aber auf einen dezenten Blumenschmuck nicht verzichtet werden. So ist die Corsage zu empfehlen, ein kleines Schmuckgebinde aus Blüten und Blättern, das angesteckt oder aufgenäht wird. Die Schulter, der Ausschnitt, die Taille oder der Rock können erwählt werden, um den Blumenschmuck zu befestigen; das hängt vom Schnitt des Kleides ab. Auch die Handtasche kann mit einer Corsage versehen werden. Diese Gebinde sind sehr flach gearbeitet, damit sie sich gut dem Stoff anschmiegen. Bindetechnik und Gestaltung entsprechen den Schmuckgebinden für das Haar der Braut, weshalb dort nachzulesen ist.

8.4 Techniken der Brautstraußbinderei

Jede Technik ist richtig,
- welche die Blumen in die notwendige Lage bringt,
- welche sie dort festhält,
- welche den Strauß leicht und gut tragbar macht,
- welche die Haltbarkeit für die notwendige Zeit garantiert und
- welche vor allem eine saubere Verarbeitung ermöglicht.

Diese Ziele kann man auf verschiedenen Wegen erreichen. Die Wahl der Technik hängt von der Art der verwendeten Blumen und der beabsichtigten Gestaltungsform des Straußes ab.

Mit natürlichen Blumenstielen im Griff

Der kleine, runde, kuppelförmige Brautstrauß mit Blumenzusammenstellungen verschiedener Formen und Wuchsbewegungen kann mitunter einfach gebunden werden. Das setzt natürlich voraus, daß man Blumenarten, Blätter und Gerank einfügt, um die seitlich gerichteten Partien gefällig ausschwingend ausbilden zu können, z. B. Wicken oder Freesien, *Euphórbia fúlgens* oder kleine Dendrobienrispen, Schneebeerenzweige oder Efeutriebe und Blätter. Ansonsten gilt hier alles, was bei der Straußtechnik, Seite 145, gesagt worden ist.

Nun gibt es aber auch Blumenarten, deren Stiele elastisch genug sind, daß man sie über 90° bis 180° biegen kann. Das muß sein, will man den gestaffelten Strauß mit weit herabfließenden Partien gestalten und dennoch den natürlichen Stiel von oben nach unten durch die Hand der Trägerin führen. Folgende Zusammenstellungen lassen sich dazu gebrauchen: Anthurien und Nelken, Anemonen und Freesien, Rosen und Skabiosen, *Gérbera* oder Rosen und Dendrobien, Calla *(Zantedéschia)* und *Buddléja*, Röschen und Wicken, außerdem Montbretien, *Íris*, Narzissen, Ranunkeln, Seitentriebe des Rittersporns, Gartenrittersporn, Margeriten, kleine Gladiolen (Colvillei-Gruppe) u. a. Natürlich müssen auch die Blätter langgestielt oder lang genug sein, um richtig eingebunden zu werden. Man wählt Farne, Calla-, *Spathiphýllum*- oder Anthurienblätter, *Fatshédera*, *Dracǽna*- oder *Cordýline*-Blätter u. a. Zierlich belaubte Zweige ergänzen die Zusammenstellung.

Das Stützen der Blumen: Alle Blumen, Blätter und Zweige, die zur Seite, nach vorn und nach unten ausschwingen sollen, bekommen in Höhe der Bindestelle eine etwa 10–12 cm lange Drahtschiene an den Stengel gelegt. Mit hellgrünem Kautschukband werden Draht- und Stengelstück fest umwickelt, so daß vom Draht nichts mehr zu sehen ist. Anfang und Ende des Drahtstücks (meist 12er-Draht) werden mehrmals umwickelt, damit die Drahtenden nicht durchstoßen können, der von da an ungestützte Blumenstiel durch das Kautschukband aber noch etwas Halt bekommt (Abb. 302). Bei Blumen mit hohlem oder sehr flei-

Abb. 302. Mit Draht und Kautschukband-Umwicklung gestützt, lassen sich manche Blumenstiele gut biegen

schigem Stiel wird der Draht einfach in diesen geführt. Man muß vor dem Binden genau wissen, wie lang die Blüte mit ihrem ungestützten Stiel aus der Straußmitte herausragen soll. Ehe man die notwendige Übung hat, werden zu viele Blumen lang und gleichlang präpariert. Die meisten Blumen braucht man recht kurz und auch dann in den verschiedenen Abstufungen. Es ist hilfreich, wenn man die Staffelungen vor dem Drahten in der gewünschten Ordnung und Länge zusammenhält; so kann man leichter die richtige Stelle für das Stützen bestimmen. Bei Nelken muß man darauf achten, daß der Draht nicht gerade an einem Stengelknoten endet. Dann würde das Schwingen der Blüte beim Tragen diese bruchgefährdete Stelle zu sehr belasten. Endet aber die Drahtschiene zwischen zwei Nodien (Knoten = Blattansatzstellen), dann fängt der elastische Stiel die Schwingungen ab, und es besteht wenig Gefahr, daß die Nelke abbricht. Sollen beblätterte Teile (Efeuranken, *Lonicéra*-Zweige, *Nephrolépis*-Wedel) gestützt werden, so schlingt man in engen Windungen einen hellgrün abgewickelten Stützdraht um den zu biegenden Abschnitt.

Das Zusammennehmen des Straußes. Sind alle Blumen, Blätter und Zweige – soweit es nötig ist – einzeln gestützt, werden sie an den gedrahteten Stellen vorsichtig zwischen Daumen und Zeigefinger beider Hände gebogen, so daß eine sanfte Rundung entsteht – kein Knick! Der Stiel soll ja Wasser aus der Vase zur Blüte führen können. Bricht wirklich einmal ein Stiel, kann man die Blüte mit dem Reststiel immer noch kurz einbinden und so für die Gestaltung der Straußmitte verwenden. Der Geübte biegt die gestützten Teile erst beim Einfügen in den Strauß. Die Staffelungen legt man auf dem Tisch zusammen; die Blumenstiele werden nicht vor dem Binden gekürzt. Nun kann das Zusammennehmen des Straußes beginnen. Je nach Übung geht das Binden sehr schnell und erfordert noch nicht einmal ein Zwischenbinden. Ja, ohne Zwischenbinden ist es sogar vorteilhaft, weil man immer noch die Stellung einzelner Blüten korrigieren oder eine Blume dazwischenschieben kann. Man beginnt mit der senkrechten Mittelstaffelung und legt nach und nach Blumen und Blätter an, wie sie von innen nach außen in den Staffelungen und Anordnungen zusammengehören. Auch angedrahtete Tüllfächer oder Bandschlaufen können mit eingefügt werden. Die Blumenstiele im Straußgriff liegen parallel nebeneinander; so kann sich nichts verschieben, auch wenn man den Strauß drehen muß.

Die zu langen Blumenstiele werden 2 cm unter der haltenden Hand abgeschnitten. Sollten Drahtenden zu sehen sein, müssen sie sorgfältig abgeschnitten oder in das Stielbündel gebogen werden. Nun wird das Stielbündel in ganzer Länge oder nur etwa 6 cm breit über der Bastbindung mit weißem Perlontüll 2–3mal umwickelt. Zwei tief zwischen die Blumenstiele gedrückte Stecknadeln oder ein weiß abgewickelter Draht halten diese Umwicklung fest. Diese Bindetechnik ist für den Brautstrauß aus entsprechendem Material oder Standesamtsstrauß sowie für die Handsträuße der Begleiterinnen im Brautzug zu empfehlen. Der Strauß wird bis zur Trauung in eine Vase mit Wasser gestellt, das durch den Perlontüll hindurch an jede Schnittstelle gelangt. Eine Folienhülle als Verdunstungsschutz ist nicht notwendig, vorausgesetzt, man hat nicht angedrahtete Blumen dazwischen gebunden. Das ist allenfalls beim dichten Biedermeierstrauß statthaft, aber nicht beim locker gestaffelten. Die Techniken sollten hier nicht gemischt werden.

Der Biedermeierstrauß wird ebenfalls mit den natürlichen Blumenstielen im Griff gearbeitet. Es gibt jedoch Abweichungen im Andrahten und Stützen. Seine Bindetechnik ist bereits im Kapitel „Der Strauß" (Seite 139 ff.) beschrieben worden.

Mit Drahtgriff, aber natürlichen Stielen im Strauß
Eine zeitaufwendige, aber dafür elegante Technik der modernen Brautschmuckbinderei ist die Verarbeitung mit Draht, feuchter Watte und Kautschukblumenband. Bei dieser Technik wird der Griff des Schmuckgebindes aus den zusammengenommenen Drähten gebildet. Kein einziger natürlicher Blumenstiel führt durch die Hand. Erst kurz über der haltenden Hand beginnen die Blumen, liegen also mit den Andrahtestellen dicht nebeneinander im Mittelpunkt des Gebindes; aus der Straußmitte heraus führen die natürlichen Blumenstiele zu den Blüten. Man muß schon beim Andrahten wissen, wie lang die Blume aus der Mitte herausragen soll, denn in dieser Länge wird sie abgeschnitten. Vom kürzesten bis zum längsten Stiel werden alle Abmessungen benötigt: ganz kurze (völlig ohne Stiel), etliche nur 5–10, allenfalls 15 cm lang und einige für die längsten Staffelungen nach unten abgestuft bis zur Länge von etwa 30–40 cm, für einen Strauß zum langen Kleid auch noch länger. Erst wenn alle Blumen, Blätter, Zweige, Tülltuffs usw. – also alles, was zusammengenommen werden soll – angedrahtet ist, wird mit dem Binden begonnen.

Zum Andrahten einige Hinweise:
– Blumen in der passenden Länge zuschneiden;
– mit dünnem Stützdraht oder Steckdraht (je nach Größe und Gewicht der Blume) andrahten;

- ein kleines Flöckchen trockene Watte um die Schnittstelle des Blumenstieles legen;
- in einem Teller oder einer hohen Vase mit Wasser wird die Wattestelle getaucht;
- die Andrahtstelle mit der Watte gut und dicht mit Kautschukband umwickeln, so daß kein Draht frei bleibt und die Watte in einem dichten Gummisäckchen liegt;
- nicht aufhören, wenn die Watte umwickelt ist, sondern mindestens noch die halbe Länge des Drahts abwickeln; das ist nämlich für das Zusammennehmen günstig; unabgewickelter Draht legt sich nicht so anschmiegsam und fest an andere Drähte.

Sollen Blätter angedrahtet werden, so wird je nach Blattgröße 1–5 cm oberhalb des Blattstieles der grüne Stützdraht von hinten über die Mittelrippe des Blattes durch die Blattfläche gestochen, an den Stiel gelegt und erst dort mit Guttacoll umwickelt (Abb. 303). Somit kann man das Blatt stellen, wie man es braucht.

Blüten ohne Blumenstiel werden mit Silberdraht oder sehr dünnem Stützdraht angedrahtet und zu Blütentuffs oder langen Blütenrispen zusammengenommen, indem jede neu angelegte Einzelblüte mit hellgrünem Guttacoll an dem stärkeren Stützdraht, den man als Rispenachse nimmt, sauber festgewickelt wird. Die Drähte der Einzelblüten werden nicht umeinander gedreht; so bleibt die Drahtachse glatt und dünn; und sie bekommt durch die hellgrüne Umwicklung beinahe ein organisches Aussehen. Letzteres kann man noch verstärken, indem man kleine Blätter mit ein-

Abb. 303. Das angedrahtete Blatt, von hinten gesehen. Nachdem noch Watte an das Stielende gelegt wurde und diese naßgemacht ist, wird mit Kautschukband abgewickelt

Abb. 304. Aus Einzelblüten an Silberdraht werden lange, schmale Blütenpartien gebunden

fügt, die auch einmal von unten angelegt werden (Abb. 304). Derartige Blütenpartien (z. B. aus einzelnen Ritterspornblüten, aus Freesienblüten, Polyantha-Röschen, *Stephanótis* oder Lilien) bilden sehr effektvolle Bewegungsformen und sind vor allem für die nach unten ausschwingenden Bewegungslinien im Strauß unentbehrlich.

Aus Hyazinthenblüten, Freesien oder sogar Vogelbeeren kann man durch Aufreihen der Blüten oder Beeren *Blütenreihen oder Beerenketten* herstellen. Eine noch knospige Blüte wird für den Anfang genommen; ein glatter, grüner Stützdraht wird längs hindurchgezogen, das Ende zu einem Haken gebogen und wieder in den Blütenkelch zurückgezogen. So sitzt die erste Blüte fest. Alle weiteren, die vom anderen Ende des Drahtes aufgezogen werden, schließen sich nun dicht an. Dabei wählt man immer offenere und größere Blüten, so daß die Reihung mit schlanken Formen beginnt und mit breiteren endet. Es können höchstens $2/3$ eines Drahtes mit Blüten besteckt werden. Das letzte Drittel wird mit Kautschukband abgewickelt, wobei dicht an der letzten Blüte mit dem Umwickeln begonnen wird. Mehrere solcher Blütenreihen können nun zu interessanten Partien zusammengenommen werden, kürzere für den oberen Straußteil, längere nach unten ausschwingend. Feuchte Watte bekommen diese Blüten nicht mit, sie halten sich trotzdem recht gut. Allerdings muß gesagt werden, daß diese aufgereihten Blüten jede natürliche Wirkung verlieren; sie sind zu Formen (Reihen) geworden, welche putzmacherisch zwar wirksam, aber nicht mehr „lebendig" sind. Die Perlschnüre der korallroten Vogelbeeren können auch zu Schleifen zusammengebogen sein. Zusammen mit gelben Rosen oder gelben Nelken und orangefarbenen Lilienblüten ergeben die Kugelreihen oder Vogelbeeren einen modisch attraktiven Brautschmuck, passend zur aparten, jugendlich-lebhaften Braut mit sonnenbraunem Teint.

Das Zusammennehmen. Nach dem Andrahten kann mit dem Zusammennehmen begonnen werden. Dabei hält man die Blumen mit der linken Hand und legt mit der rechten Hand an. Man sieht zunächst auf den Strauß und stellt sich hinter ihm die Figur der Braut vor. Begonnen wird mit einer der kürzesten Blumen. Von dieser ausgehend, baut man die mittlere Partie des Straußes auf, also die Staffelung, die beim Tragen

Abb. 305. Schnitt durch einen Brautstrauß. Nur wenn die Andrahtstellen dicht nebeneinander liegen, bekommen die Blumen Halt und wahrt der ganze Strauß seine Form. Gerät man beim Anlegen immer tiefer, bekommt man weder Schick noch Halt in den Strauß (links richtig, rechts falsch)

die senkrechte Stellung beibehalten muß. Mit den Blumen werden auch die Blätter und Tüllfächer angefügt, so wie sie von innen nach außen, von der Senkrechten zur Waagerechten und schließlich zur abfließenden Bewegung folgen. Jedes Wattebäuschchen und damit die Blumen werden genau dort plaziert, wo sie in der Ordnung des Straußes hingehören. Wattestelle liegt neben Wattestelle, wodurch die Blumen und Blätter fest an ihrem Platz verankert werden (Abb. 305). Die durch die haltenden Finger laufenden Drähte muß man nicht umeinanderwickeln, sie sollten lose nebeneinander herlaufen. Festigkeit gibt zunächst die haltende Hand. So erhält man einen sehr schlanken, eleganten Griff. Auch kann man jederzeit noch die Stellung der einen oder anderen Blüte verändern, sie etwas herausziehen oder tiefer hineindrücken, man kann Blüten dazwischen stecken oder wegnehmen.

Die zur Seite oder nach unten führenden Blüten werden kurz unter der Wattestelle in die richtige Stellung gebogen und dann erst an den bereits zusammengenommenen Kern des Straußes angelegt. Lange Staffelungen sollte man schon fertig zusammenbinden und als Ganzes an den Strauß anfügen. Das ist vor allem für die herabhängenden Partien günstig, weil damit der Zusammenhalt der Staffelung gewahrt bleibt (Abb. 306). Blätter decken von unten die Wattestellen ab. Zum Schluß wird alles mit einem vorher abgewickelten Draht fest zusammengebunden, indem der Draht über den haltenden Fingern, so dicht wie möglich an den Wattestellen um den Griff gelegt und fest zusammengedreht wird.

Die Drähte im *Straußgriff* werden gekürzt, so daß lediglich 1–2 cm aus der haltenden Hand herausragen, es sei denn, man biegt aus dem langen, schlanken Griff einen nach vorn um die Hand und wieder nach oben laufenden Haken. Der Drahtstiel wird mit 2,5 cm breitem Guttacoll sauber umwickelt oder mit weißem Schleifenband (6–8 cm breit) in der Art eines Fingerverbandes. Klebefilm, einmal rund um den Griff gelegt, hält das Bandende fest.

Abb. 306. Große Staffelungen, vor allem die nach unten hängenden, werden erst zusammengebunden, ehe sie in den Strauß gefügt werden

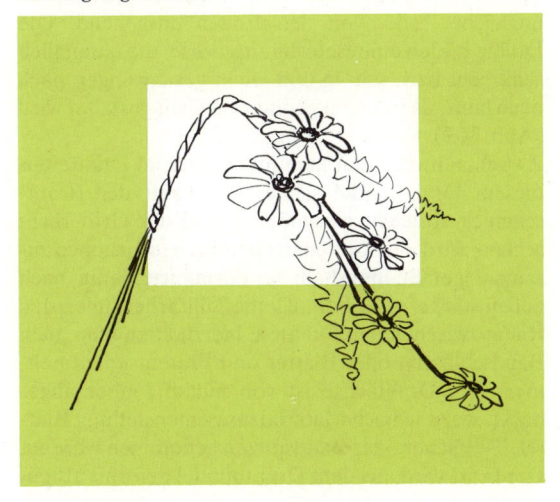

Sollen *Bandschleifen* angebracht werden, so werden diese an weiß oder hellgrün abgewickeltem Stützdraht angedrahtet und unter den Blumen, hoch oben am Griff befestigt, so daß sie über die haltende Hand fallen und aussehen, als bänden sie die Blumen zusammen. Das Band soll erst kurz vor dem Kirchgang am Strauß befestigt werden, damit es durch die Feuchtigkeit unter der Plastiktüte nicht unansehnlich wird.

Ohne natürliche Stiele
Für den englischen Strauß in Tropfenform oder Bogenform werden alle Blüten ohne Stiele angedrahtet. Vielfach muß man die Blüten mit 1–2 Silberdrähten durchstechen (z.B. bei Azaleenblüten wichtig), um die Blütenblätter am Abfallen zu hindern oder die Blüten mit stärkerem Draht andrahten zu können. Vielen Blütenarten und festen Blättern braucht man keine feuchte Watte mitzugeben, weil sie ohne Blätter und Stengel wenig verdunsten und robust sind. Nelken, Hyazintenblüten und viele Sommerblumen gehören dazu. Man sollte für einen Brautstrauß ausgewähltes Material einmal testen um festzustellen, wie lange die Blüten ohne Wasser frisch bleiben. Wenn Blüten oder Blätter ohne Wasser länger als 5 Stunden frisch bleiben, kann man die zeitaufwendige Arbeit des Anwattens einsparen. Für die Außenpartien und die obere Kuppel des Straußes sind auch Blütenpartien aus mehreren Blüten auf Draht gebunden (Abb. 304) vorzubereiten. Auch Bandschlaufen, Bandspitzen oder Tüllfächer und vor allem Blätter werden bereitgestellt. Dann beginnt das Zusammennehmen des Brautschmucks. Man fängt am Ende des Gebindes an, bei der Tropfenform an dessen hängender Spitze; bei der Halbmondform arbeitet man zwei ungleiche Teile, von den Enden ausgehend. Die Drähte bilden eine Befestigungsachse, die anfänglich senkrecht bzw. schräg und leicht geschwungen nach oben läuft, dann umbiegt und zum Griff gestaltet wird (Abb. 307).

Zwischendurch kann man immer einmal Drähte aus diesem Drahtbündel schneiden, damit der Brautschmuck so leicht wie möglich und der Griff recht schlank wird. Die Blütenarten werden in Gruppen zusammengefaßt, innerhalb der Formmitte wenig, nach außen stärker gestaffelt. Kleine Tüllfächer füllen den Raum zwischen den Drähten, hierzu kann man auch Bandschlaufen oder Blätter und Blütenformen nehmen. Die Drahtachse ist von hinten sauber abgedeckt, wozu je nach Materialzusammenstellung Blätter, Tüllfächer oder Bandspitzen genommen werden. Der Griff wird aus dem Drahtbündel geformt als gut in der Hand liegende Öse. Er wird mit breitem Guttacoll oder anschmiegsamen Band umwickelt. Soll der Strauß einen Bandschmuck bekommen, so nur kurze Schleifen oder Schleifentuffs aus schmalem (1,5–3 cm) oder breitem Band (5–7 cm), welche den Strauß nach hinten oder zur linken Seite hin abschließen. Lang wehende Bänder widersprechen stilistisch der gesammelt wirkenden Form des Brautstraußtyps.

Mit Brautstraußhalter
Der Bedarf regelt das Angebot. Die Bedarfsartikelindustrie hat erkannt, daß man mit Hilfe eines Kunststoffhalters und wasserhaltender Steckmasse die Technik der modernen Brautstraußgestaltung erleichtern und rationalisieren kann. Es sind verschiedene Typen des Brautstraußhalters auf dem Markt. Jedem bleibt es überlassen zu prüfen, welches Fabrikat er einsetzen möchte. Die Beurteilungsgesichtspunkte über die Verwendbarkeit solcher Halter sind ähnlich den an den Brautstrauß gestellten Anforderungen:

– Kann man mit seiner Hilfe die Blumen so anordnen, wie es die Schmuckart des Gebindes erfordert?
– Ermöglicht er eine bequeme Tragehaltung des Straußes?
– Kann man die Blumen leicht, schnell und gut feststecken?
– Garantiert er die beständige Form des Straußes und die ausreichende Haltbarkeit der Blumen?
– Wird der Preis des Brautstraußhalters durch die Arbeitsersparnis aufgewogen?

Das Fertigen eines Brautstraußes mit einem Brautstraußhalter beginnt damit, daß der Halter mit der gut durchnäßten Steckmasse in der leicht gekippten Tragehaltung festgeklemmt wird. Ideal sind dazu die Stative (ähnlich denen im chemischen Labor) mit Klemmzwingen und Drehgelenken an den Haltearmen. Ein brauchbarer Behelf ist ein aufgestelltes Drainagerohr aus Ton, das man schwer und standfest macht, indem man es zur Hälfte mit Gips oder Zement ausgießt. Nun kann man den Halter mit dem Griff in die obere Öffnung einhängen und mit einem Papierknuddel in der richtigen Stellung verankern.

Bei dieser Technik beginnt man nicht mit der oberen Staffelung, sondern mit den unteren, hängenden Partien. Diese muß man nämlich vor dem Herausrutschen sichern, was durch ihr Gewicht und ihre Haltung leicht geschehen kann. Man drahtet alle langen und schweren Teile, die hängend eingefügt werden sollen, an und steckt sie mit dem Stiel so tief in die Steckmasse, daß die Schnittfläche des Blumen- oder

Abb. 307. Die Drähte bilden eine Achse, die zum Griff umgebogen wird. Hier ist die Entwicklung des Straußes und die innere Bewegungsführung angezeigt

Abb. 308. Tüllpropeller, Tüllfächer, Bandschlaufe und Bandspitze an „Gabel" gedrahtet oder an langen Draht, sind gestalterische Elemente in vielen Brautsträußen

Blattstiels in die nasse Basis eindringt, der Draht aber an der entgegengesetzten Seite wieder heraustritt. Dieses Drahtstück wird auf etwa 2 cm gekürzt und um das Plastikgitter wieder zurück in die Steckmasse gebogen. Erst wenn dies geschehen ist, ordnet man die weiteren Staffelungen ein, bis der von oben gesehen runde Strauß fertig ist. Bekommt man die Blumen- und Blattstiele nicht tief genug in die Steckmasse, weil sie zu kurz sind oder schon zu viel in der Steckmasse sitzt, so „gabelt" man kurz an, um den notwendigen Halt der Teile zu erreichen.

Da man die Steckmasse nicht ganz mit Blüten oder Blättern abdecken kann, weil sonst die Mitte des Straußes leicht zu voll und plump wird, bereitet man aus 5 cm breitem Tüllband kleine Tüll-„Propeller" vor (Abb. 308), welche an „Gabel" gedrahtet leicht zu stecken sind und alle Zwischenräume flach und sauber zudecken.

Will man Tüllfächer oder Bandstücke gestalterisch mitwirken lassen, so dürfen diese nicht länger als 5–6 cm sein, weil der Strauß durch die Masse des Steckschwamms in der Mitte sonst zu breit wird. Sie werden an „Gabel" gedrahtet; ein Abwickeln ist beim Band zu empfehlen, damit es nicht feucht wird. Blütenranken aus an Watte gedrahteten Blüten können bei dieser Technik mit eingefügt werden, doch muß man – in jedem Fall zu empfehlen – den Strauß bis zur Trauung unter einem Plastikbeutel vor unnötiger Verdunstung schützen.

In dieser Technik können der locker gestaffelte Strauß in Kuppel-, Tropfen- oder Bogenform und der Biedermeierstrauß gearbeitet werden. Wenn dies auch im eigentlichen Sinne gar keine Sträuße mehr sind, wie die meisten modernen Brautsträuße überhaupt, wollen wir doch bei dieser Benennung bleiben, weil dieser Brautschmuck wie ein Strauß in der Hand getragen wird.

Die Fertigung des Körbchens.

Das „Körbchen" kann gesteckt oder gebunden werden. Beim Binden bereitet man alle Blüten und Blätter, Staffelungen oder Blütenpartien genau so vor wie beim gebundenen Strauß mit angedrahteten Blumen, die ein Stück natürlichen Blumenstiel behalten (s. Seite 259). Nur braucht man für oben weniger Blüten, dafür eine etwa 15 cm lange Schlaufe aus 5–7 cm breitem Band (evtl. Samt). Beim Zusammennehmen beginnt man mit dieser Schlaufe und fügt alle Blüten und das Beiwerk hinzu wie beim Strauß. Das nach unten gerichtete Drahtbündel wird nach dem sehr sorgfältigen und festen Zusammenbinden derart gekürzt und abgewickelt, daß es unter einem Blütentuff oder unter Tüll- oder Bandschleifen versteckt werden kann.

Zum Stecken muß eine Steckbasis mit Tragegriff vorbereitet werden. Dazu wird ein fester Schweißdraht zum Henkel gebogen. Man nimmt ein etwa 40–45 cm langes Stück, umwickelt es bis jeweils 5 cm an den Enden mit Band in einer zu den Blumen passenden Farbe und biegt es, wie in Abb. 309 dargestellt. Dann wird ein Würfel der wasserhaltenden Kunststoffsteckmasse mit der Seitenlänge von etwa 6–7 cm in

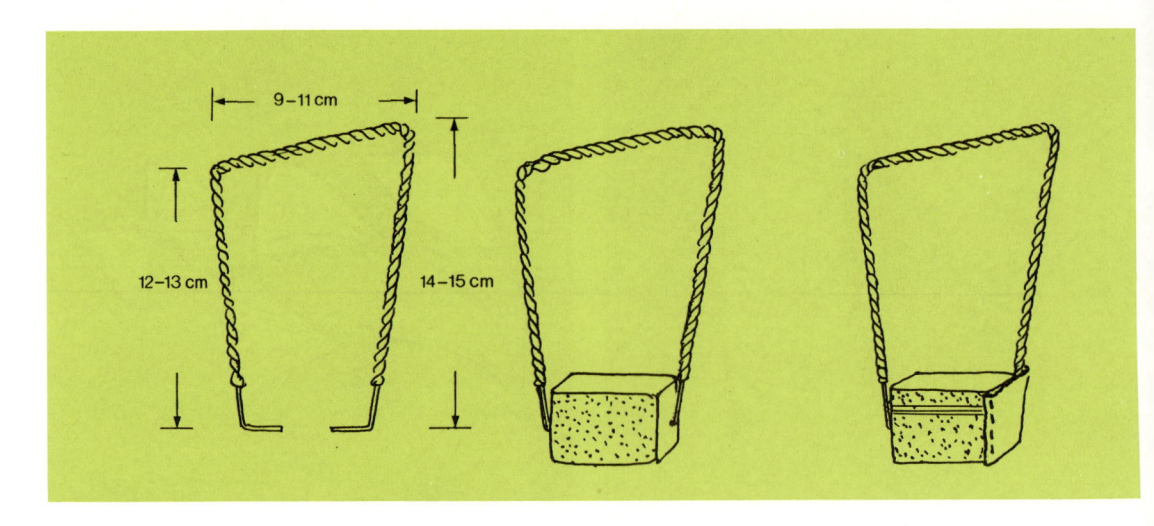

Abb. 309. Technische Vorbereitungen für die Gestaltung eines „Körbchens" als Brautschmuck

weißen Perlontüll in einfacher Lage eingewickelt, zwischen die Henkelenden geklemmt und mit einem weiß abgewickelten 16er Steckdraht festgebunden. Die Seite des Steckblocks mit dem langen Henkelbogen wird mit einem mehrfach gefalteten Stück weißen Perlontülls zugedeckt; der Tüll kann um die Ecken herumreichen, er wird mit Drahthaken in der Steckmasse befestigt.

So sieht die Rückseite des Schmuckgesteckes sauber aus, das Kleid bleibt vor Feuchtigkeit geschützt. Damit ist die technische Halterung des Körbchens fertig. Sie wird am Brautstraußständer angehängt und in der Folge und Technik, jedoch mit anderen Bewegungen und Porportionen wie der gestaffelte Strauß besteckt. Auch hier werden schwere und lang nach unten ausschwingende Teile durch Andrahten vor dem Herausrutschen gesichert. Das Band wird in schönen, weich fließenden Schlaufen und Enden zusammengenommen, an einem abgewickelten Draht an „Gabel" gedrahtet und dort gesteckt, wo der vordere Henkelbogen aufhört (Abb. 310).

Band im Brautstrauß

Band im Brautstrauß ist gestalterisch ein sehr wirkungsvolles Element. Es schafft zusätzlich eine optische Verbindung zwischen der Erscheinung der Braut und dem Blumenschmuck. Das hat zwei Gründe. Erstens nehmen wir mit dem Band textiles Material in den Brautstrauß auf und zweitens können wir die Farbe der Blumen im textilen Material wiederkehren lassen; so ist der Schritt von den Blumen zum Kleid durch das Zwischenglied „farbiges Band" nicht so groß. Das setzt natürlich voraus, daß man Band in einer der gewählten Blütenfarben, in einer die Harmonie ergänzenden Farbe oder in einem hellen Grün verwendet. Daß bisher vielfach noch weißes Band im Brautstrauß üblich ist, liegt daran, daß sich die wenigsten den fertigen Strauß vor einem weißen Hintergrund – nämlich vor dem weißen Brautkleid – vorstellen.

Bänder im Brautstrauß müssen nicht nur in weich fließenden Schleifen nach unten hängen, sie können auch als Schlaufen oder schräg geschnittene Enden

Abb. 310. Das Band wird an der scheinbaren Bindestelle am „Korb"-Henkel angebracht

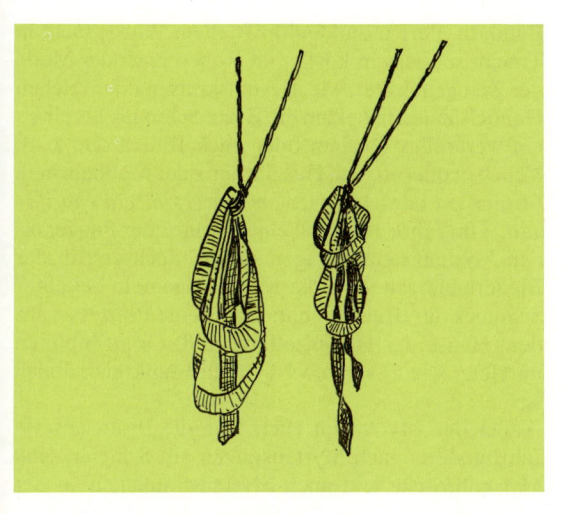

Abb. 311. Auch die Schleifen werden entsprechend der Staffelung zusammengenommen. Eine dieser beiden ist nicht richtig gestaffelt!

sowie als Fächer zwischen den Blumen ihren Platz finden. Ähnlich werden Tüllfächer verwendet. Man schneidet vom 6,8 oder 10 cm breiten Tüllband auf Rollen etwa 15–25 cm ab, legt den Streifen längs vor sich auf einen glatten Tisch und rafft an beiden Außenrändern den Tüll zusammen. Die Raffung hält man an einer Seite fest und drahtet dort den Tüll an; die andere Seite läßt man los, so daß der steife Kunststofftüll wie ein Fächer auseinander springt. Man kann den gerafften Tüllstreifen auch in der Mitte fassen und dort andrahten, so daß eine Tüllrosette entsteht. Mit Tüllfächern arbeitet es sich recht gut, weil man manche unschöne Lücke im Mittelpunkt des Straußes sauber mit Tüll abdecken kann. Will man aus Tüllfächern einen der Biedermeiermanschette ähnlichen Abschluß bei einem runden Strauß arbeiten, kann man einen Tüll mit fester Musterkante verwenden.

Die lang herabfließenden Bänder werden in 1–3 ungleich lange Schlaufen und verschieden lange Enden zusammengenommen und an einem weiß oder hellgrün abgewickelten 12er Steck- oder 9er Stützdraht angedrahtet (Abb. 311). Sie kommen an den fertigen Brautstrauß und werden am oberen Ende des Griffes befestigt. Man wähle gut imprägniertes, nicht färbendes Band in den Breiten zwischen 1,5 und 8 cm; 2,5–5 cm etwa sind die üblichen Maße. Für einen kompakten, runden Strauß à la Biedermeier (z. B. aus Gladiolenblüten, Polyantharosen oder Rhododendronblüten mit einem Kranz aus *Vibúrnum rhytidophýllum*-Blättern) kann man aus Kunstseidenband eine Kordel drehen und diese wie Bandschleifen legen.

Ob man statt Band lieber Federn, ob man Ketten aus Perlen, Glas oder Straß[1], Kunststoff oder Holzperlen, ob man Kügelchen aus weißem Nerz oder paillettenbestickte Schleier, Modeschmuck oder echten Schmuck und ähnliche Attribute der Mode mit in den Brautstrauß arbeitet, hängt vom Brauttyp, dem Brautkleid und der Phantasie des Floristen ab. Wenn die Gestaltungsmittel innerhalb des Straußes zusammenpassen, wenn der Strauß mit der Braut harmoniert und wenn die gesamte Erscheinung der Würde des Anlasses entspricht, ist alles erlaubt.

Zur Vertiefung

1. Nennen Sie für Brautschmuckbinderei geeignete Blüten, Blätter und Triebe:
   a) Ampelpflanzen bzw. Kletterpflanzen,
   b) Blattpflanzen,
   c) Blumen mit weißen Blüten, nach Jahreszeiten geordnet,
   d) Blumen mit gelben Blüten,
   e) Blumen mit roten Blüten,
   f) Blumen mit violetten oder blauen Blüten.

2. Nennen Sie je 3 Zusammenstellungen von Blumen, Blättern und sonstigen schmückenden Zutaten mit Wahl der Farbharmonie für folgende Brauttypen:
   a) Jung, zart, bescheiden, zurückhaltend, zierlich, blond.
   b) Jugendlich, selbstsicher, flott, modebewußt, mittelgroß, lebhafter Ausdruck, dunkelblond und braungebrannt.
   c) Groß und stattlich, obgleich jung, sehr beherrscht und stolz, aber freundlich im Wesen, kastanienbraunes Haar.
   d) Älter, extravagant, schlank, kapriziös, rothaarig, zarter Teint, mittelgroß.
   e) Gesetzter, groß und schlank, sehr damenhaft, fast hoheitsvoll, dunkles Haar und heller Teint.
   f) Braut im Trachtenlook, mit weißem Festdirndel, altrosafarbiger Bordürenstickerei und Schürze. Die Braut ist dunkelhaarig, freundlich, aber nicht sehr lebhaft und recht fraulich.

---

[1] nach Juwelier Straßer im 18. Jahrhundert, Nachahmung von Edelstein aus stark lichtbrechendem Bleiglas

3. Vom rhythmisch gestaffelten Strauß, vom englischen Strauß und vom „Körbchen" können haltbare Muster gearbeitet werden. Das ist vor allem als Übung aufzufassen. Es brauchen keine künstlichen Blumen gekauft zu werden. Man kann sich „Blütenformen" wie folgt selbst basteln: Ein Stück Band wird an einer Seitenkante mit Nadel und Faden fein aufgereiht und zu einer geschlossenen runden Scheibe zusammengezogen, vernäht und an einem Stützdraht befestigt. Ein gefärbtes Trockenblütenköpfchen oder eine Perle wird in der Mitte angebracht (festgeklebt oder angenäht). Der Draht wird als Blumenstiel hellgrün abgewickelt, und fertig ist die runde, flache Blütenform. Man kann farbige Wattetupfer aus dem Kosmetikgeschäft andrahten, und man hat die kugelige Blütenform. Man kann Band mit Hilfe von Myrtendraht in weiten, losen Windungen um einen Steckdraht schlingen oder große Holzperlen aufreihen, und man hat lange Blütenformen. Blätter können aus kräftigem Papier geschnitten und angedrahtet werden, oder man nimmt statt Papier Schleifenbandstücke. Dazu können Trockengräser, Strohblumen und kleine Fruchtformen sowie präpariertes Laub in die engere Wahl gezogen werden, so daß eine formal und farblich interessante und harmonische Komposition gelingt.

9 Kopfschmuck, Corsagen und Knopflochblumen

9.1 Der Kopfschmuck der Braut

Allgemeines

Das Fest der Hochzeit wurde zu allen Zeiten und bei allen Völkern mit einem besonderen Ritual (religiöser Brauch) umgeben. Auch die Kleidung und der Schmuck der Braut sind überall in besonderer Weise gestaltet. So trug die Braut im alten Babylon den Myrtenkranz, eine Sitte, die die Juden aus babylonischer Gefangenschaft mit in den Mittelmeerraum brachten. Die Braut in Hellas trug Rosen und Myrten im Haar und die Sarazenerbraut Orangenblüten. Seit Karl dem Großen gibt es in Frankreich den Brautkranz aus Rosmarin, während sich ansonsten Brauthauben oder Brautkronen zu den jeweiligen Trachten entwickelten, ein schöner Kopfputz aus Spitzen, Bändern, Perlen und Goldplättchen. Wurde nicht in Tracht, sondern in kostbaren Roben nach der Mode der Zeit geheiratet, wie in Adelskreisen oder reichen Handelshäusern, bekam die Braut Schmuck ins Haar, ein wertvolles Diadem oder auch Blüten wie z. B. Veilchen oder Rosen, Hyazinthen oder Maßliebchen, Fritillarien oder Jelängerjelieber (*Lonicéra caprifólium*). Im Jahre 1683 soll eine Tochter der Fugger einen Myrtenkranz getragen haben, doch erst in der Biedermeierzeit wird die Myrte allgemein beliebter Schmuck der Braut. Dennoch trug eine Prinzessin aus dem Hause der Hohenzollern 1890 Orangenblüten im Haar, wie es seit etwa 1700 in Frankreich üblich ist.

Außer den Myrten im Haar trug die Braut des 19. Jahrhunderts auch Myrtenspitzen am Schleier, eine Myrtenbrosche und noch Myrtensträußchen an der Krinoline. Die Form des Myrtenschmucks wandelte sich. Nur in den letzten Jahrzehnten wurden keine neuen, der Modelinie entsprechenden Myrtenschmuckformen entwickelt. Auch der Kopfschmuck aus Blüten und Blättern wurde nicht angeboten. So hat sich das Spitzenhütchen oder die Tüllrose aus der Hand der Putzmacherin als Kopfputz der Braut schon so gründlich eingebürgert, daß der Florist bei uns nur schwer einen Blumenschmuck für den Kopf der Braut empfehlen kann. Dennoch sollte er zu jedem Strauß auch die Blume im Haar liefern. Ja, selbst die Myrte kann in moderne Formen gebracht werden. Der Florist muß heute die neueste Modelinie kennen. Aus den Entwürfen in den Modejournalen kann er immer neue Anregungen entnehmen, er muß bloß die Tüllblumen wegdenken und dafür frische Blüten sehen. Die Modistin greift oft genug zum Blumigen, also muß auch der Florist einmal zu Nadel und Faden greifen und die Blüten auf das Käppchen nähen oder an Stelle des Seidenbandes ein Band aus Myrte arbeiten.

Moderner Myrtenschmuck

Das ruhige Grün der Blätter und die schlichten Formen eines modernen Myrten-Kopfschmucks machen ihn für die feierliche Hochzeit im konservativen Stil oder für die ernste Braut geeignet, die klare Formen von ruhiger Wirkung bevorzugt. Ist die Braut jugendlich und heiteren Wesens, kann der ruhig wirkende Myrtenschmuck mit frischen Blumen ergänzt und so in der Wirkung aufgelockert werden (Abb. 312).
Vier Formen des modernen Myrten-Kopfschmuckes sollen vorgestellt werden:
Der kleine Kranz wird als wulstige Form aus Myrtenspitzen mit Myrtendraht auf Draht gebunden, welcher vorher mit Guttacoll abgewickelt worden ist und

Abb. 312. (oben) Myrte in verschiedenen Kappenformen, links für die kleinere, rechts für die größere Braut, ergänzt mit Blüten
Abb. 313. (Mitte) Der Myrtenkranz, hier mit Bändern ergänzt, paßt gut zur jugendlichen Braut in einem Kleid im Folklorestil
Abb. 314. (unten) Ein Dreieck mit bogig verlaufenden Seiten aus Myrte als reizvoller Kopfschmuck für die Braut im Stilkleid

an den Enden zu Haken gebogen wurde, mit denen die fertige Wulstform zum Ring zusammengehakt wird. Er wird relativ klein gearbeitet und um einen Lockentuff oder das Käuzchen auf den Kopf gelegt. Mit Bändern paßt er zur jugendlichen Braut oder zum Trachtenlook, mit Myrtenranken ergänzt zur jugendlichen oder zierlichen Braut (Abb. 313).

Die bogige Dreiecksform erinnert an Kopfbedeckungen der Renaissancezeit. So paßt sie auch heute zu historischen Stilkleidern (Abb. 314) und in Lockenfrisuren, die sich erst hinter einem glatt gekämmten Frisurteil locker auflösen. Die Myrtenspitzen werden auf eine entsprechend geformte Drahtunterform angebunden, von vorn nach hinten, beim hinteren Bügel von der Mitte oben nach unten verlaufend wegen der Symmetrie der Stellung der Myrtenzweiglein.

Für die flache Kappe benötigt man einen etwa 25 cm langen Pappstreifen (Aktendeckel z. B.), an den Enden 3–4 cm breit, zur Mitte hin breiter werdend bis etwa 6–8 cm. Nun werden drei bis vier 16er Steckdrähte längs auf einer Seite der Kappe mit Klebestreifen aufgeklebt und das Ganze mit hellgrünem Kautschukband abgewickelt. Die so präparierte Pappe wird gebogen, daß sie sich flach an den Kopf anschmiegt, von Ohr zu Ohr verlaufend. Nun wird von

Abb. 315. Die flache Kappe mit dem Schleier liegt sehr gut auf dem Kopf auf

Abb. 316. Den Schleier kann man in den Myrtenring hineinziehen, so daß der Ring zur geschlossenen Kappe wird

der breiten Mitte aus zu den schmalen Seiten hin Myrte in dicht nebeneinander gelegten Spitzen aufgebunden. Die Myrtenzweige werden, so lang sie sind, angelegt, doch wird der grüne Myrtendraht mindestens je 1 cm einmal zwischen den Blättchen hindurch um die Form gewickelt. Neue Zweige werden erst eingefügt, wenn die bereits angelegten Spitzen zu Ende sind oder wenn ihre Internodien zu weit sind, so daß die Blättchen die Unterform nicht genug decken. Zum Schluß werden ein paar kurze Spitzen gegenläufig so eingefügt, daß ein sauberer Kappenrand entsteht. Damit der grüne Draht auf der Unterseite auch noch verdeckt wird, muß ein weißes, festes Schleifenband untergeklebt werden. Diese Kappe paßt zu Ponyfrisuren genausogut wie zum schlichten, aufgesteckten Haar. Sie ist mit zwei Klemmen leicht festzustecken und hält gleichzeitig den Schleier gut, welcher an das Band angeheftet wird (Abb. 315).

Das gleiche gilt für die folgende Myrtenschmuckform, die mehr als *Haube* oder gar als *schlichtes Krönchen* bezeichnet werden kann. Der benötigte Pappstreifen ist 4–5 cm breit und zu einem Ring von etwa 8–10 cm Durchmesser zusammengefügt. Hier kann der festigende Draht wegfallen; der Pappring wird nur mit hellgrünem Kautschukband abgewickelt. Die Myrte wird außen aufgebunden, und zwar jeweils von vorn nach hinten. Es ist ratsam, die Myrte etwas auf den oberen Rand herumzuziehen, so daß der Rand der Unterform ganz von Myrte bedeckt ist. Nun wird ein festes Ripsband mit Klebstoff innen gegengeheftet. Der Brautschleier wird von unten in den Ring gezogen und mit wenigen Stichen an dem eingehefteten Band festgenäht. So ist das Krönchen mit dem Schleier leicht auf der Frisur aufzustecken (Abb. 316).

Blumenschmuck für das Haar

Eine sehr schöne Ergänzung zum Brautstrauß ist der Blütenschmuck im Haar; dadurch wird die Braut von Blüten regelrecht umrahmt, die festliche Wirkung wird gesteigert. Man arbeitet aus Blüten des Brautstraußes und kleinen Blättern ein flaches, möglichst leichtes und in der Form zur Frisur und zum Schleier passendes Blütengebinde.

Die Blüten und Blättchen werden ohne Stiel sorgfältig mit ein wenig nasser Watte angedrahtet und sauber mit hellgrünem oder braunem Kautschukband abgewickelt. Meist nimmt man dazu feinen Silberdraht und sticht durch die Blütenkelche, bei den Blättchen von hinten über die Blattmittelrippe. Die zum Stielansatz hingebogenen Drahtenden werden so verdreht, daß sie die Blüte oder die Blätter fest in ihrer Lage halten. Dann wird die Watte – wenn nötig – angelegt. Sind alle Blüten und Blätter vorbereitet, kann der Kopfschmuck gebunden werden.

Das Blütendiadem. Es ist ein symmetrisch gestalteter Schmuck, der mitten auf dem Kopf vor dem aufgesteckten Schleier getragen wird (Abb. 317). Durch die klare, geschlossene Form wirkt er ruhig und fein. Kleine Blütenformen wie *Stephanótis* oder Hyazinthen, kleine Polyantha-Röschen oder Usambaraveilchen, Tausendschön oder Rittersporn, Dendrobien oder Orangenblüten eignen sich sehr gut; aber auch wenige große Blüten können durchaus zu einer Diadem- oder gar runden Blütentuff-Form zusammengenommen werden, wie aufgeblühte Rosen oder Nelken, *Eucharis* oder *Phalaenópsis*, sogar Blüten von Stockrosen (*Althaéa*-Rosea-Hybriden) oder auch Gladiolen (Abb. 319). Die angedrahteten Blüten und Blätter werden auf einen hellbraun abgewickelten, halbrund gebogenen Draht (12/30-Steckdraht) gebunden, jeweils von der vorderen Mitte zur Seite geführt, so daß ein etwa 12–14 cm breites, in der Mitte 6–7 cm hohes Diadem entsteht. Die Blüten werden so gestellt, daß sie nach vorn schauen und eine geschlossene Fläche bilden, die von unten und hinten mit Blättern oder kleinen Tüllfächern abgedeckt wird. Die nach hinten führenden freien Enden des Drahts, auf den die Blumen gebunden sind, werden auf etwa 6–8

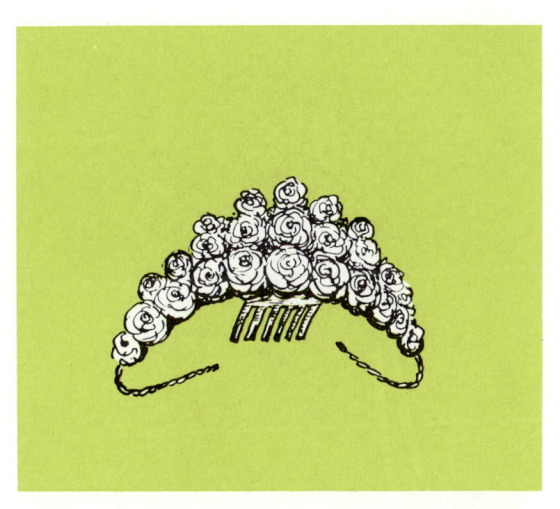

Abb. 318. Das Diadem kann mit einem Steckkämmchen gearbeitet werden; es erleichtert die Befestigung im Haar

Abb. 317. Das Blütendiadem unterstreicht die Symmetrie der Frisur und des Gesichtes

cm Länge geschnitten und nochmals sauber umwickelt. Sie werden unter die Haare in die Frisur geschoben und festgeklammert; dadurch sitzt das Diadem gut auf dem Kopf fest. Eventuell kann man in der Mitte des Drahts ein kleines Steckkämmchen beim Aufbinden der Blüten mit befestigen; dann hat das Diadem auf dem Haar besonders sicheren Halt (Abb. 318).

Der Blütentuff. Er wird aus mehreren angedrahteten Blüten einer Art halbkugelig rund oder flach oval zusammengebunden. Von unten deckt man mit Blättern sauber ab. Der Drahtstiel wird etwa 10 cm lang gelassen, sauber abgewickelt und flach unter der Kappe zur Seite gebogen. Mit seiner Hilfe wird der Blüten-tuff auf dem Kopf durch Klemmen und Haarnadeln befestigt. Er paßt zu glatten oder lockigen, symmetrischen Frisuren (Abb. 319), mit Bändern schmückt er stilvoll die Trachtenbraut oder auch die Brautführerinnen.

Der locker gestaffelte asymmetrische Kopfschmuck. Er unterscheidet sich vom oben beschriebenen Blumenschmuck durch lockere, aufgegliederte Form und vielgestaltige Zusammenstellung. Größere Blüten (z. B. *Polyántha*-Rosen) bilden die Bewegungsmitte des kleinen Schmuckgebindes, und kleine Blüten (Hyazinthenblüten oder einzelne Rittersponblüten u. a.) werden zu 2–5 schlanken Staffelungen zusammengenommen, die von der Rosenmitte ausgehend in verschiedene Richtungen weisen. Auch schlanke Blätter (z. B. *Ácorus*) oder Blattreihungen (z. B. kleine Efeublätter, einzeln angedrahtet und zu einer Partie zusammengefügt) entwachsen der Bewegungsmitte (Abb. 320).

Die Arbeitsfolge sieht so aus: Alle Blüten und Blättchen werden, wenn nötig, sorgfältig mit nasser Watte angedrahtet und abgewickelt. Bei einigen unempfindlichen Blütenarten und bei hartem Laub kann man auf die feuchte Watte verzichten, z. B. bei Hyazinthen oder Nelkenblütenblättern. Nun arbeitet man die Staffelungen, indem die Blüten in Partien aneinandergelegt werden; es wird jeweils unmittelbar unter der neu angelegten Blüte mit Guttacoll umwickelt. Man beginnt mit einer kleinen Blütenform oder einer Knospe und legt zum Schluß größere Blüten in engeren Abständen an. Dabei gestaltet man diese gebun-

Abb. 319. Der Blütentuff aus Blüten einer Art

Abb. 320. Der asymmetrische Blumenanstecker; die Unterseite zeigt die Bindestelle unter dem Bewegungsmittelpunkt, die Blattabdeckung und den zur Seite und zurück gebogenen Stiel

dene Blütenrispe flachrund, d. h., man legt auch einmal Blütchen seitlich gegen die Drahtachse und Blättchen sogar von unten an. Die schlanken Partien werden dann so zusammengenomen, daß die längste den zwei kürzeren gegenübersteht. Die Drähte sind in Verlängerung der längsten Blütenstaffelung gerichtet. Nun wird die Mitte mit Blüten, untergefügten Blättern und zwischengeschobenen Blattstaffelungen ausgefüllt. Das Drahtbündel geht vom Wuchsmittelpunkt der Anordnung aus. Es wird dünn zusammengelegt, abgewickelt und flach zurück gebogen. Dieses lockere, kleine Schmuckgebinde kann an jeder passenden Stelle in die Frisur eingefügt und durch den Draht in den Partien und Staffelung sich eng anschmiegend gebogen werden.

In Amerika ist diese Art von Blumenschmuck für das Haar oder zum Anstecken an das Kleid sehr üblich. Man nennt ihn dort „corsage", so könnten wir den Blütenkopfschmuck auch als Corsage bezeichnen (damit erfährt das Wort „Corsage" – deutsche Schreibweise: Korsage – einen Bedeutungswandel, denn es bezeichnet bisher das versteifte Oberteil des trägerlosen Mieders, an dem übrigens früher meist die Ansteckblumen getragen wurden).

Die Corsage wird nach der Fertigstellung vorsichtig mit Wasser besprüht, in eine Schale gelegt und mit der Schale in einen Plastikbeutel geschoben. Man kann auch den Blumenanstecker ohne Schale in den Plastikbeutel tun, diesen aufblasen und mit einem Gummi luftdicht verschließen. Kühl und dunkel aufbewahrt, hält sich dieses Miniatur-Schmuckgebinde („Minibi") leicht mehrere Tage frisch. Voraussetzungen dafür sind: Blüten von guter Qualität und bestem Zustand, gut ausgereifte Blätter, sorgfältiges Andrahten mit feuchter Watte, Einhüllen der Corsage in Folie.

9.2 Die Corsage

Im 19. Jahrhundert war ein Ballkleid ohne angesteckte Blumen undenkbar. Blumen aus Tüll, Chiffon oder Samt, aus Federn oder Wachs und natürlich frische Blumen gehörten zum täglichen Bedarf. Zum jungen Mädchen gehörte ein Veilchensträußchen; sie trug es am Muff oder Jackenaufschlag. Die Mode schrieb Ranunkeln, Rosen oder Christrosen als Haarschmuck vor. Die Damen der eleganten Welt trugen Orchideen im Haar, auf der Schulter, an der Hüfte oder auf der Schleppe. Blumen wurden an die Sonnenschirme gesteckt, wenn die Damen in blumengeschmückten Equipagen ausfuhren, selbst der Kutscher hatte Blumen am Zylinder. Die Weltkriege machten diesen „Blumengewohnheiten" ein Ende. In England und Amerika gehört die Blumen-Corsage jedoch heute noch zur gut angezogenen Frau und zum Fest.

Aber auch bei uns wird die Corsage nicht nur beim Brautschmuck, sondern auch am festlichen Kleid geschätzt, vorausgesetzt,
- sie ist passend zur Trägerin und zum Anlaß gewählt,
- sie ist von guter Haltbarkeit auf Grund fachmännischer Verarbeitung,
- sie ist sauber zusammengefügt,
- sie ist leicht zu befestigen.

Auswahl der Blumen und ergänzenden Gestaltungsmittel. Alles, was interessant von Gestalt, Form und Farbe ist, kann in ein solch kleines Schmuckgebinde gefügt werden, nicht nur Blüten und Blätter, auch feste Fruchtformen, Trockenmaterial, Schleifen oder Federn, Perlen und einzelne Blütenblätter, die zu neuen, überraschenden Formen zusammengefügt werden können.

Haltbarkeit und Sauberkeit. Die Bindetechnik ist bereits bei der Gestaltung des locker gestaffelten, asymmetrischen Kopfschmucks für die Braut beschrieben. Obgleich wir meist mit feuchter Watte arbeiten, sollen wir keine Blüten oder Blätter nehmen, derer Festigkeit und Haltbarkeit wir nicht ganz sicher sind. Nichts bietet einen traurigeren Anblick als eine welke Corsage. Allzu fleischige Blättchen (z. B. Begonienarten) sollen lieber nicht verwendet werden, auch wenn sie noch so hübsch aussehen. Am besten ist es, man schafft sich seinen eigenen Erfahrungsschatz über das, was gut hält und was problematisch sein könnte, indem man zur Probe das eine oder andere Blütchen oder Blatt wie für eine Corsage andrahtet und im warmen Raum stehen läßt. Bleibt es länger als 5–6 Stunden frisch, kann man es zum Gestalten von Corsagen verwenden.

Befestigung. Je leichter die Corsage und je zierlicher der lang gehaltene Corsagenstiel ist, um so besser kann man die Corsage mit 1–2 Nadeln an dem zum flach liegenden Haken gebogenen Stiel feststecken.

Zwei Sicherheitsnadeln (klein und schwarz) sollen mit der Corsage geliefert werden. So kann sie gut auf dem Jackenaufschlag oder auf dem Träger befestigt werden. Wird ein kleines, flach-rundes Sträußchen oder eine locker gestaffelte, zierliche Tropfenform als Blumenanstecker gearbeitet, so können die sauber abgewickelten Drähte wie die Blumenstiele eines Straußes zur Wirkung kommen. Unter der Bindung dieses kleinen „Straußes" kann eine Broschennadel angenäht werden. Sollen eine Corsage oder mehrere einzelne Blütchen in die Frisur eingefügt werden, helfen feste Klemmen. Selbst als Armschmuck sind Blüten hübsch, wenn sie auf einem breiten Armreifen befestigt werden. Dabei leistet mitunter Klebefolie gute Dienste. Die Phantasie hat hier ein wunderbares Tummelfeld. Der Florist kann bei der Gestaltung von Corsagen beweisen, zu welchen gestalterischen und handwerklichen Leistungen er fähig ist.

9.3 Die Knopflochblume

Zum gut angezogenen Herrn im Frack oder dunklen Anzug gehört heute noch in England die weiße Nelke im Knopfloch des Jacketts. Es kann auch eine Gardenie, Kamelie oder gar Orchidee sein. *Früher* trug man die rote Nelke, zum roten Jagdrock das Veilchensträußchen. So war es vor mehr als 100 Jahren bis 1914 auch bei uns üblich. Irgendwelches Schnittgrün gehörte nicht zur Ansteckblume des Herrn. Von den Damen der Rokokozeit, die Blüten mit Hilfe kleiner, wassergefüllter Glasröhrchen in der hohen Lockenfrisur drapierten, übernahmen die Herren die Methode der Frischerhaltung der Blumen. Es gab das oben rechtwinklig gebogene Glasröhrchen mit einem breiten Glasrand. Man schob es durch das Knopfloch, so daß es eingehängt wurde. Die hineingesteckte Nelke hielt sich nun so gut, daß sie mehrere Abende hintereinander gebraucht werden konnte.

Die weiße Nelke sollte *heute* wieder vom Bräutigam angesteckt werden. Ja, man kann sogar zu passenden Blüten des Brautstraußes greifen, z. B. zur *Gérbera*, Margerite, *Eucharis* oder *Phalaenópsis* sowie zur erblühten Rose, oder die schlicht runde Corsage aus verschiedenen Blumen- und Blattarten zusammenstellen, damit das junge Paar durch die Gleichheit der Blüten, die es trägt, optisch vereint wird. Ein Myrtensträußchen mit künstlichen Blütchen und einem Schleifchen ist kein passender Schmuck für den Herrn. Zu ihm paßt die Formklarheit einer Nelke besser als solch ein zierliches Gebinde.

Die Technik bei der Gestaltung einer „Knopflochblume" kann verschieden sein. Zwei weiße Nelken

Abb. 321. Der Anstecker für den Bräutigam wird schlichter und geschlossen rund gestaltet; der Drahtstiel wird zu einer Klammer gebogen, die um den Aufschlag herum greift

seitig mit den Blütenblättern auf dem Stoff des Aufschlags, das Technische wird ganz zugedeckt.
Wählt man für den Bräutigam nicht die Nelke, sondern Blumen des Brautstraußes, so gestaltet man aus ihnen in der Technik der Corsagenbinderei einen geschlossenen runden Blütentuff, mit passenden Blättern (Efeu oder Rosenblätter u. a.) unterlegt. Der Stiel wird wie der der Nelke geführt, durch das Knopfloch gesteckt oder zum Haken um den Aufschlag herum gebogen (Abb. 321). Die Blüten müssen auch hier, wie bei der Nelke, plastisch flach-rund geordnet sein, so daß sie nach jeder Seite die Fläche des Aufschlags berühren. Dann ruht das Ansteckgebinde fest auf dem Stoff und sieht von allen Seiten schön aus.

ohne Stiele werden so nebeneinander gelegt, daß ihre Blüten zu einer neuen großen Blütenform verschmelzen. Mit einem dünnen, hellgrün oder weiß abgewickelten Stützdraht (8/30) umlegt man beide Kelche der Nelken etwa in mittlerer Höhe zwischen Kelchboden und Blütenblättern und dreht die zwei Drahthälften mit Hilfe einer Flachzange fest hinter den Kelchen umeinander. Die Fülle der Blütenblätter der zwei Nelken wölbt sich nun zu einer schönen Blütenform auf, unter der die Kelche der Nelken verschwinden. Die beiden Drahtenden werden noch einmal zusammen abgewickelt, die Nelkenkelche von unten gegen den Stielansatz mit Flora-Spray oder Haarspray zum Schutz gegen übermäßige Verdunstung besprüht. Den Draht zieht man entweder durch das Knopfloch und steckt ihn von hinten fest oder man biegt ihn zu einem Haken, der um den Aufschlag herumgreift und dort mit einer kleinen Sicherheitsnadel festgesteckt wird. So sitzt die Nelke in jedem Falle all-

Zur Vertiefung

1. Auch Kopfkränzchen werden aus einzeln mit Watte angedrahteten Blüten und Blättern gebunden. Nennen Sie Blüten und Blätter für Kinder-Kopfkränzchen, die zum Kindergeburtstag, für Gartenfeste und bei Hochzeiten getragen werden (10 Zusammenstellungen, botanische Namen).
2. Basteln Sie aus Schleifenband kleine Blütenformen oder nehmen Sie Trockenmaterial in kleinen Blüten-, Frucht- und Blattformen, drahten Sie sie an, wickeln Sie den Draht ab und gestalten Sie Kopfschmuck daraus, den die Braut tragen kann (Diademform, Blütentuff und Corsage).
3. Nennen Sie Blüten, die für festlichen Haarschmuck der eleganten Dame passend sind (botanische und deutsche Pflanzennamen).
4. Schneiden Sie aus Illustrierten oder Modejournalen Abbildungen von Frauenköpfen, kleben Sie diese auf und entwerfen Sie zeichnerisch zum Typ und zur Frisur passenden Kopfschmuck. Diese Entwürfe werden auf übergelegtes und seitlich angeklebtes Transparentpapier gezeichnet oder mit Deckfarben direkt auf die Vorlagen.
5. Beantworten Sie die Fragen:
a) Wie müßte der Kopfschmuck der Braut aussehen, wenn sie einen weißen Strauß in geschlossener Tropfenform trägt?
b) Welchen Blumenanstecker empfehlen Sie dem Bräutigam, wenn seine Braut einen Brautschmuck in Körbchenform trägt?
c) Wie sind die Gestaltungstechniken des modernen Myrtenschmucks?

10 Tisch- und Tafelschmuck

Blumenschmuck gehört auf die festliche Tafel oder auf den gepflegten Eßtisch des Alltags. Der Stolz der Hausfrau ist der schön gedeckte Tisch. Es gehören nicht nur ein sauberes Tafeltuch, schönes Geschirr und passendes Besteck dazu, sondern auch die stimmungsvolle Blume. Hier hat der Florist ein großes Gebiet, das er bei der Werbung im Schaufenster recht oft ansprechen sollte, indem er Vorschläge für hübschen Tafelschmuck zu unterschiedlichen Anlässen zeigt.

10.1 Voraussetzungen für die Planung eines Tafelschmucks

Ein Schmuck erfüllt seinen Zweck nur, wenn er das Vorhandene sinnvoll ergänzt und sich harmonisch eingliedert.
Man muß also einige Voraussetzungen kennen, um den passenden Blumenschmuck entwerfen zu können. Folgendes ist zu erfragen:
1. Aus welchem Anlaß wird der Blumenschmuck bestellt?
2. Wie ist die Tafel beschaffen hinsichtlich Größe, Tafelform, Tafeltuch, Geschirr und sonstigen Attributen?
3. Wieviel Gäste kommen und welchen Altersgruppen gehören sie vornehmlich an?
4. Wie sind die Verhältnisse des Raumes bezüglich Einrichtungsstil, dominierender Farben und Beleuchtungsart?

Anlässe für Tisch- und Tafelschmuck
Der Florist, der nicht nur das schmückende Blumenarrangement liefert, sondern durch Wahl und Zuordnung der Blumen die dem Anlaß entsprechende Stimmung fördert, hat seine Aufgabe richtig erfüllt. Einfühlungsvermögen in die Situation sowie Phantasie und Kenntnis der Blumen als gestalterisches Ausdrucksmittel sind dazu wichtige Voraussetzungen.

Festtage der Jahreszeiten
Silvester: Festlich-elegant bzw. ulkig-heiter, mit Überraschungen oder Glücksbringern.
Valentinstag: Kleine, liebevolle Aufmerksamkeit, persönlich abgestimmt.
Ostern: Im Brauchtum wurzelnde Vorstellungen aufgreifen und binderisch gestalten; Nest mit Eiern, Osterküken, Osterruten, Frühlingsblumen, Frühlingskranz, Osterfeuer durch Kerzenflammen.

Maienzeit: Maistecken oder Maienkränzchen mit bunten Bändern, Quastenkranz (Abb. 6 und 322), Frühlingswiese durch kleine Gruppenpflanzungen auf Glasscheiben, Brettern oder Kacheln oder in Keramikschalen, welche in Gruppen aufgestellt werden, verbunden durch Gezweig, welches gelegt wird.
Muttertag: Vom Veilchensträußchen bis zum üppigen Gesteck, individuell.
Erntezeit und Erntedank: Erntekrone, Erntekranz klein für die Tafel, Ährengarbe mit Blütenkranz oder Bändern, Früchteschale mit Gartenblumen (Abb. 323), Früchtestab oder -pyramide u. a.
Jagdsaison: Naturhaft mit Waldmaterial, deftig, derb; wenn festlicher, dann mit Jagdattributen (Gamsbärten oder Fasanenfedern, Eichenbruch).
Adventszeit: Besinnlich, still; Adventskranz, formal-lineare Gestecke, Tannengirlanden mit Lichterreihen, Früchtestab oder Zapfenkugel.
Weihnachten: Festlich, glanzvoll, dem hohen Fest gemäß.

Persönliche Anlässe
Taufe: Zart und festlich.
Geburtstag: Entsprechend dem Lebensalter und der Person, Blütenkranz um den Topfkuchen oder Lebenskerze mit Blüten in formal-linearer bzw. dekorativer Art gestaltet oder in Formbinderei (Kugel oder Stab) eingefügt (Abb. 324).
Bestandene Prüfungen: Je nach Beruf, Art der Prüfung und Person.
Verlobung und Hochzeit: Freudig oder festlich, je nach Charakter des Paares, der Tafelrunde und des Hauses.
Silberhochzeit (25 Jahre): Silberne Bänder, evtl. Blätter mit Silber besprüht, Blütenarten des Brautstraußes verwenden.
Goldene Hochzeit (50 Jahre): Auf goldunterspriihten Glasplatten arrangieren oder Goldband einfügen, gelb-goldgelbe Blüten.
Diamantene Hochzeit (60 Jahre): Gold und Silber als Symbolfarben.
Eiserne Hochzeit (70 Jahre): Weiß als Symbolfarbe kann im Gefäß und einer Blumenart auftreten, doch dazu andere, heitere Farben kombinieren.
Jubiläen: Festlich, das Besondere betonend und auf die zu ehrende Person bezogen.

Sonstige gastliche Anlässe
Einladung zum Tee, Kaffee, Souper, Dinner: Mit einer Beziehung auf die gebotenen, lukullischen Genüsse, z. B. zum Tee: Blumen mit Zitronen oder dikken Kandisbrocken ergänzt oder mit einem Hinweis

Abb. 322. Brauchtumsbinderei kann viel Anregungen geben für wirkungsvollen Tischschmuck

auf das Herkunftsland China oder Indien versehen durch Fächer und Lampions oder nur durch die Verwendung eines entsprechenden Körbchens.

Büffetplatz festlich-repräsentativ oder modern-apart durch formal-linear gestalteten Büffetschmuck (Abb. 325). Auch Konstruktionen im Stile plastischer Kompositionen mit Blütengruppen, ohne diese zu Gestecken zu formen, sind passend, wenn der Auftraggeber Sinn für modernes Gestalten hat (Abb. 326).

Gartenfest: Schlicht, lustig, bunt, großzügig.
Wiedersehensparty nach einer Reise: Reisemitbringsel einarbeiten oder Hinweise auf das besuchte Land, Arrangements wuchshaft oder formal-linear.

Einweihungsfest in der neuen Wohnung: Teile des Neubaus verwenden, z. B. auf Ziegelsteinen, in Rohrabschnitten oder mit Parkettstücken arrangieren.

Ausstellungseröffnungen, Presseempfänge, Konferenzen: Festlich bis seriös, aufwendig bis zur passenden Zurückhaltung, objekt- oder personenbezogen, modern experimentell, von ungewöhnlichen Materialien ausgehend oder schlicht konservativ. Vieles ist möglich. Die genannten Anlässe können sicher noch ergänzt werden.

Die Tafel als Voraussetzung

Die Farben des Tafeltuchs und des Geschirrdekors müssen nach Aspekten der Farbenharmoniebildung in die Gesamtgestaltung einbezogen werden. Wert und Wesen des Gedecks bestimmen nach dem Gesetz der wert- und wesensmäßigen Zuordnung die Auswahl von Steckgefäß und Blumen. Die Größe und Form der Tafel führen zur Planung hinsichtlich der Ausdehnung und Anordnungsweise der Blumenschmuckteile. Dabei geht man von der Überlegung aus: Welche Flächen sind vorhanden und welcher Raum muß für den Gast frei bleiben?

Für den *Platz an der Tafel* gibt es gewisse Regeln. Man will nicht eingeengt sitzen, aber auch nicht durch zu viel Zwischenraum Leere spüren. Man rechnet folgenden Platzbedarf pro Person: 60–90 cm Breite und 30–40 cm Tiefe für das Gedeck. Etwa 25–45 cm über der Tafelfläche ist die Augenhöhe des normalen Menschen bei üblichen Eßtisch- und Stuhlhöhen. Ist ein Tisch 70 cm breit und wird er von beiden Seiten besetzt, empfiehlt es sich, auf einen Tafelschmuck während des Essens zu verzichten, denn störend soll er ja nicht wirken. Deshalb werden die anfangs den Tisch schmückenden Blumen auf vorbestimmte Plätze gestellt oder man legt Ansteckblumen (Corsagen) auf die Servietten. Diese Blumen werden mit der beigefügten Sicherheitsnadel von jedem Gast angesteckt. So stören sie nicht mehr, sind aber doch als stimmungsvoller Blumenschmuck innerhalb der Tafelrunde.

Blumen auf der Tafel sollen keinesfalls behindern, auch nicht bei der Verständigung mit dem gegenübersitzenden Gast. Also muß der Raum in Augenhöhe frei von massiven Formen bleiben. Einzelne Linien wie Gräser, knospige Blumen oder Kerzen stören natürlich nicht. Die Blütenfülle bleibt jedoch unter 25 cm Höhe oder aber sie wird mit Hilfe eines transparenten Ständers über 45 cm angehoben.

Hinsichtlich der *Tafelformen* gelten folgende Erfahrungen: Der runde Tisch ist die Idealform. Jeder Platz hat die gleiche Bedeutung, es gibt keine Rangordnung. Im Mittelfeld ist genügend Platz für einen Tischschmuck, vorausgesetzt, der Durchmesser der Platte beträgt 90 cm und mehr. Am rechteckigen Tisch wird eine schmale Querseite als Ehrenplatz angesehen. Man spricht vom „Vorsitz". Gibt es mehrere Ehrengäste (z. B. das Hochzeitspaar), sollen sie in der Mitte einer Längsseite sitzen; so sind alle anderen Gäste dem Paar näher. Werden Tische zu einer Tafel zusammengestellt, kann man sie an den Tischbeinen

Abb. 323. Garbe, Früchtestab und Früchtepyramide mit Blumen sind passende Schmuckmotive zum Erntedankfest

Abb. 324. Formbinderei für den Geburtstagstisch

zusammenbinden, damit sie sich nicht verschieben können. Werden einzelne Tische gestellt, sollte der Abstand von Tisch zu Tisch um 2 m betragen. Werden Tische in T-, U- oder E-Form zusammengestellt, ist immer die Quertafel der Platz für die Ehrengäste. Wenn es die Zahl der Gäste und die Größe des Raumes erlauben, ist die nur außen besetzte U-Form der T-Form vorzuziehen, vor allem dann, wenn die Aufmerksamkeit aller auf einen Redner gerichtet werden muß; die Sitzhaltung während des Zuhörens ist dann bequemer. Der Eindruck einer Gesprächsrunde kann verstärkt werden, indem die offene Querseite auch noch mit Tischen besetzt wird, so daß in diesem Falle die Tische zu einem großen, in der Mitte freien Quadrat oder Rechteck zusammengefügt sind. Für eine gemütliche Geselligkeit wäre diese Anordnung jedoch zu großräumig; der Gesprächspartner gegenüber fehlt, und das wäre ein Mangel. Dann ist eine beiderseitig besetzte U-Form-Aufstellung vorzuziehen, auch wenn es nun gute Außenplätze und weniger schöne Innenplätze gibt.

Auf langen Tafeln wirken rhythmische Reihungen oder Gruppierungen unterschiedlicher Blumenarrangements sehr interessant und schmückend. Doch auch wenn man sich zur Gestaltung einer einfachen Reihung entschließt, müssen die Größen der Blumengestecke und der frei bleibenden Zwischenräume in einem guten Verhältnis stehen. Bringt man zu viele Blumenanordnungen in zu dichten Abständen auf die Tafel, wirkt sie überladen. Werden die Teile zu weit voneinander gestellt, geht der optische Zusammenhang verloren. Der freie Raum soll mindestens zwei-

mal so groß wie das Arrangement sein, aber höchstens das Sechsfache des Arrangementdurchmessers betragen. Man kann hierzu leider keine genauen Meßwerte angeben, denn nicht das Zentimetermaß, sondern Auge und Empfinden stellen die Wirkungswerte der Positiv- und Negativräume (= Arrangement und Zwischenräume) fest. Beide aber lassen sich durch Farben, Massigkeiten und Bewegungen täuschen bzw. beeinflussen. Hier muß das Gefühl für die gute Proportion helfen.

Raum und Menschen sind zu berücksichtigen

Jeder Raum hat seinen Stil, seine Atmosphäre. Auch moderne Menschen können sich aufgrund ihrer Wesensart zur Formsprache vergangener Epochen hingezogen fühlen, z. B. zur verspielten Leichtigkeit spätbarocker Formen oder zur würdevollen Klarheit der klassizistischen Epoche. So gibt es heute die sog. Stilmöbel, die viele Liebhaber finden. In der Möbelindustrie sowie in der Porzellan- und Glasherstellung und in der Formgebung von Bestecken unterscheidet man traditionelle und moderne Formen.

Traditionelle Formen

Altdeutsch sind massiv wirkende Möbel mit Schnitze-

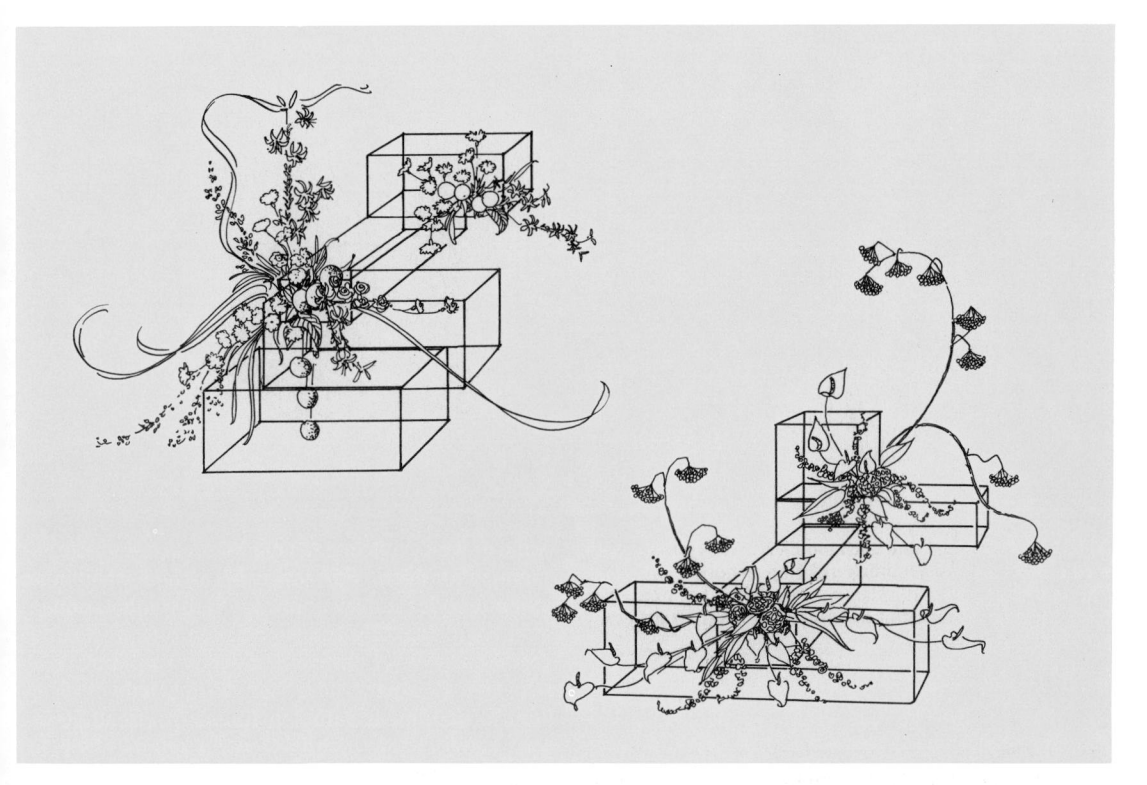

reien oder gedrechselten Teilen, die insgesamt rustikal, volkstümlich, eventuell bäuerlich wirken.
Barock und Rokoko liefern runde, geschwungene, bauchige Formen mit Dekor. Barock wirkt fülliger, schwerer, Rokoko leicht, verspielt, elegant.
Chippendale, die englische Version des Barock, ist nicht ganz so verspielt und schmuckreich, zeigt großzügige Schwünge, leichte Formen.
Empire-Formen haben markante Umrisse, klare Linien. Dazu gehören auch das Kranz- und Girlandenornament des *Klassizismus*.
Biedermeiermöbel sind relativ schmucklos und zierlich, in der Linienführung leicht geschweift.
Moderne Formen sind klar und schlicht, bestimmt von der Kunst des Weglassens. Zweckschönheit, Werkgerechtigkeit und Materialgerechtigkeit bestimmen das Aussehen.

Entsprechende Blumenarrangements sind:
Altdeutsch: Rustikal, volkstümlich, schlicht, derb. Gartenblumen passen besser als Nelken mit Zierspargel.
Barock: Üppig, dekorativ, voll, „schwülstig", kontrastreich in Hell- und Dunkeltönen. Früchte, Blumen, Bänder ergänzen passend.

Abb. 325. Zwei Variationen einer Gestaltungsidee, die Schmuckteile für das kalte Buffet sind mit Hilfe von Drahtquadern aufgebaut
Abb. 326. Auch die moderne abstrakte Komposition, hier sind ein Aststück, Blechstreifen, Trockenformen und Glaskugeln gestaltet, hat Platz im Bereich der Dekorationsstücke, wenn sie zum Anlaß, in den Raum und zum Menschen paßt

Abb. 327. Manchmal sind auch modische Gags erlaubt; hier wird ein bißchen im Hinblick auf Pop dekoriert mit einer Chrysantheme, die statt Blätter Schleifchen hat und einer Gestaltung im Sommerhut aus Rosen und auf Draht gezogenen Vogelbeeren

Rokoko: Füllig, aber zierlich, bewegt, lichte Farben, verspielt, freudig, elegant.
Chippendale: Geschwungen, aber beherrschter, etwas kühler, reservierter, freundlich, aber zurückhaltend.
Klassizismus – Empire: Klar, farblich eindeutig, streng. Formbinderei oder massiert beim Dekorativen.
Biedermeier: Schlicht, bieder, bescheiden, wie es das Biedermeiersträußchen ist.
Modern: Klar, schlicht, linear oder vegetativ, auch experimentell, Formsprache des Materials betont, schmückend, nicht füllig-dekorativ. Streng oder weicher, je nach spezieller Eigenart, Betonung innerer Wesenheit, nicht nur äußerer Glanz!

Die Farben des Raumes, der Vorhänge, der Polsterbezüge oder einer farbig sehr betonten Wand sollen bekannt sein, ebenso die Beleuchtungsverhältnisse. Das gilt vor allem für den Entwurf eines Tafelschmucks, der abends wirken soll (s. Seite 52).
Hat man passend zum Anlaß, zur gedeckten Tafel und zum umgebenden Raum geplant, ist meist auch schon die Wesensart der Gastgeber, teils auch die der zusammenkommenden Menschen erfaßt, denn sie sind es ja, die das Aussehen der Tafel oder der Wohnung bestimmen. Doch da der Florist häufig nicht die Wohnung des Auftraggebers kennt, hilft es etwas, wenn er weiß, welcher Art die Menschen sind, die zusammenkommen. Für junge Menschen wählt man lebhafte oder ungewöhnliche Farbkombinationen, man wird den Modeentwicklungen entsprechender gestalten. Als „Courège"[1] aktuell war, wäre eine schwarze Glasplatte oder viereckige Schale mit weißen, formal-linear gefügten Blumen treffend gewesen. Heute ist es richtiger, recht unterschiedliche Möglichkeiten zu erwägen, z.B. kann man im Sinne von „Pop"[2] oder Jugendstil arrangieren (Abb. 327, 328). Andere schätzen nostalgische[3] Erinnerung und wollen urtümlich Bäuerliches oder bürgerlich Biedermeierliches. Daneben ist auch das Experiment, angeregt durch modernes Jkebana, möglich. Für ältere Leute bevorzugt man ruhigere, freundliche oder würdige Farbkombinationen, weshalb der dekorative Stil oder die Formbinderei heute noch angemessene Gestaltungsweisen für sie sind. Je mehr sich der Florist mit Stilkunde und der Stilentwicklung beschäftigt hat, um so besser kann er seine Aufgabe lösen. Man kann kaum etwas nachmachen, man muß immer neu gestalten. Also muß man gelernt haben, das Wesen von Ausdrucksformen zu erkennen, um neue, dazu passende gestalten und hinzufügen zu können.

---

[1] Courège = aus Frankreich kommende, nach ihrem Schöpfer benannte Moderichtung in den Jahren 1962–1964. Sie bevorzugte Schwarz und Weiß, Geradlinigkeit und geometrische Klarheit der Muster
[2] popular art = Popart – Richtung der modernen Kunst, die durch Montage von Gegenständen und Schrott auf den Bildgrund Wirkungen erzielt
[3] Nostalgie = Erinnerung und Wertschätzung vergangener Stilrichtungen, vor allem die der näheren Vergangenheit, z.B. 20–50 Jahre zurückgreifend

Abb. 328. Zeichnungen im Jugendstil von Thomas Heine (aus H. Hofstätter 1963) und ein Blumenarrangement mit ähnlicher Linienführung

Abb. 329. Deko-Aufbauelemente gibt es in verschiedenen Versionen, hier ein „Dekoplexsystem"

10.2 Spezielles zur Gestaltung und Technik

Ob man einen Tafelschmuck steckt, bindet oder pflanzt, ob man technische oder gestalterische Konstruktionen nagelt, klebt oder gar schweißt, ob man die Schmuckteile in Reihen oder Gruppen ordnet und welche Farben- und Formenwahl richtig sind, soll hier nicht besprochen werden. Diesbezüglich ist alles in entsprechenden früheren Kapiteln nachzulesen. Hier folgen nur noch einige ergänzende Hinweise.

Möglichkeiten, Blumen über Augenhöhe anzuordnen

Will man auf einer langen Tafel in rhythmischer Reihung gestalten, und will man Blumenanordnungen über Augenhöhe mit solchen unter Augenhöhe abwechseln lassen, erzielt man eine sehr repräsentative und interessante Schmuckgestaltung, die zugleich ein wirkungsvoller Raumschmuck ist. Denn wenn viele Menschen im Raum sind, geht ein flach gehaltener Blumenschmuck unter; seine Ausstrahlung hat nur auf die um ihn herum sitzenden Menschen Einfluß. Wir benötigen also Ständer, die Blumen über Augenhöhe anheben, ohne selbst den Blick zu hemmen. Folgende Materialien sind brauchbar:

Abb. 330. Man soll auch an die Wirkung von symmetrischer oder asymmetrischer Ordnung denken

1. Hohe Stielgläser mit breitem Fuß und einem Kelch, der mindestens 45 cm über der Tischfläche ansetzt.
2. Plexiglasständer, die in Schaufensteraufbauten der Schuhgeschäfte z. B. Verwendung finden, sind in Dekorationsgeschäften zu haben. Die Ständer bestehen meist aus zwei Platten und einem Plexiglasstab dazwischen (auf 45 cm Abstand achten!).

Es gibt auch Kombinationssysteme aus Plexiglas (Dekoplex), wobei Platten, Rohre, Steckschalen, Kerzenhalter und Bänder in vielen Variationen zusammenzustecken sind und schöne Schmuckgestaltungen für die Tafel und das kalte Büffet ergeben (Abb. 329 und 330).

3. In einer Schale, einen Kübel oder Blumentopf wird ein 60 cm langer Stab (Bambus, Ast oder Stab) eingegipst, entweder natur belassen, angestrichen oder mit Band abgewickelt (Abb. 331).
4. Stative mancherlei Art (Fotostativ, Ständer mit Schraubzwinge aus dem Chemielabor oder Brautstraußhalter) mit Schmuckband umwickeln oder streichen. Wenn ein Fuß da ist, kann dort noch ein sehr flach gehaltenes Gesteck aufgebracht werden.
5. Dreibein, aus starkem Schweißdraht zusammengefügt. Verschiedene Formen sind möglich (Abb. 332).
6. Eine 50–60 cm lange und etwa 8–10 cm breite stärkere Glasscheibe wird in eine gekerbte Holzplatte oder zwischen zwei aufgenagelte Leisten gesteckt und mit Klebmasse festgestellt. Obenauf kommt ein Aufstecker aus umwickeltem Schweißdraht (selbst zu biegen), auf dem die Steckbasis befestigt werden kann (Abb. 333).

Für die flach gehaltenen Blumengestecke, die zugeordnet werden, sollte man zu dem Ständermaterial passende Unterformen finden: Zu 1, 2 und 6 Glasscheiben oder Glasschalen bzw. passende Formen aus Plexiglas; zu 3 eine Schale passend zum Kübel; zu 4 farbig passende Keramikschalen; zu 5 flache Ständer aus Schweißdraht.

Attraktive Teile für das kalte Buffet

Flache Schalen mit dekorativen Blumenanordnungen auf das Buffet zu stellen, ist nicht sinnvoll; die Blumen sind den bunten Platten, Salatschüsseln und Obsttellern zu nahe und würden mit ihnen konkurrieren. Die Blumen sollen hoch aufragen und über dem bunten Miteinander auf der Tafelfläche ihr Formenspiel zeigen. Also wären Anordnungen in Vasen passender; doch diese sind nicht besonders ideenreich. Braucht man ein wirkungsvolles Mittelstück, könnte man folgendes versuchen:

1. Mehrere rechteckige, geradwandige Pflanz- oder Steckschalen verschiedener Größe werden kreuz und quer übereinandergestapelt (Abb. 334). Dabei ergeben sich 2–5 geeignete Anbringungsorte für Steckmasse und Blumengestecke in Gruppenzuordnung.
2. Glasscheiben werden mit Haltewinkeln (aus dem Dekorationsgeschäft) zu Würfeln neben- und übereinander gebaut. Die Steckmasse kommt in Glasschalen, die auf drei der entstandenen Flächen gestellt werden (Gruppengesetze beachten).
3. Holzleisten und Bretter können in verschiedener Weise zusammengefügt werden; auch Kerzen

Abb. 331. Hohe Blumenarrangements im Wechsel mit solchen in flachen Schalen sind ein wirkungsvoller Blumenschmuck für größere Tafeln

können hier sehr gut angebracht werden (Abb. 335). Mit Plaka-Farbe passend zum Raum und zu den Blüten gestrichen, ist solch ein Gestell ein billiges und wirkungsvolles Dekorationsmittel, das später bei Schaufenstergestaltungen weiterverwendet werden kann.

4. Knorrige Äste können zu stehenden Formen zusammengebunden oder genagelt werden. Die Befestigungspunkte für Blumenanordnungen sind von den entstandenen Linien und Räumen abhängig. Das Astwerk muß seine volle Wirkung behalten, es darf nicht zum Ständer degradiert werden, sondern bildet wichtige Führungslinien innerhalb der Blumenzuordnungen.
5. Aus dicken Styropor-Platten werden Flächen ausgeschnitten. Die entstandenen Rahmenformen baut man zu einem interessanten Körper mit vielen Durchblicken zusammen. Auf Großzügigkeit, klare Linienführung und Stabilität ist zu achten. Blumen und Zweige werden an passender Stelle in die angebundene Steckbasis gesteckt (Abb. 336). Die Gestaltung muß formal-linear gehalten sein.

Da hier der Phantasie Tür und Tor geöffnet sind, könnten noch unzählige Beispiele der Gestaltungen

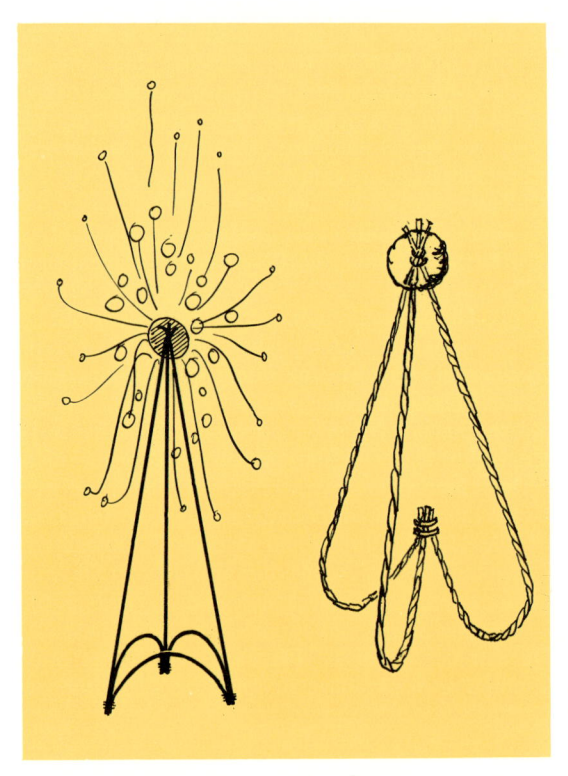

Abb. 332. Ständerformen aus Schweißdraht

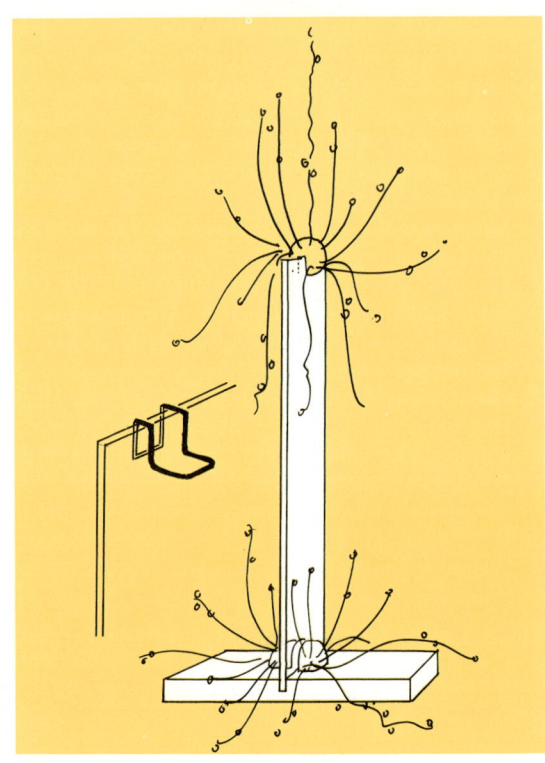

Abb. 333. Glasscheiben können zu funktionellen und festlich wirkenden Gestaltungsmitteln werden

gegeben werden. Der schöpferische Geist, der im Floristen lebendig sein und entwickelt werden soll, mag selbst studieren, kombinieren und probieren.

Kerzen im Tischschmuck

Kerzen in Verbindung mit Blumen steigern entweder den festlichen Eindruck, oder sie fördern Gemütlichkeit, Traulichkeit, Besinnlichkeit. Im ersten Fall wählen wir lange schlanke Kerzen (35–60 cm, damit sie hoch über die Blumen aufragen), im zweiten Fall dicke Stumpen von honigbrauner oder dunkelgetönten Farbnuancen.

Es gibt vier Möglichkeiten, Kerzen mit Blumen in einem Tischschmuck zu vereinen:

1. *Leuchter mit Kerzen werden gesondert neben das Blumenarrangement gestellt.* Der Silberleuchter paßt auf die festlich-vornehme Tafel; der Porzellanleuchter harmoniert mit dem guten Service; der Glasleuchter wirkt klar, zart und elegant; Leuchter aus Keramik, Zinn, Holz, Schmiedeeisen oder Messing passen zur traulichen Stimmung. Schließlich können mit Holzleisten und Nägeln, Kacheln oder Glasscheiben und Knetmasse sowie aus selbst gegossenen Gipsformen mit ausgeschabten Haltelöchern die unterschiedlichsten Kerzenleuchter passend zur sonstigen Dekoration gebastelt werden. Hauptsache, ein fester Stand des Leuchters und sicherer Halt der Kerzen sind gewährleistet.

2. *Vorhandene Kerzenleuchter werden mit Blumengestecken ausgestattet.* Leuchter mit nur einer Kerze eignen sich ebenso wie solche mit zwei oder mehreren Armen. Es gilt nur, jeweils den richtigen Punkt für die Befestigung der Steckbasis zu finden. Funktionell wichtige und für die Wirkung der Leuchterform entscheidende Partien dürfen nicht zugedeckt werden (Abb. 337).

3. *Kerzen werden in die Steckbasis der Blumen eingearbeitet.* Sie werden mit abgewickeltem Draht angedrahtet und in der Steckbasis befestigt. Ihre Stellung muß absolut senkrecht sein, die schräg ansetzenden Bewegungen bleiben den Blumen

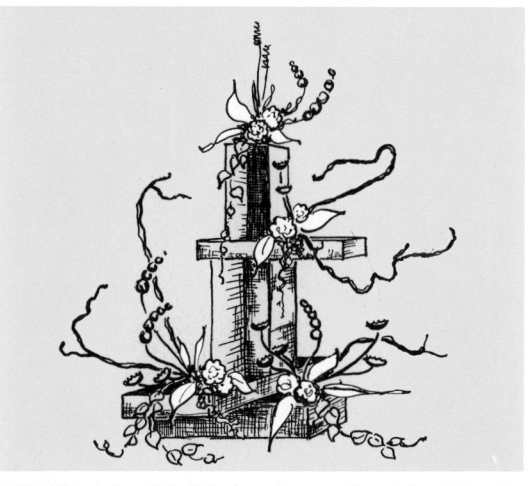

Abb. 334. (oben links) Ineinander gestellte und aufeinander gestapelte Gefäße ergeben hier den Unterbau für eine attraktive Dekoration
Abb. 335. (oben rechts) Schematische Darstellung eines großräumigen Blumenschmuckes aus Holzleisten, Kerzen und Gestecken
Abb. 336 (unten) Wer Freude am Basteln hat und moderne Formgebungen versteht und liebt, kann gerade bei solchen Aufgaben wie Bufettschmuck interessante Gestaltungen liefern, vorausgesetzt, der Auftraggeber ist ebenfalls modern eingestellt

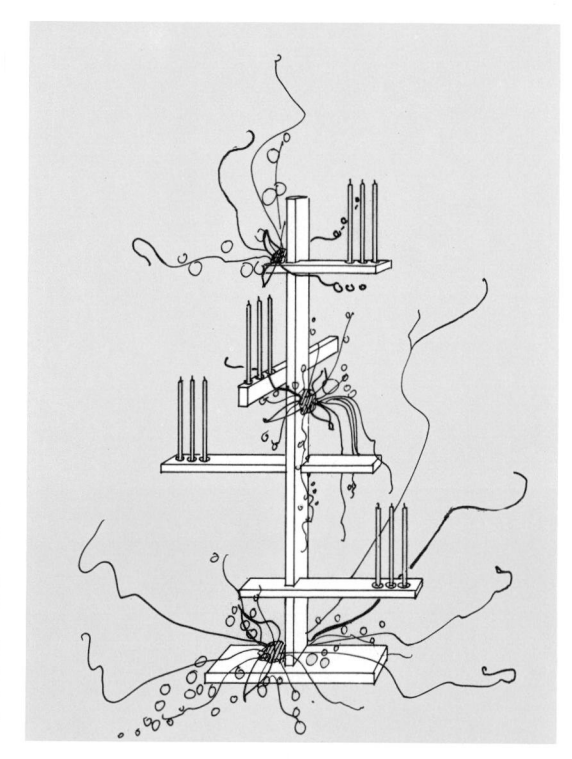

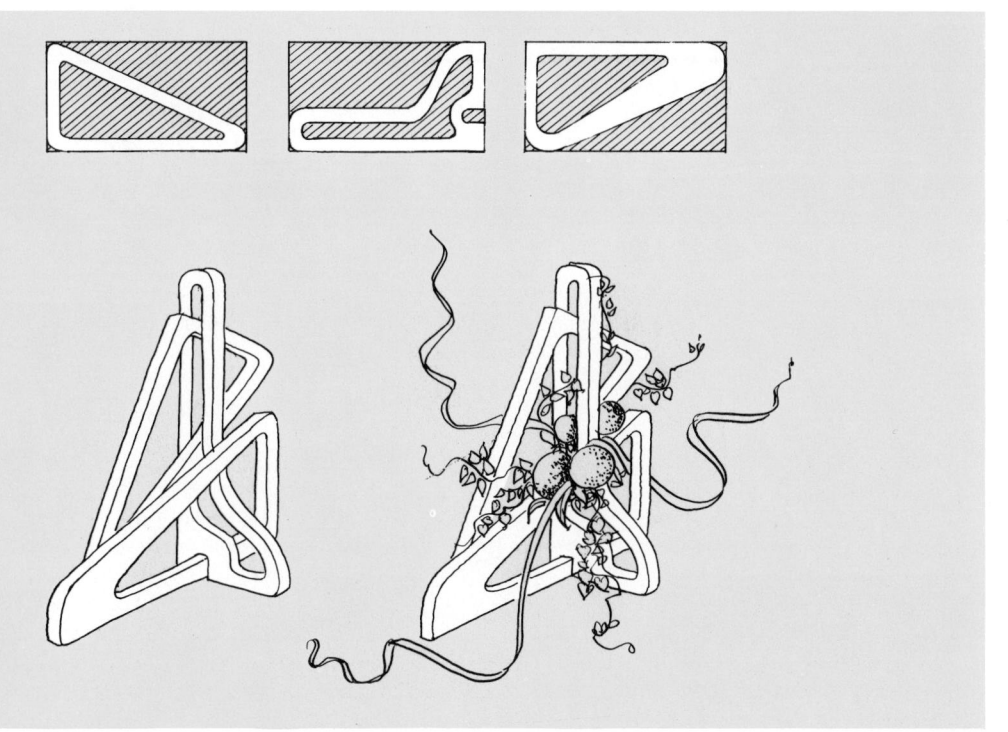

284

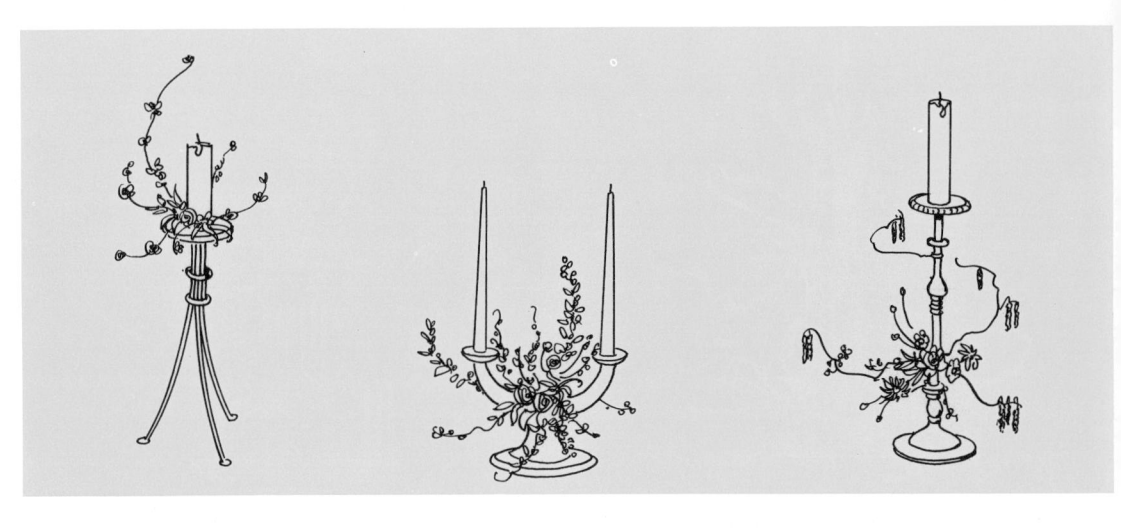

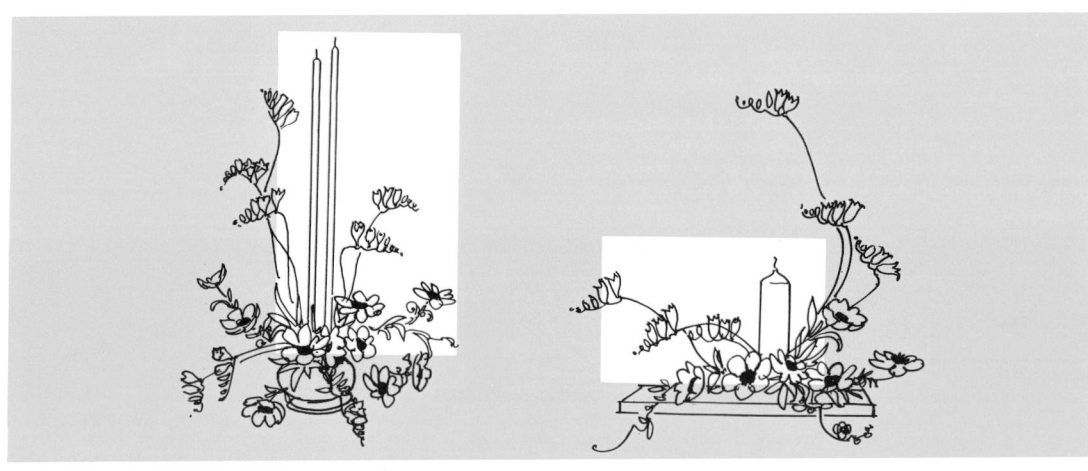

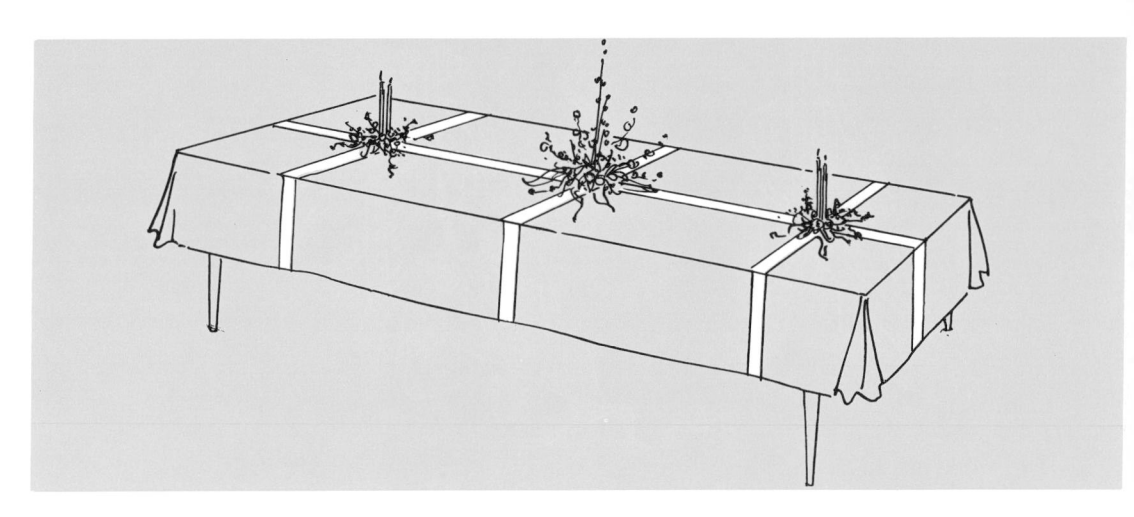

vorbehalten. Lange Kerzen sollen an ihrer Basis von Blüten umspielt, kurze Kerzen von interessanten Linien umgeben werden (Abb. 338).

Beim Einsatz mehrerer Kerzen in einem Arrangement sollen die Zwischenräume das 1- bis 1,5fache des Kerzendurchmessers betragen, Höhenunterschiede nur 1–3 cm. Stehen die Kerzen weiter auseinander, geht die geschlossene Gruppenwirkung verloren. Ist der Höhenunterschied größer, schmilzt die Flamme der kürzeren Kerze die höhere Kerze schräg ab.

4. *Kerzen werden neben das Gesteck auf die gleiche Basis gesetzt, auf der die Blumen angebracht sind.* So benötigt man größere flächige Unterformen, Platten, Bretter, Leisten u.a. oder flächige und räumliche Konstruktionen. Die Kerzen werden auf Nägel gedrückt, denen die Köpfe abgekniffen wurden; sie können mit dünnen Dornen gesteckt werden; sie können auf extra aufgearbeitete Kerzenhalter gebracht oder einfach nur angeklebt werden. Kombinationssysteme mit Kerzenhaltern und Blumensteckschalen aus Plexiglas oder anderem Kunststoff sind im Handel (z.B. Dekoplex- oder Bellaflor-Dekoset.)

Wirkung und Anbringung von Bändern
Band verbindet. Das gilt beim Tafelschmuck gleich mehrfach. Bänder verbinden formal, materiell und farblich die Tafelfläche, das Tafeltuch und die Blumen zu einer organischen Einheit; *formal,* weil die Bänder der Form der Tafelfläche folgen, indem sie in weiten Schlaufen und Enden auf dem Tisch liegen; *materiell,* weil mit dem Band textiles Material weit in die Bewegungsmitte der Blumenanordnung hineinführt; *farblich,* weil Farbtöne der Blüten im Band wiederkehren. Außerdem verbindet das Band optisch mehrere Arrangements zu einem geschlossenen Tafelschmuck, oder es beeinflußt gar das Zusammengehörigkeitsgefühl der Tafelrunde, dann nämlich, wenn ein breites Band wie ein Tischläufer mitten über die Tafel von einem Ende zum anderen läuft (Abb. 339). Gelegte Bänder läßt man über die Tischkante bis zum Rand des Tafeltuchs laufen. In die Steckbasis eingeordnete Bänder werden in langen, sich etwas drehenden Schlaufen zusammengenommen und mit abgewickeltem Draht an „Gabel" befestigt. Ehe man die Schlaufen steckt, schiebt man ein Stückchen Folie über die Drahtenden bis zum Band. Damit verhindert man, daß das Band unmittelbar mit der Steckbasis in Berührung kommt und Feuchtigkeit in den Stoff einziehen kann. Die Breite der Bänder kann etwa 2–12 cm betragen. Zum Unterlegen benutzt man breitere Bänder; zum Einfügen in das Arrangement sind Breiten von 1,5–5 cm zu empfehlen. Schmaleres Band wirkt eventuell fädig, breiteres zu steif und massiv.

Zur Vertiefung
1. Führen Sie für 10 verschiedene Anlässe je 3 Materialzusammenstellungen einer Tischdekoration auf: Botanische Namen der pflanzlichen Gestaltungsmittel und Beschreibung von Gefäß oder Ständer und sonstigen Beigaben (Früchte, Kerzen, Bänder u.a.).
2. In Porzellangeschäften gibt es Prospekte von Gedecken und Gläsern. Beschaffen Sie sich einige und gewinnen Sie daraus Kenntnisse über Formen und Stile sowie über Regeln des gut gedeckten Tisches.
3. Basteln Sie aus Streichholzschachteln, Pappstücken, Stäben, Styroporteilen oder Drähten maßstabgerechte Modelle von Aufbauten, die sich für Blumendekorationen auf dem kalten Buffet eignen.
4. Zeichnen Sie maßstabgerecht:
   a) Grundrisse verschiedener Tafelformen,
   b) Auf- und Grundriß eines Blumenschmuckes auf einer runden Tafel,
   c) Auf- und Grundriß einer Dekoration in rhythmischer Reihung auf einer langen Tafel.
5. Beschreiben Sie Gestaltung und Herstellungstechnik von drei Tischschmuckgestaltungen in Formbinderei und nennen Sie die passenden Anlässe.
6. Für eine Einladung zum Fischessen, für einen Herrenabend und für eine Wiedersehensparty nach einer Mexikoreise sollen Tischschmuckgestaltungen in vegetativer Art entworfen werden (beschreibend oder zeichnerisch).
7. Betrachten Sie Abbildungen von „floristischen Objekten" aus Fachzeitschriften und stellen Sie fest, ob Sie Anregungen für modernen Tischschmuck oder für Schmuckgestaltung zur Dekoration des kalten Buffets daraus gewinnen können.

Abb. 337. (oben) Wenn Leuchter mit Blumen geschmückt werden, ist der gestalterisch richtige Bewegungsmittelpunkt zu finden, und formbestimmende Teile des Leuchters müssen frei bleiben
Abb. 338. (Mitte) Lange Kerzen führen zu anderen Anordnungen als kurze
Abb. 339. (unten) Einzelne Blumengestecke werden durch Bänder optisch sehr gut verbunden, wenn man das Band wie einen langen Tischläufer legt. Quer gelegte Bänder unterbrechen die Länge der Tafel und lassen sie kürzer erscheinen

11 Geschenke und Blumen

Wenn zusätzlich zu einem Geschenk auch Blumen überreicht werden sollen, erscheinen diese meist in Form eines mehr oder weniger phantasielos zusammengestellten Straußes neben einem in Geschenkpapier besonders hübsch verpackten Gegenstand. Hier ist es die Aufgabe des Floristen zu zeigen, wieviel liebevoller und persönlicher – zugleich auch vollkommener – jedes Geschenk wirken kann, wenn es mit Blumen gestalterisch verbunden überreicht wird. Das Schaufenster bietet die Möglichkeit, auch hierzu viele Anregungen zu geben.

11.1 Blumen auf dem Geschenkkarton

Auf jedes verpackte Geschenk im Karton können Blumen gearbeitet werden. Es gibt die Möglichkeiten, ein formal-lineares oder dekorativ zusammengestelltes *Sträußchen,* schräg zusammengebunden, oder gar eine *Corsage* in passender Größe mit Klebefolie auf dem Karton zu befestigen und mit farbig harmonierendem Band aufzubinden. Aber auch ein kleines *Gesteck,* abnehmbar und in sich vollkommen, ist leicht aufzuarbeiten:

Ein kleiner grüner Blumentopfuntersetzer aus Plastik oder der Dosendeckel einer Spray- oder Kaffeedose u. a. wird mit doppelseitig klebendem Kreppband auf das Päckchen geklebt. Dahinein kommt ein Würfelchen Steckmasse, das durch eine Klebefolieumwicklung fest mit dem Schälchen verbunden wird. Da das Kreppband keinen sicheren Halt garantiert, legt man über das Schälchen mit der Steckmasse kreuzweise Klebefilm, der auf dem Papier festhält. Soll ein größeres Gesteck gehalten werden, schlingt man den Klebefilm rund um das Paket. Wählt man ein passendes farbiges Klebeband, wirkt es gestalterisch vorteilhaft mit.

Eine andere Möglichkeit, das Schälchen auf dem Geschenkkarton zu befestigen, bietet Band. Ein Schmuckband, in der Farbe zum Einwickelpapier und den Blumen passend, wird fest um den Karton geschlungen und verknotet. Auf den Vereinigungspunkt setzt man das Schälchen und befestigt es mit grünem Stützdraht, der um die Bänder sowie kreuz und quer über das Steckgefäß geschlungen wird. Der Steckmassewürfel wird einfach über die gespannten Drähte in das Schälchen gedrückt und sitzt so fest genug.

Die Blüten und Blätter, Zweige und Gräser werden in einer flach gehaltenen, locker gestaffelten, nahe der Steckbasis passend verdichteten Anordnung gesteckt. Sogar mit einem kleinen Geburtstagslicht könnte man arbeiten, wenn es sich um die Ausschmückung eines Geburtstagsgeschenks handelt. Da die Blumen ein Schmuck des Päckchens sind, dürfen sie dessen Formen nicht zudecken. An Masse muß hier das Päckchen überwiegen, denn auf seine Wirkung kommt es an. Das sich unter dem Wuchsmittelpunkt kreuzende Band wirkt, als bände es die Blumen auf dem Karton fest. Man kann diese Wirkung noch verstärken, indem man Schleifen und Bandenden in die Basis der Blumenanordnung fügt (an „Gabel" gedrahtet und durch ein Folienstückchen vor dem Naßwerden geschützt, Abb. 340 und 84).

Beim Stecken drückt sich etwas Wasser aus der Steckmasse, das sich im Schälchen sammelt. Nun muß man dieses geschickt ausgießen, so daß das Päckchen oder Band nicht naß wird. Traut man sich den dazu notwendigen Schwung nicht zu, hilft ein Wattebausch, das Wasser aufzusaugen.

11.2 Geschenkartikel in direkter Verbindung mit Blumen

Hier ergeben sich unzählige Möglichkeiten der Kombinationen und Gestaltungen. Einige seien nachstehend angeführt.

Das Blumengesteck mit einem Geschenk

Viele Geschenke lassen sich wirkungsvoll in ein passendes Blumenarrangement einfügen, das angedrah-

Abb. 340. Der Geschenkkarton soll durch die Blumen geschmückt wirken. Deshalb müssen die Blumen in Menge und Ausdehnung auf die Form des Kartons abgestimmt sein

Abb. 341. Die Geschenkobjekte sollten völlig in die Gestaltung integriert werden. Bindungsfaktoren wie Gleichheiten, Bewegungsmittelpunkt (links), Bewegungsabstimmung (rechts) u. a. sind zu beachten

tete Salatbesteck oder Wollknäule und Stricknadeln, das durch eine Plastikfolie geschützte Buch oder die Weinflasche, das Theaterbillet oder die Handschuhe. Wichtig ist nur, daß alles gut festsitzt und die Geschenke nicht beschädigt werden. Befestigungsdrähte müssen immer mit farbig passendem Guttacoll abgewickelt sein. Gestalterisch ist zu beachten, daß die Geschenkteile oder ihre Halterungen entweder aus der gemeinsamen Bewegungsmitte hervorgehen oder den Kern eines Blumengestecks bilden, um den sich die Blumen anordnen, wie die Zweige beim Adventsgesteck um die Kerze (Abb. 341).

Bei freien Gestaltungen im Stile von Montagen sind verbindende Beziehungen zu finden wie ergänzender Kontrast durch Form oder Bewegung (Abb. 342), Verbindung durch Einbeziehung in einen geschlossenen Umriß (Abb. 343) oder durch Parallelitäten, Gruppenbeziehungen u. a. (s. Seite 116) und Abb. 344).

Blumen im geschenkten Gefäß

In den Papierkorb oder Kochtopf, in die Salatschüssel oder in den Scheuereimer kann man Blumen und Zweige stecken. Dann ist es aber schön, wenn mit einem Seitenblick auf die weitere Verwendung des Gefäßes kombiniert wird. In den Papierkorb kommen z. B. angedrahtete Papierknuddel zwischen die Blumen. Beim Kochtopf entsteht ein Arrangement aus Blumen zusammen mit Blumenkohl und Möhren, eventuell sogar mit auf Draht gespießten Makkaroni und Parmesankäse in Tüten je nach Wahl der Blumen, während in der Schüssel Paprikafrüchte die Wuchsmitte gestalten oder Salatblätter als Schnittgrün eingesetzt werden. In eine Kaffeetasse, Teekanne oder Zuckerdose würde man jedoch keine Blumen stellen. Sie würden dadurch über Gebühr von den Blumen in der Wirkung übertroffen. Bei der Kaffeetasse bietet sich die Untertasse als Steckbasis an, die Tasse wird gegen die Steckmasse gebunden und von Blumen locker umspielt. Die Teekanne oder Zuckerdose wird auf eine flache Schale oder einen Korbdeckel u. a. gestellt, und zwar neben eine Steckbasis, in die Blumen in formal-linearer Art und bewegungsmäßiger Beziehung zum Geschenkobjekt gesteckt werden.

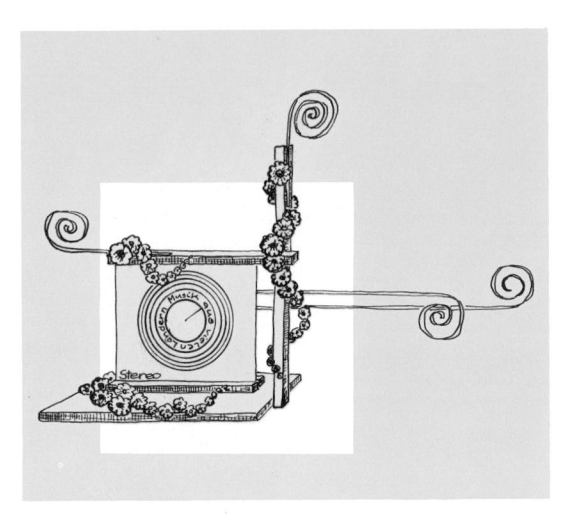

Das Holzbrett als Basis für Blumen und Geschenk

Sehr universell lassen sich Holzleistenstücke und Brettchen verwenden. Sie sind Abfall in jeder Tischlerei, bei uns aber Hilfsmittel, die zu wirkungsvollen Gestaltungen führen, ohne diese zu sehr zu verteuern. Selbst die Flasche wirkt gut, wenn sie zwischen mehreren eingeschlagenen Nägeln unverrückbar fest auf dem Brettchen steht und von einem daneben angebrachten Blumengesteck begleitet wird (Abb. 345).

Blumen am Geschenk

Auch an der Flasche lassen sich Blumen befestigen. Das Sträußchen oder die Blüte mit Blättern im Glasröhrchen heftet man mit einem Streifen Klebefolie an; darüber kann man außerdem noch Band schlingen, mit einer Schleife verknüpft. Trockenblumen werden in ein angeklebtes Kügelchen aus Knetmasse gesteckt oder in eine Steckbasis aus Trockenschaum, der mit Hilfe abgewickelter Drähte und knety oder Klebefolie an der Flasche befestigt werden kann. Frische Blumen werden in wasserhaltender Steckmasse

Abb. 342. (oben) Geschenkobjekte kann man sehr phantasievoll in neue Gestaltungen einbeziehen. Hier ein Beispiel, wie mit Holzleisten eine Schallplatte aufgestellt wird. Als Bindungsprinzip wirkt vor allem das Gesetz des Ausgleichs
Abb. 343. (Mitte) Das Geschenk, hier ein Ring, im gleichen Umriß wie die Blumen, damit ist ein sehr einfaches Bindungsprinzip benutzt
Abb. 344. (unten links) Der Regenschirm ist mit seinen schmückenden Beigaben durch Parallelität und Gruppenbeziehungen verbunden
Abb. 345. (unten rechts) Selbst in der Skizze zeigt sich die aparte Wirkung einer solchen Kombination, in der sogar die technischen Hilfsmittel ihre angemessene Rolle spielen

arrangiert, welche mit Hilfe von Gittertüll und umwickeltem Draht oder Klebefolie an der Flasche angebracht wird. In jedem Falle müssen sich die Blumen der Flasche anpassen, sie bewegungsmäßig umspielen und sich proportional unterordnen (Abb. 346).

Geschenk und Blume im Klarsichtkarton
Ein Schmuckstück zum Beispiel kann zusammen mit einer kostbaren Blüte in einem Klarsichtkarton arrangiert verschenkt werden. Die Blüte (evtl. eine Orchidee) wird mit Blättern und einem kleinen Zweig zusammen in ein mit Wasser gefülltes und mit einer Gummikappe abgeschlossenes Glasröhrchen gesteckt. Dazu zieht man die Gummikappe straff über die Röhrenöffnung, damit sich das darin befindliche Loch gut weitet. So kann man die passend zusammengenommenen pflanzlichen Teile leicht in das Röhrchen stecken. Die nicht mehr gespannt gehaltene Gummikappe schmiegt sich dicht an die Blumen- und Blattstiele an, so daß auch bei waagerechter Lage kein Wasser heraustreten kann. Es ist darauf zu achten, daß das Glasröhrchen randvoll gefüllt ist. Dieses kleine Blütenarrangement wird im Klarsichtkarton passender Größe befestigt; dazu wird Klebefolie oder ein Schmuckband in harmonierender Far-

Abb. 346. Obgleich dieser Blumenschmuck sehr raumgreifend wirkt, merkt man doch die starke Beziehung zur Form der Flasche

Abb. 347. Schmuckstücke mit kostbaren Blüten im Klarsichtkarton arrangiert

289

be, Breite und Stofflichkeit verwendet. Das Band wird durch zwei im Boden der Kartonhälfte befindliche Schlitze geführt und fest um das Glasröhrchen gebunden. Das als Geschenk gewählte Schmuckstück, der Armreif oder die Kette, kann mit dem Band zugleich umschlungen und an dem Röhrchen festgehalten werden. Man könnte es aber auch im Schächtelchen belassen und das geöffnete Schächtelchen neben den Blumen im Klarsichtkarton befestigen, vor allem bei Ringen zu empfehlen (Abb. 347). Eine außen angebrachte Bandbindung mit dekorativer Schleife kann den Klarsichtkarton zusammenhalten und schmücken, wobei darauf zu achten ist, daß die Schleife nicht den Blick auf Geschenk und Blume behindert. Diese Ergänzung des Geschenks mit einer kostbaren Blüte und die besondere Verpackung entsprechen ganz dem Charakter des Schmucks. Natürlich kann man in ähnlicher Weise auch andere kleine, wertvolle Geschenkartikel attraktiv gestalten, z.B. das neu eröffnete Sparbuch, den Reisewecker oder den silbernen Sahnelöffel, passend zum vorhandenen Besteck.

Zur Vertiefung
1. Zu folgenden Geschenkartikeln sollen je drei passende Blumenzusammenstellungen genannt werden (volle botanische Namen): Ein silbernes Tischfeuerzeug, ein aus Holz geschnitztes Salatbesteck, eine Schallplatte mit moderner Tanzmusik, eine Flasche mit schottischem Whisky und eine Halskette aus echten Perlen.
2. Eine Krawatte mit passendem Ziertaschentuch soll verschenkt werden. Entwerfen Sie drei mögliche Anordnungen der Kombination mit Blumen (beschreibend oder zeichnerisch).
3. Ein junges Mädchen wird volljährig. Empfehlen Sie drei mögliche Geschenke mit passenden Blumenzuordnungen.
4. Finden Sie mehrere werbewirksame Themen für Schaufensterdekorationen mit Blumen und Geschenken.

12 Die Schaufenstergestaltung

12.1 Zur Entwicklung der Schaufensterwerbung

Im Mittelalter entfaltete sich in unserem Raum der Handel zu voller Blüte. Der Wagen und die Buden auf den Märkten waren die wesentlichen Handelsplätze. Noch Dürer verkaufte seine Radierungen auf dem Markt in Nürnberg (um 1500). Handwerker verkauften in den Werkstätten. Fenster mit Klappläden waren Schau- und Verkaufsöffnungen. Daher haben wir heute noch für den Verkaufsraum die Bezeichnung „Laden".
1740 wird *das erste Schaufenster* in Augsburg eingerichtet. Es ist ein großes, mehrteiliges Fenster, das Einblick in das Warenlager des Handelshauses gewährt. Im allgemeinen werden in den Geschäftsräumen die Waren in Regalen gestapelt und ausgelegt. Im Jahre 1835 soll es in Berlin das erste Schaufenster gegeben haben. Nachdem es um 1900 möglich wird, größere Glasscheiben als bisher herzustellen und mit dem elektrischen Licht die Schauräume auch nachts zu beleuchten, werden Schaufensterauslagen bald üblich. Doch bis 1904 sind die Schaufenster nichts weiter als Warenlager; in Regalen ist die Ware gestapelt. Symmetrische Aufbauten und schmückendes Beiwerk wie Blumen sollen diese Schauräume ansehnlich machen.
Mit Stephanie van Hahn, einer Malerin, die von Wertheim in Berlin 1904 als Schaufenstergestalterin eingestellt wird, bekommt das Schaufenster ein anderes Aussehen. Sie gestaltet nach künstlerischen Gesichtspunkten und dekoriert nicht nur die Ware, sondern bezieht Flächen und Räume, Linien, Farben und Licht als Gestaltungselemente mit ein – die Ware wird zum graphischen Gestaltungsmittel. Neben dem informierenden Stapelfenster gibt es nun das schön anzusehende Schaufenster, das Schaulustige lockt, weniger um der Ware als um der gestalterischen Idee willen.
Nach dem letzten Krieg geht eine wirtschaftliche Entwicklung ohnegleichen vor sich. Verschärfter Existenzkampf und Überproduktion suchen Märkte, die ausreichenden Absatz garantieren. Es genügt nicht mehr zu zeigen, was man anbietet, oder durch künstlerische Aufmachungen Schaulustige zu locken. Man muß neue Absatzmärkte erschließen, Wünsche wecken und Bedürfnisse suggerieren! Das werbepsychologisch gestaltete Schaufenster wird notwendig. Es zeigt nicht die Ware an sich, sondern was man durch den Besitz der Ware erreichen bzw. was man durch sie für Vorteile haben kann. Im Modehaus geht es nicht

primär um das Kleid, sondern darum, daß man in diesem Kleid schick und modisch gekleidet ist, daß man elegant wirkt, oder daß es sehr pflegeleicht ist usw. Der Service wird als besonders exklusiv dargestellt, die Aktualität des Angebots herausgestellt, oder es wird darauf hingewiesen, daß man garantiert noch nach 10 Jahren Einzelstücke nachkaufen kann! Die Blumengeschäfte sind dieser Entwicklung nur sehr zögernd gefolgt. Auch heute findet man noch vielfach „Stapelfenster". Auch das schöne Fenster genügt nicht mehr. Zwar ist es wichtig, mit dem gut gruppierten Warenangebot auch seine gestalterischen Fähigkeiten zu beweisen, doch ist damit noch nicht das werbewirksame Schaufenster geschaffen!

12.2 Mit dem Schaufenster werben

Der Umsatz in den Blumengeschäften ist bis heute ständig gestiegen. Dies liegt vor allem daran, daß pro Kaufhandlung mehr Geld ausgegeben wurde. Nach Marktforschungsergebnissen kaufen nur 19 % aller Erwachsenen regelmäßig Blumen; 51 % kaufen gelegentlich und 30 % kaufen gar keine Blumen. Zwei Drittel aller Blumen, die verkauft werden, sind für Geschenkzwecke bestimmt. Die Werbung muß sich also darum bemühen, den Blumenkauf für den Eigenbedarf zu erweitern und den für Geschenkzwecke zumindest zu erhalten.

Das Schaufenster ist dabei das billigste Werbemittel mit unmittelbarer Wirkung. Riesige Inserate in Farbe, Werbefilme und Fernsehreklamen können sich Einzelhandelsgeschäfte nicht leisten. Hier ist das Aufgabengebiet für eine gemeinschaftliche Blumenwerbung. Doch mit dem interessant dekorierten Schaufenster wirbt man nicht nur für die Blume, sondern auch für den eigenen Betrieb, und das in einer Art, die oft spontan den Kauf einleiten kann, was bei Kinoreklame oder Fernsehwerbung ja nicht möglich ist.

Nicht jeder, der die Auslagen interessiert betrachtet, wird gleich kaufen, doch im Falle des Bedarfs wird er sich erinnern. Wichtig ist nur, man dekoriert wirklich werbewirksam und man zeigt Ausdauer. Einmalige Anstrengungen nützen gar nichts; sie bedeuten hinausgeworfenes Geld. Nur wer beständig immer wieder etwas Neues zeigt, macht auf sich aufmerksam. Nur wer wiederholt zur Aufmerksamkeit herausfordert, prägt sich ein. Es kommt nicht immer auf groß angelegte Dekorationen an. Vielmehr können Kleinigkeiten oft Wunder wirken, vorausgesetzt, man zeigt ständig etwas Neues aus den Gebieten, die interessieren.

12.3 Was interessiert den Schaufenstergast?

Ist die Ware das Wichtigste?

Jeder Mensch ist an seinen Wünschen interessiert. Keine Ware wird um ihrer selbst willen erworben, sondern nur, weil sie Bedürfnisse befriedigt und Wünsche erfüllt. Eine sinnvolle Werbung im Schaufenster darf also nicht unsere Ware schlechthin zeigen, denn damit sprechen wir nur diejenigen an, die sich ohnehin schon entschlossen haben, Blumen zu kaufen. Diesen Personen allerdings muß das Schaufenster die Möglichkeit geben, sich über das Angebot hinsichtlich Sortiment und Preisen zu informieren. Das Schaufenster bildet damit ein Angebot, das die Vorwahl erleichtert. Übersichtliche Anordnung der Artikel und deutliche, genaue Auspreisung sind notwendig, damit das Schaufenster diese Anforderung erfüllt. Doch das informierende Schaufenster ist noch nicht werbewirksam.

Werbewirksam wird es erst, wenn es Wünsche weckt und die unbewußten Antriebe des Menschen anspricht. Ein sinnvoller Text, der das Gezeigte in einen Zusammenhang mit Wünschen und Bedürfniserfüllungen bringt, trägt somit zur Werbewirksamkeit bei.

Können Blumen Bedürfnisse befriedigen?

Das *Kontaktbedürfnis* ist es, wenn ein Mensch dem anderen Freude machen will. „Blumen machen Freude", „Freude bereiten, macht selber froh", „Ein Gruß aus der Ferne", „Ein blumiger Valentinsgruß macht froh" – das alles sind Dekorationsthemen, die auf Erfüllung dieses Bedürfnisses hinweisen.

Der *Nachahmungstrieb* und *Gestaltungstrieb* werden angesprochen, wenn im Schaufenster gezeigt wird, wie man Blumen stecken kann („Kunststoff hilft beim Blumenstecken", „Kleiner Kurs im Blumenstellen" oder „Das können Sie auch" usw.). Der *Geltungstrieb* und das *Repräsentationsstreben* machen neugierig, wenn das Dekorationsthema heißt: „Der gedeckte Tisch, Spiegel der Persönlichkeit", „Jede Braut eine Prinzessin" oder „Dem Jubilar zur Ehre" u. a. *Beschäftigungsstreben* und *Pflegebedürfnis* führen zur Blumenliebhaberei, warum nicht einmal im Schaufenster zeigen, wie Blumenfenster eingerichtet werden, wie man Pflanzen ohne Erde kultiviert oder welche Blumen zum Trocknen geeignet sind usw.? Schließlich erfüllen schöne Dinge den Wunsch nach ästhetischer und gepflegter Umwelt. „Schöner wohnen mit Blumen", „Jedes Heim kann gemütlich sein", „Wenig Mühe, große Wirkung" – das sind Themen, unter denen man Blumen in Beziehung zum *ästhetischen Bedürfnis* setzt.

Blumen sind also sehr wohl dazu geeignet, Bedürfnisse zu befriedigen. Im Grunde interessieren sie sogar nur in diesem Zusammenhang. Der ideelle Wert ist also wichtiger als ihre materielle Existenz. Blumen sind schön; sie machen schön; sie bereiten Freude; sie erheitern, bereichern, trösten und sie sind Stimmungsträger. All das muß im Schaufenster deutlich werden, denn nur das ist es, was in Wirklichkeit interessiert, weil nur das Bedürfnisse und Wünsche wekken und befriedigen kann.

Wissensdrang und Neugier verführen

Die Neugier der Menschen kann nur dann der Bundesgenosse des Schaufenstergestalters werden, wenn das Schaufenster tatsächlich immer einen neuen Anblick bietet. Das immer gleiche Schaufenster in farblicher Zusammenstellung, gruppenmäßiger Anordnung und dekorativen Zutaten läßt den Beschauer sehr schnell gleichgültig werden. Nur Neues, Ungewohntes interessiert, und das um so mehr, wenn sich der Blick wirklich lohnt. Damit das auch der Fall ist, muß man etwas bieten. Gibt man eine Information, so befriedigt man den Wissensdrang. Wer jedoch etwas über Blumen weiß, wird mit ihnen vertrauter. So wendet man sich ihnen leichter zu und entschließt sich leichter, es einmal mit ihnen zu versuchen. Hinweise auf das Heimatland oder die Verbreitung einer Pflanze, auf die Story der Entdeckung, der Züchtung oder kulturellen Bedeutung, auf Pflegebedürfnisse oder auch nur die Nennung des Namens können somit zu werbewirksamen Maßnahmen im Schaufenster werden. Themen wie „In ihrer Heimat wachsen sie auf Bäumen", „Sie kommen aus Asien zu uns", „Besonders duftende Rosensorte" usw. machen jedes Schaufenster interessant.

Die handwerklichen und gestalterischen Leistungen des Betriebes müssen gezeigt werden

Laut Marktforschungsergebnissen werden in Blumengeschäften durchschnittlich 20–25 % vom Umsatz durch den Verkauf von Arrangements, Trauergebinden, Brautsträußen usw. erzielt. Das heißt, der Kunde kauft nicht nur Blumen, sondern auch handwerkliches und gestalterisches Können und ist demnach auch in dieser Hinsicht an der Leistungsfähigkeit des Betriebs interessiert. Die Auslagen im Schaufenster sollen immer demonstrieren, was floristisch gestaltet werden kann. Also müssen Steckschalen, Kränze, Tischdekorationen usw. gezeigt werden. Natürlich nicht alles auf einmal und nicht zur bloßen Ware herabgesetzt, sondern jeweils als Thema und als Werbemotiv: „Sie schmückt die Fensterbank" (Pflanzschalen), „So oder so?" (Geschenke ohne oder mit Blumen), „Besinnlich, feierlich, festlich" (Binderei für Advent und Weihnachten). Auch ganz abstrakte Themen, die allein die Freude am Gestalten demonstrieren, sind dann und wann durchaus sinnvoll. Schließlich beweisen sie, daß in diesem Geschäft aktive Menschen am Werk sind. Und ist dies keine Empfehlung? „So sehen Blumenarrangements in Japan aus", „Blumen verkörpern Stilepochen", „Ein Gruß den Messegästen" und viele weitere Themen aus Wissensgebieten, gestalterischen Themenkreisen und anläßlich aktueller Geschehnisse geben immer wieder Gelegenheit, ein Schaufenster werbewirksam zu gestalten.

12.4 Die Werbeidee wird in einem Blickfang komprimiert

Woher bekommt man die Werbe-Ideen?

Wir kennen Interessen, Bedürfnisse, Wünsche und Neigungen der Menschen, woraus sich Kaufwünsche ergeben können. Aus dem Verkaufsgespräch erfährt man, weshalb Blumen gekauft werden. Diese Kaufgründe führen zu den besten Werbeideen für das Schaufenster. Auch der Blick in Schaufenster anderer Branchen ist immer lehrreich. Der aufmerksame Besucher von Messen und Ausstellungen bekommt so viele Anregungen für Schauwerbemotive, daß man jeden Tag im Jahr eine neue Schauwerbung ausführen könnte. Das wäre natürlich übertrieben. Wöchentlich oder mindestens alle zwei Wochen ein neues Motiv ins Schaufenster gebracht, genügt, um die Leute aufmerksam und interessiert zu machen. Damit man die gute Werbeidee und die Formulierung eines aussagekräftigen und einprägsamen Werbetextes zur Hand hat, wenn man sie braucht, notiert man sich alles Passende, was einem begegnet und schafft sich so eine Kartei von Werbeideen.

Der Blick soll gefangen werden

Eine unüberblickbare Fülle im Schaufenster ist uninteressant. Dem Vorübergehenden muß etwas auffallen, was seinen Schritt stocken läßt. Doch in der Eile wird nur bemerkt, was in seiner Gesamtheit gut zu erkennen ist und von den anderen Auslagen absticht. Soll *ein Blumenarrangement* zum blickfangenden Dekorationsteil gemacht werden, so muß es optisch von den anderen Blumenanordnungen gut getrennt erscheinen. Eine Holzplatte, Bastmatte oder Stoffbahnen als Hintergrund dieser einen Blumenkomposition sind schon sehr wirkungssteigernd, weil sich vor der ruhigen Fläche die Blumen und Zweige gut abheben. Wird noch zusätzlich *Licht* durch einen Punktstrahler auf diesen Blickfang gerichtet, oder nutzt man die *Bewegung* mit Hilfe einer Drehbühne, so kann man sicher sein, daß dieser Teil der Dekoration besonders auffällt.

Kommt dazu *ein anschaulich gesetzter Text,* so wird der Schaufenstergast zum Lesen angeregt. Das Verständnis der Worte führt zum Weiterdenken. Schafft der Werbetext eine Verbindung zwischen dem gezeigten Arrangement und der Verwendungsmöglichkeit, so werden die meisten überlegen, in welcher Beziehung die Auslage wohl zur eigenen Wunscherfüllung steht. Und genau das ist die Absicht eines Werbetextes.

Das Texten ist eine Kunst für sich. Möglichst kurz, leicht erfaßbar, eindeutig und voller Beziehung zu Interessen, Wünschen, Gefühlen oder Neigungen soll der Text sein. Auch darf keine Absicht der Beeinflussung deutlich werden; dagegen wehrt sich das Unterbewußtsein der Menschen. Zeigt man z. B. zwei oder drei hübsche Tischdekorationen und schreibt: „Zum schön gedeckten Tisch gehören Blumen", so ist dies fordernd, behauptend, in jedem Fall zu offensichtlich auf den Blumenverkauf abgestimmt. Schreibt man aber: „Der Stolz der Hausfrau – ein schön gedeckter Tisch", so packt man die Leserin am Repräsentations- und Geltungsbedürfnis und zeigt, wie man es machen muß, um stolz sein zu können!

Le Bon, ein französischer Psychologe, sagte: „Der Mensch denkt in Bildern und läßt sich durch *Bilder* beeinflussen." Die Bedeutung des Bilderbuchs für das lernende Kind, die Beliebtheit der Illustrierten, des Films und Fernsehens beruhen auf dem Bildhaften. Das beziehungsreiche, klar verständliche, vereinfachte Bild ist deswegen auch der ideale Blickfang (Abb. 348). Ein Muttertagsplakat, die Brautkutsche im Scherenschnitt, Sternformen oder das Marienbild zu Weihnachten sind Beispiele von bildhaften Blickfängen. Ein Blick in Schaufenster anderer Branchen zeigt überall beziehungsreiche Bilder – nur im Blumengeschäft wird meistens darauf verzichtet!

Als Blickfang eignen sich auch sehr gut *Gegenstände,* die im Schaufenster des Blumengeschäftes überraschen, weil sie dort ungewöhnlich sind. Z. B. eine ganze Kette aus Zeitschriften „Schöner wohnen" zum Werbethema „Schöner wohnen mit Blumen". Oder ein bequemer Sessel zum gleichen Thema, eine Gardinendrapierung oder eine Sonnenjalousette zum Thema „Für das Südfenster geeignet", ein Spiegel, ein Fotoapparat oder eine Modepuppe für das Brautstraußfenster usw.

Idee und Blickfang sind das A und O einer werbenden Schaufenstergestaltung. Beide müssen natürlich in einem sinnvollen Zusammenhang stehen. Im Blickfang soll sozusagen die Werbeidee komprimiert enthalten sein. Der Fotoapparat im Brautstraußfenster sagt z. B.: „Dieser große Tag im Leben wird im Bild festgehalten. Der Brautstrauß wird also noch von Freunden, Kindern und Kindeskindern gesehen werden. Mit einem Brautschmuck aus diesem Geschäft kann man sich getrost fotografieren lassen!" Damit ist, ohne ein Wort zu sagen, eine unaufdringliche Empfehlung und Qualitätsgarantie gegeben, die jeder versteht.

Aufgaben des Blickfangs

Der gut ausgewählte Blickfang bewirkt viel Vorteilhaftes:
– Er zieht die Aufmerksamkeit der Passanten auf sich.
– Er leitet zur gezeigten Ware über.
– Er macht die Ware interessant und setzt sie in Beziehungen zu Bedürfnissen, Wünschen und zum Verwendungszweck.

Abb. 348. Das vereinfachte Bild macht schon vor dem Lesen des Werbetextes deutlich, was im Schaufenster gezeigt wird

294

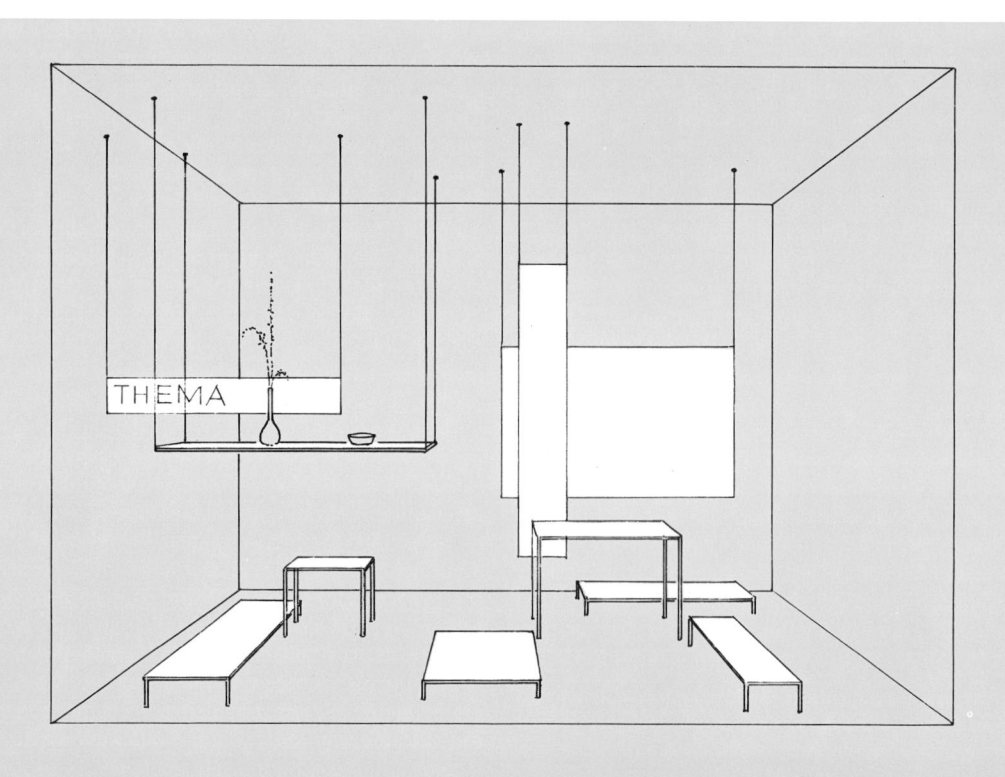

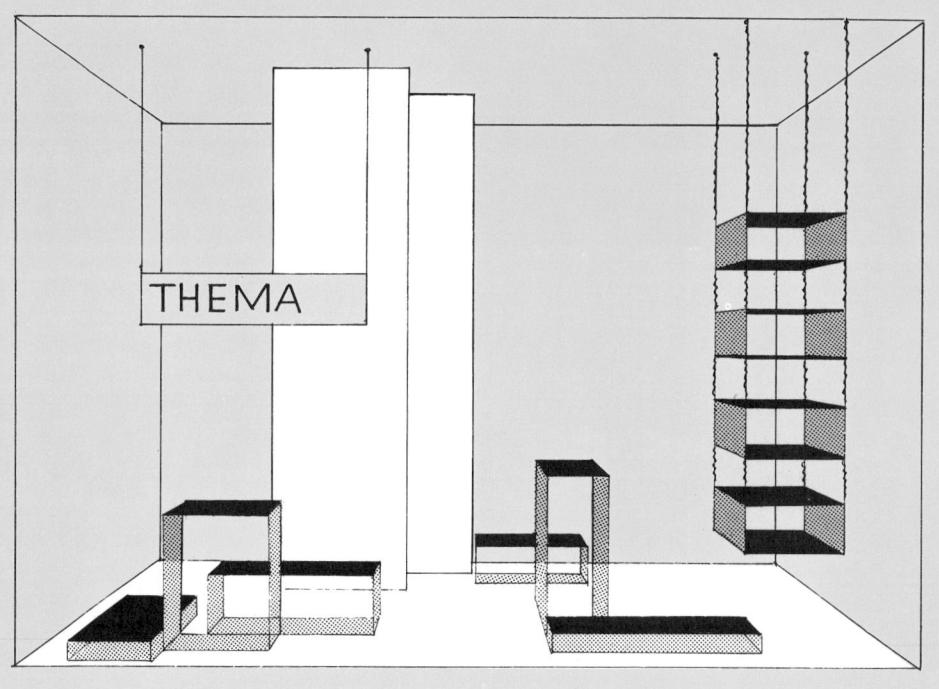

- Er regt den Passanten an, sich gedanklich mit der Ware zu beschäftigen.
- Er regt zum Besitzwunsch an.
- Er gibt dem Schaufenstergestalter Hinweise auf die Auswahl der Waren, Farben, dekorativen Hilfsmittel in wesensmäßiger Zuordnung.

Damit wird das im Hinblick auf ein Dekorationsthema gestaltete Fenster zu etwas Besonderem, Neuem, Einmaligem, auch wenn in der Hauptsache das Sortiment der Verkaufsware eingeordnet ist, neben wenigen Arbeiten, die das Thema binderisch ausführen. Werbeidee und Blickfang erleichtern also die Gestaltung des werbewirksamen Schaufensters.

Trotz der wichtigen Rolle des Blickfangs hat natürlich die Ware die Hauptbedeutung. Der Blickfang soll nur kurze Zeit fesseln, und hat er die Aufmerksamkeit des Passanten errungen, sollen Blick und Gedanken zu den Blumen weitergeleitet werden. Was weiterhin gezeigt wird und wie es gezeigt wird, entscheidet, ob die Werbeidee zündet, zum Kaufwunsch führt und schließlich auch den Kaufentschluß folgen läßt.

12.5 Die Durchführung der Schaufenstergestaltung

1. Grundidee und Planung gehen der Dekoration voraus. Man hat sich eine Ideenkartei eingerichtet, in der Werbetexte, Hinweise auf Blickfänge und Dekorationshilfsmittel notiert sind.
2. Der Blickfang wird gestaltet: Bilder werden aufgezogen (auf Holzspan- oder Styroporplatten mit Tapetenkleister oder Styroporkleber). Schrift wird aus Styropor geschnitten nach selbst entworfenen oder gekauften Typen und auf bezogene oder gebeizte Bretter, gestrichene Styroporplatten oder Glasscheiben geklebt. Die Aufhängung wird aus Kordel, Kokosstrick oder Perlonfaden vorbereitet. Andere als Blickfang erwählte Artikel werden beschafft.
3. Preisschilder werden gesteckt oder geschrieben oder mit der Prägezange auf farbiges PVC-Klebeband gedruckt.
4. Dekomaterial wird ausgewählt und vorbereitet (Bretter bezogen oder gestrichen, Vorhangstoff auf Sauberkeit und Glätte kontrolliert, Bestand an Reißzwecken, Stecknadeln, Klebefolien usw. kontrolliert).

Abb. 349. Eine wichtige Überlegung ist die Raumgliederung. Blickfang, Hauptgruppe und Nebengruppen sowie die Blickführung werden bereits mit den Dekohilfen angelegt. Die Skizzen solcher Anordnungen sind wesentliche Hilfen bei der Planung

5. Eine Skizze der Gestaltung wird angefertigt. So verhindert man Fehler und Irrtümer. Man kann leichter Anweisungen geben bzw. ausführen (Abb. 349).
6. Spezielle floristische Gestaltungen zur Darstellung des gestellten Schaufensterthemas werden ausgeführt.
7. Das Fenster wird aufsgeräumt.
8. Für Sauberkeit im Fensterraum sorgen. Lampen kontrollieren und bereits grob einstellen.
9. Mit den Dekorationshilfen bzw. Warenträgern den Raum gliedern. Bretter z.B. waagerecht quer und längs, höher und flacher auf Dekohokker oder Ziegelsockel legen, ja sogar senkrecht aufhängen; so sind alle drei Dimensionen bereits erfaßt. Schmale Vorhänge werden an Leisten geheftet und mit den Leisten in die Deckenkonstruktion gehängt. Eine Balken- oder Kassettendecke im Schaufensterraum ist deswegen besonders zu empfehlen, weil sie an jedem Raumort leichte Befestigung für hängende Dekorationselemente ermöglicht.
10. Den Blickfang und den Text der Werbeidee anbringen. Er ist am besten im linken Drittel des Fensterraumes etwas unter oder in Augenhöhe anzubringen im Mittelfeld des Raumes oder eventuell sogar ganz vorn an der Schaufensterscheibe. Denn der Blick setzt bei unseren Sehgewohnheiten meistens links vorn an. Er wandert von links nach rechts, von vorn nach hinten und von unten nach oben. Was links steht, wird zwar zuerst aber nur flüchtig betrachtet; auf allem, was im rechten Drittel des Raumes steht, ruht der Blick bewußter, wodurch die Wirkung dieser Teile unterstrichen wird.
11. So ist der wirkungsvollste Platz für die Hauptgruppe der Schaufenstergestaltung im rechten Drittel, in Augenhöhe und im Mittelgrund des Fensterraumes (Abb. 350). Inserate in einer Zeitung sind auch teurer, wenn sie auf das rechte Blatt kommen, weil sie dort aufmerksamer betrachtet werden. Der Blickfang im linken Schauraum leitet also zum Hauptmotiv rechts hin. Im Ausnahmefall können Blickfang und Hauptgruppe zusammengefaßt werden; dann sind beide im rechten Drittel des Schaufensters eingeordnet.
12. Die Warengruppen werden aufgestellt bzw. ausgearbeitet. Rangordnung und Beziehungsfiguren (Dreieck oder Diagonale) der Farben, Materialien und Bewegungen beachten, so daß eine gute Blickführung gegeben ist.

13. Überschneidungen machen den Raum wirksam und lenken den Blick in die Raumtiefe. Also auch niedrigere Formen halb gedeckt hinter höhere stellen. Durchblicke lassen und bereits an der Schaufensterscheibe höhere, allerdings lineare, transparente Gestaltungen aufstellen.
14. Preisschilder und erklärende Texte anbringen. Kleinere Beschriftungen auf Karton sind handschriftlich mit Filzschreiber, mit Schablonenschrift oder Typen der Kranzschleifen-Druckapparate leicht herzustellen.
15. Beleuchtung einstellen bzw. einrichten. Licht wirbt, Licht verkauft. Wir arbeiten mit dem diffusen Licht der Ladenbeleuchtung (Leuchtstofflampen) und zusätzlich gerichtetem Licht (Punktstrahler und Scheinwerfer), um besondere Teile hervorzuheben oder Lichteffekte zu erzielen.
16. Zum Schluß wird von draußen überprüft, ob alles in Ordnung ist, richtig steht und interessant wirkt.

Das Schaufenster ist gelungen, wenn es die Ware von ihrer besten Seite zeigt, wenn es die Ware eindrucksvoll in Beziehung zu einer Verbrauchsidee setzt und den Schaufenstergast in einer Sprache anspricht, die er versteht, wenn Farben, Formen und Linien richtig kombiniert sind, so daß das Gesamtbild klar gegliedert und gut überschaubar wirkt und einen ästhetisch befriedigenden Eindruck macht.

Abb. 350. Ob mit oder ohne Blickfang und Werbetext, ein Schaufenster wirkt nur dann gut, wenn übersichtlich gruppiert ist. Auch Durchblicke sind wichtig

12.6 Voraussetzungen für gute Schaufenstergestaltung

Dieser Abschnitt könnte auch am Anfang des ganzen Kapitels stehen, doch ist nach den bereits gemachten Ausführungen leichter zu verstehen, was im folgenden festgestellt wird.

1. Nur wer bereit ist, Ideen für Schaufenstergestaltungen zu sammeln und ihre Ausführungen zu durchdenken, kann werbewirksame Schaufenster gestalten.
2. Nur wer ideenreich und phantasievoll, aber auch kritisch auswählt, wer die kleine Mühe der Beschaffung oder Herstellung von Blickfängen, Schriften und dekorativen Zutaten nicht scheut, gestaltet das Schaufenster so, wie es sein sollte.
3. Nur wer bereit ist, für Dekorationsmittel (Dekostoffe oder Matten, Farben und Klebefolien, Hokker in Aufbausystemen und Bretter oder Glasscheiben u.a.m.) ein paar Mark auszugeben, schafft die Voraussetzungen für die gute Schaufensterwerbung.
4. Nur wer ein Vasensortiment von einheitlichem Dekor für die Verkaufsware hat, kann ein Schaufenster gestalten, in dem zwar die Lebendigkeit der verschiedenen Farben und Formen der Blumen wirken, von den Gefäßen aber die notwendige Ruhe und Klarheit ausgeht.
5. Nur wer die Gruppengesetze, die Regeln der Zuordnung und die Lehre der Farbharmonien kennt sowie etwas über Stimmungswerte der Farben weiß, kann das wirkungsreiche und ausdrucksvolle Schaufenster gestalten.
6. Nur wer Liebe zum Beruf und Freude an der gestalterischen Tätigkeit hat, wer die Augen auf-

macht, viel sieht und das Gesehene umsetzen kann, erwirbt sich die notwendigen Fähigkeiten und Fertigkeiten.
7. Und letztlich gehören Ausdauer und Konsequenz dazu, will man das Schaufenster als ideales Werbemittel nützen, denn nur wer trotz der Belastungen des Alltags immer wieder neue Schaufensterwerbeideen verwirklicht, kann Erfolg haben.

Zur Vertiefung
1. Die Warenträger sind nicht nur funktionell wichtig, sie gestalten auch das Ausstellungsthema mit. Im folgenden werden verschiedene Warenträger aufgeführt. Nennen Sie je 2 Schaufensterthemen, bei denen die genannten Dekohilfen Verwendung finden sollen.
   a) Glasplatten auf schwarzen Rundeisenwürfeln.
   b) Ungehobelte Bretter aus noch borkigem Holz auf dunkelbraunen Ziegelsteinsockeln.
   c) Mit violettem Dekosamt abgespannte Spanholzplatten auf weißlichen Ytonsteinen.
   d) Graue Hohlbausteine und dicke Eternitplatten.
   e) Rahmen aus Kistenbrettern, teils orange, teils olivgrün gestrichen, gestellt oder mit Kokosstrick aufgehängt.
2. Finden Sie je 6 Schaufensterthemen, zu denen
   a) Brautsträuße,
   b) Tischschmuckgestaltungen,
   c) Adventsschmuckbinderei,
   d) Blumen als Geschenkobjekte,
   e) Blumen als Raumschmuck
gezeigt werden sollen.
3. Es sollen 3 verschiedene Anordnungen von Holzrahmen skizziert werden, mit denen der ganze Schaufensterraum erfaßt wird.

13 Einiges zum Thema Raum- und Bühnendekoration

13.1 Was heißt Dekorieren?

Das Dekorieren steht in einem gewissen Gegensatz zum Schmücken. Während der Schmuck eine ergänzende, das Vorhandene vervollständigende Beigabe darstellt, ist die Dekoration eine bestimmende, mitunter verändernde Ausgestaltung. So kann die Turnhalle einer Schule durch die Dekoration einmal zum Festsaal für die Feierstunde zur Schulentlassung werden, ein anderes Mal zum Theaterraum, zum Weihnachtsbasar oder gar zum närrisch veränderten Tanzsaal für das Faschingsvergnügen. Die Dekoration bezieht sich also in erster Linie auf den Anlaß, nicht auf die Eigenart des Raumes. Sie soll die dem Anlaß gemäße Gemütslage der Menschen fördern, also stimmungsvoll sein.

Die Wahl der Farben, Ordnungsarten und Gestaltungsstile sind entscheidende Mittel, um der Dekoration die notwendige Wirkung zu geben. Doch auch dekorative Effekte sind mitunter notwendig. Deshalb kann man beispielsweise aus Gründen der farblichen Wirkung Pflanzliches künstlich verändern, wie Zweige anstreichen oder Blätter mit Gold besprühen. Auch die Verwendung von nicht gewachsenen Dekorationsmitteln ist ratsam, wenn sie das notwendige Stimmungsbild sinnvoll ergänzen. So steigern Bänder das Repräsentative oder Heiter-Beschwingte. Tülldrapierungen machen duftig und zart. Styroporformen können je nach Formcharakter den Ausdruck einer Dekoration verstärken. Dekorationen im Auftrag von Firmen oder Vereinen ermöglichen das Einarbeiten von Firmen- oder Vereinszeichen, Produkten oder Rohstoffen, Bildern oder Symbolen.

13.2 Voraussetzungen für die Planung größerer Dekorationen

Der Anlaß
Saal- und Bühnendekorationen
Betriebsfeier: Je nach dem Programm der Feier, für das gesellige Vernügen heiter und auflockernd, für die Weihnachtsfeier entsprechend stimmungsvoll (Abb. 351).
Firmenjubiläum: Würdig, repräsentativ, die Firma und ihre wirtschaftliche Stellung charakterisierend.
Vereinsfeiern: Dem Programm der Geselligkeit gemäß, doch auch die Art des Vereins kennzeichnend. Beim Sportverein z.B. mit Bällen und Sprungseilen

Abb. 351. Bunte Blumen des Sommers, Pergola und Lampions betonen das Heitere des Sommerabends, der Bogenrhythmus der Bänder im Schmuck der Bühnenkante das Beschwingte des Tanzvergnügens

zwischen den Blumen dekorieren; beim Taubenzüchterverein Taubentransportkäfige zum Anbringen von Blumen verwenden.
Modenschau: Exklusiv, vornehm, würdig-streng, festlich glänzend oder das Experiment wagend, extravagant, ausgefallen je nach Art der vertretenen Modehäuser (Abb. 352 u. 353).
Ball: Festlich, beschwingt, heiter. Kerzen betonen den festlichen Glanz, rhythmische Anordnungen die tanzende Bewegung.
Konzertabend und Dichterlesung: Zum Galaabend, zur Festvorstellung gehört die Betonung des Festlichen, Einmaligen, ansonsten sollte der Blumenschmuck in Beziehung zum geistigen Gehalt des Vortrags stehen.
Politische Veranstaltung: Fast sachlich-schlicht, mit klaren Linien und einfacher Farbigkeit. Auf Repräsentation und Demonstration eines Bewußtseins abgestimmt.
Antrittsvorlesungen, Ausstellungen und Empfänge führen zu kleinen Dekorationen, die mehr auf die zu ehrende Person oder den zu schmückenden Raum eingehen, als es Dekorationen schlechthin tun. Dennoch sollen sie hier erwähnt werden, um mit dem Hinweis auf die vielen Anlässe zu Raumdekorationen

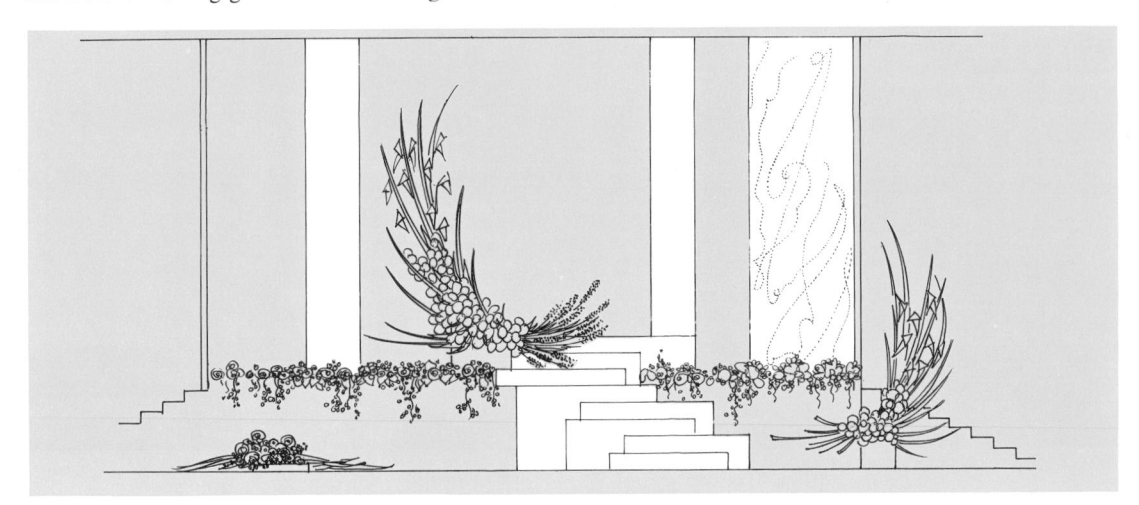

Abb. 352. Der Aufriß einer asymmetrischen Bühnendekoration für eine Modenschau. Wie wird die hier vertretene Mode wohl sein?

Abb. 353. Schaubild einer streng symmetrischen Bühnendekoration, ein würdiger Rahmen für eine exklusive Modenschau

deutlich zu machen, daß jeder Dekorationsauftrag seine besonderen Anforderungen stellt.

Kirchen-, Kapellen- und Altardekorationen

Ostern: Frühlingshaft, heiter wegen Beendigung der Passion oder würdig, feierlich wegen der Bedeutung der Auferstehung Christi.

Pfingsten: Betont heiter, prächtig, mit frühsommerlicher Blütenfülle und grünen Zweigen das Fest der Ausgießung des Heiligen Geistes feiernd.

Fronleichnam: Ein Fest der Katholiken, das mit Prozessionen in festlich geschmückten Straßen, über Blütenteppiche, vorbei an kleinen geschmückten Altarstationen auf Plätzen und mit Gottesdiensten gefeiert wird.

Erntedank: Ackerfrüchte und Herbstblumen in üppigen Anordnungen, Erntekranz und Garbenbündel, das Brot auf dem Holzbrett, geschmückt mit einem Blütenkranz und bunten Bändern, werden um den Altar aufgebaut oder auf die Altarstufen gelegt. Erinnerungen an bäuerliches Brauchtum lebt hier im Blumenschmuck weiter (Abb. 354).

Weihnachten: Die schlichte grüne Fichte mit weißen Kerzen und die vornehmlich weißen Blumen schmücken Altar und Kirchenraum.

Taufe: Festlich und heiter, mit zierlichen Blüten und lichten Farben das Kindliche der Hauptperson betonend.

Hochzeit: Feierlich oder festlich, dem Wesen der Hochzeitsleute und dem Stil der Kirche angemessen.

Aufbahrung und Trauerfeier: Von stiller Feierlichkeit in den Farben fein abgestimmt, ernst und ruhig, aber auch lichthaft und trostreich.

Gegebenheiten des Raumes

Wenn auch die Dekration den Raum in seinem Charakter grundlegend verändern kann, sind doch gewisse Bedingungen des Raumes in der Planung einer Dekoration zu berücksichtigen. Das sind die Abmessungen des Raumes, die bestimmenden Farben und die Lichtverhältnisse. Der Größe des Raumes müssen die Ausdehnungen der einzelnen Blumenschmuckteile entsprechen. Die Farben des Vorhanges oder des Wanddekors dürfen nicht mit den gewählten Blumen konkurrieren. Die Beleuchtung soll die Wirkung der Blumenfarben nicht negativ beeinflussen. Die richtige Blumenfarbenwahl und eventueller Einsatz von Punktstrahlern sind wichtig.

Weiterhin muß man Möglichkeiten zur Anbringung von hängenden Schmuckteilen kennen. Vor allem beim Raumschmuck ist es empfehlenswert, den Blumenschmuck zum großen Teil über Kopfhöhe der Menschen anzubringen. Was man hängen kann, wird auch im voll besetzten Raum immer sichtbar sein, und – was noch sehr wichtig ist – es behindert nicht.

Räume mit einem ausgeprägten Bau- oder Einrichtungsstil sollen mit Blumenschmuckteilen ausgestaltet werden, die sich farblich, formal und stilmäßig ganz den Gegebenheiten des Raumes anpassen. Vor allem in Kirchen und beim Altarschmuck muß mit den Blumengestecken auf die vorhandenen Gestaltungsformen eingegangen werden. Selbst dann gibt es noch genug Gestaltungsmöglichkeiten, auch einen dem Anlaß gemäßen Ausdruck in den Blumenschmuck zu bringen.

Daß außer dem Anlaß und den Gegebenheiten des Raumes auch Wünsche des Auftraggebers und der gewährte Preis ausschlaggebend für die Planung einer Dekoration sind, soll nicht unerwähnt bleiben.

Abb. 354. Erntedankfestschmuck in einer Kapelle. Der architektonischen Symmetrie folgt die Gestaltungsweise der Dekoration

13.3 Gesichtspunkte der Gestaltung

1. *Auswahl der dekorativen Mittel.* Ob Blumen, Zweige, Pflanzen oder dekorative Hilfsmittel gewählt werden, immer werden sie als ein dem Anlaß gemäßes Aussagemittel betrachtet. Da sie durch ihre Farben, Bewegungsformen und Charaktere wirken, entscheidet man zunächst, welche Farben, Formen und Wesenheiten angebracht sind. Erst dann stellt man die Frage: Welche Pflanzenteile haben diese Eigenschaften?

2. *Entscheidung über das raumgliedernde Ordnungsprinzip:* Ob symmetrisch oder asymmetrisch gestaltet wird, ist eine sehr wichtige Entscheidung. Bei Anlässen, in denen Ruhe, Würde, Vornehmheit, Klarheit oder Demonstration einer gesellschaftlichen bzw. wirtschaftlichen Macht zum Ausdruck kommen soll, wählt man die symmetrische Ordnung. Soll eine heitere, aufgelockerte, beschwingte, zwanglose Atmosphäre erzeugt werden, ist die Asymmetrie richtig.

3. *Welche Ordnungsarten werden gewählt und wie werden sie kombiniert?*

Hier stellt sich die Frage: Soll in Reihe oder Gruppe gestaltet werden oder sollen beide Ord-

Abb. 355. Formal-lineare Gestaltungen aus runden Dekorationsformen mit locker gestaffelten Blumengestecken stehen in einem interessanten Gegensatz zur gradlinigen Senkrechten der Blumensäulen in Formbinderei. Asymmetrische Dreiecksbeziehungen, Rangordnungen der Gruppen und Bewegungsführung der Zweige sind verbindende und blickführende Kräfte in der Gestaltung

nungsarten kombiniert werden? Wählt man die rhythmische oder stetige Reihe, die geschlossene, gleichförmige Gruppe oder die Gruppe aus ungleichen Teilen in lockerer Anordnung? Auch dabei richtet man sich nach dem Charakter der Ordnungsarten und der Frage: Kann durch die Anordnung der beabsichtigte Ausdruck der Dekoration gesteigert werden?

4. *Fragen zur Gruppierung im Raum* können lauten: Wo soll die Hauptgruppe stehen? Wie löst man die Gestaltung des Vordergrunds und Hintergrunds? Wie kann man auch die Höhe des Raumes gestalterisch erfassen? Wo muß freier Raum bleiben? Wie wählt man die Formen und Größen und wie ordnet man sie zueinander? Wie schafft man farblich, materialmäßig und bewegungsmäßig Beziehungen zwischen den Einzelteilen der Gesamtgestaltung? Ein umfangreiches Wissen der Gestaltungsgrundlagen ist wichtig neben einem feinen Einfühlungsvermögen und guter Vorstellungskraft, um all diese Fragen optimal beantworten zu können.

5. *Die Ausgestaltung der Einzelteile.* Dieses Problem muß gestalterisch, aber auch technisch gelöst werden. Gestalterisch sind die Entscheidungen wichtig, ob dekorativ oder in Formbinderei, wuchshaft oder formal-linear zusammengefügt werden soll, ob einheitlich im Stil gestaltet oder ob ein Stilkontrast eingesetzt werden soll (Abb. 355), ob hohe schlanke oder füllig runde Anordnungen entstehen sollen, ob einfarbige mit bunten Teilen abwechseln sollen usw. Technisch muß man zu Bauteilen greifen, die es erlauben, große Einheiten zu gestalten, damit sie im Raum oder auf der Bühne wirken. Entwurfsskizzen im Auf- und Grundriß (zunächst mit ganz einfachen Zeichensymbolen gearbeitet) helfen bei der Wahl der Größen und Formen, denn die maßstäbliche Zeichnung läßt erkennen, ob die Einzelteile zueinander und in den Raum passen werden (Abb. 356).

302

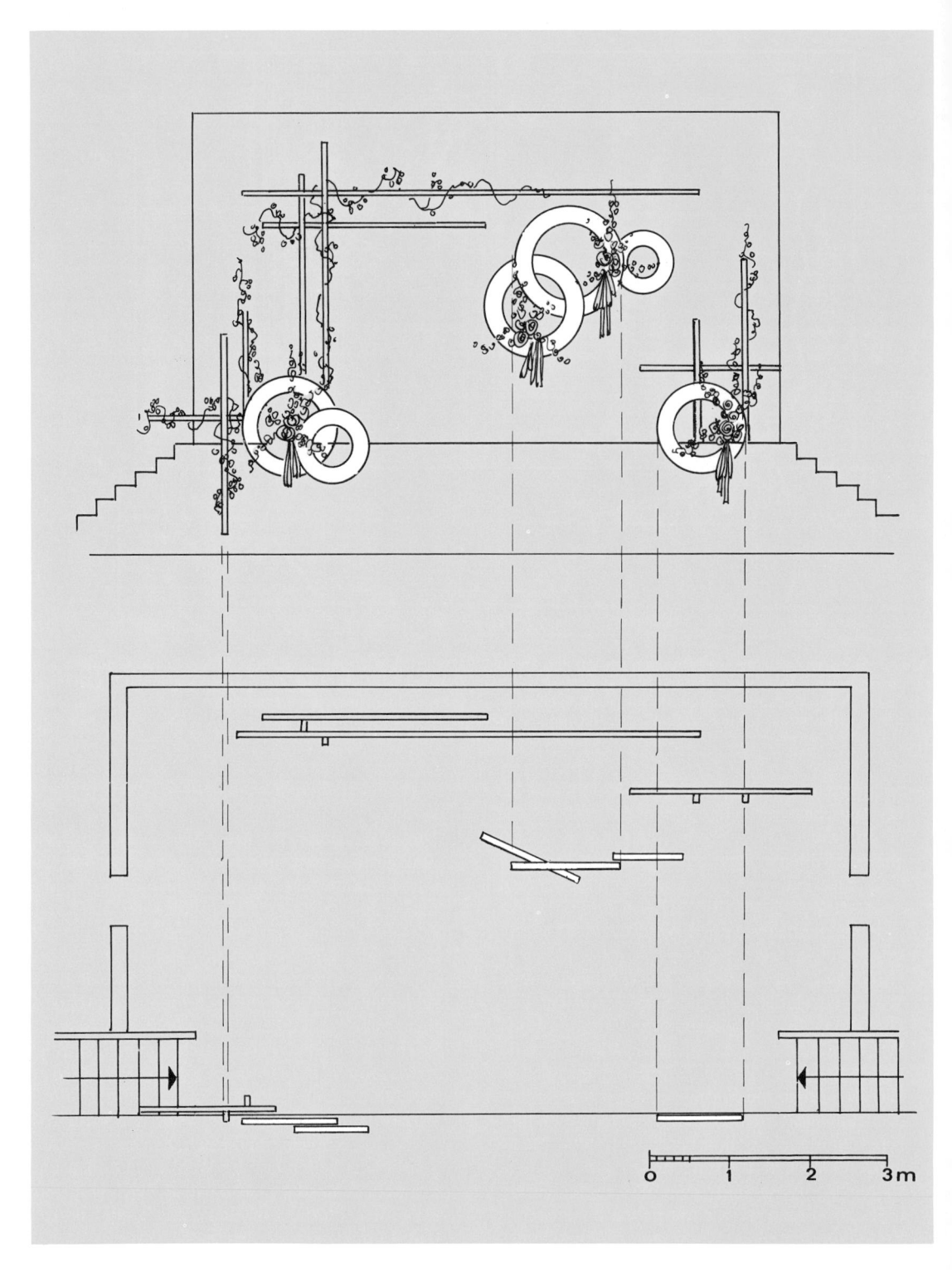

13.4 Hilfsmittel bei Dekorationen

Hilfsmittel für gestellte Dekorationsteile

Kabelrohre. In der Baustoffindustrie gibt es ein- und mehrzügige Kabelrohre aus Beton-Kunststein. Vor allem die einzügigen Rohre lassen sich sehr gut für große dekorative Blumenanordnungen verwenden. Sie sind im Querschnitt rund oder quadratisch und 80–120 cm lang. Ihr erhebliches Eigengewicht sichert einen festen Stand. Man kann Büchsen oder Grabvasen einhängen, Steckmasse mit Hilfe von Sphagnummoos, Maschendraht oder Plastikhaltern und einem in das Rohr gesteckten Stock daraufbinden oder man kann mit einer Latte oder einem Bambusstab ganze Blumenaufbauten gestalten (Abb. 357).

Ständervasen sind auf dem Bedarfsartikelmarkt erhältlich, weiß oder schwarz gestrichen, in verschiedenen Höhenabmessungen, teils auch in Höhen verstellbar (Abb. 358). Die gradwandigen, kubischen Vasenformen eignen sich nicht so gut zum Aufstecken von dekorativen Blumenarrangements wie die Becherformen. Noch besser sind die flach-runden Gefäße, da die weite Öffnung und der bauchige Hohlraum die seitliche Anordnung ausschwingender Teile begünstigt.

Ständer aus Rohr, Eisenrundstäben oder Vierkanteisen. Wer selbst schweißt oder sich nach eigenen Angaben Dekorationsständer arbeiten läßt, kann mit einfachsten Mitteln wirkungsvolle und praktische Dekorationshilfen erhalten. Mancherlei Konstruktionen sind möglich (Abb. 359). Wichtig ist in jedem Fall, daß die Ständer gut und sicher stehen und die Steckbasis sich leicht befestigen läßt. Man sollte von jeder Größe mindestens zwei Ständer haben (für symmetrische Gestaltungen) und Ständer mehrerer Höhen, etwa 1,20 m und 2,00–2,40 m. Praktisch sind Ständer, deren Höhe verstellbar ist. Dazu nimmt man zwei 1,00–1,30 m lange Rohre, die genau ineinander passen. Das dünnere, etwas länger zugeschnittene Rohr erhält alle 10 cm mitten hindurch eine Bohrung, in die ein dicker Nagel oder Eisenstift gesteckt werden kann. Je nachdem, wo man diesen Stift hindurchsteckt, bestimmt man, wie tief das dünnere Rohr in das dickere rutscht. Damit der Eisenstift auch immer zur Hand ist, kann man am unteren, dickeren Rohrstück eine Öse anschweißen, an der er angebunden

Abb. 356. Im maßstäblich exakten Auf- und Grundriß der Bühne werden mit einfachen Formen die Dekorationsteile eingezeichnet. Formkontraste, Gruppierungen und Bewegungsführungen werden gewählt, die Größen ergeben sich aus der Zeichnung

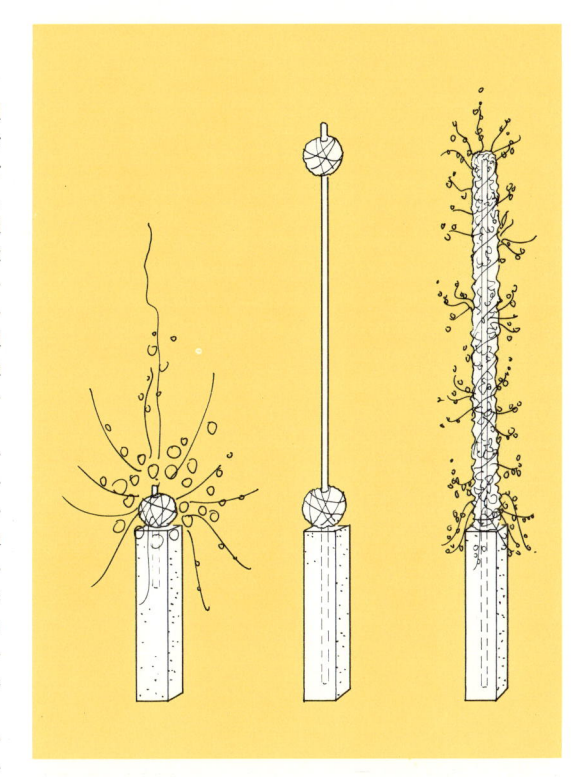

Abb. 357. Von links nach rechts: Kabelrohr mit einer Steckbasis, mit zwei Anbringungspunkten für Blumen, mit einer moosumwickelten Stange für einen Blumenstab

Abb. 358. Ständervasen

wird. Der Vorteil dieser Ständer im Vergleich zu den Ständervasen ist, daß man die Blumen und Zweige auch von unten in die Steckmasse drücken kann.

Baustahlgewebe. Man wählt feinmaschige Gewebe (etwa 40 × 40 mm bis 60 × 60 mm), damit die gebogenen, stehenden Formen (Abb. 360) nicht zu durchsichtig wirken. An den farbig passend gestrichenen Wandteilen oder Säulen kann man ein oder mehrere Gestecke anbringen. Weit ausladende Zweige lassen sich gut verankern. Man kann auch üppig blühende Topfpflanzen anhängen, so daß ganze Blumenwände oder -säulen entstehen.

Gestelle oder Pergolen aus Holzleisten oder Bambus. Mit Vierkanthölzern 3 × 4 bis 6 × 6 cm oder schmalen Brettern in passenden Längen lassen sich gut stehende Holzgerüste bauen, auf denen Kerzen und Blumengruppen festen Halt finden und wirkungsvoll herausgestellt werden können. Mit adventlichen Materialien, aber auch mit frischen Blumen können so festliche und großzügige Dekorationsteile gearbeitet werden. Auch lassen sich Pergolen in jeder beliebigen Abmessung bauen, auf denen Blumen oder Pflanzengruppen sehr dekorativ wirken. Beim Sommerball, dem Winzerfest oder der Gartenparty schaffen diese Pergolen nicht nur Platz für gut sichtbaren Blumenschmuck, sondern auch Raumgliederung für Tische und Sitzgruppen.

Dreibeine aus Astwerk lassen sich in allen Größen bauen, wobei Nebenäste, kreuz und quer verlaufend und festgenagelt, die notwendige Stabilität schaffen (Abb. 361). Diese Astgerüste lassen sich für konservative dekorative Blumengestecke einsetzen, sie sind aber auch sehr wirksam mit verschiedenen Materialien zu kombinieren, welche durch ergänzenden Kontrast und Gewichtsausgleich ihren Zusammenhang erhalten (Abb. 362).

Hilfsmittel für hängende Dekorationsteile
Knorrige Äste werden mit Kordel oder Kokosstrick an zwei oder drei Stellen angebunden und aufgehängt. Die aufgearbeiteten Blumenstücke müssen das Linienspiel des Zweiges voll zur Wirkung kommen

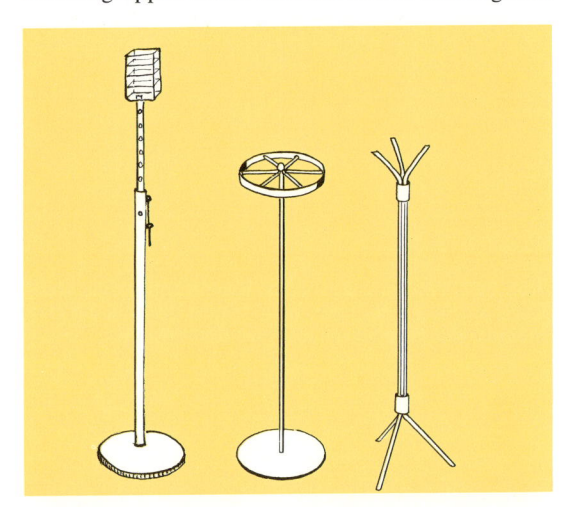

Abb. 359. (links) Dekorationsständer müssen fest stehen und eine gute Anbringungsmöglichkeit für die Steckbasis enthalten
Abb. 360. (unten links) Stehende Formen aus Baustahlgewebe gebogen, Gitterweite z. B. 50 × 50 mm
Abb. 361. (unten rechts) Aus Astwerk zusammengenageltes Dreibein als Dekoständer. Die verbindenden kleinen Äste sollten nicht rechtwinklig auf die Stützäste treffen, damit keine konstruktive, sondern eine lebendig verschlungene Wirkung erzielt wird

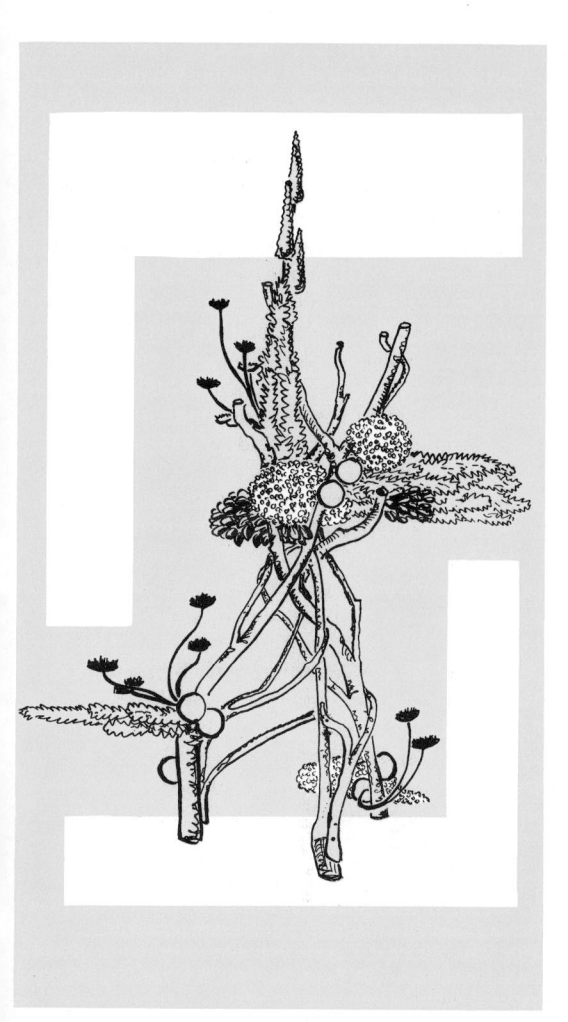

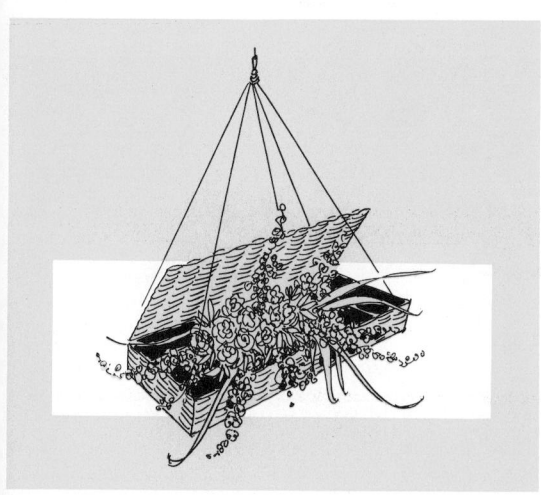

lassen, damit man die funktionelle Rolle des Astes klar erkennt. Solche Aststücke können frei im Raum hängen oder sich gegen Wände lehnen. Im letzten Fall muß für die Steckbasis ein Astteil gewählt werden, der weit genug von der Wand entfernt ist, damit diese nicht beschmutzt wird. Astpartien, die die Wand berühren, können durch aufgeklebte Styroporflecke isoliert sein.

Körbe und Korbdeckel. Nizzakörbe lassen sich zum Beispiel sehr schön für hängenden Wandschmuck verwenden. Aufgeklappt und schräg von der Wand weg geneigt, kann man jeden Korb mit Kordel oder Wickeldraht aufhängen, vorausgesetzt, es sind kräftige Haken oder Spannmöglichkeiten zu Fenster-

Abb. 362. (oben) Ein Beispiel der Gestaltung mit einem Gestell aus Astwerk, das auf formalen Kontrast und Bewegungsunterschied aufbaut. So erhält das Ganze die Ausstrahlung einer modernen, abstrakten Skulptur

Abb. 363. (unten links) Nizzakörbe und jedes andere Geflecht sind geeignete Hilfsmittel, um dekorativen Blumenschmuck aufzuhängen

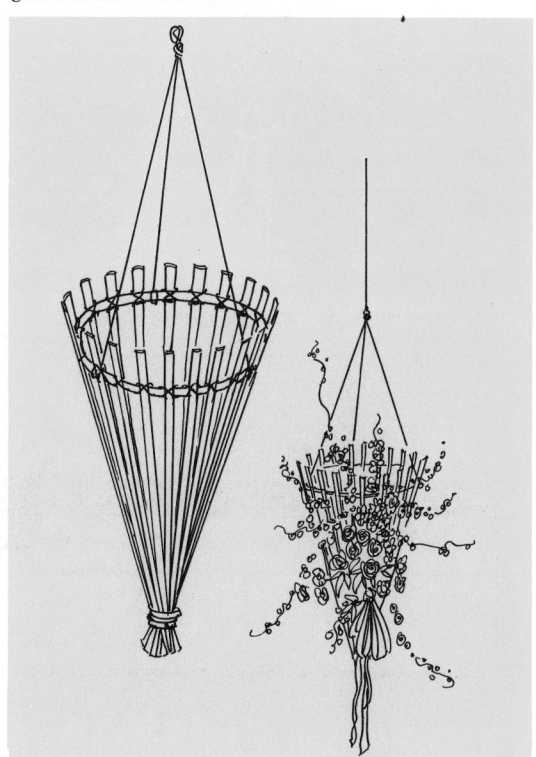

Abb. 364. (unten rechts) Ein aus Bambussplitt gefertigter Trichter, an drei Schnüren aufgehängt, natur belassen oder gestrichen, ist ein ideales Hilfsmittel zur Herstellung hängender Blumendekoration

kreuzen und anderem da. Korbboden, -deckel und -wandung lassen sich zerschneiden, so daß die Blütenstaffelungen und Zweige nach allen Seiten dekorativ gesteckt werden können (Abb. 363).

Trichter aus Stäben. Aus den gespaltenen Bambusstäben der Nizzakörbe oder Blumenstäben kann man sehr leicht Tütenformen arbeiten. Um einen Kranzreifen von 20–40 cm Durchmesser werden solche Bambussplittstäbe im Abstand von 3–5 cm festgebunden. Man nimmt erst Wickeldraht und dann abdeckenden Bast dazu. Man legt die Stäbe so an, daß sie nach einer Seite bis etwa 15 cm lang, nach der anderen aber 4–6 mal so lang überragen. Diese langen Enden werden zusammengebunden, so daß sie die Spitze des Trichters bilden. Mit drei Bändern oder Kordelenden aufgehängt, einem Steckblock im Trichter und durch die Stäbe herausschwingenden Blütenstaffelungen bildet das Ganze einen wirkungsvollen Raumschmuck, der auch im Schaufenster mit Trockenblumen oder adventlichem Material Verwendung finden kann (Abb. 364).

Kugeln aus Rundeisen oder Kranzreifen. Drei Kranzreifen werden so ineinandergeschoben, daß sie an zwei gegenüberliegenden Punkten zusammengebunden werden können. Dadurch entsteht eine transparente Kugelform. Oben mit einer Kordel aufgehängt und über dem unteren Kreuzungspunkt eine Steckbasis angebracht, ergibt dies eine leicht herstellbare Dekorationsmöglichkeit für Schnittblumen. Bänder übernehmen die weich herabfließenden Partien, Zweige können an den Bögen verankert werden, so daß eine lockere, weit ausladende Gestaltung entsteht (Abb. 365).

Strohrömer, waagerecht oder senkrecht aufgehängt, passen mit winterlichem Material nicht nur für Feste in der Advents- und Weihnachtszeit, sondern mit den entsprechenden Blumen, Farben und anderen Gestaltungsmitteln auch für andere jahreszeitliche Feste.

Hilfsmittel für die Gestaltung einer Bühnenkante

Blumenkästen. Die in einer geschlossenen oder rhythmisch unterbrochenen Reihe stehenden Blumenkästen müssen nicht nur Topfpflanzen aufnehmen. Man kann abwechselnd mit Partien von Grünpflanzen auch Kunststoffeimerchen oder Blechbüch-

Abb. 365. Drei Kranzreifen zu einer Kugel verbunden, als Dekorationsteil eines festlichen Raumschmuckes
Abb. 366. Eine auf Ziegeln liegende Stabgirlande aus Blüten oder Grün ist die Basis für diese dekorativen Gestecke an der Bühnenkante

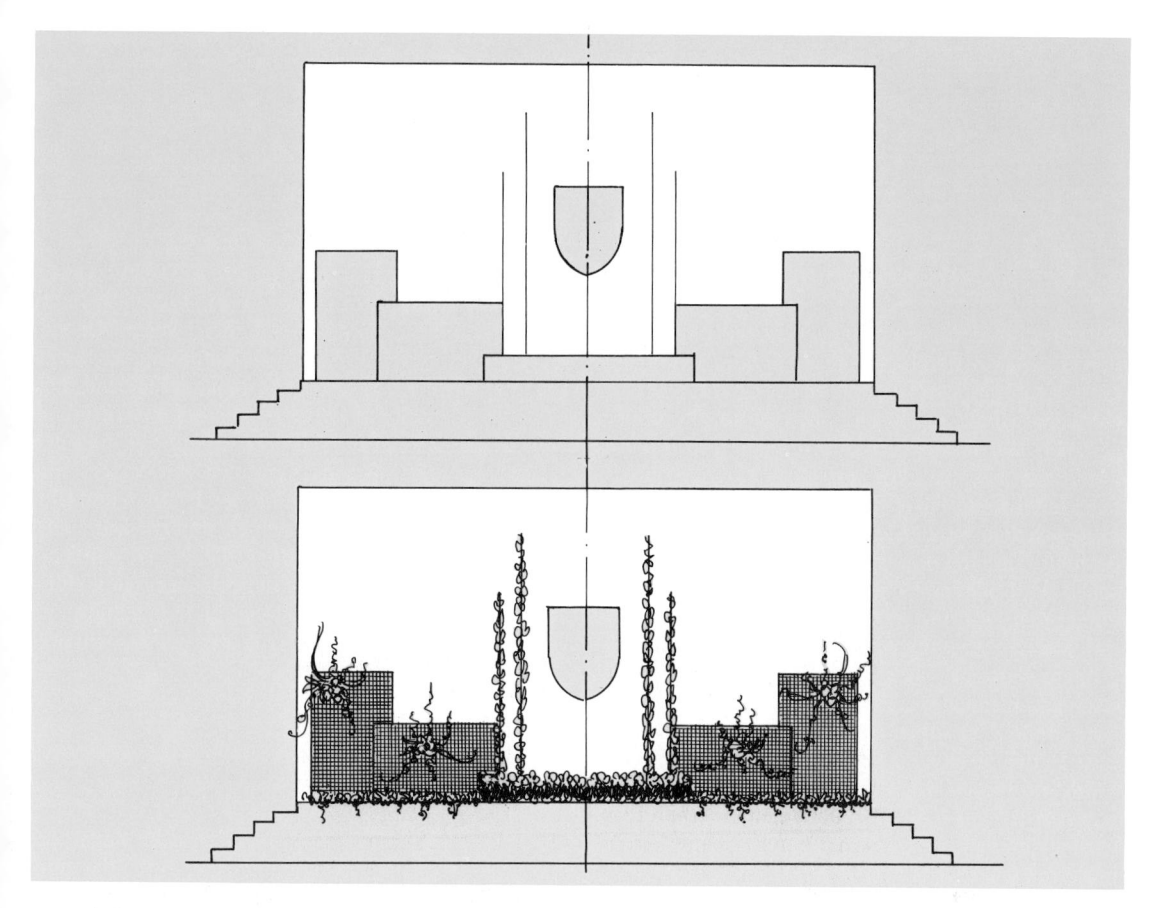

sen mit hochstehender Steckmasse einfügen, in die dekorative Blumengestecke geordnet werden.

Ziegelsteine mit aufgebundener Steckbasis. Mit Hilfe von zusammengebundenen Ziegelsteinen erreicht man erstens, daß die daraufgebundene Steckbasis etwas angehoben wird und zweitens, daß das Blumengesteck durch das Gewicht der Steine in seiner Stellung gehalten wird.

Auf eine liegende Latte gebundene Steckbasis. Für eine geschlossen verlaufende Blumenreihe kann man starke Holzleisten einsetzen. Auf eingeschlagene Nägel wird Steckmasse gedrückt oder man wickelt einen Wulst von Sphagnummoos auf. Dunkelbraune Ziegelsteine, etwa alle 2 m unter die Latte gelegt, heben diese vom Boden ab. Blüten, Zweige und Gerank können nun in geschlossenem Wulst abwechselnd mit lockeren dekorativen Teilen gesteckt werden (Abb. 366).

Nicht zuletzt wird der Preis einer solchen Dekoration mit entscheiden, zu welchen technischen Hilfsmitteln man greifen kann.

Abb. 367. Aus raumgliedernden Linien und Flächen entwickeln sich zeichnerisch die Dekorationselemente, die proportional gut in den Raum der Bühne passen

Zur Vertiefung

1. Für drei verschiedene Anlässe sind die Gestaltungsmittel für eine Raumdekoration zusammenzustellen. Nennen Sie dekorative Hilfsmittel, botanische Namen der Pflanzen, die gewählte Farbharmonie und charakterisieren Sie den beabsichtigten Stimmungsgehalt der Dekorationen.
2. Es soll mit Pergolen aus gebeizten Holzleisten dekoriert werden. Nennen Sie 3–5 Anlässe, zu denen Pergolen passen, sowie je eine Zusammenstellung der verwendbaren Blumen und Pflanzen.
3. Ein gedachter Bühnenraum ist zeichnerisch im Aufriß mit einfachen Formen und Linien symmetrisch zu gliedern. Aus diesen Linien und Formen ergeben sich Blumendekorationsteile, die in guter Beziehung zueinander und zum Raum stehen (Abb. 367).

Entwurfszeichnen

1 Wozu und wie zeichnet der Florist?

Alle hier empfohlenen Übungen haben den Zweck, den Floristen zu befähigen, seine Gedanken über eine Gestaltung mit Blumen zeichnerisch darzulegen. Er soll keine Bilder malen und auch keine fotografisch genauen Darstellungen einer geplanten Gestaltung anfertigen, auch ist kein musisches Talent erforderlich. Jeder kann ein Zeichnen erlernen, mit dessen Hilfe sich dem Kunden leicht klarmachen läßt, wie die bestellte Tischdekoration oder der Brautstrauß aussehen wird oder wie man gedenkt, den Messestand einer Auftragsfirma mit Blumen zu schmücken. In der Kundenberatung oder bei der Bemühung um größere Aufträge, wie z. B. die Einrichtung des Grünschmucks in einer Werkskantine oder die Bühnendekoration bei der Jubiläumsfeier usw., sind zeichnerische Entwürfe eine große Hilfe. Doch auch für den Floristen sind sie vorteilhaft: er kann beim Besuch von Ausstellungen oder bei der eigenen Arbeit Erinnerungsskizzen anfertigen. Er kann zeichnerisch ermitteln, wie ein Raum, z. B. das Schaufenster, aufzugliedern ist und wie die Proportionen sein müssen. Er kann verschiedene Möglichkeiten der Gestaltung eines Sargschmucks skizzenhaft darstellen und dadurch selbst neue und wirkungsvolle Kombinationen von Formteilen finden.

Um dieses Zeichnen zu erlernen, setzen wir uns nicht vor die Pflanze und versuchen, sie abzuzeichnen. Meist glaubt man wohl zu sehen, wie die Blume aussieht, doch den wenigsten würde es gelingen, das Bild mit dem Stift auf das Papier zu übertragen. Auch hat man beim vorauszuplanenden Entwurf nicht das natürliche Vorbild zur Hand. Vor allem aber fehlt in der Praxis die Zeit für kunstvolle Zeichnungen. So wird hier ganz auf das bisher in der Schule gepflegte „naturgetreue Freihandzeichnen" verzichtet.

Freilich kommen auch wir ohne Naturbeobachtung nicht aus, doch lassen wir uns nicht von den vielen Einzelformen und gewissen Äußerlichkeiten ablenken. Es geht um die Erkenntnis des Typischen. Die vereinfachte Form, die der charakteristischen Wuchsbewegung entsprechende Linienführung und das richtige Größenverhältnis sind wichtig. Dies alles zu erkennen, erfordert eine andere Betrachtungsweise, als nur das äußere Bild einer Pflanze oder Blume anzusehen. Man muß herausfinden, welche Grundformen in ihrem „Bauplan" enthalten und nach welchen Prinzipien die Teile zusammengefügt sind. Das Charakteristische in Form und Bewegung wird dann mit wenigen Strichen skizziert. Damit hat man den zeichnerischen Ausdruck gefunden, mit dessen Hilfe man auch in starker Verkleinerung Blumen und Blumenzusammenstellungen schnell und „lesbar" darstellen kann. Ein wacher Blick für das Wesentliche, Übung in der Handhabung der zeichnerischen Hilfsmittel und Freude an der bildhaften Darstellung sind die notwendigen Voraussetzungen, ein brauchbares Entwurfszeichnen zu erlernen.

2 Die Skizze

Das Wort „Skizze" bedeutet: flüchtige Aufzeichnung, in der alle wesentlichen Teile enthalten sind. Schriftlich ist die Skizze eine stichwortartige, fragmentarische Notierung, zeichnerisch eine strichhafte Andeutung des Bildes. Bei der Entwurfsskizze des Floristen kann man sagen, daß in der Art einer Bilderschrift Zeichen zusammengefügt werden. Diese Zeichen kann man „schreiben" lernen wie Buchstaben.

2.1 Hilfsmittel für das Skizzieren

Die Zeichenmittel haben einen Einfluß auf die Art und Wirkung der Zeichnung. So beginnt das Skizzieren bereits bei der Wahl der Mittel.

Zum Üben mit dem Bleistift, der Kohle oder Wachskreide, dem Filzstift oder Kugelschreiber genügt billiges *Papier*. Packpapierbögen, Zeitungspapier und jeder Schmierzettel sind dazu geeignet, Strichübungen zu machen, Zeichen auszuprobieren oder erste Ideen zu skizzieren. Gutes festes, glattes Papier in Bögen oder Blöcken ist für das Arbeiten mit der Feder notwendig, auch Schreibmaschinenpapier ist brauchbar. Für Skizzen mit dem Bleistift, der Kreide

oder dem Pinsel wählt man besser etwas rauhes Papier. Für das Kolorieren mit Wasserfarben benötigt man spezielles „Aquarellpapier", das durch die Feuchtigkeit nicht wellig wird. Planzeichnungen, die durch Pausen vervielfältigt werden sollen, werden auf transparentem Zeichenpapier gefertigt. Dieses ist in Bögen verschiedener Größen, von der Rolle und in kleineren Blattgrößen vom Abreißblock zu haben.
Bleistifte gibt es viele: harte (H, 2H, 3H usw.), mittelharte (HB) und weiche (B, 2B, 3B usw.). Zum Skizzieren bevorzugt man den weichen Bleistift, zum mittelharten greift man nur für dünne, feine, graue Striche; weiche Bleistifte geben einen dunkleren, teigigeren Strich. Der Künstlerstift (ein Minenbleistift) ist recht vorteilhaft, weil das Anspitzen wegfällt.

Auf großen Bögen kann man flüchtige Skizzen gut mit *Kreide* ausführen. Der Kreidestrich ist tiefschwarz und grob. Das Zeichnen mit Kreide verlangt Disziplin, denn allzuleicht verführt es zum Schmieren. Es gibt Kreiden mit Holzfassung, doch günstiger sind solche ohne. Man bricht ein etwa 3–4 cm langes Stückchen ab und zeichnet mit den Ecken feine Striche, mit den Längskanten ganze Flächen von tiefem Schwarz bis hellem Grau je nach Schreibdruck.

Will man eine Skizze mit Bleistift oder Kreide vor dem Verwischen schützen, muß man sie *fixieren*. Fixativ, eine Lösung von Schellack in Spiritus, ist in Flaschen erhältlich. Es wird mit einem Fixativ-Röhrchen über das Papier gesprüht. Man hält das Fixativ etwa $1/2$ m von der Skizze entfernt und bläst in das Röhrchen. Nach dem Prinzip des Parfümflakons mit Sprühdüse und Pumpbällchen verteilt man das Fixativ sehr fein. Es ist besser, mehrmals dünn zu fixieren, damit keine Tropfen oder gar Pfützen entstehen.

Das *Federzeichnen* mit Tinte oder Tusche ist schon etwas für Fortgeschrittene. Die feinen Zeichenfedern sind sehr spitz. Zeichenkulis oder Tuschefüller mit auswechselbaren Zeichenelementen empfehlen sich, wenn sie im Geschäft zum Zeichnen und Schreiben (auch mit Schablone) häufiger gebraucht werden. Für Skizzen benötigt man die Zeichenelemente 0,3 oder 0,4 mm. Für diesen Zeichenkuli ist eine Spezialtusche im Handel, die das Schreibröhrchen nicht so leicht verklebt.

Pinsel benötigen wir zum Kolorieren mit Wasserfarben. Man sollte mindestens 2 Stärken haben, einen feinen (etwa Nr. 2 oder 3) und einen stärkeren (etwa Nr. 6 oder 8). Beim Kauf ist zu beachten, daß die Pinselhaare zu einer feinen Spitze zusammenlaufen. Pinsel dürfen beim Malen nicht so stark aufgedrückt werden, daß sie auseinanderspreizen. Auch beim Säubern darf man sie nicht aufstauchen oder gar über Nacht im Wasser stehen lassen. Am besten säubert man sie gleich nach Gebrauch und verwahrt sie festgeklemmt im Tuschkasten, so daß die Pinselhaare nicht am Rand umgebogen werden. Wer viel tuscht, stellt die Pinsel mit den Borsten nach oben in ein Glas oder Töpfchen.

Zum *Radieren* benötigen wir einen weichen Bleistiftgummi. Zusätzlich kann der Knetgummi gute Dienste tun, mit dem man weichen Bleistift und Kreide erst durch Tupfen, danach durch vorsichtiges Reiben entfernt. Für Tinte und Tusche wird ein Tusch- oder Schreibmaschinengummi notwendig. Bei Planzeichnungen auf Transparentpapier nimmt man auch gern die Rasierklinge, natürlich muß man mit ihr vorsichtig umgehen und nur ganz flach abschaben, damit an der betreffenden Stelle ggf. wieder neue Tusche aufgetragen werden kann.

Abb. 368. Zeichenübung zum Erlernen der zügigen und schwungvollen Strichführung

Wasserfarben. In den allgemeinbildenden Schulen wird meist mit Deckfarben gearbeitet. Für unsere Entwürfe sind Aquarellfarben sehr gut einzusetzen. Sie wirken duftiger, leichter, und in der Mischung sind die Farbtöne klarer. Doch muß man nicht unbedingt einen Aquarellfarbkasten kaufen, wenn schon Deckfarben da sind. Nur ist zu empfehlen, mit einem 24teiligen Farbkasten zu arbeiten, in dem die 12 Farben des natürlichen Farbkreises, dazu noch einige Zwischentöne und Mischfarben 2. Grades sowie Schwarz und Weiß enthalten sind.

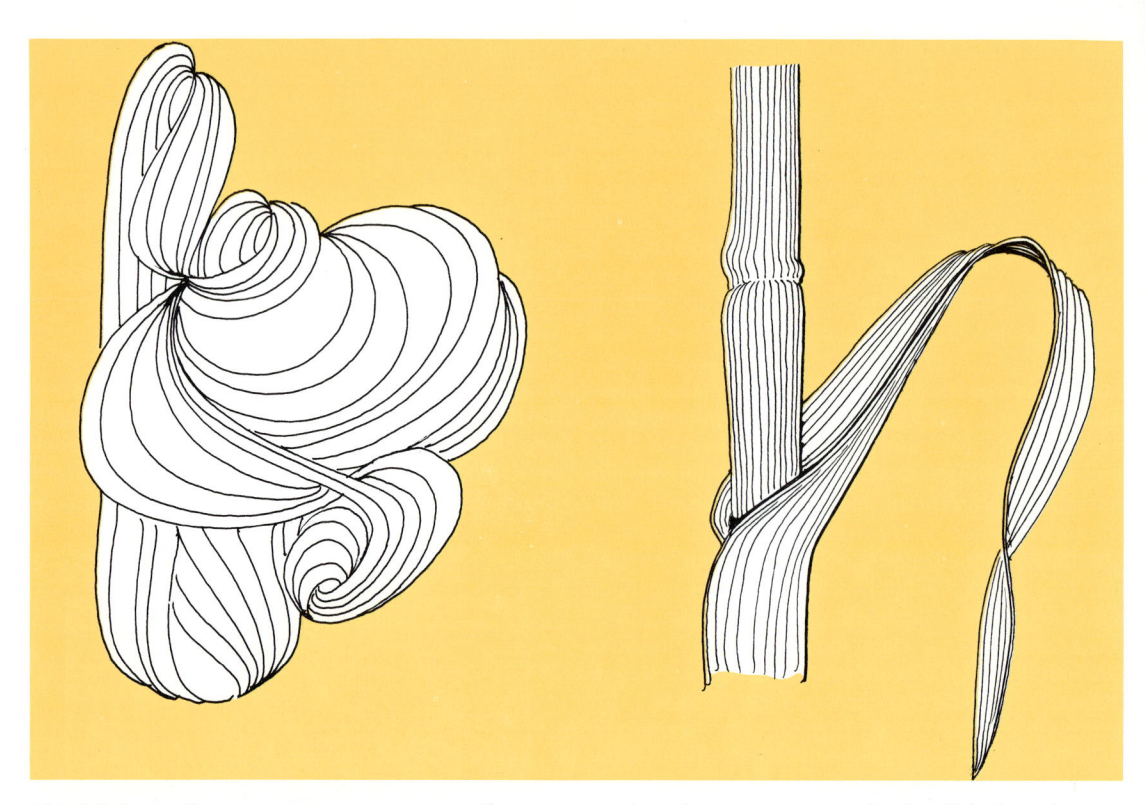

Abb. 369. Links: Überschneidungen von Linien als Übungsthema. Rechts: Die entsprechende Naturstudie, ein Stengelabschnitt vom Mais

2.2 Vorübungen für das Zeichnen

Aufgrund der Gewohnheit beim Schreiben legt man die Hand meist auch beim Zeichnen fest auf das Papier. Das ist falsch! Die Folge ist nämlich, daß ein Strich nicht zügig in einer Bewegung auf das Papier gebracht, sondern daß kleinlich gestrichelt wird. So soll zuerst einmal der fließende Strich geübt werden. Dazu setzt man sich aufrecht und frei von der Tischkante vor sein Zeichenpapier, damit der Oberkörper gute Bewegungsfreiheit hat. Der Bleistift wird normal gehalten, doch die Hand ruht nicht schwer auf dem Papier. Nur leicht sollte der kleine Finger oder die untere Handkante Kontakt aufnehmen. Das Gewicht des Armes wird vom Körper gehalten. Die Zeichenbewegungen kommen aus dem Schultergelenk heraus. Dies erprobe man, indem man über dem Papier Kreise beschreibt, ohne zunächst zu zeichnen, langsam senkt man die Hand mit dem Stift, so daß die Kreise sichtbar werden. In einem Zug soll der Kreis zu einer immer enger werdenden Spirale weitergezeichnet werden. So bedecke man das ganze Blatt Papier mit großen und kleinen, engen und weiten, kreisrunden und ovalen, konzentrischen und exzentrischen Spiralen (Abb. 368). Mit den großen Formen wird begonnen, in die Zwischenräume kommen kleinere, bis das Blatt gefüllt ist, ohne daß sich die Spiralen überschneiden. Auch bei den kleinsten Kreisen soll man die Hand locker über dem Papier halten! Eine zweite Übung fügt weich schwingende Linien zusammen. Sie sollen Verschlingungen und Überschneidungen andeuten. Man muß also auf mitlaufende Bewegungen und Weiterführung der Linien unter schon vorhandenen Formen achten. Anfang und Ende einer Linie gehen meist in schon vorhandene Linien über (Abb. 369). Diese Linienfolge entspricht dem Verlauf parallelnerviger Blätter, wie bei Gräsern und anderen Einkeimblättrigen. Maispflanzen sind dafür ideale Vorbilder, weil man an ihnen den Linienverlauf bei Verdrehungen und Verdickungen sehr schön verfolgen und studieren kann.

Abb. 370. (oben) Blattgrundformen
Abb. 371. (unten) Runde Blütenformen in stilisierter Darstellung

311

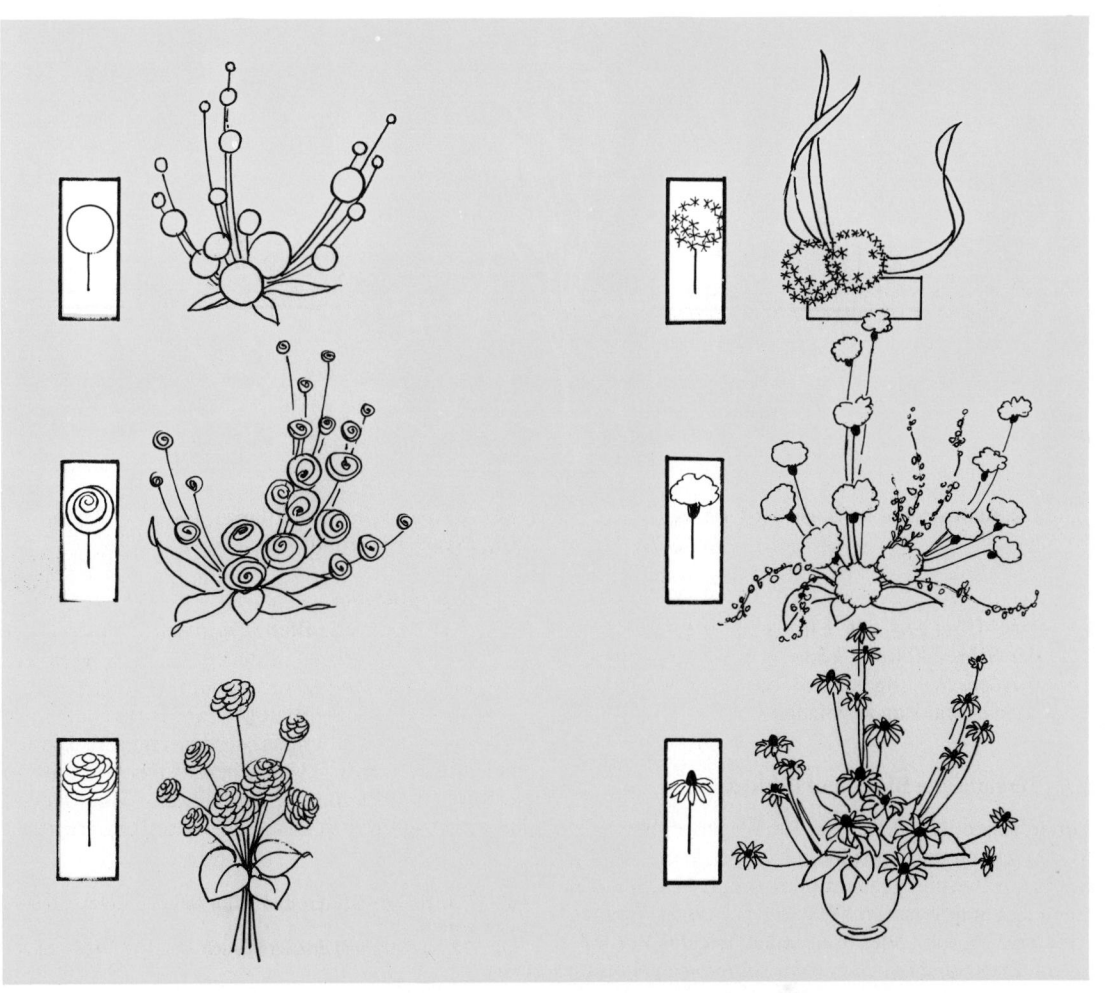

Abb. 372. Blütenstände mit länglichen Formen

2.3 Vereinfachte Blatt- und Blütenformen

Vereinfachen ist die Devise. Im Weglassen liegt die Kunst, schnell und verständlich zu zeichnen. Ob ein Blatt zum Beispiel gezähnt oder gekerbt ist, soll uns hier nicht interessieren. Wichtig ist, ob es länglich oder rund ist, spitz oder breit endet, wie das Verhältnis von Breite und Länge und wie seine ganze Haltung bzw. Bewegung an der Pflanze aussieht. Wir gehen immer von den Grundformen aus.

Blatt-Grundformen
1. Das nahezu runde Blatt *(Cýclamen pérsicum)*,
2. das längliche, breit ansetzende, spitz endende Blatt *(Anthúrium scherzeriánum)*,
3. das schmale, lange Blatt *(Íris sibírica)*.

Nach einigen Vorübungen werden mehrere Blätter einer Art gezeichnet, wobei bereits das Ordnen um einen Wuchsmittelpunkt, das teilweise Überdecken und die Bewegungen in verschiedene Raumrichtun-

Abb. 373. (oben) Blüten und Blütenstände unterschiedlicher Formen
Abb. 374. (unten) Früchte und Fruchtstände (Erklärung im Text)

Derartige Übungen zur Entkrampfung der Hand bzw. der Schreibhaltung können vielfältig weitergeführt werden. Wichtig ist, daß man lernt, so viel wie möglich in einem Zug zu zeichnen.

313

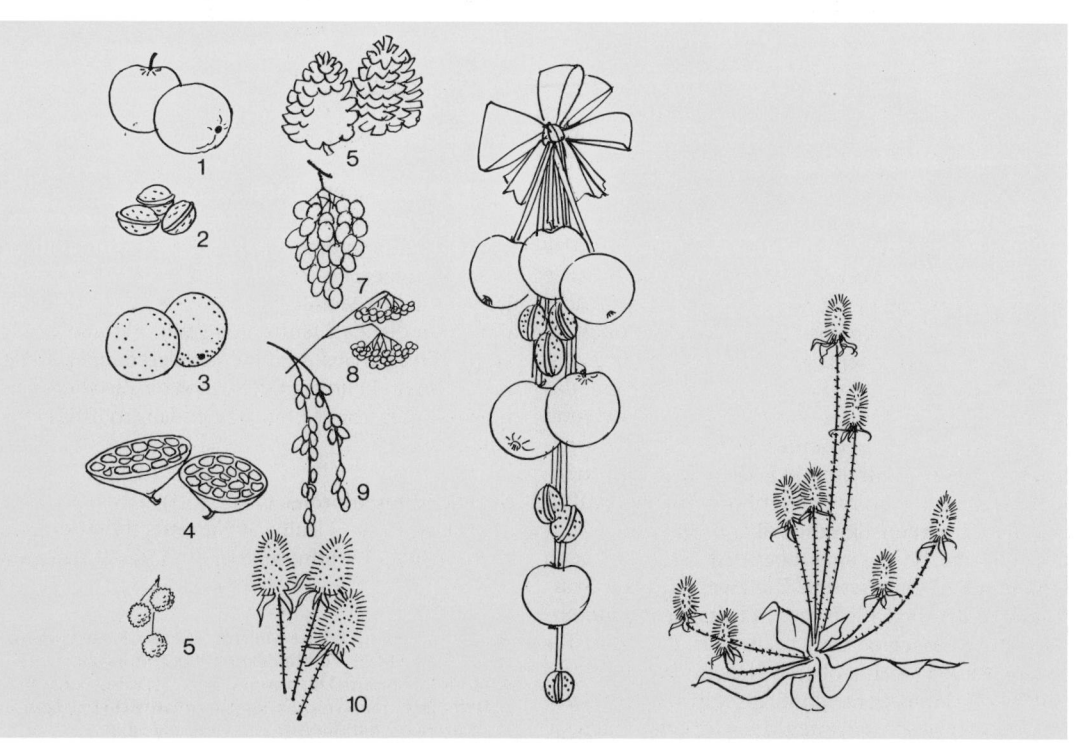

Abb. 375. Zweigformen

gen berücksichtigt werden (Abb. 370). Ähnliche Übungen entwickelt man mit anderen Blattformen.

Runde Blütenformen
Beherrscht man nach einigen Skizzierübungen das Symbol, wird es zur zeichnerischen Gestaltung eines Arrangements eingesetzt, wie Abb. 371 zeigt. Dabei ist zu beachten: Große Formen unten, kleine oben. In Staffelungen zusammenfassen. Blütenbewegung zum Himmel gerichtet. Überschneidungen machen das Räumliche sichtbar. Man zeichnet erst die Blüten und setzt dann flüchtig angedeutet, von der Blüte ausgehend zum Wuchsmittelpunkt gerichtet, den Blumenstiel an. Ein Gefäß in passender Form kann im Aufriß angedeutet werden, dies muß aber nicht sein.
Der einfache Kreis (links oben) ist für alle runden Blütenformen einzusetzen. Die zwei nächsten Symbole darunter sind für Rosen, Pfingstrosen, Ranunkeln, Chrysanthemen usw. brauchbar, das vierte für *Állium*-Blüten (rechts oben). Nelken (rechts Mitte) und Rudbeckien oder andere Korbblütler (rechts unten) sind leicht zu erkennen. Es wird empfohlen, je Symbol mehrere Gestaltungen zu entwerfen und ein bis vier Arrangements auf einen Din-A 4-Bogen zu zeichnen.
In ähnlicher Weise werden weitere Formen skizziert:

Lange Blütenstände (Abb. 372)
1 sehr universell für fast alle schlanken Blütenstände, 2 und 3 Rittersporn, 4 *Eremúrus*, 5 Schilfkolben, 6 Lampenputzergras *(Pennisétum)*, 7 *Líatris*, 8 Gladiole, 9 Ixien, 10 Mandelbaumzweig mit Blüten. Nachdem man die Zeichenformen geübt hat und Zusammenstellungen aus drei und mehreren einer Art gezeichnet hat, kann man sich schon an Zusammenstellungen einer runden und einer langen Blütenform versuchen.

Sonstige Blütenformen (Abb. 373)
1 Krokus, 2 *Íris,* 3 Tulpe, 4 Narzisse, 5 Freesie, 6 Alpenveilchen, 7 Anthurie, 8 a + b Lilie, 9 Anemone,

Abb. 376. (oben) Triebe von Ampel- oder Kletterpflanzen
Abb. 377. (Mitte) Verschiedene Pflanzenformen
Abb. 378. (unten) Das vereinfachte Umrißbild des Pflanzenteils hilft, die Gruppierungen zu entwickeln, dann erst zeichnet man charakteristische Merkmale ein

315

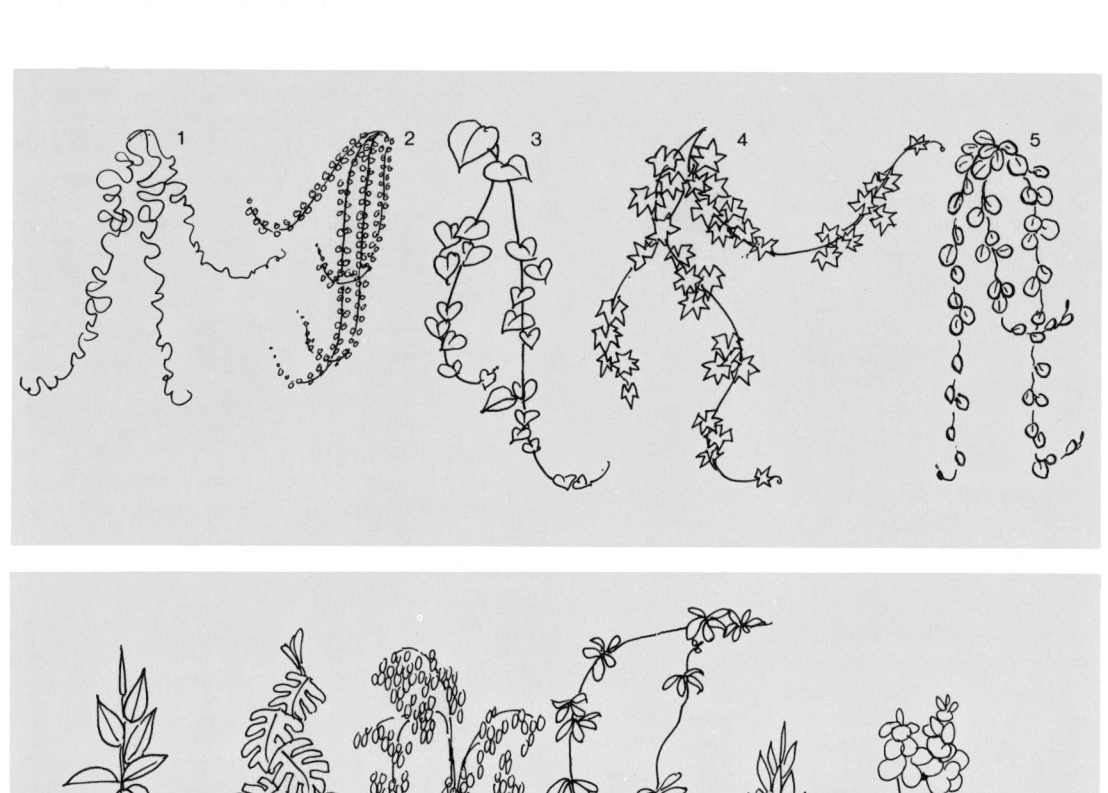

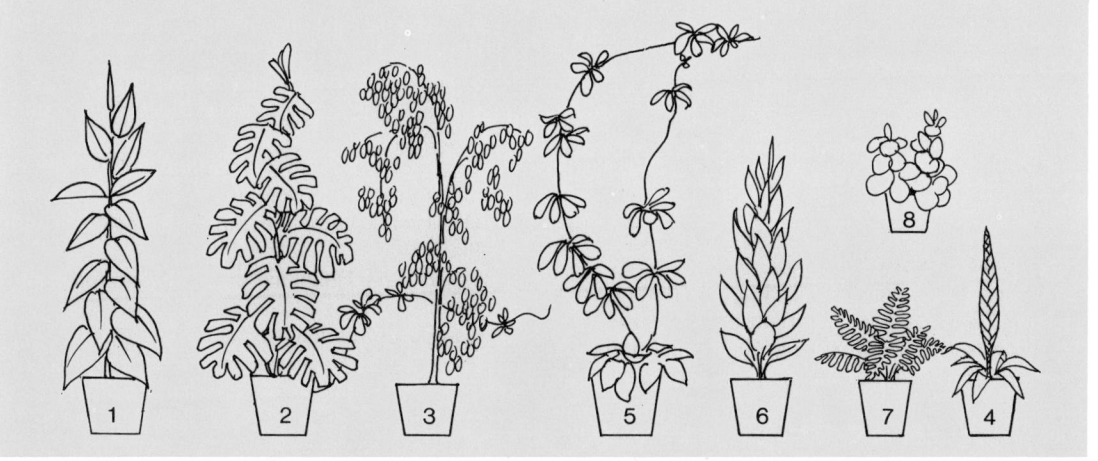

10 Orchideenblütenstand (Cymbidie) 11 Strelitzie, 12 Heliconie. Bei Zusammenstellungen kommt es darauf an, den Stielen naturgemäße Bewegungen zu geben. Nur bei der Anemone sind verschiedene Ansichten dargestellt. Im allgemeinen genügt es, eine Zeichenform zu verwenden, diese lediglich entsprechend gerichtet zu zeichnen, also nach links oder rechts und mehr oder weniger schräg angeordnet.

Fruchtformen (Abb. 374)
1 Apfel, 2 Walnuß, 3 Apfelsine, 4 Lotosfruchtkapsel, 5 Platane, 6 Kiefernzapfen, 7 Weintraube, 8 Vogelbeeren, 9 Datteln, 10 Kardendistel.

Zweigformen (Abb. 375)
1 Weidenkätzchen, 2 Erle, 3 Besenginster, 4 blühender Frühlingsginster, 5 Mistel, 6 Stechapfel, 7 Kiefer (Altersform), 8 Tanne, Fichte, Douglastanne usw., 9 blühende Zweige, z. B. Kirscharten, 10 Forsythie.
Beim Zeichnen solch kleiner Formen soll dennoch der Fluß der Zeichenbewegung nicht kleinlich unterbrochen werden. Kiefernbüschel können z. B. in einem Zug gezeichnet werden. Man muß also üben, entgegen der Schreibgewohnheit die Hand auch einmal von rechts nach links und von oben nach unten zu führen.

Hängende Formen (Abb. 376)
1 für kleine Zeichnungen, flüchtige Andeutung der meisten Triebe von Ampelpflanzen, 2 *Colúmnea*, – Immergrün *(Vínca mínor)* in strafferer Haltung auch *Lonicéra*-Zweige, 3 *Rhaphidóphora*, 4 Efeu, 5 *Fícus répens*.
Man zeichnet nicht, wie die Blätter gestielt und angewachsen sind. Man setzt sie teils über, teils neben die flüchtig vorskizzierte Bewegungslinie. Wie beim Arrangieren vermeidet man auch hier alle Regelmäßigkeit, wo sie nicht zur Charakterisierung notwendig ist (wie bei 2); man zeichnet also verschieden große Blattgruppen in unterschiedlichen Abständen.

Habitusformen (Abb. 377)
Nachdem bisher nur Pflanzenteile gezeichnet worden sind, soll nun die gesamte äußere Erscheinung (= Habitus) der Pflanze dargestellt werden.
1 Gummibaum *(Fícus elástica)*, 2 Fensterblatt *(Mónstera deliciósa)*, 3 *Fícus benjamína*, 4 *Vr̃iesea spléndens*, 5 *Tetrástigma voinieriánum*, 6 *Cordýline rúbra*, 7 Farnarten, 8 *Peperómia argyre͞ia*.
Es ist leichter, bei Blättern erst die Mittelrippe zu skizzieren und dann den Blattrand zu zeichnen; so erreicht man bewegungsmäßig die richtige Stellung des Blattes. Werden Blätter durch die natürliche Haltung von anderen überdeckt, beginnt man immer dort zu zeichnen, so das Blatt ganz zu sehen ist. Beim Entwerfen sollte man ein bestimmtes Arrangement zunächst stark vereinfacht und mit sehr leichtem Strich skizzieren, dann erst bildet man die Formen spezifischer aus (Abb. 378). So erkennt man auch, daß es leicht ist, eine Anordnung und Gruppierung erst einmal mit einfachsten Umrißformen aufzubauen und dann genauer auszuzeichnen.

Zur Vertiefung
Aus den gegebenen oder selbst gefundenen Zeichensymbolen sind Zusammenstellungen zu entwerfen.
1. Es sollen rhythmische Blumenreihen gezeichnet werden:
 a) aus einer Blumenart und dem passenden Blatt,
 b) aus zwei verschiedenen Blumenarten,
 c) aus drei verschiedenen Blumenarten und Blättern.
2. Es sollen wuchshafte Anordnungen in flachen Gefäßen entworfen werden:
 a) aus einer Blumenart, passenden Zweigen und Blättern,
 b) aus zwei Blumenarten, Zweigen und Blättern,
 c) aus drei Blumenarten und Blättern.
3. Es sollen Dekorationsteile für einen größeren Raumschmuck gezeichnet werden:
 a) Ständervasen, gefüllt mit Gladiolen, Dahlien, Blättern und Gerank,
 b) große, kerzenbesetzte Leuchter mit Lilien, Nelken, Blättern und Zweigen,
 c) hängende Kranzreifenkugeln mit Chrysanthemen, Vogelbeerzweigen und Äpfeln.
4. Leisten und Kugeln sollen mit graphischen Formen zusammen zu verschiedenen formal-linearen Kompositionen verbunden werden (ohne Perspektive).

2.4 Das Kolorieren mit Wasserfarben

Anschauliche und besonders gut „lesbare" Entwürfe entstehen, wenn die Zeichentechnik mit der Maltechnik kombiniert wird. Es wird zunächst eine Bleistiftskizze gemacht, die man mit dünner Zeichenfeder und Tusche oder mit dem Zeichenkuli nachzeichnet.

Dabei wird nicht alles kleinlich und peinlich genau dargestellt, sondern vieles nur flüchtig angedeutet: der Blumenstiel braucht nur zum Teil skizziert, das Blatt oder die Blüte nicht im vollen Umriß gezeichnet zu sein. Ist die Zeichentusche trocken, radiert man die Bleistiftstriche mit einem weichen Radiergummi vorsichtig aus. Dann wird koloriert. Die Farben in den Tuschnäpfchen bestehen aus pulverförmigen Farbstoffen und wasserlöslichen Bindemitteln. Nach Auftupfen oder Aufstreichen der Farbe mit dem feuchten Pinsel wird der Leim wieder trocken und klebt die Farbkörnchen am Papier fest. Die benutzte Farbe im Tuschnäpfchen trocknet man mit einem saugfähigen Läppchen oder Zellstofftaschentuch wieder aus, damit kein Wasser stehen bleibt, das den Leim auslaugt und die Farbe im Näpfchen rissig und allzu hart macht. Sollen Farbtöne gemischt werden, geschieht das in den Schalen im Deckel des Tuschkastens, nicht im Farbnäpfchen, damit die Farben rein bleiben.

Folgende Koloriertechnik führt zu guten Farbwirkungen und nicht zu ausgemalten oder angestrichenen Darstellungen: Man tupft zunächst mit dem feuchten Pinsel klares Wasser nur auf diejenigen Stellen des Papiers, die einen bestimmten Farbton bekommen, so daß sie feucht, aber nicht naß werden. Dabei sind die Grenzen der Formen genau zu beachten. Nun nimmt man die gewünschte Farbe in den Pinsel und tupft sie auf die angefeuchteten Stellen. Dort, wo man die Farbe intensiver und dunkler haben möchte, trägt man noch einmal Farbe vom gleichen oder leicht veränderten Farbton auf. So gibt es interessante Hell-Dunkel-Wirkungen. Man kann in die feuchte Fläche mit dem Pinsel auch charakteristische Linien für das Blatt oder die Blüte zeichnen, ohne daß diese als harte Striche wirken.

Setzt man neben eine kolorierte Fläche eine andere Farbe, dürfen sich diese nur berühren, wenn die erste Farbe ganz trocken geworden ist, sonst laufen die Farben ineinander und geben häßliche Flecke. Dasselbe gilt, wenn man über eine aufgetragene Farbe eine andere malen will. Streicht man mit Farbe gegen schon trockene Farbflächen, können sich unerwünschte dunkle Striche an den Berührungsstellen bilden, die man nur schwer wieder mit Wasser abtupfen kann. Noch feuchte Farbe läßt sich zum großen Teil mit Zellstoff wegnehmen, der immer zur Hand sein sollte.

Sollen größere Flächen getönt werden, wird wieder erst die ganze Fläche mit reinem Wasser angefeuchtet. Dann trägt man von oben nach unten, systematisch den Pinsel zügig hin und her führend, die Farbe auf das feuchte Papier auf. Wenn man durch den Farbauftrag die Pinselführung verfolgen kann, soll man nicht kreuz und quer malen. Auch darf man nicht wieder in die schon aufgetragene Farbe hineinpinseln, sonst entstehen unschöne Farbwolken.

Vor allem beim Arbeiten mit Aquarellfarben bietet es sich an, hier und dort Stellen wie schmale Grenzpartien zwischen zwei Farben unbemalt, also weiß, zu lassen. Auch werden die Farben nicht intensiv aufgetragen. So erzielt man eine duftige Wirkung, in der die Farben genau wie die Formen angedeutet erscheinen, also entsprechend der Verkleinerung die Farbkraft (im Vergleich zur wirklichen Farbigkeit) der Blüten vermindert wird. Die Zeichnung will ja die Wirklichkeit nicht wiedergeben, sondern sie nur beschreiben. Wenn man sich das klarmacht, wird man die Technik leichter erfassen und bald schöne gezeichnete oder farbige Skizzen anfertigen können.

3 Die Planzeichnung

3.1 Die Parallelprojektion

Will sich der Florist zum Beispiel ein Regal bauen lassen und muß er dem Tischler eine Konstruktionszeichnung geben, soll eine Bühnendekoration entworfen und die gestalterischen Einzelheiten auf einer Zeichnung genau fixiert werden oder wird für die Neugestaltung des Schaufensters eine Arbeitszeichnung gefertigt, so müssen immer die Maßverhältnisse der Gegenstände und ihre Anordnung im Raum genau ablesbar sein. Es muß ein Plan vorliegen, in dem keine Perspektive die Größen verzerrt, d. h., die Körper müssen auf die Ebene projiziert sein. Der Raum hat drei Dimensionen, die Fläche des Zeichenpapiers aber nur zwei. Man kann also auf einer Zeichnung nicht alle drei Raumrichtungen eines Körpers oder Raumes erfassen. Man braucht mindestens zwei Zeichnungen zur Darstellung des Körpers. Jede einzelne Zeichnung zeigt den Gegenstand oder den Raum nicht wie man ihn sieht, denn dann käme es zu Verzerrungen. Man zeichnet so, als ob der Gegenstand von senkrechten und parallel laufenden Strahlen auf der Zeichenebene abgebildet wird wie ein Schattenriß. Deshalb nennt man diese – für uns wichtigste – Art der Planzeichnung *Parallelprojektion.*

Zeichnet man zur Darstellung eines Gegenstands drei Ansichten, muß man drei Projektionen durchführen; eine von vorn, eine von oben und eine von der Seite. Deshalb spricht man auch von der *Dreitafelprojektion.* Die Abb. 379 zeigt Dreitafelprojektionen von geometrischen Körpern oben im perspektivischen

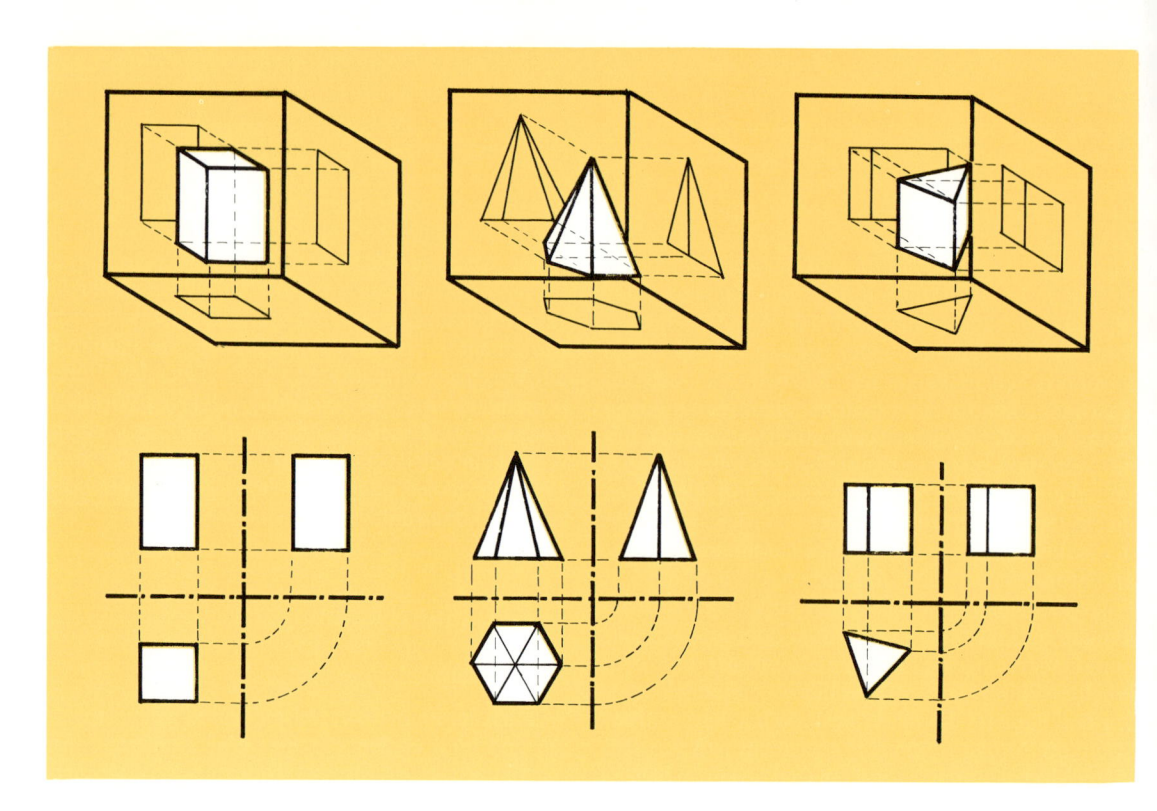

Abb. 379. Dreitafelprojektionen, oben im perspektivischen Schaubild, unten auf der Zeichenebene

Schaubild, darunter in der Plandarstellung, die entsteht, wenn man sich die drei Projektionsebenen auf die Fläche des Papiers geklappt denkt. Die drei Ansichten führen zu drei Zeichnungen, die als Aufriß, Grundriß und Seitenriß bezeichnet werden.

Der *Aufriß* ist die Projektion der Hauptansicht, also meist die Vorderansicht des stehenden Gegenstands oder des Raumes. Dabei werden die Breiten- und Höhenmaße bzw. die Seitenverschiebungen und Höhenstellungen der Objekte im Raum festgehalten.

Der *Grundriß* ist die Projektion eines Gegenstands oder des Raumes auf die Grundrißebene. Die Sicht fällt von oben auf den Gegenstand; deshalb spricht man auch von der Draufsicht. Im Grundriß können wir die Breiten- und Tiefenmaße ablesen. Somit haben wir durch den Aufriß und Grundriß bereits alle Maße des Raumes, nämlich Breite und Höhe im Aufriß und Breite und Tiefe im Grundriß. Natürlich müssen die seitlichen Ausdehnungen im Aufriß und Grundriß übereinstimmen (Abb. 380).

Der *Seitenriß* ist in unseren Entwürfen meist entbehrlich. Er entsteht durch die Seitenansicht. In ihm sind Tiefenstaffelungen bzw. die Raumtiefe des Objekts und Höhenstellungen bzw. die Höhenausdehnungen abzulesen. Man zeichnet den Grundriß im allgemeinen unter den Aufriß. Bei Zeichnungen auf getrennten Zeichenblättern empfiehlt sich zumindest für den Grundriß die Verwendung von Transparentpapier, weil man dann die gemeinsamen Maße, die der Breiten und seitlichen Verschiebungen, leicht vergleichen und angleichen kann. Es ist vorteilhaft, beide Ansichten zugleich zu entwickeln. Abb. 381 zeigt, wie sich bei nicht rechtwinkliger Stellung der Objekte zur Zeichenebene die Kanten und Flächen verkürzen. Man kann den Gegenstand im Grundriß in seinen Maßen exakt zeichnen, dann erst die Breitenausdehnungen in den Aufriß übertragen. Abb. 382 zeigt Aufriß und Grundriß eines Adventskranzes am Tischständer. Die Kanten des Ständerfußes, der Verlauf der Bänder und der Standort der Kerzen müssen zuerst im Grundriß eingetragen werden.

3.2 Maßstäbe und Darstellung von Linien

In der Zeichnung wird selten etwas in den natürlichen Maßen dargestellt, meistens wird verkleinert. Das

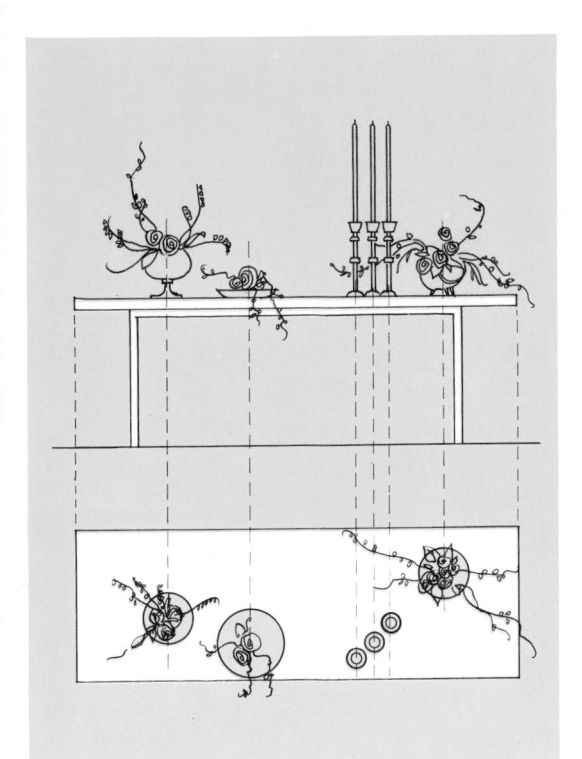

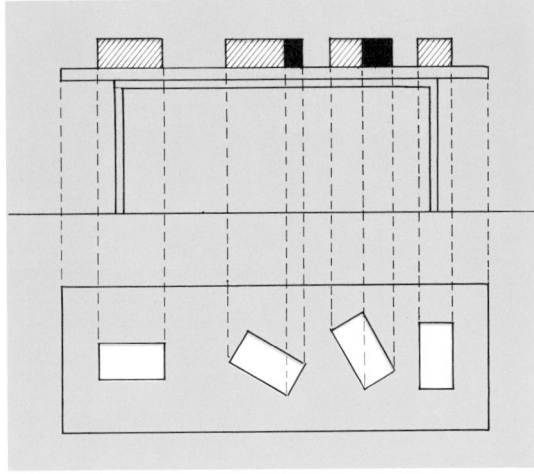

Abb. 380. (oben links) Ein bestellter Tisch im Aufriß und Grundriß. Die Breitenmaße der Objekte und die seitlichen Verschiebungen müssen in beiden Zeichnungen gleich sein
Abb. 381. (oben rechts) Der Grundriß (unten) zeigt immer die genauen Abmessungen der Breite und Länge. Beim Aufriß kann es optische Verkürzungen geben
Abb. 382. (unten) Aufriß und Grundriß müssen gleichzeitig entwickelt werden

heißt, die wirklichen Maße werden alle gleichermaßen durch eine Zahl geteilt. Man braucht dann die Maße der Zeichnung nur wieder mit dieser Zahl zu multiplizieren, und man kennt die wirklichen Maße. Man nennt dies „maßstäblich" zeichnen. Wählt man den Maßstab 1:2, so heißt das: 1 m des Gegenstandes oder Raumes wird durch 2 geteilt. Das Ergebnis ist die gezeichnete Länge. Die Zeichnung zeigt das Objekt also nur in halber Größe. Die Maße der Zeichnung müssen wieder mit 2 multipliziert werden, um zum richtigen Maß des Gegenstandes zu kommen. M = 1:1 oder M = 1:2 werden nur für sehr kleine Objekte oder für Detailpläne verwendet. M = 1:5 bedeutet: 1 m in Natur sind 0,20 m in der Zeichnung bzw. 1 cm der Zeichnung sind 5 cm in Natur. Diesen Maßstab verwenden wir evtl. für Entwürfe einzelner Arrangements, Tischdekorationen, Vitrinendekorationen und ähnlicher Arbeiten. M = 1:10 und M = 1:20 werden für Entwürfe von Schaufenstergestaltungen, Bühnendekorationen, Gestaltungen von Messeständen oder Gestaltung eines Themas für eine Blumenschau oder Floristmeisterprüfung usw. benutzt. M = 1:25 und M = 1:50 sind Maßstäbe, die schon recht erheblich verkleinern und deshalb für größere Gestaltungsaufträge eingesetzt werden. M =

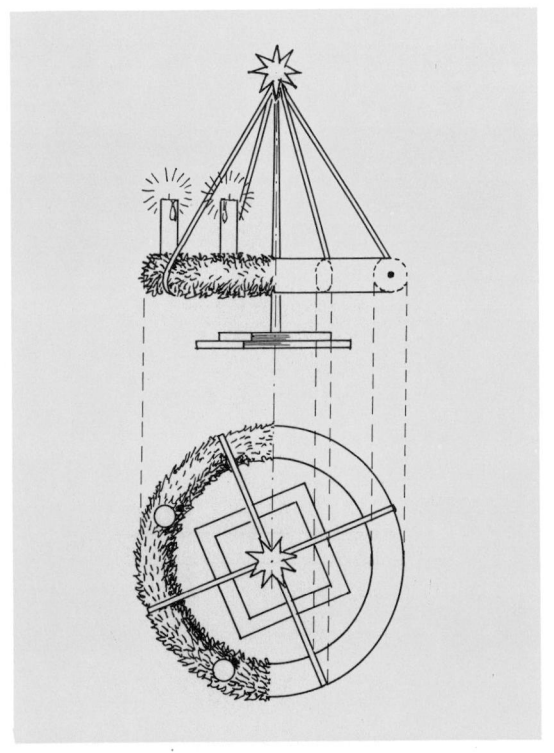

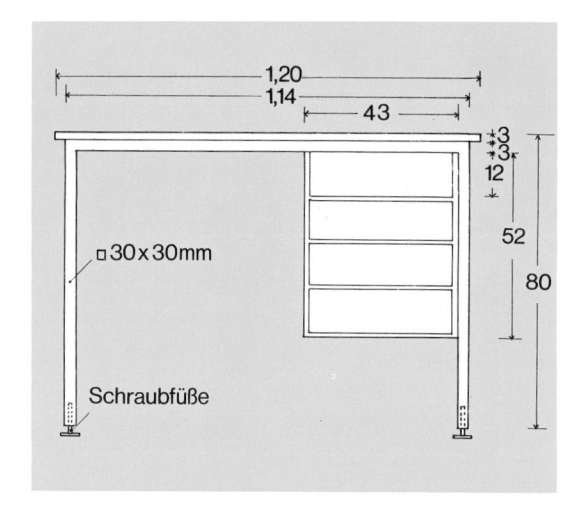

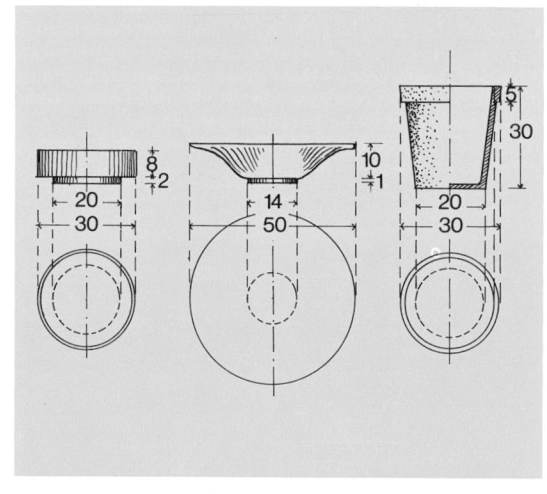

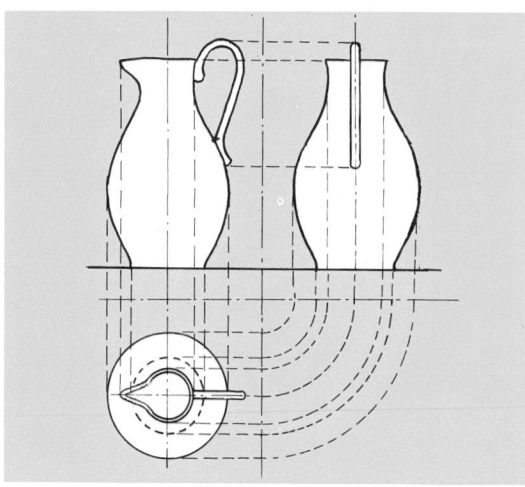

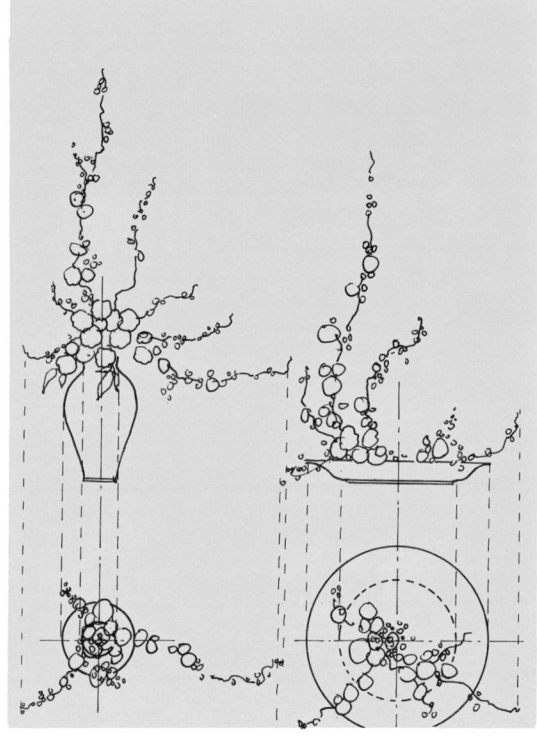

Abb. 383. (oben links) Aufriß eines Arbeitstisches als Werkskizze mit Maßbezeichnungen
Abb. 384. (Mitte links) Auf- und Grundrisse von Gefäßen
Abb. 385. (unten links) Im Seitenriß müssen die Höhenmaße mit dem Aufriß und die Breitenmaße mit dem Grundriß übereinstimmen
Abb. 386. (oben rechts) Auf- und Grundriß werden genau untereinander gezeichnet

1 : 100 ist ein sehr leicht umzurechnender Maßstab, er wird für größere Grundrißpläne, z.B. von Hallenschauen, Gartenanlagen usw. bevorzugt.
Wenn man maßstäblich genau zeichnet, braucht man in der Zeichnung keine Maße anzugeben. Man kann sie mit Hilfe des Lineals ablesen und umrechnen. Natürlich darf man nie vergessen, den verwendeten Maßstab in der Zeichnung zu vermerken. Will man jedoch eine technische Skizze anfertigen, die noch nicht maßstäblich genau ist, so sind alle Einzelmaße einzutragen.
Damit die Zeichnung gut lesbar wird, benutzt man je nach Bedeutung der Linien unterschiedliche Darstellungsarten. Die dicke zusammenhängende Linie, sogenannte Vollinie, bezeichnet die sichtbaren Kanten der Gegenstände oder Räume. Unsichtbare Kanten werden durch gleichmäßig unterbrochene Linien, sogenannte Strichlinien, dargestellt. Eine sehr dünne

Linie aus Strichen und Punkten im Wechsel kennzeichnet Mittelachsen; Anfang und Ende dieser Linie sollen immer aus einem Strich bestehen. Wenn sich Mittellinien kreuzen, müssen sich zwei Striche schneiden, damit man den Mittelpunkt eindeutig ablesen kann. Sehr feine Vollinien werden als Maß- und Maßhilfslinien neben die dicken Vollinien gesetzt. Die Maßlinien schließen mit schlanken Pfeilen ab, die gegen die Maßhilfslinien stoßen. Die Maßzahlen stehen gut lesbar in Lücken der Maßlinien (Abb. 383).

Zur Vertiefung
1. Parallelprojektionen von Gefäßen: Schalen und Vasen sind mit Auf- und Grundriß ausreichend dargestellt; Krüge dagegen können auch mit dem Seitenriß gezeichnet werden. Gefäße aus den Ausbildungsbetrieben sollen ausgemessen und maßstabgerecht gezeichnet werden (Abb. 384 und 385).
2. Skizzieren Sie Arrangements verschiedenen Typs in Vasen oder Schalen im Auf- und Grundriß (Abb. 386).
3. Zeichnen Sie eine Pflanzenwanne mit einem Unterbau, evtl. auch mit Rollen versehen, in Dreitafelprojektion (Abb. 387).
4. Ein Hängeregal mit einer Holzmatte als rückwärtige Blende ist ein wirkungsvoller Objektträger für das Schaufenster. Wir zeichnen es im Auf- und Seitenriß (Abb. 388). Die Darstellung anderer Dekorationshilfen kann sich anschließen.
5. Ein Holzrahmen 1 m × 1,40 m × 0,30 m wird in verschiedener Weise untergliedert, z.B. mit Leisten und Brettern oder hängend befestigten Glasscheiben. Er dient für die Schaufensterdekoration und stellt sozusagen das kleine Schaufenster im großen dar. Verschiedene Lösungen der Flächengliederung und der Dekoration sind zeichnerisch zu suchen. Der Aufriß genügt bei dieser geringen Raumtiefe (Abb. 389).
6. Zeichnen Sie angeführte Maßstabverhältnisse als Linearmaßstäbe.
7. Zeichnen Sie den Aufriß eines Arbeitstisches aus Ihrem Ausbildungsbetrieb.
8. Fertigen Sie eine Grundrißskizze Ihres Ausbildungsbetriebs an und übertragen Sie diese in dem dafür geeigneten Maßstab auf ein DIN-A 4-Zeichenblatt.

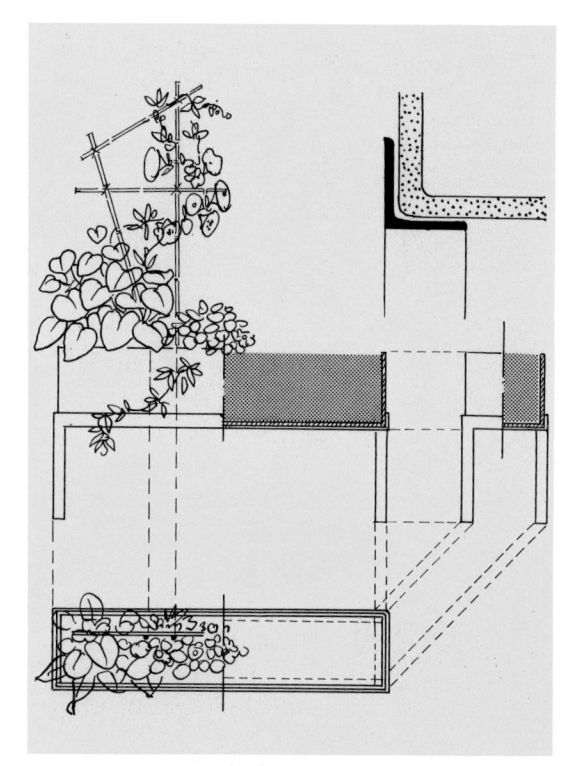

Abb. 387. Dieses Pflanzenbecken ist teils bepflanzt gezeichnet, teils als Bauzeichnung mit Längs- und Querschnitt

Abb. 388. Eine Konstruktionsmöglichkeit des in Aufgabe 4 genannten Hängeregals

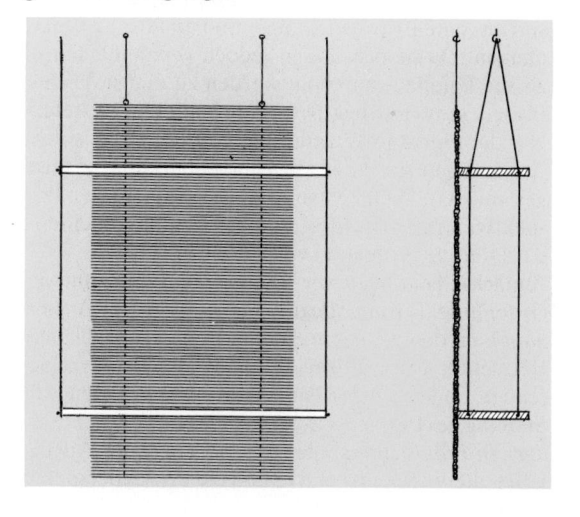

Abb. 389. Beispiel für die Lösung der Aufgabe 5, die Ausgestaltung einer Schauvitrine

4 Das perspektivische Schaubild

Eine Zeichnung, die der natürlichen Raumsicht entspricht, enthält größenmäßige und andere Verzeichnungen. Da sie dem Laien jedoch verständlicher ist als die Parallelprojektion, werden zu maßstäblichen Plänen gern perspektivische Schaubilder geliefert. Nur der Florist in leitender Stellung wird evtl. solche Zeichnungen zur besseren Kundenberatung anfertigen müssen. Dennoch soll hier das Prinzip der Perspektive erklärt werden, zumal es zum Verständnis der Dreitafelprojektion vorteilhaft ist.

Zunächst benötigen wir einen Standpunkt auf der *Grundlinie*. Darüber liegt in Augenhöhe der *Augenpunkt* auf dem *Horizont*. In ihm treffen sich alle vom Betrachter aus rechtwinklig in die Bildebene verlaufenden Linien. Dieser Augenpunkt kennzeichnet die Stellung des Betrachters. Abb 390 zeigt drei *Perspektiven in Frontstellung*, die Sicht bei normaler Augenhöhe, die Vogelperspektive und die Froschperspektive. Wir erkennen deutlich, daß alle Punkte über dem Horizont durch fallende und alle unter dem Horizont durch steigende Linien gekennzeichnet sind. Zeichnet man Gefäße auf Regalen stehend, kann man in die Öffnung hineinsehen, wenn sie unter Augenhöhe stehen. Je tiefer das Gefäß steht, um so runder weitet sich die Öffnung. Bei der Anordnung in Augenhöhe sieht man die Fläche der Öffnung gar nicht; man sieht die Gefäßkante als geraden Strich, wie sie bei der Parallelprojektion im Aufriß dargestellt wird, da die Augenstellung in etwa den Projektionsstrahlen entspricht. Bei Stellung über Augenhöhe scheint sich der Rand hochzuwölben. (Abb. 391)

Nimmt man sich einmal eine Ansichtskarte vor, die ein Gebäude in Übereckstellung zeigt, und verbindet alle gleich hohen Punkte mit Linien, so wird man feststellen, daß sich diese Linien in zwei Punkten, möglicherweise weit außerhalb der Karte, treffen. Es sind die sogenannten *Fluchtpunkte*. Sie liegen auf dem Horizont (Abb. 392 und 393). Dies geschieht, weil die Dinge, je weiter weg sie liegen, kleiner erscheinen. Das ist auch der Grund, weshalb aus einer perspektivischen Darstellung keine exakten Maße abzulesen sind, es sei denn, man vollzieht umständliche Manipulationen.

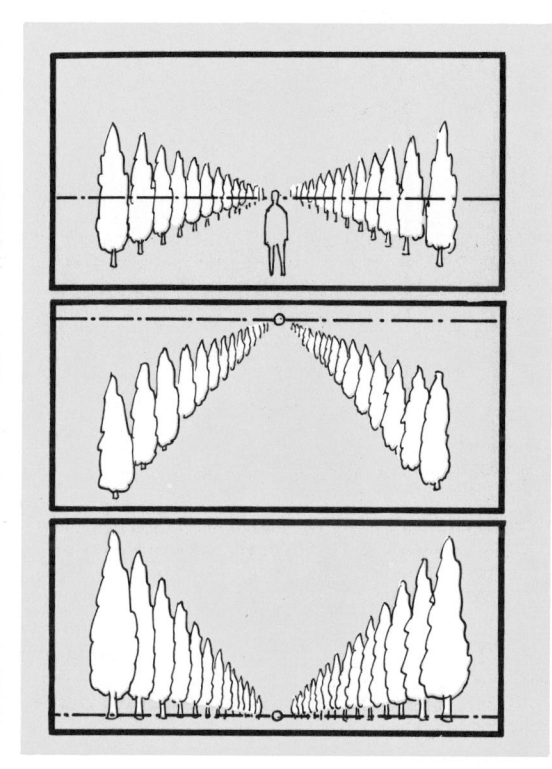

Abb. 390. (oben links) Normal-, Vogel- und Froschperspektive
Abb. 391. (oben rechts) Veränderung der Linien eines Topfes je nach Höhenstellung zum Auge
Abb. 392 (Mitte) Ein Quader mit zum Horizont steigenden Fluchtlinien (oben) und ein über Augenhöhe befindlicher mit fallenden Fluchtlinien (unten)

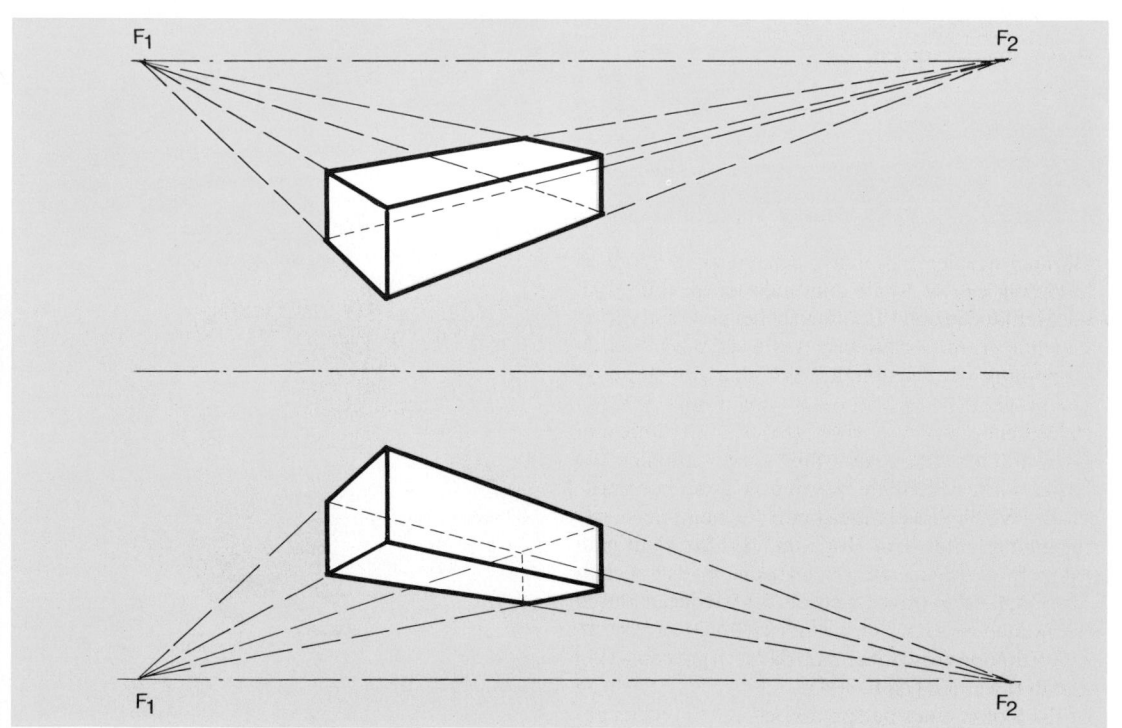

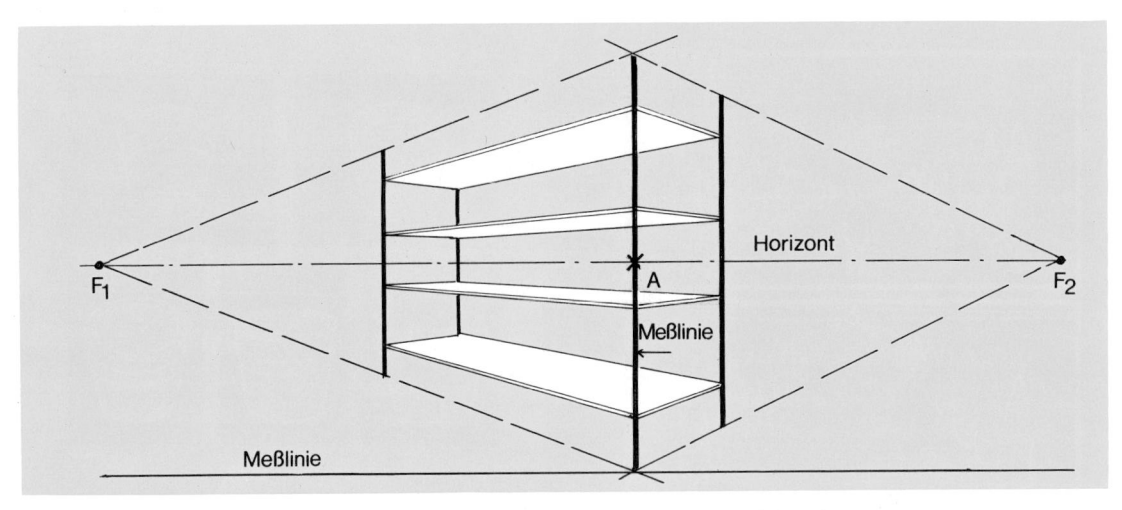

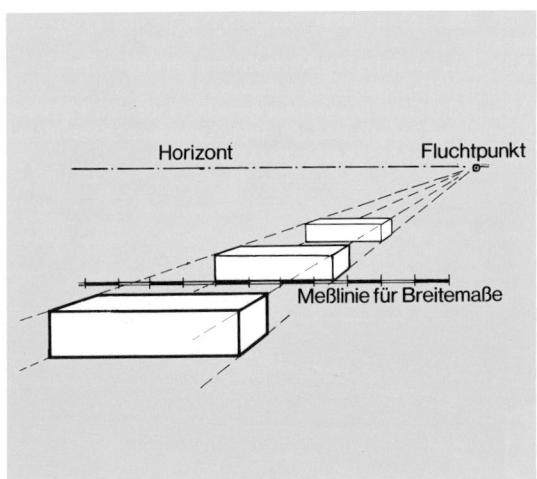

Abb. 393. (oben) In den Fluchtpunkten treffen sich alle parallelen, geraden, in einer Richtung verlaufenden Linien
Abb. 394. (Mitte) Nur auf der Meßlinie kann man die Größen maßstäblich genau ablesen

Abb. 395. (unten) Die perspektivische Skizze mit Hilfe eines Fluchtpunkts

Will man bei der Erstellung einer perspektivischen Zeichnung exakte Maße zugrunde legen, muß man eine Meßlinie in den Plan einzeichnen. Nur auf dieser kann man die maßstäblichen Werte eintragen. Durch Verbindung der Meßpunkte mit dem Fluchtpunkt bekommt man je nach Verschiebung die perspektivische Veränderung der Größe: zwischen Meßlinie und Horizontlinie werden die Maße kleiner, rücken die Körper vor die Meßlinie, werden sie größer gezeichnet. Die Meßlinie liegt meist entsprechend normaler Augenhöhe unter dem Horizont. Auf ihr kann man senkrechte Linien errichten, wo die maßstäblichen Höhenmaße abgetragen werden, die wiederum durch Verbindung mit den Fluchtpunkten an ihren Platz in der Zeichnung verschoben und dadurch größenmäßig verändert werden (Abb. 394).
Für die Skizze eines perspektivischen Schaubilds ge-

Abb. 396. Die Räumlichkeit des Bildes entsteht durch die Beachtung der Gesetze der Perspektive und durch Überschneidungen

nügt es, wenn man die wesentlichen Körperlinien mit Hilfe von Fluchtpunkten ausrichtet. Wenn wir z. B. eine Gefäßgruppe mit mehreren rechtwinkligen Gefäßen zeichnen, müssen die Seitenkanten in der Verlängerung in einem Fluchtpunkt zusammentreffen (Abb. 395 und 396).

5 Das Beschriften des Entwurfs

Jeder Entwurf muß beschriftet werden. Mit einer häßlichen Schrift kann man die schönste Zeichnung völlig verderben. Dabei sind gar nicht einmal Schrifttyp oder Schriftzug gemeint. Es sind andere Faktoren, die zu beachten sind.
Wir wählen eine senkrechte Schrift. Bewegt sind die Linien unserer Blumen und Pflanzen. So kontrastiert eine senkrechte, statisch wirkende Schrift vorteilhaft. Auch bringt sie Ruhe und Klarheit in das Bild.

Wir wählen eine breit lagernde Schrift. Der Buchstabe soll grundsätzlich so breit wie hoch sein. Man denke ihn sich in quadratische Grundformen hineingesetzt. Schmale Buchstaben füllen das Quadrat natürlich nicht aus, während das M und W etwas mehr Breite benötigen. Ober- und Unterlängen werden höchstens um die halbe Länge des Grundquadrats aus diesem heraus gezeichnet. (Dies ist vor allem hilfreich, wenn man große Buchstaben für die Schaufensterdekoration entwirft.)
Wir setzen die Buchstaben innerhalb eines Wortes dicht zusammen, fast können sie sich berühren. Allerhöchstens ist der Abstand so weit, wie der Schreibstrich dick ist. So verschmelzen die Buchstaben optisch gut in einem zusammenhängenden Wortbild.
Zwischen zwei Wörtern bleibt eine deutliche Lücke, die mindestens so breit ist wie ein Buchstaben-Grundquadrat, höchstens aber die Breite von zwei Buchstaben hat. So setzen sich die Worte gut voneinander ab.
Die Schrift soll nicht zu groß sein. Bei Zeichnungen auf Blattgröße von DIN A 4 ist es nicht nötig, größer als in normaler Schreibschrift zu schreiben. Selbst auf DIN-A 3-Blättern genügt eine solche Beschriftung; sie wird schon wirkungsvoller durch die plastische

Ausbildung der Buchstaben. Wenn über einer zierlichen Zeichnung, evtl. zartfarbig getönt, eine dicke, große, schwere Schrift steht, ist das gestalterisch genauso verkehrt, wie wenn man in einem schlanken, gestiefelten Glas allzu viele massige und rustikale Blüten ordnet.

Die Schrift wird in Blöcken zusammengefaßt. Auf einer Zeichnung mit symmetrischer Darstellung werden auch die Schriftblöcke symmetrisch auf das Blatt gebracht. Eine asymmetrische Zeichnung wird mit asymmetrisch gesetzter Schrift akzentuiert, so daß ein ausgewogenes Bild entsteht.

Wenn ein Schrifttyp geübt werden will, sind die Antiqua oder Unziale-Schrift sehr zu empfehlen. Sie sind plastisch, wirken ruhig, Antiqua festgefügt, Unziale dagegen weich und fließend. Beide schreibt man mit Bandzugfedern. Die Blockschrift wird mit Plattenfedern geschrieben, die einen gleichmäßig dicken Strich erzeugen (Abb. 397).

Doch ist eine saubere Schreibschrift einer unregelmäßigen Druckschrift vorzuziehen. Einer Schreibschrift verzeiht man Unregelmäßigkeiten, einer Druckschrift nicht.

Wenn es einmal besonders wichtig ist, ein Blatt sauber zu beschriften, so kann man Abreibebuchstaben verwenden, die es in vielen Größen und verschiedenen Typen auf Buchstabenblättern zu kaufen gibt.

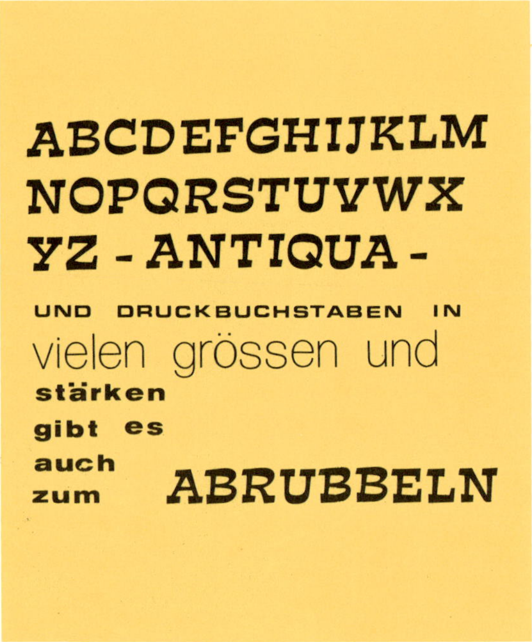

Abb. 397. Beschriftungen verschiedenster Art muß man nicht alle selbst schreiben; aber es gibt einige praktikable Techniken, sie selbst herzustellen, z. B. das Abrubbeln von Buchstaben, die auf Folien sitzen

Literatur

Fachbücher der Blumenbinderei

ANDRESEN, A.: Der Kranz. Arbeitsheft der Blumenbinderei. Verlag Deutsche Gärtnerbörse, Aachen 1952.
ANDRESEN, A.: Binderei zu Advent und Weihnachten. Arbeitsheft. Verlag Deutsche Gärtnerbörse, Aachen 1954.
ANDRESEN, A.: Tisch- und Tafelschmuck. Arbeitsheft. Verlag Deutsche Gärtnerbörse, Aachen 1956.
ANDRESEN, A.: Blumenbinderei, I. Band. Donau-Verlag, Günzburg 1963.
DAVIDSON, G.: Mit Ikebana wohnen. Anleitung zur japanischen Blumenkunst. BLV Verlagsges. München 1969.
EVERS, M.: Werkformen der Blumenbinderei. Verlag Paul Parey, Berlin und Hamburg 1954, 1960, 1972
GARMATZ, K.: Blumenbinderei und Grünschmuck. Verlag Dr. Pfannenberg u. Co., Giessen 1952.
HAY, R. und SYNGE, P. M.: Das große Blumenbuch. Verlag Eugen Ulmer, Stuttgart 1971.
ISHIMOTO, T.: Japanische Blumenkunst. Droemersche Verlagsanstalt Th. Knaur Nachf., München und Zürich 1959.
NIGGLI, J.: Blumen schön arrangiert. Wilhelm Heyne Verlag, München 1967 (Taschenbuch).
OHCHI, H.: Ikebana. Arthur Niggli Ltd., Teufen/Schweiz 1956.
ROTHE, H.: Die Praxis der Blumenkunst. Verlag Paul Parey, Berlin 1935.
SASS, E.: Die Floristik (Anleitung zur Berichtsheftführung). Donau-Verlag, Günzburg 1970.
SEIBOLD, H.: Zimmerpflanzen – mein Hobby. Verlag M. u. H. Schaper, Hannover 1969, 5. Auflage.
SPANGENBERG, CH.: Prakt. Balkon- und Zimmerpflanzenlexikon. Nymphenburger Verlagshaus, München. 1967.
SPARNON/WUNDERMANN: Ikebana Kurs. Verlag Eugen Ulmer, Stuttgart 1977.
WUNDERMANN, I.: Brautsträuße und Hochzeitsschmuck. E. Ulmer Verlag, Stuttgart 1977.
ZANDER, R.: Handwörterbuch der Pflanzennamen. Verlag Eugen Ulmer, Stuttgart, 10. Auflage von F. ENCKE und G. BUCHHEIM 1972.
Blumenfenster. 10 zeitgemäße Beispiele für Bau und Bepflanzung. Hrsg. von der Arbeitsgemeinschaft Blumenfenster, 53 Bonn-Bad Godesberg, Kölner Str. 142.
Moderne Blumenfenster. Hrsg. von der Deutschen Gartenbaugesellschaft e. V., 53 Bonn, Koblenzer Straße 33.

Fachliteratur über Farblehre und Geschmacksbildung

ARNHEIM, RUDOLF: Anschauliches Denken. Verlag Du Mont, Schramberg. 1974.
ARNOLD, WOLFGANG: Farbgestaltung. VEB-Verlag für Bauwesen, Berlin 1975.
BLECKWENN und SCHWARZE: Gestaltungslehre. Handwerk u. Technik, Hamburg 1976.
FRIELING, H.: Farbe hilft verkaufen. Farbenlehre und Farbenpsychologie für Handel u. Werbung. Musterschmidt-Verlag, Göttingen, Berlin, Frankfurt 1957, 1967.
FRIELING, H. und AUER, X.: Mensch – Farbe – Raum. Verlag Callwey, München 1961.
HAGENMAIER, O.: Der Goldene Schnitt. Heinz Moos Verlag, Heidelberg 1963.
HICKETHIER, A.: Ein-Mal-Eins der Farbe. Otto Maier Verlag, Ravensburg 1963.
ITTEN, J.: Kunst der Farbe. Otto Maier Verlag, Ravensburg 1963.
ILLE, PAUL: Das bildnerische Denken. Schwabe u. Co.-Verlag, Basel-Stuttgart 1971.
LUTZ, A.: Geschmack ist erlernbar – Grundlagen für die Gestaltung von Raum und Fläche. Verlag für Fachschrifttum, München 1957.
QUAST, PETER: Schaufenstergestalter in der Lehrabschlußprüfung 2. Verlag Passavia, Passau 1969.
TRITTEN, GOTTFRIED: Erziehung durch Farbe und Form. Ernst Klett Verlag, Stuttgart 1975.
WICK, KURT und Rainer: Form und Farbe. Dümmlers Verlag, Bonn 1972.

Kulturgeschichtliche und stilkundliche Literatur

BRAUN, H.: Formen der Kunst, eine Einführung in die Kunstgeschichte. M. Lurz Verlag, München 1961, 1969.
CLIFFORD, D.: Geschichte der Gartenkunst. Prestel Verlag, München 1966.
HOFSTÄTTER, H.: Geschichte der Europäischen Jugendstilmalerei (Dokumente). Deutscher Bücherbund, Stuttgart, Hamburg 1963.
JACOBI, K.-H.: Wenn Blumen reden könnten. Donau-Verlag, Günzburg 1963.
JÜNGER, F. G.: Gärten im Abend- und Morgenland. Bechtle Verlag, München und Esslingen 1960.
KOCH, W.: Kleine Stilkunde der Baukunst. C. Bertelsmann Verlag, Gütersloh 1968.
KRANZ, K.: Sehen, verstehen, lieben – Drei Schritte in die Kunst. Verlag Mensch und Arbeit, München 1963.
LINDEMANN, G. u. H. BOEKHOFF: Lexikon der Kunststile Band 1 Nr. 6132, Band 2 Nr. 6137 ro-ro-Taschenbücher, Rowohlt Taschenbuch Verlag GmbH, Reinbek b. Hamburg 1972.
TERGIT, G.: Kaiserkron und Päonien rot, Kleine Kulturgeschichte der Blumen. Verlag Kiepenheuer und Witsch, Köln; Berlin 1958. Vollst. Taschenbuchausgabe: Droemersche Verlagsanstalt Th. Knaur Nachf., München und Zürich 1963.

Einige Anleitungen für den, der gern zeichnet

GOLLWITZER, G.: Freude durch Zeichnen. Otto Maier Verlag, Ravensburg 1959.
MEYERS, H.: 150 bildnerische Techniken. Otto Maier Verlag, Ravensburg 1961.
WEECH, S. von: Wie zeichne ich Blumen. Musterschmidt Verlag, Frankfurt/M. 1955.

Bildquellen

Farbtafel 1, Seite 59:
Bild 1–4: Entwurf Ingeborg Wundermann.

Farbtafel 2, Seite 67:
Bild 1: Entwurf und Gestaltung Ingeborg Wundermann; Fotografie Studio Leßmann, Hannover; aus I. Wundermann, Brautsträuße, E. Ulmer, Stuttgart 1978.
Bild 2: Entwurf und Gestaltung Linde Schmidt, Donzdorf; Fotografie Wilfried Zeckai, Stuttgart; aus Blumenkunst, Heft 2/1978.
Bild 3: Entwurf und Gestaltung Ingeborg Wundermann; Fotografie Studio Leßmann, Hannover.
Bild 4: Redaktion „bunte Blumenwelt", aus Heft 10/1971.

Farbtafel 3, Seite 75:
Bild 1: und 2: Entwurf und Gestaltung Ingeborg Wundermann; Fotografie Studio Leßmann, Hannover; aus I. Wundermann; Brautsträuße, E. Ulmer, Stuttgart 1978.
Bild 3: Entwurf und Gestaltung Ingeborg Wundermann; Fotografie Studio Leßmann, Hannover.
Bild 4: Redaktion „bunte Blumenwelt", aus Heft 7/1972.

Farbtafel 4, Seite 79:
Bild 1: Entwurf und Gestaltung Ingeborg Wundermann; Fotografie Studio Leßmann, Hannover.
Bild 2: Redaktion „bunte Blumenwelt", aus Heft 12/1972.
Bild 3: Westermann-Foto H. Buresch.
Bild 4: Redaktion „bunte Blumenwelt", aus Heft 1/1976.

Die Entwürfe zu allen übrigen Abbildungen stammen von der Verfasserin; ein Großteil der Zeichnungen wurde von F. Windscheif, Kassel, gefertigt, die restlichen von Ingeborg Wundermann.

Sachregister

Abdunklungen 57, 61
Adventskugel 228
Adventsschmuck, hängender 236
– Binderei 217
Aktivitätskontrast 64, 70
Altertum 9, 30
Ansteckblumen 22, 24, 271
Antike 9, 30
Anziehungskraft 107
Armstrauß 245
Arrangement, vegetatives 153
Asymmetrie 112
Aufriß 318
Auge 54
Ausdrucksgehalt, Farben 82, 84
Ausdrucksmittel 32, 47, 82, 93
Ausgleich 109
Auswahl, farbliche 124
– formale 124

Balkonkastenbepflanzung 90, 93
Ballformen 43
Band, Adventsschmuck 221
– Brautstrauß 264
– Girlanden 215
– Kranzschmuck 192, 196, 199, 200, 202
– Strauß 144, 185
– Tafelschmuck 285
Barbara-Zweige 240
Barock 19, 30
Baumformen, Topfpflanzen 170
Bedürfnisbefriedigung als Kaufanreiz 291
Beetbepflanzungen 97
Beratungshilfen, Brautstrauß 246
Berechnungsformel, Größenverhältnisse 132
Beschriftungen 325
Beurteilungsmaßstäbe 137
Bewegung, Abstimmung 122
Bewegungsbeziehungen 123
Bewegungsformen 39, 142
– abfließende 42
– aufstrebende 40
– ausschwingende 42

– lösende 40
– sammelnde 43
Bewegungsführung 48, 123
Bewegungsmitte 228
Bewegungsmittelpunkt 33, 46, 106, 118, 197
Bewegungstendenz 35, 39, 48, 122
Bewegungszentrum 106
Beziehungsfiguren 72, 77, 80, 81, 111, 117
Biedermeierstrauß 24, 96, 100, 144, 244
– Brautschmuck 255
Biedermeierzeit 24
Bildungsgesetze 31, 39, 89
Bindefoliestreifen 141
Binden, Sträuße 147
Bindungen 116
Bindungsfaktoren 116
Bindungsprinzipien 116, 231
Blattketten 211
Blaufamilie 76
Blickfang, Schaufenster 292
Blumen, aufgesteckte 19
– Brauchtum 10, 14
– Gefäße 148
– Wesen 125, 126
Blumenanbau 12, 20
Blumenbänke 147
Blumenbinderei (Beruf) 25, 28
Blumenfenster 171, 177
– Einrichtung 177
Blumenhandel 11, 18, 25
Blumenkorb 26
Blumenkunst 31
Blumenliebhaberei 18, 20
Blumenschalen, bepflanzte 10, 166
Blumenschmuckkunde 137
Blumensitten 12, 14, 27
Blumensymbolik 10, 15
Blumenvasen 18, 20, 23, 27
Blütendiadem 268
Blütenketten 211
Blütenschmuck, Haar 268
Blütenteppiche 16
Blütentuff 269

Bodengestaltung, Pflanzschale 167, 174
– Zutaten 174
Bordüre 93
Brauchtum, Adventszeit 217
– Blumen 10, 14
Braunfamilie
Brautschmuck 10, 12, 25, 244
Brautstrauß, Anforderungen 246
– „englische" 256
– geschichtliche Entwicklung 244
– Griff 261
– Halter 262
– rhythmisch gestaffelter 254
– Typen 254
Brauttypen 248
Bühnendekoration 297
Bühnenkantenschmuck 93, 306

Charakter, Farbe 82, 84
Charakterformen 44
Corsage 258, 270

Dauerpflanzung 168
Deichprofil 191, 194
Dekohilfen, Raumdekoration 303
Dekoration, Anlässe 297
– kaltes Buffet 280
– Planung 297
Dekorationskunde 137
Dekorieren 297
Diffusion 96
Dimensionen, Farbe 63
Dominante 45, 105, 113
Dränage, Pflanzgefäß 172
Dreiecke 35, 86
Dreiecksbeziehung 112, 117
Dreiklänge 77
– unvollständige 80
Dreitafelprojektion 317
Dreizahl 114
Dualismus 42, 119, 128

Ebenmäßigkeit 11
Edelform 45
Eigenschaften 32, 63, 87

Elektromagnetische Wellen 51
Empire 22
Entfaltungsform, aufstrebende 40
Entwurfszeichnen 308
Erdfarben 76
Ergänzungsfarbe 54, 60, 68, 76
Erscheinungsfarbe 51
Expressionismus 51

Farbbezeichnungen 56
Farbe 51, 86
– Aktivität 63
– Raumwirkung 63, 69, 87
– Reizwirkung 63
– Wesen 82
Farbe-Nichtfarbe-Kontrast 64, 68
Farbeigenschaften 63
Farben, bunte 68
– klassische 57
– reine 61, 63
– trübe 63
– unbunte 52, 57, 61, 68
– verwandte 73
– vollklare 61
Farbenlehre 51
Farbenpaare 77
– nichtkomplementäre 77
Farbenpsychologie 82, 84
Farbensehen 54, 69
Farberscheinung 51, 55, 56, 84
– Relativität 56
Farbgänge 62, 73
Farbharmonien 72
Farbhelligkeit 63
Farbintensität 63
Farbkontraste 62, 64
– Bedeutung 66, 67–71
– primäre 64
– sekundäre 64
– Wirkung 65, 67–71
Farbkreis 57
– natürlicher 59
Farbkugel 61, 73
Farbleuchtkraft 63
Farbmischung, additive 68
– subtraktive 68
Farbordnungen 57
Farbqualität 63
Farbskalen 61
Farbstern 61
Farbstimmungen 81, 86
Farbsymbolik 82, 84
Farbtemperatur 63, 87
Farbton 63, 84
Farbtoncharakter 64
Farbtoncharakterkontrast 64, 71

Farbtonkontrast 64, 65
Farbtonträgerkontrast 71
Farbveränderungen 55
Farbwahrnehmung 54
Farbwege 72, 73
Farbwirkung 53, 84
Feston 12, 214
Figuren 100
Flächen 32, 94
Flächengliederungen 89, 94, 98
Flächenmuster 47, 98
Floristenberuf 29
Fluchtpunkt 105
Formbinderei 32, 46, 96, 109
– Advent 222
Formen 32, 47, 86
– freie 37
– kombinierte 38
– konstruierte 37
– lagernde
– lineare 47, 48
– organische 37
– runde 33, 43
– stilisierte 47
– zufällige 37
Formengruppen 32, 37, 39, 47
Formenlehre 32
Formentypen 33, 37, 47, 49
Formgesteck 149, 235
Formgirlanden 12, 214
Formprinzipien 33, 36
Freiraum 45, 103, 104, 122
Früchtestab 226
Füllhorn 25

Gärten 14, 15, 17, 19, 21, 24, 25, 28
– botanische 17
Gartenpflanzgefäße 173
Gegenfarbe 54
Gegenmotiv 112
Gegensätze 127
Gegenstandsfarbe 51
Gelbfamilie 73
Geltungsforderung 44
Geltungsform 45
Gemeinschaftsform 46
Geschenkartikel, Blumen 286
Geschenkkarton, Blumen 286
Geschmack 138, 149
Gesetz, Ausgleich 119
– Beschränkung 114
– Dynamik 123
– landschaftliches 28, 125, 127
– Rangordnung 113
– wertmäßige Zuordnung 125
– wesensmäßige Zuordnung 125, 137, 153

Gesichtspunkte, Auswahl 124
Gestalt 32, 102
Gestalteinheit 113
Gestalten 31, 89
– dekoratives 141, 150
– formal-lineares 143, 151
– geschlossenes 144, 149
– wuchshaftes 153
Gestalter 31
Gestaltungsarten 89
Gestaltungseinheit 90
Gestaltungselemente 31, 47, 51, 89, 124, 125
Gestaltungsgesetze 39, 89
Gestaltungsmittel 31, 51
– adventliche 217, 220
Gestaltungsprinzipien 116
Gestaltungsregeln, moderner Adventsschmuck 241
– Pflanzenschalen 170
– Raumdekorationen 300
Gestaltungsstile 28, 139, 146, 149, 154, 166
Gestaltungstypen 28
Gewicht, optisches 33, 110
Gewichtskontrast 64, 69
Gewichtswirkung, Farbe 63
Girlanden 10, 11, 19, 20, 23, 25, 90, 211
– Anbringung 215
– gebundene 212
– geflochtene 212
– gesteckte 213
– Sargschmuck 208, 210
Girlandengestaltung 211
Girlandenwindungen 216
Glamelie 256
Gleichartiges 116
Gleichgewicht, optisches 110, 119
Gleichheiten 100, 116, 125
Gleichklang 72
Gleichmaß 96, 117
Gliederungen 94, 104
Goldener Schnitt 130, 193
Gotik 15, 30
Grabschmuck 11, 181
– gepflanzt 180
Grabsträuße 181
Grabstraußhalter 183
Graphik 47
Grauleiter 61
Gravitation 107
Gravitationsgesetz 107
Grundeigenschaft, Blumen 126
Gründerjahre 25
Grundfarben 57
Grundfarbendreieck 57, 60

Grundformen 33
Grundprinzipien, Raumgliederung 110
Grundriß 318
Grünfamilie
Gruppe 105
– aufgelockerte 109
– geschlossene 109
Gruppenachse 109, 111, 119
Gruppengesetze 109
Gruppieren 105
Gruppierungen 90, 105

Harmonie 10, 32
– gemischte Kontraste 80
– Gleichklang 73
– große Kontraste 76
– kleine Abstände 72
– Nachbarfarben 72
– verwandte Farben 72, 73
Harmonielehre, Farben 65, 72
Hauptmotiv 110, 111, 112
Hauptwahrnehmungseinheiten 115
Hebelgesetz 110
Helligkeitskontrast 64, 69
Helligkeitswerte 52, 72, 73
Herrschaftsform 45
Herzen 204
Hintergrund 48, 104
Historismus 24
Hydrokultur 175

Ikebana 47, 162
– Schulen 163
– Stile 163

Jiyu-bana 164
Jugendstil 27, 279

Kaufmotivationen 291
Kegel 35
Kenzan 159, 164
Kerzen, Symbolik 218
– Tischschmuck 282
Kissen 204
Klassizismus 22
Knetmasse 161
Knopflochblume 24, 271
Kolorieren 316
Komplementärfarben 68, 77
Komplementärkontrast 64, 68, 76
Komposition 105
Kontraste 116, 125, 127, 128
– polare 62
– Spannungsfeld 128
Kontrastformen 37

Kopfkränze 10, 12
Kopfschmuck 266
Körbchen-Brautstrauß 257, 263
Körper 32, 102
Kräfte, anziehende 106
– auflösende 40
– sammelnde 43, 106
Kränze 10, 12, 15, 19, 23, 90, 189
– gebundene 196
– gerömerte 194
– gesteckte 194
– Symbol 11, 189, 217
– vegetative 195
– Wandschmuck 225
Kranzformen 189
Kranzprofil 191
Kranzschmuck 192, 194, 195, 196, 199
Kranztypen 191
Kreise 33, 43, 86
Kreuze 203
Krone 12
Kübelbepflanzungen 169, 180
Kugeln 96, 228
Kunst 31
Kuppelformen 43

Lampen, farbige 54
Leerräume 103, 109
Leitlinien 159
Leuchtstoffröhren 53, 54
Licht, künstliches 52
Linien 32, 47
Lorbeerkranz 10

Makart-Bukett 25
Maschendraht 157
Massenanziehungsgesetz 43, 107
Massenwirkung, Gefäße 132
Maßstäbe 319
– Beurteilungen 137
Materialgerechtigkeit 28, 38, 42, 137
Mengenverhältnisse 132
Minigärten in Gefäßen 179
Mischfarben 57, 61
Mittelalter 13, 30
Mittelgrund 104
Moribana 164
Motiv 93
Myrtenkappen 267
Myrtenkranz 266
Myrtenschmuck 266

Nachbarfarbe 55, 72
Nageire 164
Nagelblock 159

Naturformen 39
Nebenmotiv 112
Negativform 101, 103
Neuzeit 17, 30
Normverhältnis 135

Objekte, floristische 152
Optische Täuschung 102
Orangefamilie 76
Ordnung, architektonische 11
– freie 21
– strenge 111
– wuchshafte 112, 153
Ordnungsgefüge 116
Ordnungsprinzipien 90, 92, 96, 98
Ordnungssysteme 90
Ornament 47, 93
Ostwaldscher Farbkreis 60

Palmenzweige 10, 185
Parallelität 36, 48, 98, 100, 118
Parallelprojektion 317
Pastellfarben 57, 61
Pentagramm 130
Persönlichkeiten 44
Perspektive 103, 322
Pflanztechniken 171, 174
Pflanzungen im Gefäß 166
Pigmentfarbe 51
Planzeichnen 317
Polaritäten 128
Pompadour-Bukett 25
Positivform 103
Primärfarben 57
Proportionen 130
– Brautstrauß 255
– Beeinflussung 132, 189
Proportionierung, Einflüsse 132
Prunkform 46
Pyramide 35, 96, 217, 229
Pythagoras 130, 135

Qualität, Farbe 63
Qualitätskontrast 64, 70
Quantität, Farbe 64
– harmonische 71
Quantitätskontrast 64, 71
Questenbaum 14

Rangordnung 113
Raum 102
Raumbedarf 33, 35, 40, 42
Raumbeziehungen 122
Raumdekorationen 297
Raumdimensionen 102
Raumerscheinung 102
Raumfarben 87

331

Raumgestaltungslehre 89
Raumgliederung 105
Raumgliedernde Prinzipien 110
Räumliches Sehen 102
Raumrichtungen 48, 103
Raumschmuck, gepflanzt 176
– gesteckt 279, 297
Raumstil 276
Raumstimmung 87
Raumtiefe 103
Raumwirkung 103
– Farben 63, 69, 87
Rechteck 36, 86
Reflektorlampen
Regenbogen 57
Reihen 89, 90
– einfache 90
– mit Schwerpunkt 91
– rhythmische 92, 98
– stetige 90
Reizwirkung, Farbe 63
Renaissance 17, 30
Rhythmus 92, 108, 117
Rikka 164
Rivalität 113
Rokoko 21, 30
Romanik 13, 30
Romantik 23
Römer-Kranz 191
Rosengärten 12
Rosenkult 10, 12, 15
Rosettenformen 43
Rotfamilie 76

Saisonpflanzung 168, 178
Sargdecke 208, 209
Sargschmuck 207
Schalenbepflanzungen 166
– landschaftliche 167
Schaufenster 54, 157
– werbewirksame 291
Schaufensterwerbung 290
Schmücken 297
Schmuckformen, Kreuze 203
Schmuckranken 211
Schnurgirlanden 212
Schrebergarten 27
Schwerpunktbildung 92, 97
Sehgewohnheiten 104
Seitenriß 318
Sekundärfarben 57
Shoka 164
Siegerkranz 10
Simultankontrast 54, 68
Skizzieren 308
Spektralfarben 51
Spektrum 51, 57

Stabgebinde 10, 226
Stabgirlanden 211
Stableuchter 254
Stabsträuße 13, 25
Staffeln 108, 142, 184
Staffelung 108, 118
Steckhilfsmittel 18, 155
Stellung, natürliche 40
Stil 28, 137, 138
– dekorativer 45, 108, 141, 150, 184, 254
– formal-linearer 45, 47, 143, 151
– geschlossener 109, 144, 149, 222
– Hochzeit 252
– vegetativer 153, 195
Stilgerechtigkeit 28, 138
Stilisieren 47
Stoffliche Auswahl 125
Stofflichkeiten 87, 125
Strahlungen 109, 118
Sträuße 13, 16, 18, 25, 28, 138
Straußformen 140
Straußtypen 146
Streublumen 16, 94
Streuungen 94, 109
– mit Schwerpunkt 97
Strohblumenpyramiden 229
Strukturen 87, 100
– flauschige 88
– metallische 87
– porzellanene 88
– rustikale 88
– samtige 88
– seidige 88
Stufung 119
Stützen, Blumen 145, 258
Substrate, Pflanzenschalen 175
Sukzessiv-Kontrast 64
Symbolgehalt, Farben 82, 84
Symbolik, Kranz 189
– Kreuz 203
Symmetrie 110

Tafelformen 275
Tafelschmuck 19, 25, 273
– Planung 273
Takt 92
Techniken, Brautstraußbinderei 258
Teilung, Flächen 100
Temperatur, Farben 63
Temperaturkontrast 64, 71
Thyrsos-Stab 10
Tiefenzonen 104
Tischschmuck 273

– Anlässe 273
Totalitätsgesetz 68
Totenfest 11, 15
Trauersträuße 181
Trockenarrangements 160
Troggarten 179
Tropfenform 134, 248

Überschneidungen 48, 101, 104
Umriß 102, 126
Unterschiede 116, 128
Urformen 33
Urnenschmuck 205

Verkaufsgespräch, Brautstrauß 245
Verlängern, Blumenstiele 158
Vierklänge 80
– unvollständige 80
Violettfamilie 76
Vordergrund 104

Waagepunkt 111
Wahrhaftigkeit 138
Wappen-Blumen 13
Wasserfall (Brautstrauß) 244
Weihnachtsbaum 21, 217
Weihnachtskugel 228
Weihnachtspyramide 229
Werbeideen 292
Werkgerechtigkeit 38, 138
Wertempfinden 105
Wertigkeiten 113
Wertstufen 125
Wesen, Blumen 125, 126
– Farben 82
– Formen 35, 40, 43, 45, 48
Wesenheiten 35, 40, 43, 45, 48, 81, 88, 89, 93, 126
Wesensart 126
Wiederholungen 92, 117
– Reihen 98
Wintergarten 25
Winterschmuck, Grabstätten 185
Wirkungsfaktoren 32, 51, 62, 82, 86, 87, 103
Wirkungsfeld, Form 122
Wirkungssteigernder Platz 104
Wuchsmittelpunkt 106, 109, 118
Wurzeln in der Gestaltung 231

Zeichenmittel 308
Zentralperspektive 105
Zentripetalkraft 43, 106
Zweckgerechtigkeit 28, 137
Zweiklänge 76

Das große Blumenbuch

Pflanzenlexikon der Garten- und Hauspflanzen mit 2048 Farbfotos
Von R. Hay/P. M. Synge, London. Deutsch von A. Herklotz und P. Menzel. 3. Auflage
371 Seiten mit 256 Farbtafeln
Kst. mit Schutzumschlag DM 68,-

Das Buch ist ein Spaziergang für Pflanzenliebhaber, Gartenfreunde und Berufsgärtner, durch das weite Gebiet der bunten Pflanzenwelt. Mit Hilfe der Farbbilder ist es kaum noch schwer, Blumen, Stauden und Gehölze zu bestimmen. Der Textteil, der 2. Buchteil, sagt Ihnen, welchen Standort die Pflanze bevorzugt, aus welchem Erdteil sie stammt, und diese Dinge sind für Fachleute und Liebhaber bereits ein wichtiger Fingerzeig für Haltung und Pflege.

Sträuße aus meinem Garten

Kultur, Schnitt und floristische Verarbeitung der Gehölze, Stauden und Sommerblumen
Von M. Beuchert, Frankfurt
2. Auflage. 237 Seiten mit 24 Farbtafeln und 55 Zeichnungen
Kst. mit Schutzumschlag DM 38,-

Die Beziehung zu Blumen und Pflanzen war und ist zu allen Zeiten Wandlungen unterworfen. So ist auch dieses Buch nur eine Momentaufnahme dessen, was zum Beginn des letzten Viertels des 20. Jahrhunderts ein Garten für floristische Arbeiten zu bieten hat und wie man heute Sträuße und Gestecke daraus fertigt. Es ist in einer Sprache geschrieben, die jedem verständlich ist. Darüber hinaus werden aber auch viele Floristen und Gärtner Neues und Wesentliches darin finden, denn es gab bisher im deutschen Sprachraum kein Buch, das die Möglichkeiten eines Gartens aus dieser Sicht betrachtet.

Häusliches Blumenbinden

Steckschalen, Gebinde, Vasenschmuck, Ikebana
Von E. Herr, Baden-Baden
Ergänzte 3. Auflage. 151 Seiten mit 6 Farbfotos und 91 Schwarzweißfotos
Kst. DM 16,80

Wie man mit einfachen Mitteln und leicht zu erlernenden Handgriffen, Kniffen und Regeln herrliche Blumengebinde zu jeder Jahreszeit selbst fertigen kann, zeigt dieses Buch. Die Fülle der Beispiele regt nicht nur zur Nachahmung, sondern auch zu eigenen Schöpfungen an. Hier plaudert eine Meisterin aus der Schule. Sie ist modern genug, um von Ikebana zu sprechen, aber sie vergißt daneben nicht, was bei uns entstanden und heimisch ist.

Ikebana-Kurs

Eine Anleitung für das japanische Blumenbinden
Von N. Sparnon, Japan. Deutsch von I. Wundermann. 2. Auflage. 83 Seiten mit 16 Farbtafeln und 154 Schwarzweißfotos
Leinen mit Schutzumschlag DM 18,-

Ikebana, für jedermann verständlich und anwendbar, zeigt dieser Ikebana-Kurs in 23 kurzgefaßten Lektionen. Als Lehrbeispiele dienen Arrangements, für die das Material leicht zu beschaffen ist; ihr Aufbau wird Schritt für Schritt erklärt und bildlich vor Augen geführt. Die ausgewählten Beispiele repräsentieren die Kunst des japanischen Blumenstellens im klassischen und im modernen Stil, wie sie heute von den führenden Schulen gelehrt und verwirklicht wird. Für die Übersetzung und Bearbeitung dieses Buches ist eine tonangebende Vertreterin ihres Faches verantwortlich: Florist-Meisterin Ingeborg Wundermann.

Brautsträuße und Hochzeitsschmuck

Von Ingeborg Wundermann, Ahlem. Textteil: 143 Seiten mit 143 Zeichnungen
Bildteil: 40 ganzseitige Farbtafeln auf Kunstdruckkarton mit erläuternden Texten
Kunststoffmappe mit Text- und Bildteil DM 86,-

Als in der Mitte des vorigen Jahrhunderts Blumensträuße allgemein üblicher Brautschmuck wurden, sahen diese »Brautsträuße« anders aus als der Blumenschmuck späterer Bräute. Auch die Sträuße, welche vor zehn Jahren gebunden wurden, unterscheiden sich von denen, die wir heute schön finden. So braucht jeder, der mit Brautsträußen zu tun hat – sei es, daß er sie herstellen oder sich damit schmücken will –, Informationen über das, was aktuell ist. Doch genügt es nicht, lediglich Abbildungen von Brautsträußen anzusehen; man benötigt darüber hinaus Erklärungen über gestalterische Gesichtspunkte, Beschreibungen der Herstelltechniken und in vieler Hinsicht Maßstäbe, um die gezeigten Sträuße möglichst objektiv beurteilen zu können und Anregungen daraus zu entnehmen. So ist das vorliegende Buch sehr umfassend angelegt. Wer Beispiele sucht, um sie nachzuarbeiten oder wer Mustersträuße braucht, um den für sich passenden herauszusuchen, findet im Bildteil 40 ganzseitige farbige Abbildungen von Brautsträußen und anderem Blumenschmuck zur Hochzeit. Der Bildteil ist wertvoll für das Beratungsgespräch zwischen Florist und Kunden; der Textband informiert den Fachmann über alles Drum und Dran zum Thema »Blumen für die Hochzeit«.
Nirgends ist der Zusammenhang zwischen Blume und dem Menschen so eng wie beim Brautstrauß. So ist es ein besonderes Anliegen dieses Werkes, die daraus erwachsende Verpflichtung für den Floristen aufzuzeigen und Hinweise zu geben, wie man diesen Verpflichtungen gerecht werden kann.
Wer dieses Buch aufmerksam durchliest, wird in Zukunft nicht mehr nur den 08/15-Strauß aus roten Rosen und weißen Freesien empfehlen; es wird ihm Freude bereiten, die vielen Möglichkeiten der Kombination auszuschöpfen und den speziell auf die Erscheinung der Braut zugeschnittenen Brautschmuck zu kombinieren. Erst dann aber können die Floristen erwarten, daß dem Brautstrauß und damit auch der kreativen Leistung des Floristen mehr Aufmerksamkeit und Anerkennung geschenkt wird als bisher. Dieses Buch wendet sich insbesondere an alle Geschäfte, die Brautsträuße und Blumenschmuck zur Hochzeit liefern. Aber auch Zeitschriften, die über Brautmoden berichten, und Mode-Designer sollen angesprochen werden.
Es beansprucht den Rang eines Standardwerkes für die Brautstraußbinderei und Hochzeitsfloristik als planerische, gestalterische und technische Leistung. Der Name der bekannten Autorin und Floristmeisterin Ingeborg Wundermann bürgt dafür, daß auch hochgespannte Erwartungen erfüllt werden.

Zu beziehen durch jede Buchhandlung. Prospekte und Verlagsverzeichnis kostenlos

Verlag Eugen Ulmer · Postfach 1032 · 7000 Stuttgart 1